最高人民法院民事审判第三庭 编

最高人民法院
知识产权审判案例指导

最高人民法院知识产权案件年度报告及案例全文

第 15 辑

中国法制出版社
CHINA LEGAL PUBLISHING HOUSE

出 版 说 明

为进一步充分发挥最高人民法院审判案例的示范和指引作用，从 2008 年起，最高人民法院每年对自身审理的知识产权典型案件进行分析、梳理和归纳，形成《最高人民法院知识产权案件年度报告》，并在"4·26"世界知识产权日期间向社会公布报告的摘要内容，既总结了审判经验和统一了法律适用标准，又推进了司法公开，赢得了社会的广泛关注和普遍好评。

但是限于篇幅，案件年度报告只是整理和归纳相关的典型法律适用问题，不可能反映案件的全貌。应读者的要求，我们将案件年度报告及其所涉及的裁判文书整理和汇编成书，忠实记录我国知识产权司法保护进程中每一个前进的脚印，以每年一册的形式奉献给读者。

目　　录

最高人民法院知识产权案件年度报告（2022）

审判案例指导（最高人民法院 2022 年典型知识产权案件裁判文书选登)①

一、专利案件审判

（一）专利民事案件审判

---

　　① 本书中个别案例未收录与年度报告对应的裁判文书，因此裁判文书部分的标题序号不连贯。另，部分案例对应的裁判文书相同，为避免重复收录，目录上均已标注"存目　参见第……页"。

最高人民法院

知识产权案件年度报告

（2022）

序　言

　　2022年，各级人民法院坚持以习近平新时代中国特色社会主义思想为指导，深入学习贯彻党的二十大精神，深入贯彻习近平法治思想，深刻领悟"两个确立"的决定性意义，增强"四个意识"、坚定"四个自信"、做到"两个维护"，深学细悟党的二十大提出的一系列重大理论成果和重大决策部署，从国家战略高度和进入新发展阶段要求出发，充分发挥审判职能作用，全面加强知识产权司法保护，为推动高质量发展、满足人民美好生活需要提供有力司法服务和保障。本年度报告从最高人民法院2022年审结的知识产权案件中梳理出下列43个法律适用问题。

一、专利案件审判

（一）专利民事案件审判

1. 权利要求解释中外部证据使用规则

【裁判要旨】

　　说明书对于权利要求中的技术术语没有作出特别界定的，应当首先按照本领域技术人员对于该技术术语的通常理解，而非直接按照日常生活中的通常含义进行解释。本领域技术人员对于技术术语的通常理解，可以结合有关技术词典、技术手册、工具书、教科书、国家或者行业技术标准等公知常识性证据，并可优选与涉案专利技术所属领域相近程度更高的证据予以确定。

【关键词】

　　专利　侵权　权利要求解释外部证据　公知常识

【案号】

　　（2020）最高法知民终580号

【基本案情】

　　在上诉人广州华欣电子科技有限公司（以下简称华欣公司）与被上诉人广州诚科商贸有限公司（以下简称诚科公司）、广州君海商贸有限公司（以下简称君海公司）、广州兆科电子科技有限公司（以下简称兆科公司）、峻凌电子（东莞）有限公司（以下简称峻凌公司）、佛山市厦欣科技有限公司（以下简称厦欣公司）侵害发明专利权纠纷案①中，涉及专利号为201010235151.7、名称为"一种触摸屏及其多路采样的方法"的发明专利（以下简称涉案专利）。华欣公司认为，诚科公司、君海公司、兆科公司、峻凌公司、厦欣公司未经许可大量制造、销售、许诺销售侵害涉案专利权的产品，且主观侵权恶意非常明显，故向广州知识产权法院（以下简称一审法院）提起诉讼，请求判令被诉侵权人停止侵害并连带赔偿经济损失 1000 万元和维权合理开支 20 万元。一审法院认为，被诉侵权产品仅是 12 块电路板及可由该 12 块电路板拼接成的一个电路框，缺少屏结构或触摸屏体，相应的触摸检测区没有载体即无涉案专利权利要求 1 的触摸检测区，被诉侵权技术方案没有落入涉案专利权的保护范围，故华欣公司诉讼请求不能成立。华欣公司不服，向最高人民法院提起上诉，主张一审法院错误认定权利要求中"一种触摸屏"及"触摸检测区"必须为实体屏结构，进而对于被诉侵权产品是否落入涉案专利权保护范围的认定存在错误。最高人民法院于 2021 年 10 月 16 日判决撤销原判，五被诉侵权人停止侵害，诚科公司、君海公司、兆科公司共同赔偿华欣公司经济损失 292.6 万元及维权合理开支 20 万元，峻凌公司、厦欣公司分别对前述赔偿金额中部分金额承担连带责任。

【裁判意见】

最高人民法院二审认为，对专利权利要求进行解释时，需注意权利要求应当基于本领域技术人员的认知能力，并在本领域的技术背景和知识体系下进行合理解释。在说明书对于权利要求中的技术术语没有作出特别界定的情况下，应当按照本领域技术人员对于该技术术语的通常理解进行解释，而不是诉诸该技术术语在日常生活中的通常含义进行解释。相关技术词典、技术手册、工具书、教科书、国家或者行业技术标准等公知常识性证据，一般根据其与涉案专利技术所属领域的相近程度，作为认定本领域的技术背景和知识体系的相应证据。具体到本案中，触摸屏属于在本领域中已有确切含义的技术术语。根据各方当事人提交的《多媒体计算机实用检修技术（教程）》《多媒体技术应用基础》《计算机操作装配与维修》等本领域公知常识性证据的记载，对于本领域技术人员而言，权利要求 1 主题名称中的"触摸屏"，可以理解为既包括带有实体屏结构的接触式触摸屏，也包括不带有实体屏结构的非接触式触摸屏。并且，可以进一步认定，不带有实体屏结构的非接触

---

① 本案裁判文书参见第 85 页。

式触摸屏属于本领域的公知常识。一审法院优先运用与涉案专利技术领域距离较远的《现代汉语词典》等非本领域工具书作为依据解释涉案专利中触摸屏，脱离本领域的技术背景和知识体系，结论有所不当，应予纠正。基于相同理由，华欣公司、兆科公司、峻凌公司等二审中提交的用于解释涉案专利权利要求 1 的公知常识证据之外的其他现有技术证据，缺乏相应证明力，不予采信。

2. 权利要求修改后被维持有效的决定的追溯力

【裁判要旨】

在侵害专利权纠纷中，在修改权利要求基础上维持专利权有效的无效宣告请求审查决定，对该决定作出前人民法院作出并已执行的专利侵权判决不具有追溯力。

【关键词】

专利　侵权　权利要求修改　无效决定　追溯力

【案号】

（2021）最高法民申 6412 号

【基本案情】

在再审申请人李磊与被申请人吕家杰侵害发明专利权纠纷案①（以下简称"磁悬浮地漏芯子"侵害发明专利权纠纷案）中，吕家杰系名称为"一种磁悬浮地漏芯子"、专利号为 ZL201510353360.4 的发明专利（以下简称涉案专利）的专利权人，其向山东省青岛市中级人民法院（以下简称一审法院）起诉称，李磊未经允许许诺销售、销售的地漏侵犯了涉案专利权。一审法院认为，被诉侵权产品未落入涉案专利权的保护范围，判决驳回吕家杰的诉讼请求。吕家杰不服，提起上诉。最高人民法院知识产权法庭二审认为被诉侵权产品落入涉案专利权利要求 1、2 的保护范围，李磊的行为构成专利侵权，判决撤销一审判决，判令李磊立即停止侵权并赔偿吕家杰经济损失及维权合理开支共 6 万元。二审判决后，李磊向国家知识产权局请求宣告涉案专利权无效。无效审查期间，2021 年 8 月 14 日，吕家杰提交经修改的专利文件，将原权利要求 3 的部分技术特征补入权利要求 1。2021 年 8 月 19 日，李磊向吕家杰支付侵权赔偿款，二审判决执行完毕。2021 年 8 月 28 日，李磊向最高人民法院提出再审申请。2021 年 11 月 5 日，国家知识产权局作出第 52586

---

① 本案裁判文书参见第 131 页。

号无效宣告请求审查决定，在上述修改的权利要求的基础上维持涉案专利权有效。再审审查期间，李磊主张被诉侵权产品实施的是 ZL201310390582.4 专利（以下简称 582 专利）所公开的现有技术，并且涉案专利原权利要求 1、2 应视为自始即不存在，吕家杰基于这些权利要求而获得的侵权赔偿属于不当得利，应予以返还。最高人民法院于 2022 年 6 月 30 日裁定驳回李磊的再审申请。

【裁判意见】

最高人民法院审查认为，2008 年修正的《中华人民共和国专利法》第四十七条第二款规定："宣告专利权无效的决定，对在宣告专利权无效前人民法院作出并已执行的专利侵权的判决、调解书，已经履行或者强制执行的专利侵权纠纷处理决定，以及已经履行的专利实施许可合同和专利权转让合同，不具有追溯力。"根据举重以明轻的法律解释方法，本案在修改权利要求的基础上作出维持专利权有效的第 52586 号决定，对在其作出前人民法院作出并已执行的专利侵权判决同样不应具有追溯力。

3. 现有技术抗辩中的单一对比

【裁判要旨】

在现有技术抗辩中，应将被诉侵权技术方案与一项现有技术方案进行比对，不得将记载在同一现有技术文献中两个不同的技术方案组合成一项现有技术用于现有技术抗辩。

【关键词】

专利　侵权　现有技术抗辩　单一对比

【裁判意见】

在前述"磁悬浮地漏芯子"侵害发明专利权纠纷案①中，最高人民法院还明确了现有技术抗辩中的单一对比原则。最高人民法院审查认为，现有技术抗辩中，应将被诉侵权技术方案与一项现有技术方案进行比对，不得将记载在同一现有技术文献的两个不同技术方案组合用于现有技术抗辩。本案中，李磊主张作为现有技术的内容，涉及 582 专利说明书附图 10（对应李磊主张的权利要求 5）、附图 16 所示的两个具体实施方式。二者相比较，在密封盖相对于安装柱的位置关系（上方/下方）、密封盖复位结构中内外磁条的相对位置、磁极朝向和极性等方面均有不同，是两个不同的技术方案，不能将二者组合成为一项现有技术用于现有技术抗辩。

---

① 本案裁判文书参见第 131 页。

4. 现有技术抗辩基础事实的合法性

【裁判要旨】

任何人不得从违法行为中获益。被诉侵权人或者其授意的第三人违反明示或者默示的保密义务公开专利技术方案，被诉侵权人依据该非法公开的事实状态主张现有技术抗辩的，人民法院不予支持。

【关键词】

专利　侵权　现有技术抗辩　保密义务　违约公开　违法公开

【案号】

（2020）最高法知民终 1568 号

【基本案情】

在上诉人上海环莘电子科技有限公司（以下简称环莘公司）与被上诉人广东法瑞纳科技有限公司（以下简称法瑞纳公司）、江苏水乡周庄旅游股份有限公司（以下简称周庄旅游公司）、北京镇边网络科技股份有限公司（以下简称镇边公司）侵害实用新型专利权纠纷案①中，涉及专利号为201820194071.3、名称为"一种应用于自动租售终端系统的连接手柄"的实用新型专利（以下简称涉案专利）。环莘公司向江苏省苏州市中级人民法院（以下简称一审法院）提起诉讼，主张在周庄旅游公司管理的旅游景区内使用的共享儿童手推车的连接手柄落入涉案专利保护范围。上述被诉侵权产品系法瑞纳公司制造并销售给镇边公司，并由镇边公司在周庄旅游公司管理的景区内租赁给游客使用，三公司的行为构成侵害环莘公司的涉案专利权。环莘公司在涉案专利申请日前曾向法瑞纳公司采购儿童推车租赁设备并签订采购合同，法瑞纳公司依约完成产品制造并在涉案专利申请日前将产品交付承运人运输。法瑞纳公司据此提出先用权抗辩以及现有技术抗辩。一审法院认为，被诉侵权技术方案于相关产品交付承运人运输后即因投入市场而被公开，法瑞纳公司的现有技术抗辩成立。故驳回环莘公司的诉讼请求。环莘公司不服，向最高人民法院提起上诉。二审经审理查明，环莘公司与法瑞纳公司的采购合同约定儿童推车租赁设备及相关设计的专利权属于环莘公司，法瑞纳公司对环莘公司的儿童推车租赁设备的知识产权、产品资料、业务模式、软件功能负有保密义务。法瑞纳公司在须知网公开文章及图片的行为属于违反合同保密义务的披露行为。最高人民法院于 2021 年 7 月 9 日判决撤销原判，

① 本案裁判文书参见第 134 页。

法瑞纳公司停止侵害并赔偿经济损失 50 万元及维权合理开支 2 万余元，镇边公司、周庄旅游公司对其中维权合理开支承担连带责任。

【裁判意见】

最高人民法院二审认为，综合案件相关事实，法瑞纳公司将相关产品交付承运并未导致被诉侵权技术方案为公众所知，一审法院关于相关产品交付承运人运输后即因投入市场而导致被诉侵权技术方案被公开的认定有所不当，予以纠正。关于法瑞纳公司依据其在须知网公开的文章及图片主张现有技术抗辩的问题，现有技术抗辩制度一方面可以防止社会公众遭受不当授权的专利权人提出的侵权诉讼的侵扰，在无效宣告行政程序之外提供更为便捷的救济措施；另一方面，其也为善意使用现有技术的社会公众提供一种稳定的合理预期，可以对自身行为进行合理预测和评价。但是，民事主体从事民事活动，应当遵循诚信原则，同时不得违反法律和公序良俗，这是民法的基本原则。作为一项民事诉讼中的侵权抗辩事由，现有技术抗辩的行使也应遵循上述民法基本原则，被诉侵权人在有关抗辩事由中应当是善意或者无过错的一方，任何人不能因自身违法或不当行为而获得利益。如果被诉侵权人主张现有技术抗辩的现有技术，系由其本人或者由其授意的第三人违反明示或者默示保密义务而公开的技术方案，则该被诉侵权人不得依据该项现有技术主张现有技术抗辩，否则将使被诉侵权人因自身违法公开行为而获得利益，明显违反民法基本原则和专利法立法精神。根据环莘公司与法瑞纳公司的协议，法瑞纳公司负有保密义务，该公司未经专利权人环莘公司同意而公开涉案专利技术方案，违反合同义务，其行为具有违法性和可责难性，基于前述有关民法基本原则，其不能依据该项现有技术主张现有技术抗辩。

5. "三无产品"合法来源抗辩的认定

【裁判要旨】

被诉侵权产品无生产厂厂名、厂址、产品质量检验合格证明等标识，可以作为认定销售商未尽合理注意义务的重要考量因素。

【关键词】

专利　侵权　合法来源　"三无产品"

【案号】

（2021）最高法知民终 1138 号

【基本案情】

在上诉人源德盛塑胶电子（深圳）有限公司（以下简称源德盛公司）与

被上诉人南宫市新中昊通讯门市（以下简称新中昊门市）侵害实用新型专利权纠纷案①中，涉及专利号为201420522729.0、名称为"一种一体式自拍装置"的实用新型专利（以下简称涉案专利）。源德盛公司为专利权人，认为新中昊门市销售的被诉侵权产品侵害了涉案专利权，故向河北省石家庄市中级人民法院（以下简称一审法院）提起诉讼，请求判令：新中昊门市立即停止侵害并赔偿经济损失2万元（包括维权合理开支）。一审法院认为新中昊门市销售的被诉侵权产品落入涉案专利权保护范围，但合法来源抗辩成立，不应承担赔偿责任，仅判决新中昊门市停止侵权，驳回源德盛公司的其他诉讼请求。源德盛公司不服，向最高人民法院提起上诉，主张被诉侵权产品无生产厂家、厂址、产品质量合格证明等标识，属于"三无产品"，新中昊门市主观上存在过错，且新中昊门市所提供的证据不能证明被诉侵权产品是从"深圳恒泰数码"购买。最高人民法院于2022年1月27日改判新中昊门市赔偿源德盛公司经济损失及维权合理开支共计2000元。

【裁判意见】

最高人民法院二审认为，销售者合法来源抗辩的成立，需要同时满足被诉侵权产品具有合法来源的客观要件和销售者无主观过错的主观要件。被诉侵权产品具有合法来源，是指销售者通过合法的进货渠道、通常的买卖合同等正常商业方式取得所售产品。对于客观要件，销售者应当提供符合交易习惯的相关证据；对于主观要件，销售者应当证明其实际不知道且不应当知道其所售产品系制造者未经专利权人许可而制造并售出。上述两个要件相互关联。首先，新中昊门市在本案一审程序中主张合法来源抗辩提交的仅为淘宝网订单页打印件，两笔订单的淘宝用户会员名不一致，淘宝网交易时间距离源德盛公司取证时间间隔长达一年以上，且在"深圳恒泰数码"淘宝网店已查找不到相应自拍杆产品，仅凭新中昊门市提供的淘宝网订单页所显示的产品照片，无法确认与被诉侵权产品是否完全相同。其次，被诉侵权产品上没有生产厂家、厂址、质量合格证明等标识，可作为认定销售商未尽到合理注意义务的重要考虑因素。新中昊门市自述以4.5元的较低价格于2016年2月、4月先后两次从同一家网店购进多个自拍杆，虽然其声称不知道所购为"三无产品"，但从其在时隔两个月后再次购买相同产品，其经营的线下店铺实际出售"三无产品"来判断，可以认定其对自拍杆无标识的情况是知晓的，没有尽到销售商的合理注意义务。且本案经过一审、二审，新中昊门市亦未补充提交其他证据。故新中昊门市关于被诉侵权产品具有合法来源的抗

---

① 本案裁判文书参见第150页。

辩理由不能成立，仍应当承担停止侵害、赔偿损失的民事责任。关于侵权赔偿数额的确定，综合考虑本案侵权行为发生地在河北省南宫市，当地经济发展水平不高，新中昊门市只是从事零售业务的个体经营户，侵权主观过错不大，经营规模小，被诉侵权产品利润微薄，销售量非常有限，侵权情节较轻，且源德盛公司已在全国各地就涉案专利提起批量诉讼，进行溯源维权等因素，酌定新中昊门市赔偿源德盛公司经济损失 1000 元、维权合理开支 1000 元。

6. 合法来源抗辩中合理注意义务的认定

【裁判要旨】

在被诉侵权企业收到的律师函中已记载涉案专利的专利权人、专利名称、专利号以及联系方式等信息的情况下，其未采取任何措施，仍然购进侵犯他人技术方案较为简单的实用新型专利权的被诉侵权产品并使用，应认定其未尽到合理的注意义务，合法来源抗辩不能成立。

【关键词】

专利　侵权　合法来源抗辩　注意义务

【案号】

（2022）最高法民再 6 号

【基本案情】

在再审申请人张振武与被申请人广西路桥工程集团有限公司（以下简称路桥公司）侵害实用新型专利权纠纷案①中，张振武系 201020130562.5 号"整体式土工格室"实用新型专利（以下简称涉案专利）的专利权人。其主张路桥公司使用的土工格室产品落入涉案专利权的保护范围。路桥公司主张其使用的被诉侵权产品购自仪征市佳和土工材料有限公司淮安分公司（以下简称佳和淮安分公司），具有合法来源，并提交了其与佳和淮安分公司于 2018 年 3 月 27 日签订的《土工格室采购合同》等证据，显示约定的供货期限从 2018 年 1 月 1 日起至项目完工为止。路桥公司分别于 2017 年 12 月 20 日及 2018 年 5 月 18 日签收张振武的代理律师发出的律师函。路桥公司于 2017 年 12 月 20 日收到律师函后未采取任何措施。广西壮族自治区南宁市中级人民法院受理本案后，于 2018 年 5 月 22 日将起诉状等案件材料送达给路桥公司。一审法院认为，被诉侵权产品包含了涉案专利权利要求 1、2 的全部技术特征，落入了涉案专利权的保护范围。张振武提交的两份律师函未记载专利

---

① 本案裁判文书参见第 156 页。

的技术信息，路桥公司无从判断侵权与否。张振武仅凭两份律师函主张路桥公司知道或应当知道其使用的产品为侵权产品，不能成立。据此判决驳回张振武的诉讼请求。张振武不服，提起上诉。广西壮族自治区高级人民法院二审认为，根据 2011 年 4 月 1 日张振武与仪征市佳和土工材料有限公司签订的《合作协议书》，佳和淮安分公司销售被诉侵权产品属于在专利权人的许可范围内进行，没有侵犯涉案专利权。据此判决驳回上诉，维持原判。张振武不服，向最高人民法院申请再审。最高人民法院裁定提审本案，并于 2022 年 12 月 14 日作出再审判决，认定佳和淮安分公司销售被诉侵权产品不在张振武的许可范围内，改判路桥公司赔偿张振武经济损失 20 万元。

【裁判意见】

最高人民法院再审认为：路桥公司 2017 年 12 月 20 日签收的律师函及邮单记载了涉案专利的相关信息以及律师的联系信息，律师函要求路桥公司在其承建的相关项目上把关供应商的产品是否侵害涉案专利权，并记载了张振武授权生产、销售涉案专利产品的 5 家企业。路桥公司系规模较大的公司，应当具有较强的防范侵权意识以及较为完善的防范侵权机制，以防止侵犯他人专利权。涉案专利系技术方案较为简单的实用新型专利。在路桥公司签收的律师函已明确记载涉案专利的专利权人、专利名称及专利号，律师函及邮单中已载明承办律师姓名且邮单上有该承办律师手机号码的情况下，路桥公司理应进行适当的核实，以避免侵犯他人专利权。但是，路桥公司在收到上述律师函后，未采取任何措施，即从佳和淮安分公司处购进被诉侵权产品予以使用，未尽到合理的注意义务，不属于《中华人民共和国专利法》① 第七十条规定的"不知道是未经专利权人许可而制造并售出的专利侵权产品"的情形，其合法来源抗辩不成立。

7. 发明创造实际发明人的认定

【裁判要旨】

员工离职后一年内以他人名义申请涉案专利，如果现有证据可以证明涉案专利与该员工在原单位承担的本职工作或者分配的任务具有较强关联性，且他人与该员工具有利益关联关系，又不具有研发涉案专利的技术能力，可以认定该员工为涉案专利的实际发明人，涉案专利为职务发明创造。

---

① 此处指 2008 年《中华人民共和国专利法》，其已于 2020 年修改，本案下同。

【关键词】

专利　职务发明　离职　有关的发明创造

【案号】

（2021）最高法民申 7941 号

【基本案情】

在再审申请人莫良华与被申请人敦泰科技（深圳）有限公司（以下简称敦泰公司），一审被告、二审上诉人深圳磨石科技有限公司（以下简称磨石公司），一审第三人、二审上诉人贾一锋，一审第三人夏涛专利权权属纠纷案①中，敦泰公司诉称其系从事电容屏触控方案的高新技术研发企业，莫良华曾为该公司研发人员，负责包括电容式触摸控制在内的技术研发工作，担任高级副总经理职务，并作为职务发明人申请过专利。莫良华离职后以磨石公司名义申请了涉案专利"一种触摸显示装置和电子设备"。该专利是莫良华执行敦泰公司任务并主要是利用原单位物质技术条件所完成的职务发明创造，应归敦泰公司享有。遂起诉请求法院判令：由敦泰公司享有涉案专利权。广东省深圳市中级人民法院一审认为，磨石公司系涉案专利名义专利权人，莫良华是该公司控股股东，与涉案专利权利归属存在直接利益关联，莫良华系实际发明人具有高度可能性。涉案专利系莫良华从原单位离职后一年内作出且与其在原单位本职工作、分配任务密切相关，并主要利用了原单位的物质技术条件完成的职务发明，故判决涉案专利归敦泰公司享有。莫良华、磨石公司、贾一锋不服，提起上诉。最高人民法院二审判决驳回上诉，维持原判。莫良华不服，向最高人民法院申请再审。最高人民法院于 2022 年 3 月 21日裁定驳回莫良华的再审申请。

【裁判意见】

最高人民法院审查认为，莫良华于 2006 年 9 月 4 日入职敦泰公司，2015年 3 月 6 日从敦泰公司离职。2015 年 12 月 3 日，磨石公司向国家知识产权局申请涉案专利，发明人为贾一锋、夏涛。磨石公司成立于 2015 年 2 月 9 日，莫良华为该公司法定代表人、董事长。莫良华占股 99.9%、莫良忠占股0.1%。贾一锋为磨石公司监事。即莫良华在离职前成立磨石公司，在其离职后的 1 年内，磨石公司便申请了涉案专利。莫良华与敦泰公司于 2014 年 7 月1 日签订了《保密及竞业限制协议》，约定莫良华对敦泰公司技术信息和经营信息负有保密义务，且自离职之日起两年内不得从事与敦泰公司业务类似的

---

① 本案裁判文书参见第 164 页。

业务。敦泰公司长期从事指纹识别、触控显示等技术研发，该公司及其关联企业在该技术领域有较大投入，拥有大量专利等技术积累。敦泰公司在 2014 年前后一直从事指纹识别技术研发，并采取保密措施，莫良华参与其中。莫良华虽提出辞职，但实际留任至 2015 年 3 月 5 日，莫良华承诺将完成相关指纹识别 IC 设计。截至 2015 年 1 月 21 日，莫良华仍在接收相关电子邮件，继续其研发管理工作。此外，莫良华还参与了包括"触控显示装置"等专利在内的技术研发工作。涉案专利为"触摸显示装置和电子设备"，涉及复用像素电极以及调制地技术，而敦泰公司的 FT9201 项目亦涉及调制地技术的运用，二者属于同一技术领域。涉案专利与莫良华参与研发的上述专利技术同属于触控显示技术领域，属于相关的发明创造。涉案专利与莫良华在敦泰公司承担的本职工作、分配的工作任务以及提供的物质技术条件有关。磨石公司从事的工作与涉案专利技术不具有相关性。贾一锋毕业于南京大学物理系磁学和磁性材料专业，夏涛毕业于西华师范大学物理系。二人专业与涉案专利技术属于不同的技术领域，不具有相关性，且无证据证明贾一锋、夏涛在涉案专利的申请日之前具有与涉案专利技术相关的工作经历和研发积累的证据，不能证明贾一锋、夏涛是对涉案专利作出创造性贡献的人。贾一锋与莫良华二人系南京大学物理系的同学，莫良华为物理学微电子与固体电子专业，贾一锋为物理学磁学和磁性材料专业，二人均于 2000 年毕业。二人均为磨石公司高管，二人还共同持有其他关联企业股份，并先后担任同一公司的法定代表人。在莫良华从敦泰公司离职前，夏涛入职与莫良华存在关联关系的公司，并在莫良华控制的其他关联公司成立后入职该公司。贾一锋、夏涛与磨石公司于 2015 年 5 月 10 日签订《技术转让协议》，约定两人将相关技术转让给磨石公司。2015 年 12 月 3 日，即莫良华从敦泰公司离职后不到 9 个月的时间，磨石公司作为申请人，贾一锋、夏涛作为发明人，当日共提交 52 项专利申请，后撤回或者放弃其中 44 项专利申请。此后，敦泰公司以莫良华、贾一锋、夏涛及其莫良华的关联公司为被告，提起 18 个专利或者专利申请权属之诉，均与指纹识别或其基础技术触摸显示技术相关。从上述事实看，莫良华以贾一锋、夏涛作为发明人提交了多项专利申请，并将专利或者专利申请权转让给莫良华控股 99.9% 的磨石公司。因此，涉案专利系莫良华在与敦泰公司劳动人事关系终止后 1 年内作出的、与其任职敦泰公司期间承担的本职工作有关的发明创造，属于敦泰公司的职务发明创造。

8. 侵权人对外宣称的经营业绩可以作为计算损害赔偿的依据

【裁判要旨】

专利权利人主张以侵权人对外宣传的经营规模作为损害赔偿计算依据，侵权人抗辩该经营规模属于夸大宣传、并非经营实绩，但未提交证据证明其实际侵权经营规模的，人民法院可以依据该对外宣传的经营规模作为损害赔偿计算依据。

【关键词】

专利　侵权　侵权责任　赔偿计算　自我宣传业绩

【案号】

（2021）最高法知民终 1066 号

【基本案情】

在上诉人福州百益百利自动化科技有限公司（以下简称百益百利公司）与被上诉人上海点挂建筑技术有限公司（以下简称点挂公司）、张守彬侵害实用新型专利权纠纷案①中，涉及专利号为 201320534267.X、名称为"结固式锚栓"的实用新型专利（以下简称涉案专利）。百益百利公司认为，点挂公司、张守彬于 2017 年开始积极推广第三代点挂安装技术，其中"点挂专用抗拉拔保护锚栓"落入涉案专利权的保护范围，构成侵权，故向上海知识产权法院（以下简称一审法院）提起诉讼，请求判令停止侵害、赔偿损失 250 万元。一审法院认为，点挂公司、张守彬主张的抵触申请抗辩成立，故判决驳回百益百利公司的诉讼请求。百益百利公司不服，向最高人民法院提起上诉，主张被诉侵权产品技术方案与抵触申请公开的内容不同。最高人民法院于 2022 年 5 月 23 日判决撤销原判，点挂公司、张守彬停止侵害，赔偿损失 250 万元。

【裁判意见】

最高人民法院二审认为，点挂公司、张守彬主张的抵触申请抗辩不成立。被诉侵权产品是点挂公司和张守彬积极推广的第三代点挂安装技术产品配件，点挂公司和张守彬在 2017 年宣称其累计施工面积已达 200 万平方米，且其通过宣传册和官方网站对相关工程案例进行了宣传展示，点挂公司副总经理在 2019 年 2 月 24 日仍通过微信朋友圈对第三代点挂施工工程进行宣传展示。点挂公司和张守彬对上述事实虽持有异议，认为 200 万平方米为夸大宣传，

---

① 本案裁判文书参见第 169 页。

相关工程案例为借鉴合作方的案例，且相关工程并未使用被诉侵权产品。但是，点挂公司和张守彬并未提交有效反证证明其实际施工量，其主张夸大宣传依据不足；点挂公司和张守彬亦不提交其实际使用的锚栓配件，其主张未使用被诉侵权产品与事实不符，不能成立。在以上事实基础上，参考百益百利公司主张的每平方米所需被诉侵权产品平均用量约为5根、专利产品销售单价为3.57元、3.27元不等以及合理利润率认定赔偿数额，点挂公司和张守彬侵权获利应不低于250万元。综合考虑点挂公司和张守彬经营规模，因其侵权时间长、侵权范围广、侵权恶意明显，以及百益百利公司为本案支出的律师费、公证费等合理维权费用等因素，依法对百益百利公司主张的250万元赔偿数额予以全额支持。

9. 侵权和解后再次销售相同侵权产品的惩罚性赔偿责任

【裁判要旨】

侵权人与专利权利人就有关销售侵权产品行为的纠纷达成和解后，再次销售相同侵权产品的，可以认定其构成故意侵权且情节严重；专利权利人请求适用惩罚性赔偿，并主张参照在先和解协议约定的赔偿数额作为计算基础的，人民法院可以依法予以支持。

【关键词】

专利　侵权和解　重复侵权　惩罚性赔偿　赔偿数额计算

【案号】

（2022）最高法知民终871号

【基本案情】

在上诉人金民海与被上诉人郑东新区白沙镇百佳五金机电劳保建材经营部（以下简称百佳经营部）、原审被告郑州佰发商贸有限公司（以下简称佰发公司）侵害发明专利权纠纷案①中，涉及专利号为01125315.0、名称为"反向地面刨毛机"的发明专利（以下简称涉案专利）。金民海认为，百佳经营部在双方和解后再次销售同种被诉侵权产品，构成重复侵权，故向河南省郑州市中级人民法院提起诉讼，请求适用惩罚性赔偿判令百佳经营部等赔偿金民海经济损失及合理费用共计25万元。一审法院认为，虽然百佳经营部存在侵权的故意，但未达到情节严重程度，不符合适用惩罚性赔偿的条件，故适用法定赔偿确定百佳经营部赔偿金民海经济损失及维权合理开支共计1万

① 本案裁判文书参见第187页。

元。金民海不服，向最高人民法院提起上诉，请求改判百佳经营部赔偿经济损失及维权合理开支共计 10 万元或发回重审。最高人民法院于 2022 年 10 月 10 日判决撤销原判，改判百佳经营部承担惩罚性赔偿责任，赔偿金民海经济损失及维权合理开支共计 6 万元。

【裁判意见】

最高人民法院二审认为，在本案之前，金民海曾因百佳经营部销售被诉侵权产品向一审法院提起专利侵权诉讼，后双方达成《和解协议》，百佳经营部承诺停止侵权并赔偿经济损失及合理费用共计 3 万元。百佳经营部在经历前案诉讼后，已明知金民海系涉案专利权人，也明知其销售被诉侵权产品侵害涉案专利权，但在前案中作出停止侵权承诺并支付赔偿款后，仍然再次销售被诉侵权产品，具有侵权的故意，构成重复侵权，属于《最高人民法院关于审理侵害知识产权民事案件适用惩罚性赔偿的解释》第四条规定的"其他可以认定为情节严重的情形"。百佳经营部主观上存在侵权故意且侵权情节严重，应承担惩罚性赔偿责任。关于赔偿数额，本案中，虽然各方当事人均未举证证明权利人因被侵权的实际损失、侵权人侵权获利或可供参考的专利许可使用费等，但是考虑到本案百佳经营部在前案达成和解协议后不到两个月内即发生再次侵权行为，侵权持续时间较短，侵权获利有限，以及涉案专利于 2021 年 8 月 10 日到期，本案为批量维权性质等因素，酌情以前案《和解协议》约定赔偿数额为计算基数，确定由百佳经营部承担惩罚性赔偿责任，赔偿金民海经济损失及为制止侵权行为所支付的合理开支共计 6 万元。

10. 专利权稳定性存疑时可引导当事人作出未来利益补偿承诺

【裁判要旨】

专利侵权案件中涉案专利权稳定性存疑或者有争议时，人民法院可以视情采取继续审理并作出判决、裁定中止诉讼、裁定驳回起诉等不同处理方式，具体处理方式的选择主要取决于人民法院对涉案专利权稳定性程度的初步判断。为有效促进专利侵权纠纷解决，人民法院可以积极引导和鼓励专利侵权案件当事人基于公平与诚信之考虑，自愿作出双方双向或者单方单向的利益补偿承诺或者声明，即：专利权利人可以承诺如专利权被宣告无效则放弃依据专利法第四十七条第二款所享有的不予执行回转利益；被诉侵权人可以承诺如专利权经确权程序被维持有效则赔偿有关侵权损害赔偿的利息。当事人自愿作出上述承诺的，人民法院应当将之作为专利侵权案件后续审理程序处理方式选择的重要考量因素。

【关键词】

专利 侵权 专利权无效抗辩 专利权稳定性 未来利益补偿 承诺 处理方式选择

【案号】

（2022）最高法知民终 124 号

【基本案情】

在上诉人深圳市租电智能科技有限公司（以下简称租电公司）与被上诉人深圳市森树强电子科技有限公司（以下简称森树强公司）、深圳市优电物联技术有限公司（以下简称优电公司）侵害实用新型专利权纠纷案①中，租电公司以森树强公司、优电公司共同实施了侵害其享有的名称为"一种动态密码 USB 线材"的实用新型专利权（以下简称涉案专利权）的行为为由，向广东省深圳市中级人民法院（以下简称一审法院）起诉，请求判令森树强公司、优电公司停止侵害并连带赔偿 100 万元。森树强公司、优电公司提出专利权无效抗辩，理由系租电公司所享有的"一种动态密码墙壁充电器"实用新型专利权（以下简称关联专利权）已经被国家知识产权局作出无效宣告审查决定（以下简称第 41299 号审查决定）宣告无效，涉案专利也不符合授予专利权的条件。一审法院认定涉案实用新型专利和关联专利属于实质上的同一技术方案，关联专利权被宣告无效，涉案专利明显或者有极大可能属于不应获得授权的技术方案，其也不属于专利法保护的合法权益，森树强公司、优电公司的专利权无效抗辩成立。据此，一审法院判决驳回租电公司的诉讼请求。租电公司不服，向最高人民法院提起上诉，主张一审法院无权在民事案件中审查森树强公司、优电公司提出的无效抗辩的主张，关联专利并未公开涉案专利的全部技术特征，涉案专利具备创造性。本案二审审理过程中，森树强公司向国家知识产权局提出针对涉案专利权的无效宣告请求（以下简称本次专利确权程序），国家知识产权局已经受理。经二审合议庭对涉案专利权稳定性问题依法可能存在的处理方式进行释明，双方当事人分别自愿作出相应未来利益的补偿承诺。专利权人承诺的核心在于专利权被宣告无效时将返还全部有关侵权案件实际收益并给付相应利息；被诉侵权人承诺的核心在于专利权被确认有效时将支付全部侵权案件应付赔偿并给付相应利息。最高人民法院于 2022 年 6 月 22 日裁定撤销原判，驳回租电公司起诉。

---

① 本案裁判文书参见第 194 页。

【裁判意见】

最高人民法院二审认为，第一，在涉案专利权稳定性存疑或有争议的情况下，人民法院可以酌情对后续审理程序作出妥适处理。依据有关法律和司法解释的规定，专利侵权案件审理中对涉案专利权稳定性存疑或有争议时，人民法院至少可以有继续审理并作出判决、裁定中止诉讼、裁定驳回起诉三种处理方式，具体应采取哪种方式，主要取决于人民法院对涉案专利权稳定性程度的初步判断。一般而言，对于已经过专利授权确权程序中国务院专利行政部门实质审查判断的专利权，其稳定性较强，人民法院通常可以继续审理侵权案件并作出判决；对于未经国务院专利行政部门实质审查判断的专利权和其他有证据表明被宣告无效可能性较大的专利权，其稳定性相对不足，人民法院可以依据有关司法解释的规定视情对侵权案件裁定中止诉讼；对于已被国务院专利行政部门宣告无效但无效决定尚未确定发生法律效力的专利权，其稳定性明显不足，人民法院可以依据《最高人民法院关于审理侵犯专利权纠纷案件应用法律若干问题的解释（二）》第二条第一款的规定，对侵权案件裁定驳回起诉；对于有证据表明被宣告无效可能性极大的专利权，其稳定性明显不足的，虽然尚未被国务院专利行政部门宣告无效，但在专利确权程序已经启动的情况下，人民法院对侵权案件既可以裁定中止诉讼，也可以在必要时视情参照《最高人民法院关于审理侵犯专利权纠纷案件应用法律若干问题的解释（二）》第二条的规定裁定驳回起诉。

第二，基于本案现有事实和证据，可以得出涉案专利权稳定性明显不足的结论。本案已经查明，专利权人租电公司在申请涉案专利的同日申请了关联专利，该关联专利权已被发生法律效力的第 41299 号审查决定宣告全部无效。关联专利与涉案专利相比，区别技术特征仅在于，涉案专利为"一种动态密码 USB 线材，包括有 USB 插接头；其特征在于：所述的 USB 插接头的电源输出端经动态密码控制器连接充电接口"。关联专利为"一种动态密码墙壁充电器，包括有 AC 插头，连接 AC 插头的电源适配器模块；其特征在于：所述的电源适配器模块的输出端经动态密码控制器连接充电接口"；二者其余技术特征均相同。对于上述区别技术特征，根据涉案专利说明书及关联专利说明书可知，不论是 USB 线材还是采用 AC 插头的充电器均为现有技术，USB 插接头用于获取 5V 直流电，供数码产品充电；AC 插头用于插接在市电插座上获取 220V 或 110V 的交流电源，电源适配器模块将交流电源降压为低压直流输出，即 AC 插头与电源适配器连接后，用于提供低压直流输出电，供数码产品充电。森树强公司、优电公司主张，上述区别技术特征对于本领域技术人员而言，在涉案专利、关联专利中所起的作用、效果相同，属于惯用手段的直接替换。森树强公司在本案二审审理过程中也已就涉案专利权向国家知识产权局提出了无效宣告请求，其提交的证据与第 41299 号审查决定中的证据相同，无效理由也基本一致，国家知识产权局已经受理。基于上述涉案专利和关联专利均为未经实质审查即授权的实用新型专利，二者的区别技术特征仅系行业惯用和市场常见的 USB 插头与 AC 插头及与之配套使用的电源适配器的不同，且二者系同日申请，在关联专利权已被国家知识产权局宣告无效而森树强公司、优电公司也已就涉案专利向国家知识产权局提出宣告无效请求的情况下，涉案专利权被宣告无效的可能性极大，其专利权稳定性明显不足。

第三，本案中双方当事人自愿作出的有关涉案专利权稳定性问题的利益补偿承诺或声明，有利于彼此利益的实质平衡，人民法院也可将此作为对后续审理程序作出处理时的考量因素。本案中，在涉案专利权稳定性问题存疑且已经启动本次专利确权程序的情况下，经向当事人释明相关程序可能的走向和后果后，本案双方当事人分别针对本次专利确权程序可能的结果及因此可能对对方当事人利益造成的不利影响作出了相应的利益补偿承诺。二审法院认为，当事人所作有关利益补偿承诺系对各自民事权利和期待利益的自愿处分，内容并不违反法律规定，所作承诺系在充分考虑相关程序的可能走向和后果的基础上对彼此利益的合理预期和处分，能够较好地保障和合理地平衡专利侵权程序与专利确权程序交叉进行情况下当事人的程序利益和实体公正，符合公平原则和诚信原则，并具有实践可操作性。同时，在当事人自愿作出有关专利权稳定性问题的利益补偿承诺的情况下，无论人民法院后续是采取继续审理并作出判决、裁定中止诉讼、裁定驳回起诉三种处理方式中的哪一种方式，均可在实质上较好且有效地平衡保护双方当事人利益，也有利于人民法院结合具体案情就后续处理方式作出适当选择。

综合上述分析，涉案专利权稳定性明显不足，而被诉侵权人就涉案专利权稳定性问题所作相关利益补偿承诺也可以在本案裁定驳回起诉后未来专利权被确认有效时使得专利权人的相应利益得以保障，本案可以参照《最高人民法院关于审理侵犯专利权纠纷案件应用法律若干问题的解释（二）》第二条第一款、第二款的规定，按照裁定驳回起诉作出处理。专利权人可以在国家知识产权局就涉案专利权作出维持有效的审查决定确定发生法律效力后，另行提起诉讼，并可根据被诉侵权人在本案中所作利益补偿承诺主张权利。

11. 假冒专利行为的侵权定性及损害赔偿法律依据

【裁判要旨】

假冒他人专利行为与侵害专利权行为虽然均属于与专利相关的侵权行为，但其侵权行为样态、所侵害的法益、责任承担方式均有所不同。单纯假冒他人专利而未实施专利技术方案的行为，不构成专利法第十一条规定的侵害专利权行为，有关损害赔偿责任的认定应当适用民法典关于侵权损害赔偿的一般规定。

【关键词】

假冒专利　侵权　损害赔偿　法律依据

【案号】

（2021）最高法知民终 2380 号

【基本案情】

在上诉人姚魁君与被上诉人嘉兴捷顺旅游制品有限公司（以下简称捷顺公司）、原审被告上海寻梦信息技术有限公司（以下简称寻梦公司）假冒他人专利纠纷案①中，涉及专利号为 201420624020.1、名称为"一种自挤水平板拖把"的实用新型专利（以下简称涉案专利）。捷顺公司认为，姚魁君在其经营的拼多多店铺网页宣传其经营的是上述专利产品，构成假冒专利，请求判令姚魁君赔偿捷顺公司经济损失 50 万元及维权合理开支合计 5 万元；判令寻梦公司承担连带责任。一审法院认为，姚魁君未提供证据证明其经许可使用涉案专利号，其行为会使公众将被诉销售页面对应的产品使用的技术误认为是专利技术，构成假冒他人专利的行为，姚魁君依法承担赔偿损失及支付合理维权费用的民事责任。捷顺公司未证明权利人损失和侵权人获利的事实，依照 2008 年修正专利法第六十五条规定，酌定姚魁君赔偿捷顺公司经济损失及为制止侵权所支出的合理费用共计 10 万元。姚魁君不服，向最高人民法院提起上诉，主张侵害专利标识的标记权与侵害专利权系不同概念，不能依照专利法第六十五条规定确定赔偿数额，应由捷顺公司另行举证其因专利号被他人标注造成的实际损失。最高人民法院认为，一审法院适用法律有误，但判决结果无明显错误，可予以维持，并于 2022 年 6 月 23 日判决驳回上诉，维持原判。

---

① 本案裁判文书参见第 210 页。

【裁判意见】

最高人民法院二审认为，专利法①第十七条第二款规定，专利权人有权在其专利产品或者该产品的包装上标明专利标识。专利法实施细则第八十四条规定，在未被授予专利权的产品或者其包装上标注专利标识，或者未经许可在产品或产品包装上标注他人的专利号，属于专利法第六十三条规定的假冒专利的行为。捷顺公司是涉案专利的专利权人，该专利合法有效。姚魁君未经专利权人许可，在被诉销售页面展示与涉案专利相同的产品名称、专利号，其行为会使相关公众将被诉销售页面对应的产品所实施的技术误认为是专利技术，侵害了专利权人的合法权益，且违反国家专利管理制度，属于假冒专利的行为。即使假冒专利的产品实际上并没有实施他人的专利技术方案，不具备专利产品应有的功能，但此类产品在市场上公开销售，可能影响专利产品的商誉，挤占专利权人制造、销售专利产品的市场空间。因此，假冒专利行为构成对专利标记权的侵害，属于侵权行为，专利权人可以要求行为人承担民事责任。

假冒专利的行为与侵害专利权的行为并不相同。首先，二者的行为方式不同。专利法第六十条规定，未经权利人许可，实施其专利，即侵犯其专利权。根据专利法第十一条规定，任何单位或者个人未经专利权人许可，都不得实施其专利，即不得以生产经营为目的制造、使用、许诺销售、销售、进口其专利产品，或者使用其专利方法以及使用、许诺销售、销售、进口依照该专利方法直接获得的产品。即，专利法规定的侵害专利权，一般是指未经权利人许可实施其专利技术方案的行为，实施的具体方式在专利法第十一条中予以规定，而假冒专利并不实施专利技术方案。其次，假冒专利行为与侵害专利权行为所侵害的法益不同。侵害专利权行为所指向的是基于技术方案的专利权，而假冒专利行为侵害的是专利法第十七条所规定的标明专利标识的权利（即专利标记权）、国家专利管理秩序以及社会公众利益。最后，假冒专利行为与侵害专利权行为承担责任的方式也不同。即假冒专利可能承担民事责任、行政责任、刑事责任，其承担民事责任的法律依据应为规制侵权行为的一般民事法律。而侵害专利权行为所侵害的是专利权人的权益，依据专利法承担民事责任。

本案中姚魁君所实施的被诉行为系未经专利权人许可，在其销售网页上标注涉案专利的名称、专利号，但其相应的产品并未实施涉案专利技术方案，因此其行为仅构成假冒专利，侵害了捷顺公司的专利标记权，但并未侵害捷

---

① 此处指 2008 年《中华人民共和国专利法》，其已于 2020 年修改，本案下同。

顺公司的涉案专利权。专利法第六十五条规定了侵害专利权的赔偿责任。假冒专利的行为并非侵害专利权的行为，故不能适用专利法第六十五条的规定计算侵权损害赔偿数额。

本案中姚魁君被诉假冒专利的行为，不仅在其销售网页标注涉案专利号，亦标明了专利名称"自挤水平板拖把"，并标明"专利产品防伪必究"，侵害了捷顺公司就涉案专利享有的专利标记权，可能使相关公众对涉案产品产生其相关技术是专利技术的误认，造成相关购买者的混淆，并进而侵占捷顺公司的市场空间，必然会给捷顺公司造成损失，其应当承担赔偿损失的民事责任。姚魁君另案侵害捷顺公司"拖把（FC-44）"的外观设计专利权，又假冒捷顺公司的涉案专利，侵权主观故意明显。侵权责任法①第六条规定，行为人因过错侵害他人民事权益，应当承担侵权责任。该法第十五条规定了承担侵权责任的主要方式。该法第十九条规定，侵害他人财产的，财产损失按照损失发生时的市场价格或者其他方式计算。本案中捷顺公司未证明其实际损失以及姚魁君因侵权行为不当获利的情况，市场价格亦难以准确确定，但在案证据显示，涉案产品的销售单价为 29.9 元至 39.9 元，依据其销售网页显示销售量超过 10 万件，虽然该销售数据可能不尽准确，但亦可见其涉案产品销售额较大，给捷顺公司造成的损失也应较大。综合案件具体情况，酌情确定姚魁君应赔偿捷顺公司 10 万元，鉴于一审判决确定的赔偿总额亦为 10 万元，因此不再作调整。

12. 确认不侵权之诉中"在合理期限内提起诉讼"的认定

【裁判要旨】

提起确认不侵害知识产权之诉的原告应当举证证明被告"未在合理期限内提起诉讼"。所谓"合理期限"应当根据知识产权的权利类型及性质、案件具体情况，充分考量侵权行为证据发现的难易程度和诉讼准备所需合理时间等予以确定；所谓"诉讼"包括可以实质解决双方争议、消除被警告人不安状态的各种类型诉讼，如侵权诉讼、确权诉讼等。

【关键词】

确认不侵权之诉　警告　催告　合理期限　诉讼类型

【案号】

（2021）最高法知民终 2460 号

---

① 已被《中华人民共和国民法典》废止，本案下同。

【基本案情】

在上诉人威马中德汽车科技成都有限公司（以下简称威马成都公司）、威马汽车科技集团有限公司（以下简称威马集团公司）、威马智慧出行科技（上海）股份有限公司（以下简称威马上海公司）与被上诉人成都高原汽车工业有限公司（以下简称高原汽车公司）确认不侵害知识产权纠纷案①中，威马成都公司、威马集团公司、威马上海公司（以下简称威马三公司）主张，2018年10月，高原汽车公司向四川高院起诉称，威马成都公司申请的8项专利系其前员工利用在高原汽车公司工作期间所掌握的技术秘密所获得的专利，主张威马成都公司侵害其商业秘密，该案为（2018）川民初121号案（以下简称121号案）。其中201610634961.7号专利（以下简称961.7号专利）已于2019年11月15日被国家知识产权局驳回申请。立案后，高原汽车公司先后追加威马集团公司、威马上海公司为该案被告，并提交了补充证据，涉及威马三公司的33项专利。其中，201620823420.4号专利（以下简称420.4号专利）因威马集团公司为避免重复授权放弃专利权。高原汽车公司在121号案开庭审理后撤诉，使得其是否行使诉权的意思表示回归到了一种不确定的状态，也导致威马三公司是否侵害其商业秘密处于不确定状态，严重影响正常生产经营。威马三公司于2020年1月10日向高原汽车公司邮寄催告函，书面催告高原汽车公司明确真实意图并行使诉权，但其签收满一个月后未作任何回应，故威马三公司向四川省成都市中级人民法院（以下简称一审法院）起诉请求判令高原汽车公司对其于121号案中所主张的商业秘密不享有任何权利，威马三公司未实施侵害高原汽车公司商业秘密的不正当竞争行为、未侵害高原汽车公司任何权利，即威马三公司所申请的41项专利未侵害高原汽车公司在121号案中所主张的10个技术秘密。一审法院认定，高原汽车公司及其关联公司在本案起诉前，于2019年5月16日左右就前述8项专利及其他34项专利，向浙江省杭州市中级人民法院提起了42件专利权权属纠纷，以威马三公司及其员工不法获取技术资料、信息进而申请专利为由，要求确认前述专利申请权或专利权归高原汽车公司及其关联公司所有，该批案件后因管辖争议而移送至上海知识产权法院审理。因此，就诉争8项专利的技术获取、专利申请行为侵害高原汽车公司商业秘密的警告，高原汽车公司已在催告时间之前提起诉讼。据此，一审法院裁定驳回威马三公司的起诉。威马三公司不服，向最高人民法院提起上诉，请求撤销原裁定，责令一审法院继续审理。威马成都公司、威马集团公司主张，催告函涉及8项专利，上

---

① 本案裁判文书参见第217页。

海知识产权法院仅立案受理高原汽车公司对其中 7 项专利的专利权或专利申请权权属提起的诉讼（以下简称上知系列案），高原汽车公司对 961.7 号专利并未提起诉讼。且上知系列案审理范围无法覆盖本案。上知系列案的案由为专利权或专利申请权权属纠纷，而本案系侵害商业秘密纠纷的确认不侵害知识产权纠纷，属侵权纠纷，两者性质及案由不同。威马上海公司除威马成都公司、威马集团公司前述提及的理由外，还认为上知系列案中威马上海公司并非案件当事人，因此，即使上知系列案与本案所涉及的专利存在部分重合，仍无法解决威马上海公司关于催告函中涉及的 8 项专利权利不稳定及威马上海公司不侵权的主张。最高人民法院于 2022 年 6 月 10 日裁定维持原裁定。

【裁判意见】

最高人民法院二审认为，知识产权民事诉讼规定①第五条规定："提起确认不侵害知识产权之诉的原告应当举证证明下列事实：（一）被告向原告发出侵权警告或者对原告进行侵权投诉；（二）原告向被告发出诉权行使催告及催告时间、送达时间；（三）被告未在合理期限内提起诉讼。"为了平衡和保障知识产权权利人和被警告人的合法权益，允许被警告人在满足一定条件时，提起确认不侵权之诉，既是为了促使权利人尽快行使权利，避免双方知识产权纠纷长期处于不确定状态，也是为了尽量减少因知识产权权利人滥用权利给被警告的合法经营者增加的负担。基于此，提起确认不侵害知识产权之诉，除了要满足《中华人民共和国民事诉讼法》（以下简称民事诉讼法）规定的起诉条件外，原告还必须提供初步证据证明前述知识产权民事诉讼规定第五条限定的三项特别条件，缺少任何一项条件，提起确认不侵害知识产权之诉均不应当被受理。

本案中，威马三公司已经举证证明其收到了高原汽车公司的侵权警告，且威马三公司已经向高原汽车公司发出诉权行使催告。

关于高原汽车公司是否在合理期限内提起诉讼，二审法院认为，首先，审查判断知识产权民事诉讼规定第五条第三项规定的"被告未在合理期限内提起诉讼"要件，应当充分考量知识产权的无形财产权特性对于侵权行为证据发现和维权诉讼方式选择的深刻影响。其中，对于"合理期限"，应当根据知识产权权利客体类型等案件具体情况，充分考量侵权行为证据发现的难易程度和诉讼准备所需时间等因素予以确定。对于"提起诉讼"的判断，应当包含可以实质解决双方争议、消除被警告人不安状态的所有诉讼形式，如

---

① 即《最高人民法院关于知识产权民事诉讼证据的若干规定》，本案下同。

因侵害知识产权之诉和确认知识产权权利归属之诉，均以判断权利归属基础法律关系为前提，故，如果权利人提起的确权之诉涵盖了侵权警告中涉及的相关知识产权客体，则应当认定权利人已经"提起诉讼"。其次，根据在案事实，高原汽车公司无论 2018 年 10 月 12 日在四川高院提起 121 号侵害商业秘密诉讼，还是在 2019 年 5 月 16 日前后，向浙江省杭州市中级人民法院提起 42 件专利申请权或者专利权权属纠纷，均系基于高原汽车公司认为威马三公司及其相关员工等申请相关专利的行为侵害了高原汽车公司的技术秘密。显然，121 号案件的审理范围和后续 42 件专利申请权或者专利权权属纠纷案件审理范围均以审查判断相关技术成果归属基础法律关系为前提。故，高原汽车公司虽然撤回了 121 号案件的起诉，但保留了相关专利申请权或者专利权权属纠纷案件的起诉，且高原汽车公司提起相关专利申请权或者专利权权属纠纷的时间早于威马三公司发出催告函的时间，故应当认定高原汽车公司已经在发出警告后在合理期限内提起诉讼。再次，关于 121 号案件中高原汽车公司提起诉讼时明确主张权利的 961.7 号专利所涉相关技术方案，因高原汽车公司目前提起的专利申请权或者专利权权属纠纷未予涉及，威马三公司是否有权提起确认本案不侵害知识产权之诉的问题，高原汽车公司针对 121 号案件第一次主张权利的 8 项专利中的 7 项提起专利权权属纠纷诉讼时，国家知识产权局驳回 961.7 号专利申请决定已经生效，高原汽车公司未就 961.7 号专利技术方案提起相关专利申请权权属纠纷诉讼，可以视为高原汽车公司已经撤回针对 961.7 号专利所涉技术方案的侵权警告。故，威马三公司针对 961.7 号专利所涉技术方案不具备提起确认不侵权诉讼的条件。最后，关于 121 号案件起诉后高原汽车公司扩大主张权利范围涉及的其余 33 项专利，威马成都公司、威马集团公司、威马上海公司是否有权提起确认不侵权之诉的问题，对于其中所涉及的 420.4 号专利，因威马集团公司为避免重复授权放弃专利权，专利权已经失效，高原汽车公司未就该项专利提起相关专利权权属纠纷诉讼，可以视为高原汽车公司已经撤回针对该专利所涉技术方案的侵权警告。对于其余 32 项专利，根据在案证据，高原汽车公司均已在威马三公司提起本案诉讼前向上海知识产权法院、上海市高级人民法院提起相关专利权权属纠纷诉讼，故威马三公司针对 121 号案件涉及的其余 33 项专利所涉技术方案亦不具备提起确认不侵权诉讼的条件。综上所述，威马三公司提起本案确认不侵害知识产权之诉，不符合知识产权民事诉讼规定第五条规定的起诉条件，一审法院裁定驳回威马三公司的起诉，并无不当。

13. 权属争议期间登记的 PCT 申请①人的善良管理义务

【裁判要旨】

PCT 申请权权属争议期间，登记的 PCT 申请人无正当理由未尽善良管理义务，致使 PCT 申请效力终止的，应当对实际权利人承担赔偿损失的民事责任；实际权利人亦有过错的，可以酌减赔偿数额。

【关键词】

PCT 申请　权属争议　诚信原则　善良管理人义务

【案号】

（2022）最高法知民终 130 号

【基本案情】

在上诉人古必文、周志荣与被上诉人漳州灿坤实业有限公司（以下简称灿坤公司）、原审被告张中华知识产权损害赔偿纠纷案②中，涉及申请号为 PCT/CN2016/071553 的 PCT 申请。该 PCT 申请国际申请日为 2016 年 1 月 21 日、国际公布日为 2017 年 7 月 20 日，其中国优先权专利系专利号为 201620021160.9、名称为"一种自动胶囊面包机"的实用新型专利（以下简称涉案优先权专利）。涉案 PCT 申请的中国优先权专利发明人张中华原系灿坤公司技术人员，其于 2015 年 3 月 10 日自灿坤公司离职后入职辉胜达公司，2016 年 1 月 12 日以辉胜达公司为专利权人申请了涉案优先权专利，2016 年 1 月 21 日以该专利为优先权提交了涉案 PCT 申请，国际检索单位（国家知识产权局）经检索于 2016 年 9 月 21 日出具书面意见认为涉案 PCT 申请全部权利要求（权利要求 1—8）不具有创造性。2016 年 11 月 10 日，辉胜达公司申请清算备案登记，并于 2017 年 5 月 26 日完成注销，清算组成员为其时的股东古必文、周志荣。2017 年 1 月 12 日，灿坤公司起诉涉案优先权专利归其所有，广州知识产权法院作出（2017）粤 73 民初 226 号判决，认定涉案优先权专利归灿坤公司所有，该判决于 2017 年 11 月 16 日生效，古必文、周志荣此后未对涉案 PCT 申请作出任何处理。2017 年 12 月 8 日，灿坤公司继续就

---

① PCT 是《专利合作条约》（PATENT COOPERATION TREATY）的简称，是在专利领域进行合作的国际性条约。PCT 申请即 PCT 国际申请，是指依据《专利合作条约》提出的申请。以上定义参见《PCT 国际申请简介》，载国家知识产权局网站，https://www.cnipa.gov.cn/art/2022/6/16/art_364_176055.html，最后访问时间：2023 年 7 月 8 日。本书以下不再对此英文简称进行解释。

② 本案裁判文书参见第 230 页。

涉案 PCT 申请权属提起诉讼，案件审理期间，涉案 PCT 申请进入国家阶段的期限届满，各方当事人在此过程中均未采取任何措施，2018 年 9 月 13 日广州知识产权法院作出（2017）粤 73 民初 4546 号判决，认定涉案 PCT 申请归灿坤公司。至此，涉案 PCT 申请登记的申请人为辉胜达公司，实际权利人为灿坤公司。

灿坤公司认为，古必文、周志荣作为辉胜达公司的股东及清算组成员，在明知涉案 PCT 申请权应归属于灿坤公司的情况下，未给予任何书面通知，其清算行为严重违反清算程序，并导致涉案 PCT 申请失效，给灿坤公司造成无法挽回的损失。故向广东省深圳市中级人民法院（以下简称一审法院）提起诉讼，请求判令古必文、周志荣、张中华连带承担因其未履行义务致使涉案 PCT 申请权利终止造成灿坤公司的经济损失 100 万元。一审法院认为，PCT 申请对应可能存在的外国或其他地区专利局的专利授权，故 PCT 申请人对此享有一定的利益。在辉胜达公司注销前，法院的一审判决已认定涉案 PCT 申请据以登记优先权的涉案优先权专利归灿坤公司所有。古必文、周志荣对此未采取任何措施，主观上存有过错。同时，鉴于国际检索单位对涉案 PCT 申请全部权利要求的创造性持否定意见，亦存在不利于涉案 PCT 申请的较大可能性，酌情确定古必文、周志荣赔偿灿坤公司利益受损及维权支出共计 5 万元。古必文、周志荣不服，向最高人民法院提起上诉。最高人民法院于 2022 年 6 月 22 日判决驳回上诉，维持原判。

【裁判意见】

最高人民法院二审认为，PCT 申请分为国际阶段和国家阶段两个独立的阶段，PCT 申请是否进入国家阶段取决于申请人的意志。灿坤公司提出涉案优先权专利权属纠纷时，涉案 PCT 申请还未进行国际公布，古必文、周志荣应当预见到因涉案优先权专利权属争议，涉案 PCT 申请情况直接影响灿坤公司权益，涉案 PCT 申请是否进入国家阶段，已不属于辉胜达公司可以任意处置的事项。基于辉胜达公司申请涉案优先权专利以及涉案 PCT 申请的在先行为，根据诚信原则，在辉胜达公司进入清算期间，古必文、周志荣作为清算组成员应承担登记的涉案 PCT 申请人负有的善良管理人义务，善意及时履行基于诚信原则所产生的通知、协助、保护等义务，避免涉案 PCT 申请在灿坤公司不知情的情况下效力终止。古必文、周志荣违反诚信原则，未履行善良管理人之义务，未通知灿坤公司涉案 PCT 申请信息，存在过错。

国际初步审查单位对涉案 PCT 申请的全部权利要求无创造性的评价意见，并不必然导致该 PCT 申请进入特定国家的国家阶段后无授权可能性。对于涉案 PCT 申请而言，在该申请的效力终止前，灿坤公司具有合理的尚可期待的授权可能性。由于涉案 PCT 申请的效力终止，灿坤公司可期待的授权可能性确定地归于消灭，构成对灿坤公司利益的损害。

涉案 PCT 申请人为辉胜达公司，在涉案 PCT 申请权未经生效判决确认归属于灿坤公司之前，灿坤公司无法以自己名义决定是否进入国家阶段。古必文、周志荣作为辉胜达公司的清算组成员，应当合理预期涉案 PCT 申请的申请人未依 PCT 行政规程有效变更前，灿坤公司拟推进涉案 PCT 申请进入国家阶段需要以原申请人的名义进行，古必文、周志荣未及时通知灿坤公司涉案 PCT 申请信息，是灿坤公司未能及时推进涉案 PCT 申请进入国家阶段的主要原因。除申请人告知涉案 PCT 申请的信息这一渠道外，灿坤公司也可以从有关公开渠道获得涉案 PCT 申请的信息。灿坤公司因对 PCT 申请的申请人变更存在误解，未及时寻求 PCT 规则下直接变更涉案 PCT 申请人的救济方式，是涉案 PCT 申请未能进入国家阶段的次要原因。灿坤公司对涉案 PCT 申请效力终止造成的损失亦负有一定责任，因此可以减轻古必文、周志荣应当承担的责任。

14. 涉 4.2 类声明药品专利链接案件的处理

【裁判要旨】

仿制药申请人依据《药品专利纠纷早期解决机制实施办法（试行）》第六条的规定作出其申请的仿制药技术方案不落入被仿制药品专利权保护范围的声明的，原则上应当针对被仿制药品所对应的保护范围最大的权利要求作出声明，以保证声明的真实性和准确性。中国上市药品专利信息登记平台公开了被仿制药品所对应的两个或者两个以上的独立权利要求时，仿制药申请人应当针对该两个或者两个以上独立权利要求作出声明。

在药品专利链接诉讼中，判断仿制药的技术方案是否落入专利权保护范围时，原则上应当以仿制药申请人的申报资料为依据进行比对评判；仿制药申请人实际实施的技术方案与申报资料是否相同，一般不属于药品专利链接诉讼的审查范围。

【关键词】

确认是否落入专利权保护范围　药品专利链接　登记　4.2 类声明　独立权利要求　申报资料　比对依据

【案号】

（2022）最高法知民终 905 号

【基本案情】

在上诉人中外制药株式会社与被上诉人温州海鹤药业有限公司（以下简

称海鹤公司）确认是否落入专利权保护范围纠纷案①中，"艾地骨化醇软胶囊"是由中外制药株式会社研发的一款治疗骨质疏松的药物，中外制药株式会社拥有相关中国发明专利及上市许可，已在中国上市药品专利信息登记平台（以下简称登记平台）就上述药品和专利进行登记。海鹤公司向国家药品监督管理局申请上述原研药的仿制药上市许可，并作出相关声明，称其仿制药未落入登记平台收录的原研药相关专利权保护范围。中外制药株式会社向北京知识产权法院提起诉讼，请求确认涉案仿制药技术方案落入涉案专利权利要求的保护范围。北京知识产权法院认为，涉案仿制药技术方案未落入涉案专利权保护范围，故驳回中外制药株式会社的诉讼请求。中外制药株式会社不服，向最高人民法院提起上诉。最高人民法院认为，海鹤公司未针对保护范围最大的权利要求作出声明及未将声明及声明依据通知上市许可持有人即中外制药株式会社的行为有所不当，对此予以指出并作出批评；判断仿制药的技术方案是否落入专利权保护范围时，原则上应以仿制药申请人的申报资料为依据进行比对评判，经比对，涉案仿制药技术方案未落入专利权保护范围，于2022年8月5日判决驳回上诉，维持原判。

【裁判意见】

最高人民法院二审认为，根据《药品专利纠纷早期解决机制实施办法（试行）》第六条的规定，化学仿制药申请人提交药品上市许可申请时，应当对照已在登记平台公开的专利信息，针对被仿制药每一件相关的药品专利作出声明。仿制药申请人对相关声明的真实性、准确性负责。该规定仅对仿制药申请人作出声明所针对的专利提出了要求，并未明确声明所应当针对的药品专利的具体权利要求。仿制药申请人作出声明时，通常应该考虑被仿制药品与登记平台公开的专利权利要求的对应关系，即被仿制药品是否实施了登记平台公开的专利权利要求的技术方案。对于4.2类声明而言，该类声明的核心在于声明仿制药申请人申请的仿制药技术方案不落入被仿制药品专利权的保护范围。为保证声明的真实性和准确性，仿制药申请人原则上应该针对被仿制药品所对应的保护范围最大的权利要求作出声明。由于专利独立权利要求的保护范围最大，如果被仿制药品对应着专利独立权利要求，只要仿制药的技术方案不落入独立权利要求的保护范围，必然不落入从属权利要求的保护范围。但是，如果仿制药技术方案不落入药品专利从属权利要求的保护范围，并不能当然得出不落入药品专利权保护范围的结论。因此，对于4.2类不落入专利权保护范围的声明，如果被仿制药品对应着专利独立权利

---

① 本案裁判文书参见第239页。

要求，仿制药申请人应当针对独立权利要求作出声明；当被仿制药品所对应的保护范围最大的权利要求存在两个或者两个以上的独立权利要求时，仿制药申请人针对该两个或者两个以上独立权利要求作出声明，才能保证声明的真实性和准确性。

专利权人在登记平台上登记信息之后，有可能在无效宣告程序中修改已登记专利的权利要求，但无论以何种方式修改权利要求，最终被接受的审查文本均不得扩大原权利要求的保护范围，故只要仿制药申请人在提出仿制药申请时针对被仿制药品所对应的保护范围最大的权利要求作出4.2类声明，专利权人在无效宣告程序中对权利要求的修改就不会影响声明的真实性和准确性。

本案的特殊之处在于，仿制药申请人海鹤公司未针对修改前被仿制药品所对应的独立权利要求作出声明，而是仅对修改前的从属权利要求2作出声明。对此，在无效宣告程序中，专利权人对权利要求的修改并不必然导致审查文本的变化，修改后的审查文本被国家知识产权局接受并公开的最早时点系在口头审理过程中。国家药品监督管理局于2021年8月16日受理海鹤公司提出的涉案仿制药注册申请时，国家知识产权局尚未对涉案专利的无效宣告请求进行口头审理。故海鹤公司申请涉案仿制药上市并作出4.2类声明在前，国家知识产权局进行口头审理在后。海鹤公司在作出4.2类声明之时，未对被仿制药品当时所对应的保护范围最大的独立权利要求作出声明，仅对保护范围更小的从属权利要求作出声明，不具有正当理由，有避重就轻之嫌，其行为难言正当。海鹤公司称其曾向国家药品监督管理局申请修改声明，但该事实发生在中外制药株式会社提起本案诉讼之后，难以证明海鹤公司行为的正当性。

中外制药株式会社在涉案专利权的无效宣告程序中修改权利要求的方式为，将原权利要求2中的部分附加技术特征合并至权利要求1，删除了权利要求2，并相应调整了其他权利要求的序号。海鹤公司作出的4.2类声明所针对的原权利要求2的保护范围大于修改后独立权利要求的保护范围，故海鹤公司的声明所针对的权利要求的保护范围事实上覆盖了修改后涉案专利权的保护范围。考虑到药品专利纠纷实施办法仍处于试行阶段，其仅规定了仿制药申请人针对被仿制药每一件相关的药品专利作出声明，在仿制药申请人的声明所针对的权利要求的保护范围事实上覆盖修改后涉案专利权的保护范围的情况下，人民法院基于修改后的权利要求审理针对该声明提起的诉讼，符合药品专利纠纷早期解决机制的目的。因此，从实际效果来看，海鹤公司作出的4.2类声明虽有不当之处，但并未对中外制药株式会社的实体和诉讼权利造成不利影响。

药品上市审评审批过程中，药品上市许可申请人与有关专利权人或者利害关系人之间因申请注册的药品相关的专利权产生的纠纷仅仅是双方之间关于相关专利权的一种特殊形式的纠纷，通常被称为药品专利链接纠纷。对于化学仿制药而言，国务院药品监督管理部门依据仿制药申请人的申报资料进行药品上市审评审批，并在规定的期限内根据人民法院对该类纠纷作出的生效裁判决定是否暂停批准相关药品上市，故在判断仿制药的技术方案是否落入专利权保护范围时，原则上应以仿制药申请人的申报资料为依据进行比对评判。如果仿制药申请人实际实施的技术方案与申报技术方案不一致，其需要依照药品监督管理相关法律法规承担法律责任；如果专利权人或利害关系人认为仿制药申请人实际实施的技术方案构成侵权，亦可另行提起侵害专利权纠纷之诉。因此，仿制药申请人实际实施的技术方案与申报资料是否相同，一般不属于确认落入专利权保护范围纠纷之诉的审查范围。本案中，海鹤公司将登记为原料药的抗氧化剂作为涉案仿制药的辅料申报是否符合相关规定，属于国务院药品监督管理部门的审查范围，不影响本院对申报资料真实性和本案比对对象的确认。此外，中外制药株式会社亦无其他证据证明国务院药品监督管理部门审评审批涉案仿制药抗氧化剂的依据发生变化。

（二）专利行政案件审判

15. "合理的成功预期"在专利创造性判断中的考量

【裁判要旨】

"合理的成功预期"可以作为判断发明创造是否显而易见时的考虑因素。综合考虑专利申请日的现有技术状况、技术演进特点、创新模式及条件、平均创新成本、整体创新成功率等，本领域技术人员有动机尝试从最接近现有技术出发并合理预期能够获得专利技术方案的，可以认定该专利技术方案不具备创造性。"合理的成功预期"仅要求达到对于本领域技术人员而言有"尝试的必要"的程度，不需要具有"成功的确定性"或者"成功的高度盖然性"。

【关键词】

专利　无效宣告　创造性　显而易见　合理的成功预期

【案号】

（2019）最高法知行终 235 号

【基本案情】

在上诉人诺华股份有限公司（以下简称诺华公司）与被上诉人国家知识产权局、原审第三人戴锦良发明专利权无效行政纠纷案①中，诺华公司系专利号为201110029600.7、名称为"含有缬沙坦和 NEP 抑制剂的药物组合物"的发明专利（以下简称本专利）的专利权人。戴锦良申请宣告本专利权无效。国家知识产权局认为，一是本专利权利要求 1、2 相对于附件 13 与附件 12、14、15 的结合不具备创造性；二是有关补充实验数据不应接受也不能证明缬沙坦（AII 拮抗剂）和沙库巴曲（NEP 抑制剂）的组合具有抗高血压的协同作用。故宣告本专利权全部无效。诺华公司不服，向北京知识产权法院（以下简称一审法院）提起诉讼。一审法院判决驳回诺华公司的诉讼请求。诺华公司不服，向最高人民法院提起上诉，主张一审判决和被诉决定应当考虑而没有考虑"合理的成功预期"，其认为作为创造性判断起点的最接近现有技术应当至少是"有前景"的技术方案，即本领域技术人员有一定合理成功预期基于最接近现有技术能够得到专利技术方案。如果本领域技术人员无法理性预期问题能够得到解决，则其不会产生改进动机。本领域技术人员在本专利优先权日面对附件 13 没有得到本专利要求保护的药物组合的合理预期。最高人民法院于 2021 年 6 月 30 日判决驳回上诉，维持原判。

【裁判意见】

最高人民法院二审认为，在最接近的现有技术已经公开了两类已知化合物组合的药用功能的前提下，本专利实际上是研发一种具体的具有药用效果的组合物。此时，对于具体化合物组合的药用效果，"合理的成功预期"是判断"结合启示"的重要考虑因素。如果本领域技术人员对于具体化合物组合的药用效果没有"合理的成功预期"，专利申请人仍然作出了尝试，并获得了相应的具有药用功能的具体组合物技术方案，那么该具体药用组合物技术方案通常会被认定为具有创造性。如果本领域技术人员对于该具体化合物组合的药用效果具有"合理的成功预期"，此时只有在验证具体的具有药用效果的组合物需要付出创造性劳动，或者取得了预料不到的技术效果的情况下，该具体的药用组合物技术方案才会被认为具备创造性。

应予说明的是，对于"合理的成功预期"的判断，至少应当注意以下两个问题：一是"合理的成功预期"系本领域技术人员在本专利申请日或者优先权日，基于其技术认知和本领域普遍实验条件，对从现有技术出发得到专利技术方案的成功可能性的客观评估和理性预测，其不取决于专利申请人的

---

① 本案裁判文书参见第 257 页。

主观意愿。二是"合理的成功预期"仅要求达到本领域技术人员认为有"尝试的必要"的程度，而无需具有"成功的确定性"或者"成功的高度盖然性"。具有"合理的成功预期"通常不以实施预期的尝试必然或者高度可能实现技术目标或者解决技术问题为前提，仅要求本领域技术人员综合考虑具体领域的现有技术状况、技术演进特点、创新模式及条件、平均创新成本、整体创新成功率等因素后，仍然不会放弃该种尝试即可。

诺华公司主张，本领域技术人员对本专利技术方案即使用缬沙坦（AII拮抗剂）和沙库巴曲（NEP抑制剂）的组合治疗高血压，不具有合理的成功预期，主要基于以下理由：AII拮抗剂和NEP抑制剂显示出相反且复杂的生理作用；最接近现有技术承认AII拮抗剂和NEP抑制剂作用机理的不可预测性，并且没有提供任何结论；AII拮抗剂和NEP抑制剂的组合中存在无法实现降血压效果的"坏点"。对此，最高人民法院分析如下：附件13作为最接近的现有技术，公开了AII拮抗剂和NEP抑制剂的组合能够治疗高血压的技术方案，且载明了有关实验方法、实验结论、给药方式、治疗剂量等技术信息，其为本领域技术人员选择具体的AII拮抗剂和具体的NEP抑制剂以治疗高血压提供了明确的技术启示。在附件13对于类型化药物组合的药用功能已有明确指引，具体的药物组合又存在其他选择的情况下，即便具备有关药用功能的具体药物组合研发不具有"成功的确定性"，其亦不足以证明本领域技术人员会放弃基于附件13研发具有降血压功能的具体AII拮抗剂和具体NEP抑制剂的组合，不足以否定本领域技术人员的"合理的成功预期"。

16. 具有一定缺陷的技术方案是否具备实用性

【裁判要旨】

实用性要求发明或者实用新型专利申请能够产生积极效果，但不要求其毫无缺陷；只要存在的缺陷没有严重到使有关技术方案无法实施或者无法实现其发明目的的程度，就不能仅以此为由否认该技术方案具备实用性。

【关键词】

专利申请　驳回复审　实用性　积极效果　缺陷

【案号】

（2022）最高法知行终68号

【基本案情】

在上诉人厦门吉达丽鞋业有限公司（以下简称吉达丽公司）与被上诉人

国家知识产权局实用新型专利申请驳回复审行政纠纷案中，吉达丽公司为申请号为201820174833.3、名称为"一种鞋子"的实用新型专利申请（以下简称本申请）的申请人。国家知识产权局认为本申请的技术方案明显无益，脱离了社会需要，不具备实用性。故宣告维持其作出的驳回本申请的决定。吉达丽公司不服，向北京知识产权法院（以下简称一审法院）提起诉讼。一审法院认为本申请存在固有缺陷、明显无益、脱离社会需要，不具备实用性，判决驳回吉达丽公司的诉讼请求。吉达丽公司不服，向最高人民法院提起上诉。最高人民法院于2022年6月28日作出判决，撤销原判和被诉决定，并由国家知识产权局重新作出审查决定。

【裁判意见】

最高人民法院二审认为，专利授权的实用性要求申请专利的发明或者实用新型能够产生积极效果，并不要求发明或者实用新型毫无缺点。事实上，任何技术方案都不能是完美无缺的。只要存在的缺点或者不足之处没有严重到使有关技术方案根本无法实施或者根本无法实现其发明目的的程度，就不能因为存在这样或者那样的缺点或者不足之处，否认该技术方案具备实用性。申请中存在的缺陷可能恰恰是申请人进行下一步研发的方向，如此才能不断促使研发人员进行发明创造并推动科技进步。

本案中，虽然如被诉决定和一审判决所述，向本申请所涉空心容腔中填充指甲油、药膏、香水等物品以及取用、更换上述内容物可能会存在一定不便，但上述物品因被填充进鞋子的空心容腔内，使用人出行时无需单独携带便可随时取用，能够在一定程度上满足社会需要，从而产生积极有益的社会效果，并非明显无益。被诉决定以及一审判决仅因本申请的技术方案可能存在一定缺陷就直接认定该方案无积极效果，不符合专利法关于实用性的认定标准。

17. 化学产品发明的用途是否充分公开的判断

【裁判要旨】

化学产品发明应当完整地公开该产品的用途，但如果本领域技术人员以专利申请日前的知识水平和认知能力，能够预测发明可以实现所述用途，即使说明书中未记载足以证明发明可以实现所述用途的实验数据，该化学产品发明的用途仍满足了充分公开的要求。

【关键词】

发明专利　无效宣告　用途　充分公开

【案号】

（2021）最高法行再 283 号

【基本案情】

在再审申请人齐鲁制药有限公司（以下简称齐鲁公司）与被申请人北京四环制药有限公司（以下简称四环公司）、国家知识产权局发明专利权无效宣告请求行政纠纷案①中，涉及申请号为 200910176994.1、名称为"桂哌齐特氮氧化物、其制备方法和用途"的发明专利（以下简称本专利），专利权人为四环公司，齐鲁公司为无效请求人。本专利权利要求 1 限定了桂哌齐特氮氧化物的结构式，权利要求 2—14 限定了桂哌齐特氮氧化物的制备方法，权利要求 15 限定了桂哌齐特氮氧化物用作标准品或对照品的应用，权利要求 16、17 限定了桂哌齐特氮氧化物杀虫剂的应用。原国家知识产权局专利复审委员会作出第 32428 号无效宣告请求审查决定（以下简称被诉决定），认定本专利说明书公开充分且具备创造性，维持本专利有效。齐鲁公司不服，提起行政诉讼。北京知识产权法院一审认为，1. 本专利说明书实施例 5 中记载的相关实验数据的真实性不被认可，不足以证明本专利权利要求 1 要求保护的化合物具有杀虫活性，不符合充分公开的要求。2. 现有证据不能证明本专利权利要求 1 要求保护的化合物相对于已知化合物桂哌齐特，具有预料不到的用途或效果，本专利权利要求 1 保护的化合物不具备创造性。遂撤销被诉决定，责令重作。四环公司不服，提起上诉。北京市高级人民法院二审认为，1. 本专利说明书公开了其作为标准品/对照品的应用，即公开了桂哌齐特氮氧化物的一个用途，本专利权利要求 1—15 及其相应说明书的记载，满足了专利法关于公开充分的要求。权利要求 16、17 及其说明书相应的记载不符合充分公开的要求。2. 本专利权利要求 15 公开了桂哌齐特氮氧化物作为标准品/对照品的应用，该用途能够证明本专利权利要求 1 所限定的技术方案具有的一个技术效果，即相对于对比文件所公开的桂哌齐特或其盐而言，权利要求 1—15 具有预料不到的技术效果，具备创造性。本专利权利要求 16、17 要求保护的化合物不具备创造性。遂撤销被诉决定和一审判决，责令重作。齐鲁公司不服，向最高人民法院申请再审。最高人民法院裁定提审本案，并于 2022 年 12 月 9 日判决撤销被诉决定和一、二审判决，责令国家知识产权局重新作出决定。

【裁判意见】

最高人民法院再审认为：对于化学产品发明，应当完整地公开该产品的

---

① 本案裁判文书参见第 276 页。

用途，即使是结构首创的化合物，也应当至少记载一种用途。如果本领域技术人员无法预测发明能够实现所述用途，则说明书中还应当记载对于本领域技术人员来说，足以证明发明的技术方案可以实现所述用途的定性或者定量实验数据。反之，如果本领域技术人员在专利申请日前能够预测发明可以实现所述用途，即使说明书中未记载足以证明发明可以实现所述用途的定性或者定量实验数据，该化学产品发明的用途仍满足了充分公开的要求。本案中，本专利要求保护的桂哌齐特氮氧化物是新的化合物，且各方当事人均确认本专利说明书中已经充分公开了上述化合物的确认和制备，故本案关键在于本专利说明书是否充分公开了本专利所要求保护的化合物的用途。鉴于各方当事人对二审法院关于本专利权利要求 16 和 17 涉及杀虫剂用途的认定没有争议，现仅就本专利说明书是否充分公开桂哌齐特氮氧化物用作对照品或者标准品的用途进行分析。本专利权利要求 1 限定了桂哌齐特氮氧化物的结构，权利要求 2—14 限定了桂哌齐特氮氧化物的制备方法，权利要求 15 限定了桂哌齐特氮氧化物用作标准品或对照品。本专利说明书背景技术部分 ［0002］［0003］记载了桂哌齐特的化学名称和结构式，［0004］载明："桂哌齐特也是临床上广泛使用的心脑血管扩张药物，并且疗效明确……但是，桂哌齐特不稳定，在光照下很容易发生氧化，至今为止，未见有关桂哌齐特氧化产物的分离、结构确认及其用途研究的相关报道。"本专利说明书第 ［0018］记载："本发明的桂哌齐特氮氧化物，可用作标准品或对照品。"根据本专利权利要求和说明书的上述记载，本领域技术人员可知桂哌齐特氮氧化物是桂哌齐特药物的一种氧化产物，用途是可用作标准品或对照品。作为一个新化合物，其用作标准品或对照品的应用本身就是化合物的一个用途。对照品或标准品作为标准物质，可用于测定物质含量，这对于本领域技术人员来说是公知常识。本专利说明书提供了桂哌齐特氮氧化物的制备实施例，获得的产物中氮氧化物含量可达 99% 以上，本领域技术人员知晓可将桂哌齐特氮氧化物作为标准品或对照品，根据实际应用场景，采用本领域常规的测试方法和测试体系进行操作。可见，本领域技术人员能够基于上述公知常识预测到桂哌齐特氮氧化物可以作为标准品或对照品的用途，本专利说明书中无需记载相关定性或者定量实验数据，本专利说明书已经充分公开了桂哌齐特氮氧化物用作对照品或者标准品的用途。本领域技术人员根据本专利说明书的记载可以实现桂哌齐特氮氧化物的确认、制备和作为标准品或对照品的用途，本专利说明书已经满足了专利法有关新化合物充分公开的要求。

18. 针对不确定第三人的许诺销售行为不属于药品和医疗器械行政审批例外

【裁判要旨】

专利法关于药品和医疗器械行政审批的侵权例外仅适用于为了获得仿制药品和医疗器械行政审批所需要的信息而实施专利的行为人以及为前述行为人获得行政审批而实施专利的行为人。后一主体以药品和医疗器械行政审批例外为由提出抗辩时，应当以前一主体的实际存在为前提和条件。后一主体针对不确定的第三人而非实际存在且已与其建立特定交易联系的前一主体许诺销售专利产品的，不具备适用药品和医疗器械行政审批侵权例外的前提和条件。

【关键词】

专利　行政裁决　许诺销售　药品行政审批例外

【案号】

（2021）最高法知行终 451 号

【基本案情】

在上诉人南京恒生制药有限公司（以下简称恒生公司）与被上诉人江苏省南京市知识产权局（以下简称南京市知识产权局）、原审第三人拜耳知识产权有限责任公司（以下简称拜耳公司）专利行政裁决案①中，涉及专利号为00818966.8、名称为"取代的噁唑烷酮和其在血液凝固领域中的应用"的发明专利（以下简称本专利）。恒生公司在一审庭审中认可涉案网站及展板上展示的产品"利伐沙班"落入本专利修改后的权利要求保护范围。恒生公司认为，其没有对涉案产品标注价格和供货量，涉案产品并未处于可以销售的状态，其宣传涉案产品的目的不是销售，没有销售涉案产品的意思表示，其展示涉案产品的行为属于针对计划开发利伐沙班仿制药的企业的定向投送，因此不构成许诺销售。其不服宁知（2019）纠字 5 号专利侵权纠纷案件行政裁决，向江苏省南京市中级人民法院（以下简称一审法院）提起诉讼，请求撤销南京市知识产权局作出的上述行政裁决。一审法院认为，恒生公司已经明确作出销售涉案产品的意思表示。至于恒生公司是否具备生产、销售本专利产品的相应资质和生产能力以及是否具有实际可供销售的产品，都不是认定许诺销售的必要条件，不能改变恒生公司的行为性质。恒生公司的行为构

---

① 本案裁判文书参见第 295 页。

成专利侵权。恒生公司不服，向最高人民法院提起上诉，主张其行为不构成许诺销售，即使构成许诺销售行为，也属于专利法规定的药品和医疗器械行政审批例外，因此不构成侵权。最高人民法院于 2022 年 6 月 22 日判决认定恒生公司的行为属于许诺销售，不属于专利法规定的药品和医疗器械行政审批例外，构成侵权。

【裁判意见】

最高人民法院二审认为，首先，恒生公司对于许诺销售侵权行为的法律理解存在错误。第一，许诺销售行为既可以针对特定对象，又可以针对不特定对象。根据《最高人民法院关于审理专利纠纷案件适用法律问题的若干规定》第十八条的规定，专利法第十一条、第六十九条所称的许诺销售，是指以做广告、在商店橱窗中陈列或者在展销会上展出等方式作出销售商品的意思表示。将产品通过陈列或演示、列入销售征订单、列入推销广告或者以任何口头、书面或其他方式向特定或不特定对象明确表示销售意愿的行为即构成许诺销售。许诺销售既可以面向特定对象，也可以面向不特定对象，针对特定对象作出销售商品意思表示的定向投送亦属于许诺销售。第二，许诺销售行为既可以是发出要约，也可以是发出要约邀请。根据《最高人民法院关于审理侵犯专利权纠纷案件应用法律若干问题的解释（二）》第十九条的规定，产品买卖合同依法成立的，人民法院应当认定属于专利法第十一条规定的销售。许诺销售行为的目的指向销售行为，是一种法定的、独立的侵权行为方式，其民事责任承担不以销售是否实际发生为前提。许诺销售在性质上系销售者的单方意思表示，并非以产品处于能够销售的状态为基础，只要存在明确表示销售意愿的行为即可认定为许诺销售。当双方达成合意时，即不再属于许诺销售的范畴，而是属于销售。因此，当销售产品的意思表示内容明确、具体时，即可认定存在许诺销售行为。缺少有关价格、供货量以及产品批号等关于合同成立的条款，并不影响对许诺销售行为的认定。

其次，恒生公司销售涉案产品的意思表示明确、具体，其关于并无销售涉案产品意思表示的上诉主张与事实不符。第一，根据审理查明的事实，恒生公司在其官网"外销产品（制剂产品）""外销产品（原料药产品）"栏目分别展示"利伐沙班片 Rivaroxaban Tablets""利伐沙班 Rivaroxaban API"，在其官网"产品中心"栏目展示"利伐沙班片 Rivaroxaban Tablets"，产品包装上印制标注恒生公司注册商标。恒生公司和生命能公司参加"第十八届世界制药原料药中国展"，展板上有恒生公司和生命能公司的注册商标，展示有"Rivaroxaban API"（利伐沙班原料药）并配有包装瓶图片，展示有"Rivaroxaban Tablets"（利伐沙班片）并配有包装盒及包装瓶图片，标注产品规格为10mg。根据《中华人民共和国商标法》的规定，商标作为区别商品和服务来源的重要标志，商标使用人对其使用商标的商品质量负责。恒生公司将其公司的注册商标使用在涉案产品的包装盒上，其使用商标的行为本身明确指示了商品的来源为恒生公司。从恒生公司对商标的使用目的可知，其通过使用商标，使他人了解涉案产品来源于恒生公司。对于浏览恒生公司官网以及参加展会的不特定对象而言，恒生公司通过在官网、展会上展示印有其注册商标的涉案产品图片等行为，传递了销售涉案产品的信息，其销售涉案产品的意思表示是明确、具体的。第二，本案没有证据证明恒生公司的宣传行为针对的是特定对象，且如上所述，针对特定对象作出销售意思表示的定向投送亦属于许诺销售。恒生公司在网站和展会上宣传展示的涉案产品面向不特定对象，虽然不具备合同的必备条款，但仍属于许诺销售行为。恒生公司是否有实际的销售行为，销售行为是否违反了药品管理的法律规定，均不影响其构成许诺销售侵权行为的事实。至于恒生公司在其官网展示的"利伐沙班片"下方标注了原研药公司及原研商品，在展会展板下方标注"根据《美国联邦法规》（CFR）第35篇第271（e）（1）小节的规定，受专利法保护的产品可用于研究和开发用途"的行为，属于针对涉案产品所进行的说明，其实质是服务于通过恒生公司许诺销售了解到涉案产品的他人购买该产品，同样不影响其构成许诺销售侵权行为的事实。

我国法律对药品和医疗器械规定了严格的行政审批制度，生产厂商为了获得行政审批需要的数据和其他信息，需要进行长时间的大量研究、分析和临床试验等活动。为了在专利权保护期届满后及时推出仿制药品和医疗器械，保障社会公众及时获得价格低廉的药品和医疗器械，同时避免客观上延长专利权的保护期限，2008年修正的专利法在第六十九条第五项增加了关于仿制药品和医疗器械不视为侵犯专利权的规定。根据该项规定，为提供行政审批所需要的信息，在专利保护期内制造、使用、进口专利药品或者专利医疗器械的行为以及在专利保护期内专门为其制造、进口专利药品或者专利医疗器械的行为，不视为侵犯专利权。专利法的立法目的是保护专利权人的合法权益，鼓励发明创造，推动发明创造的应用，提高创新能力，促进科学技术进步和经济社会发展。合法的专利权利保护是原则，法定不侵权的规定是例外。因此，在适用专利法第六十九条第五项时应当进行严格解释而非宽泛解释，依法从抗辩主体及其具体行为等方面进行分析认定。

首先，关于药品和医疗器械行政审批例外条款的抗辩主体及其条件。药品和医疗器械行政审批例外条款包含两种类型的主体，一是为了获得仿制药品和医疗器械行政审批所需要的信息而实施专利的行为人，二是为该行为人专门实施专利的行为人。前一主体系为自己申请行政审批，后一主体系为帮助前一主体申请行政审批，后一主体以药品和医疗器械行政审批例外为由提出抗辩时，应以前一主体的实际存在为前提和条件。恒生公司称其在官网和展会宣传涉案产品，受众对象是准备申请注册利伐沙班产品的企业，据此主张其属于合法的抗辩主体。经审查，恒生公司没有提交存在某个生产利伐沙班药品的行政审批申请人的证据。恒生公司客观上通过官网和展会宣传作出了向不特定对象销售涉案产品的意思表示，没有事实表明其仅向准备申请注册利伐沙班产品的特定企业进行了宣传。恒生公司自己也非申请利伐沙班药品需要进行行政审批的主体。因此恒生公司不符合药品和医疗器械行政审批例外抗辩的主体条件。

其次，关于药品和医疗器械行政审批例外的行为范围。药品和医疗器械行政审批例外条款所调整的行为是，为提供行政审批所需要的信息，为自己申请行政审批而实施"制造、使用、进口"行为，以及专门为前一主体申请行政审批而实施"制造、进口"行为，均不包括许诺销售行为。本案中，恒生公司实施的行为是向不特定对象许诺销售涉案产品，系以销售为目的而非以获取行政审批所需的信息为目的，超出了药品和医疗器械行政审批例外所规定的后一主体可以实施的"制造、进口"行为范围。恒生公司关于如果不通过涉案宣传行为就无法了解到有开发利伐沙班仿制药计划的企业的辩解，既与法律明文规定不符，又实际上不合法地压缩了专利权人在专利保护期内的合法利益空间。在药品专利权存续期间，未经许可实施不属于药品和医疗器械行政审批例外情形的许诺销售行为，可能导致不特定对象推迟向专利权人购买专利产品等后果，实质上削弱对专利权人合法权益的保护。被诉裁决和一审判决认定恒生公司的许诺销售行为不属于药品和医疗器械行政审批例外规定的侵权行为例外，予以维持。

二、商标案件审判

（一）商标民事案件审判

19. 商标权利人不得禁止他人对商标中地名的正当使用

【裁判要旨】

注册商标中含有地名，商标权人不得禁止在该地名标示区域范围内的经营者善意、正当使用该地名。

【关键词】

商标　侵权　地名　正当使用

【案号】

（2021）最高法民申 7933 号

【基本案情】

在再审申请人吴晓玲、刘文平与被申请人袁州区南庙邹雪娥豆腐作坊（以下简称邹雪娥豆腐作坊）、邹雪娥、袁州区城西高根生蔬菜摊（以下简称高根生蔬菜摊）、高根生、袁州区城西余竹兰豆制品摊（以下简称余竹兰豆制品摊）、余竹兰侵害商标权及不正当竞争纠纷案①中，吴晓玲、刘文平诉称"南庙"豆腐经过其二十多年的经营，在宜春已创立了一定的名气。邹雪娥豆腐作坊、高根生蔬菜摊及其经营者未经其许可，订制印有"南庙"标识的豆腐模具盒，并且在豆腐上印制"南庙"标识，构成侵害其"南庙"注册商标专用权及不正当竞争。请求法院判令：六被告立即停止被诉侵权行为及不正当竞争，并赔偿经济损失。江西省宜春市中级人民法院一审认为，南庙系江西省宜春市袁州区下辖的一个乡级行政区域地名，邹雪娥豆腐作坊位于袁州区南庙镇邮桥村梁溪组，故邹雪娥豆腐作坊在其产品上使用"南庙梁溪"等文字，具有描述该商品产地等功能，属于公众惯常理解的表示商品产地、地理位置等方式的正当使用。故判决驳回吴晓玲、刘文平的全部诉讼请求。吴晓玲、刘文平不服，提起上诉。江西省高级人民法院二审判决驳回上诉，维持原判。吴晓玲、刘文平不服，向最高人民法院申请再审。最高人民法院于 2022 年 2 月 28 日裁定驳回吴晓玲、刘文平的再审申请。

【裁判意见】

最高人民法院审查认为，南庙系江西省宜春市袁州区下辖的一个乡级行政区域地名，当地盛产豆腐且具有做豆腐的传统，而吴晓玲、刘文平提交的证据无法证明涉案商标经过使用已经与其产生对应关系，故相关公众易将南庙豆腐识别为宜春南庙镇范围内生产的豆腐。同时，邹雪娥豆腐作坊位于袁州区南庙镇邮桥村梁溪组，在其产品上使用的"南庙梁溪南"文字与涉案商标字体不同，不具有攀附涉案商标的主观恶意，不会导致当地相关公众的混淆误认。因此，邹雪娥豆腐作坊在其豆腐上使用"南庙梁溪南"等文字属于直接表示商品产地的正当使用。吴晓玲、刘文平主张邹雪娥豆腐作坊构成不

---

① 本案裁判文书参见第 313 页。

正当竞争的行为是其在豆腐模具上使用的"南庙梁溪南"文字。如上所述，前述属于直接表示商品产地的正当使用，故被诉侵权行为亦不构成擅自使用吴晓玲、刘文平"南庙"豆腐包装、装潢的不正当竞争行为。

20. 在先行政处罚不影响民事侵权责任的认定

【裁判要旨】

在商标侵权案件中，被诉侵权行为曾经受到行政处罚，虽然行政查处的相关证据能够反映被诉侵权行为存在的事实以及具体的表现形式，但是人民法院仍应结合当事人在侵权案件中的诉讼主张及相关证据，对被诉侵权行为的具体情形及应当承担的侵权责任进行认定。

【关键词】

商标　侵权　行政处罚　民事侵权责任

【案号】

（2021）最高法民申 6419 号

【基本案情】

在再审申请人南方泵业股份有限公司（以下简称南方泵业公司）与被申请人永安市南方科技泵阀经营部（以下简称南方泵阀经营部）侵害商标权及不正当竞争纠纷案①（以下简称"南方泵业"商标侵权案）中，南方泵业公司是第 1911649 号" "商标，第 7420325 号、第 7420328 号"CNP"商标及第 1269135 号"CNP"商标的权利人，上述商标核准注册在"泵"等商品上。南方泵阀经营部在部分小区项目中销售安装的无负压变频给水设备的不锈钢稳流罐罐体上标有"CNP南方泵业"及"CNP南方泵业"字样，变频控制柜显示屏上标有"智能变频南方泵业股份有限公司"字样。南方泵业公司主张南方泵阀经营部销售上述产品的行为侵害了南方泵业公司的注册商标专用权，并构成不正当竞争，故诉至法院。在此之前，永安市市场监督管理局曾经对南方泵阀经营部的行为进行过行政查处，并作出《行政处罚决定书》，认定相关行为构成侵犯他人注册商标专用权的违法行为，责令南方泵阀经营部立即停止侵权行为，并罚款 25000 元。福建省三明市中级人民法院一审认为，南方泵阀经营部的行为构成商标侵权及不正当竞争，故判决其停止侵权，赔偿南方泵业公司经济损失并支付合理费用共计 80000 元。南方泵阀经营部不服，提起上诉。福建省高级人民法院二审认为，南方泵业

---

① 本案裁判文书参见第 318 页。

公司并未提供证据证明南方泵阀经营部在 2013 年后还继续销售被诉侵权产品，且《行政处罚决定书》已经责令南方泵阀经营部停止侵权行为，故一审判决南方泵阀经营部停止商标侵权及不正当竞争行为的事实依据不足；此外，鉴于现有证据不能证明南方泵阀经营部在本案起诉之日起前三年存在侵权行为，根据《最高人民法院关于审理商标民事纠纷案件适用法律若干问题的解释》第十八条规定，南方泵阀经营部无需承担赔偿损失的责任。故判决撤销一审判决；驳回南方泵业公司的诉讼请求。南方泵业公司不服，向最高人民法院申请再审。最高人民法院于 2022 年 3 月 29 日裁定指令福建省高级人民法院再审本案。

【裁判意见】

最高人民法院审查认为，南方泵业公司在本案中的诉讼请求包括责令南方泵阀经营部停止侵害商标权及不正当竞争行为，二审法院应结合当事人的诉讼主张及相关证据内容，查明被诉侵权行为的具体情形，对被诉侵权行为进行认定并确定是否须判令南方泵阀经营部停止侵害商标权及不正当竞争行为。不能仅以被诉侵权行为已经被行政查处就简单认为民事诉讼无需对侵权责任再进行认定。即便违法行为已经受到行政处罚，亦不因此而排除其应依法承担相应民事责任。本案须在进一步审查相关证据，查明相关案件事实的基础上，对南方泵阀经营部应否停止侵权并承担相应赔偿责任作出认定和判决。

21. 商标侵权案件中诉讼时效规定的适用

【裁判要旨】

在诉讼时效的起算时间尚无证据证明，且被诉侵权人未针对诉讼时效问题提出抗辩的情况下，人民法院不应直接适用《最高人民法院关于审理商标民事纠纷案件适用法律若干问题的解释》第十八条关于诉讼时效的相关规定，认定被诉侵权人无需承担赔偿责任。

【关键词】

商标　侵权　诉讼时效　赔偿责任

【裁判意见】

在前述"南方泵业"商标侵权案①中，最高人民法院还明确了商标侵权案件中诉讼时效规定的适用。最高人民法院经审查认为，本案诉讼时效的起算时间尚无证据证明，是否超过诉讼时效的事实尚待查清。况且，本案中南方泵阀经营部并未针对诉讼时效问题提出抗辩。在此情况下，二审法院直接

---

① 本案裁判文书参见第 318 页。

适用诉讼时效相关规定处理本案，有所不当。本案须在进一步审查相关证据，查明相关案件事实的基础上，对南方泵阀经营部应否停止侵权并承担相应赔偿责任作出认定和判决。

（二）商标行政案件审判

22. 申请注册商标应合理避让他人在先商标

【裁判要旨】

当事人基于业务往来明知他人使用的在先商标，未合理避让，仍在相同或类似商品上申请注册与他人商标构成近似的诉争商标，违反了诚实信用原则，诉争商标不应予以注册。

【关键词】

商标　无效宣告程序　商标近似　合理避让　混淆误认

【案号】

（2022）最高法行再 1 号

【基本案情】

在再审申请人深圳祥利工艺傢俬有限公司（以下简称祥利公司）与被申请人北京泓文博雅传统硬木家具有限公司（以下简称泓文博雅公司）及二审上诉人国家知识产权局商标权无效宣告请求行政纠纷案①中，泓文博雅公司于 2015 年 8 月 21 日申请注册诉争商标 **友联** you lian，后被核准注册，核定使用在第 20 类家具等商品上。引证商标 **友联·为家** 注册人为祥利公司，申请日期为 2005 年 10 月 31 日，核定使用在家具等第 20 类商品上。原国家工商行政管理总局商标评审委员会作出裁定，认为诉争商标与引证商标构成使用在同一种或类似商品上的近似商标，裁定对诉争商标予以无效宣告。泓文博雅公司不服，提起行政诉讼。北京知识产权法院一审认为，在案证据能够证明泓文博雅公司及其"友联"品牌经泓文博雅公司在家具等商品上长期使用，已形成了一定的市场份额，建立了一定的市场声誉。诉争商标与引证商标在整体设计、视觉效果等方面存在一定差别，共存于市场，不必然导致相关公众的混淆、误认，未构成使用在同一种或类似商品上的近似商标。遂判决撤销被诉裁定，判令国家知识产权局重新作出裁定。国家知识产权局和祥利公司均不服，提起上诉。北京市高级人民法院二审认为，诉争商标与引证商标在

---

① 本案裁判文书参见第 320 页。

整体视觉效果和呼叫上存在一定差异，在泓文博雅公司成立前，其关联主体即将"友联"作为企业字号，并使用在家具等商品上。泓文博雅公司及其关联主体在家具上使用"友联"的时间早于引证商标的申请日，且在引证商标申请注册前，泓文博雅公司使用在家具上的"友联"商标在北京地区已经具有一定知名度和影响力，二者共存于市场不会导致相关公众的混淆、误认。遂判决驳回上诉，维持原判。祥利公司不服，向最高人民法院申请再审。最高人民法院裁定提审本案，并于2022年6月27日判决撤销一、二审判决和被诉裁定，驳回泓文博雅公司的诉讼请求。

【裁判意见】

最高人民法院再审认为：泓文博雅公司申请注册诉争商标时，引证商标二为在先有效注册商标。诉争商标与引证商标相比对，汉字"友联"系诉争商标的显著识别部分，被引证商标二完整包含，诉争商标标志与引证商标二标志构成近似。二者核定使用商品构成相同或类似商品。泓文博雅公司原审提供的证据可以证明，至少在2006年至2014年间泓文博雅公司及其关联公司向祥利公司订购了大量红木家具，祥利公司出具相关销售单的头部显著位置印有"友聯工藝及图"或"友联·为家"，祥利公司的引证商标"友联·为家"亦是在此期间申请注册；泓文博雅公司或其关联公司还使用与祥利公司相同的图形标识宣传友联红木，这种宣传至少在2003年即已存在。因此，泓文博雅公司在申请注册本案诉争商标时，对祥利公司突出使用"友联"相关标志经营红木家具系明知，未合理避让，主观难谓善意。泓文博雅公司提交的证据表明其相关商品集中在北京市各家具市场销售，引证商标同样使用在家具类商品上，而且，泓文博雅公司提交的早期使用证据中关于"友联"的标志多与诉争商标存在一定区别。综合上述情况，诉争商标如与引证商标二在相同或类似商品上共存于市场，以相关公众的一般注意力为标准，易造成混淆误认。

23. 英文商标显著性的认定

【裁判要旨】

判断英文商标是否具有显著性，应当以该标志所指定使用商品或服务的中国相关公众的通常认识为标准，以标志整体构成要素和含义进行判断，考量标志本身与其指定使用的商品或服务的关联程度，使用中能否发挥区别商品或服务来源的作用。

【关键词】

商标　复审程序　显著性　英文商标

【案号】

（2022）最高法行再 4 号

【基本案情】

在再审申请人诺奥思与被申请人国家知识产权局商标申请驳回复审行政纠纷案①中，诺奥思向国家知识产权局申请第 29087232 号"BIODERMA"商标（以下简称诉争商标），指定使用商品类别为第 5 类 0501－0508 群组：医药制剂；护肤药剂；医用营养品；维生素制剂等。原国家工商行政管理总局商标评审委员会作出商评字［2019］第 45421 号《关于第 29087232 号"BIODERMA"商标驳回复审决定书》，认为：诉争商标使用在"医药制剂、护肤药剂"等商品上直接表示了商品的功能用途等特点，使用在"医药制剂、护肤药剂"等以外的商品上易使消费者产生误认，已构成 2013 年修正的《中华人民共和国商标法》（以下简称 2013 年商标法）第十条第一款第七项、第十一条第一款第二项所指情形；诺奥思所述其他商标获准注册的情况不能成为诉争商标予以初步审定的当然依据。遂对诉争商标在复审商品上的注册申请予以驳回。诺奥思不服，提起行政诉讼。北京知识产权法院一审判决：驳回诺奥思的诉讼请求。诺奥思不服，提起上诉。北京市高级人民法院二审判决驳回上诉，维持一审判决。诺奥思不服，向最高人民法院申请再审，主张诉争商标在"医药制剂；护肤药剂；皮肤病用医药制剂"三项商品上应核准注册。最高人民法院裁定提审本案，并于 2022 年 5 月 9 日判决撤销一、二审判决和被诉决定，判令国家知识产权局重新作出决定。

【裁判意见】

最高人民法院再审认为：判断诉争商标是否属于法律规定不得作为商标注册的标志，应当以标志所指定使用商品或服务的相关公众的普遍通常认识为判断标准，在审查中考量标志本身与其指定使用的商品或服务的关联程度，使用上能否发挥标识区别商品或服务来源的作用。对诉争商标的显著性需以标志整体构成要素和含义进行判断，不能对特定要素进行片面拆分与割裂。本案中，诉争商标为"BIODERMA"，由词根"BIO"与"DERMA"组合构成。虽然"BIO"有生物的含义，"DERMA"有"真皮"的含义，但根据再审查明的事实，"DERMA"并非常用词根，以中国相关公众对英文商标的一

---

① 本案裁判文书参见第 326 页。

般认知水平和能力，通常不会将"BIODERMA"理解为"生物真皮"，诉争商标整体上使用于所核定使用的"医药制剂；护肤药剂；皮肤病用医药制剂"商品，相关公众不易将之理解为系对原料、功能、用途等特点的直接描述。判断诉争商标的显著性，应主要从其整体构成要素和含义进行考量，拆分之后的词根释义组合不能简单机械地作为"BIODERMA"具有固有含义的认定依据。"BIODERMA"在常用英汉词典以及专业医学词典中均未收录含义。另外，诺奥思的第 9092135 号"BIODERMA"商标已于 2013 年 12 月 21 日获得核准注册，该商标核定使用的商品部分包含诉争商标指定使用的商品。百度翻译、谷歌和金山词霸、有道词典等网络在线词典均将"BIODERMA"译为"贝德玛"（诺奥思在中国的子公司商号及中文商标），必应词典将"BIODERMA"译为"贝德玛""法国贝德玛"，可以佐证诉争商标发挥了识别、区别商品来源的作用，故原审法院关于诉争商标构成 2013 年商标法第十一条第一款第二项规定情形的认定缺乏事实和法律依据。

24. 行政管理规范对商品和服务类似判断的影响

【裁判要旨】

在认定商品和服务是否类似时，需要结合国家为维持相关市场秩序对该类商品生产、销售及相关服务的管理规范进行认定，考虑此类规范对商品销售渠道、服务方式及消费群体等产生的影响。因此类规范而形成的长期稳定的市场秩序之情形，应当作为重要的考量因素。

【关键词】

商标　无效程序　类似　市场秩序

【案号】

（2021）最高法行再 76 号

【基本案情】

在再审申请人河北华佗药房医药连锁有限公司（以下简称河北华佗公司）与被申请人华佗国药股份有限公司（以下简称华佗国药公司）、一审被告国家知识产权局商标权无效宣告请求行政纠纷案①中，第 11995470 号"華佗藥房及图"商标（以下简称争议商标），于 2013 年 1 月 5 日提出注册申请，核定使用在第 35 类药品零售或批发服务、药用制剂零售或批发服务等服务上，权利人为河北华佗公司。华佗国药公司主要依据其在第 5 类药品商品

---

① 本案裁判文书参见第 333 页。

上在先注册的第130962号"华佗及图"商标（以下简称引证商标），以争议商标的注册违反《中华人民共和国商标法》（以下简称商标法）第三十条的规定为由向原国家工商行政管理总局商标评审委员会（现国家知识产权局，以下统称国家知识产权局）提出无效宣告请求。国家知识产权局作出商评字〔2017〕第2301号关于第11995470号"華佗藥房及图"商标无效宣告请求裁定（以下简称被诉裁定），对争议商标的注册予以维持。华佗国药公司不服，提起行政诉讼。北京知识产权法院判决驳回华佗国药公司的诉讼请求。华佗国药公司不服，提起上诉。北京市高级人民法院二审认为，争议商标与引证商标共存于市场，易导致相关公众对服务的来源产生误认或者认为争议商标指定使用服务的来源与引证商标的商品有特定的联系，争议商标构成商标法第三十条规定的情形。据此判决撤销一审判决和被诉裁定。河北华佗公司不服，向最高人民法院申请再审。最高人民法院裁定提审本案，并于2022年6月24日判决撤销二审判决，维持一审判决。

【裁判意见】

最高人民法院再审认为：对于特殊的商品和服务而言，在认定商品和服务是否类似时，需要结合国家为维持相关市场秩序对该类商品生产、销售及相关服务的管理规范进行认定，考虑此类规范对商品销售渠道、服务方式及消费群体等产生的影响。对于因此类规范而形成的长期稳定的市场秩序之情形，人民法院应当作为重要的考量因素。争议商标核定使用的服务包括药品零售或批发等服务，引证商标核定使用的商品为药品。药品不同于一般商品，因其用于预防、治疗、诊断人的疾病，直接涉及人体健康和生命安全，事关重大。国家为保护民众健康，对药品的经营采取严格管理的模式。根据《中华人民共和国药品管理法》《药品流通监督管理办法（暂行）》《药品流通监督管理办法》等相关规定，药品生产企业的销售行为具有如下特征：1. 销售的是自己生产的药品，种类有限；2. 销售的对象基本上为药品经营企业和医疗机构。而药品的批发或零售企业所经营的药品涉及不同的药品生产企业，种类繁多，零售企业的销售对象为广大的病患者和消费者。长期以来，我国药品生产、经营方面的特殊规定使得二者形成了相对稳定、清晰的市场格局，相关公众对药品生产者和零售、批发者能够有较为清楚的认知。因此，虽然争议商标与引证商标在图形、文字、发音等方面较为接近，商标标识构成近似。但争议商标核定使用的药品零售或批发、药用制剂零售或批发等服务与药品商品在经营方式、提供者等方面存在较大的差别，不属于类似的商品和服务。因此，争议商标与引证商标未构成使用在类似商品和服务上的近似商标，争议商标的注册未违反商标法第三十条的规定。

25. 商标注册损害国外自然人姓名权的认定

【裁判要旨】

国外自然人作为知名设计师，将其姓名作为产品的品牌进行使用推广。在争议商标申请注册前，其姓名在中国大陆地区的相关公众中具有一定知名度，争议商标完全包含了该自然人姓名，相关公众认为争议商标指代了该自然人，或者认为标记有争议商标的商品系经过该自然人许可或者与该自然人存在特定联系的，争议商标的注册损害了该自然人的姓名权。

【关键词】

商标　无效程序　姓名权　知名度

【案号】

（2021）最高法行再 75 号

【基本案情】

在再审申请人马诺娄·布拉尼克（MANOLO BLAHNIK）与被申请人国家知识产权局、方宇舟商标权无效宣告请求行政纠纷案①中，方宇舟系注册在第 25 类鞋等商品上的第 1387094 号"马诺罗·贝丽嘉 MANOLO&BLAHNIK"商标（以下简称争议商标）的商标权人。马诺娄·布拉尼克针对争议商标向原国家工商行政管理总局商标评审委员会（现国家知识产权局，以下统称国家知识产权局）提出无效宣告请求，认为争议商标损害了其姓名权等。国家知识产权局作出商评字〔2015〕第 62227 号关于第 1387094 号"马诺罗·贝丽嘉 MANOLO&BLAHNIK"商标无效宣告请求裁定（以下简称被诉裁定），认定争议商标未损害马诺娄·布拉尼克的姓名权等，对争议商标的注册予以维持。马诺娄·布拉尼克不服，提起行政诉讼。北京知识产权法院一审判决驳回马诺娄·布拉尼克的诉讼请求。马诺娄·布拉尼克不服，提起上诉。北京市高级人民法院二审判决驳回上诉，维持原判。马诺娄·布拉尼克不服，向最高人民法院申请再审。最高人民法院裁定提审本案，并于 2022 年 6 月 24 日判决撤销一、二审判决及被诉裁定，判令国家知识产权局重新作出裁定。

【裁判意见】

最高人民法院再审认为：马诺娄·布拉尼克（MANOLO BLAHNIK）是西班牙语的姓与名，MANOLO BLAHNIK 并不是现有固定搭配的词汇。马诺娄·布拉尼克（MANOLO BLAHNIK）是世界知名的鞋履设计师，争议商标完全包

① 本案裁判文书参见第 354 页。

含马诺娄·布拉尼克姓名 MANOLO BLAHNIK，且方宇舟并未对争议商标来源作出合理解释，难谓巧合。马诺娄·布拉尼克提交的证据证明，其自 1970 年开始涉足鞋类产品的生产加工行业，并且将其姓名作为鞋类产品的同名品牌进行使用推广。1987 年至 2001 年马诺娄·布拉尼克获得美国、英国及西班牙的多项相关奖项。国内出版发行的 1994 年至 1999 年相关《世界时装之苑 ELLE》杂志上不少报道涉及 "Manolo Blahnik" 或者其设计的 "Manolo Blahnik" 鞋。在香港，1993 年至 1999 年间有 50 余篇期刊报纸对 Manolo Blahnik 的成就及其在香港开设 Manolo Blahnik 全球第三家分店的报道。相关事实表明 Manolo Blahnik 在中国大陆相关公众尤其是时尚人士中有一定的知名度，且在争议商标申请日前 Manolo Blahnik 在国外知名度以及香港地区的知名度在一定程度上会辐射至内地，可以认定相关公众认为争议商标指代了该自然人，或者认为标记有争议商标的商品系经过该自然人许可或者与该自然人存在特定联系。方宇舟及其相关企业长年从事鞋业生产，是同行业经营者，应当知道马诺娄·布拉尼克及其同名品牌的知名度，不然无法解释争议商标的外文部分完全与马诺娄·布拉尼克的姓名相同。争议商标的注册损害了马诺娄·布拉尼克的姓名权。

26. 商标注册人的在先商标对其在后商标核准注册的影响

【裁判要旨】

商标能否获得注册应当依据商标法的相关规定进行判断，商标注册人拥有的在先驰名商标并非其申请注册的在后商标应予核准注册的当然理由。

【关键词】

商标　无效程序　在先商标　商标近似

【案号】

（2022）最高法行再 3 号

【基本案情】

在再审申请人广东好太太科技集团股份有限公司（以下简称好太太公司）与被申请人国家知识产权局、佛山市凯达能企业管理咨询有限公司（以下简称凯达能公司）商标权无效宣告请求行政纠纷案①中，第 3563073 号 "Haotaitai" 商标为凯达能公司在先商标。2011 年 5 月 23 日，凯达能公司申请注册诉争商标 ，后被核准注册在第 20 类餐具柜等商品上。

---

① 本案裁判文书参见第 371 页。

好太太公司系在先的引证商标一"好太太及图"、引证商标三"好家好太太"的注册人,引证商标一核定使用在第 21 类晾衣架等商品上,引证商标三核定使用在第 20 类家具等商品上。原国家工商行政管理总局商标评审委员会作出裁定,认为诉争商标的注册为凯达能公司在先商标权利的合理延伸,未违反《中华人民共和国商标法》(以下简称商标法)第十三条第三款的规定,诉争商标与引证商标三未构成使用在同一种或类似商品上的近似商标,遂裁定维持诉争商标。好太太公司不服,提起行政诉讼。北京知识产权法院一审认为,诉争商标与引证商标一存在一定差异,凯达能公司申请注册诉争商标并没有复制、摹仿引证商标一的主观故意,且诉争商标经大量使用后形成既定市场格局,二者共存于市场不致误导公众,未损害好太太公司的利益,诉争商标的注册未违反商标法第十三条第三款的规定。诉争商标与引证商标三差别明显,未构成使用在同一种或类似商品上的近似商标。遂判决驳回好太太公司的诉讼请求。好太太公司不服,提起上诉。北京市高级人民法院二审认为,诉争商标与引证商标三并不构成商标法第三十条规定情形。综合考虑诉争商标与第 3563073 号商标、引证商标一的近似程度,以及诉争商标核定使用的商品与第 3563073 号商标赖以驰名的商品、引证商标一赖以驰名的商品的关联程度,诉争商标的注册并不会误导公众,致使好太太公司的利益可能受到损害。遂判决驳回上诉,维持原判。好太太公司不服,向最高人民法院申请再审。最高人民法院裁定提审本案,并于 2022 年 6 月 27 日判决撤销一、二审判决和被诉裁定,判令国家知识产权局重新作出裁定。

【裁判意见】

最高人民法院再审认为:就标识本身而言,诉争商标与引证商标三为近似标识,二者核定使用在相同或类似商品上,易造成消费者的混淆误认,构成近似商标,被诉裁定及原审判决对此认定不当。根据在先系列生效判决的认定,引证商标一在诉争商标申请注册前已经在晾衣架商品上为公众所熟知,达到驰名程度。虽然凯达能公司第 3563073 号商标在厨房用抽油烟机、燃气灶商品上业已达到为公众所熟知的驰名程度,但第 3563073 号商标的核准注册并非本案诉争商标应予核准注册的当然理由。诉争商标是由拼音"Hao-taitai"、中文"好太太"及图形构成,显然与第 3563073 号商标并不相同,诉争商标能否注册应当依据商标法的相关规定进行判断。被诉裁定认定诉争商标是凯达能公司在先商标权利的合理延伸注册,没有法律依据。原审判决将第 3563073 号商标作为诉争商标注册的关联关系,并作为诉争商标注册的因素考虑亦缺乏法律依据。诉争商标显著识别部分文字"好太太"与引证商标一中的"好太太"文字相同,二者构成近似标识。诉争商标核定使用的餐具柜等商品与引证商标一赖以驰名的"晾衣架"商品均为常见的家居用品，同时在家装市场上销售，相关消费群体存在一定重叠，相关商品具有一定的关联。加之凯达能公司曾使用"广东好太太电器有限公司"的名称，因被工商行政机关认定损害好太太公司驰名商标权益而被责令更名，以及在诉争商标申请注册前就有生效裁判认定凯达能公司在经营活动中存在侵害好太太公司引证商标一商标权行为，因此，诉争商标的申请注册构成对好太太公司驰名商标的复制、摹仿，误导公众，致使好太太公司的利益可能受到损害，构成商标法第十三条第三款规定的不予注册的情形。

三、著作权案件审判

27. 向公众提供侵权复制品侵害他人专有出版权

【裁判要旨】

培训学校通过购买或其他方式持有侵权复制品，并将侵权复制品有偿提供给参加培训的学员，属于对作品的发行。培训学校不能证明发行的复制品有合法来源的，属于未经许可发行涉案图书的行为，侵害了出版社的专有出版权。

【关键词】

著作权　专有出版权　侵权复制品　发行

【案号】

（2022）最高法民再 101 号

【基本案情】

在再审申请人中国劳动社会保障出版社有限公司（以下简称劳动保障出版社）与被申请人福建省前沿职业培训学校（以下简称前沿培训学校）侵害著作权纠纷案①中，劳动保障出版社依据与作者签订的许可协议，取得《企业人力资源管理师（基础知识）（第三版）》的专有出版权，并有权以自己名义进行维权。前沿培训学校开办人力资源管理师课程，收取费用后向报名学员提供《企业人力资源管理师（基础知识）（第三版）》。经核对，前沿培训学校向学员提供的《企业人力资源管理师（基础知识）（第三版）》为

---

① 本案裁判文书参见第 379 页。

盗版图书。前沿培训学校辩称被诉侵权图书具有合法来源。福建省福州市中级人民法院一审认定，前沿培训学校的行为构成对劳动保障出版社专有出版权的侵害，判决停止侵权并赔偿损失。前沿培训学校不服，提起上诉。福建省高级人民法院二审认为，专有出版权是图书出版者经作者或其他著作权人的授权或许可，通过出版合同约定取得的，在一定期间内独占的、排他的，以某种版本形式出版其作品的权利；前沿培训学校既不是涉案图书的盗版印刷者，也不属于销售经营者，没有实施侵犯劳动保障出版社涉案图书专有出版权的故意行为；没有证据证明前沿培训学校明知其所购的图书系盗版图书而有意购买，其合法来源主张有证据支持。故撤销一审判决，驳回劳动保障出版社诉讼请求。劳动保障出版社不服，向最高人民法院申请再审。最高人民法院裁定提审本案，并于 2022 年 12 月 12 日判决撤销二审判决，维持一审判决。

【裁判意见】

最高人民法院再审认为：1. 劳动保障出版社享有涉案图书的专有出版权。专有出版权是出版者对其获得出版授权的作品专有的复制、发行权。任何人没有法律规定或合同约定的理由，未经许可，不得出版该作品，也不得对出版者已经出版的作品进行复制、发行。2. 被诉侵权图书系侵权复制品。3. 前沿培训学校是被诉侵权图书的发行者。《中华人民共和国著作权法》（以下简称著作权法）第十条第一款第六项规定，发行权是以出售或者赠与的方式向公众提供作品的原件或者复制件的权利。前沿培训学校通过购买或其他方式持有侵权复制品，并将侵权复制品有偿提供给参加培训的学员，其并非最终的消费者，而是侵权复制品的提供者。这种提供与不特定公众通过书店或网络购买获得图书的发行并无差异，前沿培训学校向学员提供作品复制件的行为属于对作品的发行。4. 前沿培训学校侵害了劳动保障出版社的专有出版权。依照著作权法第五十三条的规定，复制品的发行者不能证明其发行的复制品有合法来源的，应当承担法律责任。换言之，发行者有义务证明复制品的合法来源。作为专业培训机构，对正规的图书采购渠道和流程应有较为明确的认知。前沿培训学校提交的证据不能证明被诉侵权图书的完整交易过程，不能证明被诉侵权图书合法购自合法的第三方，未能尽到证明合法来源的义务。根据著作权法第四十八条第二项规定，出版他人享有专有出版权的图书的，应当承担停止侵害、赔偿损失等侵权法律责任。鉴于出版是指复制、发行，本条规定所规范的行为应当理解为既包括同时行使复制发行权的行为，也包括仅从事复制或者仅实施发行的行为。本案中，前沿培训学校收取正版图书八折的价格，向不特定的报名参加培训课程的学员提供被诉侵权图书，不能证明具有合法来源，属于未经许可发行涉案图书的行为，侵害了劳动保障出版社的专有出版权，应当承担停止侵害、赔偿损失的责任。

28. 委托作品和法人作品的认定

【裁判要旨】

在案证据不足以证明作者是代表单位意志进行创作或者是为完成借调工作任务而创作作品的情况下，涉案作品不应当被认定为法人作品或者特殊职务作品。有证据证明涉案作品是受委托创作的，可认定为委托作品。

【关键词】

著作权　侵权　委托作品　法人作品

【案号】

（2022）最高法民再 44、45、46 号

【基本案情】

在申诉人央视动漫集团有限公司（原央视动画有限公司，以下简称央视动漫公司）与被申诉人杭州大头儿子文化发展有限公司（以下简称大头儿子文化公司）著作权侵权纠纷案①中，1994 年，95 版动画片导演崔世昱、制片汤融、上海科学教育电影制片厂（以下简称上海科影厂）副厂长席志杰三人到刘泽岱家中，委托其为即将拍摄的 95 版动画片创作人物形象。刘泽岱当场用铅笔勾画了"大头儿子""小头爸爸""围裙妈妈"三个人物形象正面图（以下简称 94 年草图），并将底稿交给了崔世昱。当时双方并未就该作品的著作权归属签署任何书面协议。95 版动画片由央视和上海东方电视台联合摄制，于 1995 年播出，在其片尾播放的演职人员列表中载明："人物设计：刘泽岱。"2012 年，刘泽岱与洪亮签订了《著作权（角色商品化权）转让合同》，约定刘泽岱将自己创作的"大头儿子""小头爸爸""围裙妈妈"三件作品的所有著作权权利转让给洪亮。2013 年，刘泽岱与央视动漫公司（原央视动画公司）约定上述三幅美术作品为委托作品，央视动漫公司甲方独家拥有除署名权以外的全部知识产权。大头儿子文化公司提起诉讼，主张央视动漫公司《新大头儿子和小头爸爸》动画片侵犯其享有的著作权。浙江省杭州市滨江区人民法院一审认为，刘泽岱作为受托人对其所创作的三幅美术作品享有完整的著作权，大头儿子文化公司依据其与洪亮的转让合同取得了涉案作品的著作权，央视应视为 95 版动画片演绎作品的作者，对该演绎作品享有

---

① 本案裁判文书参见第 387 页。

著作权，央视动漫公司未经大头儿子文化公司许可，在 2013 版《新大头儿子和小头爸爸》动画片以及相关的展览、宣传中以改编的方式使用大头儿子文化公司的作品并据此获利的行为，侵犯了大头儿子文化公司的著作权，应承担相应的侵权责任，判决央视动漫公司赔偿大头儿子文化公司经济损失人民币 400000 元及其为维权所支出的合理费用人民币 22040 元。央视动漫公司不服，提起上诉。浙江省杭州市中级人民法院二审判决驳回上诉，维持原判。央视动漫公司不服，向浙江省高级人民法院申请再审，再审申请审查期间，央视动漫公司提交了"刘泽岱签署的确认书著作权归属"书证一份（以下简称 95 年声明），该书证载明："本人刘泽岱受中央电视台、上海东方电视台的委托，创作了动画系列片《大头儿子和小头爸爸》片中主要人物'大头儿子''小头爸爸'的造型设计。"浙江省高级人民法院裁定驳回央视动漫公司再审申请。央视动漫公司不服，向最高人民法院申诉，最高人民法院裁定提审本案，并于 2022 年 4 月 18 日判决撤销一、二审判决，驳回大头儿子文化公司诉讼请求。

【裁判意见】

最高人民法院再审认为：现有证据足以证明 94 年草图为刘泽岱独立创作完成，应当认定刘泽岱为 94 年草图的作者。根据再审查明的事实，《大头儿子和小头爸爸》美术设计和造型设计系央视动画部委托上海科影厂创作，版权全部归央视动画部所有，亦即属于央视所有。虽然一审、二审法院查明，刘泽岱创作 94 年草图时，系作为上海美术电影制片厂工作人员借调到上海科影厂工作，但是 94 年草图的创作系 95 版动画片导演崔世昱等人到刘泽岱家中专门委托其创作的。因此，现有证据不足以证明刘泽岱创作 94 年草图是代表上海科影厂意志进行创作或者是为完成借调工作任务而创作。故 94 年草图不应当被认定为法人作品或者特殊职务作品，应当被认定为委托创作作品，央视动漫公司关于 94 年草图系法人作品或特殊职务作品的相关主张不能成立。本案中，根据一审、二审法院和浙江省高级人民法院查明的事实，刘泽岱于不同时间分别与洪亮、央视动漫公司签订了多份涉及 94 年草图著作权归属的协议或者说明，对权属的处分多次反复。95 年声明落款时间为 1995 年 2 月 8 日，即使实际形成时间为 1998 年，其签署时间亦早于上述协议或者说明签署时间。同时，在 94 年草图基础上由央视和上海东方电视台联合摄制的《大头儿子和小头爸爸》动画片，1995 年即已经播出，在其片尾播放的演职人员列表中载明："人物设计：刘泽岱。"刘泽岱认识洪亮并与其签订转让协议均在 2012 年以后，而在此前长达 18 年期间，刘泽岱从未就其作品被使用向央视或央视动画公司主张过权利或提出过异议。此外，广东法院和北京法院均依据司法鉴定结论认可了 95 年声明上刘泽岱签名的真实性。因此根据上述证据以及相关事实，应当认定 95 年声明真实合法有效。大头儿子文化公司提交的视频证据不足以推翻上述认定。《中华人民共和国著作权法》第十七条①规定："受委托创作的作品，著作权的归属由委托人和受托人通过合同约定。合同未作明确约定或者没有订立合同的，著作权属于受托人。"根据 95 年声明、刘泽岱后续与央视动漫公司签订的协议、补充协议以及说明和其他相关事实，应当认定 94 年草图除署名权以外的著作权及其他知识产权属于央视所有，刘泽岱无权就 94 年草图著作权再转让至洪亮。因此，大头儿子文化公司不享有 94 年草图的著作权，其诉讼请求缺乏事实和法律依据，应当予以驳回。

29. 符合作品认定条件的视听作品片段应当给予著作权保护

【裁判要旨】

只要符合著作权法有关作品认定标准，视听作品的片段就可以认定为独立的作品，给予相应的著作权保护。是否为作品片段及内容长短，并非判断该智力成果是否构成作品的法定必要条件。著作权法保护思想的表达而非思想本身，创作意图属于思想范畴，不应成为作品认定的依据。

【关键词】

著作权　侵权　视听作品　片段

【案号】

（2022）最高法民再 30 号

【基本案情】

在再审申请人上海灿星文化传媒股份有限公司（以下简称灿星公司）与被申请人天津东丽区迎宾歌厅（以下简称迎宾歌厅）侵害作品放映权纠纷案②中，灿星公司系"以类似摄制电影的方法创作的作品"（本案适用 2010 年修正的《中华人民共和国著作权法》）《中国之星》的制片者和著作权人。迎宾歌厅在其 KTV 中使用了《中国之星》中的 8 首歌曲的视听片段。灿星公司就《中国之星》节目中的 8 首歌曲视听片段主张权利，要求被告停止侵权并赔偿损失。天津市第三中级人民法院一审认为，《中国之星》每一期节目可以认定为以类似摄制电影的创作方法创作的作品，但是单独的一首歌曲视

---

① 此处指 2010 年《中华人民共和国著作权法》，其已于 2020 年修订，本案下同。
② 本案裁判文书参见第 406 页。

听片段仅仅是整部作品的片段，不能完整反映制作者的创作意图、体现制作者的创造性劳动，不属于以类似摄制电影的创作方法创作的作品，灿星公司不享有其所主张的单首歌曲视听片段的著作权，故判决驳回其诉讼请求。灿星公司不服，提起上诉。天津市高级人民法院二审认为，《中国之星》中的单首歌曲视听片段属于作品的片段，不构成独立的作品。灿星公司可以以每一期节目主张权利，因此判决维持一审判决。灿星公司不服，向最高人民法院申请再审。最高人民法院裁定提审本案，并于 2022 年 4 月 18 日判决撤销一、二审判决，迎宾歌厅停止侵权并赔偿灿星公司经济损失（含合理开支）3365 元。

【裁判意见】

最高人民法院再审认为，内容长短或者是否为片段并不是判断智力成果是否构成作品的法定必要条件，只要符合著作权法关于作品的规定，某一作品的片段可能会构成一部新的独立的作品，一部独立的作品也可能成为另一作品中的片段。《中国之星》节目在整体上已构成"以类似摄制电影的方法创作的作品"，应当受到著作权法的保护；该节目中单首歌曲视听片段系在原有作品基础上，重新剪辑形成的，符合著作权法关于以类似摄制电影的方法创作的作品的要求，因此，亦应当被认定为独立的作品，并给予相应的著作权保护。同时，著作权法保护思想的表达而非思想本身，创作意图属于思想范畴，不应成为作品认定的依据。一审、二审法院认为单首歌曲视听片段缺乏完整的节目脚本、无法完整展现制作者的创作意图，进而认定涉案歌曲视听片段不构成独立的作品，属于适用法律错误。

四、不正当竞争案件审判

30. 销售仿冒混淆商品的行为构成不正当竞争

【裁判要旨】

经营者销售商品足以引人误认为是他人商品或者与他人存在特定联系的，可以依法认定构成反不正当竞争法第六条规定的不正当竞争行为。

【关键词】

不正当竞争　销售商　销售行为　民事责任

【案号】

（2022）最高法民再 230 号

【基本案情】

在再审申请人柏瑞润兴（北京）科技发展有限公司（以下简称柏瑞润兴公司）与被申请人新泰市领航装饰工程有限公司（以下简称领航公司）不正当竞争纠纷案①中，柏瑞润兴公司是核定使用在水龙头、地漏等商品上的"潜水艇"系列商标的商标权人。潜水艇商标经过使用具有一定知名度。柏瑞润兴公司经公证购买了领航公司销售的标有"宁波市潜水艇卫浴有限公司"字样的地漏。柏瑞润兴公司遂诉至山东省泰安市中级人民法院，请求判令领航公司停止销售标注"宁波市潜水艇卫浴有限公司"相关标识的涉案地漏产品，并赔偿 5 万元的经济损失。一审法院经审理认为，领航公司仅实施了销售行为，不构成《中华人民共和国反不正当竞争法》（以下简称反不正当竞争法）规定的不正当竞争行为，不承担损害赔偿责任，但应当赔偿合理支出，故判决领航公司立即停止销售被诉侵权产品，并赔偿柏瑞润兴公司合理开支 3000 元，驳回其他诉讼请求。柏瑞润兴公司不服，提起上诉。山东省高级人民法院二审判决驳回上诉，维持原判。柏瑞润兴公司不服，向最高人民法院申请再审。最高人民法院裁定提审本案，并于 2022 年 9 月 30 日判决撤销一、二审判决，领航公司赔偿柏瑞润兴公司经济损失及合理开支 1 万元。

【裁判意见】

最高人民法院再审认为：从目的解释的角度来看，反不正当竞争法鼓励和保护公平竞争，制止不正当竞争行为，保护经营者和消费者的合法权益。销售者与生产者都是参与市场经营的主体，两者均为反不正当竞争法意义上的经营者。销售行为使仿冒产品进入市场流通领域，产生混淆误认可能性，因此，不正当的销售行为与生产行为相同，都对市场竞争秩序产生不利影响，损害经营者及消费者的利益。销售行为应当受到反不正当竞争法的规制。从体系化解释的角度来看，反不正当竞争法对仿冒行为进行规制的基础是经营者对商业标识享有合法权益，这与商标法的保护方式相近。商标法明确规定销售侵权商品的行为构成侵权行为。因此，销售行为可以成为反不正当竞争法规制的对象。从利益平衡的角度来看，柏瑞润兴公司已就被诉侵权产品的生产者进行追诉，该生产者已被判令停止使用涉案企业名称，但被诉侵权产品仍有销售，应当根据案件具体情况给予柏瑞润兴公司救济途径。综上，销售者的销售行为属于反不正当竞争法第六条规定的使用行为。领航公司销售

① 本案裁判文书参见第 412 页。

被诉侵权产品，构成不正当竞争。领航公司主张被诉侵权产品系供货商赠与，但未提交证据证明，其抗辩不能成立。

31. 虚假或者引人误解的商业宣传的认定

【裁判要旨】

将同业经营者的工程图片中的商标换成自己的商标，并将工程图片当作自己的工程成功案例印制在产品宣传册上进行宣传，欺骗、误导相关公众的，构成反不正当竞争法第八条规定的虚假或者引人误解的商业宣传。

【关键词】

不正当竞争　虚假宣传　欺骗　误导

【案号】

（2022）最高法民再 1 号

【基本案情】

在再审申请人南京德尔森电气有限公司（以下简称德尔森公司）与被申请人美弗勒智能设备有限公司（以下简称美弗勒公司）侵害商标权及不正当竞争纠纷案①中，德尔森公司与美弗勒公司为同行业经营者。德尔森公司成立时间较早，且在智能化变电站恒温恒湿汇控柜等领域拥有多项专利权。德尔森公司认为，美弗勒公司将德尔森公司的 8 个工程案例作为其成功案例印制在自己的产品宣传册上进行虚假宣传，欺骗、误导消费者，构成不正当竞争行为，遂诉至法院。宁夏回族自治区银川市中级人民法院一审认为美弗勒公司宣传册及所附图片中的汇控柜在醒目位置有"Powerfiller"标识，与德尔森公司"DERSON"标识在拼写上具有明显差别，一般不会引人误认为是他人商品或与他人存在特定联系，德尔森公司提交的证据不能证实美弗勒公司该行为系虚假宣传，且标识拼写明显不同，亦不属于使用相同或近似商标的侵权行为，遂判决驳回德尔森公司的诉讼请求。德尔森公司不服，提出上诉。宁夏回族自治区高级人民法院二审认为，美弗勒公司宣传册中 8 张产品图片展示的是单个产品安装效果，不能体现具体施工项目，且图片上的原商标"DERSON"已替换为"Powerfiller"，不能使人误认为与德尔森公司存在特定联系，不构成混淆行为。且涉案产品需要通过招标、投标等合法方式确定该类产品的销售，宣传行为本身并不会增加美弗勒公司的竞争优势，也不会使德尔森公司丧失正当交易机会。遂判决驳回上诉，维持原判。德尔森公司不

---

① 本案裁判文书参见第 420 页。

服，向最高人民法院申请再审。最高人民法院裁定提审本案，并于 2022 年 5 月 9 日判决撤销一、二审判决，改判美弗勒公司承担停止侵权、赔偿损失的民事责任。

【裁判意见】

最高人民法院再审认为：美弗勒公司将德尔森公司的 8 个工程图片中的德尔森公司商标换成美弗勒公司的商标，将工程图片当作自己的工程成功案例印制在产品宣传册上进行宣传，原审判决对此事实经审理业已确认。美弗勒公司的行为足以使消费者误认为此 8 个工程案例系由美弗勒公司所承建，欺骗、误导了消费者，由此易使美弗勒公司获取市场竞争优势和市场交易机会，损害与其作为同业竞争关系的德尔森公司的利益，扰乱了市场竞争秩序。对于消费者而言，正是由于美弗勒公司对其产品的虚假宣传，易使消费者发生误认误购，亦损害了消费者利益，美弗勒公司的行为构成《中华人民共和国反不正当竞争法》第八条规定的虚假宣传的不正当竞争。美弗勒公司在宣传册中称"目前已申请多个专利对产品进行保护"，而再审庭审中，美弗勒公司承认其至今未申请相关专利，故上述内容存在虚假，易使相关公众受到欺骗、误导，侵害与美弗勒公司具有同业竞争关系且拥有多项专利的德尔森公司利益，亦构成虚假宣传的不正当竞争行为。

32. 商业诋毁行为的认定

【裁判要旨】

认定是否构成商业诋毁，其根本要件是相关经营者之行为是否以误导方式对竞争对手的商业信誉或者商品声誉造成了损害。

【关键词】

不正当竞争　商业诋毁　商誉损害　误导

【案号】

（2021）最高法民申 6512 号

【基本案情】

在再审申请人 TCL 王牌电器（惠州）有限公司（以下简称 TCL 惠州公司）与被申请人海信视像科技股份有限公司（以下简称海信公司）、一审被告 TCL 科技集团股份有限公司（以下简称 TCL 集团）商业诋毁纠纷案①中，海信公司认为 TCL 惠州公司在微博及抖音短视频上发布的被诉侵权视频构成

① 本案裁判文书参见第 428 页。

商业诋毁，诉至法院。山东省青岛市中级人民法院一审认为，TCL 惠州公司作为海信公司的直接竞争对手，发布包含针对海信公司激光电视产品虚假信息和误导性信息的被诉侵权视频，损害了海信公司的商业信誉和商品声誉，构成了对海信公司的商业诋毁。故判决：TCL 惠州公司赔偿海信公司经济损失 50 万元（包含制止侵权行为的合理开支）；驳回海信公司的其他诉讼请求。海信公司、TCL 惠州公司不服，提起上诉。山东省高级人民法院二审认定商业诋毁行为成立，判决：TCL 惠州公司赔偿海信公司经济损失及维权合理开支共计 200 万元，并刊登声明以消除影响。TCL 惠州公司不服，向最高人民法院申请再审。最高人民法院于 2022 年 6 月 24 日裁定驳回 TCL 惠州公司再审申请。

【裁判意见】

最高人民法院审查认为：认定是否构成商业诋毁，其根本要件是相关经营者之行为是否以误导方式对竞争对手的商业信誉或者商品声誉造成了损害。本案中 TCL 惠州公司并未提供充足的证据证明海信激光电视存在见光死、观看角度小、漏光等问题，视频中男主角对安装"无从下手"，"被安装过程击倒"等内容亦与海信公司为用户提供免费的安装服务不符，容易对消费者造成误导。TCL 惠州公司作为海信公司的同业竞争者，对他人商品进行对比评论或者批评时应当本着诚实信用的原则，遵守法律和商业道德，客观、真实、中立地进行评价，不能损害他人商誉，误导公众。退一步讲，即便激光电视存在一定问题，TCL 惠州公司亦不能采取被诉侵权视频中的表达方式，片面夸大激光电视的不足。作为同业竞争者，对真实的信息进行描述也应客观、全面。被诉行为的片面性和不准确性，容易导致消费者对相关商品产生错误认识，进而影响到消费者的决定，并对海信公司的商业信誉或商品声誉产生负面影响，损害海信公司的利益。

五、植物新品种案件审判

33. 植物品种特异性判断中已知品种的确定

【裁判要旨】

在植物新品种特异性判断中，确定在先的已知品种的目的是固定比对对象，即比较该申请品种与递交申请日以前的已知品种是否存在明显的性状区别。因此，特异性判断中的已知品种，不能是申请授权品种自身。与特异性的判断标准不同，新颖性判断则是以申请植物新品种保护的品种自身作为考察对象，判断其销售推广时间是否已超规定时间。

【关键词】

植物新品种　驳回复审程序　新颖性　特异性　已知品种　品种审定申请日

【案号】

（2021）最高法知行终 453 号

【基本案情】

在上诉人黑龙江阳光种业有限公司（以下简称阳光种业公司）与被上诉人农业农村部植物新品种复审委员会（以下简称植物新品种复审委员会）植物新品种申请驳回复审行政纠纷案①中，涉及申请号为 20150963.4、名称为"哈育 189"的玉米植物新品种申请。阳光种业公司认为，"哈育 189"是在先已知的植物品种，"利合 228"在国内首次申请品种审定或品种权保护的时间均晚于"哈育 189"，不能作为评价"哈育 189"特异性的近似品种。故向北京知识产权法院（以下简称一审法院）提起诉讼，请求判令撤销植物新品种复审委员会于 2019 年 1 月 17 日作出的《关于维持〈哈育 189 品种实质审查驳回决定〉的决定》（以下简称被诉决定），并判令植物新品种复审委员会重新作出决定。一审法院认为，"哈育 189"递交品种权申请时间为 2015 年 6 月 29 日，"利合 228"品种权初审合格公告时间为 2015 年 5 月 1 日，"利合 228"可以作为本申请递交前已知的植物品种，"哈育 189"并未明显区别于在递交申请以前已知的植物品种"利合 228"，被诉决定关于"哈育 189"不具备特异性的认定结论正确，应予确认。据此驳回阳光种业公司的诉讼请求。阳光种业公司不服，向最高人民法院提起上诉，主张"哈育 189"通过审定时间为 2015 年 4 月 8 日，"哈育 189"与"利合 228"相比，"哈育 189"系法定在先的"已知的植物品种"，"哈育 189"玉米品种具备特异性。最高人民法院于 2021 年 8 月 10 日判决驳回上诉，维持原判。

【裁判意见】

最高人民法院二审认为，授予品种权的植物新品种应当具备特异性。《中华人民共和国植物新品种保护条例》第十五条规定，特异性是指申请品种权的植物新品种应当明显区别于在递交申请以前已知的植物品种。在特异性的判定中，确定在先的已知品种的目的是固定比对对象，即比较该申请品

---

① 本案裁判文书参见第 432 页。

种与递交申请日以前的已知品种是否存在明显的性状区别，因此，作为特异性判断的已知品种，不能是申请授权品种自身。与特异性的判断标准不同，对于是否具备新颖性，是以申请植物新品种保护的品种自身作为基准，判断其销售推广的时间是否超过了规定的时间。《中华人民共和国植物新品种权保护条例》第十四条规定，新颖性是指申请品种权的植物新品种在申请日前该品种繁殖材料未被销售，或者经育种者许可，在中国境内销售该品种繁殖材料未超过 1 年；在中国境外销售藤本植物、林木、果树和观赏树木品种繁殖材料未超过 6 年，销售其他植物品种繁殖材料未超过 4 年。因此，申请植物新品种权保护的品种在申请日之前存在的审定、推广的时间，对判断其是否具备新颖性具有重要意义，但与选择确定作为特异性判断的已知品种并无关联。

本案中，阳光种业公司上诉提交的关于"哈育 189"玉米品种参加品种审定预备试验、通过审定初审审核等时间点的证据，是其具备新颖性的重要事实，与选择确定其作为特异性判断的已知品种不具有关联性。否则，以"哈育 189"玉米品种审定提出或通过审定的时间早于申请品种权保护的申请日为由，将其自身作为特异性判断的已知品种，不符合需要两个以上对象比对才有可能判断是否存在区别的逻辑常理，也有悖于品种权保护制度。因此，有关"哈育 189"玉米品种参加品种审定时间的证据与本案中已知品种的认定不具有关联性。

六、集成电路布图设计案件审判

34. 权利人可选择布图设计任何具有独创性的部分作为权利基础

【裁判要旨】

对布图设计权利人而言，只要其主张专有权的内容在其受保护的布图设计权利边界内，则其既可以选择全部具有独创性的部分作为专有权的权利基础，亦可以选择其中任何具有独创性的部分作为权利基础。

【关键词】

集成电路布图设计　独创性　权利基础

【案号】

（2021）最高法民申 3269 号

【基本案情】

在再审申请人南京微盟电子有限公司（以下简称微盟公司）与被申请人泉芯电子技术（深圳）有限公司（以下简称泉芯公司）、一审被告深圳市锦汇鑫科技有限公司（以下简称锦汇鑫公司）侵害集成电路布图设计专有权纠纷案中，泉芯公司向广东省深圳市中级人民法院起诉请求：微盟公司、锦汇鑫公司立即停止侵害泉芯公司 BS.09500630.3 号 QX2304 集成电路布图设计专有权的行为，并销毁所有侵权产品；微盟公司、锦汇鑫公司赔偿泉芯公司经济损失及为制止侵权行为而支付的合理费用共计人民币 300 万元等。一审法院经审理判决微盟公司立即停止侵权，并销毁含有该布图设计的侵权产品；微盟公司赔偿泉芯公司经济损失及合理维权费用人民币 300 万元；驳回泉芯公司其他诉讼请求。微盟公司不服，提起上诉。广东省高级人民法院二审认为，一审法院关于微盟公司构成侵权的定性正确，据此判决微盟公司承担停止侵权并赔偿损失的责任并无不当。但是由于在二审期间，涉案布图设计已过保护期，泉芯公司在保护期后不再对布图设计享有专有权，不应继续判令微盟公司停止侵权行为。故二审法院撤销了一审判决停止侵权的判项，维持了赔偿数额的判项。微盟公司不服，向最高人民法院申请再审。微盟公司申请再审主张，在进行侵权比对时，泉芯公司仅提交了其主张保护的 9 个区域的其中三层设计，并未提交全部设计，无法进行侵权比对。最高人民法院于 2022 年 9 月 14 日裁定驳回微盟公司的再审申请。

【裁判意见】

最高人民法院审查认为：只有具有独创性的布图设计才能受到专有权的保护。并且，对布图设计权利人而言，只要其主张专有权的内容在其受保护的布图设计权利边界内，则其既可以选择全部具有独创性的部分作为专有权的权利基础，亦可以选择其中部分具有独创性的部分作为权利基础。该"部分"不应仅是个别元件或者个别连接，而是应当具有某种相对独立的电子功能。本案中，在确定布图设计中特定部分是否具有相对独立的电子功能以及该部分是否具有独创性时，除了考虑互连线路的三维配置外，还应重点考虑相关部分中各电子元件的组合及其在三维空间的配置。根据原审法院查明的事实，泉芯公司提交的 9 个区域的独创性说明中分别说明了涉案 9 个区域中其认为对确定各区域独创性较为重要的（用于放置该区域主要电子元件及主要互连线路的）几个主要分层，并相应提交了各主要分层的设计图样，其余几个分层中的设计均以文字形式说明该几层中的设计主要是层间通孔、P 形或 N 形半导体电连接、相关区域的电源接口或对外接口等起线路连接作用的常规设计。鉴于此，鉴定机构仅将几个主要分层的设计与被诉产品中的对应设计进行比对，并无不当。根据北京紫图〔2014〕知鉴字第 122 号鉴定意见，泉芯公司所称其创新部分的布图设计 A、B、C、D、E、H、I、M 区域与微盟公司被控侵权产品的相应区域的布图设计实质性相似，G 区域无法判断。二审法院根据微盟公司提交的证据，判定 B 区域的设计与泉芯公司主张保护的 B 区域的布图设计不同，进而认定微盟公司侵害了泉芯公司布图设计中 C、D、E、H、I、M 六个区域的专有权并无不当。

七、垄断案件审判

35. 因专利侵权纠纷达成的和解协议的反垄断审查

【裁判要旨】

因专利侵权纠纷达成的和解协议，如与涉案专利保护范围缺乏实质关联，所涉产品超出涉嫌侵权的产品范围，其核心并不在于保护和行使专利权，而是以行使专利权为掩护，实际上追求分割销售市场、限制商品生产和销售数量、固定价格等效果的，可以认定为横向垄断协议。

【关键词】

横向垄断协议　专利侵权　和解协议　专利权保护范围　涉嫌侵权产品

【案号】

（2021）最高法知民终 1298 号

【基本案情】

在上诉人上海华明电力设备制造有限公司（以下简称华明公司）与被上诉人武汉泰普变压器开关有限公司（以下简称泰普公司）垄断协议纠纷案[①]中，涉及专利号为 200610019247.3、名称为"一种带有屏蔽装置的无励磁分接开关"的发明专利（以下简称涉案专利）。2015 年 10 月，泰普公司起诉华明公司侵害涉案专利权（该案以下简称 2015 年专利侵权纠纷），2016 年 1 月，双方经协商自行签署《调解协议》（实为和解协议），泰普公司向法院申请撤回 2015 年专利侵权纠纷案的起诉，并获得准许。2019 年 6 月，华明公司向湖北省武汉市中级人民法院（以下简称一审法院）提起本案诉讼，主张

---

① 本案裁判文书参见第 444 页。

涉案调解协议违反《中华人民共和国反垄断法》（以下简称反垄断法），请求确认涉案调解协议无效，判令泰普公司赔偿华明公司经济损失798626元、维权合理开支10万元。一审法院认为，涉案调解协议不属于垄断协议，判决驳回华明公司的全部诉讼请求。华明公司不服，向最高人民法院提起上诉。最高人民法院于2022年2月22日判决撤销原判，确认涉案调解协议全部无效，泰普公司赔偿华明公司合理开支10万元。

【裁判意见】

最高人民法院二审认为，关于泰普公司拥有并行使涉案专利权这一事实是否能够排除涉案调解协议的违法性这一问题。首先，关于知识产权权利行使与垄断行为之间的关系，反垄断法第五十五条规定："经营者依照有关知识产权的法律、行政法规规定行使知识产权的行为，不适用本法；但是，经营者滥用知识产权，排除、限制竞争的行为，适用本法。"根据上述规定，权利人依照知识产权法律、行政法规规定行使知识产权的行为原则上并不违反反垄断法；但是，权利人逾越其享有的专有权，滥用知识产权排除、限制竞争的，则涉嫌违反反垄断法。其次，关于泰普公司行使涉案专利权的行为是否构成滥用知识产权。本案中，双方2015年专利侵权纠纷涉及泰普公司所有的"一种带有屏蔽装置的无励磁分接开关"的发明专利权，其技术效果主要在于降低开关制造成本，增强开关使用的稳定性、可靠性，属于对无励磁分接开关的改进，并非无励磁分接开关领域无法回避的基础性专利。涉案专利的权利要求保护的是一种带有特定结构的屏蔽装置的无励磁分接开关，不涉及特定类型或形状的无励磁分接开关，而涉案调解协议以无励磁分接开关的型式划分产品，将其分为笼形、非笼形（包括鼓形、条形、筒形、鼠笼形等）；在海外市场，又以无励磁分接开关的生产企业划分产品，将其分为泰普公司所参股的泰普联合公司生产的开关和其他企业生产的开关，并以上述划分为基础对华明公司生产和销售某些特定类型的无励磁分接开关加以限制，但这种限制与涉案专利的权利保护范围并无实质关联。泰普公司在原审答辩中也自称，涉案调解协议约定内容已经超出专利侵权纠纷，合同条款也与泰普公司涉案专利权脱钩。此外，华明公司与泰普公司在无载分接开关市场存在竞争关系，涉案调解协议对无载分接开关市场进行划分，并以此对协议所涉及产品，即无励磁分接开关的销售价格、生产数量、销售数量、销售种类、销售地域等加以限制，排除、限制了经营者之间的正常竞争。可见，涉案调解协议与涉案专利权的保护范围缺乏实质关联性，其核心并不在于保护专利权，而是以行使专利权为掩护，实际上追求分割销售市场、限制商品生产和销售数量、固定价格的效果，属于滥用专利权，构成排除、限制竞争的行为，违反了反垄断法的规定。再次，关于涉案调解协议所涉及产品是否包括涉嫌侵犯专利权的产品。前已述及，由于涉案调解协议对于所限制生产和销售的产品种类及相关的销售市场的划分并非以涉案专利权的保护范围为划分依据，且调解协议的内容已经超出了 2015 年专利侵权纠纷案件中的争议内容，因此涉案调解协议所涉及的产品是否包含涉嫌侵犯专利权的产品与本案并无直接关联性。华明公司主张一审漏查，缺乏法律依据，不予支持。综上，泰普公司拥有并行使涉案专利权这一事实并不能够排除涉案调解协议的违法性。

36. 其他协同行为的认定

【裁判要旨】

具有竞争关系的经营者之间存在一致性市场行为，且存在排除、限制竞争共谋的，可以推定其实施了反垄断法所禁止的协同行为，但经营者能够对一致性市场行为作出合理解释，证明其系根据市场和竞争状况独立作出有关市场行为的除外。

【关键词】

垄断协议　协同行为　行政处罚

【案号】

（2022）最高法知行终 29 号

【基本案情】

在上诉人茂名市电白区建科混凝土有限公司（以下简称建科公司）与被上诉人广东省市场监督管理局反垄断行政处罚案①（以下简称混凝土企业横向垄断协议行政处罚案）中，2016 年 9 月至 12 月期间，包括建科公司在内的 19 家广东省茂名市城区及高州市预拌混凝土企业通过聚会、微信群等形式就统一上调混凝土销售价格交流协商，并各自同期不同幅度地上调了价格。2020 年 6 月，广东省市场监督管理局对该 19 家企业达成并实施"固定或者变更商品价格"横向垄断协议的行为进行查处，均以 2016 年度销售额为基数，对 3 家牵头企业处以 2% 的罚款，对建科公司等其他 16 家企业处以 1% 的罚款。建科公司不服行政处罚决定，向广州知识产权法院（以下简称一审法院）提起行政诉讼，请求撤销被诉处罚决定。一审法院判决驳回建科公司的诉讼请求。建科公司不服，向最高人民法院提起上诉。最高人民法院于 2022

---

① 本案裁判文书参见第 469 页。

年 6 月 23 日判决驳回上诉，维持原判。

【裁判意见】

最高人民法院二审认为，2008 年实施的反垄断法第十三条第二款规定："本法所称垄断协议，是指排除、限制竞争的协议、决定或者其他协同行为。"该款所规定的"其他协同行为"，属于垄断协议的一种表现形式，是指具有竞争关系的经营者没有订立书面或口头协议或者决定，但是相互进行了沟通，心照不宣地实施了协同一致的排除、限制竞争行为。认定其他协同行为，需要具备以下两个条件：首先，具有竞争关系的经营者之间存在一致性市场行为，即经营者同时或相继作出协调的、共同的市场行为；其次，具有竞争关系的经营者之间存在排除、限制竞争的共谋，即经营者之间进行过相关意思联络或信息交流，比如交流经营信息、商业计划等。认定其他协同行为，还需要考虑相关市场的市场结构、竞争状况、市场变化等情况，排除各个经营者根据市场和竞争状况独立作出的相同市场行为的情形。对此，国家市场监督管理总局《禁止垄断协议暂行规定》① 第六条具体规定了认定其他协同行为应当考虑的四项因素，该规定符合反垄断法的规定，人民法院可参照该规定进行具体分析认定。其中，判断是否存在共谋，关键在于判断经营者之间存在限制或者排除竞争的意思联络或信息交流，而并不要求经营者之间就具体商品价格、数量等达成清晰或具体的一致意见。在具有竞争关系的经营者之间存在意思联络或信息交流，且在意思联络或信息交流之后采取了一致性市场行为的情况下，除非经营者能够合理说明并提供证据证明该行为系其根据市场和竞争状况独立作出的市场行为，包括跟随、仿效其他竞争者而采取的相同市场行为，或者符合反垄断法第十五条规定的豁免事由，原则上即可以认定经营者以协同行为的方式达成并实施了横向垄断协议。而且，前已述及，反垄断法第十三条第一款明文列举的横向垄断协议在所有垄断行为类型中对竞争的影响相对较为严重，一般可以推定其具有限制或者排除竞争的效果，即所谓的反竞争效果。

本案中，涉案 19 家混凝土企业均系从事预拌混凝土生产和销售的经营者，且其产品主要在同一区域销售，彼此之间具有竞争关系，属于反垄断法上的具有竞争关系的经营者。根据本案查明的事实，可以认定涉案 19 家混凝土企业的被诉行为构成反垄断第十三条第二款规定的"其他协同行为"。对此，本院具体分析如下：第一，涉案 19 家混凝土企业的被诉行为具有一致性。该 19 家企业从 2016 年 9 月 25 日开始对预拌混凝土销售价格进行上调，

---

① 根据《禁止垄断协议规定》，该规定现已失效，下同。

调价时间主要集中于 2016 年 9 月底至 10 月，其中各家企业针对具体客户实际供货价格有所不同，但是从总的价格趋势看均存在一定程度的上调，较为明显地体现出各自行为的一致性，被诉行为构成一致性市场行为。第二，涉案 19 家混凝土企业之间进行了意思联络、信息交流，明显具有限制、排除相互间价格竞争的共谋。该 19 家企业围绕预拌混凝土变更价格、价格变动幅度，专门建立微信群并通过聚餐等线下方式进行一系列的信息交流、涨价提议与互相督促。其中虽有部分企业在微信群内没有明确披露其实际交易中的具体提价情况，但是其参与微信群就足以了解群内其他企业的价格调整情况，且没有对价格调整提出异议，群内其他企业也有理由相信没有披露具体提价情况的企业已经采取或将要采取同样的提价行为，相关交流信息让加入微信群的企业之间形成了某种心照不宣的默契，便于其实施相关调价策略。而且，上述参与微信群的企业事实上均在同一时期不同程度地调高了各自的供货价格，反映出其实施合谋涨价的行为过程。第三，涉案 19 家混凝土企业对其行为的一致性并不能作出合理解释。经营者因经营成本增加可以单独自主合理调整销售价格，但不能与其他具有竞争关系的经营者共谋以垄断行为的方式提高价格。建科公司以交通运输管理部门治理超载导致运输成本增加为由对其提价行为进行辩解，但其并没有提供证据证明该 19 家企业之前均存在超载运输情况以及其提价幅度与其恢复正常未超载运输而增加的平均运输成本幅度相当，故其该项辩解不能成立。而且，多达 19 家企业通过微信群持续讨论调价信息、交流执行提价情况，并提出针对客户的应对措施，事后相关企业纷纷提高价格，极可能是共谋的结果。建科公司主张其系根据市场因素变化而相应独立作出的市场行为，明显缺乏说服力。第四，审查相关市场的市场结构、竞争状况、市场变化等情况，可以看出涉案 19 家混凝土企业的被诉行为产生了反竞争效果。对于涉案预拌混凝土市场，在特定区域内的产能规划和搅拌站站点布局相对稳定，新的经营者较难在短期内进入相关市场；同时，预拌混凝土初凝时间等因素制约着预拌混凝土供应的辐射范围（通常在距搅拌站 50 公里范围内），在该特定区域内预拌混凝土企业向外开拓新市场受到限制，下游企业挑选预拌混凝土供应商的范围也受到限制。一旦相关市场内全部或者大部分混凝土企业联络一致涨价，则其下游企业（混凝土购买方）基本上没有多少可协商或者另行选择的余地而只能被动接受涨价。涉案 19 家混凝土企业中绝大多数年营业额超过 1000 万元，在相关市场上具有较高的市场份额，对相关市场内的预拌混凝土供应有较强的控制能力。本案事实已经表明，涉案 19 家混凝土企业共谋集中上调预拌混凝土单价，已经损害下游企业及终端消费者的利益，客观上产生了排除、限制竞争的实际效果。综合上述分析，可以认定涉案 19 家混凝土企业达成并实施了反垄断法第十三条第一款第一项规定的"固定或者变更商品价格"的横向垄断协议。

37. 反垄断法罚款规定中"上一年度销售额"中"上一年度"的确定

【裁判要旨】

反垄断法罚款规定中"上一年度销售额"中的"上一年度"，通常指反垄断执法机构启动调查时的上一个会计年度；垄断行为在启动调查时已经停止的，"上一年度"则通常为垄断行为停止时的上一个会计年度；如果垄断行为实施后于当年内停止，则垄断行为实施的会计年度可以作为该"上一年度"。即，原则上"上一年度"应当确定为与作出处罚时在时间上最接近、事实上最关联的违法行为存在年度。

【关键词】

垄断协议　行政处罚　上一年度销售额

【裁判意见】

在前述混凝土企业横向垄断协议行政处罚案①中，最高人民法院指出，2008 年施行的反垄断法第四十六条第一款规定："经营者违反本法规定，达成并实施垄断协议的，由反垄断执法机构责令停止违法行为，没收违法所得，并处上一年度销售额百分之一以上百分之十以下的罚款……""上一年度销售额"是计算罚款的基数，其中"上一年度"通常指启动调查时的上一个会计年度；对于垄断行为在反垄断执法机构启动调查时已经停止的，"上一年度"则通常为垄断行为停止时的上一个会计年度；如果垄断行为实施后于当年内停止，则垄断行为实施的会计年度也可以作为反垄断法第四十六条第一款规定"上一年度销售额"中"上一年度"，即原则上"上一年度"应确定为与作出处罚时在时间上最接近、事实上最关联的违法行为存在年度。执法实践中，之所以绝大多数垄断案件处罚所采纳的"上一年度"是立案调查的上一年度，是因为一旦反垄断执法机构启动立案调查，有关经营者一般会停止涉嫌垄断行为，以立案调查为基准确定"上一年度"主要目的是选择距离垄断行为较近的年度，以经营者在该年度的销售额为基数计算罚款，由此体现行政处罚对垄断行为的震慑性。

本案中，涉案垄断行为发生于 2016 年且在 2016 年底已经停止，原广东省发改委反垄断局于 2017 年 7 月启动对涉案垄断行为的调查。如果以反垄断

---

① 本案裁判文书参见第 469 页。

执法机构启动调查时的上一个会计年度计算，本案应以 2016 年销售额计算罚款并作出处罚。而且，本案中以 2016 年销售额作为计算罚款的基准，更接近违法行为发生时涉案企业的实际经营情况，与执法实践中通常以垄断行为停止时的上一个会计年度来计算经营者销售额的基本精神保持一致，也同样符合《中华人民共和国行政处罚法》第四条第二款及反垄断法第四十九条的规定所体现的过罚相当原则。广东省市场监督管理局作出被诉处罚决定时，考虑了建科公司等 16 家企业具有积极配合调查、违法行为持续时间短、对市场竞争损害程度较轻、影响范围较小等因素，因而处以上一年度销售额 1% 的罚款处罚，而仅对化州大道公司等 3 家牵头企业处以 2% 的罚款处罚，以达到警示效果。被诉处罚决定与涉案企业违法行为的事实、性质、情节以及社会危害程度相适应，符合过罚相当原则。广东省市场监督管理局在本案中以建科公司 2016 年销售额为基数按 1% 的比例计算罚款并作出处罚，并无不当。

38. 体育赛事商业权利独家授权的反垄断审查

【裁判要旨】

体育赛事组织者基于其组织赛事、依据法律法规规定取得的独家经营赛事资源的民事权利所呈现的独家性和排他性属于权利自身的内在属性。由该权利内在的排他属性所形成的"垄断状态"本身，并非反垄断法预防和制止的对象。体育赛事组织者行使其独家经营赛事资源的权利时进行公开招标投标，其他经营者据此取得该独家经营的授权，实质上是公平竞争的结果，原则上不宜认定该经营权的独家授予属于滥用市场支配地位的行为。

【关键词】

中超联赛　经营权授予　市场支配地位　滥用

【案号】

（2021）最高法知民终 1790 号

【基本案情】

在上诉人体娱（北京）文化传媒股份有限公司（以下简称体娱公司）与被上诉人中超联赛有限责任公司（以下简称中超公司）、上海映脉文化传播有限公司（以下简称映脉公司）滥用市场支配地位纠纷案[①]中，经中国足协授权，中超公司取得中超联赛资源代理开发经营权；中超公司于 2016 年网上公开招标 2017—2019 年中超联赛官方图片合作机构，映脉公司以相应报价中

---

① 本案裁判文书参见第 485 页。

标，由此取得独家经营中超联赛图片资源的权利，而体娱公司未中标。但体娱公司仍于 2017 年、2018 年派人进入中超联赛现场拍摄图片并销售传播，其间中国足协出面发布声明予以制止以维护映脉公司的独家经营权。体娱公司故以中超公司、映脉公司滥用市场支配地位限定交易相对人只能与映脉公司进行交易为由，向上海知识产权法院（以下简称一审法院）起诉，请求判令中超公司、映脉公司停止垄断行为、消除影响、赔偿经济损失及维权合理开支。一审法院认为，现有证据不能证明中超公司、映脉公司具有市场支配地位，且两公司从事被诉行为具有正当理由，判决驳回体娱公司全部诉讼请求。体娱公司不服，向最高人民法院提起上诉，主张中超公司与映脉公司存在滥用市场支配地位的行为。最高人民法院于 2022 年 6 月 23 日判决驳回上诉，维持原判。

【裁判意见】

最高人民法院二审认为，中国足球协会根据《中华人民共和国体育法》（2016 年修正）第三十一条、第三十九条规定的授权和政府的委托管理全国足球事务，其享有的赛事商业权利主要是基于其组织赛事而产生的以财产利益为主要内容的民事权益。该类赛事商业权利的取得符合本案赛事发生当时（2017—2019 年）所施行的《中华人民共和国民法总则》第一百二十九条（现《中华人民共和国民法典》同条）关于"民事权利可以依据民事法律行为、事实行为、法律规定的事件或者法律规定的其他方式取得"的规定。由于赛事商业权利属于一种民事权利，也是一种独家排他性权利，其原始权利人可以选择由本人自己行使、授权他人行使、与他人合作行使。中国足球协会独家授权中超公司行使足球赛事商业权利，中超公司又部分转授权映脉公司独家行使其中赛事图片经营权，均是中国足球协会和中超公司行使民事权利的体现。中国足球协会对足球赛事商业权利的独家排他性属于财产权的排他性，是其组织赛事并依法取得的一种垄断权利，反垄断法预防和制止垄断行为，但不预防和制止垄断状态和垄断权利，预防和制止的是利用垄断状态和垄断权利进行某些作为或者不作为以排除、限制竞争的行为，即滥用行为。权利的排他属性与滥用行为属于不同概念，权利的排他性或者排他性权利本身并不是反垄断法预防和制止的对象，排他性权利的行使可能成为反垄断法预防和制止的对象。

在特定地域内独家授权经营是商业实践中一种常见的授权经营模式。经营权独家授予是经营者独立行使民事权利的体现，在经济效果上被授权的经营者只不过是授权经营者具体经营的替代，一般不会对外额外产生反竞争效果，故原则上不为反垄断法所禁止，除非存在经营者通谋损害消费者利益等特殊情形。中超公司、映脉公司在中超联赛图片经营市场具有市场支配地位，但中超公司通过公开招标方式选择授权映脉公司独家经营 2017—2019 年中超联赛图片资源，在程序上体现了竞争；该经营权独家授予是竞争的应然结果，且有其合理理由，不具有反竞争效果。同时，中超联赛图片用户（需求方）只能向映脉公司购买该赛事图片，系基于原始经营权人中国足协依法享有的经营权并通过授权形成的结果，符合法律规定且有合理性，该限定交易情形有正当理由。

39. 公用事业经营者隐性限定交易行为的认定

【裁判要旨】

反垄断法上的限定交易行为可以是明示的、直接的，也可以是隐含的、间接的。具有市场支配地位的经营者为供水、供电、供气等公用事业经营者或者其他依法具有独占地位的经营者，对于市场竞争可以施加更大的影响，其在相关交易中只推荐特定交易对象或者只公开特定交易对象的信息，交易相对人基于上述情势难以自由选择其他经营者进行交易的，通常可以初步认定其实质上实施了限定交易行为。

【关键词】

滥用市场支配地位　限定交易行为　隐性限定　公用企业　损害赔偿

【案号】

（2022）最高法知民终 395 号

【基本案情】

在上诉人威海宏福置业有限公司（以下简称宏福置业公司）与被上诉人威海市水务集团有限公司（以下简称威海水务集团）滥用市场支配地位纠纷案①中，宏福置业公司是一家位于山东省威海市的房地产开发公司，其向山东省青岛市中级人民法院（以下简称一审法院）提起本案诉讼，请求判令威海水务集团赔偿因其实施滥用市场支配地位的行为给宏福置业公司造成的经济损失 230 余万元及合理开支 15 万元。一审法院认定，威海水务集团在威海市区供水、污水设施建设和管理中处于市场支配地位，但现有证据不能证明威海水务集团存在限定交易行为，判决驳回宏福置业公司诉讼请求。宏福置业公司不服，向最高人民法院提起上诉。最高人民法院认定威海水务集团实施了限定交易行为，于 2022 年 6 月 23 日判决撤销原判，改判威海水务集团

---

① 本案裁判文书参见第 515 页。

赔偿宏福置业公司为调查、制止垄断行为所支付的合理开支 15 万元。

【裁判意见】

最高人民法院二审认为，反垄断法第十七条第一款第四项所禁止的限定交易行为，是指具有市场支配地位的经营者直接限定或者以设定交易条件等方式变相限定交易相对人只能与其进行交易，或者只能与其指定的经营者进行交易。限定交易行为损害了交易相对人的合法权益，破坏了正常的市场秩序和竞争机制。本案中，威海水务集团实施了限定交易的垄断行为，具体分析如下：

首先，威海水务集团提供《市水务集团供排水业务办理服务指南》具有限定交易的意图与内容。在判断经营者是否限定交易相对人只能与其进行交易或者只能与其指定的经营者进行交易时，重点在于考察经营者是否实质上限制了交易相对人的自由选择权。限定交易行为可以是明示的、直接的，也可以是隐含的、间接的。如果具有市场支配地位的经营者为公用事业经营者，如供水、供电、供气等公用企业，或者其他依法具有独占地位的经营者，其兼具市场经营和行业管理的双重特点，对于市场竞争可以施加的影响更大，其在相关交易中只推荐特定交易对象或者只公开特定交易对象的信息，交易相对人基于上述情势难以自由选择其他经营者进行交易的，则通常可以初步认定该经营者实施了限定交易行为。本案中，威海水务集团在山东省威海市市区的供水设施建设市场具有市场支配地位，同时，其在威海市市区不仅独家提供城市公共供水服务，而且承担着供水设施审核、验收等公用事业管理职责，其在受理供排水业务时，在业务办理服务流程清单中仅注明其公司及其下属企业的联系方式等信息，而没有告知、提示交易相对人可以选择其他具有相关资质的给排水施工企业，属于隐性限定了只能由其指定的设计、施工单位办理新建项目的供排水设计和施工，或者说，由此给交易相对人带来如果不选择其指定的设计、施工单位则在办理供水设施审核、验收等管理手续时可能出现种种不便的隐忧。因此，可以认定威海水务集团具有限定交易的主观意图与客观内容。

其次，威海水务集团的被诉垄断行为实际上具有相应的排除、限制竞争的效果。根据在案证据，可以认定威海水务集团不仅在威海市市区的供水设施建设市场具有市场支配地位，也是威海市市区城市公共供水服务市场的独家经营者，其在城市公共供水服务市场的市场支配力不可避免地影响到供水设施建设市场，其在受理供排水市政业务时仅公开其公司及其下属企业信息的行为不仅排除、限制了其他具有相关资质的设计、施工企业同等参与威海市市区供水设施建设市场竞争的机会，也剥夺了对新建项目存在供排水业务需求的房地产开发企业的自主选择权,造成了其在威海市市区的供水设施建设市场内集中、大量承揽供排水设计和施工的后果,产生了更加明显的反竞争效果。

最后,威海水务集团缺乏正当理据。城市公共供水服务具有公用事业属性,一方面对质量、安全存在更高的要求,另一方面因其通常由政府指定的独家企业经营而具有自然垄断属性。但是,与供水服务密切相关的供水设施建设市场是开放竞争的,满足相关资质要求、遵守国家有关技术标准和规范的企业原则上均应能够进入市场公平竞争。威海水务集团不仅在威海市市区的供水设施建设市场具有市场支配地位,同时,作为公用企业,威海水务集团是威海市市区城市公共供水服务市场的独家经营者,其还承担着威海市市区供水设施审核、验收等供排水市政业务管理职责,在其自身及下属企业参与威海市市区供水设施建设市场竞争时,其负有更高的不得排除、限制竞争的特别注意义务。威海水务集团在其服务指南中列明其公司及其下属企业信息的同时,应当一并以同等方式列明其他具有相应资质的企业信息或者以其他明确、合理的方式表明办理供排水业务的用户可以充分自由地选择其他经营者。威海水务集团主张其在服务指南中提供其公司及其下属企业的信息是提供便民服务并非限定交易,但如上分析,其有关行为已实质上排除、限制了其他经营者参与威海市市区供水设施建设市场的竞争,威海水务集团的该项主张难以成立,故不予支持。

40. 反垄断法对消费者权益的保护

【裁判要旨】

反垄断法的立法目的主要在于维护市场竞争机制,有效配置资源,保护和促进竞争。其对消费者的保护着眼于竞争行为是否损害了保障消费者福利的竞争机制,既不以某一行为是否为消费者所满意作为判断标准,也不刻意保护某一具体消费者的利益。消费者认为因经营者销售相关商品违反价格法等相关规定,损害其消费者权益的,原则上应当依据消费者权益保护法等其他法律保护自己的权益。

【关键词】

横向垄断协议　反垄断法　价格法　消费者权益保护法　立法目的　消费者权益

【案号】

(2021)最高法知民终 1020 号

【基本案情】

在上诉人李斌全与被上诉人湖南湘品堂工贸有限责任公司（以下简称湘品堂公司）、长沙凯源珊珊商贸连锁管理有限公司（以下简称珊珊公司）、湖南佳宜企业管理有限公司（以下简称佳宜公司）、北京泰和瑞通云商科技有限公司（以下简称泰和瑞通公司）、北京泰和瑞通云商科技有限公司长沙分公司（以下简称泰和瑞通长沙分公司）垄断纠纷案①中，李斌全发现湘品堂公司等五被诉经营者在中国铁路广州局集团有限公司长沙南车站（以下简称长沙南站）二层候车厅以每瓶3元的价格出售555ml怡宝饮用纯净水，且长沙南站二层候车厅公共区域内只免费供应开水，没有免费供应凉水或温水。李斌全还发现湘品堂公司、珊珊公司、佳宜公司在长沙市内贺龙体育商圈周边以及距离长沙南站较近的住宅小区开设的超市所出售555ml怡宝饮用纯净水为每瓶2元。李斌全主张，湘品堂公司等五被诉经营者利用垄断长沙南站二层候车厅区域饮用水消费市场的优势，相互串通抬高价格，违反了2008年施行的反垄断法、价格法的相关规定，向湖南省长沙市中级人民法院（以下简称一审法院）提起诉讼，请求判令湘品堂公司向李斌全返还1元，湘品堂公司等五被诉经营者共同赔偿李斌全3017元并公开道歉。一审法院认定，长沙南站二层候车厅为本案的相关市场，湘品堂公司等五被诉经营者价格行为具有一致性，但根据本案现有证据无法认定湘品堂公司等五被诉经营者之间具有固定价格的意思联络。据此，一审法院判决驳回李斌全的诉讼请求。李斌全不服，向最高人民法院提起上诉。最高人民法院于2022年6月24日判决驳回上诉，维持原判。

【裁判意见】

最高人民法院二审认为，关于湘品堂公司等五被诉经营者将长沙南站二层候车厅所售555ml怡宝饮用纯净水价格确定为每瓶3元是否违反价格法相关规定，是否损害了李斌全消费者权益的问题。《中华人民共和国消费者权益保护法》（以下简称消费者权益保护法）与2008年施行的反垄断法均系维护社会经济秩序，促进社会主义市场经济健康发展的重要法律，对于规范市场主体的经营行为，维护消费者利益和社会公共利益，促进高质量发展等发挥着重要作用。但是，消费者权益保护法和2008年施行的反垄断法的立法目的并不相同。消费者权益保护法作为保护市场交易中处于弱势地位的消费者的法律，立法目的主要在于对消费者提供特殊保护。2008年施行的反垄断法的立法目的主要在于维护市场竞争机制，有效配置资源，保护和促进竞争。

---

① 本案裁判文书参见第532页。

2008 年施行的反垄断法虽然不排除对消费者直接和具体的保护，但其目的侧重于维护统一、开放、竞争、有序的市场秩序，从而最终使消费者获得福利。可见，2008 年施行的反垄断法对消费者的保护着眼于竞争行为是否损害了保障消费者福利的竞争机制，既不以某一行为是否为消费者满意作为判断标准，也不刻意保护某一具体消费者的利益。因此，如果个别消费者认为因经营者销售相关商品违反价格法等相关规定，损害了其消费者权益，原则上应当依据消费者权益保护法等法律及时有效保护自己的权益。本案中，李斌全认为湘品堂公司等五被诉经营者将长沙南站二层候车厅所售 555ml 怡宝饮用纯净水价格确定为每瓶 3 元违反价格法相关规定，损害了其作为普通消费者的合法权益，其应当依据消费者权益保护法主张权利。本案系垄断纠纷，湘品堂公司等五被诉经营者是否违反消费者权益保护法对于本案审理并无直接关联性，不再予以评述。

八、技术合同案件审判

41. 技术合同性质的判定

【裁判要旨】

技术合同是当事人就技术开发、转让、许可、咨询或者服务订立的确立相互之间权利和义务的合同。确定技术合同的具体性质，不应简单根据合同名称，而应结合合同标的及合同约定的权利义务关系进行综合判定。

【关键词】

技术合同　性质　标的　权利义务

【案号】

（2021）最高法民申 7796 号

【基本案情】

在再审申请人苏州思源天然产物研发有限公司（以下简称思源公司）与被申请人南京海陵中药制药工艺技术研究有限公司（以下简称海陵公司）技术合同纠纷案①中，思源公司诉称该公司于 2012 年 9 月与海陵公司签订《技术转让合同》，约定其向海陵公司转让芩菘口服液临床批件及生产工艺技术，

---

① 本案裁判文书参见第 544 页。

由海陵公司组织临床试验，取得生产批件。合同签订后，思源公司按约履行资料、技术交接等义务，海陵公司未能提供适合涉案新药项目工艺交接的设备和场所等，导致中试交接拖延，构成严重违约。请求法院判令：解除合同、海陵公司赔偿经济损失225万元、承担违约金、支付律师费85400元及诉讼费。海陵公司反诉称，合同约定思源公司应完成连续三批合格中试产品，但共完成的五批中试产品均不合格。请求判令：解除合同、思源公司返还海陵公司已付的合同款项225万元及利息、承担律师费8万元及诉讼费。江苏省苏州市中级人民法院一审认为，思源公司实际完成向海陵公司转让芩菘口服液的临床前研究资料、申报资料、项目及相关专利的转让，应依据合同约定分阶段给付价款，合理计算对价。中试技术交接不合格致技术开发失败，责任由当事人合理分担。判决：解除合同，思源公司返还海陵公司已付合同价款75万元，驳回思源公司、海陵公司其他诉讼请求。思源公司不服，提起上诉。最高人民法院二审判决驳回上诉，维持原判。思源公司不服，向最高人民法院申请再审。最高人民法院于2022年5月20日裁定驳回思源公司的再审申请。

【裁判意见】

最高人民法院审查认为，涉案合同标的及双方当事人约定权利义务的具体内容不仅包括转让思源公司已经掌握的芩菘口服液的临床前研究全部研究资料、项目相关专利、制剂工艺中试技术等已有研究成果之技术转让合同关系，还包括申报临床研究批件、制剂工艺大生产技术、临床试验研究等涉案合同签订时尚未掌握需要进一步研发的技术，属于新技术、新工艺，该部分具有技术开发合同的性质。其中，涉案合同约定将芩菘口服液制剂的大生产技术实现工业化生产，进行试验研究并获取生产批件等内容，符合科技成果转化合同的性质。同时，涉案合同第五条约定了思源公司的主要义务，海陵公司在进行该品种的中试生产、临床试验研究、生产批件申请及大生产技术交接工作中，如有与此品种有关的技术等问题，思源公司有义务及时配合解决。此外，涉案合同还约定，思源公司作为前期已有技术成果的转让方及在其转让技术成果基础上为工业化应用进行后续研发的技术指导方，需要协作配合海陵公司完成相关的研究开发工作，故思源公司还负有技术指导、协作配合完成研究开发的义务。从合同约定的上述内容看，涉案合同属于兼具技术转让和技术开发性质的混合合同。从双方当事人签订《芩菘中试交接沟通结果备忘录》及《对外工作联系函》记载的内容看，双方确认五批次技术交接全部失败的事实。关于交接失败的原因，技术交接的设备清洁验证符合要求；第二、三批交接时思源公司未指明缺少醇沉罐将导致清膏制备失败，不能完全归责于海陵公司；第一、四、五批技术交接中出现的设备问题不能证明是直接导致技术交接失败的原因；第五批技术交接制备制剂时，思源公司并未要求必须使用指定公司生产的包装材料；大生产环境中告依春出现稳定性问题，属于技术交接中出现的新问题，不能归责于海陵公司提供的生产环境或条件存在问题；无证据证明人员变动导致交接失败。故，双方当事人对技术交接失败均负有责任。思源公司关于五批技术交接中出现问题导致技术交接失败的原因均为生产条件问题、应由海陵公司承担违约责任的再审主张缺乏事实和法律依据。

九、知识产权诉讼程序

42. 侵害信息网络传播权案件管辖法院的确定

【裁判要旨】

对于侵害信息网络传播权民事纠纷案件，应当依据《最高人民法院关于审理侵害信息网络传播权民事纠纷案件适用法律若干问题的规定》第十五条的规定确定地域管辖。

【关键词】

侵害信息网络传播权　管辖　侵权行为地　侵权结果发生地

【案号】

（2022）最高法民辖 42 号

【基本案情】

在原告张旭龙与被告北京墨碟文化传播有限公司、程雷、马跃侵害作品信息网络传播权纠纷案①中，张旭龙向河北省秦皇岛市中级人民法院诉称，三被告擅自在相关网站上发布、使用其享有著作权的写真艺术作品，侵害了张旭龙的著作权。马跃提出管辖权异议，认为秦皇岛市中级人民法院对本案不具有管辖权，请求将本案移送北京互联网法院审理。秦皇岛市中级人民法院一审认为，本案系侵害作品信息网络传播权纠纷，由侵权行为地或者被告住所地人民法院管辖。根据《最高人民法院关于适用〈中华人民共和国民事诉讼法〉的解释》（以下简称民事诉讼法解释）第二十五条关于"信息网络

① 本案裁判文书参见第 549 页。

侵权行为实施地包括实施被诉侵权行为的计算机等信息设备所在地，侵权结果发生地包括被侵权人住所地"的规定，本案原告作为被侵权人，其住所地在河北省秦皇岛市海港区，秦皇岛市中级人民法院作为侵权结果发生地人民法院对本案依法具有管辖权，故裁定驳回马跃提出的管辖权异议。马跃不服，向河北省高级人民法院提起上诉。河北省高级人民法院二审认为，本案应当优先适用《最高人民法院关于审理侵害信息网络传播权民事纠纷案件适用法律若干问题的规定》（以下简称信息网络传播权规定）的相关规定。以被侵权人住所地作为侵权结果发生地确定管辖，不利于本案事实的查明，也不符合"两便"原则。北京互联网法院作为侵权行为地和被告住所地法院，对本案具有管辖权。故裁定撤销一审裁定，将本案移送北京互联网法院审理。北京互联网法院经审查认为，信息网络传播权规定第十五条规定侵权行为地法院具有管辖权。民事诉讼法解释第二十五条对于信息网络传播权案件中侵权行为地作出新的补充规定，可以认定原告住所地是侵权行为地之一。秦皇岛市中级人民法院作为原告住所地的法院对此案享有管辖权。故向北京市高级人民法院报送了关于本案指定管辖的请示。北京市高级人民法院认为，根据民事诉讼法解释第二十五条的规定，秦皇岛中院作为侵权结果发生地人民法院，对本案依法具有管辖权。故报请最高人民法院指定管辖。

【裁判意见】

最高人民法院审查认为，对于侵害信息网络传播权纠纷民事案件的管辖问题，信息网络传播权规定第十五条规定："侵害信息网络传播权民事纠纷案件由侵权行为地或者被告住所地人民法院管辖。侵权行为地包括实施被诉侵权行为的网络服务器、计算机终端等设备所在地。侵权行为地和被告住所地均难以确定或者在境外的，原告发现侵权内容的计算机终端等设备所在地可以视为侵权行为地。"该规定是规范侵害信息网络传播权纠纷这一类民事案件管辖的特别规定。民事诉讼法解释第二十五条规定："信息网络侵权行为……侵权结果发生地包括被侵权人住所地。"该规定中的"信息网络侵权行为"针对的是发生在信息网络环境下，通过信息网络实施的侵权行为，并未限于特定类型的民事权利或者权益。与之不同的是，信息网络传播权规定第十五条规定的"信息网络传播权"，则是《中华人民共和国著作权法》第十条第一款规定的著作权人享有的法定权利，即"以有线或者无线方式向公众提供作品，使公众可以在其个人选定的时间和地点获得作品的权利"。因此，信息网络传播权规定第十五条是针对信息网络传播权这一特定类型的民事权利，对侵害信息网络传播权纠纷民事案件的管辖作出的特别规定。在确定侵害信息网络传播权民事纠纷案件的管辖时，应当以信息网络传播权规定

第十五条为依据。信息网络传播权规定第十五条明确规定，只有在"侵权行为地和被告住所地均难以确定或者在境外"的例外情形下，才可以将"原告发现侵权内容的计算机终端等设备所在地"视为侵权行为地。基于信息网络传播权的性质和特点，侵害信息网络传播权的行为一旦发生，随之导致"公众可以在其个人选定的时间和地点获得作品"，其侵权结果涉及的地域范围具有随机性、广泛性，不是一个固定的地点，不宜作为确定管辖的依据。秦皇岛市为原告住所地，并非被告住所地，亦不属于信息网络传播权规定第十五条规定的侵权行为地。本案也不存在信息网络传播权规定第十五条规定的"侵权行为地和被告住所地均难以确定或者在境外"的例外情形。因此，秦皇岛中院对于本案没有管辖权，河北高院将本案移送北京互联网法院并无不当，本案应由北京互联网法院审理。

43. 管辖连接点的确定

【裁判要旨】

原告对多个被告合并起诉，通常有初步证据证明被告与涉案事实存在一定关联即可确定管辖连接点，人民法院无需对被告是否构成侵权以及承担民事责任等实体内容进行审查。

【关键词】

管辖　连接点　初步证据　实体内容

【案号】

（2022）最高法民辖 91 号

【基本案情】

在奥光动漫股份有限公司（以下简称奥光动漫公司）与赵宏才、汕头市澄海区芭美儿玩具厂（以下简称芭美儿玩具厂）、汕头市澄海区星芝美玩具有限公司（以下简称星芝美公司）、浙江淘宝网络有限公司（以下简称淘宝公司）侵害外观设计专利权纠纷案①中，奥光动漫公司以赵宏才、芭美儿玩具厂、星芝美公司、淘宝公司为被告向浙江省杭州市中级人民法院（以下简称杭州中院）提起外观设计专利侵权之诉，请求判令：赵宏才等停止侵权、赔偿损失，淘宝公司删除在"taobao.com"平台上赵宏才的侵权产品图片并断开链接侵权产品网页。杭州中院于 2021 年 7 月 31 日立案受理。2021 年 10 月 26 日，杭州中院以涉案链接已经删除，奥光公司针对淘宝公司的诉讼请求

---

① 本案裁判文书参见第 552 页。

已经实现，在本案中已不存在诉的利益为由，裁定驳回对淘宝公司的起诉。后浙江省高级人民法院二审裁定驳回上诉，维持一审裁定。杭州中院遂裁定将本案移送江苏省南京市中级人民法院（以下简称南京中院）审理。江苏省高级人民法院认为：关于案件管辖权的确定，应以起诉时为准，原告诉讼请求是否有事实及法律依据、被告是否适格，均须经过实体审理，不影响案件管辖权的确定。本案被告之一淘宝公司住所地在杭州市，杭州中院作为被告住所地法院，对本案具有管辖权。本案的所有被告住所地及被诉侵权行为地均不在南京中院管辖范围内，江苏省高级人民法院报请最高人民法院指定管辖。最高人民法院裁定本案由杭州中院审理。

【裁判意见】

最高人民法院审查认为：奥光动漫公司以淘宝公司等为被告向杭州中院提起诉讼，并提出初步证据证明，赵宏才在淘宝公司运营的"taobao.com"平台上开设店铺出售被诉侵权产品。淘宝公司与本案被诉侵权事实具有直接关联。根据《最高人民法院关于审理专利纠纷案件适用法律问题的若干规定》第二条第一款的规定，因侵犯专利权行为提起的诉讼，由侵权行为地或者被告住所地人民法院管辖。淘宝公司的住所地在浙江省杭州市，故杭州中院对本案具有管辖权。杭州中院的相关审查，虽与管辖连接点相关，但同时也涉及本案的侵权定性和民事责任划分，属于应在本案实体审理中确定的事项。根据管辖恒定原则，即使杭州中院裁定驳回淘宝公司的起诉，其亦不丧失对本案的管辖权。且本案的受送法院南京中院与本案缺乏管辖连接点，无权管辖本案。故最高人民法院裁定本案由杭州中院审理。

审判案例指导

最高人民法院2022年典型知识产权案件

裁判文书选登

一、专利案件审判

（一）专利民事案件审判

1. 权利要求解释中外部证据使用规则

——上诉人广州华欣电子科技有限公司与被上诉人广州诚科商贸有限公司、广州君海商贸有限公司、广州兆科电子科技有限公司、峻凌电子（东莞）有限公司、佛山市厦欣科技有限公司侵害发明专利权纠纷案①

中华人民共和国最高人民法院民事判决书〔2020〕最高法知民终 580 号

上诉人（原审原告）：广州华欣电子科技有限公司。住所地：广东省广州市广州高新技术产业开发区南翔二路 72 号 1 栋 4-5 楼及 3 楼 303 房。

法定代表人：徐楚，该公司执行董事。

委托诉讼代理人：王永红，北京市中伦（广州）律师事务所律师。(2021 年 5 月 8 日前)

委托诉讼代理人：吕海山，北京市中伦（广州）律师事务所律师。(2021 年 3 月 18 日前)

委托诉讼代理人：刘洋宏，北京市中伦（广州）律师事务所律师。(2021 年 5 月 8 日后)

委托诉讼代理人：余逸超，北京市中伦（广州）律师事务所律师。(2021 年 3 月 22 日后)

---

① 本案在年度报告中的位置为第 3 页。另，本书收录的裁判文书所引法律法规等皆根据案件实际情况而定，下文不再对此进行提示。

被上诉人（原审被告）：广州诚科商贸有限公司。住所地：广东省广州市黄埔区开源大道 188 号 E 栋厂房第五层 502 房。

法定代表人：姜君德，该公司执行董事兼总经理。

委托诉讼代理人：郑彤，广东华进律师事务所律师。

被上诉人（原审被告）：广州君海商贸有限公司。住所地：广东省广州市白云区龙兴西路南侧云天大厦 611 室。

法定代表人：徐翱，该公司执行董事兼总经理。

委托诉讼代理人：郑彤，广东华进律师事务所律师。

被上诉人（原审被告）：广州兆科电子科技有限公司。住所地：广东省广州市黄埔区开源大道 188 号 E 栋厂房第五层 503 房。

法定代表人：刘辉武，该公司采购总监。

委托诉讼代理人：章上晓，广东华进律师事务所律师。

委托诉讼代理人：曾旻辉，广东华进律师事务所律师。

被上诉人（原审被告）：峻凌电子（东莞）有限公司。住所地：广东省东莞市寮步镇香市科技产业园。

法定代表人：伍允中，该公司执行董事。

委托诉讼代理人：章上晓，广东华进律师事务所律师。

委托诉讼代理人：曾旻辉，广东华进律师事务所律师。

被上诉人（原审被告）：佛山市厦欣科技有限公司。住所地：广东省佛山市南海区里水镇东部工业园中金路 12 号南海红宝蛋类食品有限公司里水厂区车间一第三层之一。

法定代表人：王云，该公司经理。

委托诉讼代理人：高敏峰，广东昊驰律师事务所律师。

上诉人广州华欣电子科技有限公司（以下简称华欣公司）因与被上诉人广州诚科商贸有限公司（以下简称诚科公司）、广州君海商贸有限公司（以下简称君海公司）、广州兆科电子科技有限公司（以下简称兆科公司）、峻凌电子（东莞）有限公司（以下简称峻凌公司）、佛山市厦欣科技有限公司（以下简称厦欣公司）侵害发明专利权纠纷一案，不服广州知识产权法院于 2019 年 12 月 6 日作出的（2018）粤 73 民初 3761 号民事判决，向本院提起上诉。本院于 2020 年 4 月 26 日立案后，依法组成合议庭，并于 2020 年 6 月 9 日公开开庭审理了本案，上诉人华欣公司的委托诉讼代理人王永红（于 2021 年 5 月 8 日变更为刘洋宏）、吕海山（于 2021 年 3 月 22 日变更为余逸超），被上诉人诚科公司、君海公司的共同委托诉讼代理人郑彤，兆科公司、峻凌公司的共同委托诉讼代理人章上晓、曾旻辉，厦欣公司的委托诉讼代理人高敏峰到庭参加诉讼。本案现已审理终结。

华欣公司上诉请求：撤销原审判决，改判支持华欣公司全部诉讼请求，由诚科公司、君海公司、兆科公司、峻凌公司、厦欣公司（以下简称五被上诉人）承担全部诉讼费用。事实和理由：1. 原审法院关于权利要求解释存在错误。原审法院错误界定了名称为"一种触摸屏及其多路采样的方法"、专利号为 201010235151.7 发明专利（以下简称涉案专利）的保护范围，认定"一种触摸屏"及"触摸检测区"必须为实体屏结构，此系法律适用错误。2. 基于前述权利要求解释存在错误，原审法院对于被诉侵权产品是否落入涉案专利权保护范围的认定存在错误。根据华欣公司提供的证据以及当庭演示，被诉侵权产品具备涉案专利权利要求的所有技术特征，落入涉案专利权的保护范围。3. 原审判决在间接侵权方面的认定存在错误。被诉侵权产品的唯一用途就是安装到整机上或安装屏幕后进行使用，没有其他任何用途，属于专用于实施专利的设备、中间物。诚科公司、君海公司、兆科公司均是华欣公司离职员工所设立的公司，峻凌公司也是华欣公司专利产品的代工工厂，诚科公司、君海公司、兆科公司以及峻凌公司主观上明知涉案专利的存在，且也明知被诉侵权产品是专用于实施专利的设备、中间物。在专利行政执法部门查处后，诚科公司、君海公司、兆科公司、峻凌公司以及厦欣公司持续制造、销售被诉侵权产品，没有停止相关被诉侵权行为，更进一步证明侵权恶意非常明显。因此，即使按照原审法院对于权利要求的解释，被诉侵权产品缺少涉案专利的"触摸屏""触摸检测区"技术特征，不构成直接侵权的情况下，本案中诚科公司、君海公司、兆科公司、峻凌公司以及厦欣公司的相关制造、销售具有专门侵权用途的被诉侵权产品的行为，也应当被认定构成帮助侵权。4. 二审中，华欣公司当庭放弃要求诚科公司、君海公司、兆科公司、峻凌公司、厦欣公司销毁制造被诉侵权产品的专用设备和模具的诉讼请求，但坚持销毁库存被诉侵权产品的主张。5. 二审中，华欣公司补充提交了其为本案二审支出的律师费票据，并请求二审法院考虑其为本案调查取证、出庭应诉等必然会实际发生相关差旅费用的实际情况，酌情确定其维权合理支出。

兆科公司、峻凌公司辩称：1. 本案系华欣公司为打压兆科公司、峻凌公司等正常经营活动所发起的恶意诉讼。因华欣公司大股东侵害小股东利益，部分原华欣公司小股东被迫从华欣公司离职，在过了竞业限制期限后，成立兆科公司等并从事光电子元器件研发、制造。华欣公司在了解到兆科公司等生产经营情况之后，通过许可的方式取得第三人"触摸屏"相关专利的诉权，出于商业竞争目的，以明显与兆科公司实际经营范围不同的专利，发起本案恶意诉讼，打压兆科公司等正常经营活动。2. 原审法院关于被诉侵权产品与涉案专利权利要求 1 "一种触摸屏"属于不同的技术主题，且缺少权利要求 1 记载的"触摸检测区"这一技术特征，事实认定清楚、适用法律正确。3. 本案不构成间接侵权。华欣公司在原审中并未主张间接侵权，对于其在原审庭审结束后的代理词及二审上诉状中提出间接侵权的诉求，不应给予审查。被诉侵权产品线路板仅是"触摸屏"的零部件，不同于"触摸屏"本身，被诉侵权产品并不覆盖权利要求 1 记载的全部技术特征。在不存在直接侵权行为的情况下，不存在间接侵权。另外，被诉侵权产品也并不是专门用于涉案专利技术方案的中间产品。4. 原审法院错误认定被诉侵权产品具备权利要求 1 记载的"所述第一级处理电路与所述至少两个红外接收管数量相同且一一对应"，以及"所述至少两个红外接收管将所获取的接收信号经所述第一级处理电路同时过滤干扰光信号后由多路转一路的多选开关输出至所述第二级处理电路进行处理"相同的技术特征，事实上，被诉侵权产品不具备上述两项技术特征。基于以上理由，请求维持原审法院认定被诉侵权产品不落入涉案专利权利要求 1 保护范围的判项，并纠正原审判决中对于本案事实的错误认定。

诚科公司、君海公司答辩意见同兆科公司、峻凌公司。

厦欣公司答辩意见同兆科公司、峻凌公司。在此基础上，厦欣公司还认为：华欣公司没有诉讼主体资格。根据涉案专利登记簿副本，专利权人仅是以普通许可方式许可给华欣公司。厦欣公司没有侵权故意，其是在兆科公司承诺不侵害他人知识产权的情况下进行的加工，有签订合法协议。厦欣公司仅是焊接一个零部件，未代为加工完整的产品。

华欣公司向原审法院提起诉讼，原审法院于 2018 年 12 月 11 日立案受理。华欣公司请求法院判令：1. 诚科公司、君海公司、兆科公司、峻凌公司、厦欣公司停止侵害涉案专利权的行为，即停止制造、销售、许诺销售被诉侵权产品；2. 诚科公司、君海公司、兆科公司、峻凌公司、厦欣公司销毁库存侵权产品以及制造侵权产品的专用设备和模具；3. 诚科公司、君海公司、兆科公司、峻凌公司、厦欣公司连带赔偿华欣公司经济损失人民币 1000 万元；4. 诚科公司、君海公司、兆科公司、峻凌公司、厦欣公司连带赔偿华欣公司合理开支共计人民币 20 万元；5. 诚科公司、君海公司、兆科公司、峻凌公司、厦欣公司承担本案全部的诉讼费用。事实与理由：华欣公司经调查发现，诚科公司、君海公司、兆科公司、峻凌公司、厦欣公司未经专利权人许可，为生产经营目的大量制造、销售，许诺销售侵害涉案专利权的被诉侵权产品，且主观侵权恶意非常明显。其中，诚科公司、君海公司、兆科公司均是华欣公司的离职员工所投资设立并实际经营的公司，离职员工包括曾在华欣公司处任职的高管、研发总监、软硬件工程师、品质工程师以及财务，这些员工离职后专门成立诚科公司、君海公司、兆科公司从事被诉侵权产品的制造、销售、许诺销售等侵权行为。峻凌公司、厦欣公司是诚科公司、君海公司、兆科公司的加工厂，负责生产、销售被诉侵权产品，构成共同侵权。尤其是，峻凌公司具有明显的主观侵权故意，其系华欣公司多年来长期合作的加工厂，在明知华欣公司对产品享有专利权的情况下仍然伙同其他被告共同实施生产、销售等侵权行为，其侵权性质极为恶劣。诚科公司、君海公司、兆科公司、峻凌公司、厦欣公司的上述行为已严重侵害华欣公司合法权益，并给华欣公司造成了严重的经济损失，依法应当承担停止侵权、赔偿损失等法律责任。

诚科公司、君海公司原审共同辩称：诚科公司、君海公司均为商贸公司，经营范围是批发零售，没有生产资质，也无生产模具和设备，没有实施华欣公司主张的侵权行为，且华欣公司诉请的赔偿金额过高，请求驳回华欣公司诉讼请求。

兆科公司原审辩称：1. 被诉侵权产品与涉案专利不构成相同或等同；2. 华欣公司并非专利权人，华欣公司是在2018年12月通过独占许可方式取得本案诉权，其诉讼是对兆科公司正常经营活动的打压；3. 华欣公司主张经济赔偿数额过高，缺乏事实和法律依据，兆科公司于2018年5月31日才成立，被诉侵权行为持续时间短，不存在侵权恶意，请求驳回华欣公司诉讼请求。

峻凌公司原审辩称：1. 峻凌公司是接受兆科公司的委托进行被诉侵权产品的加工，不存在销售和许诺销售行为；2. 对涉案专利不知情；3. 被诉侵权产品的所有加工费才190万元，利润非常少，华欣公司主张赔偿1000万元并要求峻凌公司承担连带责任缺乏依据。

厦欣公司原审辩称：1. 华欣公司诉讼主体不适格，根据华欣公司提供的涉案专利登记簿副本，专利权人对其只是普通许可，所以华欣公司提供的专利许可合同是虚假的，根本不存在所谓的独占许可关系，而且即使根据华欣公司提供的专利实施许可合同，其签订时间是2018年12月3日，但是华欣公司的证据均形成于2018年12月3日前，所以涉案证据都和华欣公司没有任何关联，华欣公司不仅主体不适格也无权依据这些证据对厦欣公司提起诉讼；2. 厦欣公司无侵权故意，其是在兆科公司确认不存在侵害知识产权的情况下，代为其加工焊接，有加工协议为证，加工过程中的工作人员和原材料均是兆科公司提供的；3. 在代为加工焊接过程中只是采用焊接设备按照兆科公司的要求将电子元件焊接，无需实施涉案专利权；厦欣公司只是焊接一个零部件，从没代理加工完整的产品，并且经过比对，现场零部件没有落入涉案专利权的保护范围，也没有触摸检测区；4. 厦欣公司于 2017 年才成立，2018 年其与兆科公司签订加工协议，整个过程时间较短，由于合同约定加工费结算时间是月结 45 天，基本上还没有收到加工费，没有任何获利，所以华欣公司主张赔偿 1000 万元没有任何依据；5. 厦欣公司与除兆科公司以外的其他被告没有接触过，不存在共同侵权行为，华欣公司主张的连带责任没有依据。

原审法院认定事实：

（一）关于涉案专利权

涉案专利申请日为 2010 年 7 月 21 日，授权公告日 2013 年 10 月 16 日，专利权人为北京汇冠新技术股份有限公司（以下简称为汇冠新技术公司），最近专利年费缴费日 2018 年 7 月 17 日。汇冠新技术公司于 2018 年 5 月 17 日经北京市工商行政管理局核准变更为三盛智慧教育科技股份有限公司（以下简称三盛公司）。专利登记簿副本显示 2018 年 7 月 16 日至 2021 年 7 月 15 日，三盛公司将涉案专利许可华欣公司实施，许可种类：普通许可。

2018 年 12 月 3 日，三盛公司与华欣公司签订《专利实施许可合同》，授权华欣公司自 2018 年 12 月 3 日至 2021 年 12 月 2 日，在中国独占实施许可涉案专利，并授权华欣公司在发现有侵害涉案专利时，有权单独以己方名义向专利管理机关提出请求或向法院提起诉讼（包括对合同签署之前已经发生的侵权行为提起诉讼）、有权追究侵权方的侵权责任和获得相应的经济赔偿。

国家知识产权局第 39508 号无效宣告请求审查决定：维持涉案专利权有效。

华欣公司在本案中主张权利要求 1：一种触摸屏，包括红外发射管、红外接收管、触摸检测区、第一级处理电路及第二级处理电路，至少有两个红外接收管同时接收来自同一红外发射管发射的红外光，其特征在于：所述第一级处理电路与所述至少两个红外接收管数量相同且一一对应，所述至少两个红外接收管将所获取的接收信号经所述第一级处理电路同时过滤干扰光信号后由多路转一路的多选开关输出至所述第二级处理电路进行处理。

另，权利要求 16 记载：一种交互式显示器，所述交互式显示器包括显示面板和触摸屏，其特征在于：所述触摸屏为权利要求 1 至 7 任一项所述的触摸屏。

涉案专利说明书第［0002］段记载：随着触摸技术的发展，现在对于触摸屏的要求主要有两个方向，一个是随着显示技术的发展，触摸屏的尺寸越来越大，所以触摸屏的尺寸也要求不断增加，另一个是手写识别、手势识别、作图等应用，要求触摸的分辨率不断提高。第［0077］段记载：图 1 为本发明触摸屏第一实施例的结构示意图（见涉案专利附图 1）。第［0080］段记载：图 4 为本发明触摸屏第二实施例的结构示意图（见涉案专利附图 4）。第［0089］段记载：根据相应的附图说明其实施例，其中通篇相同的附图标记指代相同的元件。第［0102］段记载：本发明还提供了一种交互式显示器，包括上述红外触摸屏和用于显示图像的显示面板。在涉案专利附图 11 和涉案专利附图 12 中出示了该交互式显示器的一种实施例的简易示意图，所述交互式显示器包括触摸屏 1600、显示面板 1900 和常规内置的 PC 2000 形式的通用计算设备，触摸屏 1600 位于显示面板 1900 的前方（面向用户的方向），PC 2000 分别与触摸屏 1600 和显示面板 1900 相连接，PC 2000 还可以与其他计算机、视频输入设备或外围设备相连接。这种交互式显示器具有视频输出和光学输入的功能，通过显示面板 1900 可以提供更为丰富的显示并就信息输入和软件程序的控制而与用户进行交互。其中，显示面板 1900 可为液晶显示面板或有机光显示面板，触摸屏 1600 中的触摸检测区 103 应为透明材料制成，如玻璃、亚克力等。

（二）关于被诉侵权行为

1. 广东省广州市知识产权局执法人员刘小平、邱洁等于 2018 年 9 月 14 日就穗知法字〔2018〕18—19 号案至兆科公司（广州市黄埔区开源大道 188 号 E 栋厂房第五层 503 房）进行现场勘验检查，现场取样品名为"12 条电路板组件 触摸框"1 套，登记相同品名的产品库存 200 套。被调查人兆科公司采购总监刘辉武自认上述产品是己方研发、委托第三方制造，有销售行为。自 2018 年 7 月开始销售，有 2 个型号，销售 5000 套左右，单价 300 元左右。

2. 广东省广州市知识产权局执法人员陈文浩、卢建华于 2018 年 9 月 14 日就穗知法字〔2018〕20—21 号案至君海公司（广州市白云区龙兴西路南侧云天大厦 611 室）进行调查，现场发现"电视机和显示器"等产品，被调查人君海公司财务欧阳小华回答上述物品是广州念忆运电子科技有限公司的，其公司和该公司在同一地址办公，其公司不生产"触摸框"产品，如客户有需要，其公司去进货。

3. 广东省广州市知识产权局执法人员刘小平、袁文于 2018 年 9 月 14 日就穗知法字〔2018〕16—17 号案至诚科公司（广州市黄埔区开源大道 188 号 E 栋厂房第五层 502 房）进行调查，现场发现"触摸框"产品，被调查人诚科公司法定代表人姜尚德（系笔误，应为姜君德——本院注）回答上述产品非其公司制造、销售、许诺销售。其公司只经营电子器件的贸易，提供各类元器件供其他公司组装电路板使用，也销售了电路板元器件给兆科公司。诚科公司提供的委外领料单是其公司提供电路板光板的单据，所谓电路板光板是指无任何电子元器件的光板。

4. 广东省东莞市知识产权局执法人员何建忠、赖均弼于 2018 年 9 月 27 日就东知法处字〔2018〕46—47 号案至峻凌公司（东莞市寮步镇泉塘石大路泉塘段 400 号）进行现场勘验。现场勘验检查登记清单显示：品名"触摸框"、型号包括"DC55、DA65、DA70、DA75、DA86"，库存共 106 箱（共 1060 PCS），销售 1505038 PCS，取样"各 2 PCS"。被调查人峻凌公司业务员杨蓉芳回答，峻凌公司注册于 2009 年 9 月 15 日，上述产品自 2014 年 6 月开始生产，共生产了 1506098 PCS，销售了 1505038 PCS，销售平均价格为 50 元/PCS。

5. 广东省佛山市知识产权局执法人员梁明国、袁乐英于 2018 年 9 月 14 日就佛知纠字（2018）第 15—16 号案至厦欣公司进行现场勘验检查，现场登记取样品名"电控板"、型号"55 寸"的产品一套。被调查人厦欣公司的总经理刘志辉回答，其公司没有制造、有加工、无销售上述产品；其公司负责来料加工，是按兆科公司提供的原材料及技术加工、生产成产品，收取加工费，上述产品其公司称之为"电控板"；从 2018 年 6 月正式生产，共生产了 14000 套，没有库存。

为证实诚科公司、君海公司、兆科公司、峻凌公司、厦欣公司的共同侵权行为，华欣公司还提供了兆科公司制造、销售被诉侵权产品的库存调拨单；君海公司委托峻凌公司制造被诉侵权产品的电子邮件；君海公司销售被诉侵权产品的销售出货单；诚科公司制造被诉侵权产品原材料的委外领料单；诚科公司、君海公司、兆科公司股东与华欣公司之间的劳动合同、保密协议、任职及竞业禁止协议、解除劳动关系协议书、离职证明回执等文件；华欣公司与峻凌公司签署的《保证金协议》。

厦欣公司为证明与其他被诉侵权人无共同侵权行为，提交证据《加工合作协议》，证明其于 2018 年 8 月才和兆科公司签订代为焊接电子元件的协议，且约定了相关知识产权责任由兆科公司承担。

诚科公司为自然人投资或控股的有限责任公司，成立于 2017 年 10 月 20 日，注册资本人民币 10 万元，经营范围：电子产品批发；电子产品零售；家用视听设备零售；计算机和辅助设备修理；软件批发；软件零售；计算机零配件批发；计算机零配件零售；货物进出口；技术进出口。

君海公司为自然人投资或控股的有限责任公司，成立于 2017 年 11 月 9 日，注册资本人民币 10 万元，经营范围：电子产品批发；电子产品零售；软件批发；软件零售；计算机和辅助设备修理；家用视听设备零售；计算机零配件批发；计算机零配件零售；货物进出口；技术进出口。

兆科公司为自然人投资或控股的有限责任公司，成立于 2018 年 5 月 31 日，注册资本人民币 100 万元，经营范围：工程和技术研究和试验发展；计算机外围设备制造；信息技术咨询服务；软件开发；计算机技术开发、技术服务；电子产品批发；计算机批发；计算机零售；软件批发；软件零售；计算机应用电子设备制造；信息系统集成服务；光电子器件及其他电子器件制造；电子元件及组件制造；电子白板制造；电子设备工程安装服务；电子产品零售；电子元器件批发；家用视听设备零售；货物进出口；技术进出口。

峻凌公司为台港澳法人独资的有限责任公司，成立于 2009 年 9 月 15 日，注册资本 2000 万美元，经营范围：生产和销售 TFT-LCD 平板显示屏材料、大容量光盘驱动器及其配部件、新型电子元器件、LED 照明组件及其照明产品；自有房屋、机械设备租赁。

厦欣公司为自然人投资或控股的有限责任公司，成立于 2017 年 12 月 20 日，注册资本人民币 100 万元，经营范围：工程和技术研究和试验发展；工业自动控制系统装置制造；配电开关控制设备制造；家用电力器具专用配件制造；其他家用电力器具制造；其他专用设备制造；其他机械设备及电子产品批发；家用电器批发；其他未列明批发业。

在诉讼过程中，原审法院裁定准许华欣公司的财产保全申请，依法对诚科公司、君海公司、兆科公司、峻凌公司、厦欣公司名下相关财产采取了保全措施。

（三）关于技术比对

华欣公司明确主张侵权的产品为广东省东莞市知识产权局勘验取样型号 DA65 寸、DA70 寸、DA75 寸、DA86 寸的"触摸框"，放弃对型号 DC55 寸产品主张侵权的权利，诚科公司、君海公司、兆科公司、峻凌公司、厦欣公司认可上述 DA 开头的四种型号产品为同一技术方案。双方同意随机选取 DA75 寸被诉侵权产品进行技术比对。

对照涉案专利权利要求 1，双方对以下技术特征存在争议：1. 涉案专利的主题名称"触摸屏"对涉案专利权的保护范围是否具有限定作用；2. 被诉侵权产品有无涉案专利的"触摸检测区"技术特征；3. 被诉侵权产品处理电路与红外接收管是否存在一一对应关系；4. 被诉侵权产品一级处理电路是否同时过滤干扰信号。

围绕上述争议特征，华欣公司主要意见为：1. 涉案专利的发明名称仅是对涉案专利保护技术方案的总结，不具有限定作用，被诉侵权产品就是安装在屏幕内的,不需要再另外安装一个显示屏;2. 触摸检测区是结构性特征,体现在附图 1、4,在红外发射管和红外接收管所形成的区域就是触摸检测区,触摸检测区不是一个独立的技术特征,触摸检测区是用于检测触摸物的触摸位置,说明书中虽没有明确,但属本领域的公知常识。说明书第 [0091] 段倒数第 3 行,描述触摸检测区检测触摸物的定位。说明书第 [0102] 段限定的不是权利要求 1,是其他的独立权利要求;3. 被诉侵权产品中至少有三个红外发射管和红外接收管,有三个第一级处理电路与三个红外接收管相同且一一对应,在有至少两个红外接收管同时接收同一红外发射管的情况下,至少会有两个第一级处理电路接收并进行处理,因为涉案专利保护的是至少有两个红外接收管接收,不管被诉侵权产品是有三个还是更多的红外接收管接收信号,只要不少于两个就已经落入专利保护范围。4. 被诉侵权产品有至少三个红外接收管将所获信号经三个第一级处理电路同时过滤后经多选开关输出至第二级处理电路进行处理的技术特征,因此落入涉案专利权保护范围。

诚科公司、君海公司、兆科公司、峻凌公司、厦欣公司主要意见为:1. 被诉侵权产品只是一些线路板,是触摸屏的组件。任何记载在权利要求中的技术特征都有限定作用,涉案专利要求保护一种触摸屏,其隐含了触摸屏的相关结构特征,从具体特征限定上也证明本案专利要求保护的主题是具有触摸功能的屏幕;在对权利要求技术特征进行解释时,首先应当考虑本案专利说明书记载的内容,涉案专利说明书第 8 页有明确记载;2. 触摸检测区是供用户触摸的具体结构,见说明书第 [0102] 段及附图第 10-12。华欣公司教科书证据第 695 页第二段:"触摸检测装置安装在显示器屏幕前面,用于检测用户触摸位置,接收后送触摸屏控制器,触摸屏控制器的主要作用是从触摸点检测装置上检测接收触摸信息,并将其它转换成触摸点坐标,再送给 CPU,它同时能接收 CPU 发来的命令并加以执行。"且涉案专利的权利要求 16 所述的触摸屏是包含权利要求 1—7 所述的触摸屏;3. 被诉侵权产品实际上是一个红外发射管发射,两组共八个红外线接收管进行接收,第一级处理电路也是八个,但所对应的红外线接收管数量为 358 个。在一个发射管发出信号时,有八个接收管接收信号,并有八个第一级处理电路处理信号,大部分是这样的,所以不存在一一对应的关系;4. 经其测试,可以得出一个发射管发射后有八个接收管分两组进行信号接收,通过八个一级处理电路过滤后,有多选一开关输出三个三分之一信号,拼组成一个完整的信号,证明被诉侵权产品处理及输出方式与涉案专利所限定的"同时过滤干扰光信号后,由多路转一路的多选开关输出至所述第二级处理电路进行处理"这一特征不构成

相同或等同。涉案专利说明书第［0071］段和第［0072］段倒数第 2 行、第
［0097］段第 3 行开始、第［0098］段对此都有描述。

（四）关于侵权责任

华欣公司主张以诚科公司、君海公司、兆科公司、峻凌公司、厦欣公司
的侵权获利确定赔偿数额。为证明诚科公司、君海公司、兆科公司、峻凌公
司、厦欣公司的侵权获利以及己方为制止侵权行为的维权支出，华欣公司提
交华欣公司红外触摸框产品专项审计报告（2017—2018 年）、华欣公司审计
报告（2017—2018 年）、湖州佳格电子科技股份有限公司（以下简称佳格公
司）2017 年度及 2018 半年度报告、律师费及财产保全费发票证明已方主张。

诚科公司、君海公司、兆科公司、峻凌公司、厦欣公司认为审计报告中
审计的型号多达 80 多种，是否均对应涉案技术方案无法得知；华欣公司的利
润计算了其他收入，毛利润不等于涉案专利产品的利润，华欣公司的审计报
告不能反映众被告的侵权利润；案外人的年度报告也不能反映被诉侵权产品
的实际利润；华欣公司未提交代理合同，无法对应本案，不能证明律师费确
系本案支出。

兆科公司提交如下证据：《广州兆科电子科技有限公司 2019 年 1 月到 2
月审计报告》拟证明兆科公司 2018 年至今整体经营处于亏损状态；华欣公司
工商登记信息拟证明华欣公司与专利权人之间涉案专利许可费为销售额 6%
的约定，不具有真实性且远高于正常范围；深圳市艾博德科技股份有限公司
（以下简称艾博德公司）2017 年年报及 2018 年半年报和深圳市天英联合教育
股份有限公司（以下简称天英公司）2017 年年报及 2018 年半年报拟证明被
诉侵权产品行业利润率不高；三盛公司 2018 年年报拟证明华欣公司市场占有
率超过 50%。华欣公司认为：兆科公司提交的相关审计报告显示被诉侵权产
品的毛利率仅为 7.3%，但兆科公司的营业成本高达 92.7%，明显不符合常
理；华欣公司与专利权人之间涉案专利许可费为销售额 6% 的约定与本案无
关；艾博德公司、天英公司以及三盛公司的相关年报证明了被诉侵权产品的
毛利润，印证华欣公司计算方法是合理的。

峻凌公司提交如下证据：相关发票及对账单拟证明 2018 年 7 月至 10 月
总加工费是 2118265 元（其中与被诉侵权产品相关的是 1945439 元）；笔录情
况说明拟证明知识产权局的笔录与实际情况不符。华欣公司认为：发票及对
账单恰恰证明峻凌公司侵权产品数量非常大、侵权获利高，且该证据是峻凌
公司单独挑选的单个证据，不足以全面反映被诉侵权产品的全部生产销售情
况；笔录情况说明的内容与广东省东莞市知识产权局的笔录记载内容相矛盾。

原审法院认为：

（一）华欣公司有权提起本案诉讼

三盛公司将涉案专利于 2018 年 7 月 16 日至 2021 年 7 月 15 日间授权给华欣公司普通实施许可。2018 年 12 月 3 日，三盛公司与华欣公司又签订《专利实施许可合同》，授权华欣公司可以自己的名义对合同签订日之前的被诉侵权行为请求行政查处或提起诉讼。上述授权意思表示明确，表明华欣公司已得到涉案专利权利人独立起诉的明确授权。华欣公司据此授权依法可以提起本案诉讼。

（二）被诉侵权技术方案没有落入涉案专利权的保护范围

1. 关于"一种触摸屏"的主题名称

第一，"触摸屏"的主题名称对涉案专利权保护范围具有限定作用。涉案专利权利要求 1 的主题名称是"一种触摸屏"，但说明书对触摸屏的概念或含义没有定义。《现代汉语词典》解释为"在显示器屏幕上加一层感应膜，用手指或其他笔形物轻触屏幕就可以使计算机执行操作，这种屏幕叫'触摸屏'"。从该解释可以看出，触摸屏是有形介质，该介质位于普通显示器的上方，其主要功能是用于感应和触摸，该解释与教科书关于"触摸屏简介"部分的"触摸屏是在普通显示器屏幕前固定的一块附加屏幕"的描述相一致。

第二，本领域技术人员通过阅读涉案专利说明书和附图能够毫无疑义地确定涉案专利权利要求 1 具有屏的结构特征。涉案专利说明书第［0077］［0080］［0089］段分别记载：图 1、图 4 为涉案专利触摸屏第一、二实施例的结构示意图；通篇相同的附图标记指代相同的元件。《现代汉语词典》载明，"元件"意为"构成机器、仪表等的一部分，多由若干零件组成"。《百度百科》将之解释为"元件即是小型的机器、仪器的组成部分，其本身常由若干零件构成，可以在同类产品上通用；常指电器、无线电、仪表等工业的某些零件，如电容、晶体管、游丝、发条等"。上述均将"元件"解释为有形实体而非虚拟空间。涉案专利图 1、图 4 的结构示意图均显示附图标识 103 为触摸检测区，而附图标识 103 在第［0102］段明确记载"触摸屏中的触摸检测区 103 应为透明材料制成，如玻璃、亚克力等"，同段还有"触摸屏 1600 位于显示面板 1900 的前方（面向用户的方向）"的描述。通过阅读说明书，本领域技术人员可以毫无疑义地指出涉案专利权利要求 1 的"触摸屏"有"屏"的结构且能够指明其具体位置及材质，即触摸检测区 103 是触摸屏 1600 的部分区域，均为玻璃、亚克力等透明材料制成，且位于显示面板的正前方；显示面板与触摸屏并非同屏，而是两块屏。

第三，对于华欣公司提出的涉案说明书第［0102］段关于"触摸检测区

103 为透明材料制成"等的描述仅是权利要求 16 的实施例，不能以此来解释权利要求 1 的主张。首先，说明书中公开的实施例并非仅对应权利要求相应项下的实施例，而是贯穿于整个说明书；其次，在说明书中没有特别界定的情况下，把同一份专利中的同一术语解释为不同含义也不符合解释逻辑；再次，涉案专利说明书载明"通篇相同的附图标记指代相同的元件"，该特别界定已经明确附图标记 103 指代的含义不因权利要求不同而不同，且"元件"是有形实体而不是虚拟空间；最后，涉案专利权利要求 16 载明"所述触摸屏为权利要求 1 至 7 任一项所述的触摸屏"，直接指向或引用了权利要求 1。可见，华欣公司忽视涉案专利说明书中的"通篇相同的附图标记指代相同的元件"的特别说明及权利要求 1、权利要求 16 之间的引用和被引用关系，孤立地认为此"触摸屏"非彼"触摸屏"，把权利要求 1 的触摸屏与权利要求 16 的触摸屏分作不同解释，不仅不符合解释逻辑，也背离了权利要求对说明书的概括不得超出说明书公开范围的基本规则，使专利权人获得的专利保护超过了其对既有科技知识的贡献，应予驳回。

第四，为了准确理解涉案专利权利要求 1 的保护范围，还要注意理清两个问题：一是"触摸框"与"触摸屏"并不是相同产品。华欣公司在起诉状明确主张的被诉侵权产品是"红外触摸框"，专利行政执法部门查扣的本案被诉侵权产品的登记名称是"触摸框""电控板"或"电路板组件"。对于涉案被诉侵权产品是触摸框产品或更接近触摸框产品，华欣公司虽未否认，如在法庭询问中称"我们的专利产品是与被诉产品一样的，是触摸框，销售给他人之后由其他公司安装屏幕后销售"，但认为触摸框与触摸屏是相同产品。依本领域技术人员的通常理解以及市场销售状况来看，触摸框与触摸屏并不是相同产品。事实上，在华欣公司申请的专利号为 201621189580.4、名称为"红外触摸框和红外触摸屏"的实用新型专利中，"红外触摸框""红外触摸屏"分别是独立权利要求，这也说明，华欣公司自己也认为"红外触摸框"与"红外触摸屏"的技术方案并不相同。技术方案既然不同，依该技术方案制造的产品当然不同。二是涉案专利也并非仅指红外式（线）触摸屏。其一，涉案专利的主题名称是"触摸屏"而非"红外（线）触摸屏"；其二，根据权利要求解释规则，说明书对权利要求用语有特别界定的，应当从其特别界定。涉案专利说明书第［0092］段记载，"需要说明的是，红外发射管和红外接收管的安装方式在本发明触摸屏第一实施例和第二实施例中仅仅示出了满足至少一个红外发射管发射的红外光被至少两个红外接收管所接收这一基本条件的一种最常见的红外触摸屏的安装方式，本发明的保护范围并不局限于此，事实上，本发明提出的这种设计方案还可以应用到使用红外发射管和红外接收管实现或辅助地实现物体定位的红外触摸屏、混合触摸屏（如具有红外接收管的光学触摸屏、电容触摸屏、电阻触摸屏等触摸屏）或基于上述红外触摸屏和混合触摸屏的其它类型的人机交互设备（如 ATM 取款机、交互式显示器）"。故此，仅因涉案专利权利要求 1 中的"红外发射管、红外接收管"就将主题名称"触摸屏"限定为"红外式（线）触摸屏"不符合权利要求解释规则，也违背了发明人的发明意图。

2. 关于"触摸检测区"技术特征

参见前述关于解释触摸屏具有屏体结构的论述，结合涉案专利说明书第［0077］［0080］［0089］［0091］［0092］［0102］段的描述和附图 1、4、10、11、12，涉案专利的 103 区域为触摸检测区，其为玻璃、亚克力等透明材料制成，该区域设置的目的是用于检测用户的触摸位置，从而实现对位于其上的触摸物体的定位。

需要指出的是，涉案专利说明书多处记载"实现对位于触摸检测区上的触摸物体的定位"，此处的"上"从通常语义理解也应是处在一个实体的面上，而不是一个空间上。因为，虚拟空间，其上下、左右、前后的位置关系因没有参照物而无法确定。因而，华欣公司所称的触摸检测区就是电路板所围绕起的（空间）区域的解释既不符合常理，也与说明书公开的内容不相符。

3. 关于"所述第一级处理电路与所述至少两个红外接收管数量相同且一一对应"的技术特征

第一，涉案专利权利要求 1 对红外接收管与第一处理电路的"几个对几个"的对应数量并没有限定，且双方均认可"红外接收管与第一级处理电路是同进同出的对应关系"。

第二，本领域技术人员根据涉案专利说明书第［0090］［0091］等段内容的记载，能够理解一一对应关系是指触摸屏通电工作时，当任一红外发射管发光时，对应接收的红外接收管与其后续的第一级处理电路有一一对应关系。

第三，原审庭审测试中，当被诉侵权产品接通电源工作时，使用示波器对一红外接收管末端至第一级处理器后的多选开关之后端进行波形检测，其波形显示，当一红外接收管的光线被挡住时，则有一第一级处理电路的输出信号出现信号响应，即一对一的响应。因此，应当认为红外接收管与第一级处理电路的关系是一一对应的。既然数量一一对应，则数量也必然相同。故被诉侵权产品具备该项技术特征。

4. 关于"所述至少两个红外接收管将所获取的接收信号经所述第一级处

理电路同时过滤干扰光信号后由多路转一路的多选开关输出至所述第二级处理电路进行处理"的技术特征

第一，本领域技术人员通过阅读涉案专利可以知晓第一级处理电路是用来接收信号、过滤干扰、传递信号的，且上述三功能是同时进行的。

第二，通过使用示波器对任一红外接收管末端至第一级处理器后的多选开关之后端进行波形检测的信号可见：一个组合峰里含有三个小峰，一个组合峰代表接收信号经三个第一级处理电路后的多选开关复合后的信号，而组合峰里的每一个小峰就代表一个接收管的接收信号。这些小峰的时间差值仅20 微秒内，这种时间差相对于本领域利用延时元器件制造信号先后次序的电气差异特征的手段上来看，显然可以忽略不计。因此，应当视为"同时"。

第三，关于这些组合的三个小峰，其实相互之间都有重叠的部分，这些重叠的部分被相互掩盖了，如此才会出现，看似有微弱的时间先后次序，实际上三个小峰也是经过对应三个第一级处理电路同时处理后共同输出来的信号。因此，被诉侵权产品具备该技术特征。

5. 其他

第一，关于如何正确理解说明书的解释作用及实施例不能限定权利要求保护范围问题。首先，说明书记载的内容对于理解权利要求的含义不可或缺，两者具有法律意义上的密切关联性。说明书记载的所要求保护技术方案的技术领域、背景技术、发明内容、附图及具体实施方式等内容构成权利要求所处的语境或者上下文，只有结合说明书的记载，才能正确理解权利要求的含义。权利要求的解释就是理解和确定权利要求含义的过程。在这个过程中，必须结合说明书及其附图才能正确解释权利要求。其次，权利要求解释的目的，是运用解释规则找出与发明充分公开的内容相适应的保护范围。说明书的文字及附图是专利权人自己的选择，其目的是让本领域技术人员能够理解什么是构成本发明的必不可少的技术特征。专利权人在一项专利的权利要求里的文字及措辞要和说明书里的解释保持一致，特别是在权利要求及措辞不清楚、有争议或使用了自造词的情况下，通过说明书及附图对权利要求进行解释就显得尤其重要。正确的做法当然是按照说明书中的文字限定权利要求中的某些必要技术特征，对权利要求字面所限定的技术方案的保护范围做出公平的限缩解释，以使权利要求得到说明书及附图的支持。再次，实施例在确定专利权保护范围是否发挥作用及发挥何种作用还是要看专利权人写入实施例的目的。如果在权利要求书中宽泛含义术语的解释中，专利权人是通过使用说明书中的实施例来将上述宽泛术语进行限定，那么实施例中该限定的含义就应当被用作解释权利要求内容。更何况，当权利要求是功能性技术特征或使用功能性词语限定的技术特征时，更需要将其字面意思限缩到说明书中的具体实施方式及其等同方式。总之，割裂权利要求书与说明书的法律关联性以及片面否定实施例在权利解释中的存在价值，将增加权利边界的模糊性，使社会公众无所适从，这不符合相关法律既鼓励创新，又防止挤占公共空间的立法本意。

第二，关于诚科公司、君海公司、兆科公司、峻凌公司、厦欣公司行为是否构成帮助侵权。首先，华欣公司并无提交证据证实诚科公司、君海公司、兆科公司、峻凌公司、厦欣公司明知被诉侵权产品系专门用于实施涉案专利。其次，如果直接侵权行为实际并未发生或无证据证实直接侵权行为已经发生，则不应判定间接侵权成立。因为，间接侵权以全面覆盖的成就为前提，无论全部技术特征的实现是分属于不同主体的多项行为，还是同一主体的一项行为或者多项行为，同一或多主体、多行为的组合都应当囊括涉案专利所有技术特征。否则，容易导致专利权延伸到非专利产品，使专利权人对这些本来不受专利保护的中间产品和部件不当地获得类似专利产品的垄断控制权。本案由于被诉侵权产品没有完整再现涉案专利技术方案的全部技术特征，也无证据证实已经出现直接侵权事实或业已存在的直接侵权事实与诚科公司、君海公司、兆科公司、峻凌公司、厦欣公司有何关联，故华欣公司主张诚科公司等构成帮助侵权形式的间接侵权，缺乏事实和法律依据，不予支持。

综上所述，被诉侵权产品仅是 12 块电路板及可由该 12 块电路板拼接成的一个电路框，缺少屏结构或触摸屏体，相应地触摸检测区没有载体，也即无涉案专利权利要求 1 的触摸检测区，被诉侵权技术方案没有落入涉案专利权的保护范围，故华欣公司主张诚科公司、君海公司、兆科公司、峻凌公司、厦欣公司的侵权行为不能成立，在此情况下，无需再予评述诚科公司、君海公司、兆科公司、峻凌公司、厦欣公司的侵权责任。

原审法院判决：驳回华欣公司的全部诉讼请求。一审案件受理费 83000元，财产保全费 5000 元，由华欣公司负担。

二审中，华欣公司向本院提交了如下 3 组新证据：

第 1 组，1.《多媒体计算机实用检修技术（教程）》，重庆大学出版社，1998 年 1 月第 1 版；2.《多媒体技术应用基础》（计算机大专教材系列），南开大学出版社，2001 年 1 月第 1 版；3.《计算机组成与结构》（普通高等教育"十一五"国家级规划教材），清华大学出版社，2007 年 7 月第 4 版；4.《微型计算机原理及应用》（高等学校通用教材），北京航空航天大学出版社，2006 年 8 月第 1 版；5.《计算机组成原理》（高职高专计算机系列教材），中国铁道出版社，2005 年 3 月第 1 版；6.《计算机操作装配与维修》（大专院校非计算机专业教材），四川大学出版社，1996 年 8 月第 1 版；7.《多媒体应用技术培训教程》（计算机职业技能培训丛书），电子科技大学出版社，1998 年 10 月第 1 版；8.《多媒体技术及应用》（高职高专计算机系列教材），清华大学出版社，2001 年 3 月第 1 版；9.《Authorware7.0 多媒体设计实训教程》（21 世纪高职高专规划教材），北京理工大学出版社，2008 年 1 月第 1 版；10."触摸屏的功能探究"，《办公自动化杂志》期刊论文，2008 年 7 月，总第 135 期；11."红外触摸屏技术"，《多媒体世界》，中国知网期刊论文，1995 年 9 月 15 日。以上证据拟证明：1. 根据本领域技术人员的通常理解，"触摸屏"是一种输入装置，是"红外触摸屏"的上位概念，同时，"触摸屏"根据不同的技术原理，既包括有物理屏实体的触摸屏，也包括没有物理屏实体的触摸屏；2. 根据本领域技术人员的通常理解，"触摸检测区"是指判断是否存在触摸的检测区域，从实现方式上来看并不必然需要实体结构；3. 原审法院对于"一种触摸屏"的主题名称在法律适用和事实认定方面存在重大错误，对于"触摸检测区"必须具有有形屏实体的认定存在严重错误。

第 2 组，12. 广州显泰电子科技有限公司产品销售网页；13. 佳格公司产品销售网页；14. 杭州点拓科技有限公司产品销售网页；15. 深圳奇拓科技有限公司产品销售网页；16. 深圳大众联合科技有限公司官网产品介绍；17. 东莞市红薯电子科技有限公司产品销售网页；18. 广州联肯电子科技有限公司产品销售网页。以上证据拟证明：1. 从"触摸屏"行业现状来看，客观存在大量无玻璃或无实体介质的触摸屏，即无物理屏实体的触摸屏是客观存在的；2. 大量的品牌厂商，将所谓的"红外触摸框"称为红外触摸屏进行展示、说明和销售，或者在展销页面将红外触摸屏与红外触摸框共同使用，并指代相同产品。针对红外触摸屏这类产品，原审法院严格区分触摸屏与触摸框，与本行业普遍认知相左，不合理地缩小了专利保护范围。

第 3 组，19. 华欣公司与北京市中伦（广州）中伦律师事务所签订的法律服务合同；20. 华欣公司的律师服务费的相关发票。以上证据拟证明：二审中华欣公司为制止侵权的合理开支。在二审中，华欣公司撤回了该组证据，仅作为二审法院确定华欣公司维权合理开支数额的参考材料。

兆科公司、峻凌公司对于华欣公司二审提交证据的质证意见为：1. 关于第 1 组证据，认可其真实性、合法性，不认可其关联性和证明内容。首先，华欣公司提交的第 1 组证据关于触摸屏定义的相关教科书和论文，都是从触摸屏工作原理的角度，对触摸屏进行介绍，并不是对触摸屏产品的定义。因此，在对触摸屏原理进行介绍时，只涉及与"触摸"功能相关的结构或模块的介绍，而不会涉及完整的触摸屏产品。其次，从第 1 组证据相关教科书的目录章节设置上可以看出，触摸屏和"鼠标""键盘"等设备并列设置，由此也可以推断，在本领域技术人员的认知中，触摸屏是类似于"鼠标""键盘"的一种设备，直接连接电脑后能实现独立的功能，而并不是零部件。被诉侵权产品仅仅是线路板，不符合"触摸屏"这一主题的限定。此外，在对"触摸屏"进行解释时，应优先使用涉案专利的说明书和附图进行解释。在涉案专利说明书和附图能清楚解释"触摸屏"的情况下，华欣公司以教科书等外部证据进行解释没有依据。2. 关于第 2 组证据，认可其真实性、合法性，不认可其关联性和证明内容。首先，华欣公司提供的是"红外线触摸屏"相关产品的销售页面，并非教科书、工具书，不能用于解释涉案专利权利要求。其次，从第 2 组证据的具体内容上看，华欣公司提供的"红外触摸屏"的销售页面所展示的产品，都是一个完整的触摸屏产品，且包含"屏""边框""滤光条""数据线""连接件"等部件。因此，即使根据华欣公司提供的证据，"红外触摸屏"是一个完整的设备，包含"边框""滤光条""数据线""连接件"等必要特征，也与被诉侵权产品线路板不同。

诚科公司、君海公司同意兆科公司、峻凌公司的质证意见，并在该基础上补充：华欣公司提交的第 2 组证据公开时间在涉案专利之后，不能达到其证明目的。

厦欣公司同意兆科公司、峻凌公司、诚科公司、君海公司的质证意见。

本院对于华欣公司二审提交的证据的质证意见为：确认证据的真实性、合法性以及关联性。其中，证据 1—9 系早于涉案专利申请日出版的本领域的教科书，可认定为公知常识性证据。对于华欣公司二审提交证据的证明力，将结合全案事实予以综合认定。

二审中，兆科公司、峻凌公司亦向本院提交了如下 3 组新证据，其中第 3 组为兆科公司单独提交：

第 1 组，1.《图解触摸屏工程应用技巧》，机械工业出版社，2015 年 11 月第 2 版；2.《计算机操作装配与维修》，四川大学出版社，1996 年 8 月第 1 版，该证据内容提要中载明，本书适用于：计算机操作人员、装配人员、维修人员、等级应考人员，也可作为大专院校非计算机专业教材、研究生及教师参考用书；3.《多媒体技术及应用》（高职高专计算机系列教材），清华大学出版社，2001 年 3 月第 1 版。以上 3 份证据拟证明：涉案专利保护的技术方案为一种具有触摸功能和屏结构的触摸屏，而被诉侵权产品仅是线路板，与涉案专利触摸屏属于不同的技术主题，故被诉侵权产品不落入涉案专利权利要求 1 的保护范围。

第 2 组，4. 华欣公司申请的名称为"一种触摸框、触摸屏及触摸屏用

PCB 板"、公告号为 CN205281451U 的实用新型专利文本；5. 涉案专利权利人三盛公司的官网主页截图；6. 涉案专利权利人三盛公司专利产品《规格书》。以上 3 份证据拟证明："触摸屏""触摸框"和"线路板"系三个不同的概念，本案专利权利要求保护的是一种触摸屏，而被诉侵权产品仅是一种线路板，不落入涉案专利权保护范围。

第 3 组，7. 电研院知鉴〔2021〕811 号《鉴定意见书》（以下简称 811 号鉴定意见书），拟证明被诉侵权产品不落入涉案专利权保护范围；8.（2019）粤 73 知民初 1212 号案起诉状、应诉通知书；9.（2019）粤 73 知民初 1560 号案起诉状、应诉通知书。后 2 份证据拟证明：华欣公司以本案被诉侵权产品侵害其商业秘密为由，向广州知识产权法院提起诉讼，要求赔偿其经济损失 1300 万元，故在确定本案赔偿额时，应当考虑涉案专利技术对于被诉侵权产品的技术贡献率。

华欣公司对于兆科公司、峻凌公司二审提交证据的质证意见为：1. 关于第 1 组证据，认可真实性、合法性和关联性，但第 1 组证据的内容足以说明，由包含红外发射管和红外接收管的电路板构成的外框就是红外式触摸屏，故无法达到其证明目的。2. 关于第 2 组证据，认可其真实性、合法性，但证据 4 记载的专利权人与涉案专利的权利人不同，证据 5、证据 6 的网页、规格书并非来自本案任何当事人，与本案是否构成专利侵权无关。3. 关于证据 7，确认其真实性，但无法确认鉴定检材是否与本案中的被诉侵权产品一致，故不认可其合法性和关联性；另外，由于涉案专利权利要求 1 限定内容是"至少两个红外接收管……同时过滤"，故无论是 3 个还是 8 个红外接收管同时过滤均落入涉案专利权利要求 1 的保护范围，故根据鉴定报告中的测试结果，反而能够证明被诉侵权产品落入涉案专利权保护范围。4. 关于证据 8、证据 9，认可真实性、合法性，但由于商业秘密和专利权是两种不同类型的知识产权，华欣公司完全可以分别向法院主张权利并各自主张赔偿额，故不认可关联性。

诚科公司、君海公司、厦欣公司对于兆科公司、峻凌公司二审提交证据的质证意见为：认可兆科公司、峻凌公司证据的真实性、合法性和关联性，以及上述证据的证明力。峻凌公司对于兆科公司二审单独提交的第 3 组证据的质证意见为：认可兆科公司证据的真实性、合法性和关联性，以及上述证据的证明力。

本院对于兆科公司、峻凌公司二审中提交证据的质证意见为：确认证据的真实性、合法性以及关联性。其中，证据 2、证据 3 系早于涉案专利申请日出版的本领域的教科书，可认定为公知常识性证据。对于兆科公司二审单独提交的第 3 组证据，虽系庭审之后提交，但鉴于与本案待证事实具有关联性，可能影响本案处理结果，故本院予以接受。关于兆科公司、峻凌公司二审提交证据的证明力，将结合全案事实予以综合认定。

二审中，本院根据华欣公司的申请，于 2021 年 3 月 16 日向诚科公司、君海公司、兆科公司、峻凌公司、厦欣公司发出责令提交证据通知书，责令各自提交如下证据材料：

1. 自 2017 年 10 月 20 日（即诚科公司成立之日）起，诚科公司生产、销售被诉侵权产品相关的会计账簿和原始凭证，包括：采购合同、生产加工合同、买卖合同、发票、财务账册、财务凭证、财务报告等；2. 自 2017 年 11 月 9 日（即君海公司成立之日）起，君海公司生产、销售被诉侵权产品相关的会计账簿和原始凭证，包括：采购合同、生产加工合同、买卖合同、发票、财务账册、财务凭证、财务报告等；3. 自 2018 年 5 月 31 日（即兆科公司成立之日）起，兆科公司生产、销售被诉侵权产品相关的会计账簿和原始凭证，包括：采购合同、生产加工合同、买卖合同、发票、财务账册、财务凭证、财务报告等；4. 自 2017 年 10 月 20 日（即诚科公司成立之日）起，峻凌公司帮助诚科公司、君海公司、兆科公司生产的被诉侵权产品的会计账簿和原始凭证，包括：生产加工合同、发票、出货单、送货单、财务账册、财务凭证、财务报告等；5. 自 2017 年 12 月 20 日（即厦欣公司成立之日）起，厦欣公司帮助诚科公司、君海公司、兆科公司生产的被诉侵权产品的会计账簿和原始凭证，包括：生产加工合同、发票、出货单、送货单、财务账册、财务凭证、财务报告等。

诚科公司、君海公司、兆科公司、峻凌公司、厦欣公司根据本院责令提交证据通知书的要求，提交了上述材料。

华欣公司对于诚科公司、君海公司、兆科公司、峻凌公司、厦欣公司提交的上述材料的质证意见为：对于增值税发票的真实性和合法性予以认可，对于其他财务资料的真实性和合法性不予认可，理由是财务资料中的报表、营业收入明细表、采购明细表均系自制表格，且在制作中其账册和明细表既不连续又不完整，不能客观真实反映被诉侵权产品的获利情况。

本院对于诚科公司、君海公司、兆科公司、峻凌公司、厦欣公司根据本院责令提交证据通知书要求提交的上述材料的质证意见：确认其真实性，至于其是否能够完整、准确反映出各被诉侵权人实际的经营、获利状况，将在裁判理由的相关部分予以评述。

根据原审法院于 2019 年 5 月 17 日进行的公开开庭笔录的记载，华欣公司当庭向原审法院提交了 2 份被诉侵权产品实物，第 1 份为广东省东莞市知识产权局在峻凌公司现场执法调查过程中取样的"DC55、DA65、DA70、DA75、DA86"产品各 2 套。第 2 份为广东省佛山市知识产权局在厦欣公司现场勘验取样的"DA55"产品 1 套。各方均确认第 2 份证据中的"DA55"产品与第 1 份证据中的"DA65、DA70、DA75、DA86"产品的技术方案均一致。华欣公司明确表示不再主张对第 1 份被诉侵权产品实物中的"DC55"产品进行技术比对。因此，华欣公司原审中并未放弃针对厦欣公司生产的"DA55"产品主张专利权，故原审判决关于"华欣公司明确主张侵权的产品为广东省东莞市知识产权局勘验取样型号 DA65 寸、DA70 寸、DA75 寸、DA86 寸的'触摸框'"的事实表述并不准确，应为"华欣公司明确主张侵权的产品为广东省东莞市知识产权局勘验取样型号 DA65 寸、DA70 寸、DA75 寸、DA86 寸的'触摸框'以及广东省佛山市知识产权局现场勘验取样型号 DA55 寸的'触摸框'"。

除以上事实外，原审查明的事实基本属实，本院予以确认。

本院二审另查明：

（一）与权利要求 1 中"触摸屏""触摸检测区"解释相关的事实

1. 公知常识性证据中关于触摸屏基本概念的记载。（1）《多媒体计算机实用检修技术（教程）》第 93 页记载，触摸屏是一种新型的输入方式，它为计算机提供了一种简单、直观的输入方式。它是一种定位装置，安装在计算机显示屏前面，其功能是检测并报告手指（或物体）触摸到屏幕的位置。（2）《计算机操作装配与维修》第 410 页记载，触摸屏是一种定位设备。当用户手指或者其他设备触摸安装在计算机显示器前面的触摸屏时，所摸的位置（以坐标形式）被触摸屏控制器检测到，并通过串行口或者其它接口（如键盘）送到 CPU，从而确定用户所输入的信息。

2. 公知常识性证据中关于触摸屏基本结构的记载内容。（1）《多媒体计算机实用检修技术（教程）》第 94 页记载，触摸屏系统一般由两部分组成：触摸屏控制卡和触摸检测装置……触摸检测装置又称感应器（Sensor），非接触式一般都做成一个框罩直接套在显示器前，接触式一般是做成一薄膜状，将它粘贴到光屏前面，它们用来检测触摸位置，并将信息传递给触摸屏控制卡。（2）《多媒体技术应用基础》第 47 页记载，微机上使用的触摸屏系统一般由两部分组成：触摸屏控制卡和触摸检测装置。触摸屏控制卡有自己的 CPU，固化的监控程序。它的作用是从触点检测装置上接收触摸信息，将其转化为触点坐标，并送给主机；同时还能接收主机发来的命令并加以执行。触摸检测装置则直接安装在监视器前端，主要用来检测用户的触摸位置，并将该信息传递给触摸屏控制卡。

3. 公知常识性证据中关于接触式和非接触式两种触摸屏以及红外线触摸屏的触摸检测区的记载内容。（1）《多媒体计算机实用检修技术（教程）》第 93 页记载，目前，触摸屏的种类比较多，根据其工作原理不同，可分为以下几大类：红外式触摸屏、电阻式触摸屏、电容式触摸屏、表面波式触摸屏和压力矢量式触摸屏。从它们的工作方式来看，电阻式、电容式和压力矢量式属接触式，另外两种属非接触式。接触式是将触摸屏的检测器件做成类似于玻璃板或薄膜式的透明屏，粘贴并固定于显示屏表面，当手指等物体接触其表面时，引起触点位置的电阻、电容、压力的变化，这种变化再转变为位置坐标信号传送给主机……非接触式是用红外线发射、接收对管或超声波发射、接收对管作传感器件，将它们密布在屏幕四周。正常工作时，在屏幕范围内有红外线或超声波组成的网状栅格。若使用的传感器对管越多，栅格就越细，分辨率就越高，此时若有物体伸入并阻断交叉的光束，根据阻断位置即可判断出物体位置。（2）《计算机操作装配与维修》第 418 页记载，红外触摸屏分内置式和外挂式两种。安装外挂式红外触摸屏的方法非常简单，只要用双面胶将一个框架装在显示器上即可，红外触摸屏的印刷版电路就藏在这个框架的框边……红外线式触摸屏是一种以红外线检测技术为基础的传感设备，红外线发射和接收管安放在它四周，它工作时，红外线管以扫描方式工作，在整个框区内形成一个红外检测光栅区，称之为有效触摸区，当手指（或其它物体）伸进这个区域内时，会阻断某个栅格上的红外线，而产生一个坐标（X，Y）……触屏的整个工作过程就是不断地确认伸入它有效触摸区内物体的坐标值，然后报告给主机的过程。

4. 涉案专利说明书第［0090］［0091］［0099］［0100］段均记载了如下大致内容：第二级处理电路 203 可包括微处理器 208，第二级处理电路 203 通过分析过滤掉干扰光信号后的有效接收信号来实现或辅助实现对位于触摸检测区上的触摸物的定位。第［0101］段记载：所述触摸系统至少包括触摸屏 1600 与其相连接的计算机 1800，用户能够通过在触摸屏 1600 的触摸检测区 103 内进行触摸操作来控制计算机 1800 执行一个或多个应用程序。

（二）与权利要求 1 中"所述第一级处理电路与所述至少两个红外外接收管数量相同且一一对应"（以下简称技术特征 A3），以及"所述至少两个红外接收管将所获取的接收信号经所述第一级处理电路同时过滤干扰光信号后由多路转一路的多选开关输出至所述第二级处理电路进行处理"（以下简称技术特征 A4）的解释有关的事实

1. 涉案专利说明书第［0004］段记载：在不增加红外发射接收管数量的前提下，可以通过离轴扫描（即一个红外接收管所发射的红外光能够被多个

红外接收管所接收）的方式来提高分辨率，但是这种扫描方式对触摸屏的响应速度影响更大，由于在对红外接收管的信号检测之前需要进行抗干扰光处理，设第一级处理电路（以现有的采用保持电路+模拟减法器为例）对每个红外接收管的接收信号进行过滤干扰光操作的响应时间均为t1，多选开关进行换路切换操作的响应时间为t0，则现有技术实现一个红外发射管对n（n≥2）个红外接收管所花费的时间 $T0 = nt1 + (n-1) t0$，响应速度过慢，实用效果较差。

2. 涉案专利说明书第［0006］段记载：本发明提出一种触摸屏，包括红外发射管、红外接收管、触摸检测区、第一级处理电路及第二级处理电路，至少有两个红外接收管同时接收来自同一红外发射管发射的红外光，至少两个红外接收管将所获取的接收信号经所述第一级处理电路过滤干扰光信号后输出至所述第二级处理电路进行处理。

3. 涉案专利说明书第［0007］段记载：可选地，所述至少两个红外接收管将所获取的接收信号同时经所述第一级处理电路过滤干扰光信号后输出至所述第二级处理电路进行处理。

4. 涉案专利说明书第［0097］段记载：设第一级处理电路100对每个红外线接收管的接收信号进行过滤干扰光操作的响应时间均为t1，多选开关进行换路切换操作的响应时间为t0，则通过本发明触摸屏多路采用方法来处理一个红外发射管对n（n≥2）个红外接收管所花费的时间 $T1 = t1 + (n-1) t0$，与现有技术实现一个红外发射管对n（n≥2）个红外接收管所花费的时间 $T0 = nt1 + (n-1) t0$ 相比，$T1 - T0 = (1-n) t1 < 0$，$T1 < T0$，触摸屏执行多路采样的速度与现有技术相比得到了提升。

5. 在针对涉案专利的第39508号无效宣告请求审查决定中，关于权利要求1的创造性，被诉决定认定："对比文件1中的8个单个电路之间并非并联连接关系，因此即使结合请求人口头审理当庭提交的公知常识性证据也不能证明上述红外接收管接收到信号同时进行干扰光过滤处理属于本领域的公知常识……参见对比文件2的说明书第3页最后一段至第4页第2段及附图1，其中的三个多路开关A、B、C均为多选一的开关且其通道数相同，在工作时，多路开关A每次导通仅能获取从红外接收管矩阵接收的其中一路信号，而多路开关C每次导通同样也仅能获取来自八只电容C1—C8中的其中一路的电容信号，由多路开关A和多路开关C分别取得的信号分别输入加法电路D的两端从而去除干扰光信号，也就是说，对比文件2中同时仅能处理多路接收信号中的其中一路，对比文件2并没有公开上述区别技术特征也没有给出相应的技术启示……对比文件3涉及一种电容式的触摸检测板，然而对比文件3仅公开了下述内容：充电积分器电路44-1至44-n同时测量每一个检测器矩阵的电容，对从电容测量中以电压形式获得的电容信息进行数字化处理……上述公开内容仅能证明模数转换器52同时从取样/保持电路50-1至50-n中获取输入数据，然而这不能证明滤波器电路48-1至48-n对其所捕获的电压信号也是同时进行过滤处理的，也就是说，对比文件3没有公开上述区别技术特征也没有给出相应的技术启示……对比文件4涉及一种电容式触摸面板，其所针对的现有技术是利用信号检测单元83轮流侦测感测层71中四组电流变化，由于无法同时取得四组电流变化值导致噪声变化不同，因此必须设置滤波电路85及积分电路87来抑制噪声，这种电流设计结构复杂、成本增加，为了克服上述现有技术缺陷、简化电路设置，因此其发明了一种利用两个信号侦测单元21、23同时侦测电流从而可以省去滤波电路和积分电路的实现方式，因此对比文件4完全没有公开上述区别技术特征也没有给出相应的技术启示……对比文件5公开了通过设置末级放大电路来改变装配、调试完成后的红外触摸装置的增益，其完全未提及过滤干扰光，即没有公开上述区别技术特征也没有给出相应的技术启示。"

（三）关于811号鉴定意见书

2021年4月10日，中国电子信息产业发展研究院接受广东华进律师事务所的委托，对型号为"DA75-S-C1"触摸框PCB电路板产品的技术特征与涉案专利权利要求1的技术特征是否相同进行鉴定。该院按照委托方提供的触摸框装配图对触摸框PCB电路板进行拼接形成触摸框，并根据涉案专利权利要求1的技术特征对触摸框进行技术特征的提取测试，形成《测试过程记录》。将涉案专利权利要求1的技术特征和"DA75-S-C1"触摸框PCB电路板产品（811号鉴定意见书称之为"被控侵权产品"）的技术特征进行了比较，形成了相关鉴定意见，本院整理成表格，见本判决书附表1。其中，关于不同点的鉴定意见的具体理由为：（1）关于权利要求1的主题名称与"DA75-S-C1"触摸框PCB电路板产品，本领域技术人员通过阅读涉案专利说明书第［0102］段及对应附图可知，权利要求1请求保护的触摸屏具有屏的结构；"DA75-S-C1"触摸框PCB电路板产品是由16个PCB电路板拼接而成，缺少屏的结构或者触摸屏体，因此权利要求1的主题名称与"DA75-S-C1"触摸框PCB电路板产品的产品名称不相同。（2）关于技术特征A1和a1，专利权利要求1请求保护的触摸屏具有屏的结构，触摸屏中的触摸检测区"应为透明材料制成，如玻璃、亚克力等"；"DA75-S-C1"触摸框PCB电路板产品的触摸框缺少屏的结构，只是由PCB电路板围绕形成的检测区域，没有屏的结构，因此，由PCB电路板围绕形成的检测区域并非专利权利要求 1 所述的触摸检测区，两者不同。（3）关于技术特征 A4 和 a4，技术特征 a4 中的前半部分"8 个红外接收管获取的接收信号经由第一级处理电路同时过滤"与技术特征 A4 中的前半部分"所述至少两个红外接收管将所获取的接收信号经所述第一级处理电路同时过滤干扰光信号"相同；技术特征 a4 中的后半部分"选择同时过滤的 8 个信号中的 3 个信号串行输出至第二级处理电路"与技术特征 A4 中的"同时过滤的信号由多路转一路的多选开关输出至所述第二级处理电路进行处理"不相同，有 5 个信号并没有输出至第二级处理电路。综上，两者不相同。2021 年 5 月 10 日，中国电子信息产业发展研究院出具 811 号鉴定意见书，意见为："DA75-S-C1"触摸框 PCB 电路板产品名称与专利权利要求 1 的主题名称不相同；"DA75-S-C1"触摸框 PCB 电路板产品的技术特征 a1、a4 与专利权利要求 1 的技术特征 A1、A4 不相同；"DA75-S-C1"触摸框 PCB 电路板产品的技术特征 a2、a3 与专利权利要求 1 的技术特征 A2、A3 相同。

（四）与侵权行为及民事责任承担有关的事实

1. 涉案专利历次许可情况

根据涉案专利登记簿副本以及三盛公司与华欣公司之间签订的《专利实施许可合同》，自 2014 年起，涉案专利共存在 5 次许可情况。除一审查明的两次许可，即自 2018 年 7 月 16 日至 2021 年 7 月 15 日，三盛公司以普通许可方式许可华欣公司实施（按照时间顺序，简称为第四次许可）；自 2018 年 12 月 3 日至 2021 年 12 月 2 日，三盛公司以独占许可方式许可华欣公司实施（按照时间顺序，简称为第五次许可）之外，还存在如下另外 3 次许可：第一次许可：自 2014 年 11 月 26 日至 2015 年 11 月 26 日，汇冠新技术公司（即更名前的三盛公司）以普通许可方式许可华欣公司实施；第二次许可：自 2016 年 7 月 16 日至 2018 年 7 月 15 日，汇冠新技术公司（即更名前的三盛公司）以独占许可方式许可北京汇冠触摸技术有限公司（以下简称汇冠触摸技术公司）实施；第三次许可：自 2018 年 7 月 16 日至 2021 年 7 月 15 日，三盛公司以普通许可方式许可汇冠触摸技术公司实施。

2. 关于诚科公司、君海公司、兆科公司的法定代表人及股东与华欣公司之间的关系

诚科公司的股东为李浩、何学志、汪日红、张利财、姜君德，姜君德为该公司法定代表人。君海公司的股东为何学志、李浩、徐翔、姜君德，徐翔为该公司法定代表人。兆科公司的股东为汤超、黄博、王龙辉、刘辉武、李向阳，刘辉武为该公司法定代表人，上述人员均系华欣公司前员工，其中：姜君德与华欣公司于 2013 年 11 月 25 日签订保密协议，双方于 2017 年 11 月

16 日解除劳动关系，在离职前从事研发管理工作；徐翔与华欣公司于 2013 年 12 月 18 日签订保密协议，双方于 2017 年 10 月 10 日解除劳动关系，在离职前从事产品研发及设计规划工作；何学志与华欣公司于 2013 年 11 月 1 日签订保密协议，双方于 2017 年 10 月 9 日解除劳动关系，在华欣公司曾从事技术管理工作，在离职前从事质量管理类工作；刘辉武与华欣公司于 2013 年 12 月 18 日签订保密协议，双方于 2017 年 10 月 28 日解除劳动关系，在离职前从事研发管理工作；王龙辉与华欣公司于 2013 年 11 月 1 日签订保密协议，双方于 2017 年 11 月 8 日解除劳动关系，在离职前从事软件开发设计工作；黄博与华欣公司于 2017 年 3 月 21 日签订保密协议，双方于 2018 年 1 月 15 日解除劳动关系，在离职前从事软件开发设计工作；汤超与华欣公司于 2015 年 3 月 24 日签订保密协议，双方于 2017 年 8 月 30 日解除劳动关系，在离职前从事硬件设计工作；李浩与华欣公司于 2015 年 7 月 5 日签订保密协议，双方于 2017 年 8 月 16 日解除劳动关系，在离职前从事硬件设计工作；李向阳与华欣公司于 2013 年 12 月 18 日签订保密协议，双方于 2017 年 11 月 20 日解除劳动关系，在离职前从事财务工作；汪日红与华欣公司于 2013 年 11 月 1 日签订保密协议，双方于 2018 年 3 月 1 日解除劳动关系，在离职前从事品质管理工作；张利财与华欣公司于 2013 年 11 月 25 日签订保密协议，双方于 2018 年 3 月 27 日解除劳动关系，在离职前从事技术支持工作。

3. 与被诉侵权行为有关的事实

除原审法院查明的与诚科公司、君海公司、兆科公司、峻凌公司、厦欣公司所实施的被诉侵权行为有关的事实，即应华欣公司的请求，广东省广州市知识产权局、广东省东莞市知识产权局、广东省佛山市知识产权局在处理针对涉案专利的侵权纠纷过程中所确定的相关事实外，本院根据华欣公司在本案一、二审诉讼中提交的相关证据和当事人的陈述，另查明如下事实：

（1）与诚科公司有关的事实。诚科公司在本案二审庭审中陈述，诚科公司是电子元器件的供应商，其客户不限于兆科公司。其向兆科公司提供用于制造被诉侵权产品的零部件，包括 PCB 板、电容、红外发射管、接收管以及其他配套零部件。

（2）与君海公司有关的事实。2018 年 5 月 21 日，广州视源电子科技股份有限公司（以下简称视源公司）"整机设计与供应链服务事业部 张琴"向"君海_ 何学志""君海_ 姜君德""君海_ 汪日红"等发送电子邮件，内容为"鉴于目前君海马上要导入峻凌工厂，基于我们品质对供应商的配置与过程管控的需要：现请君海安排招聘一个 PE 和一个 PQA 品质人员驻厂在峻凌工厂，时间要求：君海在峻凌开始试产前一定到位"。另外，日期为"2018-

07-25"的"广东君海商贸有限公司销售出货单"显示：君海公司向广东视睿电子科技有限公司（以下简称视睿公司）销售出货"触摸框 DA65-S-A1-001-V1"600 PCS。制单日期"2018-07-25"的"广东视睿电子科技有限公司 送货单"显示：供应商君海公司向视睿公司供应红外触摸框 DA65-S-A1 共 600 套。制单日期"2018-07-27"的"广东视睿电子科技有限公司 送货单"显示：供应商君海公司向视睿公司供应红外触摸框 DA70-S-A1 共 300 套。

（3）与兆科公司有关的事实。兆科公司在本案二审庭审中陈述，兆科公司负责被诉侵权产品的设计与制造，从其他公司采购制造被诉侵权产品的原材料，把原材料和被诉侵权产品的技术方案提供给峻凌公司和厦欣公司，委托两公司制造。此外，2018 年 9 月 8 日的"广州兆科电子科技有限公司库存调拨单"显示：兆科公司调拨 65 寸和 70 寸成品各 5 套，用于"寄回广州做可靠性实验使用"。

（4）根据诚科公司、君海公司、兆科公司二审中提供的财务账册资料，诚科公司、君海公司、兆科公司开具的增值税发票中所记载的开票人、各公司财务记账凭证上记载的制表人均为李向阳同一人。

（5）与峻凌公司有关的事实。2019 年 1 月 8 日，华欣公司与峻凌公司签订《保证金协议》，该协议主要约定了合作终止后有关产品质保后续事宜。该协议显示，华欣公司与峻凌公司的委托加工合作始于 2014 年 6 月 10 日，止于 2018 年 8 月 25 日。此外，根据峻凌公司提交的财务资料显示，除接受华欣公司、兆科公司委托外，峻凌公司还接受其他公司的委托加工相关电子产品。

（6）与厦欣公司有关的事实。在 2018 年 9 月 14 日广东省佛山市知识产权局就佛知纠字（2018）第 15-16 号案对厦欣公司进行现场勘验过程中，被调查人厦欣公司的总经理刘志辉陈述，该公司于 2018 年 5 月进行被诉侵权产品的试生产、6 月正式生产。此外，根据厦欣公司提交的其与兆科公司签订于 2018 年 8 月 1 日《加工合作协议》，兆科公司向厦欣公司提供原材料和技术方案，厦欣公司负责加工生产，并据此收取加工费，同时该协议还约定，厦欣公司不负责代加工产品的知识产权问题和承担与知识产权侵权相关的责任。

4. 与侵权赔偿有关的事实

根据华欣公司与涉案专利的权利人三盛公司于 2018 年 12 月 3 日签订的《专利实施许可合同》第三条"使用费及支付方式"的规定，双方约定三盛公司许可华欣公司使用涉案专利的许可使用费按照华欣公司销售额的 6%

计算。

根据华欣公司原审提交的华欣公司红外触摸框产品专项审计报告（2017—2018 年）、华欣公司审计报告（2017—2018 年），华欣公司生产的涉案专利产品的毛利率在 2017 年、2018 年分别为 36.41%、33.11%。根据华欣公司原审提交的佳格公司 2017 年度及 2018 半年度报告，佳格公司生产的与同类产品的毛利率在 2016 年、2017 年、2018 年上半年分别为 50.26%、45.67%、43%。

根据兆科公司原审提交的《广州兆科电子科技有限公司 2019 年 1 月到 2 月审计报告》，2018 年至 2019 年 2 月，兆科公司的营业收入合计近 2212 万元，营业成本合计近 2047 万元，毛利率为 7.5%，扣除管理费用 225 万余元后，净利润为 -62 万余元。根据兆科公司原审提交的艾博德公司和天英公司的年报，2017 年全年和 2018 年上半年，艾博德公司的净利率分别为 0.48%、-1.21%，毛利率分别为 28.53%、25.23%；天英公司的净利率分别为 -2.64%、-4.8%，毛利率分别为 23.37%、18.79%。

二审中，本院组织双方当事人对诚科公司、君海公司、兆科公司、峻凌公司以及厦欣公司提交的财务资料进行了核对。华欣公司对上述财务资料进行了核查统计后，向本院提交了"针对各被上诉人所提交财务资料的质证意见"和"专家审核意见"。华欣公司的核查结果和诚科公司等对于华欣公司核查结果的主要意见如下：

（1）关于诚科公司。华欣公司核查结果：①采购费用方面，2018 年 5 月至 2020 年 3 月，诚科公司对外采购原材料及被诉侵权产品金额总计近 1209 万元，其中：从 19 个案外人企业处采购电子元件等零部件金额 878 万余元；从兆科公司处购买成套的被诉侵权产品 7021 套，金额 184 万余元；其余近 147 万元的采购额没有提供原始凭据。②销售收入方面，2018 年 5 月至 2019 年 3 月，诚科公司对外销售原材料及被诉侵权产品金额总计近 1234 万元，其中：向兆科公司、君海公司销售制造被诉侵权产品所需原材料和零部件金额合计 962 万余元；向深圳可视科技有限公司（以下简称可视公司）和视睿公司少量销售电子元件等零部件合计金额近 28 万元；向君海公司销售被诉侵权产品 7836 套（销售金额近 242 万元）、向可视公司销售被诉侵权产品 30 套（销售金额近 1.2 万元），合计 7866 套，销售金额 243 万余元。

诚科公司主要意见：根据诚科公司自行统计，①对于华欣公司核查统计的诚科公司的采购总金额没有异议，但认为诚科公司实际的销售总金额应为近 1242 万元，比华欣公司核查统计的多约 8 万元。②关于诚科公司财务资料显示的其向兆科公司采购的被诉侵权产品为 7021 套，而其对外销售的被诉侵权产品却有 7866 套的问题，其解释为诚科公司实际向兆科公司购买 7866 套被诉侵权产品，但仅向兆科公司实际支付 7021 套的货款，兆科公司就此仅开具 7021 套数量的发票，故诚科公司账面上显示其仅向兆科公司采购 7021 套被诉侵权产品。

（2）关于君海公司。华欣公司核查结果：①采购费用方面，2018 年 4 月至 2019 年 3 月，君海公司分别从诚科公司和兆科公司处购买被诉侵权产品 7836 套、62060 套，合计 69896 套，对应采购金额 2217 万余元；另外，对外采购原材料（全部从诚科公司处购入）总金额 61 万余元；②销售收入方面，2018 年 7 月至 2019 年 3 月，君海公司对外销售被诉侵权产品总计 74253 套，金额总计 2469 万余元，其中：向视睿公司销售 73223 套，金额 2445 万余元；向苏州品祺电子科技有限公司（以下简称品祺公司）销售 DA 系列产品 1030 套，金额 24 万余元。

君海公司主要意见：根据君海公司自行统计，君海公司实际采购被诉侵权产品的数量约为 82906 套，采购金额约为 2705 万元；实际销售被诉侵权产品数量约为 81321 套，销售金额约为 2666 万元，这与华欣公司的核查结果虽不一致，但两者相差不大，且均大于华欣公司的核查结果，出现这种数据不一致的情形，是因为部分票据遗失，同时也说明君海公司对于被诉侵权产品的实际采购和销售情况未作隐瞒，提供数据是真实和完整的。

（3）关于兆科公司。华欣公司核查结果：①支付的加工费方面，兆科公司支付的对外委托加工费用总计 461 万余元，其中：2018 年度向厦欣公司支付近 242 万元；2018 年度、2019 年度向峻凌公司分别支付 216 万余元、3 万余元。②采购费用方面，2018 年至 2019 年 2 月，兆科公司采购原材料金额总计近 1911 万元，其中：从诚科公司处采购原材料金额 909 万余元；从其他 20 家案外人公司处采购原材料近 1000 万元；其余 2 万余元的采购金额无对应发票。③销售收入方面，2018 年 5 月至 2019 年 2 月，兆科公司对外销售被诉侵权产品总计 69903 套，销售金额近 2188 万元，其中，分别向君海公司、诚科公司、可视公司销售 62285 套、7021 套、597 套，对应金额分别为近 1986 万元、184 万余元、18 万余元。

兆科公司主要意见：根据兆科公司自行统计，①支付的加工费方面，兆科公司支付的对外委托加工费用约为 471 万元，其中：支付峻凌公司约 207 万元，厦欣公司约 264 万元；关于财务资料上显示峻凌公司收取的加工费比兆科公司支付的加工费多 43067 元，是因为峻凌公司统计的加工费收入中还包括峻凌公司收取的治具费用。②采购费用方面，兆科公司对外采购原材料金额为 1912 万余元，与华欣公司的核查结果基本相同；③销售收入方面，兆科公司实际对外销售被诉侵权产品 82250 套，销售金额约为 2652 万元，数量均大于华欣公司的核查结果，原因与君海公司自认实际销量及销售额均大于华欣公司根据其提供的财务资料核查结果的原因一样，系部分票据遗失，反映到账面上的数量小于实际情况。

（4）关于峻凌公司。华欣公司核查结果：①根据增值税发票，峻凌公司从兆科公司处收取加工费总计 215 万余元，其中，被诉侵权产品的加工费用为 210 万余元，其余产品（DC 产品以及 RT 产品）的加工费合计近 5 万元；②根据审计报告，峻凌公司从兆科公司处收取加工费 212 万元，加工成本近 344 万元。

峻凌公司主要意见：①峻凌公司 2018 年全年收入约为 1.58 亿元，经营成本约为 1.57 亿元，利润率约为 0.43%，其中兆科公司的代工费用仅占峻凌公司总收入的 1.3%。②根据峻凌公司自行统计，其向兆科公司收取的加工费用总计 214 万余元，其中被诉侵权产品的加工费用为 203 万余元，其余非被诉侵权产品的加工费用 11 万余元，与华欣公司核查的结果相差不大。③峻凌公司有完善的财务制度，所有已经形成的财务数据都不能再篡改，峻凌公司提交的财务资料完整准确地反映了其整体经营状况以及其与兆科公司之间的财务往来。

（5）关于厦欣公司。华欣公司核查结果：2018 年 3 月至 2018 年 10 月，①根据增值税发票，厦欣公司收取代加工费总计近 139 万元，其中：收取兆科公司委托加工费近 127 万元，收取佛山市中格威电子有限公司加工费约 12 万元。需说明的是，厦欣公司的发票以次数为开具单位，具体加工被诉侵权产品的数量和型号无法确认。②厦欣公司主营业务成本约 158 万元。

厦欣公司主要意见：①根据《加工合作协议》中相关免责约定，厦欣公司与兆科公司的侵权行为无关。②厦欣公司在 2018 年 10 月底前收到的加工费为 130 万余元，另外两笔加工费 22.5 万元、19.5 万元兆科公司分别于 2019 年 1 月和 12 月才支付。以上加工费总计 172 余万元。③扣减人工、租金等经营成本后，厦欣公司为兆科公司加工被诉侵权产品没有盈利，处于亏损状态。

5. 关于维权合理开支

根据华欣公司提交的律师费发票和保险费发票，华欣公司在原审中为本案诉讼支出律师费 10 万元，为申请财产保全提供担保支出 1.5 万元（本案原审中，华欣公司向原审法院申请财产保全，请求对本案 5 被上诉人名下价值 1000 万元的财产采取保全措施，中国人民财产保险股份有限公司广州市分公司对此财产保全申请提供了担保金额为 1000 万元的担保保函，华欣公司为此支出 1.5 万元)。华欣公司的律师服务费的相关发票显示,其在二审中为本案诉讼支出律师费 25 万元。另外,华欣公司还主张为调查取证、出庭应诉等支出的相关差旅费用,但未能提供相应票据,请求二审法院根据实际情况予以酌定。

6. 双方之间的商业秘密纠纷案件情况

除本案侵害发明专利权纠纷外,华欣公司与诚科公司和兆科公司及其各自股东、峻凌公司、厦欣公司之间还存在 2 起侵害商业秘密纠纷,案号分别为(2019)粤 73 知民初 1212 号、(2019)粤 73 知民初 1560 号。两案中,华欣公司主张诚科公司和兆科公司及其各自股东、峻凌公司、厦欣公司在制造、销售本案被诉侵权产品的过程中实施了侵害华欣公司商业秘密的行为,即存在披露、使用或者允许他人使用华欣公司所有的涉及"红外触摸框"产品计算机软件代码的商业秘密的侵权行为。上述两案均由原审法院审理,正处于一审审理过程中。

本院认为,本案为侵害发明专利权纠纷,因本案涉及的被诉侵权行为发生在 2009 年 10 月 1 日之后、2021 年 1 月 1 日前(当然亦在 2021 年 6 月 1 日前),故本案应适用《中华人民共和国侵权责任法》(以下简称侵权责任法)以及 2008 年修正的《中华人民共和国专利法》(以下简称专利法)。根据双方的诉辩意见,本案二审争议焦点问题是:被诉侵权产品是否落入涉案专利权保护范围;如果被诉侵权产品落入涉案专利权保护范围,侵权责任如何承担。

(一)关于被诉侵权产品是否落入涉案专利权保护范围

本案各方对于被诉侵权产品是否落入涉案专利权利要求 1 保护范围的争议集中在以下两个方面:一是被诉侵权产品是否为"一种触摸屏",是否具有"触摸检测区"技术特征;二是被诉侵权产品是否具有与权利要求 1 的技术特征 A3 和技术特征 A4 相同的技术特征。关于上述第二个方面的争议问题,需指出的是,根据《中华人民共和国民事诉讼法》第一百六十八条的规定,第二审人民法院应当对上诉请求的有关事实和适用法律进行审查。故在一般情况下,民事诉讼二审程序中,人民法院的审理内容应限于与上诉请求有关的事实和法律适用问题。本案中,虽然华欣公司的上诉请求及其理由仅涉及本院所归纳的上述第一个方面的争议问题,而上述第二个方面的争议问题则源于兆科公司等二审中的答辩意见,但考虑到:第一,华欣公司上诉的核心主张是本案被诉侵权产品落入涉案专利权利要求 1 的保护范围,根据专利侵权判定的全面覆盖原则,诉争专利权利要求的任何技术特征的认定均将影响侵权判定结果。兆科公司等在二审中对相关技术特征提出的答辩意见是否成立，其审查结论将会影响本案专利侵权判定的结果；第二，原审判决结果有利于兆科公司等，兆科公司等未就其对于原审判决中相关认定存有异议的部分提起上诉，而仅在二审答辩意见中予以主张，情有可原。因此，本院将兆科公司等在其答辩意见中提及的第二个方面的争议问题纳入到本案二审审理的范围。

1. 关于权利要求 1 中"触摸屏""触摸检测区"的解释

各方对于该问题产生分歧的根源在于对权利要求 1 的主题名称"一种触摸屏"以及技术特征"触摸检测区"的理解不同。华欣公司主张权利要求 1 中的"一种触摸屏""触摸检测区"不是必须具有实体屏结构；而兆科公司等主张权利要求 1 中的"一种触摸屏""触摸检测区"应当理解为必须具有实体屏结构。

本院认为，对专利权利要求进行解释时，需注意以下几个方面的问题：

第一，权利要求解释应当基于本领域技术人员的认知能力，并在本领域的技术背景和知识体系下进行合理解释。在说明书对于权利要求中的技术术语没有作出特别界定的情况下，应当按照本领域技术人员对于该技术术语的通常理解进行解释，而不是诉诸该技术术语在日常生活中的通常含义进行解释。相关技术词典、技术手册、工具书、教科书、国家或者行业技术标准等公知常识性证据，一般根据其与涉案专利技术所属领域的相近程度，作为认定本领域的技术背景和知识体系的相应证据。

第二，要准确识别说明书记载的相关内容属于对权利要求用语的特别界定还是具体实施方式。在说明书中没有明显的提示性语句，无法仅从形式上判断说明书记载的相关内容属于对权利要求相关用语的特别界定还是具体实施方式的情况下，应当结合发明目的、发明构思以及发明要求保护的技术方案，从整体上予以考量。如果说明书记载的相关内容属于对权利要求中出现的、本领域中没有确切含义的自造词作出的专门定义；或者属于对权利要求相关用语作出的有别于本领域通常含义的特别说明，则应当认定说明书记载的相关内容属于对权利要求用语的特别界定；除此之外，一般应认定为属于权利要求的具体实施方式。需注意的是，判断特别界定与具体实施方式时，通常先要确定权利要求中的相关用语在本技术领域是否具有通常含义，这往往需要引入本领域的技术词典、技术手册、工具书、教科书、国家或者行业技术标准等属于本领域技术人员已经取得一致认识的公知常识性证据，作为确定通常含义的依据。当然，主张相关事实的当事人，应就此举证或者进行充分说明。

第三，要注意前后不同技术特征之间保护范围的区别性。在解释在前权利要求的含义时，一般不宜将在后权利要求的含义读入在先权利要求。在后权利要求与其所引用的在前权利要求之间存在从属关系或者满足单一性要求下的并列关系。从属关系中，从属权利要求的附加技术特征是对其所引用权利要求的进一步限定，但该限定作用仅是及于该从属权利要求本身，一般情况下不应将该限定作用附加于其所引用的权利要求；而满足单一性要求的在后权利要求与其所引用的在前权利要求之间存在着并列关系，具体而言是两种不同专利类型、但属于一个总的发明构思下、包含一个或者多个相同或者相应的特定技术特征（即对现有技术作出贡献的技术特征）的权利要求，在后权利要求之所以引用在前权利要求，仅是为了在撰写另一专利类型的权利要求时避免重复表述，而并不是为了对在前权利要求作进一步限定。因此，无论哪种情形下，在后权利要求对其所引用的在前权利要求中的相关用语一般只具有帮助理解的作用，而不当然具有限定作用。

具体到本案中：

首先，触摸屏属于在本领域中已有确切含义的技术术语。根据各方当事人提交的《多媒体计算机实用检修技术（教程）》《多媒体技术应用基础》《计算机操作装配与维修》等本领域公知常识性证据的记载，对于本领域技术人员而言，权利要求1主题名称中的"触摸屏"，可以理解为既包括带有实体屏结构的接触式触摸屏，也包括不带有实体屏结构的非接触式触摸屏。并且，可以进一步认定，不带有实体屏结构的非接触式触摸屏属于本领域的公知常识。原审法院优先运用与涉案专利技术领域距离较远的《现代汉语词典》《百度百科》等非本领域工具书作为依据解释涉案专利中触摸屏，脱离本领域的技术背景和知识体系，结论有所不当，本院予以纠正。基于相同理由，华欣公司、兆科公司、峻凌公司等二审中提交的用于解释涉案专利权利要求1的公知常识证据之外的其他现有技术证据，缺乏相应证明力，本院不予采信。

其次，涉案专利说明书记载相关内容为触摸屏的具体实施方式而非特别界定。根据说明书所记载的涉案专利的技术领域、背景技术、发明内容等可知，涉案专利的发明点并不在于改进触摸屏的材质和结构，而在于一种能够提高触摸屏响应速度的多路采样方法及所对应的电路。说明书中所记载的具体实施方式的内容，也是围绕着涉案专利所提出的一种新的多路采样方法和电路而展开，在涉案专利触摸屏是否包含有实体屏结构这一技术点上，说明书并没有对此作出有别于通常意义的特别说明。

再次，涉案专利权利要求16不能理解成仅包含了实体屏结构的触摸屏，该权利要求及其说明书所记载的相应具体实施方式不会对专利权利要求1中记载的触摸屏是否具有实体屏结构产生限定作用。具体理由如下：

（1）说明书第［0102］段记载的权利要求16的具体实施方式不能限定权利要求16本身的保护范围。从说明书第［0102］段整体记载内容来看，该具体实施方式对应于涉案专利权利要求16，虽然说明书第［0102］段记载了"触摸屏1600位于显示面板1900的前方（面向用户的方向）""触摸屏1600中的触摸检测区103应为透明材料制成，如玻璃、亚克力等"等内容，但该具体实施例中所列举的触摸屏实体屏材质为常见的触摸屏的实体屏的材质。基于前述相同理由，即涉案专利的发明点并不在于改进触摸屏的材质和结构，而在于一种能够提高触摸屏响应速度的多路采样方法及所对应的电路，故在该具体实施例并没有强调必须具备实体屏才能实现该具体实施例所对应的权利要求16的发明目的情况下，即便是该具体实施例记载了"触摸屏1600中的触摸检测区103应为透明材料制成，如玻璃、亚克力等"，本领域技术人员在阅读该具体实施方式后，也不会将权利要求16所保护的技术方案狭义理解为仅包含了实体屏结构的触摸屏。故说明书第［0102］段记载的具体实施方式，在触摸屏是否具有实体屏结构方面，不属于对权利要求16的特别界定。

（2）权利要求16不会对专利权利要求1自身的保护范围产生限定作用。权利要求16虽然引用了权利要求1，但两者因在技术上关联，且包含有共同的、与提高多路采样速度有关的特定技术特征而具备单一性，故其系与权利要求1相并列的独立权利要求。因此，在并非涉案专利发明点的触摸屏实体结构的技术特征方面，两者之间没有必然的联系，不能用权利要求16来限定权利要求1。更何况，如前所述，权利要求16中的触摸屏，也不应当被解释为具有实体屏结构的触摸屏。

（3）说明书所记载的"通篇相同的附图标记指代相同的元件"，不能成为将权利要求16所对应的具体实施方式限定权利要求1的依据。《中华人民共和国专利法实施细则》第十九条第四款规定：权利要求中的技术特征可以引用说明书附图中相应的标记，该标记应当放在相应的技术特征后并置于括号内，便于理解权利要求。附图标记不得解释为对权利要求的限制。因此，"申请文件中表示同一组成部分的附图标记应当一致"是专利撰写规范性要求，不能据此当然认定附图标记具有限定权利要求的地位和作用。本案中，并不能因为权利要求1的相应具体实施方式中，采用了与权利要求16的具体实施方式（说明书第［0102］段）相同的附图标记"103"，就能当然将权利要求16对应的具体实施方式中的"触摸检测区103"所列举的触摸屏具体材料，用于限定权利要求1中的触摸屏。更何况，如前所述，说明书第

［0102］段所记载的具体实施方式，不属于对其所对应的权利要求 16 中的触摸屏的特别界定，其对权利要求 16 都不具有限定作用，更不会对权利要求 1 具有限定作用。

基于上述理由，本院对 811 号鉴定意见书中将涉案专利权利要求 1 中的触摸屏限缩解释为具有实体屏结构的鉴定意见不予采信。

最后，涉案专利权利要求 1 中的触摸检测区应理解为红外发射管与红外接收管之间的空间区域。基于上述关于触摸屏的解释并结合涉案专利说明书关于触摸检测区并未作出特别界定的情况，本领域技术人员可以清楚地理解，涉案专利权利要求 1 中的触摸检测区应为红外发射管与红外接收管之间的空间区域，其并非必须依赖于有形的实体材料而存在，具体理由与触摸屏的解释过程基本相同，本院不再赘述。

综上所述，涉案专利权利要求 1 的主题名称中的触摸屏应理解为既包括带有实体屏结构的接触式触摸屏，也包括不带有实体屏结构的非接触式触摸屏；触摸检测区应为红外发射管与红外接收管之间的空间区域，并非必须依赖于有形的实体材料而存在。

2. 被诉侵权产品具有"触摸屏""触摸检测区"的技术特征

本案中，华欣公司指控的被诉侵权产品为广东省东莞市知识产权局在峻凌公司勘验取样型号 DA65、DA70、DA75、DA86 的"触摸框"以及广东省佛山市知识产权局在厦欣公司现场勘验取样型号 DA55 的"触摸框"。从上述被诉侵权产品的用途和功能来看，被诉侵权产品系一种可用于计算机等设备的输入设备，虽然勘验取样时呈现的是散装状态，即为若干对红外线发射线路板和红外线接收线路板，但这仅是为了制造和运输方便，在使用时只需将上述成对的红外线发射线路板和红外线接收线路板依次插接、对角设置形成框架，并将该框架设置在显示器周围、与计算机主机连接，即能实现触摸输入功能。虽然框架之内并无实体屏材料，但基于前述本院关于"触摸屏""触摸检测区"的解释，兆科公司等五被上诉人关于被诉侵权产品仅是"线路板"，与权利要求 1 所要求保护的"触摸屏"属于不同的技术主题，也不存在触摸检测区的主张明显不能成立，本院不予支持。被诉侵权产品具备与涉案专利权利要求 1 中"触摸屏""触摸检测区"相同的技术特征。

3. 被诉侵权产品具有与涉案专利权利要求 1 技术特征 A3、A4 相同技术特征

兆科公司等关于被诉侵权产品不具备技术特征 A3、A4 的主要理由可概括为如下三点：（1）被诉侵权产品的 8 个第一级处理电路，需要以切换的方式，轮流对应 358 个红外接收管；（2）基于被诉侵权产品的第一级处理电路

需要通过切换的方式才能轮流对应 358 个红外线接收管，故被诉侵权产品的接收管信号，并非同时由第一级电路进行处理；（3）被诉侵权产品中，第一级处理电路仅将 8 个红外接收管接收并处理的信号中的 3 个信号输出至第二级处理电路。因此，被诉侵权产品不具备涉案专利权利要求 1 的技术特征 A3 "所述第一级处理电路与所述至少两个红外接收管数量相同且一一对应" 以及技术特征 A4 "所述至少两个红外接收管将所获取的接收信号经所述第一级处理电路同时过滤干扰光信号后由多路转一路的多选开关输出至所述第二级处理电路进行处理"。对此本院认为：

第一，关于权利要求解释。根据涉案专利说明书第［0004］［0006］［0007］［0097］段所记载的内容，并结合第 39508 号无效宣告请求审查决定关于涉案专利创造性的相关认定，本专利权利要求 1 要求保护的技术方案系对现有触摸屏中的离轴扫描技术提出的改进，发明的核心内容在于 "将多个红外接收管接收到的多个信号同时进行干扰光过滤处理"，从而提高触摸屏响应速度。本领域技术人员结合上述 "内部证据" 所记载的内容，可以理解，涉案专利权利要求 1 没有限定第一级处理电路要能够对所有红外接收管的信号进行同时过滤处理，而仅是限定了第一级处理电路要对来自两个以上的红外接收管信号同时进行干扰光过滤处理。进一步地，权利要求 1 并未限定要将经过第一级处理电路干扰光过滤处理的所有信号，均输出至第二级处理电路进行处理，而仅是限定了要将前述两个以上经过第一级处理电路干扰光过滤处理的信号输出至第二级处理电路进行处理。据此，兆科公司等相关抗辩，以及 811 号鉴定意见书关于被诉侵权产品不具有 A4 技术特征的鉴定意见，系建立在对权利要求错误理解的基础之上，其主张不能成立，本院不予支持。

第二，基于本案事实，被诉侵权产品具有与技术特征 A3、A4 相同技术特征。基于前述关于权利要求 1 的解释，结合原审庭审中对被诉侵权产品的勘验测试结果、兆科公司二审中补交的 811 号鉴定意见书以及兆科公司关于被诉侵权产品技术方案的自认，可以认定：（1）被诉侵权产品有 8 个第一级处理电路，分别与 8 个红外接收管连接，即具有技术特征 A3 "所述第一级处理电路与所述至少两个红外接收管数量相同且一一对应"，811 号鉴定意见书对此也有相同的认定；（2）被诉侵权产品将前述经过红外接收管获取的接收信号经由第一级处理电路同时过滤后输出至 8 选 1 开关，8 选 1 开关先后选择其中 3 个信号输出至第二级处理电路。因此，被诉侵权产品具备技术特征 A4 "所述至少两个红外接收管将所获取的接收信号经所述第一级处理电路同时过滤干扰光信号后由多路转一路的多选开关输出至所述第二级处理电路进行处理"。

因各方对于被诉侵权产品具备权利要求 1 的其他技术特征并无争议，故根据全面覆盖原则，被诉侵权产品落入涉案专利权保护范围，华欣公司的该项主张成立，本院予以支持。

（二）关于各被诉侵权人实施涉案相关行为的性质

专利法第十一条第一款规定，发明和实用新型专利权被授予后，除本法另有规定的以外，任何单位或者个人未经专利权人许可，都不得实施其专利，即不得为生产经营目的制造、使用、许诺销售、销售、进口其专利产品，或者使用其专利方法以及使用、许诺销售、销售、进口依照该专利方法直接获得的产品。

1. 关于诚科公司、君海公司和兆科公司所实施的侵权行为

第一，关于诚科公司、君海公司和兆科公司各自实施的行为。根据诚科公司提交的财务资料以及相关说明，诚科公司向君海公司及可视公司销售了被诉侵权产品。因此，诚科公司实施了以生产经营为目的，未经许可销售被诉侵权产品的行为。根据君海公司提交的财务资料，其存在向视睿公司等大量销售被诉侵权产品的行为。因此，君海公司亦实施了以生产经营为目的，未经许可销售被诉侵权产品的行为。根据兆科公司的财务资料、"库存调拨单"、峻凌公司的财务资料、兆科公司与厦欣公司签订的《加工合作协议》等证据以及兆科公司在二审中的自认可以认定，兆科公司存在向峻凌公司和厦欣公司提供被诉侵权的技术方案和原材料，委托峻凌公司和厦欣公司加工制造被诉侵权产品的行为。兆科公司虽非亲自实施了制造被诉侵权产品的行为，但峻凌公司和厦欣公司制造侵权产品的行为系根据兆科公司的要求作出，制造被诉侵权产品所需的必要和主要的物质技术条件亦由兆科公司提供，故兆科公司应当视为被诉侵权产品的制造者，且应当承担首要法律责任。另外，根据兆科公司的自认以及相关财务资料的内容，兆科公司将制造好的被诉侵权产品销售给君海公司、诚科公司以及可视公司，故兆科公司还存在销售被诉侵权产品的行为。

第二，关于诚科公司、君海公司和兆科公司是否存在共同侵权。多个被诉侵权主体是否构成共同侵害他人专利权，可以从各被诉侵权主体在主观上是否存在共同实施侵权行为的意思联络和客观上是否共同实施了侵权行为，或者以分工合作的方式实施了侵权行为两个方面予以判断。本案中，从主观方面看，首先，诚科公司、君海公司的股东高度重合，且诚科公司、君海公司和兆科公司的股东，均系半年之内先后从华欣公司处离职的员工，这些离职员工在华欣公司处担任的职务覆盖了研发设计、质量管理、财务等岗位。

其次，根据诚科公司、君海公司和兆科公司提交的财务账册资料，三公司销售发票的出具人和记账凭证的制表人均为同一人，即兆科公司的股东李向阳。最后，诚科公司与兆科公司的经营地址在同一栋楼的同一层的相邻房间（分别为广州市黄埔区开源大道 188 号 E 栋厂房第五层 502、503 房）。因此，对于通过分工合作制造、销售被诉侵权产品进而从中获利这一事项，诚科公司、君海公司和兆科公司存在意思联络的便利和达成合意的较大可能。从客观方面看，首先，诚科公司的销售对象主要为兆科公司和君海公司，虽还向可视公司和视睿公司销售电子元件，但销量非常小，且可视公司与视睿公司同时又分别是兆科公司、君海公司的销售对象，因此可以认定诚科公司购销电子元件等原材料的经营活动主要是围绕着兆科公司、君海公司实施的后续制造、销售被诉侵权产品的行为而展开。其次，根据君海公司以及兆科公司的财务资料来看，君海公司的采购原材料全部系从诚科公司处购入，君海公司采购的被诉侵权产品均系从兆科公司、诚科公司（亦采购于兆科公司）采购，兆科公司委外加工制造的被诉侵权产品主要是由君海公司对外销售（少量由兆科公司自身或者转由诚科公司对外销售）。最后，根据 2018 年 5 月 21 日君海公司的客户视源公司向君海公司的何学志等人发送的电子邮件，以及厦欣公司关于其于 2018 年 5 月进行被诉侵权产品的试生产的陈述来看，君海公司在兆科公司成立之前即开始与峻凌公司、厦欣公司接洽，实施制造被诉侵权产品的准备工作。因此，诚科公司、君海公司和兆科公司就制造、销售被诉侵权产品而言，形成了事实上的分工关系，即诚科公司主要负责被诉侵权产品的原材料采购、兆科公司负责被诉侵权产品的委外加工制造、君海公司负责将加工好的被诉侵权产品对外销售。结合以上事实，本院认定，诚科公司、君海公司和兆科公司存在信息互通、分工合作，共同实施侵害涉案专利权的行为。

2. 关于峻凌公司和厦欣公司所实施的侵权行为

被诉侵权产品系由峻凌公司和厦欣公司分别接受兆科公司的委托加工制造而成，且该委托制造而成的被诉侵权产品具备了涉案专利权利要求 1 的全部技术特征，故峻凌公司和厦欣公司实施了以生产经营为目的，未经许可制造专利产品的侵权行为。

关于峻凌公司、厦欣公司是否与诚科公司、君海公司以及兆科公司存在共同侵权。本院认为，在没有进一步确凿证据的情况下，在案证据尚不足以证明峻凌公司和厦欣公司明知或者应知其接受委托代为加工制造的被诉侵权产品系侵害他人专利权的产品，故难以认定峻凌公司和厦欣公司与诚科公司、君海公司以及兆科公司构成共同侵权。然而，峻凌公司作为一家规模较大、成立时间较长的电子产品代工企业，在兆科公司委托加工的被诉侵权产品与此前曾为华欣公司代加工制造的专利产品在类型和功能方面均相同的情况下，未履行基本的知识产权审查义务，便进行被诉侵权产品的大规模加工制造，存在较大的过失。厦欣公司系成立不久的电子产品代工企业，从其提交的《加工合作协议》中关于知识产权侵权免责条款的约定来看，该公司虽具有避免侵害他人知识产权的意识，但该公司践行其注意义务的程度与其接受委托代加工的规模相比并不相称，亦存在一定过失，其仅以与委托人自行约定的知识产权侵权免责条款，不足以构成免予承担专利侵权赔偿责任的理由。对于峻凌公司和厦欣公司存在的上述不同程度的过失，本院将在赔偿责任的承担方式部分予以考虑。

（三）关于民事责任的承担

本案中，因被诉侵权产品的技术方案落入涉案专利权的保护范围，且诚科公司、君海公司、兆科公司、厦欣公司并未提出合法的不侵权抗辩事由，故诚科公司、君海公司、兆科公司、峻凌公司、厦欣公司构成专利侵权，应当承担侵权责任法第十五条所规定的停止侵害、消除危险以及赔偿损失等民事侵权责任。

1. 关于停止制造、许诺销售、销售、销毁库存被诉侵权产品以及销毁相关模具等民事责任

华欣公司在本案中请求法院判令诚科公司、君海公司、兆科公司、峻凌公司、厦欣公司停止制造、销售、许诺销售、销毁库存被诉侵权产品以及制造被诉侵权产品的专用设备和模具，对此本院认为：

第一关于停止制造、销售被诉侵权产品。前已认定，峻凌公司和厦欣公司所实施的制造被诉侵权产品的行为，诚科公司、君海公司和兆科公司各自实施以及共同实施的制造、销售被诉侵权产品的行为均构成专利侵权，若上述行为继续实施，则必将继续侵害华欣公司的涉案专利权。故华欣公司关于诚科公司、君海公司、兆科公司、峻凌公司、厦欣公司停止制造、销售被诉侵权产品的诉讼请求应予支持。

第二关于销毁库存被诉侵权产品。根据相关专利行政执法部门现场勘验检查等行政执法记录，在诚科公司、君海公司、兆科公司、峻凌公司、厦欣公司的经营场地均发现了库存被诉侵权产品。再考虑到企业在未停止生产经营情况下一般均会留有一定库存以及涉案专利技术与被诉侵权产品基本融合、难以从被诉侵权产品中剥离出更小的侵权单元的实际情况，华欣公司关于销毁库存被诉侵权产品的诉讼请求具有事实与法律依据，应予支持。诚科公司、君海公司、兆科公司、峻凌公司、厦欣公司均应承担销毁库存被诉侵权产品

的民事责任。

第三关于停止许诺销售被诉侵权产品。因本案中缺乏相关证据证明诚科公司、君海公司、兆科公司、峻凌公司以及厦欣公司还存在许诺销售被诉侵权产品的侵权行为，故本院对于华欣公司要求诚科公司、君海公司、兆科公司、峻凌公司以及厦欣公司停止许诺销售被诉侵权产品的主张不予支持。

第四关于销毁模具。本案二审庭审中华欣公司明确表示制造被诉侵权产品无需专用模具，且也明确放弃要求诚科公司、君海公司、兆科公司、峻凌公司、厦欣公司销毁制造侵权产品的专用设备和模具的诉讼请求，故本院对此不再予以理涉。

2. 关于赔偿损失的民事责任

华欣公司主张以侵权人因侵权所获得的利益乘以惩罚性赔偿倍数确定本案赔偿数额，其计算方法为：被诉侵权产品销售额×被诉侵权产品毛利率×技术贡献率×5 倍惩罚性赔偿倍数，上述各参数及其确定依据具体如下：（1）关于侵权获利的计算基础。华欣公司原审中主张以兆科公司审计报告中记载的销售额 21991798.3 元作为侵权获利的计算基础。二审中，华欣公司又列举了另外 3 种侵权获利的计算基础：一是以诚科公司、君海公司和兆科公司关于被诉侵权产品的总体对外销售额 26853479 元为基础计算侵权获利；二是以峻凌公司和厦欣公司加工制造的被诉侵权产品的数量乘以君海公司销售被诉侵权产品的平均单价为基础计算侵权获利；三是以诚科公司、君海公司以及兆科公司自认的获利情况为基础计算侵权获利。（2）关于利润率。华欣公司一、二审中均主张，因兆科公司等完全以侵权为业，故应按照销售利润计算侵权所获利益，并主张以 2016 年佳格公司红外触摸框产品的毛利率 50.26%作为确定兆科公司的销售利润的依据。（3）关于技术贡献率。华欣公司一、二审中均主张，因涉案专利涉及红外触摸屏的整体处理逻辑和框架技术，系被诉侵权产品的核心技术，因此确定涉案专利对被诉侵权产品的利润贡献率为 70%。（4）关于惩罚性赔偿倍数。华欣公司主张诚科公司、君海公司、兆科公司、峻凌公司以及厦欣公司存在故意侵权且情节严重，故请求法院确定侵权赔偿数额时适用 5 倍惩罚性赔偿。对于上述华欣公司在本案诉讼中所主张的侵权赔偿计算方法和依据，本院分析如下：

第一，关于因侵权所获得的利益。首先，关于被诉侵权产品的销售额。根据诚科公司、君海公司、兆科公司、峻凌公司以及厦欣公司在实施侵害涉案专利权行为过程中的分工情况，本院认为，相较于其他方式，以诚科公司、君海公司和兆科公司总体对外销售被诉侵权产品的销售额为基础计算侵权获利，更符合诚科公司、君海公司和兆科公司共同侵权、共同获利的实际情况，同时也避免了内部销售额重复计算，能够从整体上更加准确、更加直接地计算侵权获利。根据诚科公司、君海公司和兆科公司二审中提交的财务资料，诚科公司对外（可视公司）销售被诉侵权产品的销售金额近 1.2 万元；君海公司对外（视睿公司和品祺公司）销售被诉侵权产品的销售金额 2445 万余元，但君海公司自认对外销售金额约为 2666 万元，本院以君海公司自认金额为准；兆科公司对外（可视公司）销售被诉侵权产品的销售金额为 18 万余元。因此，诚科公司、君海公司和兆科公司总体对外销售被诉侵权产品的销售金额约为 1.2+2666+18＝2685.2 万元，本院将此作为侵权获利的计算基础。

其次，关于诚科公司等是否完全以侵权为业以及在此情况下其侵权获利的计算方法。根据《最高人民法院关于审理专利纠纷案件适用法律问题的若干规定》（2015 年修正）第二十条第二款的规定，侵权人因侵权所获得的利益可以根据该侵权产品在市场上销售的总数乘以每件侵权产品的合理利润所得之积计算。侵权人因侵权所获得的利益一般按照侵权人的营业利润计算，对于完全以侵权为业的侵权人，可以按照销售利润计算。本案中，华欣公司主张诚科公司、君海公司和兆科公司完全以侵权为业，并依据上述规定，主张以制造同类产品的案外人佳格公司在 2016 年的毛利率（50.26%）作为确定侵权获利的计算依据，对此，本院认为，被诉侵权人是否完全以侵权为业，应当从其营业内容予以判断，营业内容中虽存在非侵权业务，但如果与主营业务相比可以忽略不计，或者该非侵权业务与侵权主营业务之间仍然存在一定联系的，不影响完全以侵权为业的认定。本案中，从峻凌公司与兆科公司结算的加工费情况看（以增值税发票为准），兆科公司向峻凌公司支付加工费总计 215 万余元，其中被诉侵权产品的加工费用为 210 万余元，其余非侵权产品（DC 产品以及 RT 产品）的加工费合计近 5 万元，故可以认定兆科公司委托峻凌公司加工的绝大部分产品是被诉侵权产品。从厦欣公司与兆科公司结算的加工费情况看，虽然厦欣公司向兆科公司出具的加工费发票以次数为开具单位，具体加工被诉侵权产品的数量和型号无法确认，但结合广东省佛山市知识产权局在厦欣公司处现场勘验检查并只取样到一种型号（DA55）的被诉侵权产品的事实，可以认定兆科公司委托厦欣公司加工的产品全部是被诉侵权产品。此外，前已述及，诚科公司大量购销电子元件等原材料的经营活动主要是围绕着兆科公司、君海公司实施的后续的制造、销售被诉侵权产品的侵权行为而展开，君海公司的主要经营活动亦是销售被诉侵权产品。综上，诚科公司、君海公司和兆科公司除共同制造、销售被诉侵权产品外，无其他实质性生产经营活动，基本上可以认定为完全以侵权为业。

最后，关于侵权所获得利益的具体确定。本院认为，根据在案证据及相关司法解释的规定，可以根据各被诉侵权人提交的财务资料直接计算出侵权获利，而无需再按照华欣公司所主张的"侵权营业收入×被诉侵权产品毛利率×技术贡献率"方式进行计算，具体理由如下：其一，在根据被诉侵权人提交的财务资料能够查清其实际侵权获利的情况下，无需舍近求远地再通过参考案外人的同类产品利润率的方式计算被诉侵权人的侵权获利，这既是相关法律和司法解释规定的应有之义，也并不违背权利人依据侵权获利确定赔偿数额这一诉求的本意；其二，根据在案证据（华欣公司、艾博德公司、天英公司的审计报告），不同生产企业之间关于涉案专利产品及其同类产品的毛利率差异较大，最高为2016年佳格公司的50.26%，最低为2018年上半年天英公司的18.79%。而且，上述所有公司的审计报告都显示毛利率呈现逐年下降的趋势。因此，华欣公司以现有证据中出现的最高的50.26%的毛利率作为本案的侵权获利计算依据，可能与实际情况存在较大差异；其三，本院注意到，诚科公司、君海公司和兆科公司在本案诉讼中关于被诉侵权产品的销量的自认，基本上与华欣公司依据诚科公司、君海公司、兆科公司、峻凌公司以及厦欣公司提供的财务资料的审核结果一致。而且，诚科公司、君海公司以及兆科公司就相关财务数据作出多处对己不利的自认，故在无确凿证据显示各被上诉人提交的财务资料明显不真实、不完整的情况下，应认定诚科公司等提交的财务资料的真实性和完整性；其四，本院还注意到，华欣公司与涉案专利的权利人三盛公司约定的涉案专利的许可使用费为销售额的6%，这与华欣公司所主张的依据50.26%的毛利率作为侵权获利计算依据存在较大差距。

根据诚科公司、君海公司和兆科公司提交的财务资料，诚科公司、君海公司和兆科公司总体上对外采购原材料的采购费用、支付加工费用为：850万元（诚科公司从19个案外人企业处采购电子元件等零部件的采购金额878万元-诚科公司向可视公司和视睿公司少量销售电子元件等零部件合计金额28万余元）+1000万元（兆科公司从20家案外人公司处采购原材料的采购金额）+210万元（兆科公司向峻凌公司支付的被诉侵权产品的委托加工费用，以增值税发票为准）+127万元（兆科公司向厦欣公司支付的被诉侵权产品的委托加工费用，以增值税发票为准）=2187万元。需说明的是，诚科公司对外采购金额中，有147万元无原始凭据；诚科公司从19个案外人企业处采购电子元件等零部件的采购金额878万元中，有28万元零部件是转销给可视公司和视睿公司；兆科公司对外采购金额中有2万元采购金额无对应发票。基于有利于维护知识产权权利人利益、促进企业依法规范财务管理的考虑，本院不将上述三笔存有疑义的采购金额计入诚科公司、君海公司和兆科公司的对外采购成本。诚科公司、君海公司和兆科公司总体对外销售被诉侵权产品的金额为：2685.2万元（前已认定）。在上述采购成本、加工成本和销售收入基础上，进一步计算可得出诚科公司、君海公司和兆科公司总体销售利润为：2685.2万元-2187万元-（2685.2万元-2187万元）×16%（增值税率）≈418万元。关于技术贡献率，华欣公司主张涉案专利对于被诉侵权产品利润的技术贡献率为70%。考虑到本案还存在另2起由华欣公司提起的、尚在一审审理过程中的涉及与本案同一被诉侵权产品的侵害商业秘密纠纷案，且在本案中华欣公司明确主张涉案专利技术（涉及产品硬件部分）对被诉侵权产品的技术贡献度为70%，其余技术贡献由华欣公司的商业秘密（涉及产品软件部分）作出，故本院对于华欣公司所主张的70%的技术贡献率予以支持。综上，诚科公司、君海公司和兆科公司总体侵权获利为418万元×70%＝292.6万元。

第二，关于惩罚性赔偿的适用。本案属于侵害发明专利权纠纷，对于华欣公司在本案中主张适用5倍惩罚性赔偿的诉讼请求，本院认为，民事侵权诉讼领域中的惩罚性赔偿系对于故意且严重的侵权行为科以最为严厉的惩处手段，适用时应严格遵循法律规定。就侵害专利权行为可适用惩罚性赔偿的法律规定，最早规定于2021年1月1日实施的《中华人民共和国民法典》第一千一百八十五条。然而，从本案已查明的被诉侵权行为均系在2021年之前所实施。故本案不具备适用惩罚性赔偿的法律基础。

3. 关于合理开支

本案中，华欣公司主张20万元维权合理支出，为此提交了相关律师费发票和担保费用发票，并主张法院根据华欣公司为本案诉讼调查取证、出庭应诉必然会发生合理支出的实际情况酌定。本院认为，根据华欣公司提交的相关律师费发票、财产保全担保费用发票等，并综合案件性质、调查取证情况，尤其是二审中华欣公司为核查各被诉侵权人的财务资料聘请了相关具有财务知识的人员等情况，本院认为华欣公司的20万元维权合理支出的主张合理，应予支持。

4. 关于各被诉侵权人承担赔偿责任和维权合理开支的方式

华欣公司主张诚科公司、君海公司、兆科公司、峻凌公司、厦欣公司对于侵权赔偿和维权合理开支承担连带赔偿责任，对此本院认为：

第一，关于侵权赔偿的承担方式。根据前已查明的事实并在此基础上就各被诉侵权人所实施侵权行为性质作出的认定，诚科公司、君海公司以及兆科公司的违法可责性和损害严重性更多地源自三公司所实施的共同侵权行为。因此，在侵权赔偿的承担方式上，由诚科公司、君海公司以及兆科公司承担连带赔偿责任更符合立法本意且更有利于保护权利人的合法权益，即诚科公司、君海公司以及兆科公司应当对 292.6 万元承担连带赔偿责任。峻凌公司和厦欣公司制造被诉侵权产品的行为仅是代加工性质且并无证据显示两公司具有侵权故意，故两公司的代加工侵权行为对于华欣公司涉案专利权的损害后果，可完全归并于诚科公司、君海公司以及兆科公司共同侵权行为导致的损害后果，故两公司不应再承担额外的、独立的侵权赔偿责任。同时，本院考虑到，虽然峻凌公司和厦欣公司对于其所实施的代加工制造被诉侵权产品不具有故意，但各自行为仍存在较大过失和一定过失。为进一步加强对专利权的保护，从源头上制止专利侵权，本院根据峻凌公司和厦欣公司各自不同的过失程度、各自收取的加工费以及加工成本等因素，酌定峻凌公司在 100 万元范围内对上述赔偿金额承担连带责任，厦欣公司在 50 万元范围内对上述赔偿金额承担连带责任。

第二，关于合理开支的承担方式。知识产权具有无形性和可复制性的特点，相对于其他具有有形客体的权利而言，更容易遭受侵权，调查取证和诉讼成本也更高，为充分保障权利人的合法权益，在知识产权领域中专门设计了侵权人应当承担权利人维权合理开支的制度。因此，在被诉侵权人实施了法律所禁止的侵权行为的情况下，即应当承担权利人为制止侵权而支出的合理开支，而不以被诉侵权人是否应当承担赔偿损失民事责任为前提。本案中，诚科公司、君海公司、兆科公司、峻凌公司以及厦欣公司均实施了专利法所禁止的侵权行为，故均应承担华欣公司为本案维权所支出的合理开支，本院根据各被诉侵权人在侵权行为中所起的作用，确定各自应当承担的份额。

（四）关于各被诉侵权人的其他抗辩理由

本案中，诚科公司、君海公司、兆科公司、峻凌公司以及厦欣公司在二审中还提出了其他抗辩理由，包括本案系华欣公司为打压兆科公司、峻凌公司等正常经营活动所发起的恶意诉讼以及华欣公司系普通被许可人不具备诉讼主体资格等。本院认为，首先，根据 2018 年 12 月 3 日华欣公司与涉案专利权利人三盛公司签订的《专利实施许可合同》，华欣公司即取得单独以自己的名义提起本案侵权诉讼的主体资格，至于该《专利实施许可合同》是否在涉案专利登记簿副本中登记记载，以及该合同所授权的独占许可期间是否与此前三盛公司与华欣公司存在的普通许可期间重合，均不影响该合同所确定的独占许可的效力。其次，本案系侵害发明专利权纠纷，在诚科公司、君海公司、兆科公司、峻凌公司以及厦欣公司所实施的技术方案落入涉案专利权保护范围，且本案中并不存在法定不侵权抗辩事由的情况下，应当认定诚科公司、君海公司、兆科公司、峻凌公司以及厦欣公司所实施的相关行为构成专利侵权并应当承担相应民事侵权责任。至于华欣公司内部是否存在大股东侵害小股东利益的情形、华欣公司是否恶意发起本案诉讼，均不会影响本案各被诉侵权人是否构成侵害涉案专利权的侵权定性。因此，诚科公司、君海公司、兆科公司、峻凌公司以及厦欣公司提出的其他抗辩理由均不能成立，本院不予支持。

综上所述，华欣公司的上诉请求部分成立，应予支持。一审判决认定事实基本清楚，但对于涉案专利权利要求的解释以及关于涉案专利权保护范围的认定有所不当，进而导致判决结果有误，本院对此予以纠正。依照《中华人民共和国专利法》（2008 年修正）第十一条第一款、第五十九条第一款、第六十五条第一款，《中华人民共和国侵权责任法》第八条、第十五条，《最高人民法院关于审理专利纠纷案件适用法律问题的若干规定》（2015 年修正）第二十条第二款、第二十二条，《最高人民法院关于审理侵犯专利权纠纷案件应用法律若干问题的解释》第三条，《最高人民法院关于审理侵犯专利权纠纷案件应用法律若干问题的解释（二）》第二十七条，《中华人民共和国民事诉讼法》第一百七十条第一款第二项之规定，判决如下：

一、撤销广州知识产权法院（2018）粤 73 民初 3761 号民事判决；

二、广州诚科商贸有限公司、广州君海商贸有限公司、广州兆科电子科技有限公司自本判决生效之日起立即停止制造、销售，峻凌电子（东莞）有限公司、佛山市厦欣科技有限公司自本判决生效之日起，立即停止制造侵害名称为"一种触摸屏及其多路采样的方法"、专利号为 201010235151.7 发明专利的产品的行为；

三、广州诚科商贸有限公司、广州君海商贸有限公司、广州兆科电子科技有限公司、峻凌电子（东莞）有限公司、佛山市厦欣科技有限公司自本判决生效之日起十日内销毁侵害名称为"一种触摸屏及其多路采样的方法"、专利号为 201010235151.7 发明专利的库存产品；

四、广州诚科商贸有限公司、广州君海商贸有限公司、广州兆科电子科技有限公司自本判决生效之日起十日内共同赔偿广州华欣电子科技有限公司经济损失 292.6 万元，峻凌电子（东莞）有限公司在 100 万元范围内对前述赔偿金额承担连带责任，佛山市厦欣科技有限公司在 50 万元范围内对前述赔偿金额承担连带责任；

五、广州诚科商贸有限公司、广州君海商贸有限公司、广州兆科电子科技有限公司自本判决生效之日起十日内共同赔偿广州华欣电子科技有限公司合理开支 20 万元，峻凌电子（东莞）有限公司在 5 万元范围内对前述合理开支承担连带责任，佛山市厦欣科技有限公司在 2 万元范围内对前述合理开支承担连带责任；

六、驳回广州华欣电子科技有限公司的其他诉讼请求。

如果广州诚科商贸有限公司、广州君海商贸有限公司、广州兆科电子科技有限公司、峻凌电子（东莞）有限公司、佛山市厦欣科技有限公司未按本判决指定的期间履行给付金钱义务，应当依照《中华人民共和国民事诉讼法》第二百五十三条之规定，加倍支付迟延履行期间的债务利息。

一审案件受理费83000元，财产保全费5000元，合计88000元，由广州诚科商贸有限公司、广州君海商贸有限公司、广州兆科电子科技有限公司、峻凌电子（东莞）有限公司、佛山市厦欣科技有限公司共同负担80000元，广州华欣电子科技有限公司负担8000元；二审案件受理费83000元，由广州诚科商贸有限公司、广州君海商贸有限公司、广州兆科电子科技有限公司、峻凌电子（东莞）有限公司、佛山市厦欣科技有限公司共同负担80000元，广州华欣电子科技有限公司负担3000元。

本判决为终审判决。

审　判　长　朱　理

审　判　员　傅　蕾

审　判　员　张晓阳

二〇二一年十月十六日

法官助理　牛鸿生

书　记　员　尹明琦

2. 权利要求修改后被维持有效的决定的追溯力

——再审申请人李磊与被申请人吕家杰侵害发明专利权纠纷案①

中华人民共和国最高人民法院民事裁定书（2021）最高法民申 6412 号

再审申请人（一审被告、二审被上诉人）：李磊。

委托诉讼代理人：杜亚静。

委托诉讼代理人：候卫强，北京市一法（天津）律师事务所律师。

被申请人（一审原告、二审上诉人）：吕家杰

委托诉讼代理人：张智平，台州市方圆专利事务所（普通合伙）专利代理师。

再审申请人李磊因与被申请人吕家杰侵害发明专利权纠纷一案，不服本院知识产权法庭作出的（2020）最高法知民终 1134 号民事判决，向本院申请再审。本院依法另行组成合议庭进行了审查，现已审查终结。

李磊申请再审称，（一）被诉侵权产品与涉案专利权利要求 1 中的技术特征 1.2、1.3 和 1.4 不相同也不等同，被诉侵权产品的技术方案属于在涉案专利说明书背景技术中已明确排除的技术方案，被诉侵权产品未落入涉案专利权的保护范围。（二）被诉侵权产品实施的是现有技术，其与现有技术201310390582.4 号专利（以下简称 582 专利）的权利要求 5、附图 16 公开的技术方案相同。（三）国家知识产权局已对涉案专利作出第 52586 号无效宣告请求审查决定（以下简称 52586 号决定），在专利权人于 2021 年 8 月 14 日修改的权利要求 1-9 的基础上，维持涉案专利权有效。涉案专利原权利要求1、2 应视为自始即不存在。吕家杰提交上述修改后仍接受李磊给付的侵权赔偿，属于不当得利，应当返还。综上，请求本院再审本案，撤销二审判决，维持一审判决。

吕家杰提交意见称，被诉侵权产品落入权利要求 1、2 的保护范围，构成专利侵权。

本院审查期间，李磊提交了吕家杰针对涉案专利的无效宣告请求提交的意见陈述书，以及第 52586 号决定，拟证明涉案专利技术方案以及维持有效

---

① 本案在年度报告中的位置为第 5 页、第 6 页。

的权利要求的保护范围。

本院另查明，李磊于 2021 年 8 月 19 日向吕家杰给付了侵权损害赔偿金 6 万元。

再查明，李磊于 2021 年 4 月 29 日向国家知识产权局请求宣告涉案专利权无效，吕家杰于 2021 年 8 月 14 日提交了权利要求书的修改替换页，将原权利要求 3 中的技术特征"磁铁一（3）的外侧面与壳体（13）的内壁之间具有间隙"加入原权利要求 1 中，形成新的权利要求 1。在此基础上，国家知识产权局针对涉案专利作出第 52586 号决定，决定日为 2021 年 11 月 5 日。

本院经审查认为，关于技术特征 1.2 中的"芯子本体的下端固定有带有封闭内腔的壳体，壳体的内腔中固定有磁铁一"，根据二审庭审比对和李磊在本院询问时进行的演示，被诉侵权产品芯子本体下方的安装柱为一壳体形状，壳体内部包括一相对封闭的空腔，地漏的外磁铁置于该空腔中。被诉侵权产品的安装柱在外观上与涉案专利的"带有封闭内腔的壳体"相一致。李磊亦主张在被诉侵权产品中，地漏排水时，密封盖扣在下面的壳体上，使水不会进入壳体内部。该方式也与涉案专利说明书第［0011］段等处记载的具体实施方式相同。因此，被诉侵权产品具备涉案专利技术特征 1.2，二审判决相关认定并无不当。

李磊主张涉案专利权利要求 1、2 中壳体的"封闭"为对水密封。对此，本院认为，涉案专利说明书第［0028］段记载了分别在上壳体与下壳体的连接处和上导向套与下导向套的连接处设置密封圈，密封圈的设置提高了壳体和导向套的密封性能。由于权利要求 1、2 并不涉及上述密封圈的具体结构，因此权利要求 1、2 中壳体的"封闭"应理解为一定程度上将水与磁铁进行隔离，有利于减少水中杂质与磁铁的接触。李磊的相关主张缺乏事实依据，本院不予支持。

对于技术特征 1.3 和 1.4 限定的磁铁设置方式，被诉侵权产品与涉案专利都是通过导向杆带动密封盖，利用内磁条和外磁条间的磁力作用实现排水后密封盖的复位，且在导向杆往返运动时，使外磁条在内磁条两端产生的斥力和引力此消彼长，以保持导向杆受力稳定。可见，被诉侵权产品与涉案专利的磁铁复位结构的工作原理并无实质不同。并且，被诉侵权产品的磁铁设置方式、实现的功能和效果也与涉案专利基本相同，而且也是本领域普通技术人员在被诉侵权行为发生时无需经过创造性劳动就能够联想到的。因此，二审判决中关于被诉侵权产品具有与技术特征 1.3、1.4 等同的技术特征的认定并无不当。

李磊主张被诉侵权产品的技术方案属于在涉案专利说明书背景技术中已

明确排除的技术方案。在本案中，涉案专利背景技术部分引用现有技术 CN103410213B 号中国专利，意在指出现有技术中存在内磁条在地漏排水过程中与水接触，吸附水中金属杂质，影响磁性的技术问题。涉案专利为解决该技术问题而采取的技术手段，是在磁铁外设置带有封闭内腔的壳体。特征 1.3、1.4 中的磁铁设置方式与上述技术问题及相应的技术手段并无直接关联，二审判决对特征 1.3、1.4 进行等同认定并无不当。李磊的相关主张缺乏事实及法律依据，本院不予支持。

李磊主张被诉侵权产品的技术方案属于现有技术 582 专利与所属领域公知常识的简单组合。本院认为，首先，李磊主张作为现有技术的内容，涉及 582 专利说明书附图 10（对应李磊主张的权利要求 5）、附图 16 所示的两个具体实施方式。二者相比较，在密封盖相对于安装柱的位置关系（上方/下方）、密封盖复位结构中内外磁条的相对位置、磁极朝向和极性等方面均有不同，是两个不同的技术方案，不能将二者组合成为一项现有技术用于现有技术抗辩。其次，582 专利并未公开"在芯子本体下端固定有带有封闭内腔的壳体"，且并无证据证明该技术特征为所属领域的公知常识。因此，二审判决认定李磊的现有技术抗辩不能成立，并无不当。

2008 年修正的《中华人民共和国专利法》第四十七条第二款规定："宣告专利权无效的决定，对在宣告专利权无效前人民法院作出并已执行的专利侵权的判决、调解书，已经履行或者强制执行的专利侵权纠纷处理决定，以及已经履行的专利实施许可合同和专利权转让合同，不具有追溯力。"根据举重以明轻的法律解释方法，宣告专利权无效的决定，对在宣告专利权无效前人民法院作出并已执行的专利侵权的判决不具有追溯力，因此本案在修改后的权利要求的基础上作出的维持专利权有效的 52586 号决定，对在其作出前人民法院作出并已执行的专利侵权的判决同样不应具有追溯力。李磊有关返还侵权其支付的赔偿款的主张缺乏事实及法律依据，本院不予支持。

综上，依照《中华人民共和国民事诉讼法》第二百一十一条第一款，《最高人民法院关于适用〈中华人民共和国民事诉讼法〉的解释》第三百九十三条第二款之规定，裁定如下：

驳回李磊的再审申请。

审 判 长 杜微科

审 判 员 张玲玲

审 判 员 吴 蓉

二〇二二年六月三十日

书 记 员 杨钰桐

4. 现有技术抗辩基础事实的合法性

——上诉人上海环莘电子科技有限公司与被上诉人广东法瑞纳科技
有限公司、江苏水乡周庄旅游股份有限公司、北京镇边网络科技
股份有限公司侵害实用新型专利权纠纷案①

中华人民共和国最高人民法院民事判决书（2020）最高法知民终 1568 号

上诉人（原审原告）：上海环莘电子科技有限公司。住所地：上海市徐
汇区桂平路 481 号 15 幢 5C8-1 室。

法定代表人：赵为，该公司总经理。

委托诉讼代理人：娄俊，上海市君悦律师事务所律师。

被上诉人（原审被告）：广东法瑞纳科技有限公司。住所地：广东省东
莞市长安镇长安振安东路 2 号。

法定代表人：房建涛，该公司执行董事和经理。

委托诉讼代理人：黄仁东，广东君熙律师事务所律师。

被上诉人（原审被告）：江苏水乡周庄旅游股份有限公司。住所地：江
苏省昆山市周庄镇全福路。

法定代表人：朱丽荣，该公司董事长。

委托诉讼代理人：周彬，上海市金茂（昆山）律师事务所律师。

委托诉讼代理人：倪雪晶，上海市金茂（昆山）律师事务所律师。

被上诉人（原审被告）：北京镇边网络科技股份有限公司。住所地：北
京市平谷区平谷镇府前西街 40 号 205 室。

法定代表人：左秀荣，该公司总经理。

委托诉讼代理人：王道宽，北京市振邦律师事务所律师。

上诉人上海环莘电子科技有限公司（以下简称环莘公司）因与被上诉人
广东法瑞纳科技有限公司（以下简称法瑞纳公司）、江苏水乡周庄旅游股份
有限公司（以下简称周庄旅游公司）、北京镇边网络科技股份有限公司（以
下简称镇边公司）侵害实用新型专利权纠纷一案，不服江苏省苏州市中级人

---

① 本案在年度报告中的位置为第 7 页。

民法院于 2020 年 6 月 24 日作出的（2019）苏 05 民初 177 号民事判决，向本院提起上诉。本院于 2020 年 10 月 9 日立案后，依法组成合议庭，并于 2020 年 12 月 3 日、2021 年 3 月 18 日询问当事人，上诉人环莘公司的委托诉讼代理人娄俊，被上诉人法瑞纳公司的委托诉讼代理人黄仁东，被上诉人周庄旅游公司的委托诉讼代理人周彬、倪雪晶、被上诉人镇边公司的委托诉讼代理人王道宽到庭参加询问。本案现已审理终结。

环莘公司上诉请求：撤销原审判决；改判支持环莘公司全部诉讼请求；由法瑞纳公司承担一、二审诉讼费用。事实与理由：（一）原审法院认定涉案连接手柄产品（以下简称被诉侵权产品）使用的是现有技术，认定事实和适用法律错误。1. 专利号为 20182019……号、名称为"一种应用于自动租售终端系统的连接手柄"的实用新型专利（以下简称涉案专利）涉及一种连接手柄。涉案儿童推车租赁设备由童车车身以及童车存储设备（车桩）两部分组成，被诉侵权产品是童车车身的一部分，并未包含在童车存储设备（车桩）之中。环莘公司委托法瑞纳公司生产的仅系童车存储设备（车桩），不涉及童车车身，因此，法瑞纳公司交付的童车存储设备（车桩）不会导致被诉侵权产品所使用的技术方案（以下简称被诉侵权技术方案）被公开。2. 原审法院关于被诉侵权技术方案因相关产品交付承运人运输后即投入市场而被公开之认定有误。法瑞纳公司仅是将《采购合同》项下的产品交付承运人承运，无论法瑞纳公司实际交付承运的产品中是否包含了被诉侵权产品，该产品仍然处于法瑞纳公司或环莘公司的实际控制之下，仍处于生产制造的中间环节，相关产品并未实际进入市场流通领域。而且，环莘公司于 2018 年 2 月 8 日后（晚于涉案专利申请日）才收到法瑞纳公司交付承运的产品。（二）涉案专利技术方案系环莘公司自行研发，与法瑞纳公司无关。根据环莘公司与法瑞纳公司签订的《采购合同》，法瑞纳公司对儿童推车租赁设备负有严格保密义务。法瑞纳公司因其违约公开涉案专利技术方案的行为而获取不正当利益，实质损害了环莘公司的合法权益，有违公平原则与合同约定。

法瑞纳公司辩称：（一）被诉侵权产品系由法瑞纳公司设计和打样，并在涉案专利申请日前，分别于 2017 年 12 月 16 日、2018 年 1 月 25 日、2018 年 2 月 4 日三次向环莘公司交付，交付的产品均为"滑槽车桩+蘑菇头手柄"结构，原审法院关于被诉侵权技术方案属于现有技术的认定正确。（二）环莘公司根据《采购合同》第三条的约定认为法瑞纳公司负有保密义务，交付产品在实际运抵环莘公司之前没有公开，不构成现有技术，该主张与环莘公司关于实际交付承运的产品不包括被诉侵权产品的主张相矛盾。（三）被诉侵权技术方案系由法瑞纳公司设计，并应用于法瑞纳公司其他项目的技术方案。环莘公司由于看中了法瑞纳公司的该项技术，抛弃了原合同，转而采购了法瑞纳公司的该项技术，并为此变更了采购产品的价格和交付日期。因此被诉侵权技术方案不属于《采购合同》约定的内容，法瑞纳公司不负有保密义务。（四）法瑞纳公司在涉案专利申请日前已将包括被诉侵权技术方案的产品图片和介绍在须知网上公开，因此被诉侵权产品使用的是现有技术。综上，请求驳回环莘公司的上诉，维持原判。

镇边公司辩称：镇边公司正常购买法瑞纳公司的产品用于周庄旅游景区的经营，无任何侵害知识产权的行为。无论涉案专利技术归属于环莘公司还是法瑞纳公司，镇边公司均不应承担侵权责任。环莘公司阻止镇边公司合法经营并提起诉讼，镇边公司将保留追究赔偿的权利。综上，请求驳回环莘公司的上诉，维持原判。

周庄旅游公司辩称：周庄旅游公司只是提供场地给镇边公司经营，与涉案专利侵权纠纷没有任何联系，请求驳回环莘公司的上诉，维持原判。

环莘公司向原审法院提起诉讼，原审法院于2019年1月22日立案受理，环莘公司起诉请求：1. 周庄旅游公司立即停止侵害环莘公司涉案专利权的行为，停止使用被诉侵权产品；2. 镇边公司立即停止侵害环莘公司涉案专利权的行为，停止使用、许诺销售、销售被诉侵权产品；3. 法瑞纳公司立即停止侵害环莘公司涉案专利权的行为，停止制造、使用、许诺销售、销售被诉侵权产品；4. 周庄旅游公司、镇边公司、法瑞纳公司共同赔偿环莘公司经济损失50万元及维权合理费用20904.3元；5. 本案诉讼费用由周庄旅游公司、镇边公司、法瑞纳公司共同承担。事实与理由：环莘公司系涉案专利的专利权人。周庄旅游公司管理的周庄旅游景区内使用的被诉侵权产品并非环莘公司生产且未经该公司同意使用。另据周庄旅游公司称，被诉侵权产品系镇边公司向法瑞纳公司购买。周庄旅游公司、镇边公司、法瑞纳公司的上述行为侵害了环莘公司的涉案专利权并造成严重经济损失。

周庄旅游公司原审辩称：（一）被诉侵权产品的权利人为镇边公司，周庄旅游公司不具有独立被告主体资格。（二）周庄旅游景区的童车租赁设备具有从外观设计专利、实用新型专利到软件开发的完整授权，不构成侵权。（三）被诉侵权产品具有合法来源，且未落入涉案专利权的保护范围。综上，请求驳回环莘公司的诉讼请求。

镇边公司原审辩称：其系被诉侵权产品的购买使用者，有合法来源，法瑞纳公司具有相应知识产权，镇边公司无侵权故意。

法瑞纳公司原审辩称：（一）该公司在涉案专利申请日前已经制造和销售被诉侵权产品。（二）在涉案专利申请日前，法瑞纳公司已经将被诉侵权产品销售给北京芭玛科技有限公司（以下简称芭玛公司）、杭州袋鼠街软件科技有限公司（以下简称袋鼠街公司），同时也已交付环莘公司，被诉侵权产品已经投放市场。原审庭审中，环莘公司也已承认这一事实，因此被诉侵权产品使用的是现有技术。（三）环莘公司主张 50 万元的侵权赔偿数额没有法律依据。本案只有一台被诉侵权产品，即便认定侵权，50 万元的赔偿数额也过高。

原审法院认定如下事实：

2018 年 2 月 5 日，环莘公司向国家知识产权局申请涉案专利，并于 2018 年 9 月 4 日获得授权公告。该专利现处有效期内。本案中，环莘公司主张保护涉案专利权利要求 1：一种应用于自动租售终端系统的连接手柄，其特征在于：包括与共享件连接的连接部，所述连接部的上端设有蘑菇状的固定部。所述固定部包括识别头和位于所述识别头与所述连接部之间的锁定颈，所述识别头上设有识别标签；所述连接部上设有握持部。说明书部分载明：本实用新型所要解决的技术问题是提供一种结构简单且能实现共享管理的应用于自动租售终端系统的连接手柄。具体实施方式载明：一种应用于自动租售终端系统的连接手柄，包括与共享件连接的连接部。固定部采用圆形蘑菇头的结构，可以方便地把共享件挂到固定桩内，在保证牢固的同时可以方便地使共享件在固定桩内滑动。所述连接部上设有握持部，握持部与连接部形成 T 形，方便握持。

2018 年 10 月 22 日，上海市东方公证处依环莘公司申请，在周庄旅游景区内对被诉侵权产品进行证据保全公证，并出具（2018）沪东证经字第 18456 号公证书。

原审法院经比对，被诉侵权产品具备涉案专利权利要求 1 的全部技术特征，落入权利要求 1 的保护范围。法瑞纳公司对于被诉侵权产品与涉案专利权利要求 1 的技术特征相同无异议，但认为涉案专利技术方案系其设计完成并使用在先，提出先用权抗辩和现有技术抗辩。

原审法院据此进一步查明：

2017 年 11 月 17 日，袋鼠街公司（甲方）与法瑞纳公司（乙方）签订 2017111601 号《合同》一份，载明：甲方从乙方购买产品：共享儿童手推车设备。法瑞纳公司送货单载明：送货日期为 2017 年 12 月 30 日，合同号为 2017111601，产品名称为共享儿童手推车。送货日期为 2017 年 11 月 25 日，合同号为 2017111601，产品名称为共享儿童手推车 3D 打印手柄（带芯片）。

2017 年 10 月 24 日，芭玛公司（甲方）与法瑞纳公司（乙方）签订 2017102401 号《采购合同》一份，载明：甲方向乙方购买共享推车设备三台。

2018 年 2 月 1 日，芭玛公司（甲方）与法瑞纳公司（乙方）签订 2018012901 号《承揽合同》一份，载明：乙方根据甲方在设计和质量方面的要求，完成甲方共享儿童车手柄模具的制作及首期试用产品的生产。承揽产品名称为共享儿童手推车手柄，备注配备 RFID 感应片及二维码，产品外观形状。法瑞纳公司送货单载明：送货日期为 2018 年 4 月 4 日，合同号为 2018012901，产品名称为共享儿童手推车配件（手柄、二维码）。

2017 年 10 月 27 日，环莘公司（甲方、采购人）与法瑞纳公司（乙方、成交人）签订《采购合同》，载明：甲方从乙方购买如下产品：儿童推车租赁设备（车桩）50 台，供货单价 2000 元，总价 10 万元，备注：采用一字直管悬挂方式存放儿童推车。此外，还采购共享雨伞租赁设备（伞桩）、伞柄、物联网卡、共享雨伞扫码借还系统软件、共享儿童推车扫码借还系统软件。产品要求：乙方提供的共享雨伞租赁设备（伞桩）、伞柄、儿童推车租赁设备（车桩）、车手柄，外观颜色、LOGO 需按照甲方提供的颜色及 LOGO 要求进行喷涂。乙方负责雨伞及儿童推车租赁设备的设计，甲方提供儿童推车配合乙方。乙方负责儿童推车手柄的设计及生产，甲方提供儿童推车样品配合乙方。合同金额 145650 元。保密协议：甲乙双方保证对在讨论、签订、执行本合同过程中所获悉的属于对方的且无法自公开渠道获得的文件及资料（包括公司计划、运营活动、技术信息及其他商业秘密）予以保密。未经该资料和文件的原提供方同意，另一方不得向任何第三方泄露该商业秘密的全部或部分内容。乙方对甲方的儿童推车租赁设备知识产权、产品资料、业务模式、软件功能有绝对保密的义务，禁止以任何形式对外传播。知识产权：本合同中甲方采购的儿童推车租赁设备相关的设计意念、产品设计外形、结构、系统软件功能、业务模式为甲方提供，知识产权属甲方所有，乙方不得申请儿童推车租赁设备的相关专利。

2017 年 10 月 17 日，微信名为"环莘-崔某某"与法瑞纳公司房建涛微信聊天记录显示：2017 年 10 月 17 日，"环莘-崔某某"称：绿色是伞桩规格，黄色是车桩规格，并发送图片。法瑞纳公司以此佐证其主张的双方 2017 年 10 月 27 日《采购合同》中关于童车租赁设备约定采用一字直管悬挂方式，所使用的手柄为 C 形手柄而非本案被诉侵权产品的蘑菇头手柄。

名称为"法瑞纳-环莘共享……供货合作"的微信群聊天记录显示：2017 年 10 月 30 日，微信名为"环莘周某某"称："@房建涛．法瑞纳 房总，手柄的设计开始了吗？什么时候可以给我们确认？"……微信名为"法瑞纳吴某某—商务部"称：我们结构工程师罗工已经接到这个任务的话，他肯定会尽心尽力去完成的。2017年11月1日,微信名为"环莘-崔某某"称:刚才已经和房总沟通好了,儿童推车的手柄由贵方设计,我们负责后续的开模及生产。2017年11月3日"法瑞纳吴某某-商务部"发送设计图片,并称"这是手推车手柄的设计图"。2017年11月3日,微信名为"环莘法人赵为"称:技术上咱们共同进行柄的结构改造吧,目前这款还不行。2017年11月4日微信名为"环莘周某某"称:"先让他花十分钟在纸上画下外形,看他的理解是否正确?这个一定要做,别到时发出来不对。"微信名为"法瑞纳吴某某-商务部"发送设计图片。微信名为"环莘周某某":形状对了,继续往前走。跟你们工程师说,手推的杆子尺寸和原车上保持一致。2017年11月6日,微信名为"环莘周某某"称:"具体设计文件好了吗?"微信名为"法瑞纳吴某某-商务部"回复称:"明天过来看看吧。"2017年11月7日,微信名为"法瑞纳罗某某"发送图片。2017年11月9日,微信名为"环莘周某某"称:RFID标签采购的钱已经打过去了,希望各位帮忙全力推进。2017年11月10日,微信名为"法瑞纳罗某某"发送产品打样图片。

法瑞纳公司FS2017111401号送货单载明:送货日期为2017年11月14日,收货单位环莘公司,产品名称为花粉伞机、伞柄。法瑞纳公司FS2017121601号送货单载明:送货日期为2017年12月16日,收货单位环莘公司,产品名称为共享儿童手推车1台,合同编号2017102601,备注:配件齐全。法瑞纳公司2017012501号送货单载明:送货日期为2018年1月25日,收货单位环莘公司,产品名称为遛娃宝1台。法瑞纳公司2018020502FS号送货单载明:送货日期为2018年2月5日,收货单位环莘公司,产品名称为遛娃神器20台,合同编号2017102601,备注:有2台在2月4日发出。法瑞纳公司FS2018031401号送货单载明:送货日期为2018年3月14日,收货单位环莘公司,产品名称为儿童推车租赁设备(车桩),合同编号2017102601。2018年5月8日,环莘公司向法瑞纳公司转账35500元,备注:法瑞纳共享儿童推车合同首付款。2018年6月11日,环莘公司向法瑞纳公司转账10000元,备注:第二批采购二期款(部分)。2018年6月22日,环莘公司向法瑞纳公司转账25500元,备注:法瑞纳第二批采购合同尾款。

2017年12月5日,搜狐网发布文章《一台合格的共享遛娃神器(遛娃小车)所具备的功能特点》记载:设备内置(RFID)电子芯片,记录车辆的全部信息,包括车辆配置、出厂时间以及最近一次的详细租车记录,可实现无卡还车功能。

原审法院认为:涉案专利合法有效,应受法律保护。诉讼中经比对,被诉侵权产品包含涉案专利权利要求1的全部技术特征,落入涉案专利权的保护范围。本案主要争议在于法瑞纳公司所提的先用权抗辩、现有技术抗辩能否成立。

（一）关于先用权抗辩

法瑞纳公司主张在涉案专利申请日前，其已经制造与涉案专利技术相同的产品并销售给芭玛公司、袋鼠街公司，但其提交的与袋鼠街公司的合同并未记载产品使用的技术方案，微信聊天记录有相应设计图，但在无其他证据佐证情况下，尚难以据此直接认定合同项下实际交付投入市场的产品使用了涉案专利技术方案；法瑞纳公司提交的 2017 年 10 月 24 日与芭玛公司签订的合同未披露共享推车设备所使用的技术方案，提交的 2018 年 2 月 1 日与芭玛公司签订的承揽合同记载了产品设计图，但仅有正面外观设计图，未完整披露所使用的技术方案，即便合同备注载明配备 RFID 感应片，但未披露识别标签位置技术特征；此外，即便在与袋鼠街公司、芭玛公司签订的合同项下，法瑞纳公司制造和销售了与涉案专利相同的产品，在案证据显示涉案蘑菇头手柄的设计图亦是在其与环莘公司履行《采购合同》过程中所形成的，而依照合同约定，法瑞纳公司对环莘公司的儿童推车租赁设备知识产权、产品资料、业务模式、软件功能有绝对保密的义务，故在违反合同约定情况下，其主张在芭玛公司、袋鼠街公司合同项下的使用亦不构成在先使用。故法瑞纳公司的先用权抗辩不能成立。

（二）关于现有技术抗辩

法瑞纳公司提交证据表明在《采购合同》项下，其于 2017 年 12 月 16 日、2018 年 1 月 25 日、2018 年 2 月 4 日三次向环莘公司交付了使用被诉侵权技术方案的产品，对此尽管环莘公司不予认可，认为仅是外形相似，但首先，双方微信群聊天记录表明在履行该合同中，双方已就涉案专利有关的技术方案进行了详细论证，2017 年 11 月 7 日的设计图、2017 年 11 月 10 日的产品实物图，清楚揭示了涉案专利的技术特征；其次，环莘公司在诉讼中认可法瑞纳公司前述发货产品用于自动租售终端系统，前述送货单中亦均明确记载了采购合同编号，故综合在案证据可以认定在前述送货单项下，法瑞纳公司交付了使用被诉侵权技术方案的产品，在法瑞纳公司无证据表明其要求环莘公司针对运输中产品采取保密措施情况下，可以推定被诉侵权技术方案于 2018 年 2 月 4 日相关产品交付承运人运输后即因投入市场而被公开，法瑞纳公司的现有技术抗辩成立。据此，环莘公司主张法瑞纳公司、周庄旅游公司、镇边公司实施了侵害涉案专利权的行为无法律依据。

原审法院依照 2008 年修正的《中华人民共和国专利法》（以下简称专利法）第二十二条第五款、第六十二条、第六十九条第一款第二项，《最高人民法院关于审理侵犯专利权纠纷案件应用法律若干问题的解释》第十五条第一款之规定，于 2020 年 6 月 24 日作出（2019）苏 05 民初 177 号民事判决，判决如下：驳回上海环莘电子科技有限公司的诉讼请求。一审案件受理费 9009 元，由环莘公司负担。

二审期间，环莘公司向本院提交了下列证据：

证据 1：环莘公司与案外人永康市涵创模具加工厂（以下简称涵创加工厂）签订的《遛娃车车柄模具制作合同》及对应的付款凭证。内容为环莘公司委托涵创加工厂制作遛娃车车柄模具，合同金额为 11100 元，约定由环莘公司向涵创加工厂提供 2D、3D 图档等相关资料，合同从双方签订起生效，开模周期 15 天。落款日期为 2017 年 11 月 12 日。付款凭证显示环莘公司于 2017 年 11 月 15 日、2018 年 1 月 4 日分别转账 5500 元、5600 元给徐勇达，其中第二次付款凭证中注明为"开模尾款"。

证据 2：微信聊天记录。环莘公司主张聊天记录中的"伟宁"为环莘公司员工，"Aa 阿达（涵创塑料模具制造）"为涵创加工厂工作人员。"伟宁"于 2017 年 11 月 7 日向"Aa 阿达（涵创塑料模具制造）"发送了体现涉案专利全部技术特征的车柄图片。

上述证据 1、2 拟证明环莘公司委托案外人涵创加工厂制作遛娃车车柄模具，因此涉案专利技术方案并非由法瑞纳公司完成，更非法瑞纳公司制造，法瑞纳公司不可能就涉案专利产品向环莘公司交付。

证据 3：环莘公司与案外人永康市宜源工贸有限公司（以下简称宜源公司）签订的《遛娃车采购及改造服务合同》及对应的付款凭证。内容为环莘公司提供遛娃车车柄模具，由宜源公司按模具生产遛娃车车柄并适配到环莘公司提供的遛娃车推车杆上。拟证明环莘公司委托案外人宜源公司制造涉案专利产品，因此涉案专利技术方案并非法瑞纳公司研发，法瑞纳公司也未为此制造遛娃车车柄，法瑞纳公司不可能就涉案专利产品向环莘公司交付。

证据 4：环莘公司与专利代理公司的微信聊天记录及相应图片。

证据 5：环莘公司在微信聊天记录中发给专利代理公司的涉案专利技术交底书。

上述证据 4、5 拟证明涉案专利技术方案是环莘公司与专利代理公司在探讨过程中形成的，并非由法瑞纳公司研发，法瑞纳公司不可能就涉案专利产品向环莘公司交付。

证据 6：广州知识产权法院（2019）粤 73 知民初 783 号、（2019）粤 73 知民初 1211 号、（2019）粤 73 知民初 1212 号民事判决书。拟证明法瑞纳公司在与环莘公司的合作中恶意抢先申请专利，经环莘公司提起专利权权属诉讼，广州知识产权法院已经判决三案中由法瑞纳公司抢先申请的专利权归属于环莘公司。

证据7：百世快运的邮单复印件及邮单查询、聊天记录。邮单号为10695496033号，寄送人为"周"，收件人为"马庆勇"，收件地址为"山东聊城湖南路摩天轮观乐城售票中心"，物品栏记载"共享雨架"，件数"1件"，包装"木箱"。查询记录显示2018年2月4日该快件由广东省东莞市长安镇沙头发出，于2月8日被签收。拟证明法瑞纳公司于2018年2月4日交付承运的产品不包括涉案专利产品，而是共享雨架，且产品在运输中严格包装，不构成现有技术。

证据8：须知网网页打印件。该网页显示登录须知网网页（http://www.xuzhi.net/d198/15030620.html）后，仅显示文字而无图片。

证据9：360搜索结果网页打印件。该网页显示通过360搜索"共享遛娃小车"，搜索结果中未见法瑞纳公司主张的须知网文章及图片。

上述证据8、9拟证明法瑞纳公司主张的须知网文章并无相关图片，未公开被诉侵权技术方案，不构成现有技术。

证据10：国家知识产权局于2021年1月6日作出的第47424号无效宣告请求决定（以下简称第47424号决定）。该决定系针对法瑞纳公司就涉案专利提出的无效宣告请求作出。该决定记载，无效宣告程序中，国家知识产权局组织双方当庭演示了须知网的发帖及修改网帖内容再发布的过程，国家知识产权局对上述网帖内容的真实性以及公开日期予以认可，认为该证据可以作为评价涉案专利新颖性的现有技术。该决定认定：涉案专利权利要求1请求保护的技术方案具备新颖性。拟证明涉案专利权效力稳定。

法瑞纳公司质证意见：对证据1—5的真实性、合法性、关联性均不予认可。即使环莘公司委托案外人制造模具和手柄，也不能证明法瑞纳公司没有交付包含涉案专利技术方案的产品，无法达到其证明目的。法瑞纳公司最早向环莘公司发送显示涉案专利技术图片的时间为2017年11月7日，早于环莘公司委托案外人开模的时间。在案证据可以间接证明法瑞纳公司每次交付均包括被诉侵权产品。认可证据6的真实性，但上述判决并非生效判决。不认可证据7与本案的关联性。认可证据8—10的真实性，但并不能据此推翻法瑞纳公司主张的事实。法瑞纳公司已就证据10的无效决定提起行政诉讼，该无效决定并未生效。

镇边公司、周庄旅游公司质证意见：上述证据的形成时间均早于原审判决，不属于二审新证据，且与本案缺乏关联性。

本院认证意见：根据证据本身的形式并结合法瑞纳公司、镇边公司、周庄旅游公司的质证意见，对证据1—10的真实性予以确认。证据1—3虽可以证明环莘公司委托案外人制作涉案专利产品的模具，并根据模具制造产品。但上述证据不足以否定法瑞纳公司曾基于双方的合同关系制造涉案专利产品并邮寄给环莘公司，故环莘公司提交的证据1—3不足以达到其证明目的。关于证据4—5，环莘公司与专利代理机构的沟通记录及技术交底书，与法瑞纳公司是否制造并向环莘公司邮寄涉案专利产品缺乏关联性。证据6并未涉及涉案专利，与本案侵权认定并无直接关联。证据7邮单的收件人、寄件人、收件地址等信息与原审法院查明的法瑞纳公司于2018年2月4日向环莘公司邮寄的快递缺乏直接的对应关系，不足以达到其证明目的。证据8—9的网页打印件虽未显示相关图片，但国家知识产权局在无效宣告程序中对相关网页内容进行现场演示，且法瑞纳公司据此提供了须知网客服对此问题的答复，该答复具有一定合理性，故环莘公司提交的证据8、9不足以达到其证明目的。证据10系国家知识产权局作出的无效决定，对其真实性、合法性及证明目的予以确认。

二审中，法瑞纳公司亦向本院提交了三份证据：

反证1：（2020）粤莞南华第4872号公证书。2020年4月20日，法瑞纳公司代理人杨某某委托广东省东莞市南华公证处对须知网（网址 http：//www.xuzhi.net/d198/15030620.html）浏览过程进行公证，公证网页显示文章题目为《共享遛娃小车系统，崇左共享遛娃小车，法瑞纳共享遛娃小车》，发布时间及主体显示为：2017-12-5 12：08：07，广东法瑞纳科技有限公司。该文章简要回顾了共享儿童推车的发展过程，并介绍了共享儿童推车的模式以及法瑞纳公司情况。该证据内容与第47424号决定中的证据1-1相同。

反证2：（2020）粤莞南华第13799号公证书。2020年8月3日，法瑞纳公司代理人杨某某委托广东省东莞市南华公证处通过 www.so.com 网页搜索"共享遛娃小车"，在显示的搜索结果中点击"共享遛娃小车系统，崇左共享遛娃小车，法瑞纳共享遛娃小车（须知网）"，显示的页面与反证1内容一致。

上述反证1、2拟证明被诉侵权技术方案在申请日前已通过互联网为公众所知，属于现有技术。

反证3：国家知识产权局于2020年5月6日作出的《无效宣告请求受理通知书》，决定对涉案专利的无效宣告请求予以受理。拟证明涉案专利权效力不稳定。

环莘公司质证意见：上述反证系二审庭后提交的证据。对反证1、2的真实性、关联性均不予认可。经网页查询，浏览相关网页显示的页面仅有文字，并未见图片,故两份证据存在伪造可能。即使真实,该网页显示的图片也是平面图,并未公开被诉侵权技术方案的全部技术特征,特别是图片上各个部件并没有文字介绍,本领域技术人员即使看到也无法与被诉侵权技术方案的各个部件产生一一对应关系。特别是,法瑞纳公司曾以该份证据作为对比文件提起无效宣告请求,国家知识产权局作出的第47424号决定明确认定反证1、2未公开涉案专利权利要求1的技术方案。对反证3的真实性予以认可,但是第47424号决定已经维持涉案专利权有效。

镇边公司、周庄旅游公司质证意见:认可上述证据的真实性、合法性。

本院认证意见:反证1、2系公证书,在无相反证据推翻该公证书所记载内容的情况下,本院对该证据的形式和内容的真实性予以确认。反证3系国家知识产权局作出的文件,对其真实性、合法性予以确认。关于上述证据是否能够达到法瑞纳公司的证明目的,将结合全案事实予以综合认定。

原审查明的事实基本属实,本院予以确认。

本院另查明,广州知识产权法院于2019年6月24日立案受理环莘公司与法瑞纳公司就专利号为20182048……名称为"共享儿童推车车桩"实用新型专利权权属纠纷一案,并判决该专利权归环莘公司所有。2020年11月20日,本院作出(2020)最高法知民终1008号民事判决(以下简称1008号判决),驳回上诉,维持原判。该判决认定:"结合涉案合同知识产权条款的字面意思,相关合同条款应理解为涉案合同涉及的儿童推车租赁设备及相关设计的专利权归属于环莘公司。""法瑞纳公司对环莘公司的儿童推车租赁设备的知识产权、产品资料、业务模式、软件功能负有保密义务。"

还查明,2018年5月7日,镇边公司(甲方)与法瑞纳公司(乙方)签订2018050701号《买卖合同》一份,载明:甲方向乙方采购共享儿童推车设备及儿童推车软件程序。其中,购买共享儿童推车设备50台,单价3500元,总价175000元;购买儿童推车软件程序1套,单价为20000元。2018年12月5日,法瑞纳公司向镇边公司出具确认书一份,载明:"兹确认贵司从我司处购买的外观设计专利产品——共享儿童手推车设备(专利号:ZL20173060……)、共享儿童手推车手柄(专利号:ZL20173060……)、共享儿童推车车桩(专利号:ZL20182048……)、共享遛娃车分时租赁系统V1.0(计算机软件著作权登记证书登记号:2018SR43……)(具体购买情况以双方实际交易为准)可以运用到贵司运营的花粉共享儿童推车上。本确认书在贵司向我司购买上述外观专利产品期间均有效。"

本案为侵害发明专利权纠纷,因被诉侵权行为发生在2009年10月1日以后、2021年6月1日前,故本案应适用2008年修正的专利法。本院认为,结合本案案情及各方当事人的诉辩意见，本案二审的争议焦点为：法瑞纳公司交付承运的产品是否包括被诉侵权产品；法瑞纳公司主张的现有技术抗辩能否成立；本案法律责任的承担。

（一）关于法瑞纳公司交付承运的产品是否包括被诉侵权产品的问题

环莘公司上诉主张，其委托法瑞纳公司制造的仅系童车存储设备（车桩），不包括被诉侵权产品，因此法瑞纳公司交付承运的产品不包括被诉侵权产品。对此，本院认为：

首先，根据原审法院查明的事实，在法瑞纳公司与环莘公司签订的《采购合同》项下，双方就涉案专利手柄技术方案进行了详细论证。2017年11月7日和10日，双方在工作微信群中先后发送了儿童推车的效果设计图和产品实物图，该图片已清楚揭示了被诉侵权技术方案。随后，法瑞纳公司先后三次向环莘公司交付了儿童推车产品。原审法院据此认定法瑞纳公司向环莘公司交付了使用被诉侵权技术方案的产品。其次，环莘公司二审提交的证据1—5只能证明环莘公司曾经委托案外人制作涉案专利产品模具，并根据模具制造产品，以及涉案专利由环莘公司委托专利代理公司申请等事实，并不能证明法瑞纳公司交付承运的产品中不包括被诉侵权产品。而环莘公司二审提交的证据7虽然记载交付承运的物品为"共享雨架"，但是该邮单信息与原审查明的送货单缺乏对应关系，不能证明法瑞纳公司交付承运的产品不包括被诉侵权产品。因此，环莘公司二审提交的前述证据不足以推翻原审认定的事实，在案证据可以证明法瑞纳公司已根据双方合同约定向环莘公司交付了被诉侵权产品。原审法院的相关认定正确，本院予以维持。环莘公司的该项上诉主张，本院不予支持。

（二）关于法瑞纳公司主张的现有技术抗辩能否成立的问题

专利法第六十二条规定："在专利侵权纠纷中，被控侵权人有证据证明其实施的技术或者设计属于现有技术或者现有设计的，不构成侵犯专利权。"第二十二条第五款规定："本法所称现有技术，是指申请日以前在国内外为公众所知的技术。"由此可见，现有技术成立的前提是该技术在涉案专利申请日前处于为公众所知的状态。

本案中，法瑞纳公司对于被诉侵权产品包含涉案专利权利要求1的全部技术特征、落入涉案专利保护范围并无异议。其对于不侵权抗辩的主要理由是被诉侵权产品使用的是现有技术，具体包括两项：一是法瑞纳公司在须知网公开的文章及图片导致被诉侵权技术方案为公众所知；二是法瑞纳公司将涉案儿童推车租赁设备交付承运导致被诉侵权技术方案为公众所知。

1. 关于法瑞纳公司在须知网公开的文章及图片是否导致被诉侵权技术方案为公众所知

现有技术抗辩制度一方面可以防止社会公众遭受不当授权的专利权人提出的侵权诉讼的侵扰，在无效宣告行政程序之外提供更为便捷的救济措施；另一方面，其也为善意使用现有技术的社会公众提供一种稳定的合理预期，可以对自身行为进行合理预测和评价。就前者而言，不当授权的专利显然不应获得法律保护，社会公众可以自由使用该项技术。对后者而言，不论被诉侵权产品是否落入涉案专利的保护范围，只要行为人使用的是现有技术，即可以合法使用。因此一般情况下，只要是属于申请日以前在国内外为公众所知的技术（包括但不限于通过公开出版、公开使用方式公开的技术），均可以作为被诉侵权人提出现有技术抗辩的依据。

但是，民事主体从事民事活动，应当遵循诚信原则，同时不得违反法律和公序良俗，这是民法的基本原则。作为一项民事诉讼中的侵权抗辩事由，现有技术抗辩的行使也应遵循上述民法基本原则，被诉侵权人在有关抗辩事由中应当是善意或者无过错的一方，任何人不能因自身违法或不当行为而获得利益。如果被诉侵权人主张现有技术抗辩的现有技术，系由其本人或者由其授意的第三人违反明示或者默示保密义务而公开的技术方案，则该被诉侵权人不得依据该项现有技术主张现有技术抗辩，否则将使得被诉侵权人因自身违法公开行为而获得利益，明显违反民法基本原则和专利法立法精神。

本案中，根据环莘公司与法瑞纳公司于2017年10月27日签订的《采购合同》的约定，环莘公司采购的儿童推车租赁设备及相关设计的专利权属于环莘公司，且法瑞纳公司对儿童推车租赁设备的知识产权、产品资料、业务模式、软件功能负有保密义务。据此，法瑞纳公司在须知网公开文章及图片的行为属于违反合同保密义务的披露行为。法瑞纳公司未经专利权人环莘公司同意而公开涉案专利技术方案，违反合同义务，其行为具有违法性和可责难性，基于前述有关民法基本原则，其不能依据该项现有技术主张现有技术抗辩。法瑞纳公司二审提交的相关反证不能用于支持其所主张的现有技术抗辩，本院对此不予支持。

2. 关于法瑞纳公司将涉案儿童推车租赁设备交付承运是否导致被诉侵权技术方案为公众所知

根据"谁主张谁举证"的原则，法瑞纳公司主张其交付承运的产品使得被诉侵权技术方案公开，其就应当对交付承运导致被诉侵权技术方案为公众所知的状态承担举证责任。但是本案中，法瑞纳公司没有证据证明其交付承运的产品处于公众想获知就能够获知其技术内容的状态。

首先，法瑞纳公司作为寄件人，并未提交证据证明涉案产品交付承运时处于何种包装状态，即没有证据证明其交付承运的产品未经密封包装而处于随时可见的状态；亦未证明儿童手推车类产品在交付承运时通常采用不包装或者透明材料包装的方式。故原审法院以环莘公司无证据表明其要求法瑞纳公司对运输中产品采取保密措施而推定相关产品处于公开状态，既不符合民事举证规则，也缺乏合理性。

其次，即使法瑞纳公司交付承运的产品未经密封包装，也不能就此认为其处于公众想获知就能够获知其技术内容的状态。一般而言，产品只有进入市场销售环节，才可以推定为公众所知。运输、仓储等过程一般相对封闭，在运输、仓储等过程中，产品并不处于公众可以自由接触或观察的状态，并非公众想获知就能够获知。而负责运输、仓储的人员，即使对于交付运输、仓储的产品有所接触，甚至对所涉产品的技术方案有一定了解，因其对产品负有法定或者约定的保管、看护义务，也不能认定其属于专利法上的公众，除非有相反证据证明在这一过程中，存在着针对不特定人员的对外展示、宣传等公开产品及其技术内容的事实。本案中，法瑞纳公司提供的证据不能证明在承运过程中，承运人员存在针对不特定人员的对外展示、宣传等披露产品及其技术内容的行为，进而使得涉案产品及其技术内容处于公众想获知就能够获知的状态。

因此，法瑞纳公司将相关产品交付承运并未导致被诉侵权技术方案为公众所知，原审法院关于相关产品交付承运人运输后即因投入市场而导致被诉侵权技术方案被公开的认定有所不当，本院予以纠正。

综上，法瑞纳公司主张的两项现有技术抗辩均不能成立，环莘公司的相关上诉主张成立，本院予以支持。

（三）关于法律责任的承担问题

1. 关于法瑞纳公司应承担的民事责任

如前所述，法瑞纳公司制造、销售被诉侵权产品的行为侵害了环莘公司的涉案专利权，环莘公司关于请求法瑞纳公司停止制造被诉侵权产品及赔偿损失的请求应予支持。但在案证据不能证明法瑞纳公司存在使用、许诺销售被诉侵权产品等侵权行为，对环莘公司的该项诉请，本院不予支持。

2. 关于镇边公司、周庄旅游公司应承担的民事责任

首先，在案证据不能证明镇边公司存在销售、许诺销售被诉侵权产品的侵权行为，故对环莘公司要求镇边公司停止销售、许诺销售被诉侵权产品的主张，本院不予支持。

其次，根据镇边公司提交的该公司与法瑞纳公司签订的《买卖合同》以

及法瑞纳公司向镇边公司出具的确认书，可以证明镇边公司使用的被诉侵权产品来源于法瑞纳公司。同时，根据上述确认书中关于外观设计专利权的授权内容，可以进一步证明镇边公司在本案中已尽合理注意义务、并无侵权故意。故结合在案证据，镇边公司的合法来源抗辩具有事实和法律依据，其可以不承担赔偿损失的民事责任，且因其支付了合理对价，根据《最高人民法院关于审理侵犯专利权纠纷案件应用法律若干问题的解释（二）》第二十五条之规定，其亦无需承担停止使用被诉侵权产品的民事责任。基于相同事实和理由，周庄旅游公司的合法来源抗辩亦成立，其亦无需承担停止使用被诉侵权产品和赔偿损失的民事责任。对环莘公司的相应主张，本院不予支持。

3. 关于经济损失和合理开支

专利法第六十五条规定："侵犯专利权的赔偿数额按照权利人因被侵权所受到的实际损失确定；实际损失难以确定的，可以按照侵权人因侵权所获得的利益确定。权利人的损失或者侵权人获得的利益难以确定的，参照该专利许可使用费的倍数合理确定。赔偿数额还应当包括权利人为制止侵权行为所支付的合理开支。权利人的损失、侵权人获得的利益和专利许可使用费均难以确定的，人民法院可以根据专利权的类型、侵权行为的性质和情节等因素，确定给予一万元以上一百万元以下的赔偿。"

本案中，在案证据不能证明环莘公司因法瑞纳公司侵权所受到的实际损失或者法瑞纳公司的侵权获利，本案亦缺乏可供参考的专利许可使用费。本院将根据环莘公司的诉讼主张，在综合考虑涉案专利的类型、被诉侵权行为的性质、侵权情节等因素的基础上合理确定赔偿数额。具体来说，本院考虑了以下几方面因素：1. 涉案专利的类型为实用新型；2. 被诉侵权行为发生在旅游景区，人员往来频繁；3. 法瑞纳公司与环莘公司在双方签订的采购合同中，已对儿童推车租赁设备的知识产权归属及保密义务作出明确约定，在此情形下，法瑞纳公司仍然违背民法基本原则和合同保密义务，在互联网上公开了涉案儿童推车租赁设备的图片及功能等信息，并将此作为主张现有技术抗辩的证据。在综合考虑上述因素的情况下，本院对法瑞纳公司主张的经济损失 50 万元予以全额支持。

关于合理开支，环莘公司为本案诉讼支付的公证费、律师费客观存在，且有相应证据予以佐证，故对其合理开支 20904.3 元予以全额支持。虽然镇边公司、周庄旅游公司的合法来源抗辩成立，但合法来源抗辩仅是免除赔偿责任的抗辩，而非不侵权抗辩。合法来源抗辩成立，并未改变使用被诉侵权产品这一行为的侵权性质，而维权合理开支系基于侵权行为而发生，故在合法来源抗辩成立的情况下，镇边公司、周庄旅游公司仍须与法瑞纳公司共同承担环莘公司就本案诉讼支付的合理开支。

综上，环莘公司的上诉请求部分成立。依照 2008 年修正的《中华人民共和国专利法》第二十二条第五款、第六十二条、第六十五条、第七十条，《最高人民法院关于审理侵犯专利权纠纷案件应用法律若干问题的解释（二）》第二十五条，《中华人民共和国民事诉讼法》第一百七十条第一款第二项之规定，判决如下：

一、撤销江苏省苏州市中级人民法院（2019）苏 05 民初 177 号民事判决；

二、广东法瑞纳科技有限公司立即停止侵害第 20182019……号、名称为"一种应用于自动租售终端系统的连接手柄"实用新型专利权的行为，即立即停止制造、销售被诉侵权产品；

三、广东法瑞纳科技有限公司于本判决书生效之日起十日内赔偿上海环莘电子科技有限公司经济损失 50 万元及合理开支 20904.3 元。北京镇边网络科技股份有限公司、江苏水乡周庄旅游股份有限公司对其中合理开支 20904.3 元承担连带责任；

四、驳回上海环莘电子科技有限公司的其他诉讼请求。

如果未按本判决指定的期间履行给付金钱义务，应当依照《中华人民共和国民事诉讼法》第二百五十三条之规定，加倍支付迟延履行期间的债务利息。

一审案件受理费 9009 元，二审案件受理费 9009 元，均由广东法瑞纳科技有限公司负担。

本判决为终审判决。

审 判 长　张晓阳

审 判 员　傅　蕾

审 判 员　何　隽

二○二一年七月九日

法 官 助 理　宾岳成

书 记 员　谢思琳

5. "三无产品"合法来源抗辩的认定

——上诉人源德盛塑胶电子(深圳)有限公司与被上诉人南宫市新中昊通讯门市侵害实用新型专利权纠纷案①

中华人民共和国最高人民法院民事判决书(2021)最高法知民终 1138 号

上诉人(原审原告):源德盛塑胶电子(深圳)有限公司。住所地:广东省深圳市龙华区大浪街道浪口社区华荣路 496 号德泰工业区 2 号厂房 3 层,6 号厂房一至四层。

法定代表人:单景华,该公司董事长。

委托诉讼代理人:任建晓,广东卓建(西安)律师事务所律师。

委托诉讼代理人:薛妮,广东卓建(西安)律师事务所律师。

被上诉人(原审被告):南宫市新中昊通讯门市。经营场所:河北省南宫市育才路。

经营者:于海峰。

委托诉讼代理人:张遂考,河北德力律师事务所律师。

上诉人源德盛塑胶电子(深圳)有限公司(以下简称源德盛公司)因与被上诉人南宫市新中昊通讯门市(以下简称新中昊门市)侵害实用新型专利权纠纷一案,不服河北省石家庄市中级人民法院于 2019 年 8 月 22 日作出的(2019)冀 01 知民初 17 号民事判决,向本院提起上诉。本院于 2021 年 6 月 7 日立案后,依法组成合议庭进行了审理。本案现已审理终结。

源德盛公司上诉请求:撤销原审判决,依法改判新中昊门市支付源德盛公司经济损失 2 万元,一、二审诉讼费用由新中昊门市承担。事实和理由:新中昊门市合法来源抗辩不成立,应当承担赔偿责任。首先,被诉侵权产品实物及包装上没有标注生产厂家名称、厂址、生产日期及产品质量合格证明,不符合产品质量法的规定,属于"三无产品",新中昊门市对此未尽到合理审查义务,主观上存在过错。其次,新中昊门市所提供的淘宝网截图不能证明被诉侵权产品是从"深圳恒泰数码"购买,该截图显示的自拍杆产品与本

---

① 本案在年度报告中的位置为第 8 页。

案的被诉侵权产品无法唯一对应，而且截图的真实性存疑。

新中昊门市未作答辩。

源德盛公司向原审法院提起诉讼，原审法院于2019年3月19日立案受理。源德盛公司起诉请求：1. 判令新中昊门市立即停止销售侵犯源德盛公司"一种一体式自拍装置"实用新型专利权的产品；2. 判令新中昊门市赔偿源德盛公司经济损失2万元（包括维权合理费用）；3. 判令新中昊门市承担本案诉讼费用。事实和理由：源德盛公司是专利号为ZL20142052×××.×、名称为"一种一体式自拍装置"实用新型专利（以下简称涉案专利）的专利权人。经调查，新中昊门市在其经营场所销售的自拍杆产品落入源德盛公司涉案专利权利要求2的保护范围，侵犯了源德盛公司的专利权，损害了源德盛公司的合法权益。

新中昊门市原审辩称：1. 源德盛公司请求新中昊门市赔偿经济损失2万元缺乏事实和法律依据；2. 新中昊门市于2017年不再销售自拍装置，无需再停止销售，应驳回源德盛公司的诉讼请求。

原审法院认定事实：源德盛公司是涉案专利的专利权人，专利申请日为2014年9月11日，授权公告日为2015年1月21日。

2017年4月10日，源德盛公司向山东省潍坊市潍城公证处申请对购买相关产品的行为进行保全证据公证。该公证处公证员杨某、工作人员张某及源德盛公司委托代理人刘佳霖于2017年6月28日来到河北省南宫市××路××号附近的"OPPO新中昊通讯"店铺，在公证人员的监督下，刘佳霖以普通消费者的身份购买了自拍杆一个，刘佳霖使用银行卡刷卡付款后取得pos机刷卡小票及该店手写购物票据各一张，刷卡小票上的商户名称为新中昊门市。公证人员对上述购买地点进行了拍照，在当天购买结束后对刷卡小票、销售凭证及所购买产品进行了拍照，并对上述购买产品进行了封存。上述被封存的购买产品及刷卡小票、销售凭证交由公证人员保管。公证员出具了（2017）鲁潍坊潍城证民字第3340号公证书，证明与公证书相粘连的复印件均与原件相符，所附照片内容与现场情况相符。

当庭将公证处封存的被诉侵权产品拆封，内有自拍杆一个。将被诉侵权产品与涉案专利权利要求进行比对，被诉侵权产品的技术特征与涉案专利权利要求2的技术特征完全一致。

被诉侵权产品是新中昊门市通过淘宝网站从"深圳恒泰数码"店铺购买。

原审法院认为，《中华人民共和国专利法》（以下简称专利法）第十一条第一款规定："发明和实用新型专利权被授予后，除本法另有规定的以外，任何单位或者个人未经专利权人许可，都不得实施其专利，即不得为生产经营目的制造、使用、许诺销售、销售、进口其专利产品，或者使用其专利方法以及使用、许诺销售、销售、进口依照该专利方法直接获得的产品。"专利法第七十条规定："为生产经营目的使用、许诺销售或者销售不知道是未经专利权人许可而制造并售出的专利侵权产品，能证明该产品合法来源的，不承担赔偿责任。"源德盛公司依法取得涉案专利权，尚在有效期间，应受法律保护。经比对，被诉侵权产品与涉案专利权利要求 2 的技术特征完全相同，落入涉案专利权的保护范围。但新中昊门市能证明其产品有合法来源，不承担赔偿责任。据此，原审法院依照专利法第十一条第二款、第五十九条第一款、第七十条的规定，判决：一、新中昊门市立即停止销售侵犯源德盛公司专利号为 ZL20142052××××.× 的 "一种一体式自拍装置" 实用新型专利权的产品；二、驳回源德盛公司的其他诉讼请求。案件受理费 300 元，由源德盛公司负担。

二审期间，当事人没有提交新的证据。

原审法院查明的事实部分属实，本院予以确认。

本院另查明：新中昊门市在原审中提交的证据为淘宝网订单页打印件，有两笔订单，分别显示 2016 年 2 月 16 日会员名 "专业购物 0319" 的淘宝用户从 "深圳恒泰数码" 淘宝网店购进相同的自拍杆 4 个，产品名称显示为 "迷你自拍神器伸缩自拍杆安卓苹果手机通用折叠线控卡通自拍杆批发"，成交时间为 2016 年 2 月 21 日；2016 年 4 月 15 日，会员名 "缘来进财" 的淘宝用户从 "深圳恒泰数码" 淘宝网店购进相同的自拍杆 2 个，成交时间为 2016 年 4 月 20 日。

本院认为，根据双方当事人诉辩意见及案件事实，本案争议焦点为：（一）新中昊门市提出的合法来源抗辩是否成立；（二）如果合法来源抗辩不成立，侵权赔偿数额如何确定。围绕该争议焦点，本院评述如下：

（1）关于新中昊门市提出的合法来源抗辩是否成立

本案被诉侵权行为发生在 2017 年，应当适用 2008 年修正的专利法。专利法第七十条规定："为生产经营目的使用、许诺销售或者销售不知道是未经专利权人许可而制造并售出的专利侵权产品，能证明该产品合法来源的，不承担赔偿责任。"《最高人民法院关于审理侵犯专利权纠纷案件应用法律若干问题的解释（二）》第二十五条规定："为生产经营目的使用、许诺销售或者销售不知道是未经专利权人许可而制造并售出的专利侵权产品，且举证证明该产品合法来源的，对于权利人请求停止上述使用、许诺销售、销售行为的主张，人民法院应予支持，但被诉侵权产品的使用者举证证明其已支付该产品的合理对价的除外。本条第一款所称不知道，是指实际不知道且不应当知道。本条第一款所称合法来源，是指通过合法的销售渠道、通常的买卖合同等正常商业方式取得产品。对于合法来源，使用者、许诺销售者或者销售者应当提供符合交易习惯的相关证据。"首先，新中昊门市在本案一审程序中主张合法来源抗辩提交的仅为淘宝网订单页打印件，两笔订单的淘宝用户会员名不一致，淘宝网交易时间距离源德盛公司取证时间间隔长达一年以上，且在"深圳恒泰数码"淘宝网店已查找不到相应自拍杆产品，仅凭新中昊门市提供的淘宝网订单页所显示的产品照片，无法确认与被诉侵权产品是否完全相同。其次，被诉侵权产品上没有生产厂家、厂址、质量合格证明等标识，可作为认定销售商是否尽到合理注意义务的重要考虑因素。新中昊门市自述以4.5元的较低价格于2016年2月、4月先后两次从同一家网店购进多个自拍杆，虽然其声称不知道所购为"三无产品"，但从其在时隔两个月后再次购买相同产品，其经营的线下店铺实际出售"三无产品"来判断，可以认定其对自拍杆无标识的情况是知晓的，没有尽到销售商的合理注意义务。且本案经过一审、二审，新中昊门市亦未补充提交其他证据。故新中昊门市关于被诉侵权产品具有合法来源的抗辩理由不能成立，仍应当承担停止侵权、赔偿损失的民事责任。

（2）关于侵权赔偿数额如何确定

专利法第六十五条第一款规定："侵犯专利权的赔偿数额按照权利人因被侵权所受到的实际损失确定；实际损失难以确定的，可以按照侵权人因侵权所获得的利益确定。权利人的损失或者侵权人获得的利益难以确定的，参照该专利许可使用费的倍数合理确定。赔偿数额还应当包括权利人为制止侵权行为所支付的合理开支。"在专利侵权诉讼中，为了进一步提高损害赔偿计算的合理性，在确定实际损失或侵权所得的赔偿数额时，人民法院可以在一定事实和证据基础上，根据案情运用裁量权确定公平合理的赔偿数额。根据上述方法酌定的赔偿数额，可以不受法定赔偿最高或者最低限额的限制。本案在权利人未举证证明其因被侵权所受到实际损失的情况下，可以按照侵权人因侵权所获得的利益确定赔偿数额。裁量因侵权所获得的利益时可以考虑以下因素：1. 区别侵权行为的性质，合理确定侵权人应当承担的法律责任，重点加强对侵权源头环节制造行为的制裁力度。本案中，根据新中昊门市的工商登记信息、店面照片、所出具收款收据等事实，可以认定其是个体工商户，为实施销售侵权行为的零售商。2. 根据涉案侵权产品的价值、销量确定侵权人因侵权所获得的利益。新中昊门市经营者于海峰陈述被诉侵权产品仅售价10元，与收款收据上所记载的商品价格基本一致，且新中昊门市经营规模小，销售数量少，可以认定被诉侵权产品价值较低，侵权人因侵权获得的利益较少。3. 综合在案证据判断侵权人的主观故意和侵权情节，如果权利人有证据证明侵权人属于故意侵权、重复侵权，或者存在侵权规模较大、持续时间较长等侵权情节，应当加大赔偿力度。本案中，新中昊门市作为个体经营户，经营规模小，源德盛公司也没有证据证明新中昊门市存在故意侵权、重复侵权的行为。因此，可以认定新中昊门市仅仅是普通销售侵权，没有故意侵权或侵权情节严重的情形。4. 权利人在关联案件中的整体获赔数额和合理维权开支情况。源德盛公司已在全国各地就涉案专利提起批量诉讼，且进行溯源维权，故对个案的赔偿损失数额应当坚持总量分析、个案衡量，综合考量其在全国不同地区因侵权行为的整体获赔能否弥补其总体经济损失和合理维权开支。既要让侵权人付出侵权代价，也要避免损害赔偿叠加导致权利人多重得利。5. 侵权人所处区域的经济发展情况和侵权人自身的经营状况。人民法院在确定赔偿数额时，侵权人所处区域的经济发展情况、侵权人自身的经营状况可以作为确定侵权获利和赔偿数额的考虑因素。本案侵权行为发生地在河北省南宫市，当地经济发展水平不高，侵权人只是从事零售业务的个体经营户，侵权主观过错不大，经营规模小，被诉侵权产品利润微薄，销售量非常有限，侵权情节较轻。综合考虑以上因素，按照侵权人因侵权所获得的利益，本院酌定新中昊门市赔偿源德盛公司经济损失1000元。

关于维权合理开支的数额。源德盛公司提交了10张公证费发票47600元，但该数额包含多次公证取证费用，无法确定本案的公证费具体数额，源德盛公司也未提交律师费、差旅费票据，本院酌定支持维权合理开支1000元。

综上，源德盛公司上诉请求部分成立，应予支持；原审判决部分事实认定有误，适用法律错误，判决结果不当，应予纠正。依照《中华人民共和国专利法》（2008年修正）第六十五条、第七十条、《最高人民法院关于审理侵犯专利权纠纷案件应用法律若干问题的解释（二）》第二十五条、《中华人民共和国民事诉讼法》第一百七十七条第一款第二项之规定，判决如下：

一、维持河北省石家庄市中级人民法院（2019）冀01知民初17号民事判决第一项；

二、撤销河北省石家庄市中级人民法院（2019）冀01知民初17号民事判决第二项；

三、南宫市新中昊通讯门市于本判决生效之日起十日内赔偿源德盛塑胶电子（深圳）有限公司经济损失及合理开支共计2000元；

四、驳回源德盛塑胶电子（深圳）有限公司的其他诉讼请求。

如果未按本判决指定的期间履行给付金钱义务，应当依照《中华人民共和国民事诉讼法》第二百六十条规定，加倍支付迟延履行期间的债务利息。

一审案件受理费300元，二审案件受理费300元，均由南宫市新中昊通讯门市负担。

本判决为终审判决。

审　判　长　袁晓贞

审　判　员　周桂荣

审　判　员　李　锋

二〇二二年一月二十七日

法官助理　蔡明月

书　记　员　尹明琦

6. 合法来源抗辩中合理注意义务的认定

——再审申请人张振武与被申请人广西路桥工程集团有限公司
侵害实用新型专利权纠纷案①

中华人民共和国最高人民法院民事判决书（2022）最高法民再 6 号

再审申请人（一审原告、二审上诉人）：张振武。

委托诉讼代理人：李健，安徽禾森律师事务所律师。

被申请人（一审被告、二审被上诉人）：广西路桥工程集团有限公司。
住所地：广西壮族自治区南宁市良庆区平乐大道 21 号。

法定代表人：冯春萌，该公司董事长。

委托诉讼代理人：韦李波，广西伟宁律师事务所律师。

委托诉讼代理人：温晓华，广西伟宁律师事务所律师。

再审申请人张振武因与被申请人广西路桥工程集团有限公司（以下简称
路桥公司）侵害实用新型专利权纠纷一案，不服广西壮族自治区高级人民法
院（2018）桂民终 646 号民事判决，向本院申请再审。本院于 2021 年 10 月
29 日作出（2020）最高法民申 4752 号民事裁定，提审本案。本院依法组成
合议庭进行了审理。本案现已审理终结。

张振武申请再审称，（一）甘肃省高级人民法院 2019 年 12 月 18 日作出
的（2019）甘民终 43 号民事判决认定被诉侵权产品的生产者仪征市佳和土
工材料有限公司（以下简称佳和公司）没有涉案专利独占实施许可权，该新
证据足以推翻二审判决。路桥公司在接到《律师函》后不管不问、放任自
流，其使用被诉侵权产品在主观上为知道或应当知道，应承担侵权责任。
（二）一审法院认定路桥公司违反《中华人民共和国专利法》（以下简称专利
法）第十一条第一款规定，构成侵权。按照二审法院关于路桥公司使用经张
振武许可售出的被诉侵权产品，不构成侵权的认定，可见一审法院认定事实
不清，二审法院依据《中华人民共和国民事诉讼法》第一百七十条第一款第
一项的规定驳回上诉，维持原判属于适用法律错误。综上，依据《中华人民

---

① 本案在年度报告中的位置为第 10 页。

共和国民事诉讼法》第二百条第一项、第二项及第六项之规定，请求：撤销二审判决，依法改判支持张振武的诉讼请求。

路桥公司辩称，路桥公司使用被诉侵权产品没有过错，无需承担侵权责任。《承诺书》和（2019）甘民终43号民事判决不影响本案的判决结果。二审法院认定事实清楚，适用法律正确，请求驳回张振武的再审请求。

张振武向广西壮族自治区南宁市中级人民法院（以下简称一审法院）起诉请求：1.判令路桥公司立即停止使用侵害涉案专利权的产品；2.判令路桥公司赔偿张振武损失40万元；3.判令路桥公司承担本案诉讼费用。

一审法院认定事实：张振武于2010年3月12日向国家知识产权局申请名称为整体式土工格室的实用新型专利，于2010年10月6日获授权，专利号为ZL201020130562.5（即涉案专利）。该专利目前处于有效期。该专利权利要求书记载权利要求1、2分别为：1.一种整体式土工格室，包括筋带，其特征在于：所述的土工格室（1）的每个节点（2）都采用双头插件（3）插接编织连接而成；所述节点（2）处的两根筋带（4）上均开有切缝（5），该切缝（5）沿筋带（4）的宽度均布；插件（3）的两头分别依次交错穿过两根筋带（4）上的切缝（5），而把两根筋带（4）插接编织连接在一起。2.根据权利要求1所述的整体式土工格室，其特征在于：所述双头插件（3）的形态为U形。张振武在本案中主张以权利要求1、2为专利权保护范围。

本案被诉侵权产品由路桥公司使用在兰州至海口高速公路广西南宁经钦州至防城港段改扩建工程第8标段。该产品由路桥公司向仪征市佳和土工材料有限公司淮安分公司（以下简称佳和淮安分公司）购买。被诉侵权产品是一种土工格室，主要由筋带及插件组成，其中筋带的节点处开有沿筋带均匀分布的切缝，两根筋带节点之间由U形双头插件交错穿过两根筋带的切缝插接连接。经比对，路桥公司认可被诉侵权产品的技术特征包含了涉案专利权利要求1、2的技术特征。

路桥公司与佳和淮安分公司于2018年3月27日签订《土工格室采购合同》，约定由路桥公司向佳和淮安分公司购买土工格室189000平方米，用于兰州至海口高速公路广西南宁经钦州至防城港段改扩建工程第8标段工程施工，单价为11.8元，合同金额2230200元，供货期限从2018年1月1日至项目完工为止，具体供货视项目施工进度而定。佳和淮安分公司从2018年1月15日至2018年5月17日分多次向路桥公司提供土工格室合计189000平方米，路桥公司分多次向佳和淮安分公司支付了货款。安徽禾森律师事务所于2017年12月15日向路桥公司发出《律师函》，称张振武享有专利号为ZL201020130562.5的整体土工格室实用新型专利，路桥公司承建的兰州至海口高速公路广西南宁经钦州至防城港段改扩建工程第 8 标段工程项目需使用土工格室产品，因此要求路桥公司把关供应商所使用的产品是否侵害张振武享有的专利权。路桥公司于 2017 年 12 月 20 日签收该函。安徽禾森律师事务所还于 2018 年 5 月 15 日向路桥公司发出一份《律师函》，称张振武享有专利号为 ZL201020130562.5 的整体土工格室实用新型专利，路桥公司承建的兰州至海口高速公路广西南宁经钦州至防城港段改扩建工程第 8 标段工程项目使用的土工格室产品涉嫌侵权，已向一审法院提起诉讼，要求路桥公司关注购买、使用的土工格室，避免损失扩大。《律师函》记载附有专利证书。路桥公司于 2018 年 5 月 18 日签收该函。一审法院受理本案后，于 2018 年 5 月 22 日将起诉状、张振武提交的证据等案件材料送达给路桥公司。

一审法院认为，张振武系涉案专利的专利权人，其享有的专利权受法律保护。经比对，被诉侵权产品包含了涉案专利权利要求 1、2 的全部技术特征，落入了涉案专利权的保护范围。路桥公司对此亦予认可，一审法院予以确认。关于路桥公司提出的合法来源抗辩是否成立。路桥公司提交的相关证据可以证明其系通过合法的销售渠道取得被诉侵权产品，被诉侵权产品来源合法。张振武提交其向路桥公司发出的两份《律师函》，以证明路桥公司主观上知道或应当知道其使用的产品系侵权产品。一审法院认为，类似本案《律师函》的侵权警告函发出的原因，既可能基于侵权事由，也不排除基于其他不正当竞争目的，且专利权人并不当然具有判断侵权与否的能力，因此，应结合涉案专利权的类型、被诉侵权产品与专利技术是构成等同侵权还是相同侵权等案件具体情况，认定仅有侵权警告函是否可以认定使用者主观上知道或应当知道。涉案专利为实用新型专利，保护的是具体的技术方案，对于使用者来说，了解其使用的产品的技术方案无疑具有一定难度，要求其将使用的产品与专利技术方案进行准确比对，过于严苛。张振武在其发出的第一份《律师函》中并未记载任何其专利的技术信息，路桥公司无从判断侵权与否。而第二份《律师函》是在路桥公司完全接收了被诉侵权产品后发出，该函仅提供了专利证书，亦未对产品的技术方案与专利技术方案进行说明，路桥公司亦无从判断侵权与否。因此，张振武仅凭两份《律师函》主张路桥公司知道或应当知道其使用的产品为侵权产品，不能成立。一审法院推定路桥公司主观上不知道且不应当知道。路桥公司提出的合法来源抗辩成立，其不承担赔偿责任。路桥公司同时举证证明其已向佳和淮安分公司支付了合理对价，故对张振武要求路桥公司停止侵权的主张亦不予支持。

一审法院判决：驳回张振武的全部诉讼请求。

张振武不服一审判决，上诉请求：1. 撤销一审判决；2. 改判路桥公司停止使用侵害涉案专利权的产品，并赔偿张振武损失 40 万元；3. 一、二审的诉讼费用由路桥公司承担。

二审期间，张振武提交了三份新证据：1. 佳和公司与张振武于 2011 年 4 月 1 日签订的《合作协议书》；2. 佳和公司于 2013 年 9 月 10 日向兰州德科工程材料有限公司（以下简称德科公司）出具的《承诺书》；3. 甘肃省兰州市中级人民法院（2018）甘 01 民初 299 号民事判决书，上述三份证据拟证明佳和淮安分公司已不具有涉案专利产品的生产销售权，路桥公司购买时应当知道所购产品是侵权产品。路桥公司提交书面质证意见，认为：1. 对《合作协议书》的真实性无异议，但该协议书不能证明张振武的主张，而相反证明了佳和公司长期享有涉案被诉产品的生产销售权；2. 对《承诺书》的真实性、合法性和关联性均有异议，该《承诺书》是佳和公司向德科公司作出，不是对权利人张振武的承诺，张振武与佳和公司之间应当按照 2011 年 4 月 1 日双方签订的《合作协议书》执行，根据该合作协议，佳和公司仍合法享有涉案被诉产品的生产销售权；3. 对（2018）甘 01 民初 299 号民事判决书真实性无异议，但该判决书尚未生效，不能作为证据采纳。二审法院对上述证据认证意见如下：1. 因双方当事人对《合作协议书》的真实性、合法性均无异议，且与本案待证事实有关联性，予以采信；2. 基于路桥公司对《承诺书》的证据三性均有异议，张振武未提交原件核对，且该承诺书的当事人不是本案的双方当事人，在没有其他证据相印证的情况下，承诺书上记载的事实不能认定，因此对该份证据不予采信；3.（2018）甘 01 民初 299 号民事判决尚未生效，在没有其他证据佐证的情况下，对该判决认定佳和公司不享有涉案专利独占实施许可权的事实亦不予采信。

二审法院另查明：路桥公司签收第二份《律师函》及 2018 年 5 月 22 日签收一审法院寄送的起诉状等证据材料后停止使用被诉侵权产品。佳和淮安分公司是佳和公司于 2014 年 11 月 18 日注册成立的分公司。佳和公司与张振武曾于 2011 年 4 月 1 日签订一份《合作协议书》，约定佳和公司享有专利号为 ZL201020130562.5，产品名称为整体式土工格室的专利产品生产销售权，该《合作协议书》没有约定双方的合作期限。另外，双方当事人对一审判决认定的其他事实没有异议，二审法院予以确认。

二审法院认为，本案二审的争议焦点为：1. 一审判决认定路桥公司合法来源抗辩成立是否正确；2. 张振武请求判令路桥公司停止使用侵害涉案专利权的产品，并赔偿损失 40 万元是否有事实和法律依据。

关于争议焦点一。根据专利法相关规定，合法来源抗辩是以构成侵权为前提而行使，因此认定路桥公司的合法来源抗辩是否成立，首先应当审查路桥公司使用被诉侵权产品的行为是否侵犯了张振武的涉案专利权。路桥公司虽然对一审判决认定其行为构成侵权的事实没有提起上诉，但由于张振武在二审中提交新证据以证明新事实，路桥公司经过质证提出了被诉侵权产品应是佳和淮安分公司取得张振武的许可后合法销售的产品，其销售被诉侵权产品的行为并没有侵犯张振武的涉案专利权。经查，张振武对路桥公司使用的被诉侵权产品是佳和淮安分公司所销售的事实没有异议，依据专利法第六十九条第（一）项"有下列情形之一的，不视为侵犯专利权：（一）专利产品或者依照专利方法直接获得的产品，由专利权人或者经其许可的单位、个人售出后，使用、许诺销售、销售、进口该产品的"规定，如本案有证据证明被诉侵权产品是佳和淮安分公司经张振武许可后所销售，则路桥公司的使用行为不能视为侵犯涉案专利权。二审期间，张振武提交的一份新证据2011年4月1日其与佳和公司签订的《合作协议书》第一条记载，"关于乙方（即张振武）给甲方（即佳和公司）专利产品的授权：'专利权人：张振武 专利号：ZL201020130562.5 产品名称：整体式土工格室' 1. 甲方（即佳和公司）享有涉案专利产品的生产销售权"，且该《合作协议书》没有约定合作期限，在本案没有其他相反证据证明双方已变更或撤销该《合作协议书》的情况下，可认定佳和公司在涉案专利权有效期限内至今一直拥有涉案专利产品的生产销售权，佳和淮安分公司是佳和公司合法成立的分公司，因此，佳和淮安分公司销售被诉侵权产品属于在专利权人的许可范围内进行，没有侵犯张振武的涉案专利权。张振武上诉主张佳和公司已无权销售涉案专利产品，进而主张路桥公司使用被诉侵权产品的行为侵犯其专利权，未能提供充分证据证实，二审法院不予支持。一审判决经过比对认定被诉侵权产品完全落入涉案专利权利要求1、2的保护范围后，在没有查清被诉侵权产品是不是经张振武许可售出的产品时，直接依据专利法第十一条第一款的规定认定路桥公司的使用行为构成侵权不当，二审法院予以纠正。同时，因路桥公司使用被诉侵权产品没有侵犯张振武的涉案专利权，即本案不存在侵权行为，故双方关于合法来源抗辩是否成立的理由和主张二审法院不再评述。

关于争议焦点二。如上所述，因本案没有证据证明路桥公司使用被诉侵权产品的行为侵犯了张振武的涉案专利权，张振武请求路桥公司停止使用侵害涉案专利权的产品，并赔偿损失40万元，亦没有事实和法律依据，不能支持。一审判决驳回张振武的全部诉讼请求，并无不当。

二审法院判决：驳回上诉，维持原判。

再审期间，张振武提交了已生效的（2019）甘民终43号民事判决作为新证据，以证明佳和公司于2013年9月10日向德科公司出具的《承诺书》

真实有效，佳和公司没有生产被诉侵权产品的权利。

路桥公司营业执照副本显示其注册资本为三十多亿元。

二审法院查明的事实基本属实，本院予以确认。

本院认为，本案再审审理的焦点为：（一）张振武在再审期间提交的新证据是否足以推翻二审判决；（二）张振武关于二审法院适用法律错误的主张是否成立。

关于焦点一，首先，在一审诉讼过程中，经比对，路桥公司认可被诉侵权产品包含了涉案专利权利要求 1 和 2 的技术特征。其次，虽然佳和公司与张振武于 2011 年 4 月 1 日签订《合作协议书》，约定佳和公司享有涉案专利产品的生产销售权，但佳和公司于 2013 年 9 月 10 日向德科公司出具的《承诺书》记载，佳和公司同意从 2014 年 2 月 1 日退出合作，届时不再以任何方式生产、销售涉案专利产品或实施涉案专利技术。生效的（2019）甘民终 43 号民事判决认可了该《承诺书》的真实性。佳和淮安分公司由佳和公司于 2014 年 11 月 18 日注册成立。路桥公司于 2018 年 3 月 27 日与佳和淮安分公司签订《土工格室采购合同》购买被诉侵权产品。佳和淮安分公司从 2018 年 1 月 15 日至 2018 年 5 月 17 日分多次向路桥公司提供被诉侵权产品，路桥公司分多次向佳和淮安分公司支付了货款。可见，被诉侵权产品系在佳和公司作出承诺之后较长的一段时间提供。二审法院认定佳和淮安分公司销售被诉侵权产品属于在张振武的许可范围内进行，路桥公司没有侵犯涉案专利权错误。

专利法第七十条规定，为生产经营目的使用、许诺销售或者销售不知道是未经专利权人许可而制造并售出的专利侵权产品，能证明该产品合法来源的，不承担赔偿责任。根据《最高人民法院关于审理侵犯专利权纠纷案件应用法律若干问题的解释（二）》第二十五条的规定，不知道，是指实际不知道且不应当知道。本案中，安徽禾森律师事务所于 2017 年 12 月 15 日向路桥公司发出《律师函》，称张振武享有涉案专利权，路桥公司承建的兰州至海口高速公路广西南宁经钦州至防城港段改扩建工程第 8 标段工程项目需使用土工格室产品，因此要求路桥公司把关供应商所使用的产品是否侵害张振武享有的专利权。该《律师函》记载了涉案专利的专利权人、专利名称及专利号，亦记载张振武仅授权国内 5 家企业生产、销售涉案专利产品，其中不包括佳和公司。该《律师函》载明承办律师为李健，邮寄该《律师函》的邮单上载明寄件人为李健，并载有李健的手机号码。路桥公司于 2017 年 12 月 20 日签收该函。路桥公司系规模较大的公司，应当具有较强的防范侵权意识以及较为完善的防范侵权机制，以防止侵犯他人专利权。涉案专利系技术方案较为简单的实用新型专利。在路桥公司 2017 年 12 月 20 日签收的《律师函》已明确记载涉案专利的专利权人、专利名称及专利号，《律师函》及邮单中已载明承办律师姓名且邮单上有该承办律师手机号码的情况下，路桥公司理应进行适当的核实，以避免侵犯他人专利权。但是，路桥公司在收到上述《律师函》后，未采取任何措施，即从佳和淮安分公司处购进被诉侵权产品予以使用，未尽到合理的注意义务，不属于专利法第七十条规定的"不知道是未经专利权人许可而制造并售出的专利侵权产品"的情形，其合法来源抗辩不成立。一审法院关于路桥公司主观上不知道且不应当知道，其合法来源抗辩成立的认定错误。

路桥公司未经张振武许可，为生产经营的目的使用被诉侵权产品，应当承担相应的民事责任。鉴于涉案专利已过有效期，故不再判决路桥公司停止侵权。关于本案的赔偿数额，张振武未举证证明其因被诉侵权行为受到的损失或者路桥公司因侵权行为获得的利益，也没有许可费用可供参考。本院综合考虑涉案专利权的类型、侵权行为持续的时间、侵权情节等因素，酌定路桥公司赔偿张振武经济损失 20 万元。

关于焦点二，《最高人民法院关于适用〈中华人民共和国民事诉讼法〉的解释》第三百三十四条规定，原判决、裁定认定事实或者适用法律虽有瑕疵，但裁判结果正确的，第二审人民法院可以在判决、裁定中纠正瑕疵后，依照民事诉讼法第一百七十条第一款第一项规定予以维持。本案中，一审判决基于张振武主张路桥公司的侵权行为成立，但路桥公司提出的合法来源抗辩亦成立，判决驳回张振武的全部诉讼请求。二审法院基于佳和淮安公司销售被诉侵权产品属于在张振武的许可范围内进行，没有侵犯涉案专利权，路桥公司使用被诉侵权产品不构成侵权，判决驳回张振武的上诉，维持原判。可见，虽然一审判决与二审判决的理由不同，但结论并无不同，且二审判决已纠正一审判决的瑕疵。张振武关于二审法院适用法律错误的理由不能成立。

综上，依照《中华人民共和国专利法》第十一条第一款、《中华人民共和国民事诉讼法》第二百一十四条第一款、第一百七十七条第一款第（二）项之规定，判决如下：

一、撤销广西壮族自治区高级人民法院（2018）桂民终 646 号民事判决；

二、撤销广西壮族自治区南宁市中级人民法院（2018）桂 01 民初 241 号民事判决；

三、广西路桥工程集团有限公司于本判决生效之日起十五日内赔偿张振武经济损失 200000 元；

四、驳回张振武的其他诉讼请求。

如果未按本判决指定的期间履行金钱给付义务，应当依照《中华人民共和国民事诉讼法》第二百六十条之规定，加倍支付迟延履行期间的债务利息。

一审案件受理费 7300 元，由广西路桥工程集团有限公司负担 5000 元，由张振武负担 2300 元；二审案件受理费 7300 元，由广西路桥工程集团有限公司负担 5000 元，由张振武负担 2300 元。

本判决为终审判决。

审　判　长　李　嵘
审　判　员　江建中
审　判　员　戴怡婷
二○二二年十二月十四日
法官助理　王　晨
书　记　员　吕姝君

7. 发明创造实际发明人的认定

——再审申请人莫良华与被申请人敦泰科技（深圳）有限公司、一审
被告、二审上诉人深圳磨石科技有限公司、一审第三人、二审上诉
人贾一锋、一审第三人夏涛专利权权属纠纷案①

中华人民共和国最高人民法院民事裁定书（2021）最高法民申7941号

再审申请人（一审被告、二审上诉人）：莫良华。

委托诉讼代理人：李德成，北京金诚同达律师事务所律师。

委托诉讼代理人：白露，北京金诚同达（深圳）律师事务所律师。

被申请人（一审原告、二审被上诉人）：敦泰科技（深圳）有限公司。
住所地：广东省深圳市南山区粤海街道深圳湾科技生态园二区9栋B座
2208号。

法定代表人：胡正大（Genda James Hu），该公司董事长。

委托诉讼代理人：崔军，北京德恒（深圳）律师事务所律师。

委托诉讼代理人：丁敬伟，北京德恒（深圳）律师事务所律师。

一审被告、二审上诉人：深圳磨石科技有限公司。住所地：广东省深圳
市前海深港合作区前湾一路1号A栋201室（入驻深圳市前海商务秘书有限
公司）。

法定代表人：莫良华，该公司董事长。

一审第三人、二审上诉人：贾一锋。

一审第三人：夏涛。

再审申请人莫良华因与被申请人敦泰科技（深圳）有限公司（以下简称
敦泰公司）、一审被告、二审上诉人深圳磨石科技有限公司（以下简称磨石
公司）、一审第三人、二审上诉人贾一锋、一审第三人夏涛专利权权属纠纷
一案，不服本院（2020）最高法知民终1793号民事判决，向本院申请再审。
本院依法组成合议庭进行了审查，现已审查终结。

莫良华申请再审称，1. 原审判决认定莫良华为磨石公司享有的申请号为

---

① 本案在年度报告中的位置为第11页。

201520089568.0、名称为"触摸显示装置和电子设备"的实用新型专利（以下简称涉案专利）的实际发明人缺乏事实依据。敦泰公司未提交证明涉案专利独立权利要求的技术方案与莫良华离职前敦泰公司研发的技术方案实质相同的证据，不能证明涉案专利为莫良华离职后 1 年内作出的与其在敦泰公司所承担工作相关的发明创造。敦泰公司的相关技术方案是通过高电压将传感器上的电荷变化放大，更容易感测，并未使用调制地技术。原审判决仅凭"对 9201 电路的部分理解邮件所附文档""FT9201 原理流程和工作模式邮件所附文档"两份证据推定涉案专利与莫良华任职敦泰公司期间承担的本职工作具有较强关联性错误。莫良华将涉案专利独立权利要求与前述两份证据中载明的技术方案进行比对，涉案专利独立权利要求与敦泰公司主张相关联的技术方案有实质不同。2. 涉案专利登记的发明人是贾一锋、夏涛，在案证据足以证明上述两人即为涉案专利的实际发明人。贾一锋在一审庭审中详细陈述了涉案专利的研发过程和申请过程，敦泰公司并未提出任何反驳的证据。原审判决仅以贾一锋、夏涛提供的研发手稿、技术交底书形成时间无法确认，且两人在 2015 年以前未提出过与涉案专利相关的专利为由，否定上述证据的真实性，推定贾一锋、夏涛不是涉案专利的实际发明人，属于认定事实错误。莫良华自 2006 年 9 月 4 日加入敦泰公司负责研发工作，后升任高级副总经理、董事，对该公司作出过较大贡献。自莫良华离职创业之始，敦泰公司即发起一系列诉讼进行打击，损害了莫良华及其创立的芯片企业的利益。综上，原审判决认定基本事实证据不足，适用法律错误，根据《中华人民共和国民事诉讼法》第二百条第（二）（六）项的规定，请求法院判令：1. 撤销二审判决；2. 再审本案，改判驳回敦泰公司的全部诉讼请求；3. 本案全部诉讼费用由敦泰公司负担。

本院经审查认为，本案各方当事人再审审查期间的争议焦点为：涉案专利是否为莫良华作出的职务发明创造。

《中华人民共和国专利法》（2008 年修正）第六条第一款规定："执行本单位的任务或者主要是利用本单位的物质技术条件所完成的发明创造为职务发明创造。职务发明创造申请专利的权利属于该单位；申请被批准后，该单位为专利权人。"《中华人民共和国专利法实施细则》第十二条第一款规定："专利法第六条所称执行本单位的任务所完成的职务发明创造，是指：（一）在本职工作中作出的发明创造；（二）履行本单位交付的本职工作之外的任务所作出的发明创造；（三）退休、调离原单位后或者劳动、人事关系终止后 1 年内作出的，与其在原单位承担的本职工作或者原单位分配的任务有关的发明创造。"该实施细则第十三条规定："专利法所称发明人或者设计人，是指对发明创造的实质性特点作出创造性贡献的人……"判断离职员工作出的发明创造是否属于执行原单位的任务所完成的职务发明创造，应当满足两个条件：一是发明创造应当是在离职员工调离原单位后或者劳动、人事关系终止后1年内作出；二是离职员工作出的发明创造与其在原单位承担的本职工作或者原单位分配的任务有关。

（一）关于莫良华离职时间、涉案专利的申请日及磨石公司的相关情况

莫良华自2006年9月4日入职敦泰公司，2015年3月6日从敦泰公司离职。2015年12月3日，磨石公司向国家知识产权局申请涉案专利，发明人为贾一锋、夏涛。

磨石公司成立于2015年2月9日，莫良华为该公司法定代表人、董事长，经营范围包括信息系统软件、电子产品、生物制品、化工产品（不含危险化学品）、建筑材料、机械设备的技术开发与技术咨询；投资咨询。出资总额人民币500万元，实收资本0元。2015年6月15日，注册资本总额变更为人民币8000万元，实收资本0元。莫良华占股99.9%、莫良忠占股0.1%。贾一锋为磨石公司监事。该公司的财务负责人和办税人为郭海燕。

由上可知，莫良华在离职前即成立了磨石公司，在其离职后的1年内，磨石公司申请了涉案专利。

（二）关于涉案专利与莫良华在敦泰公司承担的本职工作或者分配的任务的相关性判断

首先，关于莫良华离职前在敦泰公司承担的本职工作及参与研发的情况。莫良华自2006年9月4日入职敦泰公司起在研发部门工作，自2014年7月1日起至离职时止任研发副总经理。莫良华在敦泰公司任职期间，敦泰公司及关联企业以莫良华作为发明人的涉及触控等相关技术领域的专利以及专利申请包括"电容式触摸屏抗重压检测方法""自电容检测电路结构和指纹传感器""一种自电容触摸控制电路方案"等77项。

其次，关于莫良华签订保密竞业协议的情况。莫良华与敦泰公司于2014年7月1日签订了《保密及竞业限制协议》，莫良华对敦泰公司技术信息和经营信息负有保密义务，还约定不论莫良华因何种原因从敦泰公司离职，自离职之日起两年内均不得与敦泰公司生产、经营同类产品或者提供同类服务的企业等担任职务，不得从事与敦泰公司业务类似的业务。

再次，关于敦泰公司与磨石公司从事的技术领域。敦泰公司长期从事指纹识别、触控显示等技术研发，敦泰公司及其关联企业在该技术领域有较大投入，拥有大量专利等技术积累。如前所述，磨石公司由莫良华从敦泰公司离职前即成立，莫良华为磨石公司大股东、法定代表人、董事长。从磨石公

司的经营范围看，该公司从事信息系统软件、电子产品、生物制品、建筑材料、技术咨询等工作，与涉案专利技术不具有相关性。

最后，关于涉案专利技术与莫良华任职敦泰公司期间承担本职工作的相关性。敦泰公司在 2014 年前后一直从事 FT9201/FT9202 的指纹识别技术研发，并对该研发采取了内外网隔离等保密措施，莫良华参与其中。莫良华虽于 2014 年 12 月 18 日提出辞职，但实际留任至 2015 年 3 月 5 日，莫良华承诺将完成相关指纹识别 IC 设计。截至 2015 年 1 月 21 日，莫良华仍在接收相关电子邮件，继续其研发管理工作。此外，莫良华还参与了包括第 201310020039.5 号"一种具有触控功能的液晶显示屏及其制作方法和电子设备"、第 201310019555.6 号"触控显示屏及其显示电极的制作方法、显示电极和电子设备"、第 201310223963.3 号"触控显示装置"等专利在内的技术研发工作。涉案专利为"触摸显示装置和电子设备"，涉及触摸显示技术领域，尤其涉及一种触摸显示装置和具有触摸显示装置的电子设备，涉及复用像素电极以及调制地技术，而敦泰公司的 FT9201 项目亦涉及调制地技术的运用，二者属于同一技术领域。涉案专利与莫良华参与研发的上述专利技术同属于触控显示技术领域，且均涉及复用像素电极以及调制地技术，尽管技术路径方案有所区别，但属于相关的发明创造。

因此，涉案专利与莫良华在敦泰公司承担的本职工作、分配的工作任务以及提供的物质技术条件有关。

（三）关于贾一锋、夏涛是否为涉案专利实际发明人的问题

关于贾一锋、夏涛的研发能力。首先，贾一锋毕业于南京大学物理系磁学和磁性材料专业，夏涛毕业于西华师范大学物理系，二人专业与涉案专利技术属于不同的技术领域，不具有相关性。其次，莫良华、磨石公司、贾一锋、夏涛均未提交足以证明贾一锋、夏涛在涉案专利的申请日之前具有与涉案专利技术相关的工作经历和研发积累的证据，不能证明贾一锋、夏涛是对涉案专利作出创造性贡献的人，因此，原审法院认定贾一锋、夏涛不具备涉案专利技术的研发能力，并无不当。

关于贾一锋、夏涛与莫良华之间的关系。贾一锋与莫良华二人系南京大学物理系的同学，莫良华为物理学微电子与固体电子专业，贾一锋为物理学磁学和磁性材料专业，二人均于 2000 年毕业。莫良华为磨石公司大股东、法定代表人、董事长，贾一锋为该公司监事。贾一锋和莫良华还共同持有其他关联企业股份，并先后担任同一公司的法定代表人。在莫良华从敦泰公司离职前，夏涛入职与莫良华存在关联关系的公司，并在莫良华控制的其他关联公司成立后入职该公司。由此可见，原审法院认定贾一锋、夏涛与莫良华之

间存在利益关联关系，亦无不当。

关于磨石公司申请专利的情况。贾一锋、夏涛与磨石公司于 2015 年 5 月 10 日签订《技术转让协议》，约定两人将相关技术转让给磨石公司。2015 年 12 月 3 日，即莫良华从敦泰公司离职后不到 9 个月的时间，磨石公司作为申请人，贾一锋、夏涛作为发明人，当日共提交 52 项专利申请。2017 年 3 月 16 日，磨石公司撤回或者放弃其中 44 项专利申请。此后，敦泰公司以莫良华、贾一锋、夏涛及其莫良华的关联公司为被告，提起 18 个专利或者专利申请申请权属之诉，均与指纹识别或其基础技术触摸显示技术相关。从上述事实看，莫良华以贾一锋、夏涛作为发明人提交了多项专利申请，并将专利或者专利申请权转让给莫良华控股 99.9% 的磨石公司。

因此，贾一锋、夏涛不具有涉案专利的研发能力，且与莫良华之间存在利益关联关系，二人并非涉案专利的实际发明人。

综合考虑上述事实，原审法院认定涉案专利系莫良华在与敦泰公司劳动人事关系终止后 1 年内作出的、与其任职敦泰公司期间承担的本职工作有关的发明创造，属于敦泰公司的职务发明创造，并无不当。莫良华关于涉案专利的登记发明人与实际发明人均为贾一锋、夏涛的再审理由缺乏事实和法律依据，本院不予支持。

依照《中华人民共和国民事诉讼法》第二百一十一条第一款、《最高人民法院关于适用〈中华人民共和国民事诉讼法〉的解释》第三百九十三条第二款之规定，裁定如下：

驳回莫良华的再审申请。

审 判 长　毛立华

审 判 员　李　嵘

审 判 员　江建中

二〇二二年三月二十一日

法 官 助 理　刘海珠

书 记 员　吕姝君

8. 侵权人对外宣称的经营业绩可以作为计算损害赔偿的依据

——上诉人福州百益百利自动化科技有限公司与被上诉人上海点挂建筑技术有限公司、张守彬侵害实用新型专利权纠纷案①

中华人民共和国最高人民法院民事判决书（2021）最高法知民终 1066 号

上诉人（原审原告）：福州百益百利自动化科技有限公司。住所地：福建省福州市马尾区湖里路 27 号 2#楼 2-2J 室（自贸试验区内）。

法定代表人：阮巧兰，该公司执行董事、经理。

委托诉讼代理人：陈静，江苏瑞途律师事务所律师。

委托诉讼代理人：李维朝，江苏瑞途律师事务所律师。

被上诉人（原审被告）：上海点挂建筑技术有限公司。住所地：上海市松江区九亭镇九新公路 339 号 1 幢 13 楼-1339。

法定代表人：张守彬，该公司执行董事。

委托诉讼代理人：郭秀刚，北京德恒（福州）律师事务所律师。

委托诉讼代理人：陈智昕，北京德恒（福州）律师事务所律师。

被上诉人（原审被告）：张守彬。

委托诉讼代理人：罗立君，福州科扬专利事务所（普通合伙）专利代理师。

上诉人福州百益百利自动化科技有限公司（以下简称百益百利公司）因与被上诉人上海点挂建筑技术有限公司（以下简称点挂公司）、张守彬侵害实用新型专利权纠纷一案，不服上海知识产权法院于 2020 年 9 月 18 日作出的（2019）沪 73 知民初 21 号民事判决，向本院提起上诉。本院于 2021 年 5 月 24 日立案后，依法组成合议庭，并于 2021 年 8 月 11 日询问当事人，上诉人百益百利公司的委托诉讼代理人陈静、李维朝，被上诉人点挂公司的委托诉讼代理人郭秀刚，张守彬的委托诉讼代理人罗立君到庭参加询问。本案现已审理终结。

---

① 本案在年度报告中的位置为第 14 页。

百益百利公司上诉请求：撤销原审判决并依法改判支持百益百利公司原审全部诉讼请求；本案一、二审诉讼费用由点挂公司、张守彬承担。事实和理由：抵触申请文件至少没有公开涉案专利权利要求 2、3 所要求保护的技术方案。（一）原审法院关于抵触申请文件涉及三种组合方案的认定错误。抵触申请文件没有公开涉案专利权利要求 2 所要求保护的以"每组径向通孔适配多支 U 型件"技术特征限定的技术方案。（二）抵触申请文件没有公开涉案专利权利要求 3 所要求保护的技术方案。抵触申请文件的附图 23 明确公开的技术信息仅限于：在金属杆上开设多组径向通孔，每组径向通孔中设置一支 U 型件，U 型件可以有多个角度穿插，U 型件伸出金属杆的两条支条倾斜设置。根据该附图内容以及抵触申请文件其他内容，本领域技术人员根本无法直接、毫无疑义地明确得出"当多支 U 型件穿过一组径向通孔时，多支 U 型件对穿通过一组径向通孔"技术内容。（三）涉案专利权利要求 2、3 所要求保护的技术方案相对于抵触申请文件公开的技术方案具有实质性的技术改进。具体到权利要求 2 所要保护的技术方案，采用"每组径向通孔适配多支 U 型件"的技术手段，可以减少金属杆上开设的径向通孔的数量，节约成本的同时提升了整个锚栓的强度。权利要求 3 所要保护的技术方案，采用"当多支 U 型件穿过一组径向通孔时，多支 U 型件对穿通过一组径向通孔"的技术手段，以多支 U 型件对穿形成对称锚筋结构，植入墙壁后锚栓整体受力更均匀。对于本领域一般技术人员来说，上述实质性的技术改进，无法仅以抵触申请文件公开的技术方案为基础，依靠惯用手段替换或公知常识引入来获得。二审中，百益百利公司补充如下意见：原审判决关于抵触申请文件附图 23 "结固式锚栓上前后设置有两个 U 型件"的描述有误，应为三个 U 型件，且图示三个 U 型件之间是没有关联的。

点挂公司辩称：（一）百益百利公司对抵触申请所记载的技术方案理解为仅包含两种方案是片面而错误的。通过抵触申请文件及附图 23 记载的内容可以完整而清楚地得出原审判决认定的三种技术方案。如果按照百益百利公司的理解，涉案专利也不存在"金属杆上开设一组径向通孔，设置有多支弹性 U 型件"的技术方案，点挂公司也不侵权。（二）原审判决严格把握抵触申请抗辩新颖性审查原则，不存在百益百利公司所述"多项技术方案组合对比"的问题。（三）百益百利公司在诉讼程序中修改权利要求主张侵权没有法律依据。从抵触申请文件附图 23 可以清晰地看出是两个 U 型件，不存在百益百利公司所说的三个 U 型件的问题。

张守彬的答辩意见与点挂公司一致。

百益百利公司向原审法院提起诉讼，原审法院于 2019 年 1 月 25 日立案受理，百益百利公司请求判令点挂公司、张守彬：1. 停止制造、销售、许诺销售侵犯百益百利公司专利权的产品；2. 连带赔偿百益百利公司经济损失及合理费用 250 万元。点挂公司辩称：1. 百益百利公司主体不适格，百益百利公司于 2018 年 10 月受让涉案专利权，但并无证据显示被诉侵权行为持续至 2018 年 10 月；2. 百益百利公司未提供被诉侵权产品实物，无法进行侵权比对；且被诉侵权技术方案实施的均是抵触申请技术，不构成侵权；3. 点挂公司仅是推广了被诉侵权产品，并无实际制造、销售行为，百益百利公司主张的经济损失赔偿缺乏事实和法律依据。张守彬辩称，点挂公司没有营业收入，张守彬虽系点挂公司一人股东，但与点挂公司不存在财务混同，百益百利公司诉请张守彬与点挂公司承担连带责任缺乏事实和法律依据。

原审法院认定事实：

（一）涉案专利情况

名称为"结固式锚栓"的实用新型专利，申请日为 2013 年 8 月 30 日，授权公告日为 2014 年 6 月 4 日，专利号为 ZL20132053××××.×，发明人为李某全，授权时的专利权人为李某全。2015 年 6 月 11 日，该专利权转移至百益百利（福州）幕墙工程有限公司（以下简称幕墙公司）；2018 年 10 月 24 日，该专利权转移至百益百利公司。该专利权利要求为：

1. 一种结固式锚栓，其特征在于，包括金属杆及 U 型件，所述金属杆上开设一组或多组径向通孔，金属杆上设置有一支或多支 U 型件，每支 U 型件穿过一组径向通孔，U 型件可任意角度穿插在金属杆上，U 型件伸出金属杆的两条支条倾斜设置。

2. 根据权利要求 1 所述的结固式锚栓，其特征在于，每组径向通孔适配一支或多支 U 型件。

3. 根据权利要求 2 所述的结固式锚栓，其特征在于，当多支 U 型件穿过一组径向通孔时，多支 U 型件对穿通过一组径向通孔。

5. 根据权利要求 1 所述的结固式锚栓，其特征在于，U 型件底端与金属杆之间设有麻丝、钢丝或纤维，当一个金属杆上设置有多个 U 型件。

7. 根据权利要求 1 所述的结固式锚栓，其特征在于，U 型件的材质均为金属。

专利说明书 0035 部分记载，插入前，看墙体空洞的大小，墙体的材料结构（如九孔砖、多孔砖等），来定是否用麻丝 3，或钢丝、纤维等物品卡在 U 型件 2 的底端。

2018 年 6 月 20 日，国家知识产权局就涉案专利出具实用新型专利权评价报告，初步结论为全部权利要求 1—9 未发现存在不符合授予专利权条件的缺陷。

2020 年 4 月 24 日，幕墙公司出具声明，其将涉案专利转让给百益百利公司，办理了专利权转让手续，国家知识产权局进行了公告；在专利转让之前，幕墙公司已经许可百益百利公司实施该专利，双方未签订书面的专利实施许可合同；对于专利权转让前的侵权行为，百益百利公司有权以自己的名义向有关侵权人主张权利，由此获得的法律权益，如赔偿款等，由百益百利公司享有，幕墙公司自愿放弃。

百益百利公司提供的三份专利产品销售发票显示专利产品售价分别为 3.57 元、3.27 元、3.27 元。

（二）被诉侵权事实

点挂公司 2017 年第 2 次印刷的公司宣传册中记载，公司核心团队最早从 2008 年开始，一直专注于建筑外墙石材点挂安装技术的应用案例分析与解决方案；点挂公司先后获得多项自主核心技术发明专利：S 型连接件组合，点挂专用抗拉拔保护锚栓，重力自平衡定向转动连接挂件组合等多项创新技术成果，已大量应用于外墙装饰工程项目中，已实现全国沿海主要省份的项目应用与案例业绩，累计施工面积已达百万平方米以上。公司提供外墙石材点挂与幕墙安装优化技术方案的咨询与专利使用授权服务，统一专利配件产品的生产与销售。点挂外墙板安装工艺流程影像图和点挂外墙石材安装竖向结构示意图中均标明使用有点挂专用抗拉拔保护锚栓（专利号：ZL20162005××××.5）；点挂受力与安装挂配件图表中显示配件包括 S 型连接挂件、可活动卡扣、附属配件、抗拔保护锚栓等；抗拉拔保护锚栓适用基体范围包括砼基体、剪力墙、砼梁柱、烧结粘土实心砖、多孔砖、轻质砼砌体等，其基体适用范围较化学锚栓（定型化学锚栓）、机械锚栓（后切式扩底型）广。部分服务案例包括中国西部不锈钢金属综合交易市场（2014 年 12 月）、河南省驻马店御金香温泉小区沿街商业裙楼（2015 年 9 月）、浙江省诸暨市洁丽雅苑商务楼及联排别墅（2016 年 2 月）、浙江省杭州市萧山"开元名郡"高层住宅小区裙楼及沿街商铺（2016 年 4 月）、四川省广安市珀尔曼国际大酒店外墙石材装饰工程（2016 年 12 月）、浙江省义乌市佛堂"朝阳湖畔"楼盘外墙装饰工程（2015 年 4 月）、四川省成都市新津太子家具三期员工宿舍装饰工程（2019 年 9 月）等。宣传册中附有发明人及专利权人张守彬声明：根据我司行业内调查取证，国内点挂及幕墙安装设计及施工上，常用的连接件及锚栓涉及本人多项技术专利，受国家知识产权法律保护；任何单位或个人未经专利权人书面授权同意，不得有侵权盗用，仿冒生产等违法行为。专利包括 S 型连接挂件组合（专利号：ZL20152010××××.2）、点挂专用抗拉拔保护锚栓（专利号：ZL20162005××××.5）、重力自平衡定向转动连接挂件（专利号：ZL20171025××××.5）。声明所附特别说明记载，点挂公司对具体项目或企业法人实行专利技术产品使用授权。前述产品宣传册图片显示的点挂专用抗拉拔保护锚栓产品包括一个螺杆和两个U型件，螺杆末端无法清晰可见系两个径向通孔还是一径向通孔和一开口槽，两个U型件反向穿插在前述两径向通孔中（或一开口槽和一径向通孔中）。

2018年5月21日，幕墙公司向福建省福州市闽江公证处申请保全证据公证，使用公证处电脑进入点挂公司网站，在关注点挂页面项下，介绍公司显示累计施工面积已达200万平方米以上，页面左侧载有公司邮箱和微信二维码。工程案例页面项下包括珀尔曼大酒店、太子家具员工宿舍外墙、洁丽雅集团、开元名郡小区商铺、朝阳湖畔外墙、御金香温泉商业外墙、中国西部不锈钢金属市场等。联系我们页面项下，显示截至2017年1月，公司已设立四川省成都办事处和浙江省杭州办事处，成都办事处的负责人为陈某金，联系电话152××××5678。网站上传有"点挂石材外墙安装施工3D视频演示"，该视频显示施工过程中安装有点挂专用抗拉拔保护锚栓产品。视频显示的点挂专用抗拉拔保护锚栓产品包括一个螺杆和两个U型件，螺杆末端设置一开口槽和一径向通孔，两个U型件反向穿插在开口槽和径向通孔中。

ICP/IP地址/域名信息备案管理系统显示，www.dot-×××.com网站名称和主办单位均为点挂公司。土豆、优酷网站中上传有与前述点挂公司网站视频相同的视频。

2019年1月3日，百益百利公司向福建省福州市闽江公证处申请保全证据公证，使用公证处电脑，进入美篇网相关页面，点挂公司美篇专栏中包含有多篇2017年间上传的文章，包含背栓式点挂安装3D动画、应用案例、试工技术交底等。其中，安装3D动画同前述点挂公司网站视频。《点挂外墙石材安装工艺施工技术交底》中的施工工艺包括放样弹线、钻孔清孔、注胶植筋、石材加工、挂板安装、填缝封胶等，其中注胶植筋内容仅针对点挂专用抗拉拔保护锚栓的植筋施工作业；对于承重式多孔砖墙的植筋作业，因砖体内存在孔洞空腔，不能直接在钻孔内注胶，应使用末端固定有伸缩弹性的不锈钢专用锚栓。微主页上介绍公司累计施工面积已达200万平方米以上。进入草料二维码相关页面，显示点挂公司草料二维码宣传页面介绍有公司相关信息，在全国完工200万平方米以上的项目应用案例。

李某全与点挂公司副总经理（成都办事处主任）陈某金2018年11月的聊天记录显示，陈某金介绍点挂公司在四川有很多点挂案例，锚栓和挂件产品都有专利，如果仅购买产品挂件则要收取专利费，专利费为每平方米10

元，但产品都是出厂价，可以给予介绍人一定比例的费用；如果由点挂公司安装则仅收取安装费每平方米 210 元，南京复地国际公馆项目系点挂公司 2014 年施工的项目。

点挂公司微信朋友圈中 2018 年、2019 年 1 月的多条内容涉及现场点挂施工及验收；张守彬个人微信号与点挂公司微信号系同一账号。陈某金的微信朋友圈中也有多条内容涉及点挂施工，其中涉及一则 2018 年 12 月 31 日的公司通告，因年终临近，因生产配套厂家的原料与加工假期安排，如在 2018 年 12 月 31 日前下订单采购的客户，可以保证年前发货，2019 年元旦后点挂连接件及锚栓的采购订单安排在 2 月 15 日之后开始生产。

百益百利公司主张本案被诉侵权产品系点挂专用抗拉拔保护锚栓，也即点挂公司、张守彬宣传的专利产品，专利号为 ZL20162005×××x.5，但该产品包括两种不同的技术方案，其中宣传册中展示的产品系包括一个螺杆和两个 U 型件，螺杆末端设置两个径向通孔，两个 U 型件反向穿插在两个径向通孔中；宣传视频显示的产品包括一个螺杆和两个 U 型件，螺杆末端设置一开口槽和一径向通孔，两个 U 型件反向穿插在开口槽和径向通孔中。

将两个径向通孔方案的被诉侵权产品与涉案专利权利要求 1—3、5、7 进行比对。百益百利公司认为两者相同，同时对于权利要求 5 的附加技术特征，认为部分被诉侵权产品具有该附加技术特征，部分产品则不具有；点挂公司、张守彬确认根据百益百利公司指控的技术方案，被诉侵权产品具有权利要求 1—3、7 的全部技术特征，但不具有权利要求 5 的附加技术特征。

将一个开口槽和一个径向通孔方案的被诉侵权产品与涉案专利权利要求 1—3、5、7 进行比对。百益百利公司认为相较于前述两个径向通孔被诉侵权产品的比对意见，仅是增加一个不同点，开口槽与径向通孔系相同或者等同的技术特征，点挂公司、张守彬则认为两者不相同也不等同。

（三）抵触申请抗辩相关事实

点挂公司、张守彬明确对于百益百利公司主张的两个技术方案的被诉侵权产品，均主张抵触申请抗辩。点挂公司、张守彬据此主张的抵触申请证据如下：

名称为"建筑物装饰石材面板固定装置及施工方法"的发明专利申请，申请号为 20131039×××x.0，申请日为 2013 年 9 月 4 日，本国优先权数据为 20131030×××x.5 2013.07.19CN，申请公布日为 2013 年 12 月 11 日，发明人为李某全、李某凤。专利权利要求为：

1. 一种建筑物装饰石材面板固定装置，包括与建筑物墙体预设挂接部件匹配的连接头，与装饰石材面板预设安装孔匹配的挂接头，以及与所述挂接头连接的挂接板；其特征在于：所述挂接头包括第一挂接头和第二挂接头，第一挂接头和第二挂接头分别设置在挂接板的上部和下部；所述连接头与所述挂接板连接，或直接设置在所述挂接板上。

2. 如权利要求 1 所述的建筑物装饰石材面板固定装置，其特征在于：所述连接头为螺纹接头、直板、L 形挂钩，或者为直接设置在所述挂接板上的连接孔。

11. 如权利要求 1 或 2 所述的建筑物装饰石材面板固定装置，其特征在于：将预设挂接部件固定在墙体上的或者预设挂接部件本身为结固式锚栓，所述结固式锚栓包括金属杆及弹性 U 型件，所述金属杆上开设一组或多组径向通孔，金属杆上设置有一支或多支弹性 U 型件，每支弹性 U 型件穿过一组径向通孔，弹性 U 型件可任意角度穿插在金属杆上，弹性 U 型件伸出金属杆的两条支条倾斜设置。

专利说明书 0001 部分记载，本发明涉及一种用于建筑物外装饰石材幕墙干挂作业的建筑物装饰石材面板固定装置以及采用该固定装置进行建筑物装饰石材面板安装的施工方法。0004 部分记载，为解决现有技术存在的问题，简化安装过程，提高安装工作效率，并减少安全隐患，本发明提供一种结构简单，可大幅度简化石材幕墙安装施工工序的建筑装饰石材面板固定装置。0091 部分记载，如图 23 所示，墙体上的预设挂接部件可以为结固式锚栓，或者使用结固式锚栓将预设挂接部件固定在墙体上。U 型件 2 的 U 型底端与金属杆 1 之间扣住麻丝 3 或钢丝、纤维，以至粘结剂更多、更好地附着在金属杆主体上，确保入墙时 U 型件的支条与孔壁、金属杆、粘结剂、紧密咬合，结固形成整体。附图 23 显示，结固式锚栓上前后设置有两个 U 型件，分别插入一组径向通孔，两个 U 型件插入方向相对。

在先申请号为 20131030××××.5 的专利申请，发明创造名称为"建筑物装饰石材面板固定装置及施工方法"，申请日为 2013 年 7 月 19 日，专利申请文件基本同前述申请号为 20131039××××.0 的发明专利申请。

将两个径向通孔方案的被诉侵权产品与前述抵触申请技术方案进行比对。点挂公司、张守彬认为被诉侵权产品技术方案已被抵触申请专利全部公开，百益百利公司则认为抵触申请专利未公开两个 U 型件对穿通过一组径向通孔的技术方案，抵触申请抗辩不能成立。

将一个开口槽和一个径向通孔方案的被诉侵权产品与前述抵触申请技术方案进行比对。点挂公司、张守彬认为被诉侵权产品技术方案已被抵触申请专利全部公开，百益百利公司同样认为抵触申请专利未公开两个 U 型件对穿通过一组径向通孔的技术方案，抵触申请抗辩不能成立，并确认槽和孔不存在差异。

（四）其他事实

点挂公司成立于 2015 年 9 月 22 日，经营范围为从事建筑科技领域内的技术开发、技术服务、技术咨询、技术转让，建筑幕墙建设工程设计与施工、建筑装饰装修建设工程设计与施工。2018 年 9 月 29 日，公司变更股东为张守彬一人。

名称为"点挂专用抗拉拔保护锚栓"的实用新型专利，专利号为 ZL20162005××××.5，专利申请日为 2016 年 1 月 21 日，授权公告日为 2016 年 8 月 31 日，专利权人为张守彬。专利技术方案包括一个螺杆和两个 U 型件，螺杆末端设置一开口槽和一个径向通孔，两个 U 型件反向穿插在开口槽和径向通孔中。

原审法院认为，涉案 ZL20132053××××.×号"结固式锚栓"实用新型专利目前处于有效状态，任何单位或者个人未经专利权人许可，都不得实施其专利，即不得为生产经营目的制造、使用、许诺销售、销售、进口其专利产品，否则属于侵害实用新型专利权的行为，依法应当承担相应的民事责任。百益百利公司于 2018 年 10 月受让取得涉案专利权，并经权利人许可可就受让专利权之前的侵权行为主张权利，据此有权提起本案诉讼，诉讼主体适格。

根据各方当事人的诉辩意见，本案争议焦点主要在于：（一）被诉侵权产品是否落入涉案专利权的保护范围；（二）点挂公司、张守彬主张的抵触申请抗辩能否成立。

（一）被诉侵权产品是否落入涉案专利权的保护范围

首先，关于被诉侵权技术方案的确定。百益百利公司主张本案被诉侵权产品系点挂专用抗拉拔保护锚栓，也即点挂公司、张守彬宣称的专利产品，但认为该产品包括两种不同的技术方案，区别在于螺杆末端系两个径向通孔或者一开口槽和一径向通孔。点挂公司、张守彬则认为百益百利公司未提供被诉侵权产品实物，无法确认被诉侵权产品技术方案。对此，原审法院认为，首先，百益百利公司明确被诉侵权产品系专利号为 ZL20162005××××.5 的点挂专用抗拉拔保护锚栓，而各方当事人均确认该专利技术方案螺杆末端设置有一开口槽和一径向通孔；其次，宣传视频显示的产品清晰可见包括一个螺杆和两个 U 型件，螺杆末端设置一开口槽和一径向通孔，两个 U 型件反向穿插在开口槽和径向通孔中，该产品旋转 90 度显示的外观与点挂公司产品宣传册图片显示的被诉侵权产品外观相同，螺杆末端无法清晰可见系两个径向通孔还是一径向通孔和一开口槽。综上，可以认定被诉侵权产品螺杆末端采用的是一开口槽和一径向通孔的技术方案，百益百利公司认为该产品包括两种不同的技术方案的主张，缺乏事实依据，原审法院不予支持。

其次，关于被诉侵权产品是否落入百益百利公司涉案专利权的保护范围。根据《中华人民共和国专利法》（以下简称专利法）及相关司法解释的规定，发明或者实用新型专利权的保护范围以其权利要求的内容为准，说明书及附图可以用于解释权利要求的内容。人民法院应当根据权利要求的记载，结合本领域普通技术人员阅读说明书及附图后对权利要求的理解，确定权利要求的内容。当被诉侵权技术方案包含与权利要求记载的全部技术特征相同或者等同的技术特征的，人民法院应当认定其落入专利权的保护范围。等同特征，是指与所记载的技术特征以基本相同的手段，实现基本相同的功能，达到基本相同的效果，并且本领域普通技术人员在被诉侵权行为发生时无需经过创造性劳动就能够联想到的特征。

本案中，百益百利公司主张保护专利权利要求1—3、5、7。经比对被诉侵权产品技术方案与专利权利要求，百益百利公司认为开口槽与径向通孔相同或等同，其他技术特征均相同，点挂公司、张守彬则认为不相同也不等同。对此，原审法院认为，首先，关于开口槽和径向通孔，均系在杆体上设置径向穿孔，用来安装和固定U型件，两者系以基本相同的手段，实现基本相同的功能，达到基本相同的效果，亦系本领域普通技术人员在被诉侵权行为发生时无需经过创造性劳动就能够联想的特征，应认定为等同特征。关于被诉侵权产品上U型件底端与金属杆之间是否设有麻丝、钢丝或纤维，鉴于本案系以被诉侵权产品图片进行比对，从百益百利公司提供的被诉侵权产品图片来看，无法确定U型件底端与金属杆之间是否设有麻丝、钢丝或纤维，故百益百利公司对此应承担举证不能的后果，原审法院认为，本案中不能认定被诉侵权产品落入涉案专利权利要求5的保护范围。

综上，被诉侵权产品技术方案包含与专利权利要求1—3、7记载的全部技术特征相同的技术特征，落入权利要求1—3、7的保护范围。

（二）点挂公司、张守彬主张的抵触申请抗辩能否成立

根据我国专利法及相关司法解释的规定，授予专利权的发明和实用新型，应当具有新颖性、创造性和实用性。新颖性，是指该发明或者实用新型不属于现有技术；也没有任何单位或者个人就同样的发明或者实用新型在申请日以前向国务院专利行政部门提出过申请，并记载在申请日以后公布的专利申请或者公告的专利文件中。上述规定中的"在申请日以前向国务院专利行政部门提出过申请，并记载在申请日以后公布的专利申请或者公告的专利文件"通常简称为抵触申请。

在专利侵权纠纷中，被诉侵权人有证据证明其实施的技术属于现有技术

的，不构成对权利人专利权的侵犯。被诉落入专利权保护范围的全部技术特征，与一项现有技术方案中的相应技术特征相同或者无实质性差异的，人民法院应当认定被诉侵权人实施的技术属于专利法规定的现有技术。由于抵触申请与现有技术均可以用于评价涉案专利的新颖性，因此如果被诉侵权技术方案已被抵触申请公开，则相较于抵触申请不应被授予专利权，不应被纳入专利权的保护范围，被诉侵权人以其实施的技术方案属于抵触申请为由，主张未侵害专利权的，可以参照现有技术抗辩的相关规定，对抵触申请抗辩能否成立进行审查。

本案中，点挂公司、张守彬以申请号为20131039××××.0的"建筑物装饰石材面板固定装置及施工方法"的发明专利申请主张抵触申请抗辩。该发明专利申请的申请日为2013年9月4日，申请公布日为2013年12月11日，说明书著录项目中记载有本国优先权数据，即20131030××××.5 2013.07.19CN。与该本国优先权有关的在先申请副本专利申请日为2013年7月19日，专利申请文件基本同前述申请号为20131039××××.0的发明专利申请，在权利要求书、说明书和附图中均包含相同结固式锚栓的技术方案。因此，可以认定申请号为20131039××××.0的"建筑物装饰石材面板固定装置及施工方法"的发明专利申请与在先申请属于相同主题的发明创造，可以享有本国优先权。根据《中华人民共和国专利法实施细则》第十一条的规定，除专利法第二十八条和第四十二条规定的情形外，专利法所称申请日，有优先权的，指优先权日。故在抵触申请抗辩审查时，应以优先权日确定专利申请日。综上，申请号为20131039××××.0的"建筑物装饰石材面板固定装置及施工方法"的发明专利申请，享有本国优先权，优先权日为2013年7月19日，早于百益百利公司涉案专利申请日，申请公布日为2013年12月11日，晚于百益百利公司涉案专利申请日，属于在百益百利公司涉案专利申请日以前向国务院专利行政部门提出过申请，并记载在申请日以后公布的专利申请或者公告的专利文件中，可以构成涉案专利的抵触申请。

关于被诉侵权技术方案与抵触申请技术方案的比对。根据专利法相关规定，专利申请技术如相对于抵触申请不具有新颖性，则不应当被授予专利权，故专利侵权诉讼中的抵触申请抗辩审查亦应参照适用新颖性标准。只有在被诉侵权技术方案的各项技术特征均已被抵触申请公开，相对于抵触申请不具有新颖性时，才可以认定抵触申请抗辩成立。关于新颖性的认定，专利审查指南中规定，如果两者技术领域、所解决的技术问题、技术方案和预期效果实质上相同，则认为两者为同样的发明或者实用新型。

本案中，点挂公司、张守彬主张的抵触申请技术涉及建筑物外装饰石材幕墙干挂作业领域，旨在简化安装过程，提高安装工作效率，并减少安全隐患，其披露了与一种建筑物装饰石材面板固定装置配合使用的结固式锚栓，该结固式锚栓包括金属杆及弹性U型件，所述金属杆上开设一组或多组径向通孔，金属杆上设置有一支或多支弹性U型件，每支弹性U型件穿过一组径向通孔，弹性U型件可任意角度穿插在金属杆上。专利附图23显示，结固式锚栓上前后设置有两个U型件，分别插入一组径向通孔，两个U型件插入方向相对。从前述专利文件可知，该结固式锚栓主要涉及三种组合方案，即金属杆上开设一组径向通孔，设置有一支弹性U型件；金属杆上开设一组径向通孔，设置有多支弹性U型件；金属杆上开设多组径向通孔，设置有多支弹性U型件；并且弹性U型件可任意角度穿插在金属杆上，包含两个U型件插入方向相对。说明书0091部分记载了确保入墙时U型件的支条与孔壁、金属杆、粘结剂紧密咬合。与孔壁紧密咬合既可以是在金属杆上不同方向穿插多个U型件，也可以是通过将多个U型件插入同一位置处通孔，这是本领域的惯用手段，能够达到相同的牢靠固定的效果。本领域普通技术人员通过阅读权利要求、说明书及附图，可以直接得出其包含金属杆上开设一组径向通孔，设置多支弹性U型件，多支U型件在通孔中插入方向相对的技术方案。

被诉侵权技术方案与前述抵触申请技术方案，均属于建筑物外装饰石材幕墙干挂作业领域，属于相同的技术领域，旨在解决的技术问题亦相同，均是通过在杆体上设置径向穿孔安装和固定U型件，通过U型件支条在金属杆与孔壁之间形成筋条作用并紧密咬合，牢固地固定在墙体上，简化安装过程，增强抗拉拔强度。被诉侵权技术方案涉及的锚栓产品包括一金属杆和两个U型件，金属杆末端设置一开口槽和一径向通孔，两个U型件反向穿插在开口槽和径向通孔中。双方当事人均确认开口槽和径向通孔在此处并无差异，而锚栓包括一金属杆和两个U型件、金属杆末端设置有一开口槽和一径向通孔组成的一组径向通孔、两个U型件对穿通过径向通孔的技术结构，在抵触申请技术方案中均已完整地公开。

综上，被诉侵权技术方案的各项技术特征已被抵触申请公开，相较于抵触申请不具有新颖性。点挂公司、张守彬据此主张其实施的技术属于抵触申请技术，原审法院予以支持。

鉴于点挂公司、张守彬主张的抵触申请抗辩成立，百益百利公司关于点挂公司、张守彬侵犯其涉案专利权的主张不能成立，百益百利公司要求点挂公司、张守彬停止侵权、赔偿损失的诉讼请求，原审法院不予支持。综上，原审法院依照《中华人民共和国专利法》第二十二条、第六十二条，《最高人民法院关于审理侵犯专利权纠纷案件应用法律若干问题的解释》第十四条第一款之规定，判决：驳回百益百利公司的诉讼请求。案件受理费 26800 元，由百益百利公司负担。

二审中，当事人均未提交新证据。

原审法院查明的事实基本属实，本院予以确认。

本院另查明：

（一）点挂公司宣传册（2017 年第 2 次印刷）关于被诉侵权产品的展示和宣传

1. 点挂公司宣传册第 4 页"点挂安装在我国外墙装饰行业的应用与发展"，宣称"点挂公司作为国内首家专业针对一个行业技术标准与规范的应用开发而成立的建筑技术类企业……针对国家住建部点挂外墙板规范进行工程化、实用化的技术研究与开发，先后获得多项自主核心技术发明专利：S 型连接挂件组合，点挂专用抗拉拔保护锚栓，重力自平衡定向转动连接挂件组合等多项创新技术成果，已大量应用于外墙装饰工程项目中，确立了干挂行业内的竞争优势；并受到业主的广泛好评"；第 5 页"市场定位/经济优势"，宣称"点挂公司……先后获得多项自主核心技术发明专利；并已实现全国沿海主要省份的项目应用与案例业绩，累计施工面积已达百万平方米以上"，图片展示的专利证书中有名称为"点挂专用抗拉拔保护锚栓"的实用新型专利（专利号：2016200××××.5，专利权人：张守彬）。

2. 点挂公司宣传册第 10 页"安装工艺流程示意图（S 型连接挂件）"，图片展示有"点挂专用抗拉拔保护锚栓"安装工艺流程。

3. 点挂公司宣传册第 23 页"点挂安装挂配件产品图表"中展示有"抗拉拔保护锚栓"；第 33 页"基体锚栓受力的专项施工方案"中展示有"抗拉拔保护锚栓"。

4. 点挂公司宣传册第 24—30 页展示有"合作区域/应用案例/实景拍摄"，共有 10 个点挂安装工程案例。

（二）点挂公司在美篇网关于被诉侵权产品的展示和宣传

1. 点挂公司于 2017 年 7 月 9 日发布的《背栓式点挂安装 3D 动画》演示了"点挂专用抗拉拔保护锚栓"安装动画。

2. 点挂公司于 2017 年 7 月 5 日发布的《第三代点挂安装技术应用案例》图片宣称"点挂安装技术，我们已经进入第三代"并配文"专利技术合作：137××××1034 张先生"，带有被诉侵权产品零配件的图片以及现场施工图片下配文"点挂公司@提供第 3 代'重力自平衡'点挂安装技术支持与授权服务"。

3. 点挂公司于 2017 年 5 月 15 日发布《点挂石材安装工艺技术交底》，

于 2017 年 8 月 10 日发布《点挂外墙板安装工法 V3.1》，宣传推广"点挂专用抗拉拔保护锚栓"实用新型专利（专利号：20162005×××.5，专利权人：张守彬）。

4. 点挂公司于 2017 年 5 月 21 日发布《设计交底：石材点挂安装方案》，宣传介绍"点挂专用抗拉拔保护锚栓"安装工艺。

5. 点挂公司于 2017 年 5 月 15 日发布《微主页〈电子画册〉》，宣称"点挂公司……先后获得两项自主核心技术发明专利；并已实现全国沿海主要省份的项目应用与案例业绩，累计施工面积已达 200 万平方米以上""点挂公司提供外墙石材点挂与幕墙安装优化技术方案的咨询与专利使用授权服务，统一专利配件产品的生产与销售"，图片展示的专利证书中有名称为"点挂专用抗拉拔保护锚栓"的实用新型专利（专利号：20162005×××.5，专利权人：张守彬），并展示有全国多地工程案例业绩实景拍摄照片和工程案例链接。

（三）点挂公司官方网站关于被诉侵权产品的展示和宣传

1. 点挂公司官方网站页面题图展示有与其宣传册第 23 页相同的"点挂专用抗拉拔保护锚栓"安装工艺流程图，与其美篇网相同的图片宣称"点挂安装技术，我们已经进入第三代"及配文"项目合作咨询：137××××1034"。

2. 点挂公司官方网站有与其美篇网相同的"点挂公司……先后获得两项自主核心技术发明专利；并已实现全国沿海主要省份的项目应用与案例业绩，累计施工面积已达 200 万平方米以上"宣称内容。

3. 点挂公司官方网站展示了多个"技术合作项目""授权专利项目"工程案例。

（四）点挂公司员工微信关于被诉侵权产品的展示和宣传

点挂公司副总经理陈某金在 2018 年 11 月通过微信向李某全推销被诉侵权产品并提供锚栓拉拔力检测报告，并称该工程面积 27000 平方米；其微信朋友圈于 2019 年 2 月 24 日发布多张现场施工照片并配文"湖南省委大楼装配式外墙采用上海第三代点挂！要求 45 天完成 8500 平方！现正式进厂施工"。

以上事实有百益百利公司原审提交的宣传册、公证书、微信聊天记录、微信朋友圈截屏以及二审询问笔录等在案佐证。

本院认为，本案为侵害实用新型专利权纠纷，因被诉侵权行为发生在 2009 年 10 月 1 日以后、2021 年 6 月 1 日前，故本案应适用 2008 年修正的专利法。本案二审的争议焦点问题有两点：一是点挂公司、张守彬的抵触申请抗辩是否成立；二是点挂公司、张守彬应否承担侵权责任。

（一）点挂公司、张守彬的抵触申请抗辩是否成立

本案中，百益百利公司主张被诉侵权产品落入其涉案专利权利要求1—3、7的保护范围，点挂公司确认被诉侵权产品具有权利要求1—3、7的全部技术特征，但抗辩称点挂公司实施的技术方案属于抵触申请，不构成侵权。本院认为，根据专利法第二十二条第二款的规定，所谓专利的抵触申请是指在该专利申请日前，已经由任何单位或者个人就同样的发明或者实用新型向国家专利行政部门提出过申请并且记载在该专利申请日以后（含申请日）公布的专利申请文件或者公告的专利文件中的技术方案，抵触申请能够破坏在后提出的专利申请的新颖性，故其不应被纳入在后申请的专利权的保护范围。因此，被诉侵权人以其实施的技术方案属于抵触申请为由，主张未侵害专利权的，人民法院可以参照有关现有技术抗辩的规定，对抵触申请抗辩能否成立进行审查。但是，由于抵触申请与现有技术的含义和性质存在一定差异，故抵触申请抗辩的审查判断标准应与抵触申请的性质相适应。由于抵触申请仅可以被用来单独评价涉案专利的新颖性，其既不宜与现有技术或者公知常识结合，更不能用于评价涉案专利的创造性，故只有在被诉侵权技术方案的各项技术特征均已被抵触申请单独、完整地公开，相对于抵触申请不具有新颖性时，才能够认定抵触申请抗辩成立。

经审查，点挂公司、张守彬提交的抵触申请（申请号：20131039××××.0）具体公开了以下技术内容（参见说明书0016段、0091段，附图23，权利要求11）：墙体上的预设挂接部件可以为结固式锚栓，或者使用结固式锚栓将预设挂接部件固定在墙体上。该结固式锚栓包括金属杆1及U型件2，金属杆1上开设一组或多组径向通孔，金属杆1上设置有一支或多支U型件2，每支U型件2穿过一组径向通孔，U型件2可任意角度穿插在金属杆1上，U型件2分为连接部21及设置在连接部21两端的支条22，U型件2伸出金属杆的两条支条22倾斜设置……附图23示出的金属杆1上开设有两组径向通孔，每组径向通孔穿插有一支U型件2，两只U型件2呈对向分别插入金属杆1的两组径向通孔。将被诉侵权产品使用的技术方案与抵触申请相比，抵触申请仅公开了构成结固式锚栓的金属杆上的每组径向通孔适配一支U型件的技术方案，并没有公开被诉侵权产品"每组径向通孔适配多支U型件"以及"多支U型件对穿通过一组径向通孔"的技术特征。

被诉侵权产品将多支U型件对穿通过一组径向通孔与抵触申请在金属杆上不同方向上穿插多支U型件并非所属技术领域的惯用手段的直接替换，原审判决认定抵触申请公开的结固式锚栓主要涉及三种组合方案，本领域普通技术人员通过阅读权利要求、说明书及附图，可以直接得出其包含金属杆上

开设一组径向通孔，设置多支弹性 U 型件，多支 U 型件在通孔中插入方向相对的技术方案，错误解读了抵触申请公开的技术方案，并基于此错误认定被诉侵权技术方案的各项技术特征已被抵触申请公开，原审法院认定事实和适用法律有误，本院依法予以纠正。

综上，因被诉侵权产品落入涉案专利权利要求 2—3、7 的技术方案，与抵触申请不同，点挂公司、张守彬提出的抵触申请抗辩依据不足，不能成立，本院不予支持。

（二）点挂公司、张守彬应否承担侵权责任

本案中，百益百利公司主张点挂公司与其法定代表人张守彬共同实施了制造、销售、许诺销售被诉侵权产品行为，依据为点挂公司以张守彬"点挂专用抗拉拔保护锚栓"实用新型专利的名义对被诉侵权产品进行宣传推广，宣传展示被诉侵权产品应用的工程案例，宣称累计施工面积已达 200 万平方米以上。并且，点挂公司与张守彬共用同一微信账号，点挂公司指定张守彬账户为被诉侵权产品专利使用费缴费账户，点挂公司与张守彬存在经营混同。此外，张守彬作为点挂公司的唯一股东，对公司债务应承担连带责任。点挂公司与张守彬则抗辩称被诉侵权产品仍处于技术推广层面，实际施工中并未使用。

经审查，本院认为，根据百益百利公司提交的现有证据，可以证明点挂公司、张守彬共同实施了制造、销售、许诺销售被诉侵权产品行为。具体理由如下：首先，百益百利公司提交的点挂公司宣传册以及点挂公司在美篇网、官方网站等互联网渠道的宣传推广资料，可以证明点挂公司于 2017 年 5 月开始积极推广被诉侵权产品即存在许诺销售行为；点挂公司自称将被诉侵权产品作为实用新型专利技术大量应用于外墙装饰工程项目中即点挂公司存在制造销售行为；张守彬作为"点挂专用抗拉拔保护锚栓"实用新型专利权人，与点挂公司共同实施了上述侵权行为。其次，点挂公司在美篇网、官方网站等互联网渠道的宣传推广资料展示了大量已完工工程案例，可以印证点挂公司关于被诉侵权产品大量应用于外墙装饰工程项目的宣传属实，点挂公司关于实际施工中并未使用被诉侵权产品的抗辩主张，与事实不符，不能成立。最后，百益百利公司提交的点挂公司副总经理陈某金微信聊天记录和微信朋友圈历史记录，可以印证点挂公司宣称的"点挂安装技术，我们已经进入第三代"并非技术推广层面，而是存在实际施工行为。点挂公司对此虽不予认可，但并未提交反证证明其实际施工使用的锚栓与被诉侵权产品不同。综上，百益百利公司提交的现有证据已经形成完整的证据链，可以证明点挂公司和张守彬共同实施了制造、销售、许诺销售被诉侵权产品行为，点挂公司和张守彬应承担停止侵权、赔偿损失等民事侵权责任。

本院认为，根据专利法第六十五条第一款的规定，侵犯专利权的赔偿数额应当按照权利人因被侵权所受到的实际损失或者侵权人因侵权所获得的利益确定；权利人的损失或者侵权人获得的利益难以确定的，参照该专利许可使用费的倍数合理确定。赔偿数额还应当包括权利人为制止侵权行为所支付的合理开支。根据《最高人民法院关于审理侵犯专利权纠纷案件应用法律若干问题的解释（二）》第二十七条的规定，权利人因被侵权所受到的实际损失难以确定的，人民法院应当依照专利法第六十五条第一款的规定，要求权利人对侵权人因侵权所获得的利益进行举证；在权利人已经提供侵权人所获利益的初步证据，而与专利权行为相关的账簿、资料主要由侵权人掌握的情况下，人民法院可以责令侵权人提供该账簿、资料；侵权人无正当理由拒不提供或者提供虚假的账簿、资料的，人民法院可以根据权利人的主张和提供的证据认定侵权人因侵权所获得的利益。

本案中，百益百利公司主张点挂公司和张守彬连带赔偿其经济损失及合理维权费用共计250万元，理由如下：1. 点挂公司和张守彬在原审诉讼中仍继续实施被诉侵权行为，主观恶意明显；2. 点挂公司和张守彬假借专利许可之名，行专利侵权之实，侵权行为极具隐蔽性；3. 被诉侵权产品是点挂公司和张守彬制造、销售、许诺销售的唯一锚栓产品（即第三代技术）；4. 点挂公司自称与国内外知名大型装配式建筑企业、地产企业合作，在全国范围内实施被诉侵权行为，累计施工面积达200万平方米以上；5. 点挂公司和张守彬推销专利使用费10元/平方米，没有税票的情况下，安装费210元/平方米，其获利巨大；6. 百益百利公司损失巨大。百益百利公司主张按照现行板材规格，每平方米板材所需被诉侵权产品平均用量约为5根，点挂公司和张守彬侵权获利计算方式有两种：一是根据张守彬专利使用费计算：$200 \text{万 m}^2 \times 10 \text{元/m}^2 = 2000$ 万元，二是根据安装费计算：64.5元/m^2（安装费利润）$\times 200 \text{万 m}^2 \times 70\%$（锚栓专利贡献率）$= 9030$ 万元；百益百利公司涉案专利产品单价分别为3.57元、3.27元，每根成本为1.5元，利润率为55.5%，专利贡献率为100%，百益百利公司实际损失计算方式为：$5 \text{根/m}^2 \times 200 \text{万 m}^2 \times 3.37 \text{元/根} \times 55.5\% = 1870.35$ 万元。故百益百利公司主张250万元赔偿未超出上述金额，应当得到全额支持。

经审查，百益百利公司上述计算方式依据的数据不尽准确。首先，因点挂公司和张守彬推广的点挂安装技术产品还涉及其他专利配件，故其"专利使用费10元/平方米，没有税票的情况下，安装费210元/平方米"的专利使用费报价不能直接认定为被诉侵权产品技术方案的专利使用费和安装费，故难以据此准确计算点挂公司和张守彬的侵权获利。其次，百益百利公司未提交证据证明其专利产品利润，故难以准确计算得出其实际损失。此外，百益百利公司亦未提交专利使用费证据。在此情形下，百益百利公司因被侵权所受到的实际损失难以确定，本案应结合双方当事人的举证事实对点挂公司和张守彬因侵权所获得的利益进行认定。本案二审询问时，点挂公司和张守彬明确表示不提交被诉侵权产品销售数据和财务账册，故本案可以根据百益百利公司的主张和提供的证据认定点挂公司和张守彬的侵权获利。点挂公司和张守彬在原审中对百益百利公司提交的专利产品增值税发票认为是单方证据，不予认可。本院认为，百益百利公司提交了增值税发票原件，其真实性可以确认，因点挂公司和张守彬并未提交被诉侵权产品销售单价，故本案可依据百益百利公司专利产品销售单价计算点挂公司和张守彬侵权获利。

本院认为，根据已查明的事实，本案可以确认的是：被诉侵权产品是点挂公司和张守彬积极推广的所谓第三代点挂安装技术产品配件，点挂公司和张守彬在 2017 年宣称其累计施工面积已达 200 万平方米以上，且其通过宣传册和官方网站对相关工程案例进行了宣传展示，点挂公司副总经理在 2019 年 2 月 24 日仍通过微信朋友圈对第三代点挂施工工程进行宣传展示。点挂公司和张守彬对上述事实虽持有异议，认为 200 万平方米为夸大宣传，相关工程案例为借鉴合作方的案例，且相关工程并未使用被诉侵权产品。但是，点挂公司和张守彬并未提交有效反证证明其实际施工量，其主张夸大宣传依据不足；点挂公司和张守彬亦不提交其实际使用的锚栓配件，其主张未使用被诉侵权产品与事实不符，不能成立。本院对点挂公司和张守彬上述异议不予采纳。在以上事实基础上，参考百益百利公司主张的每平方米所需被诉侵权产品平均用量约为 5 根、专利产品销售单价为 3.57 元、3.27 元不等以及合理利润率认定赔偿数额，点挂公司和张守彬侵权获利应不低于 250 万元。综合考虑点挂公司和张守彬经营规模，因其侵权时间长、侵权范围广、侵权恶意明显，以及百益百利公司为本案支出的律师费、公证费等合理维权费用等因素，本院依法对百益百利公司主张的 250 万元赔偿数额予以全额支持（含合理维权费用 24000 元）。

综上所述，百益百利公司的上诉请求成立，应予支持。依照《中华人民共和国专利法》（2008 年修正）第十一条、第五十九条第一款、第六十五条第一款，《最高人民法院关于审理侵犯专利权纠纷案件应用法律若干问题的解释（二）》第二十七条，《中华人民共和国民事诉讼法》第一百七十七条第一款第二项之规定，判决如下：

一、撤销上海知识产权法院（2019）沪 73 知民初 21 号民事判决；

二、上海点挂建筑技术有限公司、张守彬立即停止制造、销售、许诺销售侵害福州百益百利自动化科技有限公司专利号为20132053××××.×、名称为"结固式锚栓"实用新型专利权产品的行为；

三、上海点挂建筑技术有限公司、张守彬于本判决发生法律效力之日起十日内共同赔偿福州百益百利自动化科技有限公司经济损失 2500000 元（含合理维权费用 24000 元）。

如果未按本判决指定的期间履行给付金钱义务，应当依照《中华人民共和国民事诉讼法》第二百六十条之规定，加倍支付迟延履行期间的债务利息。

一审案件受理费 26800 元，二审案件受理费 26800 元，均由上海点挂建筑技术有限公司、张守彬负担。

本判决为终审判决。

审　判　长　徐燕如

审　判　员　刘晓梅

审　判　员　庞　敏

二〇二二年五月二十三日

法官助理　韦梦旸

书　记　员　翟雨晶

9. 侵权和解后再次销售相同侵权产品的惩罚性赔偿责任

——上诉人金民海与被上诉人郑东新区白沙镇百佳五金机电劳保建材经营部、原审被告郑州佰发商贸有限公司侵害发明专利权纠纷案①

中华人民共和国最高人民法院民事判决书（2022）最高法知民终 871 号

上诉人（原审原告）：金民海。

委托诉讼代理人：刘建勋，北京市康达（广州）律师事务所律师。

被上诉人（原审被告）：郑东新区白沙镇百佳五金机电劳保建材经营部。经营场所：河南省郑州市郑东新区白沙镇现代五金机电物流园 A 区 23 号。

经营者：见鹤奎。

原审被告：郑州佰发商贸有限公司。住所地：河南省郑州市郑东新区白沙镇万三路与商都路交叉叉口向西 600 米郑州现代物流园 A 区 23 号。

法定代表人：见鹤奎，该公司经理。

上诉人金民海因与被上诉人郑东新区白沙镇百佳五金机电劳保建材经营部（以下简称百佳经营部）、原审被告郑州佰发商贸有限公司（以下简称佰发公司）侵害发明专利权纠纷一案，不服河南省郑州市中级人民法院于 2022 年 3 月 17 日作出的（2022）豫 01 知民初 211 号民事判决，向本院提起上诉。本院于 2022 年 5 月 10 日立案后，依法组成合议庭，并于 2022 年 7 月 15 日对本案进行了询问，上诉人金民海的委托诉讼代理人刘建勋、被上诉人百佳经营部经营者暨原审被告佰发公司法定代表人见鹤奎到庭参加询问。本案现已审理终结。

金民海上诉请求：1. 撤销原审判决第一项；2. 改判百佳经营部赔偿金民海经济损失及合理费用共计 10 万元，或发回重审；3. 一、二审诉讼费用由百佳经营部负担。事实和理由：（一）专利号为 0112××××.0、名称为"反向地面刨毛机"的发明专利（以下简称涉案专利）产品在机电行业内家喻户

晓，有较高知名度，经过多年维权仍然效果不佳，市场侵权产品泛滥，二次侵权屡见不鲜。（二）在本案中，百佳经营部同时存在重复侵权、销售侵权行为，且具有持续性。原审判赔金额低于法定赔偿下限，甚至低于其他判决中对销售商的判赔金额。而关于合理开支部分，金民海购买被诉侵权产品支出 2700 元，原审酌定合理支出 2000 元，低于实际支出费用，无法有效打击专利侵权，甚至无法填补维权产生的必要开支。（三）在本案之前，金民海曾向原审法院起诉百佳经营部销售同种被诉侵权产品的行为，双方达成和解后，金民海申请撤诉。经此，百佳经营部理应知道销售被诉侵权产品属于侵权行为，应有更高的审慎义务。且在前案和解协议中，百佳经营部承诺"立即停止侵犯金民海发明专利的侵权行为"，可见百佳经营部已明确知道并承认其正在实施侵权行为。但是百佳经营部并未从前诉中吸取教训，尊重知识产权，而是依旧持续、长期实施侵权行为。在已知涉案专利产品鉴别方法且与金民海有过诉讼的情况下，再次向不特定人出售侵权产品，可见百佳经营部明显具有侵犯金民海专利权的故意，且情节严重，故请求法院在本案中对百佳经营部适用惩罚性赔偿责任。

百佳经营部辩称：1. 在本案之前，金民海曾就百佳经营部销售同种被诉侵权产品的行为向原审法院提起诉讼，在该案中，双方于 2021 年 5 月 13 日达成和解，百佳经营部赔偿金民海 3 万元；2. 本案中，被诉侵权产品具有合法来源。

佰发公司未作陈述。

金民海向原审法院提起诉讼，原审法院于 2022 年 1 月 21 日立案受理。金民海起诉请求：1. 判令百佳经营部、佰发公司赔偿金民海经济损失及合理费用共计 25 万元；2. 判令百佳经营部、佰发公司负担本案诉讼费用。事实和理由：金民海系涉案专利权人，涉案专利于 2003 年 12 月 17 日获得授权。百佳经营部、佰发公司未经许可，擅自销售侵害涉案专利权的产品。百佳经营部、佰发公司曾实施侵犯涉案专利权的侵权行为，与金民海于 2021 年 5 月 13 日达成和解协议后金民海撤诉。百佳经营部、佰发公司在明知被诉侵权产品侵犯涉案专利权的情况下，再次实施侵权行为，主观恶意明显，应当赔偿金民海损失并承担惩罚性赔偿责任。

百佳经营部原审辩称：百佳经营部销售的被诉侵权产品具有合法来源，双方已于 2021 年 5 月 13 日达成和解，百佳经营部赔偿金民海 3 万元，百佳经营部不应当再次承担侵权赔偿责任；涉案专利有效期已超过 20 年，其到期日期是 2021 年 8 月 10 日，本案起诉日期是 2021 年 12 月 2 日，金民海存在用法律诱利的情况，其主张侵权赔偿没有依据。

佰发公司原审辩称：佰发公司与百佳经营部虽登记在同一住所地，但经营范围不同，佰发公司并未销售被诉侵权产品，且金民海提交的证据中亦没有佰发公司的收款记录，本案与佰发公司无关。金民海请求佰发公司承担侵权责任，无事实及法律依据。

原审法院认定事实：

金民海系涉案专利权人，涉案专利授权公告日为 2003 年 12 月 17 日，申请日为 2001 年 8 月 10 日。金民海主张以涉案专利权利要求 1 确定本案的保护范围。涉案专利权利要求 1 为：1. 一种反向地面刨毛机，它包括电动机、传动装置、箱体、刨盘，其特征在于箱体上前后有二个反向运转的刨盘，由电动机连接传动装置带动前后刨盘运转，每个刨盘有若干个锯片。

金民海的委托代理人张某到河南省郑州市黄河公证处申请保全证据公证。2021 年 7 月 1 日，公证员与工作人员随同张某到中牟县白沙镇万三路与商都路交叉口向西 600 米郑州××区的一处门头显示"百佳五金机电劳保建材 A 区 23 号−26 号""百佳五金机电劳保建材物资配送中心 A 区 23 号−26 号"字样的店铺。张某在店铺购买取得一台机器设备，并现场取得票据若干。公证员使用公证处的设备对现场情况进行拍照。随后公证员对取得的机器设备粘贴封条，并使用公证处的设备对现场情况进行拍照。回到公证处，公证员拆封机器设备。再次对机器设备和票据进行拍照、封存。封存后的物品由委托代理人张某自行保管。上述过程由（2021）豫郑黄证内民字第 20509 号公证书予以记载。

当庭拆封封存实物，内含反向地面刨毛机一台，具有如下技术特征：包括电动机、传动装置、箱体、刨盘，箱体上前后有二个反向运转的刨盘，由电动机连接传动装置带动前后刨盘运转，每个刨盘有若干个锯片。

原审另查明：百佳经营部系个体工商户，成立日期 2017 年 9 月 28 日，经营范围包括销售建筑机械、电动工具、交通设施、消防器材、建筑材料、劳保用品、五金交电。佰发公司成立日期为 2017 年 10 月 27 日，经营范围包括批发零售钢材、照明器材、消防器材、机械设备、环保设备等。

原审法院认为：金民海在 2021 年 8 月 10 日之前系涉案发明专利的权利人，在专利未到期之前，任何单位和个人未经专利权人许可，都不得实施其专利，即不得为生产经营目的制造、许诺销售、销售、进口其专利产品。

《中华人民共和国专利法》（以下简称专利法）第六十四条第一款规定："发明或者实用新型专利权的保护范围以其权利要求的内容为准，说明书及附图可以用于解释权利要求的内容。"《最高人民法院关于审理侵犯专利权纠纷案件应用法律若干问题的解释》第七条规定："人民法院判定被诉侵权技术方案是否落入专利权的保护范围，应当审查权利人主张的权利要求所记载的全部技术特征。被诉侵权技术方案包含与权利要求记载的全部技术特征相同或者等同的技术特征的，人民法院应当认定其落入专利权的保护范围；被诉侵权技术方案的技术特征与权利要求记载的全部技术特征相比，缺少权利要求记载的一个以上的技术特征，或者有一个以上技术特征不相同也不等同的，人民法院应当认定其没有落入专利权的保护范围。"本案中，百佳经营部销售被诉侵权产品的时间为 2021 年 7 月 1 日，当时涉案专利尚在有效期内，金民海享有涉案专利权。经比对，被诉侵权产品采用的技术方案与涉案专利权利要求 1 记载的全部技术特征完全相同，落入涉案专利权的保护范围，构成侵权。故原审法院对金民海主张百佳经营部赔偿其损失的诉请予以支持。

专利法第七十七条规定："为生产经营目的使用、许诺销售或者销售不知道是未经专利权人许可而制造并售出的专利侵权产品，能证明该产品合法来源的，不承担赔偿责任。"《最高人民法院关于审理侵犯专利权纠纷案件应用法律若干问题的解释（二）》第二十五条规定："为生产经营目的使用、许诺销售或者销售不知道是未经专利权人许可而制造并售出的专利侵权产品，且举证证明该产品合法来源的，对于权利人请求停止上述使用、许诺销售、销售行为的主张，人民法院应予支持，但被诉侵权产品的使用者举证证明其已支付该产品的合理对价的除外。本条第一款所称不知道，是指实际不知道且不应当知道。本条第一款所称合法来源，是指通过合法的销售渠道、通常的买卖合同等正常商业方式取得产品。对于合法来源，使用者、许诺销售者或者销售者应当提供符合交易习惯的相关证据。"依据上述规定，在侵害专利权纠纷中，销售者主张合法来源抗辩，需要同时满足被诉侵权产品具有合法来源这一客观要件和销售者无主观过错这一主观要件。本案中，百佳经营部与金民海于 2021 年 5 月 13 日就同种被诉侵权产品达成过和解，百佳经营部在 2021 年 7 月 1 日销售本案被诉侵权产品之时已明知该产品侵害了金民海涉案发明专利权，却仍然进行销售，存在侵权的故意，不符合适用合法来源抗辩的条件，故原审法院对百佳经营部主张的合法来源抗辩不予采纳。

本案中，金民海未提供证据证明其实际损失及百佳经营部的侵权获利，原审法院考虑如下因素：1. 双方于 2021 年 5 月 13 日就同种被诉侵权产品达成和解，和解金额为 3 万元；2. 被诉侵权产品系 2021 年 7 月 1 日销售，百佳经营部主张该产品与上述和解协议中的被诉侵权产品系同批产品，标牌均为杭州市立狮机械厂；3. 涉案专利于 2021 年 8 月 10 日到期；4. 被诉侵权产品的售价为 2700 元。另外，虽然百佳经营部存在侵权的故意，但未达到情节严重，不符合适用惩罚性赔偿的条件。综上，原审法院酌定百佳经营部作为销售者赔偿金民海于 2021 年 5 月 14 日至 2021 年 7 月 1 日之间的经济损失 8000 元，维权合理开支 2000 元。

关于佰发公司是否承担责任的问题。本案中，虽然佰发公司与百佳经营部的工商登记地址相同，但二者经营范围不同，且佰发公司的经营范围并不包括销售被诉侵权产品，在案证据亦不足以证明佰发公司实施了被诉侵权行为，故原审法院对金民海主张百佳经营部、佰发公司承担连带责任的诉请不予支持。

综上，原审法院依照《中华人民共和国专利法》第六十四条、第七十七条，《最高人民法院关于审理侵犯专利权纠纷案件应用法律若干问题的解释》第七条，《中华人民共和国民事诉讼法》第六十七条之规定，判决：一、郑东新区白沙镇百佳经营部于判决生效之日起十日内赔偿金民海经济损失 8000 元，维权合理开支 2000 元；二、驳回金民海的其他诉讼请求。如果未按判决指定的期间履行给付金钱义务，应当依照《中华人民共和国民事诉讼法》第二百六十条规定，加倍支付迟延履行期间的债务利息。一审案件受理费 5050 元，由金民海负担 4050 元，郑东新区白沙镇百佳经营部（经营者见鹤奎）负担 1000 元。

二审期间，双方当事人均未提交新证据。

原审法院查明的事实基本属实，本院予以确认。

本院另查明，金民海曾以百佳经营部、佰发公司销售相同被诉侵权产品侵害其涉案专利权为由向原审法院提起诉讼，诉讼过程中，金民海与百佳经营部于 2021 年 5 月 13 日达成和解并签订《和解协议》。《和解协议》载明，百佳经营部即日起立即停止侵犯金民海涉案专利权的行为，百佳经营部自愿一次性给付金民海经济损失及合理费用共计 30000 元。同日，金民海向原审法院申请撤诉，原审法院于 2021 年 6 月 11 日作出（2021）豫 01 知民初 581 号民事裁定，准许金民海撤诉。

本院认为：根据诉讼当事人的诉辩意见及本案事实，二审争议的焦点问题为：（一）百佳经营部是否应承担惩罚性赔偿责任；（二）原审判决确定的赔偿数额是否适当。

（一）百佳经营部是否应承担惩罚性赔偿责任

金民海以百佳经营部存在重复侵权为由，上诉主张其应承担惩罚性赔偿责任。本院经审理认为此上诉主张依法成立。

首先，由百佳经营部承担惩罚性赔偿责任具有法律依据。《中华人民共和国民法典》第一千一百八十五条规定："故意侵害他人知识产权，情节严重的，被侵权人有权请求相应的惩罚性赔偿。"《最高人民法院关于审理侵害知识产权民事案件适用惩罚性赔偿的解释》（以下简称惩罚性赔偿司法解释）第一条第一款规定："原告主张被告故意侵害其依法享有的知识产权且情节严重，请求判令被告承担惩罚性赔偿责任的，人民法院应当依法审查处理。"该司法解释第四条规定："对于侵害知识产权情节严重的认定，人民法院应当综合考虑侵权手段、次数，侵权行为的持续时间、地域范围、规模、后果，侵权人在诉讼中的行为等因素。被告有下列情形的，人民法院可以认定为情节严重：（一）因侵权被行政处罚或者法院裁判承担责任后，再次实施相同或者类似侵权行为；（二）以侵害知识产权为业；（三）伪造、毁坏或者隐匿侵权证据；（四）拒不履行保全裁定；（五）侵权获利或者权利人受损巨大；（六）侵权行为可能危害国家安全、公共利益或者人身健康；（七）其他可以认定为情节严重的情形。"

其次，由百佳经营部承担惩罚性赔偿责任具有事实根据。在本案之前，金民海曾因百佳经营部销售被诉侵权产品向原审法院提起专利侵权诉讼，后双方达成《和解协议》，百佳经营部承诺停止侵权并赔偿经济损失及合理费用共计3万元。百佳经营部在经历前案诉讼后，已明知金民海系涉案专利权人，也明知其销售被诉侵权产品侵害涉案专利权，但在前案中作出停止侵权承诺并支付赔偿款后，仍然再次销售被诉侵权产品，具有侵权的故意，构成重复侵权，属于惩罚性赔偿司法解释第四条规定的"其他可以认定为情节严重的情形"。

综上，百佳经营部主观上存在侵权故意且侵权情节严重，应承担惩罚性赔偿责任。原审法院认定百佳经营部的被诉侵权行为未达到情节严重，不符合适用惩罚性赔偿的条件，与本案事实和法律规定不符。

（二）原审判决确定的赔偿数额是否适当

专利法第七十一条第一款规定："侵犯专利权的赔偿数额按照权利人因被侵权所受到的实际损失或者侵权人因侵权所获得的利益确定；权利人的损失或者侵权人获得的利益难以确定的，参照该专利许可使用费的倍数合理确定。对故意侵犯专利权，情节严重的，可以在按照上述方法确定数额的一倍以上五倍以下确定赔偿数额。"该条第三款规定："赔偿数额还应当包括权利人为制止侵权行为所支付的合理开支。"本案中，虽然各方当事人均未举证证明权利人因被侵权的实际损失、侵权人侵权获利或可供参考的专利许可使用费等，但是考虑到本案百佳经营部在前案达成和解协议后不到两个月内即发生再次侵权行为，侵权持续时间较短，侵权获利有限，以及涉案专利于2021年8月10日到期，本案为批量维权性质等因素，本院酌情以前案《和解协议》约定赔偿数额为计算基数，确定由百佳经营部承担惩罚性赔偿责任，赔偿金民海经济损失及为制止侵权行为所支付的合理开支共计 6 万元。原审法院未判决由百佳经营部承担惩罚性赔偿责任，酌定的赔偿数额过低，本院予以纠正。

综上，金民海的上诉请求部分成立，本院予以支持。依照《中华人民共和国民法典》第一千一百八十五条，《中华人民共和国专利法》第七十一条第一款、第三款，《最高人民法院关于审理侵害知识产权民事案件适用惩罚性赔偿的解释》第一条第一款、第四条，《中华人民共和国民事诉讼法》第一百七十七条第一款第二项之规定，判决如下：

一、撤销河南省郑州市中级人民法院（2022）豫 01 知民初 211 号民事判决；

二、郑东新区白沙镇百佳五金机电劳保建材经营部于收到本判决书之日起十日内赔偿金民海经济损失及为制止侵权行为所支付的合理开支共计 60000 元；

三、驳回金民海其他上诉请求。

如果未按判决指定的期间履行给付金钱义务，应当依照《中华人民共和国民事诉讼法》第二百六十条规定，加倍支付迟延履行期间的债务利息。

一审案件受理费 5050 元，由郑东新区白沙镇百佳五金机电劳保建材经营部负担 3838 元，金民海负担 1212 元；二审案件受理费 2300 元，由郑东新区白沙镇百佳五金机电劳保建材经营部负担 1748 元，金民海负担 552 元。

本判决为终审判决。

审　判　长　袁晓贞

审　判　员　庞　敏

审　判　员　刘清启

二〇二二年十月十日

法 官 助 理　鹿伟玲

书　记　员　王　燚

10. 专利权稳定性存疑时可引导
当事人作出未来利益补偿承诺

——上诉人深圳市租电智能科技有限公司与被上诉人深圳市森树强
电子科技有限公司、深圳市优电物联技术有限公司侵害实用新型
专利权纠纷案①

中华人民共和国最高人民法院民事裁定书（2022）最高法知民终 124 号

上诉人（原审原告）：深圳市租电智能科技有限公司。住所地：广东省
深圳市宝安区航城街道三围社区泰华梧桐工业园大暑（7#）栋9层。

法定代表人：陈明星，该公司总经理。

委托诉讼代理人：黄良宝，深圳市千纳专利代理有限公司专利代理师。

委托诉讼代理人：童海霓，深圳市千纳专利代理有限公司专利代理师。

被上诉人（原审被告）：深圳市森树强电子科技有限公司。住所地：广
东省深圳市龙华区观澜街道大坪社区佳怡工业园5号厂房1栋。

法定代表人：朱锰炬，该公司董事长。

委托诉讼代理人：赵鹏，广东君孺律师事务所律师。

委托诉讼代理人：张燕凤，广东君孺律师事务所律师。

被上诉人（原审被告）：深圳市优电物联技术有限公司。住所地：广东
省深圳市龙华区观澜街道桂花社区佳怡工业园5号厂房101。

法定代表人：陈爱娟，该公司董事长。

委托诉讼代理人：赵鹏，广东君孺律师事务所律师。

委托诉讼代理人：张燕凤，广东君孺律师事务所律师。

上诉人深圳市租电智能科技有限公司（以下简称租电公司）因与被上诉
人深圳市森树强电子科技有限公司（以下简称森树强公司）、深圳市优电物
联技术有限公司（以下简称优电公司）侵害实用新型专利权纠纷一案，不服
广东省深圳市中级人民法院于2021年8月20日作出的（2021）粤03民初
372号民事判决，向本院提起上诉。本院于2022年2月7日立案后，依法组

---

① 本案在年度报告中的位置为第16页。

成合议庭，分别于 2022 年 4 月 12 日、6 月 17 日、6 月 20 日询问当事人，租电公司的委托诉讼代理人黄良宝，森树强公司、优电公司的共同委托诉讼代理人赵鹏、张燕凤到庭参加询问。

租电公司上诉请求：撤销原审判决，改判支持租电公司原审全部诉讼请求。事实与理由：（一）原审法院认定森树强公司无效抗辩成立无事实和法律依据。1. 专利被授权后，仅可因权利人主动放弃权利、国家知识产权局宣告权利无效、专利未缴纳年费失效，不可因无效抗辩直接剥夺专利权人的权利。2. 租电公司同日申请的专利号为第 201720131124.2 号、名称为"一种动态密码墙壁充电器"的实用新型专利（以下简称关联专利）无效中所用的对比文件 1 并未公开专利号为第 201720131230.0 号、名称为"一种动态密码 USB 线材"实用新型专利（以下简称涉案专利）的全部技术特征，且两者所要解决的技术问题不同，涉案专利具有创造性。（二）原审法院法律适用有误，被诉侵权行为持续至 2021 年 6 月 1 日之后，不应适用《中华人民共和国专利法》（2008 年修正，以下简称 2008 年修正的专利法）。

森树强公司和优电公司共同辩称：原审法院事实查明清楚，适用法律正确，请求驳回上诉，维持原判。

租电公司向原审法院提起诉讼，原审法院于 2021 年 2 月 3 日立案受理。租电公司起诉请求：1. 判令森树强公司、优电公司停止侵害涉案专利权的行为，销毁库存侵权产品，销毁侵权模具。2. 判令森树强公司、优电公司连带赔偿租电公司经济损失及维权合理开支 100 万元。事实与理由：租电公司于 2017 年 2 月 14 日向国家知识产权局申请涉案专利，于 2017 年 8 月 18 日获得专利权，该专利权至今合法有效。涉案专利产品系可替代共享充电宝的一种全新产品，主要投放在酒店房间使用，用户通过手机扫码产品上的二维码，支付使用费后获得密码，输入密码解锁后可为手机充电，相比共享充电宝无需充电管理，深受各酒店商家的喜爱。森树强公司在接受租电公司委托生产制造涉案专利产品过程中，得知涉案专利技术方案后，在未经租电公司许可的情况下，擅自大批量生产被诉侵权产品，并通过优电公司在各类销售平台进行销售。优电公司的法定代表人、最大股东（持股 90%）陈爱娟，同时为森树强公司股东，参与森树强公司的实际管理，森树强公司、优电公司采取分工合作，共同侵害租电公司专利权，侵权行为存在明显主观故意，侵权性质恶劣。

森树强公司、优电公司原审共同辩称：（一）森树强公司有电源适配器的生产能力，但从没有生产、销售和许诺销售过所谓被诉侵权产品，森树强公司在 2019 年 7 月至 9 月三个月间曾为租电公司生产并交付了 202190 个电源适配器，该事实体现在（2019）粤 0306 民初 39533 号民事案件中森树强公司要求租电公司给付拖欠的相应货款 797813 元，森树强公司从没有受托生产制造，也没有自行生产制造过涉案专利产品，没有给租电公司交付过任何共享充电设备；（二）涉案专利与租电公司同日申请的关联专利权利要求内容和技术特征完全相同，关联专利的技术早已是公众所知的技术，该关联专利因权利要求不具有实质性特点和进步，不具备创造性而被国家知识产权局宣告专利权全部无效。因此，涉案专利也属于现有技术，不具备创造性，涉案专利权早应被宣告无效。

原审法院查明如下事实：

（一）关于租电公司请求保护的涉案专利情况

租电公司于 2017 年 2 月 14 日向国家知识产权局申请了涉案专利，于 2017 年 8 月 18 日获授权公告，最新一期年费已缴纳，目前处于合法有效状态。

国家知识产权局于 2017 年 10 月 13 日对涉案专利权作出实用新型专利权评价报告，结论为权利要求 1—7 未发现存在不符合授予专利权条件的缺陷。

涉案专利摘要记载，一种动态密码 USB 线材，涉及用于为手机或数码产品充电用的 USB 线材技术领域，解决现有的 USB 线材存在不利于租借，共享使用管理的技术不足。涉案专利可以由手机 APP 连接服务器获取动态密码，以便于租借管理，按次或按时计费，减轻用户购买成本。涉案专利说明书的技术领域记载，本实用新型涉及用于为手机或数码产品充电用的 USB 线材技术领域。

（二）关于被诉侵权事实

租电公司主张森树强公司、优电公司实施了制造、销售、许诺销售被诉侵权产品的行为。

广东省深圳市先行公证处出具的（2020）深先证字第 57329 号公证书记载，公证员、公证人员以及租电公司的委托代理人张景雨于 2020 年 12 月 10 日在深圳市福田区金地中心一楼丰巢快递柜输入取件码从快递柜中收取了快递单号为"×××33"的邮包，公证处工作人员对张景雨的收邮行为及邮包的外观进行了拍照，并将收取的邮包带回公证处。公证员将上述邮包拆包拍照后重新封存。

广东省深圳市先行公证处出具的（2020）深先证字第 57330 号公证书记载，2020 年 12 月 10 日，租电公司委托代理人打开手机阿里巴巴应用平台，登录昵称为"kanaixiaoji"的阿里巴巴账户，点击"待收货"，显示租电公司在"深圳市优电物联技术有限公司"店铺购买"优电共享充电器酒店扫码充电器网吧 KTV 商用一拖三共享充电器 OEM"产品三套，单价 25 元，含运费支付 75 元，该产品的销售链接展示了产品图片；购买"优电 USB 共享充电线酒店共享充电器网吧 KTV 一拖三扫码充电线 OEM"产品三套（即本案被诉侵权产品），单价 14.5 元，含运费支付 41.5 元，该产品的销售链接展示了产品图片，成交 123 笔。物流信息显示运单号码为×××33，物流公司为圆通速递。

可信时间戳认证证书显示，2021 年 7 月 9 日，租电公司在阿里巴巴平台搜索"深圳市优电物联技术有限公司"，该店铺内仍在销售"优电 USB 共享充电线酒店共享充电器网吧 KTV 一拖三扫码充电线 OEM"被诉侵权产品。在产品详情的优电物联工厂介绍中，显示了森树强公司的前台照片和车间照片，3C 认证证书上显示生产者（制造商）：深圳市优电物联技术有限公司，生产企业：深圳市森树强电子科技有限公司。

森树强公司企业网站×××.com 的网页显示，森树强公司为电源适配器、智能充电器产品的专业厂家，证明其具有制造被诉侵权产品的能力。

2019 年 4 月 30 日，租电公司与森树强公司签订采购订单，森树强公司为租电公司生产充电器 80 万个，货值共计 635 万元，交付时间为 2019 年 5 月至 8 月。2019 年 8 月 31 日森树强公司为租电公司开具两张发票，总金额为 225983.8 元，17794 个电源适配器。原审庭审中双方确认，上述采购合同涉及产品为"电源适配器"，并非涉案的专利产品。（2019）粤 0306 民初 39533 号民事判决书、（2019）粤 0306 民初 39353 号民事判决书显示，因租电公司拖欠森树强公司货款，双方产生诉讼。（2019）粤 0306 民初 39533 号民事判决认定租电公司与森树强公司于 2019 年 4 月 30 日签订的《采购订单》已于 2020 年 5 月 22 日解除，租电公司应支付森树强公司货款 797813 元及逾期付款利息。（2019）粤 0306 民初 39353 号民事判决认定租电公司与森树强公司于 2019 年 4 月 30 日签订的《合作协议》已于 2020 年 9 月 24 日解除，租电公司因恶意诉讼应支付森树强公司律师费 113000 元。

租电公司原审当庭提交公证封存物，各方当事人确认封存完好。外包装盒贴有广东省深圳市先行公证处封条，封条上加盖广东省深圳市先行公证处公章，封存日期为 2020 年 12 月 10 日。外包装盒装箱上贴有圆通速递快递单，快递信息如下：快递单号为 YT5102064255××××；收件人：周凯，电话：131××××6572，收件地址：广东省深圳市福田区深南大道 2007 号深圳××楼××；寄件人：陈泽帆，电话：137××××2807，寄件地址：深圳市龙华区××街道××工业园××，快递外包装箱显示"深圳市森树强电子科技有限公司深圳市龙华新区观澜街道佳怡工业区森树强工业园""SIMSUKIAN 森树强"字样。

原审当庭拆封，内有产品 5 个，租电公司确认带有 USB 接口的 3 个是本案的被诉侵权产品，其余 2 个产品为（2021）粤 03 民初 370 号外观侵权案件的被诉侵权产品，产品的插头上印有"优电物联"电源适配器，制造商为"深圳市优电物联技术有限公司"。带有 USB 接口的 3 个被诉侵权产品，印有"扫码充电器，非赠品"字样，ID 号分别为 20191027248、20191027249、20191027250。随机选取其中 1 个作为本案的比对产品。

（三）关于被诉侵权产品与涉案专利的技术比对

涉案实用新型专利的权利要求书共有 7 项权利要求，记载如下：

1. 一种动态密码 USB 线材，包括有 USB 插接头；其特征在于：所述的 USB 插接头的电源输出端经动态密码控制器连接充电接口；所述的动态密码控制器包括有用于产生动态密码并控制充电接口的 MCU 主控模块，以及连接 MCU 主控模块提供动态密码输入的键盘输入模块，或者无线连接 MCU 主控模块提供动态密码输入的密码输入装置；键盘输入模块输入的密码与 MCU 主控模块的实时动态密码一致，MCU 主控模块开启充电接口电源输出。

2. 根据权利要求 1 所述的一种动态密码 USB 线材，其特征在于：所述的 MCU 主控模块上还连接有输入密码显示或状态显示的显示模块。

3. 根据权利要求 1 所述的一种动态密码 USB 线材，其特征在于：所述的动态密码控制器包含有独立的外壳，动态密码控制器分别通过导线连接电源适配器模块和充电接口。

4. 根据权利要求 1 所述的一种动态密码 USB 线材，其特征在于：所述的动态密码控制器的外壳上设有连接 MCU 主控模块的电源指示灯和充电状态指示灯。

5. 根据权利要求 1 所述的一种动态密码 USB 线材，其特征在于：所述的充电接口包括有 IP 接口、MICRO 接口和 TPC 接口。

6. 根据权利要求 1 所述的一种动态密码 USB 线材，其特征在于：所述的动态密码控制器的外壳上印刷有 ID 号或对应 ID 号的二维码。

7. 根据权利要求 1 所述的一种动态密码 USB 线材，其特征在于：所述的 MCU 主控模块上还连接有连接互联网的无线通讯模块。

租电公司在本案中请求保护权利要求 1，具体分解为以下技术特征：a. 一种动态密码 USB 线材，包括有 USB 插接头；b. 所述的 USB 插接头的电源输出端经动态密码控制器连接充电接口；c. 所述的动态密码控制器包括有用于产生动态密码并控制充电接口的 MCU 主控模块，以及连接 MCU 主控模块提供动态密码输入的键盘输入模块，或者无线连接 MCU 主控模块提供动态密码输入的密码输入装置；d. 键盘输入模块输入的密码与 MCU 主控模块的实时动态密码一致，MCU 主控模块开启充电接口电源输出。

经原审当庭比对，租电公司当庭明确被诉侵权产品为键盘输入模块，认为被诉侵权产品具有涉案专利权利要求 1 全部的技术特征，构成相同侵权。森树强公司、优电公司确认被诉侵权产品具有涉案专利权利要求 1 的技术特征 a–d。

（四）关于森树强公司、优电公司所提的专利权无效抗辩

森树强公司、优电公司提交了涉案专利权利要求书、第 41299 号无效宣告请求审查决定书（以下简称第 41299 号审查决定）、北京知识产权法院（2019）京 73 行初 10307 号判决书。专利权人同为租电公司的关联专利申请日为 2017 年 2 月 14 日，授权公告日为 2017 年 12 月 01 日。该关联专利授权公告时的权利要求书如下："1. 一种动态密码墙壁充电器，包括有 AC 插头，连接 AC 插头的电源适配器模块；其特征在于：所述的电源适配器模块的输出端经动态密码控制器连接充电接口；所述的动态密码控制器包括有用于产生动态密码并控制充电接口的 MCU 主控模块，以及连接 MCU 主控模块提供动态密码输入的键盘输入模块，或者无线连接 MCU 主控模块提供动态密码输入的密码输入装置；键盘输入模块输入的密码与 MCU 主控模块的实时动态密码一致，MCU 主控模块开启充电接口电源输出。

2. 根据权利要求 1 所述的一种动态密码墙壁充电器，其特征在于：所述的 MCU 主控模块上还连接有输入密码显示或状态显示的显示模块。

3. 根据权利要求 1 所述的一种动态密码墙壁充电器，其特征在于：所述的动态密码控制器包含有独立的外壳，动态密码控制器分别通过导线连接电源适配器模块和充电接口。

4. 根据权利要求 1 所述的一种动态密码墙壁充电器，其特征在于：所述的动态密码控制器的外壳上设有连接 MCU 主控模块的电源指示灯和充电状态指示灯。

5. 根据权利要求 1 所述的一种动态密码墙壁充电器，其特征在于：所述的充电接口包括有 IP 接口、MICRO 接口和 TPC 接口。

6. 根据权利要求 1 所述的一种动态密码墙壁充电器，其特征在于：所述的动态密码控制器的外壳上印刷有 ID 号或对应 ID 号的二维码。

7. 根据权利要求 1 所述的一种动态密码墙壁充电器，其特征在于：所述的 MCU 主控模块上还连接有连接互联网的无线通讯模块。"

第 41299 号审查决定记载：本专利专利号为第 201720131124.2 号，专利名称为"一种动态密码墙壁充电器"，即关联专利。国家知识产权局专利局复审和无效审理部认为：权利要求 1 请求保护一种动态密码墙壁充电器，对

比文件 1 公开了一种具有手机充电功能的 Wi-Fi 广告系统，具体公开了如下内容（参见说明书第 21—26 段、图 1—6）：Wi-Fi 广告系统包括智能充电系统，包括有装置接口 14，用于连接到 220V 交流电上（装置接口 14 相当于本专利的 AC 插头），充电器为提供 5V 稳压的充电装置，至于壳体内部，使用直流开关电源形式（相当于公开了本专利的电源适配器模块），USB 接口 13 置于壳体侧边，为手机充电线 15 提供电气连接的接口，并通过手机充电线 15 为用户提供充电电流（USB 接口 13 和充电线 15 相当于本专利的充电接口）；微控制器置于壳体内部，用于控制整个智能充电系统的运行，其内置定时器程序，用于定时更换密码，并可以通过判断密码是否正确来控制充电器的通断（微控制器相当于本专利的用于产生动态密码并控制充电接口的 MCU 主控模块）；键盘 12 置于显示装置下方，用户可通过向智能充电系统输入获得的密码来享用免费充电服务（键盘 12 相当于连接 MCU 主控模块提供动态密码输入的键盘输入模块），微控制器和键盘共同相当于本专利的动态密码控制器；判断密码是否正确，如果密码正确则为用户手机提供长时间的充电服务（相当于公开了键盘输入模块输入的密码与 MCU 主控模块的实时动态密码一致，MCU 主控模块开启充电接口电源输出）。

由此可见，权利要求 1 与对比文件 1 的区别特征在于：（1）墙壁充电器；（2）无线连接 MCU 主控模块提供动态密码输入的密码输入装置。权利要求基于上述区别所要解决的技术问题是：（1）明确充电器的使用环境；（2）提高输入密码的便利性。而在本领域中，将充电器设置在墙壁、柜体或其他固定的环境下以方便用户使用，是常用的技术手段，而为了方便地输入密码进行验证，采用有线或无线的输入装置，也均是本领域常用的技术手段。因此，权利要求 1 相对于对比文件 1 结合本领域公知常识不具有实质性特点和进步，不具备 2008 年修正的专利法第 22 条第 3 款规定的创造性，并认为从属权利 2、3 的附加特征在对比文件 1 公开内容的基础上结合公知常识是显而易见的；权利要求 4、5 的附加特征被对比文件 3 及公知常识公开，权利要求 6 的附加特征被对比文件 4 及公知常识公开，权利要求 7 的附加特征属于公知常识，故国家知识产权局专利局复审和无效审理部认为该专利权利要求 1—7 均不具备创造性，于 2019 年 8 月 7 日宣告第 201720131124.2 号、名称为"一种动态密码墙壁充电器"的实用新型专利权全部无效。

关联专利专利权人即本案租电公司不服第 41299 号审查决定，向北京知识产权法院提出行政诉讼。2020 年 10 月 26 日，北京知识产权法院判决驳回租电公司的诉讼请求。

租电公司确认关联专利与本案实用新型专利系同一日申请，两者除了前者为 AC 插头，后者为 USB 插接头外，其他所有的技术特征均相同。

（五）本案的其他情况

森树强公司成立日期为 2008 年 3 月 27 日，注册资本 500 万元，经营范围包括充电器、电源产品、电子产品、塑胶制品、线材的技术开发及销售；货物及技术进出口。股东为陈爱娟和朱锰炬。

优电公司成立日期为 2013 年 1 月 25 日，注册资本 500 万元，经营范围包括互联网、物联网、社交网络、网络数据的技术开发；手机通讯产品、手机通讯配件的设计、开发与销售；移动电源、充电器、电源适配器、电子元器件、电器、手机配件的销售；计算机软硬件的技术开发、技术咨询等。股东为陈爱娟和陈海鹏。

租电公司提供了律师费发票 4 万元，在本案中主张 2 万元。另主张公证费、购买侵权产品费用，亦确认上述费用不仅针对本案。租电公司请求法院依法酌定赔偿数额。

原审法院认为：本案系侵害实用新型专利权纠纷。涉案专利被授权后，按时缴纳了年费，依法应受保护。本案中森树强公司、优电公司被诉的侵权行为发生在 2020 年 5 月份，没有证据证明被诉侵权行为持续至 2021 年 6 月 1 日之后，故本案适用 2008 年修正的专利法。结合本案双方当事人的诉辩意见和原审法院查明的事实，本案争议焦点在于：（一）森树强公司、优电公司是否实施了制造、销售、许诺销售被诉侵权产品的行为。（二）森树强公司、优电公司的专利权无效抗辩能否成立。

关于争议焦点一，租电公司指控森树强公司、优电公司共同实施了制造、销售、许诺销售被诉侵权产品的行为。根据租电公司提交的公证书、可信时间戳认证证书、被诉侵权产品实物等证据，被诉侵权产品标注了"优电物联""制造商：深圳市优电物联技术有限公司"，租电公司在阿里巴巴店铺"深圳市优电物联技术有限公司"购买了被诉侵权产品，足以认定优电公司实施了制造、销售、许诺销售被诉侵权产品的行为。被诉侵权产品外包装箱印有森树强公司的企业名称及公司地址，被诉侵权产品的发货地址显示"深圳市龙华区××街道××工业园××"，森树强公司确认其与优电公司共用同一栋厂房，且优电公司法定代表人陈爱娟亦是森树强公司股东，森树强公司、优电公司的总经理均为朱锰炬，优电公司的网页介绍中，也使用了森树强公司的前台照片和车间照片，综合以上证据，足以证明森树强公司与优电公司混同经营，共同实施了制造、销售、许诺销售被诉侵权产品的行为。森树强公司称包装盒可能系他人所拿，其未实施制造、销售行为，未提供任何相反证据，原审法院不予采纳。

关于争议焦点二，2008 年修正的专利法第二十二条规定：授予专利权的发明和实用新型，应当具备新颖性、创造性和实用性。新颖性，是指该发明或者实用新型不属于现有技术；也没有任何单位或者个人就同样的发明或者实用新型在申请日以前向国务院专利行政部门提出过申请，并记载在申请日以后公布的专利申请文件或者公告的专利文件中。创造性，是指与现有技术相比，该发明具有突出的实质性特点和显著的进步，该实用新型具有实质性特点和进步。依据上述规定，依法受到法律保护的专利权应当合法有效，且权利相对稳定，专利权人有权实施其专利，并依法禁止他人未经许可实施其专利技术，从而为发明创造者提供必要的激励。但是对于不符合专利权授权条件、不应获得法律保护的技术方案，且被诉侵权人也明确据此抗辩被诉行为不构成侵权或其不应承担侵权责任的，如果仍然支持相关专利权人禁止他人实施，则显失公平，且亦有悖专利法的立法目的。本案中，租电公司同日申请了涉案专利和关联专利，两者的发明目的均系为手机或数码产品充电，两者除了外接电源的方式前者为 USB 插接头，后者为 AC 插头外，权利要求 1—7 记载的其他技术特征完全一致，而关联专利因权利要求 1—7 均不具备创造性，已经于 2019 年 8 月 7 日被宣告全部无效，无效决定认为对比文件 1 的"装置接口，用于连接到 220V 交流电上"相当于公开了关联专利的 AC 插头，这同样可以评价涉案专利的 USB 插接头。实用新型专利申请可以不经过实质性审查就被授予专利权，而在充电领域，使用 USB 插接头还是 AC 插头来连接外电源，属于公知常识，故涉案实用新型专利和关联专利属于实质上的同一技术方案，关联专利的无效审查结论可以作为判断涉案专利是否符合授权条件的依据，亦可能对该实用新型专利权是否应获得民事保护产生实质性影响，本案中，关联专利权经专利无效请求程序和行政诉讼程序，已经被认定权利要求 1—7 均不具备创造性，被宣告全部无效，在无效程序中所使用的对比文件以及与关联专利比较相关创造性的具体分析，同样可以得出涉案专利与现有技术相比，并不具有实质性特点和进步。在此种情况下，如果仍然要求另行启动专利无效程序及后续的行政诉讼程序，明显增加了当事人的纠纷解决成本，消耗了司法和行政资源，亦无法满足人民群众解决纠纷的需求。综合考虑上述情形，租电公司据以指控侵权的涉案专利明显或者有极大可能属于不应获得专利授权的技术方案，其也不属于专利法保护的合法权益，森树强公司、优电公司的专利权无效抗辩成立。但本案只是采纳森树强公司、优电公司的专利权无效抗辩，在审查专利权无效抗辩是否成立时，不可避免涉及涉案专利是否符合专利法授权标准的审查，本案的认定仅仅具有个案意义上的效力。如果森树强公司想要获得专利权无效的对世效力，其仍然需要依照专利法的相关规定，向国家知识产权局提出无效宣告请求。综上，涉案专利权利要求1不能作为租电公司请求保护的权利基础，租电公司依据涉案专利权利要求1所提出的诉讼请求应当全部予以驳回。

原审法院依照2008年修正的专利法第二十二条、第五十九条第一款，《中华人民共和国民事诉讼法》（2017年修正）第六十四条之规定，判决：驳回深圳市租电智能科技有限公司的全部诉讼请求。

二审中，各方当事人均未提交新证据

原审法院查明事实属实，本院予以确认。

本院经审理另查明：租电公司在原审中提供的可信时间戳认证证书显示，2021年7月9日，租电公司在阿里巴巴平台搜索"深圳市优电物联技术有限公司"，该店铺内仍在销售"优电USB共享充电线酒店共享充电器网吧KTV一拖三扫码充电线OEM"被诉侵权产品，在产品网页中显示"日产能10000个"。

涉案专利说明书［0013］段记载，本实用新型在传统USB线材的基础上结合动态密码技术，实现由动态密码控制充电状态，可以由手机APP连接服务器获取动态密码，以便于租借管理，按次或按时计费，减轻用户购买成本。［0017］段记载，参照图1和图2中所示，本实用新型动态密码USB线材包括有依次连接的USB插接头1、动态密码控制器3及充电接口4。［0018］段记载，USB插接头1用于插接在5V直流输出的USB接口上，获取5V直流输出，动态密码控制器3控制充电接口4电源输出状态，充电接口4插接需要充电的手机或其他数码产品。

关联专利说明书［0013］段记载，本实用新型在传统充电器的基础上结合动态密码技术，实现由动态密码控制充电状态，可以由手机APP连接服务器获取动态密码，以便于租借管理，按次或按时计费，减轻用户购买成本。［0017］段记载，参照图1和图2中所示，本实用新型动态密码墙壁充电器包括有依次连接的AC插头1、电源适配器模块2、动态密码控制器3及充电接口4。AC插头1用于插接在市电插座上获取220V或110V的交流电源，电源适配器模块2将交流电源降压为低压直流输出，动态密码控制器3控制充电接口4电源输出状态，充电接口4插接需要充电的手机或其他数码产品。

对关联专利，北京知识产权法院判决驳回租电公司因不服国家知识产权局第41299号审查决定而提出的诉讼请求后，当事人均未提出上诉，该决定已发生法律效力。

二审审理过程中，森树强公司向国家知识产权局提出针对涉案专利权的无效宣告请求（以下简称本次专利确权程序），国家知识产权局已于2022年

5 月 13 日受理，森树强公司就涉案专利无效宣告请求的证据与第 41299 号审查决定相同，无效理由也基本一致。

经本院对涉案专利权稳定性问题依法可能存在的处理方式进行释明，租电公司自愿作出如下承诺：如在本次专利确权程序中涉案专利权或者主张权利的专利权利要求被人民法院生效裁判文书或者未在法定期限内提起行政诉讼的无效宣告请求审查决定书确认无效，则租电公司就本案放弃依据《中华人民共和国专利法》（2020 年修正，以下简称 2020 年修正的专利法）第四十七条第二款所享有的权利和利益，对因本案诉讼从森树强公司、优电公司处获得的专利侵权损害赔偿金和诉讼合理开支等所有利益均应即时予以返还，并支付自获益之日起至返还之日止以中国人民银行授权全国银行间同业拆借中心公布的同期贷款市场报价利率（LPR）计算的利息。森树强公司、优电公司亦自愿作出如下承诺：如本案人民法院应森树强公司、优电公司请求而以涉案专利权稳定性不足为由裁定中止诉讼或者驳回租电公司的起诉，但在本次专利确权程序中涉案专利权或者主张权利的专利权利要求被人民法院生效裁判文书或者未在法定期限内提起行政诉讼的无效宣告请求审查决定书确认有效，且本案的被诉侵权行为被后续恢复审理或者租电公司另行提起的专利侵权诉讼程序的生效裁判认定构成侵害涉案专利权时，森树强公司、优电公司同意对认定构成专利侵权的生效裁判作出之日前应支付之全部侵权损害赔偿金和诉讼合理开支等应付利益，支付自裁定中止诉讼或者驳回起诉之日起至该认定构成专利侵权的生效裁判作出之日止以中国人民银行授权全国银行间同业拆借中心公布的同期贷款市场报价利率（LPR）计算的利息，并在该生效裁判执行时将上述利息一并纳入本金计算。

本院认为，根据当事人的诉辩意见，本案二审争议焦点为：（一）原审法院适用 2008 年修正的专利法是否正确；（二）森树强公司、优电公司主张的所谓专利权无效抗辩是否应予支持以及本案的后续处理方式。

（一）关于原审法院适用 2008 年修正的专利法是否正确

租电公司主张，本案侵权行为持续至 2021 年 6 月之后，不应适用 2008 年修正的专利法。

对此，本院认为，2020 年修正的专利法已于 2021 年 6 月 1 日起施行。本案租电公司在原审中提供的可信时间戳认证证书显示，优电公司直至 2021 年 7 月 9 日仍在其阿里巴巴的店铺销售被诉侵权产品，原审法院对该证据予以采信并查明了相关事实，即本案中租电公司主张的被诉侵权事实实际已持续至 2021 年 6 月 1 日之后，故本案应适用 2020 年修正的专利法。原审法院适用 2008 年修正的专利法有误，但并未因此影响本案一审实体裁判。

（二）关于森树强公司、优电公司主张的所谓专利权无效抗辩是否应予支持以及本案的后续处理方式

原审中，森树强公司、优电公司明确主张所谓的专利权无效抗辩，认为因关联专利被宣告无效，涉案专利权亦不具备专利授权要件，据此应驳回租电公司全部诉讼请求。原审法院支持了森树强公司、优电公司的所谓专利权无效抗辩。二审中，租电公司坚持认为，关联专利权被宣告无效和涉案专利权被提起本次专利确权程序并不影响本案审理，二审法院应当继续审理，改判认定构成专利侵权并判令赔偿；森树强公司、优电公司则认为，涉案专利权明显应当无效，二审法院应当维持一审判决或者裁定中止诉讼或驳回租电公司的起诉。对此，本院评述如下：

第一，本案所谓专利权无效抗辩只是当事人的一种自我命名的抗辩主张，在专利侵权案件中一般应指向专利权稳定性问题。不同于现有技术抗辩和合法来源抗辩等，所谓的专利权无效抗辩并非我国专利法等法律、行政法规或司法解释明确规定的专利侵权抗辩事由，亦非我国司法理论和实践中已经得到普遍认可或者广泛适用的专利侵权抗辩事由，因此，本院谨以"所谓专利权无效抗辩"来指代本案当事人的相关抗辩主张。本案森树强公司、优电公司提出的所谓专利权无效抗辩，其本意在于主张涉案专利权稳定性不足，如要在学理上或实务中命名，可考虑以专利权稳定性抗辩为名。当然，本院并不否认，在专利侵权案件审理期间专利权被依法宣告无效的情形下，也可能出现真正的专利权无效抗辩事由，被诉侵权人可以据此主张判决驳回权利人的诉讼请求或者裁定驳回权利人的起诉。

第二，专利侵权案件审理中对涉案专利权稳定性存疑或有争议时，人民法院可以对此进行一定的有限度的审查。权利不得滥用是诚实信用原则的体现，是行使民事权利的基本要求。在专利侵权案件中，专利权的稳定有效存在是审理专利侵权案件的前提和基础。在特定情况下，如请求保护的权利要求明显不清楚以致无法确定保护范围、侵害他人合法在先权利获得专利权等，可能构成权利滥用。此时，如果人民法院对被诉侵权人提出权利滥用或者专利权稳定性抗辩事由视而不见、避而不审，仍然作出被诉侵权人承担侵权责任的认定，明显有违公平原则，也无益于鼓励真正的有价值的发明创造。因此，从这个意义上讲，被诉侵权人就专利权稳定性提出的抗辩，人民法院在专利民事侵权案件中并非不能进行任何意义上的审查。但需要强调的是，在我国现行法律框架下，宣告专利权无效的请求由国务院专利行政部门负责审查。因此，在审理专利侵权案件时，针对被诉侵权人提出的专利权稳定性的特定质疑或抗辩，人民法院基于审查专利权人是否具有正当合理行使诉权的

基础，可以进行一定的有限度的审查，但并不能对专利权本身的效力作出认定和裁判，包括被诉侵权人在内的社会公众如质疑专利权本身的效力，仍应循专利确权程序，向国务院专利行政部门请求宣告专利权无效。

第三，在涉案专利权稳定性存疑或有争议的情况下，人民法院可以酌情对后续审理程序作出妥适处理。依据有关法律和司法解释的规定，专利侵权案件审理中对涉案专利权稳定性存疑或有争议时，人民法院至少可以有继续审理并作出判决、裁定中止诉讼、裁定驳回起诉三种处理方式，具体应采取哪种方式，主要取决于人民法院对涉案专利权稳定性程度的初步判断。一般而言，对于已经过专利授权确权程序中国务院专利行政部门实质审查判断的专利权，其稳定性相对较强，人民法院通常可以继续审理侵权案件并作出判决；对于未经国务院专利行政部门实质审查判断的专利权和其他有证据表明被宣告无效可能性较大的专利权，其稳定性相对不足，人民法院可以依据有关司法解释的规定视情对侵权案件裁定中止诉讼；对于已被国务院专利行政部门宣告无效但无效决定尚未确定发生法律效力的专利权，其稳定性明显不足，人民法院可以依据《最高人民法院关于审理侵犯专利权纠纷案件应用法律若干问题的解释（二）》第二条第一款的规定，对侵权案件裁定驳回起诉；对于有证据表明被宣告无效可能性极大的专利权，其稳定性明显不足的，虽然尚未被国务院专利行政部门宣告无效，但在专利确权程序已经启动的情况下，人民法院对侵权案件既可以裁定中止诉讼，也可以在必要时视情参照《最高人民法院关于审理侵犯专利权纠纷案件应用法律若干问题的解释（二）》第二条的规定裁定驳回起诉。

第四，基于本案现有事实和证据，可以得出涉案专利权稳定性明显不足的结论。本案已经查明，专利权人租电公司在申请涉案专利的同日申请了关联专利，该关联专利权已被发生法律效力的第41299号审查决定宣告全部无效。关联专利与涉案专利相比，区别技术特征仅在于，涉案专利为"一种动态密码USB线材，包括有USB插接头；其特征在于：所述的USB插接头的电源输出端经动态密码控制器连接充电接口"；关联专利为"一种动态密码墙壁充电器，包括有AC插头，连接AC插头的电源适配器模块；其特征在于：所述的电源适配器模块的输出端经动态密码控制器连接充电接口"；二者其余技术特征均相同。对于上述区别技术特征，根据涉案专利说明书及关联专利说明书可知，不论是USB线材还是采用AC插头的充电器均为现有技术，USB插接头用于获取5V直流电，供数码产品充电；AC插头用于插接在市电插座上获取220V或110V的交流电源，电源适配器模块将交流电源降压为低压直流输出，即AC插头与电源适配器连接后，用于提供低压直流输出电,供数码产品充电。森树强公司、优电公司主张,上述区别技术特征对于本领域技术人员而言,在涉案专利、关联专利中所起的作用、效果相同,属于惯用手段的直接替换。森树强公司在本案二审审理过程中也已就涉案专利权向国家知识产权局提出了无效宣告请求,其提交的证据与第41299号审查决定中的证据相同,无效理由也基本一致,国家知识产权局已经受理。本院认为,基于上述涉案专利和关联专利均为未经实质审查即授权的实用新型专利,二者的区别技术特征仅系行业惯用和市场常见的USB插头与AC插头及与之配套使用的电源适配器的不同,且二者系同日申请,在关联专利权已被国家知识产权局宣告无效而森树强公司、优电公司也已就涉案专利向国家知识产权局提出宣告无效请求的情况下,涉案专利权被宣告无效的可能性极大,其专利权稳定性明显不足。

第五,本案中双方当事人自愿作出的有关涉案专利权稳定性问题的利益补偿承诺或声明,有利于彼此利益的实质平衡,人民法院也可将此作为对后续审理程序作出处理时的考量因素。针对专利侵权程序与专利确权程序分立、二者交叉或先后进行的情况,现行立法和司法解释对有关程序的衔接作出了一定的安排。2020年修正的专利法第四十七条第二款规定:"宣告专利权无效的决定,对在宣告专利权无效前人民法院作出并已执行的专利侵权的判决、调解书,已经履行或者强制执行的专利侵权纠纷处理决定,以及已经履行的专利实施许可合同和专利权转让合同,不具有追溯力。但是因专利权人的恶意给他人造成的损失,应当给予赔偿。"《最高人民法院关于审理专利纠纷案件适用法律问题的若干规定》第四条至第八条针对专利侵权程序与专利确权程序交叉进行的情况下是否中止诉讼问题作出了规定。《最高人民法院关于审理侵犯专利权纠纷案件应用法律若干问题的解释(二)》第二条针对专利侵权程序进行中专利被宣告无效的情形,规定人民法院可以从程序上径行裁定驳回权利人起诉,当宣告无效决定被撤销时可以另行起诉。应当说,上述法律和司法解释的规定综合考虑了程序正义、纠纷解决效率和实体公正,但由于两种程序的交错性和专利权效力的难以预测性以及相关判断因素的主观性,在实践操作中,仍然既可能出现侵权裁决已执行而后专利权被宣告无效,导致权利人事实上获得本不应获得的利益,也可能出现因等待确权结果而导致侵权纠纷久拖不决,权利人得不到及时有效的法律救济,被诉侵权人也对要否继续生产和扩大投资犹疑不决、无所适从,最终不仅直接影响当事人之间的利益得失,也会间接影响到企业与社会的科技创新活力和市场投资动力。因此,如何才能更好地实现专利侵权程序与专利确权程序的高效有序衔接,仍然是一个需要在理论、规则和实务中进行不断探索完善的问题。

本案中，在涉案专利权稳定性问题存疑且已经启动本次专利确权程序的情况下，经本院释明相关程序可能的走向和后果后，本案双方当事人分别针对本次专利确权程序可能的结果及因此可能对对方当事人利益造成的不利影响作出了相应的利益补偿承诺。专利权人承诺的核心在于专利权被宣告无效时将返还全部有关侵权案件实际收益并给付利息，这样可以有效保障在专利侵权程序先行的情况下专利权被宣告无效后被诉侵权人的实际利益损失得以挽回。被诉侵权人承诺的核心在于专利权被确认有效时将支付全部侵权案件应付赔偿并给付利息，这样可以有效保障在专利确权程序先行的情况下因专利侵权行为持续进行而给权利人造成的利益损失得以补偿。

对于上述承诺，本院经审查认为，当事人所作有关利益补偿承诺系对各自民事权利和期待利益的自愿处分，内容并不违背法律规定，所作承诺系在充分考虑相关程序的可能走向和后果的基础上对彼此利益的合理预期和处分，能够较好地保障和合理地平衡专利侵权程序与专利确权程序交叉进行情况下当事人的程序利益和实体公正，符合公平原则和诚信原则，并具有实践可操作性。同时，在当事人自愿作出有关专利权稳定性问题的利益补偿承诺的情况下，无论人民法院后续是采取继续审理并作出判决、裁定中止诉讼、裁定驳回起诉三种处理方式中的哪一种方式，均可在实质上较好且有效地平衡保护双方当事人利益，也有利于人民法院结合具体案情就后续处理方式作出适当选择。因此，本院不仅对本案当事人的有关承诺予以认可，也想借此案表明，本院鼓励专利侵权案件当事人在涉案专利权稳定性存疑或有争议的情况下，基于公平与诚信之考虑，积极作出相关的利益补偿承诺或声明，这种承诺或声明既可以是双方双向的，也可以是单方单向的，只要是当事人出于自愿、不违背法律并有利于平衡彼此的利益，即应予以肯定和鼓励。本院也希望审理专利侵权案件的一审法院也能够主动对当事人作出有关释明并积极尝试类似的做法。

综合上述分析，涉案专利权稳定性明显不足，而被诉侵权人就涉案专利权稳定性问题所作相关利益补偿承诺也可以在本案裁定驳回起诉后未来专利权被确认有效时使得专利权人的相应利益得以保障，本案可以参照《最高人民法院关于审理侵犯专利权纠纷案件应用法律若干问题的解释（二）》第二条第一款、第二款的规定，按照裁定驳回起诉作出处理。专利权人可以在国家知识产权局就涉案专利权作出维持有效的审查决定确定发生法律效力后，另行提起诉讼，并可根据被诉侵权人在本案中所作利益补偿承诺主张权利。原审判决对涉案专利权稳定性的分析判断本身并无明显不妥，但直接认定被诉侵权人的专利权无效抗辩成立并据此判决驳回租电公司诉讼请求，欠缺法律依据。

综上，租电公司的上诉理由部分成立，但其上诉请求不予支持。原审判决事实认定基本清楚，但法律适用有误，应予纠正。本院参照《最高人民法院关于审理侵犯专利权纠纷案件应用法律若干问题的解释（二）》第二条第一款、第二款，依据《中华人民共和国民事诉讼法》第一百二十二条、第一百五十七条第一款第三项之规定，裁定如下：

一、撤销广东省深圳市中级人民法院（2021）粤 03 民初 372 号民事判决；

二、驳回深圳市租电智能科技有限公司的起诉。

一审案件受理费 13800 元，退还深圳市租电智能科技有限公司。上诉人深圳市租电智能科技有限公司预交的二审案件受理费 13800 元予以退还。

本裁定为终审裁定。

审 判 长　原晓爽

审 判 员　张本勇

审 判 员　詹靖康

二〇二二年六月二十二日

法 官 助 理　郝小娟

书 记 员　汪　妮

11. 假冒专利行为的侵权定性及损害赔偿法律依据

——上诉人姚魁君与被上诉人嘉兴捷顺旅游制品有限公司、原审被告上海寻梦信息技术有限公司假冒他人专利纠纷案①

中华人民共和国最高人民法院民事判决书（2021）最高法知民终 2380 号

上诉人（原审被告）：姚魁君。

委托诉讼代理人：褚振辉，浙江哲鼎律师事务所律师。

被上诉人（原审原告）：嘉兴捷顺旅游制品有限公司。住所地：浙江省嘉兴市秀洲工业区。

法定代表人：沈煜明，该公司副总经理。

委托诉讼代理人：林燕辉，浙江南湖律师事务所律师。

原审被告：上海寻梦信息技术有限公司。住所地：上海市长宁区娄山关路 533 号 2902-2913 室。

法定代表人：朱健翀，该公司执行董事。

委托诉讼代理人：郑新杭，浙江浙元律师事务所律师。

上诉人姚魁君因与被上诉人嘉兴捷顺旅游制品有限公司（以下简称捷顺公司）、原审被告上海寻梦信息技术有限公司（以下简称寻梦公司）假冒他人专利纠纷一案，不服浙江省杭州市中级人民法院于 2021 年 10 月 18 日作出的（2020）浙 01 知民初 870 号民事判决，向本院提起上诉。本院于 2021 年 12 月 6 日立案后，依法组成合议庭，于 2022 年 2 月 28 日进行了询问，上诉人姚魁君的委托诉讼代理人褚振辉、被上诉人捷顺公司的委托诉讼代理人林燕辉、原审被告寻梦公司的委托诉讼代理人郑新杭到庭参加询问。本案现已审理终结。

姚魁君上诉请求：撤销原审判决第一项，依法改判驳回捷顺公司全部诉讼请求；本案一、二审诉讼费由捷顺公司负担。事实及理由：（一）原审判决按照专利侵权的法定赔偿标准确定赔偿金额，系适用法律错误。我国专利法所保护的专利权体现在《中华人民共和国专利法》（2008 年修正，以下简

---

① 本案在年度报告中的位置为第 20 页。

称专利法）第十一条的规定，即专利权人拥有排他的制造权、使用权、销售权和进口权，未经专利权人许可而实施上述制造、使用、销售、进口等，即构成侵害专利权。显然，上述专利权中并不含有"标记权"。根据《中华人民共和国专利法实施细则》（2010 年修订）（以下简称专利法实施细则）第八十四条第五项的兜底条款可知，假冒专利的行为是指使公众混淆，将未被授予专利权的技术或者设计误认为是专利技术或者专利设计的行为。因此，假冒专利行为侵害的客体是国家专利管理秩序，侵害专利标识的标记权与侵害专利权是两个不同的概念，侵权的客体不同，两者适用的法条和构成要件均不相同。因此不能依照专利法第六十五条的规定确定赔偿金额，而应根据损失填平规则以及"谁主张，谁举证"的原则，由捷顺公司另行举证其因专利号被他人标注造成的实际损失。原审判决根据专利法第六十五条的法定赔偿标准判决姚魁君承担赔偿责任系适用法律错误，应予以纠正。（二）姚魁君无需向捷顺公司承担赔偿责任。捷顺公司并未举证其因专利号未经许可被标注而造成的实际损失，也没有提供因专利号标注权被侵害而导致其专利产品市场份额被影响的证据。即便构成假冒专利行为，其情节也相当轻微。在捷顺公司对姚魁君提起的涉案产品侵害他人外观设计专利权纠纷一案中，上海市两级人民法院根据查明的事实，同时考虑取得商品的渠道、商业习惯等方面，认定姚魁君的合法来源抗辩成立，最终依法判决姚魁君停止侵权但不承担经济赔偿责任。可见，姚魁君关于销售产品合法来源的基本事实已经为生效判决所确认，根据《最高人民法院关于民事诉讼证据的若干规定》第十条的规定，上述事实属于免证事实。因此，即使假冒专利的行为成立，姚魁君作为善意销售者根据合法来源抗辩也无需承担赔偿责任。虽然上海市两级人民法院认定姚魁君对捷顺公司的另一项外观设计专利权构成侵权，但法院基于合法来源抗辩成立进而判决姚魁君向捷顺公司支付 1 万元的合理维权费用，而本案针对相同的产品，仅仅侵害了捷顺公司的专利号标注权，却被原审法院判决承担 10 万元的赔偿数额。从民事侵权的角度对捷顺公司来说，"未经允许，实施其专利"的危害程度和侵权性质显然比"未经允许，标注了其专利号"更严重，主观故意也更严重，一般来说对其造成的损失也应更大。（三）姚魁君无需重复支付捷顺公司的维权费用。捷顺公司在前述案件审理过程中已经向法庭指出涉案店铺图片中存在标识其专利号的问题，当时其本可一并主张由上海法院审理判决，但其并未主张，现在通过变更管辖法院另案起诉，其目的显然是重复索赔，该行为属于严重浪费司法资源，应予以谴责。捷顺公司在本案提供的所谓因诉讼维权而支出的费用（包括公证费、取证费等），前案已经由上海高院判决由姚魁君向其支付，在本案不应再重复支付，否则有违公平原则，同时也会助长打着维权之名通过滥诉非法谋取利益的风气。

捷顺公司辩称：原判认定事实清楚，适用法律正确，请求二审法院驳回上诉。事实与理由：（一）姚魁君假冒专利的行为损害了捷顺公司正常的经营活动，应赔偿捷顺公司经济损失。姚魁君假冒专利行为销售伪专利产品 10 余万件，销售总额 400 多万元，侵权获利巨大，且销售的伪专利产品还侵害捷顺公司的外观设计专利权，让不明真相的消费者以为姚魁君所售商品来自捷顺公司，普通消费者会基于对捷顺公司产品的信赖而购买该侵权产品，造成消费者对捷顺公司与姚魁君所售商品的错误关联和混淆，对捷顺公司的产品产生误解，从而对捷顺公司的商誉造成严重损害。（二）姚魁君假冒专利的行为存在故意，应予严惩。（三）原审判决是法院依据自由裁量酌情作出的判决金额，并非依据专利法第六十五条。（四）本案中假冒专利的行为人与承担侵害专利权的主要赔偿责任的主体不同。姚魁君的行为并不能适用专利法实施细则第八十四条第三款。专利法实施细则第八十四条第三款中销售不知道是假冒专利的产品，是指仅是单一的售卖行为，而本案中姚魁君宣传所售卖的产品时，违法标注了捷顺公司的专利号，从而助力自己售卖，显然应当由行为者承担行为责任。退一步说，专利法实施细则第八十四条第三款仅仅规定了免于行政处罚，并没说免于承担民事赔偿责任。（五）另案专利侵权案件的维权支出与本案的维权支出为两笔不同的支出，不存在另案已经支出了本案维权开支的情况。本案的判决是依据各种因素酌情作出的判决金额，并没有单独判决维权开支。

寻梦公司述称，其为网络销售平台，在本案中不承担责任，服从原审判决。

捷顺公司向原审法院提起诉讼，原审法院于 2020 年 12 月 21 日立案受理。捷顺公司起诉请求：1. 判令姚魁君撤除其经营的拼多多电商平台上"百家优选"店铺的侵权页面信息；2. 判令姚魁君赔偿捷顺公司经济损失 50 万元；3. 判令姚魁君赔偿捷顺公司律师费以及因为调查和制止侵权行为所支付的公证费、交通费等合理维权费用合计 5 万元；4. 判令寻梦公司对第 2、3 项诉讼请求承担连带责任。庭审中，捷顺公司明确放弃第 1 项诉讼请求。

姚魁君原审辩称：捷顺公司诉姚魁君专利侵权纠纷经上海两级法院审理作出生效判决，姚魁君早在 2019 年 3 月 26 日已下架被诉页面、停止销售，该事实经生效判决确认。姚魁君未实施涉案专利技术方案，不存在侵权行为，姚魁君仅在产品宣传的一张图片以极小字符标注一串专利号，该行为不会导致捷顺公司产生损失，且所销售的产品有合法来源，不应承担赔偿责任。捷顺公司在明知姚魁君已停止销售的情况下提起本案诉讼，其维权费用在前案已经支付，姚魁君不应承担维权开支。综上，请求驳回捷顺公司的全部诉讼请求。

寻梦公司原审辩称：寻梦公司无侵权行为，不构成帮助侵权或共同侵权。寻梦公司仅系网络服务提供商，已尽到事前提醒注意义务，不存在过错。涉案页面链接2019年3月26日已经删除，寻梦公司不应承担连带赔偿责任。

原审法院认定事实：2014年10月27日，捷顺公司向国家知识产权局申请名称为"一种自挤水平板拖把"的实用新型专利，于2015年2月11日授权公告，专利号为201420624××××，目前专利有效。

2019年3月12日，捷顺公司在姚魁君的拼多多店铺以39.9元购得平板拖把一件，销售页面展示有产品图片、单独购买39.9元、发起拼单29.9元、已拼10万+件等信息，并展示"专利产品防伪必究""自挤水平板拖把专利号201420624××××"等字样。

2019年3月26日，寻梦公司对上述销售页面对应商品进行禁售的平台限制。

原审庭审中，捷顺公司确认姚魁君所售平板拖把产品上未标注专利号。

原审法院认为，专利号为201420624××××的"一种自挤水平板拖把"实用新型专利在有效期限内，已履行了缴纳专利年费的义务，为有效专利，应受法律保护。捷顺公司作为专利权人依法享有诉权。

被诉销售页面展示有与涉案专利相同的专利号，并标注"自挤水平板拖把""专利产品防伪必究"等字样，姚魁君未提供证据证明其经许可使用该专利号，其行为会使公众将被诉销售页面对应的产品使用的技术误认为是专利技术，构成假冒专利的行为，姚魁君依法承担赔偿损失及支付合理维权费用的民事责任。

寻梦公司系网络交易平台提供者，对网络店铺经营者身份进行审查，已经尽到合理的义务。寻梦公司并未违反法律、行政法规的规定提供帮助行为，不构成共同侵权，捷顺公司亦无证据证明寻梦公司实施了侵权行为，其关于寻梦公司的诉讼请求，无事实和法律依据，不予支持。

根据专利法第六十五条规定："侵犯专利权的赔偿数额按照权利人因被侵权所受到的实际损失确定；实际损失难以确定的，可以按照侵权人因侵权所获得的利益确定。权利人的损失或者侵权人获得的利益难以确定的，参照该专利许可使用费的倍数合理确定。赔偿数额还应当包括权利人为制止侵权行为所支付的合理开支。权利人的损失、侵权人获得的利益和专利许可使用费均难以确定的，人民法院可以根据专利权的类别、侵权行为的性质和情节等因素，确定给予一万元以上一百万元以下的赔偿。"本案中，捷顺公司未证明权利人损失和侵权人获利的事实，原审法院依照专利法的上述规定，综合考虑捷顺公司为制止侵权所支出的合理费用、涉案专利的授权时间等因素，按照法定赔偿的方式，酌情确定赔偿数额。

综上，原审法院依照《中华人民共和国专利法》（2008 修正）第六十三条、第六十五条，《中华人民共和国专利法实施细则》第八十四条，《中华人民共和国民事诉讼法》（2017 年修正）第六十四条之规定，判决：一、姚魁君赔偿嘉兴捷顺旅游制品有限公司经济损失及为制止侵权所支出的合理费用共计 10 万元，于判决生效之日起十日内履行完毕。二、驳回嘉兴捷顺旅游制品有限公司的其他诉讼请求。如果未按判决指定的期间履行给付金钱义务，应当依照《中华人民共和国民事诉讼法》（2017 年修正）第二百五十三条之规定，加倍支付迟延履行期间的债务利息。一审案件受理费 9300 元，由嘉兴捷顺旅游制品有限公司负担 4150 元，由姚魁君负担 5150 元。

二审中，当事人均未向本院提交新证据。

原审查明的事实基本属实，本院予以确认。

本院认为，因本案纠纷发生在 2009 年 10 月 1 日之后、2021 年 6 月 1 日之前，本案应适用 2008 年修正的专利法。同时，本案系侵权纠纷，适用《中华人民共和国侵权责任法》（以下简称侵权责任法）。本案二审阶段的争议焦点问题是：（一）假冒专利的行为是否属于侵害专利权的行为；（二）侵权赔偿数额如何确定。

专利法第十七条第二款规定，专利权人有权在其专利产品或者该产品的包装上标明专利标识。专利法实施细则第八十四条规定，在未被授予专利权的产品或者其包装上标注专利标识，或者未经许可在产品或产品包装上标注他人的专利号，属于专利法第六十三条规定的假冒专利的行为。捷顺公司是涉案专利的专利权人，该专利合法有效。姚魁君未经专利权人许可，在被诉销售页面展示有与涉案专利相同的产品名称、专利号，其行为会使相关公众将被诉销售页面对应的产品所实施的技术误认为是专利技术，侵害了专利权人的合法权益，且违反国家专利管理制度，属于假冒专利的行为。即使假冒专利的产品实际上并没有实施他人的专利技术方案，不具备专利产品应有的功能，但此类产品在市场上公开销售，可能影响专利产品的商誉，挤占专利权人制造、销售专利产品的市场空间。因此，假冒专利行为构成对专利标记权的侵害，属于侵权行为，专利权人可以要求行为人承担民事责任。

（一）关于假冒专利的行为是否属于侵害专利权的行为

假冒专利的行为与侵害专利权的行为并不相同。首先，二者的行为方式不同。专利法第六十条规定，未经权利人许可，实施其专利，即侵犯其专利权。根据专利法第十一条规定，任何单位或者个人未经专利权人许可，都不得实施其专利，即不得以生产经营为目的制造、使用、许诺销售、销售、进口其专利产品，或者使用其专利方法以及使用、许诺销售、销售、进口依照该专利方法直接获得的产品。即，专利法规定的侵害专利权，一般是指未经权利人许可实施其专利技术方案的行为，实施的具体方式在专利法第十一条中予以规定，而假冒专利并不实施专利技术方案。其次，假冒专利行为与侵害专利权行为所侵害的法益不同。侵害专利权行为所指向的是基于技术方案的专利权，而假冒专利行为侵害的是专利法第十七条所规定的标明专利标识的权利（即专利标记权）、国家专利管理秩序以及社会公众利益。最后，假冒专利行为与侵害专利权行为承担责任的方式也不同。专利法第六十三条规定："假冒专利的，除依法承担民事责任外，由管理专利工作的部门责令改正并予公告，没收违法所得，可以并处违法所得四倍以下的罚款；没有违法所得的，可以处二十万元以下的罚款；构成犯罪的，依法追究刑事责任。"即假冒专利可能承担民事责任、行政责任、刑事责任，其承担民事责任的法律依据应为规制侵权行为的一般民事法律。而侵害专利权行为所侵害的是专利权人的权益，依据专利法承担民事责任。

本案中姚魁君所实施的被诉行为系未经专利权人许可，在其销售网页上标注涉案专利的名称、专利号，但其相应的产品并未实施涉案专利技术方案，因此其行为仅构成假冒专利，侵害了捷顺公司的专利标记权，但并未侵害捷顺公司的涉案专利权。

（二）关于侵权损害赔偿数额如何确定

专利法第六十五条规定了侵害专利权的赔偿责任。假冒专利的行为并非侵害专利权的行为，故不能适用专利法第六十五条的规定计算侵权损害赔偿数额。原审法院依据专利法第六十五条计算侵权赔偿数额系适用法律错误，本院予以纠正。

本案中姚魁君被诉假冒专利的行为，不仅仅在其销售网页标注涉案专利号，亦标明了专利名称"自挤水平板拖把"，并标明"专利产品防伪必究"，侵害了捷顺公司就涉案专利享有的专利标记权，可能使相关公众对涉案产品产生其相关技术是专利技术的误认，造成相关购买者的混淆，并进而侵占捷顺公司的市场空间，必然会给捷顺公司造成损失，其应当承担赔偿损失的民事责任。姚魁君另案侵害捷顺公司"拖把（FC-44）"的外观设计专利权，又假冒捷顺公司的涉案专利，侵权主观故意明显。侵权责任法第六条规定，行为人因过错侵害他人民事权益，应当承担侵权责任。该法第十五条规定了承担侵权责任的主要方式。该法第十九条规定，侵害他人财产的，财产损失按照损失发生时的市场价格或者其他方式计算。本案中捷顺公司未证明其实际损失以及姚魁君因侵权行为不当获利的情况，市场价格亦难以准确确定，但在案证据显示，涉案产品的销售单价为 29.9 元至 39.9 元，依据其销售网页显示销售量超过 10 万件，虽然该销售数据可能不尽准确，但亦可见其涉案产品销售额较大，给捷顺公司造成的损失也应较大。综合案件具体情况，本院酌情确定姚魁君应赔偿捷顺公司 10 万元，鉴于原审判决确定的赔偿总额亦为 10 万元，因此本院不再作调整。

关于姚魁君主张合法来源抗辩的问题。姚魁君无证据证明涉案网页来源于他人，不足以证明与涉案商品来源方有关，应认定本案被诉行为是其独立实施。

关于姚魁君主张与另案为重复诉讼的问题。经查，另案所涉专利权为"拖把（FC-44）"外观设计专利，本案涉案专利权为专利号 201420624××××、名称为"一种自挤水平板拖把"的实用新型专利，两案的起诉基于不同的权利，分别基于外观设计专利侵权纠纷和假冒他人专利纠纷两种不同诉由，针对两种不同的侵权行为，并非重复诉讼。

专利法第六十三条规定："假冒专利的，除依法承担民事责任外，由管理专利工作的部门责令改正并予公告，没收违法所得，可以并处违法所得四倍以下的罚款；没有违法所得的，可以处二十万元以下的罚款；构成犯罪的，依法追究刑事责任。"鉴于本院已认定姚魁君所实施的被诉行为构成假冒专利，本院将在本案终审判决后将违法行为线索移送市场监督管理部门，由其依法追究姚魁君的相应行政责任。

综上所述，上诉人姚魁君的上诉理由部分成立，原审法院适用法律有误，本院予以纠正；原审判决结果无明显错误，可予以维持；上诉人姚魁君的上诉请求难以成立，应予驳回。依照《中华人民共和国专利法》第十一条、第十七条、第六十条、第六十三条，《中华人民共和国侵权责任法》第六条、第十五条、第十九条，《中华人民共和国民事诉讼法》第一百七十七条第一款第一项，《最高人民法院关于适用〈中华人民共和国民事诉讼法〉的解释》第三百三十二条之规定，判决如下：

驳回上诉，维持原判。

二审案件受理费 2300 元，由上诉人姚魁君负担。

本判决为终审判决。

审　判　长　徐卓斌

审　判　员　董　胜

审　判　员　黄中华

二〇二二年六月二十三日

法官助理　李　锐

书　记　员　郭云飞

12. 确认不侵权之诉中"在合理期限内
提起诉讼"的认定

——上诉人威马中德汽车科技成都有限公司、威马汽车科技集团有限公司、威马智慧出行科技（上海）股份有限公司与被上诉人成都高原汽车工业有限公司确认不侵害知识产权纠纷案①

中华人民共和国最高人民法院民事裁定书（2021）最高法知民终 2460 号

上诉人（原审原告）：威马中德汽车科技成都有限公司。住所地：四川省成都市龙泉驿区成龙大道二段 988 号"东能中心"1 栋 2 单元 19 楼 1917 号。

法定代表人：周晨，该公司执行董事兼总经理。

委托诉讼代理人：桂佳，北京市环球律师事务所律师。

委托诉讼代理人：马德刚，北京市环球律师事务所律师。

上诉人（原审原告）：威马汽车科技集团有限公司。住所地：上海市青浦区涞港路 77 号 510-523 室。

法定代表人：SHEN HUI，该公司董事长兼总经理。

委托诉讼代理人：桂佳，北京市环球律师事务所律师。

委托诉讼代理人：乔平，北京市环球律师事务所律师。

上诉人（原审原告）：威马智慧出行科技（上海）股份有限公司。住所地：上海市青浦区双联路 158 号 1 幢 11 层 J 区 1106 室。

法定代表人：SHEN HUI，该公司董事长兼总经理。

委托诉讼代理人：桂佳，北京市环球律师事务所律师。

委托诉讼代理人：王熳曼，北京市环球律师事务所律师。

被上诉人（原审被告）：成都高原汽车工业有限公司。住所地：四川省成都经济技术开发区（龙泉驿区）车城东七路 366 号。

法定代表人：安聪慧，该公司董事长。

委托诉讼代理人：曹丽莉，女，该公司员工。

---

① 本案在年度报告中的位置为第 22 页。

委托诉讼代理人：谢栋才，北京万商天勤（成都）律师事务所律师。

上诉人威马中德汽车科技成都有限公司（以下简称威马成都公司）、威马汽车科技集团有限公司（以下简称威马集团公司）、威马智慧出行科技（上海）股份有限公司（以下简称威马上海公司）因与被上诉人成都高原汽车工业有限公司（以下简称高原汽车公司）确认不侵害知识产权纠纷一案，不服四川省成都市中级人民法院于2021年6月29日作出的（2020）川01民初1474号民事裁定，向本院提起上诉。本院于2021年12月13日立案后，依法组成合议庭，于2022年3月18日询问当事人，威马成都公司的委托诉讼代理人马德刚、威马集团公司的委托诉讼代理人乔平、威马上海公司的委托诉讼代理人王熳曼以及上述三公司的共同委托诉讼代理人桂佳，高原汽车公司的委托诉讼代理人曹丽莉、谢栋才到庭参加询问。本案现已审理终结。

威马成都公司、威马集团公司上诉请求：撤销原审裁定，责令原审法院继续审理。事实与理由：首先，催告函涉及8项专利，上海知识产权法院仅立案受理高原汽车公司对其中7项专利的专利权或专利申请权权属提起的诉讼，案号分别为（2020）沪73知民初897、901、904—906、909、910号（以下简称上知系列案）；高原汽车公司对第8件专利号为CN201610634961.7、名称为"一种通过操作虚拟按钮对车辆进行控制的装置及方法"的专利（以下简称961.7号专利）并未提起诉讼。上知系列案并未包括催告函中涉及的全部专利，威马成都公司、威马集团公司就961.7号专利有权提起确认不侵权之诉，原审法院应予受理。其次，上知系列案审理范围无法覆盖本案。上知系列案的案由为专利权或专利申请权权属纠纷，而本案系基于四川省高级人民法院（以下简称四川高院）（2018）川民初121号案（以下简称121号案）侵害商业秘密纠纷的确认不侵害知识产权纠纷，属侵权纠纷，两者性质及案由不同；且121号案审理过程中，上知系列案已立案受理，威马成都公司、威马集团公司以上知系列案已立案为由，向四川高院提出中止审理121号案，四川高院不予准许，因此，本案与上知系列案为不同案件。最后，即使本案与上知系列案存在关联，也应该中止本案诉讼，等上知系列案审理结束后再行审理本案，而不应驳回起诉。

针对威马成都公司、威马集团公司的上诉请求，高原汽车公司辩称：原审裁判认定事实和适用法律正确，请求驳回威马成都公司、威马集团公司上诉请求，维持原裁定。第一，高原汽车公司在121号案中主张侵权的专利为25项，高原汽车公司及其关联公司在收到威马公司催告前，已经对121号案所涉全部有效专利提起诉讼，威马成都公司、威马集团公司起诉不符合提起确认不侵害知识产权之诉的构成要件，应予驳回起诉。威马成都公司、威马集团公司原审中主张确认 41 项专利不侵权，超出了高原汽车公司发出的侵权警告范围。即使认为 121 号案中高原汽车公司就上述 41 项专利提出侵权警告，高原汽车公司及其关联公司也已在收到催告函前就上述 41 项专利中全部有效专利向上海知识产权法院、上海市高级人民法院提起诉讼。第二，针对961.7 号专利国家知识产权局驳回申请决定在高原汽车公司提起上知系列案前已经生效，高原汽车公司就该专利无提起权属纠纷诉讼的必要及可能。威马成都公司、威马集团公司认为原审法院应至少就该专利审理确认不侵害知识产权纠纷的上诉事由不能成立。第三，上知系列案的审理范围完全覆盖本案争议。虽然上知系列案为专利权属纠纷，与本案案由不同。但是，上知系列案中高原汽车公司请求确认相关专利权或专利申请权归高原汽车公司所有的诉讼请求，系基于威马成都公司、威马集团公司等不法获取高原汽车公司的相关技术信息。上知系列案关于权属的判断涉及威马成都公司、威马集团公司等是否存在不法获取高原汽车公司的相关技术信息基本事实的查明。显然，上知系列案的审理范围大于本案。对于权利人在合理期限内是否提起诉讼的判断，法律并未苛求权利人在合理期限内提起的诉讼必须与发出侵权警告涉及的诉讼案由保持一致，只要该诉讼所指向的侵权事实与发出侵权警告涉及的事实具有一致性，不论其案由是否一致，就应当认为权利人在合理期限内提起了诉讼，这也符合确认不侵害知识产权诉讼的制度设置目的。121号案件中，四川高院确实对于威马成都公司、威马集团公司提出的中止审理的请求未予支持，但是不能基于此，得出上知系列案与本案审理范围不同的结论。第四，本案不属于法律规定的应当中止诉讼的情形。本案为确认不侵权诉讼，与上知系列案不属于一案应当以另一案的审理结果作为依据的情形。

针对威马成都公司、威马集团公司的上诉请求，威马上海公司述称：同意威马成都公司、威马集团公司的上诉请求及依据的事实理由。

威马上海公司上诉请求：撤销原审裁定，责令原审法院继续审理。事实与理由：除威马成都公司、威马集团公司前述提及的理由外，还认为上知系列案中威马上海公司并非案件当事人，因此，即使上知系列案与本案所涉及的专利存在部分重合，仍无法解决威马上海公司关于催告函中涉及的 8 项专利权利不稳定及威马上海公司不侵权的主张，故，原审法院应当受理威马上海公司本案起诉。

针对威马上海公司的上诉请求，高原汽车公司辩称：高原汽车公司在121 号案中主张侵权的专利为 25 项，威马上海公司为其中 201710556586.3 号专利的权利人。高原汽车公司已就该项专利向上海知识产权法院提起诉讼，案号为（2020）沪 73 知民初 938 号。高原汽车公司在 2018 年 10 月 10 日起诉时的被告为威马中德公司和向建明、钟幸原、寇芯晨四个被告，证据包括8项专利。就该8项专利而言，高原汽车公司不认为威马集团公司、威马上海公司侵害其商业秘密。由于高原汽车公司增加了涉嫌侵权的专利作为证据，故于2019年6月25日追加了威马集团公司、威马上海公司为被告。因此，如仅就高原汽车公司121号最初提及的8项专利，高原汽车公司未向威马上海公司发出侵权警告，该公司无权提起确认不侵权诉讼。

针对威马上海公司的上诉请求，威马成都公司、威马集团公司述称：同意威马上海公司的上诉请求及依据的事实理由。

威马成都公司、威马集团公司、威马上海公司向原审法院提起诉讼，原审法院于2020年3月6日立案受理。威马成都公司、威马集团公司、威马上海公司起诉请求：判令高原汽车公司对其于121号案中所主张的商业秘密不享有任何权利，威马成都公司、威马集团公司、威马上海公司未实施侵害高原汽车公司商业秘密的不正当竞争行为、未侵害高原汽车公司任何权利，即威马成都公司、威马集团公司、威马上海公司所申请的41项专利未侵害高原汽车公司在121号案中所主张的10个技术秘密。事实与理由：2018年10月，高原汽车公司向四川高院起诉称，威马成都公司申请的8项专利系其前员工利用在高原汽车公司工作期间所掌握的技术秘密所获得的专利，主张威马成都公司侵害其商业秘密，该案为121号案。立案后，高原汽车公司先后追加威马集团公司、威马上海公司为该案被告。高原汽车公司在121号案中未举证证明其系所主张商业秘密的权利人，其主张的秘密点满足商业秘密的法定条件以及秘密点与涉案专利具有同一性。事实上，121号案的涉案专利均系威马成都公司、威马集团公司、威马上海公司自主研发所得，而非通过不正当手段知悉的高原汽车公司的商业秘密。高原汽车公司在121号案开庭审理后撤诉，使得其是否行使诉权的意思表示回归到了一种不确定的状态，也导致威马成都公司、威马集团公司、威马上海公司是否侵害其商业秘密长期处于不确定状态，严重影响正常生产经营。威马成都公司、威马集团公司、威马上海公司于2020年1月10日向高原汽车公司邮寄催告函，书面催告高原汽车公司明确真实意图并行使诉权，但其签收满一个月后未作任何回应，故威马成都公司、威马集团公司、威马上海公司在满足书面催告、合理期限等起诉条件的情况下提起本案确认不侵害知识产权之诉。

原审法院经审查认为，根据《最高人民法院关于审理侵犯专利权纠纷案件应用法律若干问题的解释》（以下简称专利纠纷应用法律司法解释）第十八条"权利人向他人发出侵犯专利权的警告，被警告人或者利害关系人经书面催告权利人行使诉权，自权利人收到该书面催告之日起一个月内或者自书面催告发出之日起二个月内，权利人不撤回警告也不提起诉讼，被警告人或者利害关系人向人民法院提起请求确认其行为不侵犯专利权的诉讼的，人民法院应当受理"，及《最高人民法院关于知识产权民事诉讼证据的若干规定》（以下简称知识产权民事证据规定）第五条"提起确认不侵害知识产权之诉的原告应当举证证明下列事实：（一）被告向原告发出侵权警告或者对原告进行侵权投诉；（二）原告向被告发出诉权行使催告及催告时间、送达时间；（三）被告未在合理期限内提起诉讼"之规定，威马成都公司、威马集团公司、威马上海公司是否能够提起本案诉讼应当从前述法律规定的内容予以认定，主要为以下要件：

第一，关于被告是否已向原告发出过侵权警告。121 号案的提起，意味着高原汽车公司以起诉的方式宣称威马成都公司、威马集团公司、威马上海公司知悉、使用、许可他人使用其所享有的技术或商业信息的行为构成不正当竞争，并要求司法机关予以制止。通常而言，提起侵权之诉的行为如同侵权警告的发出，一样会致使被诉行为陷入合法与非法的法律争议之中，只是随着司法裁决的作出，这种行为合法与否的不确定状态也将一并消除。如果司法机关未能作出裁判，诉讼因撤诉而终结，且双方也未对被诉行为能否继续达成共识，起诉后撤诉的行为则只能产生有人发出侵权警告且未放弃该警告的效果，即让被诉行为继续处于一种合法性有争议的状态中，进而危及被告的正常经营。因此，本案高原汽车公司提起前案诉讼随之撤诉，但又并未放弃其侵害商业秘密指控的行为，应当视为向威马成都公司、威马集团公司、威马上海公司发出过侵害商业秘密的警告。

第二，关于原告是否向被告发出了有效的催告。在高原汽车公司撤回 121 号案起诉后，于 2020 年 1 月 13 日签收了威马成都公司、威马集团公司、威马上海公司邮寄的催告函，该函件载明，高原汽车公司在 121 号案中，主张威马成都公司、威马集团公司、威马上海公司 8 项专利均系利用高原汽车公司技术秘密进行的申请，高原汽车公司于该案开庭后撤诉，导致该 8 项涉案专利是否侵害商业秘密处于不确定状态，故要求高原汽车公司向法院提起侵害商业秘密诉讼。在本案原审听证中，威马成都公司、威马集团公司、威马上海公司陈述其要求法院认定涉及 41 项专利（含前述 8 项专利）的专利申请行为未侵害高原汽车公司的商业秘密。同时，威马成都公司、威马集团公司、威马上海公司还提出虽然高原汽车公司在前案中只主张了该 8 项专利，但所举证据却包含有 41 项专利的证据材料。催告作为一项起诉要件，其内容应当指明催告人对警告事项的否认，并包含要求警告人就警告行为提起诉讼的意思表示。在威马成都公司、威马集团公司、威马上海公司的催告函已包含否认高原汽车公司在前案的侵权主张并要求其再次起诉的情况下，该催告属于有效的催告。需要说明的是，催告函所涉争议事项应以警告事项为限，对催告的有效性判断也只应基于催告内容，并结合警告事项进行审查。因此，当事人在有效催告后，是否在确认不侵权之诉中提出了额外的不侵权主张，不影响催告的有效性，故原审法院对高原汽车公司关于威马成都公司、威马集团公司、威马上海公司发出催告函的内容与本案诉请要求确认不侵权的内容不一致不应当视为有效催告的主张不予支持。

第三，关于被告是否在合理期限内对警告事项提起诉讼。本案中，高原汽车公司及其关联公司在本案起诉前，于2019年5月16日左右就前述8项专利及其他34项专利，向浙江省杭州市中级人民法院提起了42件专利权权属纠纷，以威马成都公司、威马集团公司、威马上海公司及其员工不法获取技术资料、信息进而申请专利为由，要求确认前述专利申请权或专利权归高原汽车公司及其关联公司所有，该批案件后因管辖争议而移送至上海知识产权法院审理。从该批案件的诉讼主张来看，高原汽车公司关于专利权或申请权归其所有的请求，系由威马成都公司、威马集团公司、威马上海公司不法获取技术信息的主张予以支撑。因此，就诉争8项专利的技术获取、专利申请行为侵害高原汽车公司商业秘密的警告，高原汽车公司已在催告时间之前提起诉讼，故本案威马成都公司、威马集团公司、威马上海公司起诉要求确认与该8项专利有关的行为不侵权，不符合该类诉讼的起诉条件，应当予以驳回。对威马成都公司、威马集团公司、威马上海公司在本案中要求确认不侵权的其他行为，一方面可以视为超出侵权警告范围，缺乏起诉的理由；另一方面也在于该要求已为相关权属争议案件的审理范围所覆盖，不应再行受理。因此，威马成都公司、威马集团公司、威马上海公司提起本案诉讼不符合确认不侵害知识产权之诉的起诉条件，应予驳回。

综上，原审法院依照《中华人民共和国民事诉讼法》（2017年修正）第一百五十四条第一款第三项，知识产权民事证据规定第五条之规定，裁定：驳回威马中德汽车科技成都有限公司、威马汽车科技集团有限公司、威马智慧出行科技（上海）股份有限公司的起诉。

二审中，威马成都公司、威马集团公司、威马上海公司为证明其主张，向本院提交了如下证据：证据1.催告函所涉及的8项专利对应上知系列案的起诉状；证据2.上知系列案其他34案的起诉状；证据3.121号案庭审笔录。上述证据拟共同证明：1.威马上海公司并非催告函所涉8项专利对应上知系列案中的当事人；2.上知系列案未包含961.7号专利；3.威马成都公司、威马集团公司、威马上海公司曾以上知系列案为由申请中止审理121号案，四川高院未予准许。

高原汽车公司发表质证意见为：认可证据1—3的真实性、合法性、关联性，但认为无法实现证明目的，主要理由为：961.7号专利权已经无效，故高原汽车公司未就该项专利提起诉讼；121号案中，四川高院并未说明驳回中止审理的申请的具体理由，无法证明四川高院认为121号案与上知系列案审理范围不一致。

本院认证意见为：对证据1—3的真实性、合法性、关联性予以确认，该组证据能否实现证明目的将在说理部分予以阐述。

二审中，高原汽车公司为证明其主张，向本院提交121号案件的起诉状，拟证明高原汽车公司最初提起121号案件时的被告不包括威马上海公司，威马上海公司无权提起本案确认不侵权之诉。

威马成都公司、威马集团公司、威马上海公司发表质证意见为：认可该证据的真实性、合法性，但不认可该证据的证明目的，121号案件中，高原汽车公司追加了威马上海公司为被告。

本院认证意见为：对于该证据的真实性、合法性、关联性予以确认，能否实现证明目的将在说理部分予以阐述。

本院经审理查明如下事实：

（一）关于高原汽车公司向威马成都公司、威马集团公司、威马上海公司等发出侵权警告的相关事实

高原汽车公司以威马成都公司、向建明、钟幸原、寇芯晨为被告，向四川高院提起侵害商业秘密之诉，四川高院于2018年10月12日立案受理，即121号案件。高原汽车公司在121号案件中主张向建明、钟幸原、寇芯晨曾在高原汽车公司处任职，并签署了保密协议，后三人离职去威马成都公司处工作，并以在高原汽车公司处工作所掌握的技术秘密申请了大量与电动车技术有关的发明专利，构成对高原汽车公司相关技术秘密的侵害，高原汽车公司请求判令威马成都公司、向建明、钟幸原、寇芯晨等承担停止侵权、赔偿损失的民事责任。该案中高原汽车公司提交威马成都公司、向建明、钟幸原、寇芯晨等构成侵权的初步证据主要包括专利申请号或者专利号为201610620153.5、201610620154.X、201610620155.4、201610620157.3、201610620087.1、201610620088.6、201610620089.0、201610634961.7等8项专利（以下简称第一次主张权利的8项专利），该8项专利的申请人为威马成都公司或威马集团公司，其中201610634961.7号专利，即961.7号专利已于2019年11月15日被国家知识产权局驳回申请，其余7项专利均已授权，目前专利权人均为威马集团公司。

121 号案件审理过程中，2019 年 6 月 25 日，高原汽车公司向四川高院申请追加威马集团公司、威马上海公司为被告，并在四川高院 2019 年 8 月 23 日组织的开庭中就专利申请号或者专利号为 201710556586.3、201620823425.7、201620823484.4、201620823472.1、201620823420.4、201620823481.0、201620823477.4、201620845368.2、201620823483.X、201621364131.9、201710058475.X、201720438769.0、201720103351.4、201720102913.3、201720439335.2、201720103136.4、201710058593.0 等 17 项专利（以下简称第二次主张权利的 17 项专利）主张权利，其中，201620823420.4 号专利（以下简称 420.4 号专利）因威马集团公司为避免重复授权放弃专利权，其余 16 项专利权目前均处于有效状态，除 201710556586.3 号专利权人为威马上海公司，201720102913.3 号专利权人为威马汽车制造温州有限公司外，其余 14 项专利当前专利权人均为威马集团公司。

121 号案件中，除高原汽车公司明确主张权利的前述 25 项专利申请权或者专利权外，根据高原汽车公司补充提交的证据，可能涉及侵害技术秘密的相关专利，还包括专利号为 201730123270.6、201730227291.2、201720243704.0、201720269612.X、201720332121.5、201720242123.5、201720269048.1、201720243644.2、201720766423.3、201720766438.X、201720769524.6、201720625821.3、201720307818.7、201720625018.X、201720625094.0、201720331650.3 等 16 项专利（以下简称 121 号案涉及的 16 项专利），其中 201720766423.3、201720766438.X、201720769524.6 号专利权人为威马上海公司，其余专利权人为威马集团公司。

2019 年 12 月 25 日，高原汽车公司撤回其在 121 号案中对威马成都公司、威马集团公司、威马上海公司等的起诉，四川高院裁定准许。

（二）关于威马成都公司、威马集团公司、威马上海公司等向高原汽车公司发出诉权行使催告的相关事实

高原汽车公司撤回 121 号案起诉后，2020 年 1 月 10 日，威马成都公司、威马集团公司、威马上海公司向高原汽车公司发送催告函，催告高原汽车公司就 121 号案第一次主张权利的 8 项专利提起侵害商业秘密诉讼。2020 年 1 月 13 日高原汽车公司签收了威马成都公司、威马集团公司、威马上海公司邮寄的该催告函。

（三）关于高原汽车公司对威马成都公司、威马集团公司、威马上海公司等提起专利申请权或者专利权权属纠纷的相关事实

2018 年 10 月 12 日四川高院受理 121 号案件、2019 年 12 月 25 日高原汽

车公司撤回 121 号案件起诉前，即在 2019 年 5 月 16 日前后，高原汽车公司或者其关联公司分别以威马成都公司、威马集团公司、威马上海公司及其相关员工等为被告，向浙江省杭州市中级人民法院提起了 42 件专利申请权或者专利权权属纠纷，主要理由系认为威马成都公司、威马集团公司、威马上海公司及其员工不法获取高原汽车公司或者其关联公司的技术资料、信息进而申请专利，要求确认相关专利申请权或专利权归高原汽车公司及其关联公司所有。该 42 件案件后因威马成都公司、威马集团公司、威马上海公司等提起管辖权异议，浙江省杭州市中级人民法院裁定移送至上海知识产权法院审理。该 42 件案件中涉及的专利申请权或者专利权，与 121 号案件中涉及的专利具体关系如下：1. 包含 121 号案件中高原汽车公司第一次主张权利的 8 项专利中的 7 项，另一项 961.7 号专利因未予授权，高原汽车公司未再提起专利申请权权属纠纷；2. 包含高原汽车公司第二次主张权利的 17 项专利；3. 包括 121 号案件高原汽车公司补充提交证据中涉及的其他 16 项专利；4. 增加了 121 号案件中没有涉及的 2 项专利。

该 42 件案件目前审理情况如下：1. 其中 1 件案件涉及 420.4 号专利，因威马集团公司放弃专利权，高原汽车公司申请撤诉，上海知识产权法院予以准许。2. 其余 41 件案件，29 件案件上海知识产权法院正在审理，12 件案件高原汽车公司向上海知识产权法院申请撤诉，上海知识产权法院予以准许，后高原汽车公司针对相关 12 项专利向上海市高级人民法院重新提起专利权权属纠纷诉讼，目前上海市高级人民法院正在审理中。

本院认为，根据当事人的诉辩意见，本案二审争议焦点为：威马成都公司、威马集团公司、威马上海公司是否有权提起本案确认不侵害知识产权纠纷之诉。

知识产权民事诉讼规定第五条规定："提起确认不侵害知识产权之诉的原告应当举证证明下列事实：（一）被告向原告发出侵权警告或者对原告进行侵权投诉；（二）原告向被告发出诉权行使催告及催告时间、送达时间；（三）被告未在合理期限内提起诉讼。"依据该规定，允许收到知识产权侵权警告的被警告人提起确认不侵权之诉。知识产权是一把双刃剑，它既能够激励创新，也会限制自由竞争。一方面，知识产权权利人的合法权利依法受到严格保护，在提起侵权诉讼之前发送侵权警告是其行使民事权利的合理方式；另一方面，必须准确界定知识产权权利人和社会公众的权利界限，禁止知识产权权利滥用，仅凭自称权利人侵权警告，就使被警告人处于不安状态，进而使其正常生产经营活动受到影响，若不对权利人的权利加以适当限制，将会对公平竞争市场环境构成极大威胁。因此，为了平衡和保障知识产权权利人和被警告人的合法权益，允许被警告人在满足一定条件下，提起确认不侵权之诉，既是为了促使权利人尽快行使权利，避免双方知识产权纠纷长期处于不确定状态，也是为了尽量减少因知识产权权利人滥用权利给被警告的合法经营者增加的负担。基于此，提起确认不侵害知识产权之诉，除了要满足民事诉讼法规定的起诉条件外，原告还必须提供初步证据证明前述知识产权民事诉讼规定第五条限定的三项特别条件，缺少任何一项条件，提起确认不侵害知识产权之诉均不应当被受理。

本案中，威马成都公司、威马集团公司、威马上海公司是否有权提起本案确认不侵害知识产权纠纷诉讼，本院评述如下：

（一）关于高原汽车公司是否已经向威马成都公司、威马集团公司、威马上海公司发出侵害商业秘密警告

高原汽车公司在 121 号案件中明确主张威马成都公司、威马集团公司、威马上海公司等实施了侵害其商业秘密的行为，并且分两次明确主张威马成都公司、威马集团公司、威马上海公司等申请的 25 项专利涉嫌侵害高原汽车公司的商业秘密，此外，根据 121 号案在案证据，还涉及威马成都公司、威马集团公司、威马上海公司等申请的其他 16 项专利。显然，威马成都公司、威马集团公司、威马上海公司因高原汽车公司提起 121 号侵害商业秘密之诉，已经处于不安状态，其正常生产经营活动已经受到影响，应当认定威马成都公司、威马集团公司、威马上海公司等在本案中已经举证证明其收到了高原汽车公司的侵权警告。

至于高原汽车公司主张其并未对威马上海公司就第一次主张的 8 项专利提起侵权诉讼，威马上海公司无权就该 8 项专利提起确认不侵权之诉的抗辩事由，本院认为，虽然在 121 号案件中，高原汽车公司提起诉讼时，确系仅以威马成都公司及向建明等个人为被告，且仅涉及第一次主张的 8 项专利，但由于在 121 号案件诉讼中，高原汽车公司已经追加威马上海公司等为被告，并且补充提交了涉嫌侵权的其他专利作为证据，因此，基于威马上海公司确系 121 号案件被告及 121 号案件审理范围已因高原汽车公司申请超出高原汽车公司第一次主张的 8 项专利范围等基本事实，原审法院认定威马上海公司收到本案侵权警告并无不当。高原汽车公司认为威马上海公司无权提起本案确认不侵害知识产权之诉，与在案事实不符，本院不予支持。

（二）关于威马成都公司、威马集团公司、威马上海公司是否已经向高原汽车公司发出诉权行使催告

根据在案事实，在高原汽车公司撤回对 121 号案件的起诉后，威马成都公司、威马集团公司、威马上海公司已经向高原汽车公司发出书面催告函，

催告高原汽车公司就 121 号案相关专利提起侵害商业秘密诉讼，高原汽车公司签收了上述催告函，应当认定威马成都公司、威马集团公司、威马上海公司已经向高原汽车公司发出诉权行使催告，原审法院对此认定无误，本院予以确认。

（三）关于高原汽车公司是否在合理期限内提起诉讼

威马成都公司、威马集团公司、威马上海公司认为高原汽车公司目前在上海知产法院及上海市高级人民法院提起的专利申请权或者专利权权属纠纷案件与本案涉及的确认不侵害知识产权之诉法律关系并不相同，不能据此认定高原汽车公司已经在合理期限内提起诉讼。高原汽车公司认为，其已经在本案诉讼前，针对 121 号案中涉及的威马成都公司、威马集团公司、威马上海公司等的侵害商业秘密行为，通过向浙江省杭州市中级人民法院提起专利权权属纠纷之诉主张权利；而针对 121 号案件中的 961.7 号专利在相关专利权权属纠纷案件中未予涉及，系由于国家知识产权局驳回该项专利申请的决定已经发生法律效力，再行提起权属纠纷之诉已无实际意义。对此，本院评述如下：

首先，由于知识产权权利客体的无形财产特性，侵权行为一般表现为权利归属不发生转移，比较隐蔽地利用他人知识产权非法获利的情形；也可能表现为权利归属发生转移，公然将他人知识产权登记或申请为己有的非法占有情形。因此，审查判断知识产权民事诉讼规定第五条第三项规定的"被告未在合理期限内提起诉讼"要件，应当充分考量知识产权的无形财产权特性对于侵权行为证据发现和维权诉讼方式选择的深刻影响。其中，对于"合理期限"的判断，应当根据知识产权权利客体类型等案件具体情况，充分考量侵权行为证据发现的难易程度和诉讼准备所需时间等因素予以确定。对于"提起诉讼"的判断，应当包含可以实质解决双方争议、消除被警告人不安状态的所有诉讼形式，如因侵害知识产权之诉和确认知识产权权利归属之诉，均以判断权利归属基础法律关系为前提，故，如果权利人提起的确权之诉涵盖了侵权警告中涉及的相关知识产权客体，则应当认定权利人已经"提起诉讼"。

其次，根据在案事实，高原汽车公司无论 2018 年 10 月 12 日在四川高院提起 121 号侵害商业秘密诉讼，还是在 2019 年 5 月 16 日前后，向浙江省杭州市中级人民法院提起 42 件专利申请权或者专利权权属纠纷，均系基于高原汽车公司认为威马成都公司、威马集团公司、威马上海公司及其相关员工等申请相关专利的行为侵害了高原汽车公司的技术秘密。显然，121 号案件的审理范围和后续 42 件专利申请权或者专利权权属纠纷案件审理范围均以审查判断相关技术成果归属基础法律关系为前提。故，高原汽车公司虽然撤回了121号案件的起诉，但保留了相关专利申请权或者专利权权属纠纷案件的起诉，且高原汽车公司提起相关专利申请权或者专利权权属纠纷的时间早于威马成都公司、威马集团公司、威马上海公司发出催告函的时间，故应当认定高原汽车公司已经在发出警告后在合理期限内提起诉讼。

再次，关于121号案件中高原汽车公司提起诉讼时明确主张权利的961.7号专利所涉相关技术方案，因高原汽车公司目前提起的专利申请权或者专利权权属纠纷未予涉及，威马成都公司、威马集团公司、威马上海公司是否有权提起确认本案不侵害知识产权之诉的问题，因高原汽车公司针对121号案件第一次主张权利的8项专利中的7项提起专利权权属纠纷诉讼时，国家知识产权局驳回961.7号专利申请决定已经生效，高原汽车公司未就961.7号专利技术方案提起相关专利申请权权属纠纷诉讼，可以视为高原汽车公司已经撤回针对961.7号专利所涉技术方案的侵权警告。故，威马成都公司、威马集团公司、威马上海公司针对961.7号专利所涉技术方案不具备提起确认不侵权诉讼的条件。

最后，关于121号案件起诉后高原汽车公司扩大主张权利范围涉及的其余33项专利，威马成都公司、威马集团公司、威马上海公司是否有权提起确认不侵权之诉的问题，对于其中所涉及的420.4号专利，因威马集团公司为避免重复授权放弃专利权，专利权已经失效，高原汽车公司未就该项专利提起相关专利权权属纠纷诉讼，可以视为高原汽车公司已经撤回针对该专利所涉技术方案的侵权警告。对于其余32项专利，根据在案证据，高原汽车公司均已在威马成都公司、威马集团公司、威马上海公司提起本案诉讼前向上海知识产权法院、上海市高级人民法院提起相关专利权权属纠纷诉讼，故威马成都公司、威马集团公司、威马上海公司针对121号案件涉及的其余33项专利所涉技术方案亦不具备提起确认不侵权诉讼的条件。

综上所述，威马成都公司、威马集团公司、威马上海公司提起本案确认不侵害知识产权之诉，不符合知识产权民事诉讼规定第五条规定的起诉条件，因本案诉讼自始不能成立，威马成都公司、威马集团公司、威马上海公司认为即使本案诉讼与上知系列案件有关，本案也应当中止诉讼的主张，无事实和法律依据。原审法院裁定驳回威马成都公司、威马集团公司、威马上海公司的起诉，并无不当，但是，因本案系确认不侵害技术秘密之诉，与确认不侵害专利权之诉权利客体并不相同，原审法院在说理部分援引了专利纠纷应用法律司法解释第十八条相关规定，属于适用法律有瑕疵，本院依法予以纠正。

综上，威马成都公司、威马集团公司、威马上海公司的上诉请求不能成立。原审裁定事实查明、法律适用虽有瑕疵，但裁定结果正确，应予维持。依照《中华人民共和国民事诉讼法》第一百七十七条第一款第一项、《最高人民法院关于适用〈中华人民共和国民事诉讼法〉的解释》第三百三十二条之规定，裁定如下：

驳回上诉，维持原裁定。

本裁定为终审裁定。

审　判　长　原晓爽

审　判　员　张本勇

审　判　员　詹靖康

二〇二二年六月十日

法官助理　郝小娟

书　记　员　汪　妮

13. 权属争议期间登记的 PCT 申请人的善良管理义务

——上诉人古必文、周志荣与被上诉人漳州灿坤实业有限公司、
原审被告张中华知识产权损害赔偿纠纷案①

中华人民共和国最高人民法院民事判决书（2022）最高法知民终 130 号

上诉人（原审被告）：古必文。
委托诉讼代理人：贾民俊，广东三环汇华律师事务所律师。
上诉人（原审被告）：周志荣。
委托诉讼代理人：贾民俊，广东三环汇华律师事务所律师。
被上诉人（原审原告）：漳州灿坤实业有限公司。住所地：福建省漳州台商投资区。
法定代表人：潘志荣，该公司董事长。
委托诉讼代理人：黄经晶，女，该公司员工。
委托诉讼代理人：许竣乔，男，该公司员工。
原审被告：张中华。
委托诉讼代理人：贾民俊，广东三环汇华律师事务所律师。

上诉人古必文、周志荣因与被上诉人漳州灿坤实业有限公司（以下简称灿坤公司）、原审被告张中华知识产权损害赔偿纠纷一案，不服广东省深圳市中级人民法院于 2021 年 3 月 15 日作出的（2019）粤 03 民初 3873 号民事判决，向本院提起上诉。本院于 2022 年 2 月 7 日受理后，依法组成合议庭进行了审理，并于 2022 年 3 月 18 日询问当事人。上诉人古必文、周志荣共同的委托诉讼代理人贾民俊，被上诉人灿坤公司的委托诉讼代理人黄经晶、许竣乔，原审被告张中华的委托诉讼代理人贾民俊到庭参加询问。本案现已审理终结。

古必文、周志荣共同上诉请求：依法撤销广东省深圳市中级人民法院（2019）粤 03 民初 3873 号民事判决（以下简称原审判决），改判驳回灿坤公司的诉讼请求，灿坤公司负担本案全部诉讼费用。事实与理由：（一）原审

---

① 本案在年度报告中的位置为第 26 页。

判决认定古必文、周志荣未采取措施将 PCT/CN2016/071553、"一种自动胶囊面包机"的国际申请（以下简称涉案 PCT 申请）情况通知灿坤公司存在主观过错，该认定错误。1. 古必文、周志荣没有通知不是涉案 PCT 申请未进入国家阶段的原因。PCT 申请的提出与企业专利布局相关，申请人并不会对每项发明提交国际申请，灿坤公司于 2017 年 1 月提出专利号为201620021160.9、名称为"一种自动胶囊面包机"的实用新型专利（以下简称涉案原始专利或者优先权专利）专利权确权诉讼，并未提出任何 PCT 申请的表示。2. 古必文、周志荣未主动通知对维持涉案 PCT 申请有效性没有影响。灿坤公司于 2017 年 12 月 8 日提出涉案 PCT 申请权的确权诉讼，说明此时，灿坤公司已充分了解涉案 PCT 申请，此时尚在涉案 PCT 申请的有效期间内。3. 灿坤公司在优先权到期日的合理期限内已经获知涉案 PCT 申请的信息，即使古必文、周志荣有通知义务而未及时通知，也不应再对涉案 PCT 申请人变更逾期的结果承担过错责任。（二）灿坤公司对涉案 PCT 申请未提交进入国家阶段存在过错。1. PCT 申请国际阶段和国家阶段分别独立存在，提出国际申请并不必然进入国家阶段，且进入国家阶段后的花费巨大，费用在一定程度上不可控，放弃进入国家阶段可以预见。涉案 PCT 申请的国际公布日为 2017 年 7 月 20 日，国际检索单位对涉案 PCT 申请的书面意见为所有权利要求 1—8 均无创造性，而涉案原始专利权已经生效判决归属于灿坤公司，灿坤公司明知古必文、周志荣不会推进涉案 PCT 申请进入国家阶段，灿坤公司是否愿意进入国家阶段意图不明。2. 灿坤公司获得涉案原始专利确权胜诉判决后，已经知道涉案 PCT 申请的信息，根据 WIPO 官方网站提供的《PCT 申请人指引》，可以要求涉案 PCT 申请的申请人或者原代理机构配合直接向世界知识产权组织国际局（以下简称国际局）进行申请人的变更，或者通过法院申请先予执行要求原申请人（申请人注销的，由其权益继受人）根据《国际专利合作条约实施细则》及《PCT 申请人指引》进行变更。3. 灿坤公司提出涉案 PCT 申请权权属纠纷时，灿坤公司没有要求，古必文、周志荣、张中华也无法确定涉案 PCT 申请拟进入的国家，古必文、周志荣、张中华也无法帮助灿坤公司决定是否进入国家阶段。

灿坤公司答辩：（一）古必文、周志荣作为广东辉胜达电气股份有限公司（以下简称辉胜达公司）的股东及清算组成员，在明知涉案 PCT 申请应归属于灿坤公司的情况下，未给予灿坤公司任何通知，其清算行为严重违反清算程序，导致涉案 PCT 申请失效。（二）灿坤公司积极向国际局及国家知识产权局争取变更涉案 PCT 申请的申请权人。在涉案 PCT 申请国际公布日后，灿坤公司立即准备材料起诉维权，该案一生效，立即委托专利代理事务所同时向国际局和国家知识产权局申请变更专利申请权人。（三）《国际检索单位书面意见》并非决定性意见。《国际检索单位书面意见》对涉案 PCT 的所有权利要求 1—8 的评价均为无创造性是提供给申请人是否进入国家阶段以及进入哪些国家的参考，不代表进入国家阶段也无授权可能，更不能否定涉案 PCT 申请的技术价值。

张中华未陈述意见。

灿坤公司向广州知识产权法院起诉，请求：1. 古必文、周志荣、张中华连带承担因其未履行义务致使 PCT/CN2016/071553、"一种自动胶囊面包机"的国际申请权利终止造成灿坤公司的经济损失 100 万元；2. 本案诉讼费用及合理支出（律师费等）由古必文、周志荣、张中华负担。广州知识产权法院于 2019 年 3 月 12 日立案受理，于 2019 年 5 月 6 日裁定将本案移送原审法院处理。原审法院于 2019 年 9 月 27 日立案受理。灿坤公司前述起诉请求所依据的事实与理由：灿坤公司于 2002 年成立，是主要经营家电产品研发、设计、生产、销售的全球知名小家电制造商。张中华于 2011 年 11 月 25 日进入灿坤公司，任研发调理组机构副经理，长期进行胶囊面包机等新产品新技术的研发。张中华自 2015 年 3 月 10 日离职后，入职辉胜达公司。此后半年内，辉胜达公司利用张中华从灿坤公司获取的资源申请了多项与胶囊面包机相关的专利，严重侵害灿坤公司的合法权益。灿坤公司向广州知识产权法院提起多项专利权权属纠纷诉讼，均获得胜诉。其中，涉案 PCT 申请以专利号201620021160.9、名称为"一种自动胶囊面包机"的实用新型专利（即涉案原始专利或者优先权专利）为优先权申请，申请日为 2016 年 1 月 21 日，申请人为辉胜达公司，国际公布日为 2017 年 7 月 20 日。涉案原始专利已由广州知识产权法院（2017）粤 73 民初 226 号民事判决（以下简称 226 号判决）归灿坤公司所有。因辉胜达公司已于 2017 年 5 月 26 日注销，故灿坤公司以其股东及清算组成员古必文、周志荣及张中华为被告，于 2017 年 12 月 26 日向广州知识产权法院提起诉讼。经审理，广州知识产权法院于 2018 年 9 月 21日作出（2017）粤 73 民初 4546 号民事判决（以下简称 4546 号判决），判决涉案 PCT 申请归灿坤公司所有，该判决于 2018 年 10 月 6 日生效。古必文、周志荣、张中华均负有维护涉案 PCT 申请的有效性和完整性的义务。古必文、周志荣作为辉胜达公司的股东及清算组成员，在明知涉案 PCT 申请权应归属于灿坤公司的情况下，未给予任何书面通知，其清算行为严重违反清算程序，并导致涉案 PCT 申请失效，给灿坤公司造成无法挽回的损失。

古必文、周志荣原审辩称：（一）灿坤公司起诉古必文、周志荣没有相应的事实和法律依据。（二）辉胜达公司在注销过程中没有义务披露涉案

PCT 申请信息。（三）辉胜达公司即使告知也没有义务直接配合灿坤公司变更申请人。

张中华原审辩称：（一）张中华不是辉胜达公司的股东，也不是辉胜达公司清算组成员，其无权确定辉胜达公司的注销程序，对辉胜达公司的注销没有责任。（二）张中华不是涉案 PCT 申请的申请人，无权决定涉案 PCT 申请程序，对涉案 PCT 申请的有效性和完整性没有义务。（三）涉案 PCT 申请进入国家阶段无授权倾向。灿坤公司至今还可以依据《美国联邦法规》37 篇 1.137（a）恢复涉案 PCT 申请进入美国国家阶段的权利，但其并未进行相应的努力。（四）涉案原始专利产品没有市场价值。（五）灿坤公司在 2017 年 7 月 20 日涉案 PCT 申请国际公布日后及时提起诉讼仍来得及，但其直到 2017 年 12 月 18 日才提起诉讼，致使涉案 PCT 申请优先权期限失效，该结果应由灿坤公司负担。

原审法院查明事实：

226 号判决认定，优先权专利归灿坤公司所有，该判决于 2017 年 11 月 16 日生效。该案查明：1. 张中华于 2011 年 11 月 25 日入职灿坤公司，任职研发调理组机构副经理，工作任务包括面包机的研发。2. 优先权专利申请日是 2016 年 1 月 12 日，发明人张中华、李诚、黄国亮，授权公告日是 2016 年 9 月 28 日，原专利权人为辉胜达公司，辉胜达公司将专利权无偿赠与广东辉骏科技集团有限公司，并于 2016 年 9 月 28 日办理了权属变更登记。

4546 号判决认定，涉案 PCT 申请归灿坤公司，该判决于 2018 年 10 月 6 日生效。该案查明：1. 辉胜达公司成立于 2007 年 8 月 23 日，系由周辉权等人投资设立的非上市、自然人投资或控股的股份有限公司，现注册资本 1000 万元，经营范围包括家用电器的制造、销售等。2016 年 11 月 10 日，该公司向梅州市工商行政管理局申请清算备案登记，清算组成员为其时的股东古必文、周志荣，于 2017 年 5 月 26 日被注销。2. 广东辉骏科技集团有限公司系周辉权等人于 2011 年 9 月 21 日投资设立的有限责任公司，李诚、黄国亮系其员工。涉案 PCT 申请的国际申请日为 2016 年 1 月 21 日、国际公布日为 2017 年 7 月 20 日、优先权日为 2016 年 1 月 12 日、优先权为 201620021160.9、申请人为辉胜达公司、发明人为张中华、李诚和黄国亮。

灿坤公司于 2018 年 12 月 24 日委托北京泰吉知识产权代理有限公司（以下简称泰吉代理公司）代为办理涉案 PCT 申请在国际程序中的全部事宜。2018 年 12 月 25 日，泰吉代理公司通过 ePCT 系统向国际局上传"前述国际申请的申请人变更请求"。2018 年 12 月 25 日，泰吉代理公司向 PCT 中国受理局（国家知识产权局）快递"前述国际申请的申请人变更请求"，于 2018

年 12 月 26 日被签收。2018 年 12 月 27 日、2019 年 1 月 11 日，泰吉代理公司收到国际局的书面回复，回复内容为"国际局未记录上述变更（除了与国际局通信外），也未发送 PCT/IB/306 表（根据专利合作条约实施细则第 92 条之二记录变更的通知）到指定局/选定局，因为适用的时限已过（参见专利合作条约实施细则第 92 条之二和专利合作条约行政规程第 422 条）"。《专利合作条约实施细则》第 92 条之二 .1 由国际局记录变更（a）根据申请人或者受理局的请求，国际局应对请求书或者国际初步审查要求书中下列事项的变更予以记录：（i）申请人的姓名或者名称、居所、国籍或者住址；（ii）代理人、共同代表或者发明人的姓名或者名称、地址。（b）对其在自优先权日起 30 个月的期限届满后收到的变更记录请求，国际局对请求的变更不应予以记录。

古必文、周志荣、张中华检索国家知识产权局数据库，显示灿坤公司已提交的 PCT 申请有 49 件，最早的申请时间是 2012 年。针对涉案 PCT 申请，1. 国际检索单位（国家知识产权局）于 2016 年 9 月 21 日作出书面意见：全部权利要求（权利要求 1—8）不具有创造性。"后续行为"处载明：如果提出初步审查要求书，本次意见将被视为国际初步审查单位（IPEA）的一次书面意见，除非申请人选择的国际初步审查单位非本机构，而且所选国际初步审查单位已按照细则 66.1 之二（b）通知国际局将不考虑国际检索单位的书面意见时例外。如本书面意见被视为国际初步审查单位的书面意见，则请申请人在自 PCT/ISA/220 表发文日起 3 个月或自优先权起 22 个月内（以后届满者为准）向国际初步审查单位提交书面答复并提交修改（如适用）。2. 国家知识产权局于 2016 年 9 月 7 日出具国际检索报告，检索到两项类型为 "Y" 的相关文件，"Y" 类型的文件是指：特别相关的文件，当该文件与另一篇或者多篇该类文件结合并且这种结合对于本领域技术人员显而易见时，要求保护的发明不具有创造性。

原审法院认为，本案系知识产权损害赔偿纠纷。灿坤公司系优先权专利的专利权人。我国系《专利合作条约》（PCT）的缔约国，前述发明创造的 PCT 申请及其带来的权益依法归灿坤公司享有。PCT 申请本质上是一种独立于《工业产权保护巴黎公约》规定的优先权之外的申请程序。其使得专利合作条约成员国的某个申请人，在将发明创造向本国提出申请时，亦可向其他国家作更多的申请。且 PCT 申请提供更畅通的渠道，使该发明创造方便有效、快速地获得更多国家或地区的保护。只有在提交申请、国际检索、国际公布等程序结束后，申请人才可以进入国家阶段，直接向希望获得专利的国家或地区专利局寻求专利授权，但是否能够进入到其他国家或地区并获得授权，还需经过他国或地区的实质性审查。PCT 申请对应可能存在的外国或其他地区专利局的专利授权，故 PCT 申请人对此享有一定的利益。

涉案 PCT 申请及优先权专利，最初的申请人均为辉胜达公司。在辉胜达公司注销前，法院的一审判决已认定涉案 PCT 申请据以登记优先权的中国优先权专利归灿坤公司所有。古必文、周志荣作为辉胜达公司的股东及清算组成员，即便以法院判决未生效为由，不将涉案 PCT 申请的申请人由辉胜达公司变更为灿坤公司，至少应将涉案 PCT 申请信息通知灿坤公司以便得到及时、妥善处理。古必文、周志荣对此未采取任何措施，主观上存有过错。灿坤公司虽通过诉讼取得了涉案 PCT 申请人的资格，由于优先权的逾期，已基本丧失向其他国家或地区寻求专利授权的可能。灿坤公司据此主张其利益受损具有合理性。灿坤公司虽未提交维权费用的票据，但确有委托律师出庭应诉，酌情考虑其维权支出的费用。同时，鉴于国际检索单位对涉案 PCT 申请全部权利要求的创造性所持否定意见，亦存在不利于涉案 PCT 申请的较大可能性。综上，综合评判后酌情确定古必文、周志荣赔偿灿坤公司利益受损及维权支出共计 50000 元。张中华并非辉胜达公司的股东或清算组成员，无权处理涉案 PCT 申请的相关事宜，灿坤公司主张其与古必文、周志荣共同承担责任的理据不足，不予支持。

原审法院依照《中华人民共和国专利法》（2008 年修正）第二十条、《中华人民共和国公司法》第一百八十九条第三款、《中华人民共和国民事诉讼法》（2017 年修正）第六十四条第一款的规定，判决：一、古必文、周志荣应于本判决生效之日起十日内赔偿漳州灿坤实业有限公司 50000 元。二、驳回漳州灿坤实业有限公司的其他诉讼请求。本判决生效后，被告若未按本判决指定的期限履行本判决确定的给付金钱义务的，依照《中华人民共和国民事诉讼法》（2017 年修正）第二百五十三条之规定，被告应向原告加倍支付迟延履行期间的债务利息。受理费 13800 元，由古必文、周志荣共同负担 3800 元、灿坤公司负担 10000 元。

本院二审期间，灿坤公司为支持其答辩主张，向本院新提交 1 份证据为辉胜达公司工商登记材料，拟证明古必文、周志荣为辉胜达公司清算小组成员。

原审查明的事实基本属实，本院予以确认。

本院另查明：1. 关于 PCT 申请的规则和费用的事实。根据 1993 年我国决定加入的《专利合作条约》相关规定，从 1994 年 1 月 1 日起，中国成为专利合作条约成员国，国家知识产权局成为专利合作条约的受理局、国际检索单位和国际初步审查单位。国家知识产权局公告有关专利合作条约及细则修正和修改的详细情况，以及有关国际专利合作联盟大会（PCT 大会）关于上述修改生效和过渡性安排的决定，可以参考从国际局或者 WIPO 网址上获取的 PCT 大会的相关报告。根据《专利合作条约实施细则》的规定，提出国际申请涉及的费用包括：转送费，国际登记费（基本费和指定费），检索费，国际初步审查费，额外费用（修改权利要求以符合单一性要求的额外费用、任何异议申诉的额外费用、邮寄副本的费用），以及国家费用。此外，还有可能存在的翻译费用。WIPO 网址上提供了《PCT 申请人指引》。

2. 涉案 PCT 申请的事实。涉案 PCT 申请的代理机构为深圳市千纳专利代理有限公司，通过国家知识产权局网站检索优先权专利信息可以获知涉案 PCT 申请及代理机构、代理人信息。

3. 涉案优先权专利的事实。涉案优先权专利于 2021 年因未缴纳年费而无效，最后一次缴纳年费的时间为 2020 年 1 月 2 日。

本院认为：

本案系知识产权损害赔偿纠纷，本案二审争议焦点问题是：古必文、周志荣是否应当对涉案 PCT 申请的效力终止承担赔偿责任。

（一）本案纠纷性质及其法律适用

本案中，因基于中国涉案优先权专利，以中国国家知识产权局为受理局提出的涉案 PCT 申请，优先权日为 2016 年 1 月 12 日，申请人未在优先权日起 30 个月届满之日（2018 年 7 月 12 日）前，办理进入指定局国家阶段手续，根据《专利合作条约》第 24 条规定，国际申请的效力，在指定国家中应即终止，其后果和该国的任何国家申请的撤回相同，由此，引发的知识产权损害赔偿纠纷，故本案适用《专利合作条约》。因引起纠纷的法律事实发生在《中华人民共和国民法典》施行前，根据《最高人民法院关于适用〈中华人民共和国民法典〉时间效力的若干规定》第一条第二款关于"民法典施行前的法律事实引起的民事纠纷案件，适用当时的法律、司法解释的规定，但是法律、司法解释另有规定的除外"的规定，本案适用当时的法律、司法解释的规定，故本案适用《中华人民共和国民法总则》（以下简称民法总则）、2013 年修正的《中华人民共和国公司法》（以下简称公司法）。

（二）古必文、周志荣未通知灿坤公司涉案 PCT 申请信息是否构成过错

第一，涉案 PCT 申请进入国家阶段是否构成辉胜达公司未了结的事务。首先，在任何缔约国，保护发明的申请都可以按照专利合作条约（PCT）作为国际申请提出。根据专利合作条约第 22 条规定，申请人应在不迟于自优先权日起 30 个月届满之日，向每个指定局提供国际申请的副本及其译本，并缴纳国家费用。专利合作条约和细则的任何规定都不得解释为意图限制任何缔

约国按其意志规定授予专利权的实质性条件的自由。即，PCT 申请分为国际阶段和国家阶段两个独立的阶段。公司法第一百八十四条第三项规定，清算组在清算期间处理与清算有关的公司未了结的业务。本案中，辉胜达公司委托专利代理机构提出涉案 PCT 申请，在辉胜达公司申请清算备案登记前，国际检索单位于 2016 年 9 月 21 日作出涉案 PCT 申请所有权利要求 1—8 均无创造性评价的书面意见，此时，涉案 PCT 申请处于国际阶段，尚不属于确定的指定国家的专利申请权，是否构成未了结事务，取决于该 PCT 申请人的意志自由。其次，226 号判决涉案优先权专利归属于灿坤公司，导致涉案 PCT 申请未了结。灿坤公司提出涉案优先权专利权属纠纷时，辉胜达公司仍处于清算期间，至 226 号判决法庭辩论终结，辉胜达公司仍未注销，涉案 PCT 申请还未国际公布，古必文、周志荣应当预见涉案 PCT 申请涉及灿坤公司权益，是否属于未了结事务，已不再系辉胜达公司的意志自由，古必文、周志荣应当告知灿坤公司涉案 PCT 申请信息以配合灿坤公司了结该事务，古必文、周志荣未告知存在过错。

第二，古必文、周志荣未告知灿坤公司涉案 PCT 申请信息与涉案 PCT 申请的效力终止是否存在因果关系。首先，涉案 PCT 申请信息可以从公开渠道获得。涉案 PCT 申请国际公布日前，灿坤公司已经提出涉案优先权专利确权诉讼，并获得胜诉判决，因此，涉案 PCT 申请国际公布日后合理期限内，灿坤公司应当知晓涉案 PCT 申请信息。其次，灿坤公司对《专利合作条约实施细则》及 PCT 行政规程中关于 PCT 申请的申请人变更存在误解。例如，根据 4546 号判决查明的事实，灿坤公司称请求变更 PCT 申请的申请人，需要向 WIPO 提交判决书及相应说明文件才可以办理；灿坤公司提起涉案 PCT 申请权权属纠纷诉讼，其依据的事实和理由包括，涉案 PCT 申请登记在辉胜达公司名下，辉胜达公司已注销，无法在 WIPO 拟定的规则下直接将申请人变更为灿坤公司。最后，辉胜达公司注销后，灿坤公司未以任何方式要求古必文、周志荣或者张中华协助或者配合其将涉案 PCT 申请进入国家阶段。226 号判决中，辉胜达公司注销后，灿坤公司撤回对辉胜达公司起诉，而不是要求变更古必文、周志荣为被告参加诉讼；涉案 PCT 申请国际公布日后，灿坤公司起诉古必文、周志荣、张中华涉案 PCT 申请权权属纠纷，但并未要求古必文、周志荣、张中华协助或者配合其进入国家阶段；灿坤公司亦认可其除了提出涉案 PCT 申请权权属纠纷诉讼外，未寻求 PCT 规则下直接变更涉案 PCT 申请人的救济方式。但是，涉案 PCT 申请人为辉胜达公司，在涉案 PCT 申请人未经生效判决归属于灿坤公司之前，灿坤公司无法以自己名义决定以及进入国家阶段，对此，古必文、周志荣作为辉胜达公司的清算组成员，应当有合理预期；且针对 226 号判决涉案优先权专利归属于灿坤公司的判决结论，古必文、周志荣并未提出上诉，则古必文、周志荣基于辉胜达公司在先涉案 PCT 申请行为有义务就辉胜达公司未了结的涉案 PCT 申请主动向灿坤公司咨询善后处理意见，因古必文、周志荣未履行在先行为引起的义务，明显违背了诚信原则，是造成涉案 PCT 申请未进入国家阶段导致失权后果的原因之一。

综上，古必文、周志荣在接受 226 号判决结果后未咨询灿坤公司涉案 PCT 申请的后续处理意见存在过错，与涉案 PCT 申请的效力终止有一定的因果关系。虽因灿坤公司对国际阶段 PCT 申请变更申请人程序的误解，以及灿坤公司实际未要求将涉案 PCT 申请进入国家阶段，但辉胜达公司及其股东未履行基于在先行为引起的义务，对涉案 PCT 申请逾期未进入国家阶段导致失权的后果也具有一定过错，据此，古必文、周志荣关于对涉案 PCT 申请未进入国家阶段无过错的上诉理由不成立，本院不予支持。

综上所述，古必文、周志荣的上诉请求不成立，本院不予支持。原审判决认定事实正确，判决结论并无不当，应予维持。依照《中华人民共和国民事诉讼法》第一百七十七条第一款第一项之规定，判决如下：

驳回上诉，维持原判。

二审案件受理费 1050 元，由古必文、周志荣负担。

本判决为终审判决。

审　判　长　钱建国

审　判　员　陈瑞子

审　判　员　颜　峰

二〇二二年六月二十二日

法 官 助 理　祁　帅

书　记　员　孙静仪

14. 涉 4.2 类声明药品专利链接案件的处理

—— 上诉人中外制药株式会社与被上诉人温州海鹤药业有限公司
确认是否落入专利权保护范围纠纷案①

中华人民共和国最高人民法院民事判决书（2022）最高法知民终 905 号

上诉人（原审原告）：中外制药株式会社。住所地：日本国东京都北区
浮间五丁目 5 番 1 号。

代表人：奥田修，该株式会社董事长、总裁兼总经理。

委托诉讼代理人：李斌馨，北京奋讯（上海）律师事务所律师。

委托诉讼代理人：尚广振，北京奋讯（上海）律师事务所律师。

被上诉人（原审被告）：温州海鹤药业有限公司。住所地：中华人民共
和国浙江省温州市温州经济技术开发区星海街道滨海二十五路 360 号。

法定代表人：王仁民，该公司执行董事。

委托诉讼代理人：贺伊博，北京允天律师事务所律师。

委托诉讼代理人：张秋林，北京允天律师事务所律师。

上诉人中外制药株式会社因与被上诉人温州海鹤药业有限公司（以下简
称海鹤公司）确认是否落入专利权保护范围纠纷一案，不服中华人民共和国
北京知识产权法院（以下简称原审法院）于 2022 年 4 月 15 日作出的
（2021）京 73 民初 1438 号民事判决，向本院提起上诉。本院于 2022 年 5 月
23 日立案后，依法组成合议庭，因案件涉及商业秘密，于 2022 年 7 月 5 日不
公开开庭进行了审理。上诉人中外制药株式会社的委托诉讼代理人李斌馨、
尚广振，被上诉人海鹤公司的委托诉讼代理人贺伊博、张秋林到庭参加诉讼。
本案现已审理终结。

中外制药株式会社上诉请求：撤销原审判决，改判支持其原审全部诉讼
请求。包括：1. 确认海鹤公司申请注册的"艾地骨化醇软胶囊"（以下简称
涉案仿制药）落入专利号为 200580009877.6、名称为"ED-71 制剂"的发明
专利权（以下简称涉案专利权）的保护范围；2. 对海鹤公司作出错误专利声

---

① 本案在年度报告中的位置为第 28 页。

明及违反《药品专利纠纷早期解决机制实施办法（试行）》（以下简称药品专利纠纷实施办法）第六条规定的行为予以批评教育。事实和理由为：（一）原审判决遗漏中外制药株式会社原审第二项诉讼请求，违反了《中华人民共和国民事诉讼法》第一百五十五条的规定。第一，海鹤公司仅对涉案专利原权利要求 2 作出 4.2 类声明，对涉案专利其他原权利要求（即原权利要求 1 和 3—7）未作任何声明，且在明确知晓其相关专利声明存在错误的情况下，一直不予更正。第二，海鹤公司未将其提交的相应声明及声明依据在法定期限内依法通知上市许可持有人，违反药品专利纠纷实施办法第六条的规定。海鹤公司的上述违规行为明显有违药品专利纠纷早期解决机制的设置初衷和宗旨，更是违反了诚实信用原则，故应对海鹤公司的违规行为予以批评教育。（二）原审判决认定中外制药株式会社认可海鹤公司提交的涉案仿制药上市注册申请材料与原审法院从中华人民共和国国家药品监督管理局（以下简称国家药品监督管理局）调取的涉案仿制药申请材料一致，属于认定事实不清。第一，中外制药株式会社仅认可海鹤公司提交的证据 1—5 是节选自海鹤公司提交给国家药品监督管理局的涉案仿制药申请材料，但从未认可二者内容完全一致。原审法院从国家药品监督管理局调取的涉案仿制药申请材料中披露了更多与本案相关的信息。第二，原审法院从国家药品监督管理局调取的证据材料显示，海鹤公司在仿制药临床申报阶段处方中使用的药用辅料（抗氧化剂）是 dl-α-生育酚，但海鹤公司提交的证据中将相关内容覆盖。原审判决错误认定二者内容一致，进而并未查明涉案仿制药采用的技术方案。（三）原审判决基于海鹤公司提交的涉案仿制药申报材料认定涉案仿制药使用的药用辅料为＊＊＊，存在认定事实和适用法律错误。第一，《中华人民共和国专利法》（以下简称专利法）第七十六条中"申请注册的药品相关技术方案"是指向国家药品监督管理局提交的药品注册申请文件中记载的拟申请获批的处方，而非企业针对处方中的各原材料选取的具体物质。海鹤公司仿制药注册申请文件中明确记载，在其处方中使用药用辅料＊＊＊作为抗氧化剂。原审法院仅以海鹤公司在申请文件中选取特定原料的技术方案，而非拟申请获批的处方所记载的技术方案，与涉案专利修改后的权利要求进行技术比对，属于适用法律错误。此外，依据法律规定，药品注册申请文件应准确反映药品生产企业实际使用的药品技术方案，如果药品注册申请文件中关于药品技术方案的记载存在明显矛盾或错误，则应查明药品生产企业申请注册药品实际使用的技术方案，并据此确认其是否落入相关专利权的保护范围。第二，本案中，涉案仿制药申请注册的处方中实际使用的药用辅料应为 dl-α-生育酚，退一步而言，该处方包括使用＊＊＊和使用 dl-α-生育酚作为抗氧化剂的两个具体技术方案。首先，海鹤公司申请注册的仿制药处方中使用药用辅料＊＊＊而非＊＊＊作为抗氧化剂。基于国家药品监督管理局数据库中登记的药用辅料＊＊＊的信息及双方证据，在＊＊＊和dl-α-生育酚两种物质之间，只有dl-α-生育酚系依法登记用作抗氧化剂的药用辅料＊＊＊。海鹤公司为规避侵权，故意在其提交的药品注册申请文件中将药用辅料dl-α-生育酚替换为原料药＊＊＊，而其实际使用的药用辅料应为dl-α-生育酚而非＊＊＊。其次，涉案仿制药注册申请文件中显示，海鹤公司在临床申报过程中使用的药用辅料（抗氧化剂）是dl-α-生育酚。根据相关规定，海鹤公司申请注册的处方应与其临床阶段使用的处方一致。最后，在我国医药领域，＊＊＊是一类化合物的统称，包括＊＊＊和dl-α-生育酚。海鹤公司仿制药注册申请的处方中仅指明使用＊＊＊作为辅料，这意味着其技术方案包括使用＊＊＊和使用dl-α-生育酚两种方案。（四）原审判决认为本案应适用捐献规则，适用法律错误，进而导致认定事实错误。第一，捐献规则旨在解决在专利申请授权阶段未记载于授权权利要求中但被说明书或附图披露的技术方案能否基于等同原则被纳入权利要求保护范围的问题，其在后续专利确权阶段权利要求保护范围发生变化时并无适用余地。第二，涉案专利原权利要求1的抗氧化剂包括＊＊＊，这表明专利权人对使用＊＊＊作为抗氧化剂的技术方案主张专利权保护，并未捐献给社会公众，捐献规则在本案中并无适用空间。在涉案专利无效宣告程序中，中外制药株式会社通过修改放弃了原权利要求2中的抗氧化剂为二丁基羟基甲苯、丁基羟基茴香醚和没食子酸丙酯的技术方案，但并未放弃抗氧化剂为dl-α-生育酚的技术方案，更未放弃与dl-α-生育酚等同的技术方案（包括采用＊＊＊的技术方案）。第三，在案证据充分证明，＊＊＊与修改后权利要求1中的dl-α-生育酚构成等同技术特征。

海鹤公司辩称：中外制药株式会社的全部诉讼请求均无事实依据和法律依据，请求驳回上诉，维持原判。事实和理由为：（一）原审法院未遗漏诉讼请求。原审法院在庭审中当庭认定中外制药株式会社的第二项诉讼请求于法无据，不能作为单独的诉讼请求。此外，专利声明文件的填写瑕疵系因海鹤公司对药品专利纠纷实施办法理解不到位导致。海鹤公司在本案审理过程中多次致函国家药品监督管理局及其相关单位，申请对专利声明中"登记的权利要求项编号"的内容进行修改。并且海鹤公司在收到原审应诉通知书后的第十天即将相关证据和不落入专利权保护范围的侵权比对材料提交给了原审法院。因此，海鹤公司不存在所谓的不诚信行为。（二）原审判决认定事实清楚。第一，中外制药株式会社已认可海鹤公司提交的仿制药上市注册申请材料和原审法院从国家药品监督管理局调取的仿制药上市注册申请材料的一致性。该事实清楚，原审判决认定准确。第二，在案证据能够证明海鹤公司申请注册的仿制药中使用的是＊＊＊。需要特别说明的是，海鹤公司在临床申报过程中使用的药用辅料相关材料不是本案的在案证据，且其属于海鹤公司的商业秘密，并非公开信息。中外制药株式会社在毫无依据的前提下，捏造了相关"事实"，并基于臆断作出结论，有违诚实信用原则。（三）本案适用捐献规则。第一，涉及捐献规则的相关司法解释并未明确其中的权利要求只能是专利授权文本中的权利要求。第二，参照在先案件确定的裁判规则，捐献规则适用于修改后的权利要求。因此，修改前的权利要求是否包括＊＊＊，以及中外制药株式会社是否有捐献的意愿，均不影响捐献规则在本案中的适用。原审法院以修改后的权利要求作为比对基础，其适用法律正确。第三，基于禁止反悔规则，＊＊＊与修改后权利要求 1 中的 dl-α-生育酚不构成等同特征。

中外制药株式会社向原审法院提起诉讼，原审法院于 2021 年 11 月 8 日立案受理。中外制药株式会社起诉请求：确认涉案仿制药落入涉案专利权的保护范围。事实和理由为：中外制药株式会社成立于 1925 年，主要致力于生物和抗体技术的研究及药物开发。2014 年，中外制药株式会社在中国成立了以进口、生产和销售业务为主的日健中外制药有限公司，致力于引进新的产品进入中国市场。中外制药株式会社为涉案专利权的权利人，涉案专利申请日为 2005 年 2 月 7 日，授权日为 2010 年 12 月 8 日，目前处于有效状态。中外制药株式会社为上市专利药品"艾地骨化醇软胶囊（剂型：胶囊剂；规格：0.75μg；批准文号：国药准字 HJ20200058）"的上市许可持有人。中外制药株式会社已在中国上市药品专利信息登记平台（以下简称登记平台）就上述药品和专利进行登记，上述药品与涉案专利权利要求 1—7 均相关。2021 年 7 月 2 日，中外制药株式会社在中华人民共和国国家知识产权局（以下简称国家知识产权局）的无效宣告程序中对涉案专利权利要求进行了修改，将原权利要求 2 中的"抗氧化剂是选自 dl-α-生育酚"加入权利要求 1，删除原权利要求 2，对于其他权利要求的序号进行了相应调整，修改后的权利要求包括 6 项。海鹤公司申请注册的仿制药的药品名称为"艾地骨化醇软胶囊"，剂型为胶囊剂，规格为 0.75μg，注册类别为 4 类。2021 年 8 月 16 日，海鹤公司在登记平台上明确其仿制的药品为中外制药株式会社的"艾地骨化醇软胶囊（规格：0.75μg，批准文号：国药准字 HJ20200058）"，并作出 4.2 类声明，即仿制药未落入登记平台收录的原研药（即中外制药株式会社的专利药品）相关专利权保护范围。依据国家药品监督管理局发布的《化学药品注册分类及申报资料要求》第一条、第二条的规定，海鹤公司申请注册的仿制药应具有与原研药相同的活性成分、剂型、规格、适应症、给药途径和用法用量，并需要证明质量和疗效与参比制剂一致。因此，涉案仿制药使用了与涉案专利修改后的权利要求1—6相同或等同的技术方案，落入涉案专利权利要求1—6的保护范围。

原审审理过程中，中外制药株式会社增加如下诉讼请求：对海鹤公司作出错误专利声明及违反药品专利纠纷实施办法第六条规定的行为予以批评教育。

海鹤公司原审辩称：（一）涉案专利在本案诉讼期间已被国家知识产权局宣告无效，该无效决定目前处于起诉期限内。鉴于本案为确认是否落入专利权保护范围纠纷案件，而该判断结论并不会因专利权是否有效而发生变化，故在涉案仿制药并未落入涉案专利权保护范围的情况下，本案应进行实体审理，无需驳回中外制药株式会社的起诉。（二）海鹤公司申请注册的涉案仿制药并未落入涉案专利权利要求1的保护范围。根据海鹤公司向国家药品审评机构提供的相关申报材料，涉案仿制药处方中使用的抗氧化剂是＊＊＊，即＊＊＊，而非涉案专利权利要求1中的dl-α-生育酚。此外，涉案专利说明书第［0029］段记载，"本发明中所用的'抗氧化剂'优选从生育酚醋酸酯，二丁基羟基甲苯，天然维生素E，dl-α-生育酚，d-α-生育酚，混合浓缩生育酚，抗坏血酸棕榈酸酯，L-抗坏血酸硬脂酸酯，丁基羟基茴香醚和没食子酸丙酯中选择一种"。其中，＊＊＊即海鹤公司申请注册的涉案仿制药处方中的抗氧化剂＊＊＊。可见，＊＊＊属于仅在说明书中描述而在修改后的权利要求1中未记载的技术方案，根据《最高人民法院关于审理侵犯专利权纠纷案件应用法律若干问题的解释》（以下简称侵犯专利权纠纷解释）第五条的规定，中外制药株式会社不能将其纳入涉案专利权的保护范围。因此，涉案仿制药并未落入涉案专利权利要求1的保护范围。涉案专利权利要求2—6是直接或间接引用权利要求1的从属权利要求，基于上述相同理由，涉案仿制药亦未落入权利要求2—6的保护范围。据此，请求法院依法判令驳回中外制药株式会社的全部诉讼请求。

原审法院认定如下事实：

涉案专利申请日为2005年2月7日，授权日为2010年12月8日，专利权人为中外制药株式会社。本案起诉时，涉案专利处于有效状态。

涉案专利的上市药品为"艾地骨化醇软胶囊（剂型：胶囊剂；规格：0.75μg；批准文号：国药准字HJ20200058）"，适应症为骨质疏松症。中外制药株式会社就上述药品已在登记平台进行登记，上市许可持有人亦为中外制药株式会社。

中外制药株式会社在登记平台针对涉案专利进行了专利信息登记。登记信息中显示，上市药品与涉案专利权利要求的对应关系为1—7，专利类型为化学药品含活性成分的药物组合物专利，上述登记信息已于2021年7月13日公开。

登记平台显示，国家药品监督管理局于2021年8月16日受理了海鹤公司提出的涉案仿制药的注册申请，受理号为CYHS2101591国，被仿制药（即原研药）为涉案专利上市药品。针对涉案专利，海鹤公司在登记平台作出4.2类声明，认为涉案仿制药未落入涉案专利权利要求2的保护范围。

2021年12月30日，国家知识产权局针对案外人就涉案专利提出的无效宣告请求，作出了第53498号无效宣告请求审查决定（以下简称第53498号决定），宣告涉案专利权全部无效。该决定在原审判决作出时仍处于起诉期限内。

在该无效宣告程序中，中外制药株式会社对涉案专利权利要求进行了修改，将原权利要求2中的"抗氧化剂是选自dl-α-生育酚"加入权利要求1，删除原权利要求2，对于其他权利要求的序号进行了相应调整，修改后的权利要求如下：

"1. 一种制剂，其包含：

（1）（5Z，7E）-（1R，2R，3R）-2-（3-羟基丙氧基）-9，10-断胆甾-5，7，10（19）-三烯-1，3，25-三醇；

（2）油脂；和

（3）抗氧化剂；所述抗氧化剂是dl-α-生育酚；

其中，加入所述抗氧化剂用于抑制（5Z，7E）-（1R，2R，3R）-2-（3-羟基丙氧基）-9，10-断胆甾-5，7，10（19）-三烯-1，3，25-三醇降解为6E-（1R，2R，3R）-2-（3-羟基丙氧基）-9，10-断胆甾-5（10），6，8（9）-三烯-1，3，25-三醇和/或（5E，7E）-（1R，2R，3R）-2-（3-羟基丙氧基）-9，10-断胆甾-5，7，10（19）-三烯-1，3，25-三醇，经遮蔽、室温保存12个月后产生的6E-（1R，2R，3R）-2-（3-羟基丙氧基）-9，10-断胆甾-5（10），6，8（9）-三烯-1，3，25-三醇和/或（5E，7E）-（1R，2R，3R）-2-（3-羟基丙氧基）-9，10-断胆甾-5，7，10（19）-三烯-1，3，25-三醇的量为1%或更少。

2. 根据权利要求1的制剂，其中，制剂是软胶囊，硬胶囊或油性液体制剂。

3. 根据权利要求2的制剂，其中，制剂是软胶囊。

4. 根据权利要求1的制剂，其中，以重量计，制剂含有相对于油脂为

0.000001%~0.01 重量%的（5Z，7E）-（1R，2R，3R）-2-（3-羟基丙氧基）-9，10-断胆甾-5，7，10（19）-三烯-1，3，25-三醇和相对于油脂为0.0001~12 重量%的抗氧化剂。

5. 根据权利要求 4 的制剂，其中，制剂是软胶囊，硬胶囊或油性液体制剂。

6. 根据权利要求 5 的制剂，其中，制剂是软胶囊。"

针对涉案专利中的抗氧化剂 dl-α-生育酚，双方当事人确认其结构式如下：

此外，针对抗氧化剂的选择，涉案专利说明书第［0029］段记载："抗氧化剂优选从生育酚醋酸酯，二丁基羟基甲苯，天然维生素 E，dl-α-生育酚，d-α-生育酚，混合浓缩生育酚，抗坏血酸棕榈酸酯，L-抗坏血酸硬脂酸酯，丁基羟基茴香醚和没食子酸丙酯中选择一种，更优选从 dl-α-生育酚，二丁基羟基甲苯，丁基羟基茴香醚和没食子酸丙酯中选择一种，最优选选择 dl-α-生育酚。"

为证明涉案仿制药未落入涉案专利权保护范围，海鹤公司向原审法院提交了涉案仿制药上市注册申请材料中与辅料＊＊＊相关内容的复印件，中外制药株式会社认可上述证据与原审法院从国家药品监督管理局所调取的涉案仿制药申请材料一致。上述证据中：证据 1 为涉案仿制药的生产处方，其"表 3.2.P.3-1 批处方"中记载了涉案仿制药中成分＊＊＊的作用为抗氧化剂，执行标准为＊＊＊。证据 2 为涉案仿制药处方中的辅料信息，其中"表 3.2.P.4-1 原辅料的来源信息"中记载了辅料＊＊＊的生产厂家为＊＊＊，登记号为＊＊＊，执行标准为＊＊＊。证据 3 为＊＊＊的证明性文件，系证据 2 的附件，其中包括涉案仿制药中＊＊＊的进口药品注册证和进口药品注册标准＊＊＊。进口药品注册证中记载的药品名称为＊＊＊，注册证号为＊＊＊，剂型为＊＊＊，生产厂为＊＊＊。证据 16 为涉案仿制药中＊＊＊在国家药品监督管理局"原料药登记数据"的登记备案信息，其中＊＊＊的登记号为＊＊＊，企业名称为＊＊＊，备注为＊＊＊。

上述证据显示，涉案仿制药使用的辅料＊＊＊的结构式如下：

＊　＊　＊

原审法院认为：根据专利法第七十六条的规定，药品上市审评审批过程中，药品上市许可申请人与有关专利权人或者利害关系人，因申请注册的药品相关的专利权产生纠纷的，相关当事人可以向人民法院起诉，请求就申请注册的药品相关技术方案是否落入他人药品专利权保护范围作出判决。国务院药品监督管理部门在规定的期限内，可以根据人民法院生效裁判作出是否暂停批准相关药品上市的决定。该条款虽规定了相关当事人可依据申请注册的药品相关的专利权提起此类诉讼，但并未进一步规定所涉专利的范围。《最高人民法院关于审理申请注册的药品相关的专利权纠纷民事案件适用法律若干问题的规定》（以下简称药品专利纠纷解释）第二条规定："专利法第七十六条所称相关的专利，是指适用国务院有关行政部门关于药品上市许可审批与药品上市许可申请阶段专利权纠纷解决的具体衔接办法（以下简称衔接办法）的专利。"该解释中所称具体衔接办法是指国家药品监督管理局、国家知识产权局共同制定的药品专利纠纷实施办法。该实施办法第五条规定："化学药上市许可持有人可在中国上市药品专利信息登记平台登记药物活性成分化合物专利、含活性成分的药物组合物专利、医药用途专利。"

本案中，涉案专利为含活性成分的化学药物组合物专利，属于药品专利纠纷实施办法第五条规定的专利类型，符合药品专利纠纷解释第二条的规定。

药品专利纠纷解释第三条规定："专利权人或者利害关系人依据专利法第七十六条起诉的，应当按照民事诉讼法第一百一十九条第三项的规定提交下列材料：（一）国务院有关行政部门依据衔接办法所设平台中登记的相关专利信息，包括专利名称、专利号、相关的权利要求等；（二）国务院有关行政部门依据衔接办法所设平台中公示的申请注册药品的相关信息，包括药品名称、药品类型、注册类别以及申请注册药品与所涉及的上市药品之间的对应关系等；（三）药品上市许可申请人依据衔接办法作出的四类声明及声明依据。"

本案中，中外制药株式会社为涉案专利的专利权人，其已就涉案专利在登记平台上进行了相关信息登记。海鹤公司的涉案仿制药申请目前已被受理，且该仿制药相关信息已在登记平台公示。针对涉案专利，海鹤公司在登记平台上作了4.2类声明，即涉案仿制药未落入涉案专利权保护范围。基于此，依据前述规定，中外制药株式会社有权就海鹤公司申请注册的涉案仿制药是否落入涉案专利的保护范围提起诉讼。

需要指出的是，涉案专利权虽已被国家知识产权局宣告无效，但该无效决定目前处于起诉期限内。本案中，中外制药株式会社、海鹤公司均主张应进行实体审理，考虑到上述主张并结合本案其他相关因素，现对涉案仿制药是否落入涉案专利保护范围进行判断。

中外制药株式会社主张涉案仿制药落入其在专利无效程序中修改后的权

利要求 1—6 的保护范围，海鹤公司则认为涉案仿制药使用的抗氧化剂是＊＊＊，即＊＊＊，而非涉案专利权利要求 1 中的 dl-α-生育酚，故并未落入涉案专利权利要求 1—6 的保护范围。

基于海鹤公司提交的涉案仿制药申报材料可以看出，涉案仿制药使用的辅料为＊＊＊，其执行的是＊＊＊进口药品注册标准。将该标准中记载的＊＊＊的结构式与双方已确认的涉案专利权利要求 1 中 dl-α-生育酚的结构式进行对比可以看出，二者并不相同（对比结构式见下图），中外制药株式会社对此亦予以认可。基于此，涉案仿制药并未使用涉案权利要求 1 中的 dl-α-生育酚，中外制药株式会社有关涉案仿制药使用了与涉案专利权利要求 1 相同的技术方案的主张不能成立。

dl-α-**生育酚**

＊ ＊ ＊

中外制药株式会社主张，即便涉案仿制药并未使用与涉案专利权利要求 1 相同的技术方案，二者亦构成等同的技术方案。侵犯专利权纠纷解释第七条第二款规定："被诉侵权技术方案包含与权利要求记载的全部技术特征相同或者等同的技术特征的，人民法院应当认定其落入专利权的保护范围……"虽然该条款中将权利要求的保护范围扩大到等同的情形，但需要注意的是，该解释第五条同时规定："对于仅在说明书或者附图中描述而在权利要求中未记载的技术方案，权利人在侵犯专利权纠纷案件中将其纳入专利权保护范围的，人民法院不予支持。"该规定是捐献规则的具体体现，其目的在于保护公众基于专利文件的公示效力而产生的合理预期。依据该规定，对于仅在说明书或附图中记载但未被纳入权利要求保护范围的技术特征，不能依据等同原则将其纳入权利要求的保护范围内。

虽然侵犯专利权纠纷解释适用于专利侵权案件，而本案为确认是否落入专利权保护范围案件，但该解释确定的规则同样适用于本案。本案中，中外制药株式会社主张涉案仿制药中的＊＊＊与权利要求中对应的技术特征构成等同。中外制药株式会社认可涉案仿制药申报材料中使用的＊＊＊为＊＊＊，但认为该技术特征与涉案专利中的 dl-α-生育酚构成等同的技术特征。海鹤公司则认为以＊＊＊作为抗氧化剂的技术方案已被捐献。

由查明事实可以看出，针对＊＊＊，涉案专利说明书第［0029］段有如下记载，"本发明中所用的抗氧化剂优选从生育酚醋酸酯，二丁基羟基甲苯，天然维生素 E，dl-α-生育酚，d-α-生育酚，混合浓缩生育酚，抗坏血酸棕榈酸酯，L-抗坏血酸硬脂酸酯，丁基羟基茴香醚和没食子酸丙酯中选择一种"。基于上述记载可以看出，＊＊＊作为抗氧化剂使用的技术方案已被记载于涉案专利说明书中，但该技术方案并未被涵盖在涉案专利权利要求1的范围内（权利要求1中使用的抗氧化剂是 dl-α-生育酚）。据此，依据前述规定中体现的捐献规则，涉案仿制药使用的＊＊＊与涉案专利中的 dl-α-生育酚并不构成等同的技术特征。

中外制药株式会社主张修改前的权利要求1中涵盖了将＊＊＊作为抗氧化剂这一技术方案，这表明专利权人并未将使用＊＊＊作为抗氧化剂的技术方案进行捐献。因此，捐献规则并不适用于本案。中外制药株式会社这一主张的成立至少需满足以下两个条件：其一，捐献规则所指权利要求是指修改前的权利要求，或者至少包括修改前的权利要求；其二，捐献规则的适用需要以专利权人有捐献意愿为前提。

专利权人在专利确权程序中虽可以对权利要求进行修改，但修改行为并不会使该专利权同时或先后存在两个有效的权利要求，而只是以修改后的权利要求替代修改前的权利要求，修改后的权利要求自始生效。这也就意味着，侵犯专利权纠纷解释第五条中所称的权利要求只能指向修改后的权利要求。此外，前文中已指出，捐献规则保护的是公众基于专利文件的公示效力而产生的合理预期，其与专利权人是否主观有捐献的意愿无关。因此，即使专利权人并无此意愿，亦不影响捐献规则在本案中的适用。由此可知，修改前的权利要求是否包括＊＊＊，以及中外制药株式会社是否有捐献的意愿，均不影响捐献规则在本案中的适用。据此，中外制药株式会社有关本案不适用捐献规则的主张不能成立，对此不予支持。

基于上述分析，虽然涉案专利权利要求1的保护范围可以延及等同的技术方案，但具体到 dl-α-生育酚这一技术特征，其等同的范围不包括涉案仿制药使用的＊＊＊。据此，涉案仿制药中将＊＊＊作为抗氧化剂的技术特征与涉案专利权利要求1的相应技术特征不构成等同。

因涉案仿制药使用的＊＊＊与涉案专利权利要求1的相应技术特征既不相同，亦不等同，故被诉技术方案未落入涉案专利权利要求1的保护范围。鉴于权利要求2—6为权利要求1的从属权利要求，在涉案仿制药的技术方案未落入权利要求1的保护范围的情况下，尽管海鹤公司在庭审中认可涉案仿制药具有权利要求2—6的附加技术特征，其仍然不落入权利要求2—6的保护范围。据此，中外制药株式会社有关涉案仿制药落入涉案专利权利要求1—6的保护范围的主张不能成立，对此不予支持。

综上，海鹤公司申请注册的涉案仿制药并未落入中外制药株式会社的涉案专利权利要求1—6的保护范围。

原审法院依照《中华人民共和国专利法》第七十六条,《最高人民法院关于审理申请注册的药品相关的专利权纠纷民事案件适用法律若干问题的规定》第二条、第三条,《最高人民法院关于审理侵犯专利权纠纷案件应用法律若干问题的解释》第五条、第七条之规定,判决:驳回中外制药株式会社的诉讼请求。案件受理费750元,由中外制药株式会社负担。

本案二审期间,当事人均未提交新证据,并均对原审判决对于证据真实性、合法性和关联性的认定不持异议。

中外制药株式会社向本院提交了两份调查取证申请。第一份调查取证申请的申请事项为请求法院向海鹤公司收集由其生产的、用于药物临床试验的艾地骨化醇软胶囊(规格:0.75μg/粒)。主要理由为:基于国家药品监督管理局数据库中登记的药用辅料***的信息及双方证据,在***和dl-α-生育酚中,只有dl-α-生育酚系依法登记用作抗氧化剂的药用辅料的***,故有理由相信海鹤公司为规避侵权,故意在药品注册申请文件中将药用辅料dl-α-生育酚替换为原料药***,而其实际使用的药用辅料应为dl-α-生育酚。为申请注册涉案仿制药,海鹤公司应当已经开展并完成了药物临床试验,故其生产的用于药物临床试验的艾地骨化醇软胶囊能够证明其申请注册的涉案仿制药实际使用的技术方案。第二份调查取证申请的申请事项为请求法院向国家药品监督管理局调取海鹤公司提交的关于艾地骨化醇软胶囊(规格:0.75μg/粒)仿制药注册申请文件中涉及辅料***的资料,包括但不限于原审法院依职权调取的海鹤公司仿制药申报材料目录页载明的药品说明书、样品检验报告书、变更药用辅料种类的补充申请和研究资料、临床试验计划及研究方案。主要理由为:原审法院依职权从国家药品监督管理局调取的证据仅涉及海鹤公司提交的相关证据材料,其中显示海鹤公司并未提交与涉案仿制药所用辅料相关的申报资料,且海鹤公司在其提交的证据材料中故意遮盖与本案相关的药用辅料信息。

本院经审理查明:原审法院认定的事实基本属实,本院予以确认。

另查明:涉案专利授权公告的权利要求如下:

"1. 一种制剂,其包含:

(1)(5Z,7E)-(1R,2R,3R)-2-(3-羟基丙氧基)-9,10-断胆甾-5,7,10(19)-三烯-1,3,25-三醇;

(2)油脂;和

(3)抗氧化剂;

其中,加入所述抗氧化剂用于抑制(5Z,7E)-(1R,2R,3R)-2-

（3-羟基丙氧基）-9，10-断胆甾-5，7，10（19）-三烯-1，3，25-三醇降解为 6E-（1R，2R，3R）-2-（3-羟基丙氧基）-9，10-断胆甾-5（10），6，8（9）-三烯-1，3，25-三醇和/或（5E，7E）-（1R，2R，3R）-2-（3-羟基丙氧基）-9，10-断胆甾-5，7，10（19）-三烯-1，3，25-三醇，经遮蔽、室温保存 12 个月后产生的 6E-（1R，2R，3R）-2-（3-羟基丙氧基）-9，10-断胆甾-5（10），6，8（9）-三烯-1，3，25-三醇和/或（5E，7E）-（1R，2R，3R）-2-（3-羟基丙氧基）-9，10-断胆甾-5，7，10（19）-三烯-1，3，25-三醇的量为 1% 或更少。

2. 根据权利要求 1 的制剂，其中，抗氧化剂是选择 dl-α-生育酚，二丁基羟基甲苯，丁基羟基茴香醚和没食子酸丙酯中的一种。

3. 根据权利要求 1 或 2 的制剂，其中，制剂是软胶囊，硬胶囊或油性液体制剂。

4. 根据权利要求 3 的制剂，其中，制剂是软胶囊。

5. 根据权利要求 1 或 2 的制剂，其中，以重量计，制剂含有相对于油脂为 0.000001%~0.01 重量% 的（5Z，7E）-（1R，2R，3R）-2-（3-羟基丙氧基）-9，10-断胆甾-5，7，10（19）-三烯-1，3，25-三醇和相对于油脂为 0.0001~12 重量% 的抗氧化剂。

6. 根据权利要求 5 的制剂，其中，制剂是软胶囊，硬胶囊或油性液体制剂。

7. 根据权利要求 6 的制剂，其中，制剂是软胶囊。"

第 53498 号决定系国家知识产权局针对案外人四川国为制药有限公司（以下简称国为公司）、正大天晴药业集团股份有限公司（以下简称正大天晴公司）就涉案专利提起的无效宣告请求作出的审查决定。根据该决定的记载，针对国为公司提起的无效宣告请求，中外制药株式会社于 2021 年 7 月 2 日提交了权利要求书修改文本；针对正大天晴公司提起的无效宣告请求，中外制药株式会社于 2021 年 8 月 6 日提交了修改的权利要求书。两次提交的权利要求书修改文本内容相同。2021 年 9 月 23 日，国家知识产权局对两无效宣告请求进行口头审理。第 53498 号决定依据的审查文本为中外制药株式会社修改后的权利要求 1—6 和授权公告的说明书、附图和摘要。

海鹤公司向国家药品监督管理局提交的项目名称为"产品开发"的申报资料中记载："＊＊＊"海鹤公司向国家药品监督管理局提交的项目名称为"辅料的控制"的申报资料中记载："＊＊＊"＊＊进口药品注册标准的药物名称为"＊＊＊"，分子式为＊＊＊。

《中华人民共和国药典 2005 年版 二部》和《中华人民共和国药典 2020

年版 二部》中记载的"＊＊＊"（合成型）的分子式、化学结构式均与＊＊＊进口药品注册标准相同。中华人民共和国卫生部药典委员会编《临床用药须知》中记载了"＊＊＊"的相关信息。

原审庭审中，海鹤公司称其于2021年12月9日向国家药品监督管理局申请将所作声明从针对权利要求2修改为针对权利要求1—7，但国家药品监督管理局不允许修改声明。针对中外制药株式会社新增的诉讼请求，原审法院释明称，仿制药申请人应当积极履行药品专利纠纷实施办法规定的义务，但是中外制药株式会社新增的诉讼请求单独作为诉讼请求不适当，不属于本案的审理范围，故不会体现在判决书中。双方当事人对此均表示清楚。

二审庭审中，中外制药株式会社称其在无效宣告程序中对权利要求的修改是为克服权利要求得不到说明书支持的缺陷。海鹤公司称涉案仿制药仍在技术审评中，未转入行政审批。

本院认为：本案为确认是否落入药品专利权保护范围纠纷。该类纠纷是专利法第七十六条规定的特殊类型纠纷，其实体审理的核心是确认被诉技术方案是否落入相关药品专利权保护范围，与侵害专利权纠纷中专利侵权判定部分的审理并无实质不同，故可以适用专利法及相关司法解释关于专利侵权判定的相关规定。

本案中，涉案专利权虽已被国家知识产权局宣告全部无效，但中外制药株式会社、海鹤公司均主张本案应进行实体审理，双方当事人均有在涉案仿制药上市前通过本案诉讼解决专利纠纷的意愿。且海鹤公司在本案中仅以涉案仿制药与涉案专利技术方案不同为由进行抗辩，涉案专利权的稳定性对本案争议问题的审理并无必然影响。因此，本院对本案继续进行实体审理。

根据当事人的诉辩主张，本案二审争议焦点问题为：（一）海鹤公司是否违反药品专利纠纷实施办法的规定及对此应如何处理；（二）涉案仿制药申请中作为本案比对对象的抗氧化剂辅料为何种抗氧化剂；（三）涉案仿制药申请中的抗氧化剂辅料与涉案专利中的 dl-α-生育酚是否构成等同技术特征。

（一）海鹤公司是否违反药品专利纠纷实施办法的规定及对此应如何处理

第一，关于仿制药声明与药品专利权利要求的对应性。

根据药品专利纠纷实施办法第六条的规定，化学仿制药申请人提交药品上市许可申请时，应当对照已在登记平台公开的专利信息，针对被仿制药每一件相关的药品专利作出声明。仿制药申请人对相关声明的真实性、准确性负责。该规定仅对仿制药申请人作出声明所针对的专利提出了要求，并未明确声明所应当针对的药品专利的具体权利要求。仿制药申请人作出声明时，通常应该考虑被仿制药品与登记平台公开的专利权利要求的对应关系，即被仿制药品是否实施了登记平台公开的专利权利要求的技术方案。对于 4.2 类声明而言，该类声明的核心在于申明仿制药申请人申请的仿制药技术方案不落入被仿制药品专利权的保护范围。为保证声明的真实性和准确性，仿制药申请人原则上应该针对被仿制药品所对应的保护范围最大的权利要求作出声明。由于专利独立权利要求的保护范围最大，如果被仿制药品对应着专利独立权利要求，只要仿制药的技术方案不落入独立权利要求的保护范围，必然不落入从属权利要求的保护范围。但是，如果仿制药技术方案不落入药品专利从属权利要求的保护范围，并不能当然得出不落入药品专利权保护范围的结论。因此，对于 4.2 类不落入专利权保护范围的声明，如果被仿制药品对应着专利独立权利要求，仿制药申请人应当针对独立权利要求作出声明；当被仿制药品所对应的保护范围最大的权利要求存在两个或者两个以上的独立权利要求时，仿制药申请人针对该两个或者两个以上独立权利要求作出声明，才能保证声明的真实性和准确性。

专利权人在登记平台上登记信息之后，有可能在无效宣告程序中修改已登记专利的权利要求，但无论以何种方式修改权利要求，最终被接受的审查文本不得扩大原权利要求的保护范围，故只要仿制药申请人在提出仿制药申请时针对被仿制药品所对应的保护范围最大的权利要求作出 4.2 类声明，专利权人在无效宣告程序中对权利要求的修改就不会影响声明的真实性和准确性。

本案的特殊之处在于，仿制药申请人海鹤公司未针对修改前被仿制药品所对应的独立权利要求作出声明，而是仅对修改前的从属权利要求 2 作出声明。对此，本院认为，在无效宣告程序中，专利权人对权利要求的修改并不必然导致审查文本的变化，修改后的审查文本被国家知识产权局接受并公开的最早时点系在口头审理过程中。国家药品监督管理局于 2021 年 8 月 16 日受理海鹤公司提出的涉案仿制药注册申请时，国家知识产权局尚未对涉案专利的无效宣告请求进行口头审理。故海鹤公司申请涉案仿制药上市并作出 4.2 类声明在前，国家知识产权局进行口头审理在后。海鹤公司在作出 4.2 类声明之时，未对被仿制药品当时所对应的保护范围最大的独立权利要求作出声明，仅对保护范围更小的从属权利要求作出声明，不具有正当理由，有避重就轻之嫌，其行为难言正当。海鹤公司称其曾向国家药品监督管理局申请修改声明，但该事实发生在中外制药株式会社提起本案诉讼之后，难以证明海鹤公司行为的正当性。

中外制药株式会社在涉案专利权的无效宣告程序中修改权利要求的方式为，将原权利要求2中的部分附加技术特征合并至权利要求1，删除了权利要求2，并相应调整了其他权利要求的序号。海鹤公司作出的4.2类声明所针对的原权利要求2的保护范围大于修改后独立权利要求的保护范围，故海鹤公司的声明所针对的权利要求的保护范围事实上覆盖了修改后涉案专利权的保护范围。考虑到药品专利纠纷实施办法仍处于试行阶段，其仅规定了仿制药申请人针对被仿制药每一件相关的药品专利作出声明，在仿制药申请人的声明所针对的权利要求的保护范围事实上覆盖修改后涉案专利权的保护范围的情况下，人民法院基于修改后的权利要求审理针对该声明提起的诉讼，符合药品专利纠纷早期解决机制的目的。因此，从实际效果来看，海鹤公司作出的4.2类声明虽有不当之处，但并未对中外制药株式会社的实体和诉讼权利造成不利影响。

第二，关于仿制药申请人的通知义务。

药品专利纠纷实施办法第六条还规定："……仿制药申请人应当将相应声明及声明依据通知上市许可持有人，上市许可持有人非专利权人的，由上市许可持有人通知专利权人。其中声明未落入相关专利权保护范围的，声明依据应当包括仿制药技术方案与相关专利的相关权利要求对比表及相关技术资料。除纸质资料外，仿制药申请人还应当向上市许可持有人在中国上市药品专利信息登记平台登记的电子邮箱发送声明及声明依据，并留存相关记录。"该规定明确了仿制药申请人的通知义务，海鹤公司在作出声明时应当提供相关权利要求对比表及相关技术资料。同时，中外制药株式会社在登记平台上登记涉案药物的相关信息时亦登记了通讯地址、联系人、联系方式等信息。海鹤公司将声明及声明依据通知中外制药株式会社不存在任何障碍。但是，海鹤公司迟至中外制药株式会社提起本案诉讼后才提交相关材料，且并未给出充分而合理的解释，不符合药品专利纠纷实施办法第六条的规定，其行为明显不当。

综上，海鹤公司未针对被仿制药品专利保护范围最大的权利要求作出声明，未将声明及声明依据及时通知上市许可持有人，其行为确有不当，本院在此特予指出并给予批评。因批评教育不属于民事责任的承担方式，故本院对中外制药株式会社有关批评教育的诉讼请求不予支持。经查，双方当事人在原审审理中对该问题发表了意见，原审法院对此进行了释明。由于该诉讼请求本身因缺乏法律依据而明显不能成立，原审法院未在判决书中予以评述，并不属于遗漏诉讼请求。中外制药株式会社的相关上诉请求缺乏依据，本院不予支持。

（二）涉案仿制药申请中作为本案比对对象的抗氧化剂辅料为何种抗氧化剂

药品上市审评审批过程中，药品上市许可申请人与有关专利权人或者利害关系人之间因申请注册的药品相关的专利权产生的纠纷仅仅是双方之间关于相关专利权的一种特殊形式的纠纷，通常被称为药品专利链接纠纷。对于化学仿制药而言，国务院药品监督管理部门依据仿制药申请人的申报资料进行药品上市审评审批，并在规定的期限内根据人民法院对该类纠纷作出的生效裁判决定是否暂停批准相关药品上市，故在判断仿制药的技术方案是否落入专利权保护范围时，原则上应以仿制药申请人的申报资料为依据进行比对评判。如果仿制药申请人实际实施的技术方案与申报技术方案不一致，其需要依照药品监督管理相关法律法规承担法律责任；如果专利权人或利害关系人认为仿制药申请人实际实施的技术方案构成侵权，亦可另行提起侵害专利权纠纷之诉。因此，仿制药申请人实际实施的技术方案与申报资料是否相同，一般不属于确认落入专利权保护范围纠纷之诉的审查范围。

本案中，原审法院从国家药品监督管理局调取的证据显示，海鹤公司申报的涉案仿制药的生产处方、辅料信息均记载"＊＊＊"为抗氧化剂，其执行的是＊＊＊进口药品注册标准，该标准对应的是名称为"＊＊＊"、分子式为＊＊＊、化学结构式为原审判决所查明之特定化学结构式的药品；辅料控制相关资料记载，辅料采用中国药典收载的对应品种质量标准以及供应商提供的对应品种质量标准，而《中国药典》中记载的"＊＊＊"（合成型）的分子式、化学结构式均与＊＊＊进口药品注册标准相同；权威出版物中以＊＊＊指代＊＊＊。上述证据足以证明，海鹤公司向国家药品监督管理局申报的仿制药技术方案中的抗氧化剂是＊＊＊，而非 dl-α-生育酚。

对于中外制药株式会社关于涉案仿制药申报资料中的抗氧化剂不是＊＊＊的相关主张，本院认为，首先，申报资料中记载的实验内容是分别采用＊＊与α-生育酚作为抗氧化剂的对比实验，中外制药株式会社主张海鹤公司在临床申报过程中使用的药用辅料（抗氧化剂）是 dl-α-生育酚缺乏依据。其次，该对比实验的相关记载亦说明海鹤公司所申报的作为抗氧化剂辅料的"＊＊＊"并非生育酚类物质的上位概念，而是与α-生育酚并列的一种具体的抗氧化剂。再次，海鹤公司将登记为原料药的＊＊＊作为涉案仿制药的辅料申报是否符合相关规定，属于国务院药品监督管理部门的审查范围，不影响本院对申报资料真实性和本案比对对象的确认。此外，中外制药株式会社亦无其他证据证明国务院药品监督管理部门审评审批涉案仿制药抗氧化剂的依据发生变化。因此，中外制药株式会社的相关上诉主张缺乏依据，本院不予支持。

对于中外制药株式会社二审提出的两项调查取证申请，本院认为，根据《最高人民法院关于适用〈中华人民共和国民事诉讼法〉的解释》第九十五条的规定，当事人申请调查收集的证据，与待证事实无关联、对证明待证事实无意义或者其他无调查收集必要的，人民法院不予准许。如上所述，作为涉案仿制药技术方案依据的应当是申报材料所体现的内容，而非仿制药申请人实际实施的技术方案，且在案证据已经足以证明涉案仿制药申报的抗氧化剂辅料为＊＊＊，本案已无必要从国家药品监督管理局调取申报材料中的其他信息。因此，对中外制药株式会社提出的两项调查取证申请，本院均不予准许。

（三）涉案仿制药申请中的抗氧化剂辅料与涉案专利中的 dl-α-生育酚是否构成等同技术特征

本院已确认作为本案比对对象的是海鹤公司向国家药品监督管理局申报的仿制药技术方案，即使用＊＊＊作为抗氧化剂的技术方案。涉案仿制药技术方案中的＊＊＊与涉案专利权利要求 1 中的 dl-α-生育酚不构成相同的技术特征，双方当事人对此不持异议。中外制药株式会社主张二者构成等同的技术特征；海鹤公司主张不论是基于捐献规则，还是禁止反悔规则，均不应认定二者构成等同的技术特征。

对此，本院认为，捐献规则和禁止反悔规则都可以构成适用等同原则的限制，其目的都是在公平保护专利权人的利益和维护社会公众利益之间实现合理的平衡。如果符合限制适用等同原则的条件，通常无需再判断两特征是否构成手段、功能、效果基本相同以及本领域技术人员是否无需创造性劳动即能联想到。本案中，由于海鹤公司以中外制药株式会社修改权利要求的行为主张适用禁止反悔规则，以作为修改结果的专利文本主张适用捐献规则，故本院首先基于专利权人对权利要求的修改对本案是否应当适用禁止反悔规则作出评判。

根据侵犯专利权纠纷解释第六条的规定，专利申请人、专利权人在专利授权或者无效宣告程序中，通过对权利要求、说明书的修改或者意见陈述而放弃的技术方案，权利人在侵犯专利权纠纷案件中又将其纳入专利权保护范围的，人民法院不予支持。在专利权人修改权利要求的情况下，如果其主张原权利要求和修改后权利要求的保护范围之间的特定技术方案并未被放弃，应当进行举证或者给予合理的说明。本案中，中外制药株式会社在无效宣告程序中合并原权利要求 2 中的部分附加技术特征至权利要求 1，从而将权利要求 1 的抗氧化剂限定为 dl-α-生育酚，并删除原权利要求 2，相应修改了其他权利要求的序号和引用关系。该修改方式实质上是放弃了原权利要求 1 的技术方案，保留原权利要求 2 并列技术方案中的一个技术方案，使得独立权利要求的技术方案从可以使用任意一种抗氧化剂，变为仅保护使用 dl-α-生育酚。此外，涉案专利说明书列举了包括 dl-α-生育酚、＊＊＊在内的多种抗氧化剂。本领域技术人员结合涉案专利说明书记载的内容及涉案专利权利要求的修改过程可知，中外制药株式会社通过修改权利要求的方式对其要求保护的特定技术方案作出了明确的选择，且其是从原从属权利要求 2 所记载的并列的四种抗氧化剂中选择了唯一一种抗氧化剂，进一步说明其通过修改放弃采用＊＊＊这一特定抗氧化剂的技术方案的意思具体明确。中外制药株式会社既没有对其修改时未纳入采用＊＊＊作为抗氧化剂的技术方案作出合理说明，又未主张该修改与维持专利权有效无关，且事实上其也陈述该修改是为了克服权利要求得不到说明书支持的缺陷。因此，中外制药株式会社并无合理理由或者证据证明其并未通过修改权利要求放弃使用其他抗氧化剂的技术方案，故本案应当适用禁止反悔规则，不宜再将采用＊＊＊作为抗氧化剂的技术方案纳入涉案专利权的等同保护范围内。

综上，涉案仿制药中采用的抗氧化剂＊＊＊与涉案专利权利要求 1 中的 dl-α-生育酚不构成等同的技术特征，涉案仿制药的技术方案不落入涉案专利权的保护范围。鉴于依据上述分析已足以得出该结论，故本院对当事人有关等同特征的其他理由不再赘述。

综上所述，中外制药株式会社的上诉请求不能成立，应予驳回。原审判决认定事实清楚，适用法律正确，应予维持。本院依照《中华人民共和国民事诉讼法》第一百七十七条第一款第一项之规定，判决如下：

驳回上诉，维持原判。

二审案件受理费 750 元，由中外制药株式会社负担。

本判决为终审判决。

审　判　长　朱　理

审　判　员　崔　宁

审　判　员　柯胥宁

二〇二二年八月五日

法 官 助 理　杨　莹

书　记　员　谭秀娇

（二）专利行政案件审判

15. "合理的成功预期"在专利创造性判断中的考量

——上诉人诺华股份有限公司与被上诉人中华人民共和国国家知识产权局、原审第三人戴锦良发明专利权无效行政纠纷案①

中华人民共和国最高人民法院行政判决书（2019）最高法知行终 235 号

上诉人（原审原告）：诺华股份有限公司（Novartis AG）。住所地：瑞士联邦巴塞尔里彻特街 35 号，CH-4056。

代表人：伊恩·希斯柯克（Ian Hiscock），该公司肿瘤学知识产权事务主管。

代表人：伊莎贝拉·舒伯特·桑塔纳（Isabelle Schubert Santana），该公司药物专利事务主管。

委托诉讼代理人：贾士聪，北京市中咨律师事务所律师。

委托诉讼代理人：邰红，北京市金杜律师事务所专利代理师。

被上诉人（原审被告）：中华人民共和国国家知识产权局。住所地：中华人民共和国北京市海淀区蓟门桥西土城路 6 号。

法定代表人：申长雨，该局局长。

委托诉讼代理人：董海鹏，该局审查员。

委托诉讼代理人：刘新蕾，该局审查员。

原审第三人：戴锦良。

委托诉讼代理人：陈伟善，广东胜伦律师事务所律师。

上诉人诺华股份有限公司（以下简称诺华公司）因与被上诉人中华人民共和国国家知识产权局、原审第三人戴锦良发明专利权无效行政纠纷一案，不服中华人民共和国北京知识产权法院于 2019 年 6 月 26 日作出的（2018）京 73 行初 6483 号行政判决，向本院提起上诉。本院于 2019 年 11 月 27 日立

---

① 本案在年度报告中的位置为第 31 页。

案后，依法组成合议庭，并于 2020 年 11 月 23 日公开开庭审理了本案。上诉人诺华公司的委托诉讼代理人贾士聪、邰红，被上诉人国家知识产权局的委托诉讼代理人董海鹏、刘新蕾，原审第三人戴锦良到庭参加了诉讼。本案现已审理终结。

诺华公司上诉请求：撤销原审判决和原国家知识产权局专利复审委员会（以下简称专利复审委员会）于 2017 年 12 月 27 日作出的第 34432 号无效宣告请求审查决定（以下简称被诉决定），判令国家知识产权局针对戴锦良就专利号为 201110029600.7、名称为"含有缬沙坦和 NEP 抑制剂的药物组合物"的发明专利（以下简称本专利）提出的无效宣告请求重新作出审查决定。事实和理由：原审判决和被诉决定关于本专利创造性的评价错误。（一）原审判决和被诉决定应当考虑而没有考虑"合理的成功预期"。作为创造性判断起点的最接近现有技术应当至少是"有前景"的技术方案，即本领域技术人员有一定合理成功预期基于最接近现有技术能够得到专利技术方案。如果本领域技术人员无法理性预期问题能够得到解决，则其不会产生改进动机。本案中，附件 13（公开号为 EP0498361A2 的欧洲专利申请公开文本复印件及部分中文译文，公开日期 1992 年 2 月 4 日）不构成"有前景"的技术方案，本领域技术人员在本专利优先权日面对附件 13 没有得到本专利要求保护的药物组合的合理预期。1. 根据证据 3 和证据 6 所示的一般的药物作用机理，血管紧张素 II（以下简称 AII）拮抗剂和 NEP 抑制剂显示出相反且复杂的生理作用。AII 拮抗剂通过降低升血压物质 AII 的活性实现降血压作用，而 NEP 抑制剂具有保护升血压物质 AII 的作用。本领域技术人员无法预测具体的 AII 拮抗剂和具体的 NEP 抑制剂组合会产生何种效果。2. 根据附件 13 的记载，其承认 AII 拮抗剂和 NEP 抑制剂作用机理的不可预测性，并且没有提供任何结论。3. 根据证据 4，AII 拮抗剂和 NEP 抑制剂的组合中存在无法实现降血压效果的"坏点"。证据 4 是现有技术中 AII 拮抗剂和 NEP 抑制剂组合抗高血压效果的唯一数据，其显示 AII 拮抗剂 BMS186295 与 NEP 抑制剂 SQ28603 的组合无法降低血压。此外，缬沙坦和 N-（3-羧基-1-氧代丙基）-（4S）-对-苯基苯基甲基-4-氨基-2R-甲基丁酸乙酯（即 AHU377，中文名沙库巴曲）并非本专利优先权日前研发治疗高血压的药物组合的唯一选择。故此，本专利要求保护的药物组合对现有技术做出了贡献，应当认定其具备创造性。（二）原审判决和被诉决定对于诺华公司提交的补充实验数据不予接受，且认定反证 1（Randy Lee Webb 在本专利的同族美国申请审查期间所提交声明的复印件及中文译文）和反证 3（Randy Lee Webb 在本专利的美国同族申请审查期间提交的补充声明的复印件及中文译文，用于补正反证 1 的文字错误）不能证明本专利技术方案具有预料不到的技术效果，缺乏依据。1. 反证 1 和反证 3 应予接受。本专利说明书第［0041］段明确记载，"已经令人吃惊地发现，缬沙坦和 NEP 抑制剂的组合获得了比单独给予缬沙坦、ACE 抑制剂或 NEP 抑制剂所获得的疗效更高的疗效"。反证 1 和反证 3 系用于证明上述效果的补充实验数据，且其所涉及的动物模型、实验方法、实验化合物都是本专利优先权日之前已知的，故应予接受。2. 反证 1 和反证 3 能够证明本专利技术方案具有预料不到的技术效果。首先，反证 1 中由 SHR 模型得到的数据支持了缬沙坦和沙库巴曲的组合确实具有抗高血压效果的结论，这与证据 4 中的组合没有显示出抗高血压效果是根本上不同的。其次，反证 1 中的 Dahl 模型与本专利说明书中的 DOCA 模型均是容量依赖性高血压动物模型，可以由 Dahl 模型预期 DOCA 模型中缬沙坦和沙库巴曲具有协同作用。综合考虑在两类模型中获得的结果，补充实验数据能够证明，缬沙坦和沙库巴曲的组合与单一组分缬沙坦或沙库巴曲相比具有更好的作用。

国家知识产权局答辩称：（一）本专利权利要求 1、2 不具备创造性。1. 附件 13 公开了 AII 拮抗剂和 NEP 抑制剂的组合用于治疗高血压，其中 AII 拮抗剂和 NEP 抑制剂均为现有技术已知的降血压药。本专利说明书背景技术部分明确记载 AII 拮抗剂和 NEP 抑制剂可以降血压，且诺华公司在无效程序中也认可本领域技术人员能够预期两种分别具有降血压作用的组分组合后对高血压具有治疗作用。本领域技术人员能够预期二者组合仍能发挥降血压作用。2. 虽然 NEP 抑制剂的作用机制复杂，但并不影响其整体表现出降血压的作用。即使不清楚药物的作用机制，也不影响本领域技术人员预期上述两种分别具有降血压作用的药物组合具有降血压作用。3. 诺华公司指出的所谓"坏点"并不成立。证据 4 中药物组合的效果并非总是与溶媒不同，并不能说明药物组合物没有降血压作用。由于药物存在吸收代谢的过程，其应当仅在固定的时间内发挥作用，尚未吸收时或代谢后与溶媒效果差异不显著是正常的。（二）诺华公司提交的补充实验数据不应予以接受。尽管本专利说明书记载了"已经令人吃惊地发现，缬沙坦和 NEP 抑制剂的组合获得了比单独给予缬沙坦、ACE 抑制剂或 NEP 抑制剂所获得的疗效更高的疗效"，但未记载任何实验数据。该效果不能通过补充实验数据证明，否则将违背先申请制度和公开换保护原则。综上，请求驳回上诉，维持原判。

戴锦良述称：（一）原审判决和被诉决定关于本专利技术方案即缬沙坦与沙库巴曲的组合，相对于附件 13 和附件 12、14、15 的结合显而易见的认定，并无不当。诺华公司在本专利授权确权行政程序中亦认可缬沙坦与 NEP 抑制剂组合用于治疗高血压的治疗效果可以毫无疑义地预见。（二）原审判决和被诉决定对于诺华公司提交的补充实验数据不予接受，并无不当。接受补充实验数据以其待证的技术效果已经在原专利申请文件中明确载明，且有必要的实验数据支持为前提，本专利不符合上述条件。综上，请求驳回上诉，维持原判。

诺华公司向原审法院提起诉讼，原审法院于 2018 年 7 月 3 日立案受理。诺华公司起诉请求：撤销被诉决定，责令国家知识产权局重新作出决定。事实和理由：（一）关于非显而易见性。1. 附件 13 不存在组合使用缬沙坦和沙库巴曲来治疗高血压的成功预期。附件 13 本身承认了抗高血压药物之间相互作用的复杂性，药物组合效果受到很多不可预期因素的影响，无法得出附件 13 中公开的所有 AII 拮抗剂和 NEP 抑制剂的组合均能有效治疗高血压的结论，附件 13 也没有提及缬沙坦和沙库巴曲以及任何具体的组合，因此本领域技术人员无法根据附件 13 形成使用缬沙坦和沙库巴曲来治疗高血压的合理成功预期。2. 根据现有技术，AII 拮抗剂和 NEP 抑制剂的一般作用机理导致本领域技术人员无法预测抗高血压的效果。AII 会导致血压升高，因此抑制 AII 可以降血压，AII 拮抗剂即可降低 AII 活性。但 NEP 抑制剂会提高 AII 活性，进而导致血压升高。在存在相反效果的情况下，本领域技术人员无法预测 AII 拮抗剂和 NEP 抑制剂的组合能产生整体降血压的效果。3. 附件 13 公开的技术方案中存在"坏点"，使得本领域技术人员如果不付出创造性劳动，无法排除有关"坏点"。例如，附件 13 中公开的 AII 拮抗剂 PD123319 不仅不降血压，反而导致血压升高。而单独的 NEP 抑制剂在人体中仅有微弱的降血压作用，故本领域技术人员无法预期 PD123319 与 NEP 抑制剂组合使用能有效降低血压。诺华公司证据 4（EP0726072A2）所考察的 AII 拮抗剂和 NEP 抑制剂的组合也并不降低血压。因此，本领域技术人员无法预期附件 13 中泛泛公开的两类化合物的组合具有治疗高血压的效果，也无法预期本专利的具体组合会产生该效果。而且，从已知的大量 AII 拮抗剂和 NEP 抑制剂中选择出缬沙坦和沙库巴曲需要付出创造性劳动。4. 根据现有技术的整体教导，本领域技术人员没有动机组合使用缬沙坦和沙库巴曲。从本专利优先权日之时有关 NEP 抑制剂的整个研发历史看，单一疗法的 NEP 抑制剂由于抗血压效果不佳而停止，随后研发了对 ACE 和 NEP 具有双重抑制活性的单分子药物。因此，在本专利优先权日时，本领域技术人员没有动机逆着当时的研发趋势，去重新选择已被放弃的单一疗法的 NEP 抑制剂，更不会从中挑选出具体化合物沙库巴曲，并将其与 AII 拮抗剂中的具体化合物缬沙坦相组合。因此，附件 13 不能作为评价本专利创造性的对比文件，本领域技术人员没有动机选择附件 13 作为发明起点，并进一步将其与附件 12、14 和 15 相结合。被诉决定没有整体考虑现有技术情况，导致对本专利创造性的认定错误。（二）关于补充实验数据和技术效果。1. 补充实验数据应予接受。本专利说明书已经公开了缬沙坦和 NEP 抑制剂的组合获得了比单独给予缬沙坦、ACE 抑制剂或 NEP 抑制剂更好的疗效，该更好的疗效即为本专利取得的预料不到的技术效果，与无效阶段反证 1 的实验数据一致，且实验方法也是本领域已知的，应予接受。2. 反证 1 和反证 3 可以证明本专利的药物组合具有更好的治疗效果。本专利说明书中记载了包括 DOCA 和 SHR 模型在内的多种动物模型，反证 1 中的 Dahl 模型与说明书中的 DOCA 模型都是盐敏感和容量依赖的高血压动物模型，为本领域技术人员所常规使用，具有类似的药理途径和倾向，故基于 Dahl 模型中的结果可以合理预期 DOCA 模型中的技术效果，以此可证明本专利的药物组合具有更好的治疗效果。因此，被诉决定拒绝接受反证 1 并错误认定反证 1 中的技术信息，对本专利技术效果的认定不当，从而导致创造性评价错误。

国家知识产权局原审辩称：被诉决定认定事实清楚，适用法律正确，审理程序合法，审查结论正确，诺华公司的诉讼主张不能成立，请求驳回诺华公司的诉讼请求。

戴锦良原审述称：同意被诉决定以及国家知识产权局的答辩意见。被诉决定正确，诺华公司的诉讼理由不能成立，请求驳回诺华公司的诉讼请求。

原审法院认定事实：本专利申请日为 2003 年 1 月 16 日，优先权日为 2002 年 1 月 17 日，授权公告日为 2015 年 4 月 8 日，专利权人为诺华公司。本专利授权公告时的权利要求如下：

"1. 一种药物组合物，其包含（i）AT 1-拮抗剂缬沙坦或其可药用盐和（ii）N-（3-羧基-1-氧代丙基）-（4S）-对-苯基苯基甲基-4-氨基-2R-甲基丁酸乙酯或 N-（3-羧基-1-氧代丙基）-（4S）-对-苯基苯基甲基）-4-氨基-2R-甲基丁酸或其可药用盐以及可药用载体。

2. 如权利要求 1 所述的药物组合物，其中 N-（3-羧基-1-氧代丙基）-（4S）-对-苯基苯基甲基-4-氨基-2R-甲基丁酸乙酯是其三乙醇胺盐或其三（羟基甲基）氨基甲烷盐。

3. 如权利要求 1 所述的药物组合物，其还包含利尿剂。

4. 一种药物包，其在独立的容器中包含单包装的药物组合物，其在一个容器中包含含有 N-（3-羧基-1-氧代丙基）-（4S）-对-苯基苯基甲基-4-氨基-2R-甲基丁酸乙酯或 N-（3-羧基-1-氧代丙基）-（4S）-对-苯基苯基甲基-4-氨基-2R-甲基丁酸的药物组合物，在第二个容器中包含含有缬沙坦的药物组合物。"

本专利说明书在背景技术部分载明 AII 拮抗剂和 NEP 抑制剂均有降血压的作用。此外，说明书第［0041］段载明"已经令人吃惊地发现，缬沙坦和NEP 抑制剂的组合获得了比单独给予缬沙坦、ACE 抑制剂或 NEP 抑制剂所获得的疗效更高的疗效"。第［0043］段载明使用缬沙坦和 NEP 抑制剂的联合治疗产生了更有效的高血压治疗，且该组合还可用于治疗或预防心衰、左心室机能障碍和肥厚性心脏病、糖尿病性心肌病、心肌梗塞等诸多疾病。第［0047］—［0062］段记载了使用缬沙坦和沙库巴曲进行代表性研究的方法，主要是通过醋酸脱氧皮质酮－盐大鼠（DOCA－盐）和自发性高血压大鼠（SHR）两种动物模型，对药物降血压以及预防或延迟血压升高的功效进行评估，而未明确涉及对其他病症的研究。第［0063］段载明"所获得的结果表明本发明的组合具有意想不到的治疗作用"，但未记载支持该结论的任何实验数据。

2017 年 4 月 5 日，戴锦良针对本专利向专利复审委员会提出无效宣告请求。戴锦良在无效审查程序中提交了 19 份证据材料，其中附件 13 为公开号为 EP0498361A2 的欧洲专利申请公开文本复印件及部分中文译文，公开日期为 1992 年 2 月 4 日，其中文译文第 2 页第 3—4 行载明"本发明涉及用血管紧张素 II 拮抗剂或肾素抑制剂与中性内肽酶抑制剂的组合治疗高血压和充血性心力衰竭"。中文译文第 3 页第 9—20 行载明"由 AII 受体拮抗剂或肾素抑制剂与 NEP 抑制剂的组合得到的提高的效果因为多种原因而不可预期。首先……尽管肾切除术（一种急剧减少了血清肾素水平的方式）消除了 ACE 抑制剂和 NEP 抑制剂的提高的相互作用，但单独的 NEP 抑制剂在该状态下不会降低血压。因此，ACE 抑制剂和 NEP 抑制剂的相互作用是复杂的，并且 AII 受体拮抗剂或肾素抑制剂与 NEP 抑制剂组合的效果不能仅根据由 ACE 抑制剂与 NEP 抑制剂的组合得到的数据预测"。此外，附件 13 英文文本第 14—15 页还公开了 AII 拮抗剂和 NEP 抑制剂组合使用相关的实验方法、实验结论、给药方式、治疗剂量等内容。

2017 年 6 月 5 日，诺华公司对本专利权利要求进行了修改，修改后的权利要求为：

"1. 一种药物组合物，其包含（i）AT 1-拮抗剂缬沙坦或其可药用盐和（ii）N-（3-羧基-1-氧代丙基）-（4S）-对-苯基苯基甲基-4-氨基-2R-甲基丁酸乙酯或其可药用盐以及可药用载体。

2. 一种药物包，其在独立的容器中包含单包装的药物组合物，其在一个容器中包含含有 N-（3-羧基-1-氧代丙基）-（4S）-对-苯基苯基甲基-4-氨基-2R-甲基丁酸乙酯的药物组合物，在第二个容器中包含含有缬沙坦的药物组合物。"

诺华公司在无效审查程序中提交了 8 份证据材料，其中反证 1 为 Randy Lee Webb 在本专利的美国同族申请审查期间所提交声明的复印件及中文译文，具体包含发明人的声明以及实验数据。其中采用了 Dah1 盐敏感性大鼠、有中风倾向的雄性原发高血压大鼠（SHPsp）和高血压 SHR 大鼠三种大鼠模型，实验表明缬沙坦与沙库巴曲的组合在 Dah1 盐敏感性大鼠模型和 SHPsp 模型中显示出一定协同作用，在 SHR 大鼠模型中没有显示协同作用。反证 3 为 Randy Lee Webb 在本专利的美国同族申请审查期间提交的补充声明复印件及中文译文，具体包含发明人针对反证 1 的补充声明，纠正了反证 1 中的拼写错误。

专利复审委员会于 2017 年 12 月 27 日作出被诉决定。

原审诉讼过程中，诺华公司提交了部分在无效审查程序中未提交的诉讼新证据，其中证据 2、5、6、7、8、9 用以证明本专利的非显而易见性，证据 12、13 用以证明本专利具有预料不到的技术效果。

原审庭审中，针对附件 13，诺华公司进一步主张附件 13 不应作为最接近的现有技术。诺华公司同时亦明确，如果附件 13 可以作为最接近的现有技术，则认可被诉决定中有关区别特征的认定，但主张本专利实际解决的技术问题应为"提供一种有效治疗高血压及相关疾病的药物组合"。

上述事实，有本专利修改后的权利要求 1—2 和授权公告的说明书、当事人提交的证据以及当事人陈述等证据在案佐证。

原审法院认为：本专利申请日为 2003 年 1 月 16 日，优先权日为 2002 年 1 月 17 日，本案应当适用 2000 年修正的《中华人民共和国专利法》进行审理。根据各方当事人的诉辩主张，主要涉及以下争议焦点问题：

（一）附件 13 是否可以作为最接近的现有技术

本专利涉及"含有缬沙坦和 NEP 抑制剂的药物组合物"，说明书载明其可用于治疗或预防高血压、心力衰竭、心肌梗塞等疾病。附件 13 公开了组合使用 AII 拮抗剂或肾素抑制剂与 NEP 抑制剂治疗高血压、充血性心力衰竭的技术方案。诺华公司主张附件 13 不具有治疗高血压的成功预期，其中存在多个"坏点"，且给出了相反教导，不适合作为最接近的现有技术。对于诺华公司的该项主张，原审法院不予支持，具体理由为：

首先，将附件 13 作为最接近的现有技术是由无效宣告请求人戴锦良在专利无效程序中提出，专利复审委员会依据请求原则，将附件 13 纳入创造性判断的"三步法"中进行审查，并无不当。而且，诺华公司在无效程序中也并未主张附件 13 不适合作为最接近的现有技术。

其次，本专利要求保护用于高血压、心力衰竭、心肌梗塞等疾病治疗的含有缬沙坦和 NEP 抑制剂的药物组合物，其中的缬沙坦属于 AII 拮抗剂。附件 13 是一篇欧洲专利文献，其中不仅公开了组合使用 AII 拮抗剂和 NEP 抑制剂治疗高血压、充血性心力衰竭的技术方案，而且也载明了与之相关的实验方法、实验结论、给药方式、治疗剂量等必要技术信息。本领域公知，AII 拮抗剂、NEP 抑制剂均分别具有降血压的作用，本专利说明书中对此亦有记载，同时在高血压治疗中通常采取联合用药的方式，因此本领域技术人员根据附件 13 公开的全部内容，既能受到启发去尝试将 AII 拮抗剂和 NEP 抑制剂两类药物组合使用，并预期二者在组合后仍能发挥降血压的作用，也可在此基础上进一步研发从上述两类药物中筛选出的治疗高血压的特定组合物。显然，附件 13 已经给出了启示，本领域技术人员可以以此为起点开展进一步的深入研发。

再次，即使如诺华公司所述，AII 拮抗剂和 NEP 抑制剂在药理机制上存在相反作用，组合在一起的降压效果不可预测，且附件 13 中存在"坏点"，但附件 13 公开了 AII 拮抗剂和 NEP 抑制剂组合治疗高血压的技术方案，并记载了与之相关的实验情况，也即附件 13 已经在整体上为本领域技术人员提供了将 AII 拮抗剂和 NEP 抑制剂组合使用治疗高血压具有可行性的技术指引。该指引使得本领域技术人员不会仅仅受制于相关药理机制，也不会仅因为某些具体的 AII 拮抗剂、NEP 抑制剂或其组合无法降血压，而放弃基于附件 13 整体技术方案的进一步研发。诺华公司还主张附件 13 本身承认了药物组合的复杂性和不可预测性，没有提供其组合治疗高血压的确切结论，不具有合理的成功预期。对此原审法院认为，前已述及，附件 13 中同时载明了 AII 拮抗剂和 NEP 抑制剂组合使用相关的实验方法、实验结论、给药方式、治疗剂量等必要技术信息，并非没有提供其药物组合治疗高血压的确切结论。而所谓的不可预测性和复杂性，通过全面理解附件 13 中文译文第 3 页第 9—20 行的内容可知，其所指的应当是 AII 拮抗剂和 NEP 抑制剂组合后得到的"提高的效果"不可预期，以及"ACE 抑制剂和 NEP 抑制剂的相互作用"是复杂的，而非 AII 拮抗剂和 NEP 抑制剂组合后治疗高血压的效果是不可预期的。相反，正如前所述，本领域技术人员基于其所具备的知识和能力，对于 AII 拮抗剂和 NEP 抑制剂组合后可以产生降血压的效果是能够有所预期的。

最后，"最接近的现有技术"是基于对大量专利审查实践的总结，为提升创造性判断的客观性、准确性而拟制的发明起点。具体到创造性的"三步法"判断，其实质是以本领域技术人员为主体，以最接近的现有技术为出发点而进行的符合客观规律的发明创造重构过程，即当本领域技术人员面对最接近的现有技术时，能否基于对现有技术整体的理解与认识，发现该最接近的现有技术所存在的问题，并为解决该问题产生检索和结合其他现有技术的动机，最终得到发明创造的技术方案。本案中，即使如诺华公司所主张的，附件13不适合作为最接近的现有技术，那么此时符合"三步法"发明创造重构过程的推导及其结论也应当是，本领域技术人员从附件13出发，可能不会发现其存在着向本专利的方向进行改进的技术问题，进而也不会产生改进该技术问题的动机，导致无法得出本专利技术方案属显而易见的结论。从这个角度出发理解，在创造性判断中仅仅纠结于"最接近的现有技术"本身，实际上并无太大意义，根本原因就在于如果对发明起点选择失当，将不利于最终得出发明创造显而易见的结论，而这正是专利权人所极力追求的。

综上所述，诺华公司有关附件13不适合作为最接近的现有技术的主张不能成立，不予支持。

（二）本专利技术方案相对于附件13和附件12、14、15的结合是否显而易见

1. 关于本专利权利要求1

附件13作为最接近的现有技术，本专利权利要求1与其的区别在于，权利要求1具体限定了AII拮抗剂是缬沙坦，NEP抑制剂是沙库巴曲，对此各方当事人均无异议。基于该区别特征，被诉决定认定权利要求1相对于附件13实际解决的技术问题是"提供一种具体的治疗高血压的组合物"，诺华公司则主张应当为"提供一种有效治疗高血压及相关疾病的药物组合"。据此可知，本案诉讼中有关发明实际解决技术问题的分歧仅在于本专利中缬沙坦和沙库巴曲的组合是否还可用于治疗高血压之外的其他疾病。对此原审法院认为，本专利说明书中虽然载明缬沙坦和NEP抑制剂的组合可以治疗或预防包括高血压在内的诸多疾病，但说明书中仅记载了研究该药物组合在降血压以及预防或延迟血压升高方面的相关实验情况，而未涉及其他疾病。此外，虽然上述实验得到了"所获得的结果表明本发明的组合具有意想不到的治疗作用"的结论，但没有记载任何效果数据对该结论予以支撑，无法确切获知该药物组合在控制血压方面取得了何种意想不到的技术效果。尽管如此，由于本领域技术人员知晓AII拮抗剂和NEP抑制剂各自均有降血压的作用，根据高血压治疗联合用药的通常做法，其仍能预期将二者联用后可以产生降血压的效果。因此，根据上述区别特征在本专利中实际所能实现的技术效果，并基于本领域技术人员所具备的知识和能力，权利要求1相对于附件13实际解决的技术问题应为"提供一种具体的治疗高血压的组合物"，而不包括治疗除高血压之外的其他疾病。被诉决定对此认定正确，原审法院予以支持。

诺华公司的相关主张缺乏事实依据，原审法院不予支持。

附件 12 公开了沙库巴曲及其药学上可接受的盐属于 NEP 抑制剂，可用于治疗高血压；附件 14 公开了缬沙坦属于 AII 拮抗剂，其降血压效果不逊于现有各种降压药，不良反应少；附件 15 也公开了缬沙坦属于 AII 拮抗剂，其在调节全身血压、维持电解质体液平衡方面起关键作用，并具有安全、长效、服用方便、不良反应轻微、价格便宜等优点。针对本专利权利要求 1 实际解决的技术问题，即在附件 13 公开的 AII 拮抗剂和 NEP 抑制剂两类药物中选择出治疗高血压的具体药物组合，由于附件 14 和 15 公开了缬沙坦是具有良好降压效果的 AII 拮抗剂，附件 12 公开了沙库巴曲也是可用于高血压治疗的 NEP 抑制剂，故本领域技术人员从附件 13 出发，有动机选择属于 AII 拮抗剂的缬沙坦以及属于 NEP 抑制剂的沙库巴曲，同时也能预期二者的组合可以产生降血压的效果，因此本专利权利要求 1 相对于附件 13 与附件 12、14、15 的结合是显而易见的。此外，本专利说明书中没有记载任何效果数据，无法证明本专利的特定药物组合取得了预料不到的技术效果，因而也无法佐证权利要求 1 的技术方案是非显而易见的。诺华公司的相关主张不能成立，不予支持。

2. 关于本专利权利要求 2

本专利权利要求 2 要求保护一种药物包，其与附件 13 的区别在于：（1）权利要求 2 在附件 13 的 AII 拮抗剂中选择了缬沙坦，在 NEP 抑制剂中选择了沙库巴曲；（2）权利要求 2 制成了一种药物包，在独立的容器中分别单独包装两种成分。基于上述区别特征，权利要求 2 实际解决的技术问题是提供一种具体的治疗高血压的药物包。对于区别特征（1），原审法院的评述意见同权利要求 1；对于区别特征（2），将两种联用的药物制成单独包装是本领域的常规技术手段。因此，权利要求 2 相对于附件 13 与附件 12、14、15 的结合也是显而易见的。诺华公司的相关主张不能成立，不予支持。

3. 诺华公司提交的补充实验数据是否应予接受

在本案无效程序中，诺华公司提交了本专利申请日后的补充实验数据反证 1 和反证 3，用以证明缬沙坦和沙库巴曲的组合在降血压方面具有协同作用。原审程序中，诺华公司亦明确提交反证 1 和反证 3 是为了证明本专利取得了预料不到的技术效果，即组合使用缬沙坦和沙库巴曲产生了比单独给予缬沙坦、ACE 抑制剂或 NEP 抑制剂更好的协同作用。

原审法院认为，我国专利法采用先申请原则，专利权人获得垄断性保护的前提在于专利申请之时其所要求保护的技术方案已经得到了充分公开。在实验性较强的医药领域，充分公开的内容通常还应包括相关技术效果以及必要的实验数据。如果仅仅是在说明书中声称取得了某种技术效果，却未提供必要的实验数据信息，而该效果又是本领域技术人员在阅读说明书后根据现有技术无法直接、毫无疑义得出的，则不能认为专利申请时相关技术方案能够实现其所声称的技术效果。在此情况下，如果接受专利权人在申请日后补充提交的实验数据，并可用以证明其所声称但不能从说明书中得到的技术效果，无疑将冲击我国专利法的先申请原则和专利权"以公开换保护"的基本法理。行政审查和司法裁判此时也应从规范专利文献撰写的立场出发，给出符合我国专利制度要求的必要指引。

具体到本案，诺华公司提交的反证 1 和反证 3 属于本专利申请日后补充提交的实验数据，其目的在于证明缬沙坦和沙库巴曲的组合在降血压方面具有协同作用。协同作用不同于药物联用后在效果上的简单叠加，而是通常体现为"1+1>2"的实质性提升。如前所述，虽然本领域技术人员基于对 AII 拮抗剂、NEP 抑制剂各自降血压作用的认识，能够预期二者组合后仍能降血压，但鉴于在本专利申请之时，并无证据表明 AII 拮抗剂和 NEP 抑制剂联用能够产生降血压方面的协同作用已属公知常识，故仍需相关药效实验以及必要的实验数据对诺华公司所主张的协同作用加以证实。仅在说明书中载明"所获得的结果表明本发明的组合具有意想不到的治疗作用"的结论，而不记载为该结论提供支撑的任何实验数据，无法使本领域技术人员确信本专利的药物组合物能够产生降血压的协同作用。因此，诺华公司主张的协同作用既未在本专利说明书中明确记载，也非本领域技术人员根据说明书公开的内容能够直接、毫无疑义得到的技术效果，故用以证明该效果的反证 1 和反证 3 不能被接受。

进一步而言，即使接受反证 1 和反证 3，该证据也无法证明本专利的药物组合物能够产生协同效果，原因在于：首先，本专利与反证 1 的实验条件不同。本专利采用醋酸脱氧皮质酮-盐大鼠（DOCA-盐）和自发性高血压大鼠（SHR）两种动物模型，反证 1 则采用 Dah1 盐敏感性大鼠、有中风倾向的雄性原发高血压大鼠（SHPsp）和高血压大鼠（SHR）三种动物模型，二者仅 SHR 大鼠模型相同；其次，本专利与反证 1 的实验结论不同。本专利的实验结论是"所获得的结果表明本发明的组合具有意想不到的治疗作用"，而反证 1 有关 SHR 大鼠模型的实验结论是缬沙坦和沙库巴曲的组合在该模型中没有显示协同作用。诺华公司主张反证 1 中的 Dahl 模型与本专利中的 DOCA 模型均为本领域技术人员常规使用的盐敏感和容量依赖的高血压动物模型，具有类似的药理途径和倾向，故可基于 Dahl 模型中的结果合理预期 DOCA 模型中的技术效果。但 Dahl 模型与 DOCA 模型毕竟是两种不同的动物模型，不同的实验条件可能会对实验结果产生影响，故在缺乏充分证据支持的情况下，不能直接根据 Dahl 模型的结果来推断 DOCA 模型也能产生与之相同的结果。况且，在本专利已经载明采用 DOCA 模型进行实验的情况下，诺华公司不提供针对 DOCA 模型获取的补充实验数据，却反而提供本专利未涉及的 Dahl 模型的实验数据，这本身也令人费解。

故诺华公司有关反证 1 和反证 3 应予接受且可以证明本专利药物组合物具有协同作用的主张不能成立，原审法院不予支持。

原审法院判决：驳回诺华公司的诉讼请求。一审案件受理费人民币 100 元，由诺华公司负担。

原审查明的事实属实，本院予以确认。

本院认为：根据当事人的上诉请求、答辩情况及案件事实，本案在二审阶段的争议焦点是本专利是否具备创造性。具体包括以下两个问题：一是诺华公司提交的补充实验数据是否应予接受及其是否能够证明有关协同效果；二是原审判决和被诉决定是否在创造性判断中应当考虑而未考虑"合理的成功预期"。

（一）关于诺华公司提交的补充实验数据是否应予接受及其是否能够证明有关协同效果的问题

1. 关于诺华公司提交的补充实验数据是否应予接受的问题

诺华公司主张，本专利说明书第［0041］段明确记载"已经令人吃惊地发现，缬沙坦和 NEP 抑制剂的组合获得了比单独给予缬沙坦、ACE 抑制剂或 NEP 抑制剂所获得的疗效更高的疗效"；反证 1 和反证 3 系用于证明上述效果的补充实验数据，且其所涉及的动物模型、实验方法、实验化合物都是本专利优先权日之前已知的，故应予接受。国家知识产权局认为，尽管本专利说明书记载了有关协同效果，但未记载任何实验数据；该效果不能通过补充实验数据证明，否则将违背先申请制度和公开换保护原则。戴锦良认为，接受补充实验数据以待证技术效果已经在原专利申请文件中明确载明，且有必要的实验数据支持为前提，本专利不符合上述条件。

本院认为，《最高人民法院关于审理专利授权确权行政案件适用法律若干问题的规定（一）》第十条规定，药品专利申请人在申请日以后提交补充实验数据，主张依赖该数据证明专利申请符合专利法第二十二条第三款、第二十六条第三款等规定的，人民法院应予审查。由于对现有技术的认识偏差、对发明技术方案发明点的理解差异、对本领域技术人员认知水平的把握不同等原因，申请人在原申请文件中并未记载特定实验数据的情形恐难避免。例如，在创造性方面，就化合物药品的创造性而言，其既可以基于化合物本身的结构或者形态，也可以基于化合物药品的药效。其中，药效既可以是药物用途，即适应症；也可以是药物效果，即药物活性、毒性、稳定性、给药途径等。上述任何一个方面非显而易见的技术贡献，都可以使技术方案满足专利授权的创造性要求，申请人在申请日或者优先日准确预知发明点存在一定困难。即便申请人对发明点作出了准确预判，因针对同一技术问题，基于对现有技术的不同理解和对最接近现有技术的不同选择，证明创造性所需的事实和数据可能有所不同。此外，在充分公开方面，由于审查员或者无效宣告请求人对于专利申请文件的理解可能与专利申请人不同，并因此质疑专利申请是否满足充分公开的要求。在上述情况下，专利申请人均需要依靠在申请日或者优先权日之后提交的补充实验数据以证明其专利申请符合可专利性的条件。因此，对于专利申请人在申请日之后提交的补充实验数据，应当予以审查而不是一律予以拒绝。

当然，允许专利申请人在申请日或者优先权日之后提交补充实验数据，专利行政机关及人民法院应该对该补充实验数据予以审查，并不意味着该补充实验数据当然应予接受。专利申请人通过在申请日或者优先权日之后提交补充实验数据，可能借此将申请日或者优先权日未公开或者未完成的内容纳入专利权保护范围，从而就此部分内容不正当地取得先申请的利益，违反先申请原则，或者借此弥补原专利申请文件公开不充分等固有内在缺陷，不利于说明书应该充分公开等内在要求的贯彻。为避免上述问题，审查补充实验数据以判断其是否应予接受时，应当注意以下两点：

首先，原专利申请文件应该明确记载或者隐含公开了补充实验数据拟直接证明的待证事实，此为积极条件。如果补充实验数据拟直接证明的待证事实为原专利申请文件明确记载或者隐含公开，基于诚信原则，一般可以推定申请人完成了相关研究，有关补充实验数据的接受不违反先申请原则。申言之，既不能仅仅因为原专利申请文件记载了待证事实而没有记载相关实验数据，即推定申请人构成以获取不当利益为目的的不实记载，当然拒绝接受有关补充实验数据；也不能以申请人或有可能作不实记载为由，当然地要求其所提交的补充实验数据形成于申请日或者优先权日之前。如果原专利申请文件已经公开了有关实验方法和实验结论，仅缺少实验数据，且该实验结论恰系补充实验数据拟证明的待证事实，那么基于诚实信用原则，原则上可以推定权利人在申请日或者优先权日之前完成了原专利申请文件所载实验，其补充提交的实验数据原则上应当是有关原始实验数据；确有正当理由不能提供原始实验数据的，应该提供与原专利申请文件公开的有关实验方法、条件等一致的补充实验数据。

其次，申请人不能通过补充实验数据弥补原专利申请文件的固有内在缺陷，此为消极条件。所谓不能通过补充实验数据弥补原专利申请文件的固有内在缺陷，意在强调补充实验数据通常应当通过证明原专利申请文件明确记载或者隐含公开的待证事实，对最终要证明的法律要件事实起到补充证明作用，而非独立证明原专利申请文件中未予公开的内容，进而克服原专利申请文件自身公开不充分等内在缺陷。

本案中，本专利说明书第［0041］段明确记载了补充实验数据拟证明的待证事实，即"已经令人吃惊地发现，缬沙坦和 NEP 抑制剂的组合获得了比单独给予缬沙坦、ACE 抑制剂或 NEP 抑制剂所获得的疗效更高的疗效"；本专利说明书也记载了验证上述技术效果的实验，公开了实验方法和实验结论，仅缺少实验数据。依据诚实信用原则，可以推定诺华公司在本专利优先权日前已经完成了该实验，其应当提交优先权日前该实验的原始数据。现诺华公司提交的实验数据并非优先权日之前上述实验的原始数据，且未就其不能提交原始实验数据作出合理解释。同时，诺华公司提交的优先权日之后的部分实验数据所采用的实验条件例如动物模型与本专利说明书所记载的实验条件不同，诺华公司亦未对此作出合理解释。在此情况下，原审判决和被诉决定认定该补充实验数据不予接受，理由虽欠妥当，但结论并无明显不当。

2. 关于诺华公司提交的补充实验数据能否证明有关预料不到的技术效果的问题

诺华公司主张，反证 1 和反证 3 能够证明本专利技术方案具有预料不到的技术效果。一是反证 1 中由 SHR 模型得到的数据支持了缬沙坦和沙库巴曲的组合确实具有抗高血压效果的结论，这与证据 4 中的组合没有显示出抗高血压效果具有根本性区别。二是反证 1 中的 Dahl 模型与本专利说明书中的 DOCA 模型均是容量依赖性高血压动物模型，可以由 Dahl 模型预期 DOCA 模型中缬沙坦和沙库巴曲具有协同作用。综合考虑在两类模型中获得的结果，补充实验数据能够证明，缬沙坦和沙库巴曲的组合与单一组分缬沙坦或沙库巴曲相比具有更好的效果。

本院认为，关于本专利是否具有预料不到的技术效果的判断，应当以本专利与最接近现有技术在技术效果上的差异是否超过本领域技术人员合理预期为标准。本案中，诺华公司拟证明的预料不到的技术效果是本专利说明书第［0041］段所记载的"已经令人吃惊地发现，缬沙坦和 NEP 抑制剂的组合获得了比单独给予缬沙坦、ACE 抑制剂或 NEP 抑制剂所获得的疗效更高的疗效"。但因本专利最接近的现有技术附件 13 公开的内容是 AII 拮抗剂与 NEP 抑制剂的组合可以治疗高血压，而非 AII 拮抗剂或者 NEP 抑制剂各自单独使用可以治疗高血压。因此，证明本专利技术方案具有预料不到的技术效果，需要证明缬沙坦和沙库巴曲的组合与其他具体 AII 拮抗剂和具体 NEP 抑制剂的组合相比，有更好的高血压疗效，而非与 AII 拮抗剂、NEP 抑制剂单一用药相比有更好的高血压疗效。因此，即便接受诺华公司所提交的补充实验数据，且该数据能够证明与 AII 拮抗剂或者 NEP 抑制剂单一用药相比，缬沙坦和沙库巴曲联合用药有更好的高血压疗效，本专利亦难以基于该技术效果获得创造性。

更何况，本专利说明书所采用的动物模型是醋酸脱氧皮质酮-盐大鼠（DOCA-盐）和自发性高血压大鼠（SHR）两种大鼠模型，而反证 1 和反证 3 采用的动物模型是 Dah1 盐敏感性大鼠、有中风倾向的雄性原发高血压大鼠（SHPsp）和高血压大鼠（SHR）三种大鼠模型。本专利与反证 1 和反证 3 共同使用的大鼠模型仅为 SHR 大鼠模型，但反证 1 和反证 3 的实验数据显示，SHR 大鼠研究中缬沙坦与沙库巴曲的组合并没有协同作用。虽然反证 1 和反证 3 显示，在 Dah1 盐敏感性大鼠模型和 SHPsp 大鼠模型中，缬沙坦与沙库巴曲的组合具有一定的协同作用，且诺华公司主张可基于 Dahl 大鼠模型的结果合理预期 DOCA 大鼠模型中的技术效果，但是 Dahl 大鼠模型与 DOCA 大鼠模型是两种不同的动物模型，且不同的实验条件可能会对实验结果产生影响，故在缺乏充分证据支持的情况下，不能根据 Dahl 大鼠模型的实验结果直接推断 DOCA 大鼠模型也能产生与之相同或者实质相同的实验结果。况且，在本专利已经载明采用 DOCA 大鼠模型进行实验的情况下，诺华公司不提供针对 DOCA 大鼠模型获取的补充实验数据，反而提供原专利申请文件未涉及的 Dahl 大鼠模型的实验数据，进一步削弱了诺华公司补充实验数据的证明力。综上，反证 1 和反证 3 难以证明缬沙坦和沙库巴曲的组合具有协同作用。诺华公司关于其补充实验数据应予接受且能够证明有关协同效果的上诉理由缺乏事实基础，本院难以支持。

（二）关于原审判决和被诉决定是否在创造性判断中应当考虑而未考虑"合理的成功预期"的问题

诺华公司主张，作为创造性判断起点的最接近现有技术应当是能使本领域技术人员对于得到专利技术方案有一定合理成功预期的现有技术，即"有前景"的技术方案；基于 AII 拮抗剂和 NEP 抑制剂药物机理和生理作用的相反性和复杂性、附件 13 本身对 AII 拮抗剂和 NEP 抑制剂联合用药效果不可预期性的记载、AII 拮抗剂和 NEP 抑制剂具体组合不具备降血压效果的数据等因素，本领域技术人员面对附件 13 难以理性预期具体的 AII 拮抗剂和具体的 NEP 抑制剂的组合具有降血压作用；原审判决和被诉决定未考虑合理成功预期，将附件 13 作为评价本专利创造性的最接近现有技术，缺乏依据。国家知识产权局认为，附件 13 公开了 AII 拮抗剂和 NEP 抑制剂的组合可以用于治疗高血压，其中 AII 拮抗剂和 NEP 抑制剂均为已知的降血压药，本专利说明书背景技术部分有明确记载，且诺华公司在无效宣告行政程序中也予认可，本领域技术人员能够预期二者组合仍能发挥降血压作用；原审判决和被诉决定将附件 13 可以作为评价本专利创造性的最接近现有技术，并无不当。戴锦良认为，诺华公司在本专利授权确权行政程序中均认可，本领域技术人员可以毫无疑义地预见缬沙坦与 NEP 抑制剂组合可以治疗高血压，诺华公司的上诉理由与其在行政程序中的陈述自相矛盾，不应予以支持。

本院认为，在"问题—解决方案"范式下，"三步法"是专利审查实践中普遍适用的创造性判断方法。确定"最接近现有技术"是通过"三步法"还原发明创造场景和过程时拟制的发明起点，是"三步法"的"第一步"。本领域技术人员基于最接近现有技术是否具有获得发明创造的合理成功预期，通常并非"三步法"中"第一步"确定最接近现有技术资格的要件因素，其更适合在创造性判断"三步法"中"第三步"即基于最接近现有技术和客观需要解决的技术问题判断发明创造是否显而易见时予以考虑。本领域技术人员基于最接近现有技术是否具有获得发明创造的合理成功预期，可以辅助判断本领域技术人员是否会从最接近现有技术出发，将其他现有技术或者公知常识与最接近现有技术结合，以解决客观需要解决的技术问题。故此，诺华公司关于原审判决和被诉决定是否在创造性判断中应当考虑而未考虑合理成功预期的主张，实际涉及两个不同层面的问题：一是附件 13 是否可以作为评价本专利创造性的最接近现有技术，二是本领域技术人员基于附件 13 是否具有获得本专利技术方案的合理成功预期及其对本专利创造性判断的影响。

1. 关于附件 13 是否可以作为评价本专利创造性的最接近现有技术的问题

原则上，选取最接近现有技术的核心考虑因素是，该现有技术与发明创造是否针对相同或者近似的技术问题、拥有相同或者近似的技术目标。在此基础上，进一步的优选考虑因素是，该现有技术与发明创造的技术方案是否足够接近。本领域技术人员基于最接近现有技术是否具有获得发明创造的合理成功预期，通常取决于申请日或者优先权日是否存在阻碍其获得发明创造的认知局限。但此系确定最接近现有技术后，认定发明创造是否显而易见的考虑因素，通常并非确定本专利最接近现有技术的要件因素或者优选因素。对于申请保护的发明创造而言，即便选择了与其具有相同技术问题、技术目标且技术方案足够接近的现有技术作为最接近现有技术，本领域技术人员仍然可能基于申请日或者优先权日的技术认知或者研发条件局限等，不具有获得发明创造的合理成功预期，进而难以产生将其他现有技术或者公知常识与该最接近现有技术结合获得发明创造技术方案的动机，但这并不影响该最接近现有技术作为拟制的发明起点的资格。当然，如果所谓最接近的现有技术明显不具有可行性，本领域技术人员通常不会基于该不具有可行性的现有技术研发完成发明创造，故该不具有可行性的现有技术原则上不适宜作为评价专利创造性的最接近现有技术。

本案中，诺华公司以药物作用机理复杂、存在无法实现技术效果的具体实施例等为由，主张本领域技术人员不具有基于附件 13 获得本专利技术方案的合理成功预期，进而主张附件 13 不构成适格的最接近现有技术。本院认为，上述理由本质上是以本领域技术人员存在认知局限为由，主张缺乏合理的成功预期。如前所述，本领域技术人员基于最接近现有技术是否具有获得发明创造的合理成功预期，原则上并非判断某一现有技术是否具备作为创造性评价中最接近现有技术的考虑因素，该因素更适宜在"三步法"的第三步中予以考虑。诺华公司基于上述理由否定附件 13 最接近现有技术资格的主张缺乏依据，本院不予支持。

诺华公司还主张，因附件 13 承认 AII 拮抗剂和 NEP 抑制剂药物作用机理的不可预测性，且未提供任何结论，故其属于明显不具有可行性的现有技术，不能作为最接近现有技术。本院认为，首先，附件 13 记载，"由 AII 受体拮抗剂或肾素抑制剂与 NEP 抑制剂的组合得到的提高的效果因为多种原因而不可预期"。根据该记载，不可预期的内容是药物组合"提高的效果"即协同效果，而非本专利实际要解决的技术问题即药物组合治疗高血压的效果。其次，附件 13 公开了 AII 拮抗剂和 NEP 抑制剂的组合能够治疗高血压的技术方案，且载明了有关实验方法、实验结论、给药方式、治疗剂量等技术信息，对于有关药物组合的药用功能给出了明确结论。因此，本领域技术人员并不会仅仅因为"由 AII 受体拮抗剂或肾素抑制剂与 NEP 抑制剂的组合得到的提高的效果因为多种原因而不可预期"这一记载即认为附件 13 明显不具有可行性。故此，诺华公司关于因附件 13 属于明显不具有可行性的现有技术而不能作为最接近现有技术的主张，亦缺乏依据，本院不予支持。

2. 关于本领域技术人员基于附件 13 是否具有获得本专利技术方案的合理成功预期及其对本专利创造性判断的影响的问题

在最接近的现有技术已经公开了两类已知化合物组合的药用功能的前提下，本专利实际上是研发一种具体的具有药用效果的组合物。此时，对于具体化合物组合的药用效果"合理的成功预期"是判断"结合启示"的重要考虑因素。如果本领域技术人员对于具体化合物组合的药用效果没有"合理的成功预期"，专利申请人仍然作出了尝试，并获得了相应的具有药用功能的具体组合物技术方案，那么该具体药用组合物技术方案通常会被认定为具有创造性。如果本领域技术人员对于该具体化合物组合的药用效果具有"合理的成功预期"，此时只有在验证具体的具有药用效果的组合物需要付出创造性劳动，或者取得了预料不到的技术效果的情况下，该具体的药用组合物技术方案才会被认为具备创造性。

应予说明的是，对于"合理的成功预期"的判断，至少应当注意以下两个问题：一是"合理的成功预期"系本领域技术人员在本专利申请日或者优先权日，基于其技术认知和本领域普遍实验条件，对从现有技术出发得到专利技术方案的成功可能性的客观评估和理性预测，其不取决于专利申请人的主观意愿。二是"合理的成功预期"仅要求达到本领域技术人员认为有"尝试的必要"的程度，而无需具有"成功的确定性"或者"成功的高度盖然性"。具有"合理的成功预期"通常不以实施预期的尝试必然或者高度可能实现技术目标或者解决技术问题为前提，仅要求本领域技术人员综合考虑具体领域的现有技术状况、技术演进特点、创新模式及条件、平均创新成本、整体创新成功率等因素后，仍然不会放弃该种尝试即可。

诺华公司主张，本领域技术人员对本专利技术方案即使用缬沙坦和沙库巴曲的组合治疗高血压，不具有合理的成功预期，主要基于以下理由：AII拮抗剂和NEP抑制剂显示出相反且复杂的生理作用；最接近现有技术承认AII拮抗剂和NEP抑制剂作用机理的不可预测性，并且没有提供任何结论；AII拮抗剂和NEP抑制剂的组合中存在无法实现降血压效果的"坏点"。本院认为，附件13作为最接近的现有技术，公开了AII拮抗剂和NEP抑制剂的组合能够治疗高血压的技术方案，且载明了有关实验方法、实验结论、给药方式、治疗剂量等技术信息，其为本领域技术人员选择具体的AII拮抗剂和具体的NEP抑制剂以治疗高血压提供了明确的技术启示。在附件13对于类型化药物组合的药用功能已有明确指引，具体的药物组合又存在其他选择的情况下，即便具备有关药用功能的具体药物组合研发不具有"成功的确定性"，其亦不足以证明本领域技术人员会放弃基于附件13研发具有降血压功能的具体AII拮抗剂和具体NEP抑制剂的组合，不足以否定本领域技术人员的"合理的成功预期"。原审判决认定本专利不具备创造性并无不当。诺华公司的相关主张缺乏依据，本院不予支持。

综上所述，诺华公司的上诉请求不能成立，应予驳回；原审判决认定事实清楚，适用法律正确，应予维持。依照《中华人民共和国行政诉讼法》第八十九条第一款第一项之规定，判决如下：

　　驳回上诉，维持原判。

　　二审案件受理费人民币 100 元，由诺华股份有限公司负担。

　　本判决为终审判决。

审　判　长　朱　理

审　判　员　张晓阳

审　判　员　何　隽

二〇二一年六月三十日

法 官 助 理　廖继博

书　记　员　张　华

17. 化学产品发明的用途是否充分公开的判断

——再审申请人齐鲁制药有限公司与被申请人北京四环制药有限公司、国家知识产权局发明专利权无效宣告请求行政纠纷案①

中华人民共和国最高人民法院行政判决书（2021）最高法行再 283 号

再审申请人（一审原告、二审被上诉人）：齐鲁制药有限公司。住所地：山东省济南市高新区新泺大街 317 号。

法定代表人：鲍海忠，该公司董事长。

委托诉讼代理人：林蔚，北京达晓律师事务所律师。

委托诉讼代理人：刘元霞，北京知元同创知识产权代理事务所专利代理人。

被申请人（一审第三人、二审上诉人）：北京四环制药有限公司。住所地：北京市通州区张家湾镇齐善庄村东。

法定代表人：邓声菊，该公司董事长。

委托诉讼代理人：李勤，北京志霖律师事务所律师。

委托诉讼代理人：马博文，北京志霖律师事务所律师。

被申请人（一审被告）：国家知识产权局。住所地：北京市海淀区蓟门桥西土城路 6 号。

法定代表人：申长雨，该局局长。

委托诉讼代理人：刘亚，该局审查员。

委托诉讼代理人：侯曜，该局审查员。

再审申请人齐鲁制药有限公司（以下简称齐鲁公司）因与被申请人北京四环制药有限公司（以下简称四环公司）、国家知识产权局发明专利权无效宣告请求行政纠纷一案，不服北京市高级人民法院（2018）京行终 2962 号行政判决，向本院申请再审。本院于 2020 年 11 月 30 日以（2019）最高法行申 3522 号裁定提审本案。本院依法组成合议庭，开庭审理了本案。齐鲁公司的委托诉讼代理人林蔚、刘元霞，国家知识产权局的委托诉讼代理人刘亚、

---

① 本案在年度报告中的位置为第 34 页。

侯曜，四环公司的委托诉讼代理人李勤、马博文到庭参加诉讼。本案现已审理终结。

本案涉及申请号为 200910176994.1 号，名称为"桂哌齐特氮氧化物、其制备方法和用途"的发明专利（以下简称本专利），专利权人为四环公司。齐鲁公司于 2016 年 9 月 22 日向原国家知识产权局专利复审委员会（以下简称专利复审委员会）提出了无效宣告请求。2017 年 5 月 23 日，专利复审委员会作出第 32428 号无效宣告请求审查决定（以下简称被诉决定），认定本专利符合《中华人民共和国专利法》（以下简称专利法）第二十二条第二款、第三款，第二十六条第三款、第四款的规定，维持本专利有效。

齐鲁公司不服被诉决定，向北京知识产权法院提起诉讼称：1. 被诉决定程序违法；2. 本专利说明书实施例 5 中的试验数据不真实，故本专利说明书公开不充分；3. 本专利权利要求 1 相对于证据 9、证据 22 不具备新颖性；4. 本专利权利要求 1 相对于证据 22 与公知常识的结合、证据 2（5、6、8、9 或 11）与公知常识的结合不具备创造性。故请求法院依法撤销被诉决定，并判令专利复审委员会重新作出决定。

专利复审委员会辩称：坚持被诉决定中的意见。被诉决定认定事实清楚、适用法律法规正确、审理程序合法，齐鲁公司的诉讼请求不能成立，请求依法驳回齐鲁公司的诉讼请求。

四环公司述称：被诉决定认定事实清楚、适用法律法规正确、审理程序合法，齐鲁公司的诉讼请求不能成立，请求依法驳回齐鲁公司的诉讼请求。

一审法院经审理查明：

本专利优先权日为 2009 年 8 月 17 日，申请日为 2009 年 9 月 29 日，公开日为 2011 年 6 月 1 日。

本专利的权利要求书如下：

（Ⅰ）。

1. 一种桂哌齐特氮氧化物，具有式（Ⅰ）所示结构：

2. 一种制备权利要求 1 所述桂哌齐特氮氧化物的方法，其特征在于：将桂哌齐特与过氧化物进行氧化反应得到。

3. 根据权利要求 2 所述的方法，所述氧化反应是将原料置于溶剂内发生的。

4. 根据权利要求 3 所述的方法，所述溶剂选自卤代烷、质子性溶剂、非质子性极性溶剂的任一种或其组合。

5. 根据权利要求 4 所述的方法，所述的卤代烷选自二氯甲烷、三氯甲烷、1，1-二氯乙烷、1，2-二氯乙烷的任一种或其组合。

6. 根据权利要求 4 所述的方法，所述的质子性溶剂为水和醇类。

7. 根据权利要求 6 所述的方法，所述醇类选自甲醇、乙醇、异丙醇、正丙醇、正丁醇的任一种或其组合。

8. 根据权利要求 4 所述的方法，所述的非质子性极性溶剂选自 DMF、DMSO、丙酮的任一种或其组合。

9. 根据权利要求 2 所述的方法，所述氧化反应在无溶剂条件下，将桂哌齐特与过氧化物进行研磨发生的。

10. 根据权利要求 2 或 9 任一所述的方法，所述过氧化物选自过氧化氢、过氧乙酸、过氧苯甲酸、氯代过氧苯甲酸或过硫酸铵的任一种或其组合。

11. 根据权利要求 2 或 9 所述的方法，包括氧化反应的产物分离、纯化，所述纯化方法选自重结晶、制备型液相分离精制的任一种或其组合。

12. 根据权利要求 11 所述的方法，所述重结晶的溶剂为醇类。

13. 根据权利要求 12 所述的方法，所述醇类选自甲醇、乙醇、异丙醇、正丙醇、正丁醇的任一种或其组合。

14. 根据权利要求 11 所述的方法，所述的制备型液相分离精制条件为，流动相为甲醇-水、乙腈-水、甲醇-乙腈-水的任一种或其组合，进行等度或梯度洗脱，收集产品流份，蒸干或冷冻干燥，即得。

15. 权利要求 1 所述的桂哌齐特氮氧化物用作标准品或对照品的应用。

16. 一种杀虫剂组合物，所述组合物中含有有效量的权利要求 1 所述的桂哌齐特氮氧化物。

17. 权利要求 1 所述的桂哌齐特氮氧化物或者权利要求 16 所述的杀虫剂组合物用于制备杀虫剂中的应用。

本专利说明书第［0018］记载：本发明的桂哌齐特氮氧化物，可用作标准品或对照品。

本专利说明书第［0045］—［0055］段记载了一种利用 3 龄前期粘虫幼虫实施的桂哌齐特氮氧化物的活性研究，具体内容如下：实施例 5（内容略）。

2016 年 9 月 11 日，齐鲁公司向专利复审委员会提出了无效宣告请求，其理由是本专利说明书不符合专利法第二十六条第三款的规定，权利要求 2—15 不符合专利法第二十六条第四款的规定，权利要求 1—4、6 和 10 不符合专利法第二十二条第二款的规定；权利要求 1—15 不符合专利法第二十二条第三款的规定，请求宣告本专利权利要求 1—15 无效，同时提交了证据 1—21。

其中，证据 2：CN101376648A，公开日为 2009 年 3 月 4 日。

证据 5：卢海儒等，克林澳，中国新药杂志，2003 年第 12 卷第 11 期，封面页、目录页，第 957—959 页。

证据 6：CN101204372A，公开日为 2008 年 6 月 25 日。

上述三份证据均公开了马来酸桂哌齐特及其药物制剂，如注射液在本专利申请日之前已被制造、销售和使用，但并未涉及任何有关马来酸桂哌齐特被氧化、其氧化产物是何种物质以及任何有关桂哌齐特氮氧化物，包括名称、分子式、物理化学性质等内容。

证据 8：国家食品药品监督管理局国家药品标准新药转正标准第 59 册，国家药典委员会编，人民卫生出版社，2006 年 12 月第 1 版第 1 次印刷，封面页、扉页、版权页、目录页、第 59-9 页、第 59-10 页。其中在【检查】部分给出了分离和检测马来酸桂哌齐特注射液中杂质的方法，并且披露了注射液中含有除顺式异构体之外的其他未知杂质，但并未提及所述"其他杂质"的具体成分。

证据 9：许晋星，RP-HPLC 法测定马来酸桂哌齐特片中有关物质的含量，中国药房，2009 年 1 月，第 20 卷第 1 期，第 59—60 页。其公开了 RP-HPLC 法测定马来酸桂哌齐特片中有关物质的含量方法，其研究目的是通过对马来酸桂哌齐特片剂进行酸、碱、光照、氧化及加热破坏，验证在证据 9 的色谱条件下，能否有效将马来酸桂哌齐特片剂经以上破坏后产生的降解产物进行检出并与马来酸桂哌齐特进行有效分离。证据 9 的研究结论为样品在碱、光照破坏条件下不稳定，对酸、热相对稳定。但是，证据 9 没有给出样品经氧化破坏是否稳定的结论，更没有提到该桂哌齐特片剂经氧化破坏会产生何种杂质。

证据 11：WO9308801A1，公开日为 1993 年 5 月 13 日，及其译文。其中披露了桂哌齐特引起氧消耗，L-抗坏血酸抑制由桂哌齐特引起的氧消耗。

证据 19：有机化学，古练权等，高等教育出版社，2008 年 11 月第 1 版，封面页、扉页、版权页、目录页、第 452—453 页。

经形式审查合格，专利复审委员会于 2016 年 10 月 10 日受理了上述无效宣告请求并将无效宣告请求书及证据副本转给了四环公司，并组成合议组对本案进行审查。

此后，2016 年 10 月 21 日与 2016 年 10 月 24 日，齐鲁公司再次向专利复审委员会补充提交了证据 22—26。

其中，证据 22 为 WO2008139152A1 及其部分中文译文，公开日为 2008 年 11 月 20 日。其涉及具有 N-氧化物的药物化合物及其制备方法，该方法包括（a）选择含有碱性叔胺基的非 N-氧化药物化合物，其中所述的非 N-氧化化合物已知具有或疑似具有治疗上不可接受水平的 hERG 活性；（b）测试非 N-氧化药物化合物的 hERG 抑制活性；（c）将非 N-氧化药物化合物与氧化剂反应以形成在碱性叔胺基上具有 N-氧化基团的 N-氧化药物化合物；（d）测试 N-氧化药物化合物和非 N-氧化药物化合物的 hERG 抑制活性……（f）比较 N-氧化药物化合物和非 N-氧化药物化合物的 hERG 抑制活性；（g）当 N-氧化药物化合物具有治疗上有用的活性且其 hERG 活性比非 N-氧化药物化合物的 hERG 抑制活性低至少 10 倍时，将 N-氧化药物化合物在医学上使用（参见证据 22 的摘要）。

证据 22 说明书还公开了"本发明的目的之一是提供一种去除化合物的 hERG 活性且同时不消除或实质降低其药理活性的方法，这些化合物已被证明与 hERG 通道结合。如上所述，许多带有碱性氮官能团的化合物被发现具有不可接受的安全性，这是因为其能够阻断 hERG 的钾离子通道，从而延长了人类和动物的 QT 间期。现已发现，通过在这类分子的碱性胺官能团上形成 N-氧化物，其 hERG 活性显著降低，而对预定的药理学靶标效力依旧保持。因此，在第一方面，本发明提供一种修饰已知的具有有害 hERG 活性的药物化合物的方法，其中所述药物化合物含有碱性叔胺基；该方法包括将药物化合物与氧化剂反应，在所述碱性叔胺基上形成 N-氧化，从而得到 N-氧化药物化合物，由此该 N-氧化药物化合物具有相比于其母体非 N-氧化药物化合物降低的 hERG 活性（参见证据 22 说明书第 6 页第 1—16 行）。

证据 22 第 26 页在列举可以形成 N-氧化物的药物化合物时指出，"在另一方面，本发明中含有上文定义的片段 A、B 或 C 的化合物可能是选自以下的任何一种或更多种化合物的 N-氧化物（通过非芳香族碱性三级胺）：阿替韦啶、乙酰卡尼、醋哌丁酮……氯丙嗪、桂哌齐特、西尼必利"。

证据 22 说明书第 7 页，第 25—30 行记载：该碱性叔氨基氮原子不形成芳环的一部分；即，不在芳基氮原子处形成 N-氧化，然而，该氮原子可形成环状非芳香族胺基的一部分，如 N-取代的吡咯烷基中的氮原子。

另，证据 23 系据称为齐鲁公司委托山东省农业科学院参照本专利实施例 5 进行杀虫活性试验的鉴定报告。其中记载的试验中仅计算了最终死亡率，并未如本专利说明书实施例 5 记载的试验一样计算拒食率与矫正死亡率。且该鉴定报告落款为："报告人：齐鲁制药有限公司"，并加盖齐鲁公司的公章。

专利复审委员会于 2016 年 11 月 3 日和 2016 年 11 月 7 日随转送文件通知

书将上述证据转送四环公司。

四环公司针对上述无效宣告请求以及转送文件通知书于 2016 年 12 月 16 日和 2016 年 12 月 22 日两次提交意见陈述书，并提交了反证 1—18。

专利复审委员会于 2017 年 2 月 9 日举行口头审理，据称出具证据 23 的山东省农业科学院并未派员参加口头审理。

2017 年 5 月 23 日，专利复审委员会作出被诉决定，维持本专利有效。

本案一审庭审中，山东农业科学院的员工赵清出庭，说明证据 23 记载的试验以及试验记录均由其本人完成，经询问，赵清确认以下事实：证据 23 记载的试验采取了避光措施，且并未检测拒食率；试验所用供试品（桂哌齐特氮氧化物）由齐鲁公司提供，试验前赵清并未对该供试品进行检验分析；试验 48 小时之后，赵清出于本人的好奇心继续进行试验并进行了记录；试验记录由赵清本人完成，记录纸上并未记载试验温度、湿度以及避光措施，试验记录上的所有涂改也由赵清本人完成。

此外，在本案一审庭审过程中，齐鲁公司还主张本专利说明书实施例 5 记载的试验数据本身有悖常理，因此并未充分公开本专利要求保护的化合物的用途，并依据本专利说明书实施例 5 中记载的相关公式与实验数据进行了数学推导。

在第一次庭审中，一审法院要求四环公司提交本专利说明书实施例 5 的原始试验记录，或说明该试验中所获得数据的合理性。

在第二次庭审中，四环公司表示，本专利说明书实施例 5 所载的试验系其公司下属研究院在多年前完成，由于距今时间较久，故无法提交原始试验报告及数据。在认可齐鲁公司对相关公式推导结果的前提下，就实验数据的合理性进行了解释。

北京知识产权法院一审认为：专利复审委员会对证据 23（即据称为齐鲁公司委托山东省农业科学院参照本专利实施例 5 进行杀虫活性试验的鉴定报告）进行审查之后，做出对该证据不予采信的决定并无不当，不存在程序违法。齐鲁公司有关被诉决定程序违法的相关主张缺乏事实和法律依据，不予支持。本案中齐鲁公司依据本专利说明书中记载的公式和实验数据进行数学推导，进而质疑相关实验数据的真实性，实质上是针对其在无效宣告程序中业已提出的理由进一步的阐明，应当属于本案的审理范围。由于证据 23 中的试验存在诸多瑕疵，故其所得到的实验结论并不能当然地否定本专利说明书实施例 5 所载实验数据的真实性。

有关齐鲁公司依据本专利说明书实施例 5 中记载的相关公式与实验数据进行数学推导之后的结果，首先，上述结果属于依据本专利说明书中载明的数据和公式进行的较为简单的数学推导，故上述推导过程中的 C48≥C24（处理组 48 小时的取食量大于等于处理组 24 小时的取食量）成立，其最终推导结果（D 48≥9.35D 24）亦成立。同时，四环公司亦认可上述数学推导的结果。因此，对上述数学推导得到的结果，予以确认。根据上述结果，本专利说明书实施例 5 所载试验中，粘虫的死亡数非整数，后 24 小时粘虫取食率为前 24 小时粘虫取食率的 9 倍多。这样的结论足够使法院对相关实验数据产生怀疑。按照举证责任的分配原则，齐鲁公司已经尽到了作为无效请求人的初步举证责任，此时应当由四环公司举证或说明上述实验数据的合理性。即，接下来一步的举证责任应当由四环公司承担。四环公司有关上述试验中死亡率数据的解释，是在本专利说明书相关记载对本领域技术人员而言并无歧义的情况下做了进一步的限定，甚至改变了本专利说明书中的相关记载。在没有原始试验报告佐证的情况下，这样的解释有违本领域技术人员的一般理解，也不足以让法院信服。

综上，在本专利说明书存在明确且对本领域技术人员而言并不存在歧义记载，而且没有原始试验报告佐证的情况下，四环公司有关针对死亡率、取食量的解释均有悖常理，不能成立。因此，法院不能认可本专利说明书实施例 5 中记载的相关实验数据的真实性，即，本专利说明书中的实验数据不足以证明本专利权利要求 1 要求保护的化合物具有杀虫活性。因此，本专利说明书并未完成专利法要求的对其要求保护的化合物用途的充分公开，不符合专利法第二十六条第三款的规定。被诉决定相关认定有误，依法予以纠正。

本专利权利要求 1 相对于证据 22 或证据 9 具备专利法第二十二条第二款规定的新颖性。

在针对本专利是否符合专利法第二十六条第三款规定的评述中已经指出，本专利说明书中的实验数据不足以证明本专利权利要求 1 要求保护的化合物具有杀虫活性，即，现有证据不能证明本专利权利要求 1 要求保护的化合物相对于已知化合物桂哌齐特，具有预料不到的用途或效果。因此，本专利权利要求 1 要求保护的化合物不具备专利法第二十二条第三款规定的创造性。被诉决定相关认定有误，依法予以纠正。

综上所述，北京知识产权法院依照《中华人民共和国行政诉讼法》第七十条第（一）项、第（二）项之规定，判决：一、撤销被诉决定；二、专利复审委员会重新作出审查决定。

四环公司不服一审判决，向北京市高级人民法院提出上诉，请求撤销一审判决，维持被诉决定。其理由为：1. 本专利公开了桂哌齐特氮氧化物用作标准品或对照品的用途，满足说明书公开充分的要求；2. 本专利说明书实验数据真实，一审判决背离客观事实与科学常识；3. 本专利具备创造性的要求，一审判决认定事实不清，适用法律错误；4. 一审判决错误地认为新理由属于一审审理范围，程序违法。

专利复审委员会服从一审判决，在答辩状中述称：从个案处理上而言，一审法院的上述行为可能避免了行政资源和司法资源的浪费，但是，从整体上来看，在诉讼程序中，对于超出无效程序审查范围的新理由的接纳，事实上鼓励了某些当事人在无效程序中不承担举证责任、不充分阐述理由的行为，势必造成行政程序空转的现象层出不穷，使得更多的行政资源被浪费。

齐鲁公司服从一审判决。

北京市高级人民法院二审认为：本案二审的焦点问题在于被诉决定是否存在程序违法以及本专利说明书是否符合专利法第二十六条第三款、第二十二条第三款的规定。

（一）关于被诉决定是否存在程序违法

四环公司上诉主张，一审判决错误地认为新理由属于一审审理范围，因此，一审判决程序违法。对此，根据二审法院查明的事实可知，齐鲁公司在无效宣告请求书以及相关意见陈述中，已经指出了本专利说明书实施例5证明本专利要求保护的化合物具有杀虫活性的相关实验数据不真实。在无效宣告程序中，齐鲁公司提交了据称是山东农业科学院出具的鉴定报告（证据23），试图以外部相反证据的形式证明相关实验数据不真实。而在本案诉讼中，是依据本专利说明书实施例5中记载的公式对本专利说明书中记载的实验数据进行数学推导，以质疑内部数据的方式证明相关实验数据不真实。二者针对同一个问题，并没有增加新的证据，仅仅是证明逻辑、论证方法不同。如果机械地认为后者是无效宣告未涉及的理由，不属于本案审理范围，齐鲁公司只能通过再一次的无效宣告进行救济，即便专利行政机关和司法机关均认可其后的无效宣告不属于一事不再理的情形，针对实质上同一问题进行审理，也势必会造成行政资源和司法资源的浪费。因此，本案中齐鲁公司依据本专利说明书中记载的公式和实验数据进行数学推导，进而质疑相关实验数据的真实性，实质上是针对其在无效宣告程序中业已提出的理由进一步的阐明，应当属于本案的审理范围。

（二）关于本专利是否符合专利法第二十六条第三款

本专利要求保护的化合物是新的化合物，且各方当事人均确认本专利说明书中已经充分公开了上述化合物的确认和制备，故本案中，判断本专利说明书对其所要求保护的化合物公开是否充分的关键在于其说明书是否已经公开了其所要求保护的化合物的用途和/或使用效果。需要特别指出的是，本专利权利要求 15 限定了权利要求 1 所述的桂哌齐特氮氧化物用作标准品或对照品的应用，而权利要求 16 和 17 系对权利要求 1 所述的桂哌齐特氮氧化物用作杀虫剂的应用。本专利说明书也分别相应记载公开了桂哌齐特氮氧化物用作标准品或对照品的应用以及用作杀虫剂的应用。

本领域公知，药物杂质与药物质量、质量控制、稳定性、安全性等方面密切相关。在药物研究过程中，药品的安全性是评价药品质量好坏的重要依据。由于杂质可能对人体有潜在的毒性，因而杂质研究是药品研究的重要组成部分，准确地鉴定微量杂质具有十分重要的意义。在化学药品标准方面对化学药物杂质进行准确的定性和定量检测是该领域非常重要的技术要求。因此，就全新的杂质化合物而言，本领域通过专利说明书能够确认该杂质的结构、制备方法（能够制得其高纯品）及其用作标准品/对照品的用途已经满足专利法有关新化合物充分公开的要求。本案中，本专利说明书载明："……至今为止，未见有关桂哌齐特氮氧化物的分离、结构确认及其用途研究的相关报道"，即本专利说明书明确指出桂哌齐特氮氧化物系专利权人发现的新化合物。作为一个新化合物，其用作标准品/对照品的应用本身就是化合物的一个用途。在各方当事人均确认本专利说明书中已经充分公开了桂哌齐特氮氧化物的确认和制备的前提下，本专利说明书公开了其作为标准品/对照品的应用，即公开了桂哌齐特氮氧化物的一个用途，满足了专利法第二十六条第三款规定的要求。因此，本专利权利要求 1—15 及其相应说明书的记载均符合专利法第二十六条第三款。一审判决未对此进行评述，确有不当，二审法院予以纠正。

就本专利另一个用途，即桂哌齐特氮氧化物作为杀虫剂的应用是否充分公开，二审法院认为：本案中，齐鲁公司依据本专利说明书实施例 5 中的实验数据进行数学推导，进而指出其中有关死亡率和拒食率的数据不合常理，以此证明上述实验数据不真实。对于上述实验数据推导过程及最终数据的正确性，专利复审委员会和四环公司均不持异议。据此，证明上述实验数据真实性的举证责任就转移到四环公司。

二审法院认为，一审法院对于实验数据的分析有合理依据，符合正常的逻辑，二审法院予以认可。在本专利说明书存在明确且对本领域技术人员而言并不存在歧义记载，而且没有原始试验报告佐证的情况下，四环公司有关针对死亡率、取食量的解释均有悖常理，不能成立。因此，二审法院不能认可本专利说明书实施例 5 中记载的相关实验数据的真实性，即，本专利说明书中的实验数据不足以证明本专利权利要求 1 要求保护的化合物具有杀虫活性。因此，四环公司针对本专利说明书关于本专利具有杀虫活性用途的相关部分并未完成专利法要求的对其要求保护的化合物用途的充分公开的要求，权利要求16、17及其说明书相应的记载不符合专利法第二十六条第三款的规定。被诉决定相关认定有误，一审法院依法予以纠正正确，但一审判决据此认定本专利说明书整体不符合专利法第二十六条第三款规定有误，二审法院予以纠正。

（三）关于本专利是否符合专利法第二十二条第三款的规定

本案中，本专利权利要求1要求保护桂哌齐特的氮氧化物。本专利权利要求1与各对比文件相比，区别在于权利要求1明确了桂哌齐特氮氧化物的结构。本专利权利要求1要求保护的化合物要具备创造性，必须要有预料不到的用途或效果。

如前所述，本专利权利要求15公开了桂哌齐特氮氧化物具有作为标准品/对照品的应用的用途，该用途能够证明本专利权利要求1所限定的技术方案具有的一个技术效果，即相对于对比文件所公开的桂哌齐特或其盐而言，权利要求1—15具有预料不到的技术效果，具备专利法第二十二条第三款规定的创造性。

然而，由于本专利说明书中的实验数据不足以证明本专利权利要求16、17要求保护的化合物具有杀虫活性，即，现有证据不能证明本专利权利要求16、17要求保护的化合物相对于已知化合物桂哌齐特及其盐，具有预料不到的用途或效果。因此，本专利权利要求16、17要求保护的化合物不具备专利法第二十二条第三款规定的创造性。被诉决定相关认定有误，一审法院予以纠正正确，但是一审判决据此认定本专利权利要求1不具备创造性不妥，二审法院依法予以纠正。

综上所述，一审判决及被诉决定部分事实认定不清，适用法律错误，依法均应当予以撤销。四环公司部分上诉主张成立，依法应予支持。二审法院依照《中华人民共和国行政诉讼法》第八十九条第一款第（二）项、第三款之规定，判决如下：一、撤销一审判决；二、撤销被诉决定；三、专利复审委员会重新作出审查决定。

齐鲁公司不服二审判决，向本院申请再审称：（一）本专利没有公开桂哌齐特氮氧化物作为"标准品/对照品"的用途，不符合充分公开的规定。本专利并未确认桂哌齐特氮氧化物是桂哌齐特药物的杂质，也没有涉及该杂质化合物能够从药品中分离，更未证实将其用作对照品可以保障药品的质量和疗效，不满足充分公开的要求。二审判决以"作为一个新化合物，其用作标准品/对照品的应用本身就是化合物的一个用途"认定公开充分，其明显违背了化合物充分公开的要求。本专利说明书中并没有提供任何实验验证，更没有涉及氮氧化物作为对照品能够解决何种技术问题，并产生何种技术效果的任何内容，因而不能满足审查指南关于化合物充分公开的要求。（二）本专利保护的化合物不能满足创造性的要求，二审判决对于创造性所要求的"预料不到的用途或效果"采用与公开充分所要求的"公开一种用途/效果"同样的标准，明显错误。1. 本领域技术人员知晓，充分公开中要求的"用途/效果"与创造性中要求的"预料不到的技术效果"，对技术效果的考量尺度显然是不同的。2. 化合物作为标准品/对照品的应用价值体现在其对于药品质量控制的效果，然而，本专利没有公开，也没有给出任何证据证实桂哌齐特氮氧化物的鉴定和控制能够对药品质量控制带来的任何技术效果。本领域技术人员依据现有技术，选择任何可能存在的桂哌齐特杂质作为标准品/对照品，这没有任何技术上的难度。3. 现有技术给出了获得本专利技术方案的足够技术教导。根据本领域公知常识，在药物化合物的基础上，本领域技术人员有动机对其中存在的含量超过 0.1% 的杂质或者毒性杂质进行结构确证，从而实现药品的质量控制，或者解决药品的安全性问题。而且将桂哌齐特氮氧化物作为对照品也是本领域公知的，故其没有创造性。对于杂质含量低于 0.1% 且不具有毒副作用的杂质，药典的规定是一般不需要进行结构研究，因为确认该杂质不会对药物的安全性带来任何贡献，同样也无法实现质量控制的技术效果，故其自然也就不具备创造性。综上，请求本院再审本案。

国家知识产权局提交意见称，在二审判决中涉及专利法第二十六条第三款的结论中，有关本专利权利要求 1—15 的结论没有异议。对二审判决中关于专利法第二十二条第三款的相关结论有异议，坚持无效决定的意见。

四环公司提交意见称：（一）本专利说明书充分公开。本领域技术人员基于本专利和说明书的记载，能够清楚理解桂哌齐特氮氧化物属于桂哌齐特药物中的杂质。本领域技术人员基于常识和本专利公开的内容能够预见到自然条件下桂哌齐特药物中存在本专利保护的桂哌齐特氮氧化物杂质。从桂哌齐特药物中分离桂哌齐特氮氧化物并不是本专利充分公开的前提。（二）本专利具有创造性。本专利保护的桂哌齐特氮氧化物用作对照品或标准品的用途是提升控制桂哌齐特药物的质量。首先，桂哌齐特氮氧化物用作对照品或标准品的用途与桂哌齐特药物本身用于治疗心脑血管疾病的治疗用途完全不同，属于与已知化合物的已知用途不同的用途。其次，齐鲁公司提供的所有证据均未提到桂哌齐特氮氧化物，也未给出桂哌齐特氮氧化物的相关信息，即在本专利申请日之前，本领域技术人员并不知晓桂哌齐特药物中存在本专利保护的桂哌齐特氮氧化物，显然更不会想到将本专利保护的桂哌齐特氮氧化物用作桂哌齐特药物的对照品/标准品，用于控制并提升桂哌齐特药物的质量。因此，本专利保护的桂哌齐特氮氧化物具有预料不到的用途，是非显而易见的，具备创造性。综上，请求本院依法驳回齐鲁公司的再审申请。

四环公司在申请再审程序中向本院提交了两组证据：

第一组证据，用于证明本专利保护的桂哌齐特氮氧化物为桂哌齐特药物中的杂质。将桂哌齐特氮氧化物用作对照品对于保障药品的质量和疗效、保障用药安全和生命健康具有十分重要的产业价值和现实意义。包括以下 13 份证据：

证据 1，人民卫生出版社 1999 出版、刘文英主编《药物分析》第 20—24、47—48 页；

证据 2，许润娟著"药物的杂质及杂质检查"，载《中医药学刊》2005年 7 月第 23 卷第 7 期；

证据 3，李雪梅等著，"我国仿制药杂质研究中常见问题分析"，载《中国新药杂志》2015 年第 24 卷第 8 期，第 865—868 页。

证据 1—3 用于证明对药物杂质进行检查与控制对于保障药品的质量、疗效（有效性）和安全性（不良反应）、稳定性等方面，保障用药安全有效和生命健康具有十分重要的产业价值和现实意义。

齐鲁公司对证据 1—3 的质证意见：上述证据同时证明了，本领域技术人员知晓，在药品的研究过程中，并不需要也没有必要对所有的杂质都进行定性分析，并进行结构确证。只要将杂质的量控制在一定的限度以内，仍然能够保证用药的安全和有效。"药典中各药品项下规定的杂质检查项目，是指该药品按既定工艺进行生产和正常贮藏过程中可能产生并需控制的杂质。药典中未规定检查的杂质，是在正常生产和贮藏过程中不可能引入，或虽可引入，但杂质含量甚微、对人体无不良影响，也不影响药物治疗的杂质。"（《药物分析》，刘文英主编，1999，第 22 页第 3 段）"杂质虽然是无效甚至有害的，但药物中仍然允许有少量的杂质存在，这是因为要完全除掉药物中的杂质，既不可能也没有必要。绝对纯净的物质是不存在的，药物中的杂质也不可能完全除掉。若要把药物中的杂质除掉，势必增加操作步骤、降低收率、增加生产成本、在经济上加重病人的负担。另一方面，从药物的使用、调制和贮藏来看，也没有必要。只要把杂质的量控制在一定的限度以内，仍然能够保证用药的安全和有效。"（《药物分析》第 22 页最后 1 段至第 23 页第 1 段）

证据 4，国家食品药品监督管理局国家药品标准，WS1-（X-018）-2010Z，即齐鲁公司在无效阶段的证据 18；

证据 5，国家食品药品监督管理局国家药品标准，WS1-（X-328）-2004Z-2011；

证据 6，郭代红等著，"5 所医院 19487 例马来酸桂哌齐特用药人群 ADR 自动监测与评价"，载《中国药物应用与监测》2017 年 8 月第 14 卷第 4 期，第 221—224 页，该文载明："从一个侧面验证了文献中该药致严重粒细胞缺乏、很可能源于当时生产工艺局限致高含量氮氧化物杂质的分析。"

证据 4—6 用于证明桂哌齐特氮氧化物系被纳入桂哌齐特原料药和注射液的国家药品标准，且被加以监控的关键杂质。

齐鲁公司对证据 4—6 的质证意见为：均为申请日之后的证据，不得引入本专利支持其公开充分，没有公开也无法证明本专利的氮氧化物是桂哌齐特药物的杂质。

证据 7，"中国食品药品检定研究院国家药品标准物质目录"，第 54 页，该目录中第 101306 号为马来酸桂哌齐特氮氧化物（马来酸桂哌齐特杂质），用于证明药品杂质的标准品和对照品具有产业利用价值；

证据 8，王维剑等著，"药品杂质控制与评价研究进展"，载《药学研究》2016vol35，No.11，第 657—662 页，证明杂质的定义及杂质研究的意义；

证据 9，张哲峰，"药物杂质研究中风险控制的几个关键问题"，载《现代药物与临床》2010 年第 25 卷第 5 期，第 327—333 页，SFDA《化学药物杂质研究技术指导原则》中将药物杂质定义为任何影响药物纯度的物质（参见第 327 页左栏第 1—3 行），证明杂质的定义。

齐鲁公司对证据 7—9 的质证意见为，并非现有技术，与本专利无关，其关于杂质的定义、杂质研究的意见和杂质的来源属于公知常识。

证据 10，书籍《药品技术评价文集》，中国医药科技出版社，国家食品药品监督管理局药品审评中心编，2009 年，正文第 137—139 页，证明杂质定义和杂质来源；

证据 11，杨德辉等著，"采用液相色谱联用电化学反应装置对药物氧化加速降解过程在线监测"，载《分析化学研究报告》2015 年 4 月，第 43 卷第 4 期，第 576—581 页，载明，"传统的氧化降解加速实验采用一定浓度的 H_2O_2 处理样品，模拟药品在自然贮存条件下可能产生的氧化杂质（参见第 576 页引言部分第 2 段第 3—4 行）"，证明在自然环境条件下，桂哌齐特会产生本专利的氮氧化物杂质。

齐鲁公司的质证意见为，证据 10，并非现有技术，与本专利没有关联性。证据 11，能够证明利用液相色谱进行物质的分离是本领域的公知常识，但与本专利没有关联性。

证据 12，山西科学技术出版社 2003 年出版、刘英主编《药物分析方法的进展与应用》，"在色谱鉴别试验中，利用对照品对色谱分离物进行鉴别是最常用的色谱定性方法。其原理基于相同的化合物在相同的色谱条件（流动相组成、色谱柱和柱温）下，具有完全相同的特定色谱保留行为。通常在相同的色谱条件下，如果被测化合物和对照品具有相同的保留值，就可以初步认为，被测化合物与对照品为相同物质。药典等药品质量标准中的色谱鉴别法都是以此为依据的（参见第 124 页倒数第 2 段）"，证明对照品用作液相色谱法是本领域公知常识；

证据 13，苏倩等著，"药物中杂质对照品的标定项目与纯度测定方法研究进展"，载《现代药物与临床》2012 年 3 月，第 27 卷第 2 期，第 150—154 页，"杂质对照品的来源途径包括制备液相富集及定向合成两种（参见第 151 页左栏第 3 段第 1—2 行）"，证明从桂哌齐特药物中分离桂哌齐特氮氧化物并不是本专利充分公开的前提。

齐鲁公司对证据 12—13 的质证意见为，并非现有技术，无法引入到本专利中支持公开充分，杂质作为对照品是本领域技术人员已知的，与本专利没有关联性。

第二组证据，授权的 37 份保护主题为杂质化合物或者杂质化合物作为标准品的应用的中国专利，证明全球医药产业实践中，均将结构确认和纯度达到并满足国家规定要求的杂质化合物用作对照品和标准品予以专利保护。

齐鲁公司的质证意见为，这些专利与本专利最大的不同在于，这些专利中均明确记载了药品，并确认了杂质为药品中的杂质，同时还公开了杂质作为药品对照品的应用。而且绝大部分专利中，还给出了 HPLC 分离杂质的具体方法。但本专利并未有任何涉及，即都没有完成最基础的药物中杂质的确认步骤。而且，仅有 5 份专利（8、28、34、35、37）为国外申请人，其他全部为中国申请人，因而不存在所谓的全球医药产业实践。经查，上述 37 份专利中，有 5 份专利的申请人为境外申请人，有 35 份专利的申请日晚于本专利。

本案提审后，四环公司补充提交了下列证据，第一组证据：证据 12-1 本专利优先权文本，证明本专利于 2009 年首次发现、制备、分离、纯化并表征了桂哌齐特氮氧化物，公开了将其用作标准品、对照品的用途。证据 12-2 关于桂哌齐特原料药及注射液各版国家标准及其相关文件，本专利保护的桂哌齐特氮氧化物于 2010 年用作马来酸桂哌齐特药物国家药品标准中的对照品，用于控制国家药品质量中关键杂质的安全限量，用于规范马来酸桂哌齐特药物的生产与质量控制。证据 12-3，马来酸桂哌齐特注射液临床研究总结报告。证据 12-4，国家药品监督管理局药品补充申请批准通知书，证明了桂哌齐特氮氧化物用作马来酸桂哌齐特国家药品标准的对照品规范并提升桂哌齐特药物的质量和疗效后，显著降低桂哌齐特药物临床用药患者的血液不良反应，证明了桂哌齐特氮氧化物用作对照品能提高桂哌齐特药物的质量和疗效及用药安全性，具有非常高的临床价值和产业价值。证据 13 田艳，"桂哌齐特致血液系统不良反应的实验研究"，毒理学杂质，2011 年 08 月，第 25 卷第 4 期，第 273—275 页，马来酸桂哌齐特引起血液系统不良反应是由杂质 2 引起，杂质 2 能够引起动物白细胞下降，控制杂质 2 含量可能可以降低临床使用桂哌齐特不良反应。分析杂质 2 的结构，为桂哌齐特氮氧化物。齐鲁公司对上述证据的真实性、合法性认可，对关联性和证明目的不认可。国知局认为上述证据在无效程序中没有提交过。

第二组证据，证据 14，（2019）最高法知行终 127 号判决书，证明技术启示认定的司法标准。证据 15 系 201110006357.7 号发明专利二审判决。证据 16 "国家药品标准物质使用说明书"，证明桂哌齐特氮氧化物可能导致严重粒细胞缺乏病症等严重不良反应，该不良反应是该产品国外退市的主要原因。证据 17 戚立凯等，"药物杂质研究方法最新进展"，中国医科大学学报，2015 年，第 257—263 页，证明定向合成是制备杂质对照品的常规方法之一。证据 18 国家食品药品监督管理总局办公厅关于开展马来酸桂哌齐特注射液上市后研究工作的通知函，2015 年，证明桂哌齐特氮氧化物可能导致严重粒细胞缺乏病症等严重不良反应，该不良反应是该产品国外退市的主要原因。证据 19，《马丁代尔完整药物参考》，第 36 页，著录项目页，1246 页及其中文译文，证明马来酸桂哌齐特曾经在欧洲退市。齐鲁公司对上述证据的真实性认可，不认可关联性和证明目的。国知局认为上述证据在无效程序中没有提交过。

根据当事人提交的证据，本院查明以下事实：

《中华人民共和国药典》2005 年版附录《药品分析杂质指导原则》载明："按化学类别和特性，杂质可分为：有机杂质、无机杂质、有机挥发杂质。按其来源，杂质可分为：有关物质（包括化学反应的前体、中间体、副产物和降解产物等）、其他杂质和外来物质等。""新药研制部门对在合成、纯化和贮存中实际存在的杂质和潜在的杂质，应采用有效的分离分析方法进行检测。对于表观含量在 0.1% 及其以上的杂质以及表观含量在 0.1% 以下的具强烈生物作用的杂质或毒性杂质，予以定性或确证其结构。"《化学药物杂质研究的技术指导原则》也对杂质按照来源的分类进行了说明，其中载明，

"有机杂质包括工艺中引入的杂质和降解杂质等，可能是已知的或未知的、挥发性的或不挥发性的。由于这类杂质的化学结构一般与活性成分类似或具渊源关系，故通常又可称之为有关物质"。"规范地进行杂质的研究，并将其控制在一个安全、合理的限度范围之内，将直接关系到上市药品的质量及安全性……只要能用科学的数据证明药品中存在的杂质可被控制在安全、合理的范围内，就达到了杂质研究的目的。"本专利涉及的桂哌齐特氮氧化物属于有机杂质。

四环公司申请的 201110006357.7 号发明专利名称为"一种安全性高的桂哌齐特药用组合物及其制备方法和其应用"，优先权日为 2009 年 8 月 17 日，与本专利享有同一优先权。该专利有 10 项权利要求，其中，权利要求 1 保护"一种安全性高的药物组合物，所述药物组合物含有桂哌齐特或其药学上可接受的盐和含量不高于 0.5% 的式 Ⅲ 所示结构化合物（桂哌齐特氮氧化物）"，权利要求 2—10 分别为权 1 的从属权利要求或者制备方法权利要求。该专利说明书共有 16 个实施例，其中实施例 16 是"桂哌齐特氮氧化物的活性研究"，但没有保护杀虫作用的权利要求。齐鲁公司针对该专利提出无效宣告请求，专利复审委员会维持该专利有效。北京知识产权法院认为，实施例 5（桂哌齐特氮氧化物的毒性研究）、实施例 6（桂哌齐特中相关物质对小鼠白细胞和粒细胞的影响）、实施例 7（桂哌齐特及其组合物对小鼠白细胞和粒细胞的影响）存在的问题（实施例 5 是急毒研究，有小鼠死亡情况，实施例 6 的剂量比实施例 5 高，给药时间长，却没有小鼠死亡情况）使本领域技术人员会对说明书中所记载相关技术方案、技术效果的真实性、客观性产生合理质疑，无法确认与之相关的技术方案能够达到其所声称的技术效果，进而解决长期以来存在的桂哌齐特用药安全性问题，故被诉决定关于该专利说明书符合公开充分的规定的认定不当。上述实施例 6 中的桂哌齐特中相关物质包括桂哌齐特顺式异构体和桂哌齐特氮氧化物。北京市高级人民法院二审判决撤销一审判决，驳回齐鲁公司的诉讼请求。齐鲁公司不服，向最高人民法院申请再审。

四环公司申请的 200910180174.X 号发明专利，名称为"一种安全性高的桂哌齐特药用组合物及其制备方法和其应用"，仅有一项权利要求即权利要求 1，内容为"式 Ⅲ 所示桂哌齐特氮氧化物用于制备桂哌齐特药物或其制剂的对照品中的应用"。该专利是 201110006357.7 号发明专利的母案申请，两者说明书基本一致。

本院另查明：根据中央机构改革部署，原国家知识产权局专利复审委员会的相关职责由国家知识产权局统一行使。

本院再审认为，本案在再审阶段的争议焦点问题为：本专利是否符合专利法第二十六条第三款的规定；本专利是否符合专利法第二十二条第三款的规定。

（一）本专利是否符合专利法第二十六条第三款的规定

专利法第二十六条第三款规定，"说明书应当对发明或者实用新型作出清楚、完整的说明，以所属技术领域的技术人员能够实现为准"。该款规定是对说明书必须满足充分公开要求的规定。要求保护的发明为化学产品本身的，说明书中应当记载化学产品的确认、制备和用途。对于化学产品发明，应当完整地公开该产品的用途，即使是结构首创的化合物，也应当至少记载一种用途。如果本领域技术人员无法预测发明能够实现所述用途，则说明书中还应当记载对于本领域技术人员来说，足以证明发明的技术方案可以实现所述用途的定性或者定量实验数据。反之，如果本领域技术人员在专利申请日前能够预测发明可以实现所述用途，即使说明书中未记载足以证明发明可以实现所述用途的定性或者定量实验数据，该化学产品发明的用途仍满足了充分公开的要求。本案中，本专利要求保护的桂哌齐特氮氧化物是新的化合物，且各方当事人均确认本专利说明书中已经充分公开了上述化合物的确认和制备，故本案关键在于本专利说明书是否充分公开了本专利所要求保护的化合物的用途。鉴于各方当事人对二审法院关于本专利权利要求 16 和 17 涉及杀虫剂用途的认定没有争议，现仅就本专利说明书是否充分公开桂哌齐特氮氧化物用作对照品或者标准品的用途进行分析。

本专利权利要求 1 限定了桂哌齐特氮氧化物的结构，权利要求 2—14 限定了桂哌齐特氮氧化物的制备方法，权利要求 15 限定了桂哌齐特氮氧化物用作标准品或对照品的应用。本专利说明书背景技术部分［0002］［0003］记载了桂哌齐特的化学名称和结构式，［0004］载明："桂哌齐特也是临床上广泛使用的心脑血管扩张药物，并且疗效明确……但是，桂哌齐特不稳定，在光照下很容易发生氧化，至今为止，未见有关桂哌齐特氧化产物的分离、结构确认及其用途研究的相关报道。"本专利说明书第［0018］记载："本发明的桂哌齐特氮氧化物，可用作标准品或对照品。"根据本专利权利要求和说明书的上述记载，本领域技术人员可知桂哌齐特氮氧化物是桂哌齐特药物的一种氧化产物，用途是可用作标准品或对照品。作为一个新化合物，其用作标准品或对照品的应用本身就是化合物的一个用途。对照品或标准品作为标准物质，可用于测定物质含量，这对于本领域技术人员来说是公知常识。本专利说明书提供了桂哌齐特氮氧化物的制备实施例，获得的产物中氮氧化物含量可达 99% 以上，本领域技术人员知晓可将桂哌齐特氮氧化物作为标准品或对照品，根据实际应用场景，采用本领域常规的测试方法和测试体系进行操作。可见，本领域技术人员能够基于上述公知常识预测到桂哌齐特氮氧化物可以作为标准品或对照品的用途，本专利说明书中无需记载相关定性或者定量实验数据，本专利说明书已经充分公开了桂哌齐特氮氧化物用作对照品或者标准品的用途。本专利权利要求和说明书未记载桂哌齐特氮氧化物导致桂哌齐特药品的毒副作用，未记载桂哌齐特氮氧化物能够从药品中分离并进行含量测定等技术内容，并不影响本专利说明书已经充分公开了桂哌齐特氮氧化物用作对照品或者标准品的用途。综上，本领域技术人员根据本专利说明书的记载可以实现桂哌齐特氮氧化物的确认、制备和作为标准品或对照品的用途，本专利说明书已经满足了专利法有关新化合物充分公开的要求。二审法院认定本专利说明书公开了桂哌齐特氮氧化物作为标准品或对照品的应用，即公开了桂哌齐特氮氧化物的一个用途，满足了专利法第二十六条第三款规定的要求，并无不当。齐鲁公司关于本专利公开不充分的相关申请再审理由不能成立，本院不予支持。

（二）本专利是否符合专利法第二十二条第三款的规定

专利法第二十二条第三款规定，创造性，是指与现有技术相比，该发明具有突出的实质性特点和显著的进步。对于与已知化合物结构相近的新化合物，必须要有预料不到的用途或效果，才能认定其具备创造性。此预料不到的用途或者效果对本领域技术人员来说，是事先无法预测或者推理出来的。

本案中，本专利权利要求 1 要求保护桂哌齐特氮氧化物。本专利权利要求 1 与各对比文件相比，区别在于权利要求 1 明确了桂哌齐特氮氧化物的结构。本专利实际解决的技术问题是发现了式（I）的桂哌齐特氮氧化物并确定了其结构，及其用作标准品或对照品的用途。本专利权利要求 1 要求保护的桂哌齐特氮氧化物，是桂哌齐特中的一个 N 原子被氧化得到，对比二者的结构式可知二者属于结构相近的化合物。如上所述，对于某种化合物而言，其高纯产品在相应的仪器分析中可用作对照品或标准品是本领域技术人员的公知常识，本领域技术人员能够基于该公知常识想到桂哌齐特氮氧化物作为标准品或对照品的用途。因此，桂哌齐特氮氧化物可用作标准品或对照品，并未给本专利带来预料不到的技术效果。而且，桂哌齐特因其易氧化性，本身容易转化为桂哌齐特氮氧化物。对药物组合物领域，尽可能获得杂质含量更少、质量更高的药品是本领域技术人员的普遍需求。在该需求的驱动下，本领域技术人员基于控制药品质量的目的，容易想到将药品中可能存在的杂质通过常规分析仪器——分离鉴定，确定其具体结构，并将这些分离出来的杂质化合物用作对照品或标准品的通用用途。因此，本专利权利要求 1—15 不具备创造性。二审法院认为本专利权利要求公开了桂哌齐特氮氧化物具有作为标准品或对照品的用途，该用途能够证明本专利权利要求 1—15 所限定的技术方案具有预料不到的技术效果，从而认定本专利具备创造性，认定事实及适用法律存在错误，本院予以纠正。齐鲁公司关于本专利权利要求 1—15 不具备创造性的申请再审理由成立，本院予以支持。

综上所述，齐鲁公司关于本专利公开不充分的申请再审理由不能成立，关于本专利权利要求 1—15 不具备创造性的申请再审理由成立，被诉决定及一审、二审判决应予撤销。依照《中华人民共和国行政诉讼法》第七十条、第八十九条第一款第二项、《最高人民法院关于适用〈中华人民共和国行政诉讼法〉的解释》第一百一十九条第一款、第一百二十二条的规定，判决如下：

一、撤销北京市高级人民法院（2018）京行终 2962 号行政判决；

二、撤销北京知识产权法院（2017）京 73 行初 5365 号行政判决；

三、撤销原国家知识产权局专利复审委员会第 32428 号无效宣告请求审查决定；

四、国家知识产权局就第 200910176994.1 号，名称为"桂哌齐特氮氧化物、其制备方法和用途"的发明专利重新作出审查决定。

一、二审案件受理费各一百元，均由国家知识产权局负担。

本判决为终审判决。

审　判　长　佟　姝

审　判　员　马秀荣

审　判　员　傅　蕾

二〇二二年十二月九日

法官助理　张　博

书　记　员　杨钰桐

18. 针对不确定第三人的许诺销售行为不属于药品和医疗器械行政审批例外

——上诉人南京恒生制药有限公司与被上诉人中华人民共和国江苏省南京市知识产权局及一审第三人拜耳知识产权有限责任公司专利行政裁决案①

中华人民共和国最高人民法院行政判决书（2021）最高法知行终451号

上诉人（一审原告）：南京恒生制药有限公司。住所地：中华人民共和国江苏省南京市溧水经济开发区机场路18号。

法定代表人：吕勇，该公司总经理。

委托诉讼代理人：李红团，北京三聚阳光知识产权代理有限公司专利代理师。

委托诉讼代理人：苗文俊，北京易聚律师事务所律师。

被上诉人（一审被告）：中华人民共和国江苏省南京市知识产权局。住所地：中华人民共和国江苏省南京市玄武区珠江路696号。

法定代表人：时新峰，该局局长。

委托诉讼代理人：孙敏俊，该局工作人员。

委托诉讼代理人：汪旭东，南京知识律师事务所律师。

一审第三人：拜耳知识产权有限责任公司（Bayer Intellectual Property GmbH）。住所地：德意志联邦共和国莱茵河畔蒙海姆，阿尔弗雷德-诺贝尔街10号。

代表人：多利安·伊姆莱（Immler Dorian），该公司专利负责人。

代表人：弗兰克·迈克斯纳（Meixner Frank），该公司商标负责人。

委托诉讼代理人：唐铁军，北京市万慧达律师事务所专利代理师。

委托诉讼代理人：王宇明，北京市万慧达律师事务所律师。

上诉人南京恒生制药有限公司（以下简称恒生公司）与被上诉人中华人民共和国江苏省南京市知识产权局（以下简称南京市知识产权局）及一审第

---

① 本案在年度报告中的位置为第37页。

三人拜耳知识产权有限责任公司（以下简称拜耳公司）专利行政裁决一案，涉及专利权人为拜耳公司、名称为"取代的噁唑烷酮和其在血液凝固领域中的应用"的发明专利（以下简称本专利）。针对拜耳公司就本专利提出的专利侵权纠纷处理请求，南京市知识产权局作出宁知（2019）纠字 5 号专利侵权纠纷案件行政裁决（以下简称被诉裁决），认定恒生公司的侵权行为成立，责令恒生公司立即删除其官方网站上关于利伐沙班原料药及利伐沙班片的宣传信息，停止许诺销售利伐沙班原料药及利伐沙班片；恒生公司不服，向中华人民共和国江苏省南京市中级人民法院（以下简称一审法院）提起诉讼。一审法院于 2021 年 2 月 1 日作出（2020）苏 01 行初 261 号行政判决，判决驳回恒生公司的诉讼请求；恒生公司不服，向本院提起上诉。本院于 2021 年 4 月 26 日立案后，依法组成合议庭，并于 2022 年 3 月 16 日询问当事人，上诉人恒生公司的委托诉讼代理人李红团、苗文俊，被上诉人南京市知识产权局的委托诉讼代理人孙敏俊、汪旭东，一审第三人拜耳公司的委托诉讼代理人唐铁军、王宇明到庭参加询问。本案现已审理终结。

本案基本事实如下：

（一）本专利权无效阶段进行修改及维持有效

本专利系名称为"取代的噁唑烷酮和其在血液凝固领域中的应用"的发明专利，专利权人为拜耳公司，专利号为 00818966.8，专利申请日为 2000 年 12 月 11 日，授权公告日为 2006 年 7 月 5 日。本专利权保护期现已届满。专利摘要记载：本发明涉及血液凝固领域。本发明涉及通式（I）新的噁唑烷酮衍生物、其制备方法及其作为生物活性物质用于制备预防和/或治疗疾病的药物的用途。

本专利原有 13 项权利要求：

1. 通式（I）的化合物或其可药用盐、水合物或盐的水合物

其中：R1 为 2-噻吩基，该基团在其 5-位上被选自氯、溴、甲基和三氟甲基的基团取代，R2 为 D-A-：其中：基团"A"为亚苯基；基团"D"为饱和的 5-或 6-元杂环，其经过氮原子与"A"连接，其在连接的氮原子的邻位上具有羰基并且其中一个环碳单元可被选自 S、N 和 O 的杂原子替代；其

中前面定义的基团"A"在所述与噁唑烷酮的连接点的间位上可任选被选自下列的基团一或二取代：氟、氯、硝基、氨基、三氟甲基、甲基和氰基，R3、R4、R5、R6、R7 和 R8 为氢。

2. 具有下式结构的权利要求 1 的化合物或其可药用盐、水合物或盐的水合物

3. 制备按照权利要求 1 或 2 的取代的噁唑烷酮的方法，其中所述方法或者按照方法［A］使通式（Ⅱ）的化合物

其中基团 R2、R3、R4、R5、R6 和 R7 具有权利要求 1 中给出的含义，与通式（Ⅲ）的羧酸反应

其中基团 R1 具有权利要求 1 中给出的含义，或与前述定义的通式（Ⅲ）的羧酸相应的酰卤或与相应的对称或混合酸酐在惰性溶剂中，任选在活化剂或偶联剂和/或碱存在下反应，生成通式（Ⅰ）的化合物

（I），

其中基团 R1、R2、R3、R4、R5、R6、R7 和 R8 具有权利要求 1 中给出的含义，或按照方法［B］使通式（IV）的化合物

（IV），

其中基团 R1、R3、R4、R5、R6、R7 和 R8 具有权利要求 1 中给出的含义，与合适的选择性氧化剂在惰性溶剂中反应转化成通式（V）的相应的环氧化物

（V），

其中基团 R1、R3、R4、R5、R6、R7 和 R8 具有权利要求 1 中给出的含义，和在惰性溶剂中，任选在催化剂存在下通过与通式（VI）的胺反应
R2-NH2（VI），
其中
基团 R2 具有权利要求 1 中给出的含义，首先制得通式（VII）的化合物

（VII），

其中基团 R1、R2、R3、R4、R5、R6、R7 和 R8 具有权利要求 1 中给出的含义，并且随后在惰性溶剂中在光气或光气等价物存在下环合成通式（I）的化合物

其中基团 R1、R2、R3、R4、R5、R6、R7 和 R8 具有权利要求 1 中给出的含义。

4. 权利要求 3 的方法，其中所述通式（Ⅲ）的羧酸相应的酰卤为酰氯。

5. 权利要求 3 的方法，其中所述光气等价物为羰基二咪唑。

6. 药物组合物，其中含有至少一种按照权利要求 1 或 2 的化合物与一种或多种可药用助剂或赋形剂。

7. 权利要求 1 或 2 的化合物用于制备预防和/或治疗血栓栓塞性疾病的药物或药物组合物的用途。

8. 权利要求 7 的用途，其中所述疾病选自心肌梗塞、心绞痛、血管成形术或主动脉冠状动脉分流术后的再阻塞和再狭窄、中风、短暂的局部缺血发作、周围动脉闭塞性疾病、肺栓塞或深部静脉血栓形成。

9. 按照权利要求 1 或 2 的化合物用于制备预防和/或治疗通过抑制因子 Xa 正性影响的疾病的药物或药物组合物的用途。

10. 按照权利要求 1 或 2 的化合物用于制备治疗弥散性血管内凝血的药物或药物组合物的用途。

11. 按照权利要求 1 或 2 的化合物用于制备抑制因子 Xa 的药物或药物组合物的用途。

12. 体外阻止血液凝固的方法，其特征在于加入按照权利要求 1 或 2 的化合物。

13. 在血液储存或含有因子 Xa 的生物样品中阻止凝固的方法，其特征在于加入按照权利要求 1 或 2 的化合物。

2020 年 3 月 11 日，恒生公司针对本专利权向中华人民共和国国家知识产权局（以下简称国家知识产权局）提起无效宣告请求。在无效宣告请求审查程序中，2020 年 7 月 31 日，拜耳公司对本专利的权利要求进行了修改。修改后的权利要求为：

1. 具有下式结构的化合物或其可药用盐或水合物，

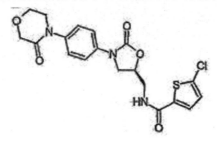

2. 药物组合物，其中含有至少一种按照权利要求 1 的化合物与一种或多种可药用助剂或赋形剂。

3. 权利要求 1 的化合物用于制备预防和/或治疗血栓栓塞性疾病的药物或药物组合物的用途。

4. 权利要求 3 的用途，其中所述疾病选自心肌梗塞、心绞痛、血管成形术或主动脉冠状动脉分流术后的再阻塞和再狭窄、中风、短暂的局部缺血发作、周围动脉闭塞性疾病、肺栓塞或深部静脉血栓形成。

5. 按照权利要求 1 的化合物用于制备预防和/或治疗通过抑制因子 Xa 正性影响的疾病的药物或药物组合物的用途。

6. 按照权利要求 1 的化合物用于制备治疗弥散性血管内凝血的药物或药物组合物的用途。

7. 按照权利要求 1 的化合物用于制备抑制因子 Xa 的药物或药物组合物的用途。

8. 体外阻止血液凝固的方法，其特征在于加入按照权利要求 1 的化合物。

9. 在血液储存或含有因子 Xa 的生物样品中阻止凝固的方法，其特征在于加入按照权利要求 1 的化合物。

国家知识产权局作出第 46047 号无效宣告请求审查决定，决定在上述权利要求 1—9 的基础上，维持本专利权有效。

（二）专利行政处理的事实和理由

恒生公司成立于 1995 年 12 月 27 日，类型为有限责任公司，注册资本为 3214.2858 万元，经营范围为药品制造、销售、生物制品、药品、化工产品、中成药的研究开发、技术转让、咨询及技术服务等。案外人南京生命能科技开发有限公司（以下简称生命能公司）为其全资子公司。

恒生公司在其官网（×××.com）"外销产品（制剂产品）"栏目显示有"利伐沙班片 RivaroxabanTablets"，注明原研药公司为"Bayer"，原研商品为"Xarelto"。在"产品中心"栏目显示有"利伐沙班片 RivaroxabanTablets"产品图片，该产品包装盒印有恒生公司拥有的第 1488580 号注册商标，生产商为恒生公司，地址为江苏南京溧水经济开发区××路××号。在"外销产品（原料药产品）"栏目显示"利伐沙班 RivaroxabanAPI"，注明 CAS 号为"366789-02-8"。

2018 年 6 月 21 日，生命能公司参加在上海新国际博览中心举办的"第十八届世界制药原料药中国展"。展会宣传资料上印有生命能公司和恒生公司的简介，工作人员名片上印有生命能公司和恒生公司的信息。展板上印有生命能公司和恒生公司的注册商标，展示有："RivaroxabanAPI"（利伐沙班原料药），配有包装瓶图片；化学名：5-氯-N-（｛(5S)-2-氧代-3-［4-（3-氧代-4-吗啉基）苯基］-1,3-噁唑烷-5-基｝甲基）-2-噻吩甲酰胺；CAS 号：366789-02-8；分子式：$C_{19}H_{18}ClN_3O_5S$；适应症：用于非瓣膜性房颤患者，以降低卒中和全身性栓塞的风险，用于治疗深静脉血栓形成（DVT）和肺栓塞（PE），降低 DVT 和 PE 复发的风险，用于膝关节或髋关节置换手术患者，以预防可能导致 PE 的 DVT；原研公司：拜耳；原研商品：拜瑞妥（Xarelto）。"RivaroxabanTablets"（利伐沙班片），配有包装盒及包装瓶图片；标注有产品规格：10mg。在展板的"制剂"栏下显示有 9 款产品，其中包括利伐沙班片；"活性药物成分（原料药）"栏下，显示有 9 款产品，其中包括利伐沙班。展板上还印有"根据《美国联邦法规》（CFR）第 35 篇第 271（e）（1）小节的规定，受专利法保护的产品可用于研究和开发用途。"

2019 年 11 月 29 日，拜耳公司就本专利向南京市知识产权局提出专利侵权纠纷处理请求。拜耳公司认为，恒生公司在网站和展会上许诺销售的侵权产品，至少落入本专利权利要求 1、2 和 6 的保护范围，构成专利侵权，请求：1. 责令恒生公司立即停止侵犯拜耳公司专利权的许诺销售行为；2. 责令恒生公司立即删除其官方网站上关于侵权产品的宣传内容。2019 年 12 月 2日，南京市知识产权局立案受理，于 2020 年 5 月 14 日组织请求人拜耳公司和被请求人恒生公司进行口审程序，当事人对相关证据进行了质证。口头审理笔录中记载恒生公司在侵权比对时认可其展示的产品是落入本专利权的化合物。

2020 年 5 月 25 日，南京市知识产权局作出被诉裁决，认定恒生公司的侵权行为成立，责令恒生公司立即删除官方网站上关于利伐沙班原料药及利伐沙班片的宣传信息，停止许诺销售利伐沙班原料药及利伐沙班片。

（三）在一审程序的诉辩理由

恒生公司不服被诉裁决，于 2020 年 6 月 16 日向一审法院提起行政诉讼，请求：1. 撤销南京市知识产权局作出的被诉裁决；2. 认定恒生公司的行为不侵犯本专利权；3. 案件受理费由南京市知识产权局负担。事实和理由为：（一）程序错误。拜耳公司已经在无效宣告程序中主动删除了本专利的权利要求1，然而被诉裁决基于本专利权利要求1、2、6认定侵权成立；南京市知识产权局未能充分考虑恒生公司提出的证据，恒生公司及时将相关材料邮寄给南京市知识产权局，南京市知识产权局应中止本案处理；被诉裁决列举生命能公司在展板上展出涉案产品的行为，而被诉裁决的被请求人为恒生公司。（二）认定事实有误、适用法律不当。1. 虽然恒生公司在展会及网站上对涉案产品进行了一些宣传，但没有对价格、供货量等进行说明，且恒生公司也没有处于能够销售状态的涉案产品，因此恒生公司的行为不应当被认定为许诺销售。2. 根据《中华人民共和国专利法》（2008年修正）（以下简称专利法）第六十九条第五项的规定，为提供行政审批所需的信息，制造、使用、进口专利药品或者专利医疗器械的，以及专门为其制造、进口专利药品或者专利医疗器械的，不视为侵犯专利权。该条规定中已经隐含了允许此类销售和许诺销售的含义，故恒生公司的行为不构成专利侵权。

南京市知识产权局辩称：（一）被诉裁决程序合法适当；（二）被诉裁决认定恒生公司构成许诺销售的事实依据清楚，适用法律正确；（三）恒生公司的行为不符合专利法第六十九条第五项所规定的情形。综上，被诉裁决程序合法、认定事实清楚、适用法律正确，恒生公司陈述的事实和理由均不能成立，请求法院依法驳回恒生公司的诉讼请求。

拜耳公司述称：（一）恒生公司的行为构成许诺销售，被诉裁决认定事实清楚、适用法律正确。（二）专利法第六十九条第五项规定的内容不包括许诺销售，恒生公司的行为系专利侵权行为。（三）恒生公司多年持续实施专利侵权行为，侵权主观恶意明显。

一审法院经审理基本认定了上述事实。

在一审程序中，恒生公司提交了七份证据：1. 国家知识产权局条法司编著的《专利法第三次修改导读》；2.《中华人民共和国药品管理法》；3. 恒生公司网站截屏打印件；4.《药品注册管理办法》；5. 北京市高级人民法院作出的（2007）高民终字第1844号民事判决书的复印件；6.《中国专利法详解》复印件；7. 本专利权无效宣告请求受理通知书的打印件。

南京市知识产权局在一审程序中提交了被诉裁决案件卷宗中的相关材料以证明被诉裁决程序合法、法律适用正确。

拜耳公司在一审程序中提交了第46047号无效宣告请求审查决定书和第46044号无效宣告请求审查决定书以证明本专利修改后的权利要求被全部维

持有效。

一审法院经质证认证，对于恒生公司提交的证据1—7的真实性予以认可，对于证据3和5的关联性不予认可，对于证据1、2、4、6、7的证明目的不予认可；对于南京市知识产权局和拜耳公司提交的证据予以采信。

一审法院另查明：国家图书馆的《检索报告》（编号：2017-NLC-SS-CX）显示，通过化学物质登记号366789-02-8，在Registry数据库中进行检索，得到的检索结果显示：利伐沙班（Rivaroxaban）化学名为2-噻吩甲酰胺，5-氯-N-（ ｛(5S)-2-氧代-3-［4-（3-氧代-4-吗啉基）苯基］-5-噁唑烷基｝甲基）；分子式为C19H18ClN3O5S；原研商品为拜瑞妥（Xarelto）。化学工业出版社出版的国家药典委员会编撰的《中国药品通用名称》（2014版）记载：利伐沙班对应的英文名称为Rivaroxaban，分子式和分子量为C19H18ClN3O5S，CAS登记号为366789-02-8，药效分类为凝血因子Xa抑制药，抗血栓药。

一审庭审中，恒生公司认可涉案网站及展板上展示的产品"利伐沙班"落入本专利修改后的权利要求保护范围。恒生公司陈述，其宣传、展示涉案产品的对象是利伐沙班仿制药申报企业，恒生公司具备与利伐沙班仿制药申报企业联合申报的条件和资质，而且其宣传、展示涉案产品的过程中标注了原研公司和原研药商品名，表明恒生公司提醒相关消费者该产品来源及可获取的途径，已尽到相关义务。

一审法院认为：本案的争议焦点为，被诉裁决的程序是否合法；恒生公司的行为是否构成许诺销售；恒生公司的行为是否属于专利法第六十九条第五项规定之情形。

（一）本专利权维持有效的情况下，南京市知识产权局未中止处理并不影响裁决结果

南京市知识产权局对本案立案后，于2020年5月14日组织请求人拜耳公司和被请求人恒生公司进行了口审程序，听取了双方当事人的意见，并组织当事人对证据进行了质证，相关处理程序和审理过程有立案审批表、口头审理通知书、口头审理笔录等证据为凭，符合法律规定。

《中华人民共和国专利法实施细则》第八十二条规定，在处理专利侵权纠纷过程中，被请求人提出无效宣告请求并被专利复审委员会受理的，可以请求管理专利工作的部门中止处理。管理专利工作的部门认为被请求人提出的中止理由明显不能成立的，可以不中止处理。《江苏省专利促进条例》第三十二条第五项规定，专利行政管理部门受理的侵犯专利权纠纷案件，被请求人在答辩期间内请求宣告该项专利权无效并请求中止处理的，专利行政管

理部门应当中止处理，但被请求人请求宣告无效的专利权是发明专利权的，可以不中止处理。虽然恒生公司针对本专利向国家知识产权局提出了无效宣告请求，但本专利为发明专利，上述规定并未要求专利行政管理部门"应当"中止处理，南京市知识产权局根据本专利的类型以及案件处理的具体情况，选择不中止处理程序，并不违反相关规定。

本专利原包含 13 项权利要求，专利权人修改后变更为 9 项权利要求，变更后的本专利权利要求 1 为，具有下式结构的化合物或其可药用盐或水合物，

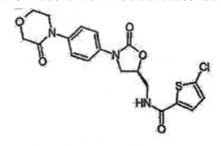

根据国家图书馆的《检索报告》、国家药典委员会编撰的《中国药品通用名称》、本专利说明书等证据，可以确定 CAS 号为 366789-02-8 的化合物与本专利保护的化合物一致。恒生公司宣传、展示的涉案产品利伐沙班 CAS 号对应的结构式与本专利权利要求 1 的结构式相同，结合公证书中固定的涉案产品的通用名、化学名、CAS 号，亦可证明涉案产品与本专利为同一化学物质。由于利伐沙班片的生产制造过程中必然用到利伐沙班原料药，故利伐沙班原料药、利伐沙班片与本专利的权利要求 1 中结构式为同一化学物质。因此，在维持本专利权有效的情况下，南京市知识产权局未中止处理并不影响裁决结果。

综上，恒生公司认为南京市知识产权局程序错误的诉讼理由，缺乏事实和法律依据，一审法院不予支持。

（二）恒生公司的行为构成许诺销售

法律规定"许诺销售"的目的是让权利人有权禁止他人实施销售前的推销或促销行为，所以只要被诉侵权行为符合以下四个要件的，专利权人即可行使停止侵害请求权，从而使侵权行为遏制在最初未实际发生损害的状态。1. 行为人作出了销售专利产品的意思表示，该意思表示有为他人所获取或者知晓的可能性；2. 该意思表示发生在专利权保护的地域范围内；3. 许诺销售期在法律规定的专利有效期内；4. 未经专利权人许可。

"第十八届世界制药原料药中国展"的参展方虽然是生命能公司，但从展会宣传资料和名片上印制的信息，展板上恒生公司的注册商标，以及该两家公司的关联关系来看，应认定恒生公司在该展会上共同实施了展销行为。

恒生公司在其官方网站上展示"RivaroxabanTablets"（利伐沙班片）"Ri-varoxabanAPI"（利伐沙班原料药）的位置在"产品中心"栏目，在展会展板上也将涉案产品与其他多款产品共同展示，且恒生公司已设计出利伐沙班片产品的外包装，包括包装盒和包装瓶，在包装盒图片上清楚地标注有产品规格、注册商标及生产厂家信息。从恒生公司上述行为方式来看，其已经明确地作出了销售涉案产品的意思表示。至于恒生公司是否具备生产、销售本专利产品的相应资质和生产能力，以及是否具有实际可供销售的产品，都不是认定许诺销售的必要条件，不能改变恒生公司的行为性质。

相关参展人员以及浏览恒生公司网站的社会公众均可获取、知晓恒生公司销售涉案产品的意思表示，而恒生公司的行为未经专利权人许可，发生在本专利保护期内，故构成专利侵权。虽然恒生公司标注有涉案产品的原研公司、原研药商品名以及《美国联邦法规》的相关规定，但并不能因此使其侵权行为免责，否则可能导致专利法的许诺销售制度被架空。

综上，恒生公司认为其行为不构成许诺销售的诉讼理由，缺乏事实和法律依据，一审法院不予支持。

（三）恒生公司的行为不属于专利法第六十九条第五项规定之情形

专利法第六十九条第五项规定，为提供行政审批所需要的信息，制造、使用、进口专利药品或者专利医疗器械的，以及专门为其制造、进口专利药品或者专利医疗器械的，不视为侵犯专利权的行为。

药品具有公共利益属性，该规定的立法目的是克服专利保护期限届满之后才对仿制药品和医疗器械上市进行审批所带来的时间延迟。法律通过调整和维持医药专利权人、医药制品仿制企业和社会公众之间的利益平衡，使公众在医药专利保护期限届满后就能及时获得价格较为低廉的仿制药品，以满足公众健康需要。但同时需要强调的是，药品专利制度既激励药品研发，又鼓励许可使用保障药品的可及性，如果专利权人的正当权益易遭受侵害，打破了专利药企与仿制药企的利益平衡，会对药品领域中专利权人的公平竞争与信任基础造成破坏，最终损害公共健康利益。所以专利法对于例外情形进行了严格限制，不应对该规定作扩大理解。一审法院对恒生公司主张其宣传展示涉案产品对象为仿制药申报企业，其行为属于上述规定不视为侵犯专利权情形的主张不予采信，理由如下：

首先，从主体方面来看，医药行政审批侵权例外抗辩主体既包括仿制药企，也包括为前者提供试验帮助的第三方，本案中恒生公司自称其属于后者，但恒生公司网站宣传、展板展示的对象显然不仅限于为获得行政审批的仿制药企，而且恒生公司也未提交证据证明其与仿制药申报企业接洽、合作的相关情况。

其次，从行为目的来看，医药行政审批的侵权例外的行为应仅限于"行政审批"目的，而恒生公司宣传、展示涉案产品的方式、位置与其他正在销售的产品相同，即便恒生公司标注了原研公司和《美国联邦法规》，也无法得出其行为仅为了帮助仿制药企获得行政审批的结论。

再次，从行为方式来看，从法条中"专门为其"的措辞可推知，对辅助仿制行为的侵权例外范围应严格限定，仅限于"制造、进口"专利药品或专利医疗器械，而不包括许诺销售行为。本案中，恒生公司在官方网站及展会展板上宣传、展示涉案产品，既非"制造"行为，亦非"进口"行为，不属于法律规定的例外情形。

最后，从行为结果来看，在行政审批阶段，仿制药企并无法确定其申报的药品一定能够获得生产和上市的批准，如果其提前实施了广告宣传，可能会误导消费者和相关公众，所以法律规定的例外情形并不包括"许诺销售"，而作为辅助仿制行为的第三方实施的"许诺销售"，亦不属于专利法第六十九条第五项规定之情形。

综上，恒生公司要求撤销被诉裁决，并认定恒生公司的行为未侵犯本专利权的诉讼请求，缺乏事实和法律依据，一审法院不予支持。

一审法院依据《中华人民共和国行政诉讼法》第六十九条之规定，判决：驳回南京恒生制药有限公司的诉讼请求。案件受理费人民币 50 元，由南京恒生制药有限公司负担。

恒生公司不服一审判决，向本院提起上诉。请求：1. 撤销被诉裁决；2. 认定恒生公司的行为并未侵权；3. 本案诉讼费用由南京市知识产权局承担。事实和理由为：（一）被诉裁决程序错误。1. 被诉裁决没有充分考虑恒生公司提出的证据，没有对恒生公司提交的证据 1—7 进行充分论证。2. 拜耳公司在针对本专利权的无效宣告请求审查程序中删除了本专利的原权利要求 1。2020 年 5 月 22 日，恒生公司将有关上述内容的转文发送给南京市知识产权局要求中止处理，然而南京市知识产权局仍在被诉裁决中认定本专利权稳定有效，并以本专利的原权利要求 1、2、6 为基础进行侵权判断，存在不当行为。3. 被诉裁决不能依据生命能公司的行为作出恒生公司的行为是否侵权的判断。（二）被诉裁决认定事实错误、适用法律不当。1. 在被诉裁决作出前，本专利权已经部分无效，而非被诉裁决认定的本专利权有效。恒生公司的宣传和展示行为并非许诺销售，恒生公司没有销售商品的意思表示，且根据北京市高级人民法院（2007）高民终字第 1844 号民事判决，许诺销售应当使产品处于能够销售的状态。恒生公司在展会上进行了宣传，但是没有对产品价格、供货量进行说明，不能认为恒生公司宣传的目的是销售，恒生公司没有处于能够销售状态的产品。2. 被诉裁决的举证责任分配不当，现有证据不能证明恒生公司存在许诺销售行为，也没有证据证明恒生公司的行为不符合专利法第六十九条第五项规定的例外情形。3. 恒生公司认可在网站上展出了涉案专利产品，但没有作出销售商品的意思表示，也没有价格和供货量等内容。判断是否构成许诺销售的核心应当是判断宣传者是否有销售专利产品的意思表示，对于知晓制药行业法律法规的从业人员而言，很容易判断恒生公司的宣传展示并非作出销售的意思表示。4. 药品是特殊商品，恒生公司的利伐沙班原料药和药片，由于没有批准文号，根本不会有买家，而且只要卖出去就是生产、销售假药。因此宣传展示涉案产品不应当被认为是作出了销售的意思表示。5. 即使认定恒生公司存在销售的意思表示，也属于定向投送而非广而告之的行为。恒生公司的产品宣传对象是准备申报注册利伐沙班新药的企业，是专门为其提供行政审批所需要的信息而进行的许诺销售，符合专利法第六十九条第五项规定的例外情形。该条规定是为了方便仿制药在专利权到期后及早上市，降低医疗费用，既然已经规定允许为其制造、进口，也没有限定必须是免费的，那么也应当允许"许诺销售为其制造、进口"。如果不通过涉案宣传行为，恒生公司无法了解到有开发利伐沙班仿制药计划的企业，以及为了获得行政审批需要的信息具体需要多少产品，因此该条规定"为提供行政审批所需要的信息"和"专门为其"所限制的对象、产品品种数量，只能在后续的制造或进口行为中判定，而不宜用来要求广告宣传。由于专利法对药品和医疗器械行政审批的规定并不明确，也没有司法解释予以明确，造成包括恒生公司在内的制药行业的普遍困扰，恒生公司希望通过这一诉讼，能够获得明确的司法判决指引。

南京市知识产权局辩称：一审判决认定事实清楚、适用法律正确、审理程序合法、结论正确，请求依法驳回上诉，维持原判。

拜耳公司述称：被诉裁决和一审判决认定事实清楚，说理正确，应当予以维持。本案不存在程序违法的问题。恒生公司展销利伐沙班原料药和片剂产品，构成许诺销售行为。本案不属于专利法第六十九条规定的例外情形。

本案二审期间，当事人均未提交新证据。

二审庭审中，恒生公司表示：在被诉裁决作出前，拜耳公司就已经在无效宣告请求审查程序中放弃了本专利权利要求1，恒生公司在被诉裁决作出前就已经将材料提交给南京市知识产权局，并据此主张被诉裁决未中止处理且认定恒生公司侵害本专利权利要求1存在不当。对于涉案产品落入修改后的本专利权保护范围不持异议。

本院经审理查明：一审法院认定的事实属实，本院予以确认。

本院另查明：第 46047 号和第 46044 号无效宣告请求审查决定分别于 2020 年 9 月 1 日、2020 年 8 月 27 日作出，上述决定均载明，在针对本专利权的无效宣告请求审查程序中，拜耳公司于 2020 年 5 月 7 日提交了权利要求的全文修改替换页，其中删除了权利要求 1。2020 年 5 月 13 日，国家知识产权局将上述文件副本分别转送了两案的请求人恒生公司、生命能公司。2020 年 7 月 31 日，拜耳公司再次提交了权利要求的全文修改替换页，删除了权利要求 1 中"盐的水合物"技术方案和制备方法权利要求。第 46047 号和第 46044 号无效宣告请求审查决定经审查均认为上述修改符合专利法第三十三条的相关规定。

本专利修改后的权利要求共九项，修改后的权利要求 1 对应授权公告的权利要求 2，其删除了授权公告权利要求 2 中"盐的水合物"技术方案；修改后的权利要求 2 对应授权公告的权利要求 6，其删除了授权公告权利要求 6 中引用授权公告权利要求 1 的技术方案及引用授权公告权利要求 2 的"盐的水合物"技术方案。

被诉裁决于 2020 年 5 月 25 日作出，在南京市知识产权局于 2020 年 5 月 14 日进行的口审过程中，恒生公司并未提交拜耳公司在无效宣告请求审查程序中删除原权利要求 1 的相关证据。

本院认为：本案被诉侵权行为发生在 2008 年修正的专利法施行日（2009 年 10 月 1 日）之后、2020 年修正的专利法施行日（2021 年 6 月 1 日）之前，本案应适用 2008 年修正的专利法。本案中，涉案产品落入授权公告的本专利权利要求 1、2、6 的保护范围，也落入修改后的本专利权利要求 1、2 的保护范围，恒生公司对此不持异议，因此本案二审争议焦点问题是：被诉裁决的程序是否合法；被诉裁决认定恒生公司实施了许诺销售行为是否正确；恒生公司的行为是否属于专利法第六十九条第五项规定的例外情形。

（一）被诉裁决的程序是否合法

恒生公司上诉认为，在拜耳公司已经放弃本专利原权利要求 1 的情况下，被诉裁决仍以授权公告的权利要求 1、2、6 作为权利基础进行审查，没有中止处理，没有对恒生公司提交的证据充分论证，存在程序违法。

经审查，首先，根据第 46047 号无效宣告请求审查决定的记载，恒生公司于 2020 年 5 月 13 日收到国家知识产权局转交的拜耳公司修改权利要求书的文件，次日南京市知识产权局进行了口审程序，在口审笔录中并未记载恒生公司提出过拜耳公司已经删除本专利原权利要求 1 的事实。本案二审中，恒生公司也未提交证据证明被诉裁决作出前，其向南京市知识产权局告知过拜耳公司在无效宣告请求审查程序中放弃了原权利要求1。被诉裁决早于本专利无效宣告请求审查决定的作出时间，其以本专利授权公告的权利要求作为审查基础进行侵权判定，于法有据，并不存在程序违法的事实。其次，恒生公司以针对本专利权提出无效宣告请求被受理为由，申请南京市知识产权局对本案中止处理。南京市知识产权局根据《中华人民共和国专利法实施细则》第八十二条的规定，结合本案具体情况，对该申请作出不中止处理，亦不存在程序违法的情形。最后，在被诉裁决作出前，恒生公司已经在口审程序中就其提交的证据充分发表了意见，被诉裁决对此进行了回应，一审法院在审理过程中也进行了质证认证，不存在恒生公司上诉所称其提交的证据未予充分论证的事实。被诉裁决并不存在程序违法的情形。

（二）被诉裁决认定恒生公司实施了许诺销售行为是否正确

根据专利法第十一条第一款规定，发明和实用新型专利权被授予后，除本法另有规定的以外，任何单位或者个人未经专利权人许可，都不得实施其专利，即不得为生产经营目的制造、使用、许诺销售、销售、进口其专利产品，或者使用其专利方法以及使用、许诺销售、销售、进口依照该专利方法直接获得的产品。

恒生公司上诉主张涉案产品并未处于可以销售的状态，其没有对涉案产品标注价格和供货量，其行为属于定向投送，其宣传涉案产品的目的不是销售，没有销售涉案产品的意思表示，因此不构成许诺销售侵权行为。

对此，本院认为，首先，恒生公司对于许诺销售侵权行为的法律理解存在错误。第一，许诺销售行为既可以针对特定对象，又可以针对不特定对象。根据《最高人民法院关于审理专利纠纷案件适用法律问题的若干规定》第十八条的规定，专利法第十一条、第六十九条所称的许诺销售，是指以做广告、在商店橱窗中陈列或者在展销会上展出等方式作出销售商品的意思表示。将产品通过陈列或演示、列入销售征订单、列入推销广告或者以任何口头、书面或其他方式向特定或不特定对象明确表示销售意愿的行为即构成许诺销售。许诺销售既可以面向特定对象，也可以面向不特定对象，针对特定对象作出销售商品意思表示的定向投送亦属于许诺销售。第二，许诺销售行为既可以是提出要约，也可以是提出要约邀请。根据《最高人民法院关于审理侵犯专利权纠纷案件应用法律若干问题的解释（二）》第十九条的规定，产品买卖合同依法成立的，人民法院应当认定属于专利法第十一条规定的销售。许诺销售行为的目的指向销售行为，是一种法定的、独立的侵权行为方式，其民事责任承担不以销售是否实际发生为前提。许诺销售在性质上系销售者的单方意思表示，并非以产品处于能够销售的状态为基础，只要存在明确表示销售意愿的行为即可认定为许诺销售。当双方达成合意时，即不再属于许诺销售的范畴，而是属于销售。因此，当销售产品的意思表示内容明确、具体时，即可认定存在许诺销售行为。缺少有关价格、供货量以及产品批号等关于合同成立的条款，并不影响对许诺销售行为的认定。

其次，恒生公司销售涉案产品的意思表示明确、具体，其关于并无销售涉案产品意思表示的上诉主张与事实不符。第一，根据审理查明的事实，恒生公司在其官网"外销产品（制剂产品）""外销产品（原料药产品）"栏目分别展示"利伐沙班片 RivaroxabanTablets""利伐沙班 RivaroxabanAPI"，在其官网"产品中心"栏目展示"利伐沙班片 RivaroxabanTablets"，产品包装上印制标注恒生公司注册商标。恒生公司和生命能公司参加"第十八届世界制药原料药中国展"，展板上有恒生公司和生命能公司的注册商标，展示有"RivaroxabanAPI"（利伐沙班原料药）并配有包装瓶图片，展示有"RivaroxabanTablets"（利伐沙班片）并配有包装盒及包装瓶图片，标注产品规格为 10mg。根据《中华人民共和国商标法》的规定，商标作为区别商品和服务来源的重要标志，商标使用人对其使用商标的商品质量负责。恒生公司将其公司的注册商标使用在涉案产品的包装盒上，其使用商标的行为本身明确指示了商品的来源为恒生公司。从恒生公司对商标的使用目的可知，其通过使用商标，使他人了解涉案产品来源于恒生公司。对于浏览恒生公司官网以及参加展会的不特定对象而言，恒生公司通过在官网、展会上展示印有其注册商标的涉案产品图片等行为，传递了销售涉案产品的信息，其销售涉案产品的意思表示是明确、具体的。第二，本案没有证据证明恒生公司的宣传行为针对的是特定对象，且如上所述，针对特定对象作出销售意思表示的定向投送亦属于许诺销售。恒生公司在网站和展会上宣传展示的涉案产品面向不特定对象，虽然不具备合同的必备条款，仍属于许诺销售行为。恒生公司是否有实际的销售行为，销售行为是否违反了药品管理的法律规定，均不影响其构成许诺销售侵权行为的事实。至于恒生公司在其官网展示的"利伐沙班片"下方标注了原研药公司及原研商品，在展会展板下方标注"根据《美国联邦法规》（CFR）第 35 篇第 271（e）（1）小节的规定，受专利法保护的产品可用于研究和开发用途"的行为，属于针对涉案产品所进行的说明，其实质是服务于通过恒生公司许诺销售了解到涉案产品的他人购买该产品，同样不影响其构成许诺销售侵权行为的事实。

综上，恒生公司未经专利权人拜耳公司的许可，通过网站、展会向不特定对象作出销售涉案产品的意思表示，且涉案产品落入本专利权保护范围，被诉裁决和一审判决关于恒生公司实施了许诺销售侵权行为的事实认定以及法律适用正确，本院予以维持。

（三）恒生公司的行为是否属于专利法第六十九条第五项规定的例外情形

根据专利法第六十九条第五项规定，为提供行政审批所需要的信息，制造、使用、进口专利药品或者专利医疗器械的，以及专门为其制造、进口专利药品或者专利医疗器械的，不视为侵犯专利权。

恒生公司上诉主张涉案行为属于专利法第六十九条第五项规定的药品和医疗器械行政审批例外情形，依法不构成侵权行为。对此，本院认为，我国法律对药品和医疗器械规定了严格的行政审批制度，生产厂商为了获得行政审批需要的数据和其他信息，需要进行长时间的大量研究、分析和临床实验等活动。为了在专利权保护期届满后及时推出仿制药品和医疗器械，保障社会公众及时获得价格低廉的药品和医疗器械，同时避免客观上延长专利权的保护期限，2008年修正的专利法在第六十九条第五项增加了关于仿制药品和医疗器械不视为侵犯专利权的规定。根据该项规定，为提供行政审批所需要的信息，在专利保护期内制造、使用、进口专利药品或者专利医疗器械的行为以及在专利保护期内专门为其制造、进口专利药品或者专利医疗器械的行为，不视为侵犯专利权。专利法的立法目的是保护专利权人的合法权益，鼓励发明创造，推动发明创造的应用，提高创新能力，促进科学技术进步和经济社会发展。合法的专利权利保护是原则，法定不侵权的规定是例外。因此，在适用专利法第六十九条第五项时应当进行严格解释而非宽泛解释，依法从抗辩主体及其具体行为等方面进行分析认定。

首先，关于药品和医疗器械行政审批例外条款的抗辩主体及其条件。药品和医疗器械行政审批例外条款包含两种类型的主体，一是为了获得仿制药品和医疗器械行政审批所需要的信息而实施专利的行为人，二是为该行为人专门实施专利的行为人。前一主体系为自己申请行政审批，后一主体系为帮助前一主体申请行政审批，后一主体以药品和医疗器械行政审批例外为由提出抗辩时，应以前一主体的实际存在为前提和条件。恒生公司称其在官网和展会宣传涉案产品，受众对象是准备申请注册利伐沙班产品的企业，据此主张其属于合法的抗辩主体。经审查，恒生公司没有提交存在某个生产利伐沙班药品的行政审批申请人的证据。恒生公司客观上通过官网和展会宣传作出了向不特定对象销售涉案产品的意思表示，没有事实表明其仅向准备申请注册利伐沙班产品的特定企业进行了宣传。恒生公司自己也非申请利伐沙班药品需要进行行政审批的主体。因此恒生公司不符合药品和医疗器械行政审批例外抗辩的主体条件。

其次，关于药品和医疗器械行政审批例外的行为范围。药品和医疗器械行政审批例外条款所调整的行为是，为提供行政审批所需要的信息，为自己申请行政审批而实施"制造、使用、进口"行为，以及专门为前一主体申请行政审批而实施"制造、进口"行为，均不包括许诺销售行为。本案中，恒生公司实施的行为是向不特定对象许诺销售涉案产品，系以销售为目的而非以获取行政审批所需的信息为目的，超出了药品和医疗器械行政审批例外所规定的后一主体可以实施的"制造、进口"行为范围。恒生公司以如果不通过涉案宣传行为，就无法了解到有开发利伐沙班仿制药计划的企业的辩解，既与法律明文规定不符，又实际上不合法地压缩了专利权人在专利保护期内的合法利益空间。在药品专利权存续期间，未经许可实施不属于药品和医疗器械行政审批例外情形的许诺销售行为，可能导致不特定对象推迟向专利权人购买专利产品等后果，实质上削弱对专利权人合法权益的保护。被诉裁决和一审判决认定恒生公司的许诺销售行为不属于药品和医疗器械行政审批例外规定的侵权行为例外，本院予以维持。

综上所述，恒生公司的上诉请求不能成立，应予驳回。一审判决认定事实清楚，适用法律正确，应予维持。根据《中华人民共和国行政诉讼法》第八十九条第一款第一项之规定，判决如下：

驳回上诉，维持原判。

二审案件受理费人民币 50 元，由南京恒生制药有限公司负担。

本判决为终审判决。

审 判 长 罗 霞

审 判 员 邓 卓

审 判 员 雷艳珍

二〇二二年六月二十二日

法 官 助 理 徐世超

书 记 员 李思倩

二、商标案件审判

（一）商标民事案件审判

19. 商标权利人不得禁止他人对商标中地名的正当使用

——再审申请人吴晓玲、刘文平与被申请人袁州区南庙邹雪娥豆腐
作坊、邹雪娥、袁州区城西高根生蔬菜摊、高根生、袁州区城西
余竹兰豆制品摊、余竹兰商标侵权及不正当竞争纠纷案①

中华人民共和国最高人民法院民事裁定书（2021）最高法民申7933号

再审申请人（一审原告、二审上诉人）：吴晓玲。
委托诉讼代理人：马春然，江西利元律师事务所律师。
委托诉讼代理人：熊中华，江西利元律师事务所律师。
再审申请人（一审原告、二审上诉人）：刘文平。
委托诉讼代理人：马春然，江西利元律师事务所律师。
委托诉讼代理人：熊中华，江西利元律师事务所律师。
被申请人（一审被告、二审被上诉人）：袁州区南庙邹雪娥豆腐作坊。
经营场所：江西省宜春市袁州区××镇××村××组。
经营者：邹雪娥。
委托诉讼代理人：熊辉林，江西甘雨律师事务所律师。
委托诉讼代理人：王丽，江西甘雨律师事务所律师。
被申请人（一审被告、二审被上诉人）：邹雪娥。
委托诉讼代理人：熊辉林，江西甘雨律师事务所律师。

---

① 本案在年度报告中的位置为第40页。

委托诉讼代理人：王丽，江西甘雨律师事务所律师。

被申请人（一审被告、二审被上诉人）：袁州区城西高根生蔬菜摊。经营场所：江西省宜春市袁州区。

经营者：高根生。

被申请人（一审被告、二审被上诉人）：高根生。

被申请人（一审被告、二审被上诉人）：袁州区城西余竹兰豆制品摊。经营场所：江西省宜春市袁州区。

经营者：余竹兰。

被申请人（一审被告、二审被上诉人）：余竹兰。

再审申请人吴晓玲、刘文平因与被申请人袁州区南庙邹雪娥豆腐作坊（以下简称邹雪娥豆腐作坊）、邹雪娥、袁州区城西高根生蔬菜摊（以下简称高根生蔬菜摊）、高根生、袁州区城西余竹兰豆制品摊（以下简称余竹兰豆制品摊）、余竹兰商标侵权及不正当竞争纠纷一案，不服江西省高级人民法院（以下简称二审法院）（2020）赣民终919号民事判决，向本院申请再审。本院依法组成合议庭进行了审查，现已审查终结。

吴晓玲、刘文平申请再审称，1. 邹雪娥、高根生、余竹兰的个人财产分别与其个体工商户账号混同，且个体工商户无财务管理账簿，亦无相应银行账户，店内及摊位也没有展示营业执照，相关公众会认为是上述个人从事生产及销售，故上述个人应为本案适格主体。2. 被申请人在豆腐上使用"南庙梁溪南"文字可能让相关公众误以为是吴晓玲、刘文平生产的豆腐，侵犯了吴晓玲于2004年9月7日申请注册并核定使用在第29类豆腐制品上的第3512756号"南庙"注册商标（以下简称涉案商标）专用权。二审法院认为被申请人属于正当使用"南庙"标志错误。"南庙"品牌系吴晓玲、刘文平及其家属和合作者自上世纪90年代历经千辛万苦打造出来，其知名度盖过了南庙镇地名；南庙镇的地理位置和水土与"南庙"豆腐没有必然的关联；在吴晓玲、刘文平南庙豆腐出名后，出现了众多商家生产、销售假冒的"南庙"豆腐。3. 吴晓玲取得涉案商标后在《信息日报》进行过宣传报道，在宜春及周边县市有广泛的知名度；被申请人在豆腐包装及装潢上使用"南庙"字样，可能导致相关公众误以为豆腐来自吴晓玲或与吴晓玲存在特定联系，构成不正当竞争。4. 吴晓玲、刘文平曾向市场管理部门举报案外人的假冒侵权行为，行政机关亦支持了吴晓玲、刘文平的主张，如本案判决不侵权，将与行政机关的处罚决定矛盾。请求法院：撤销二审判决；改判支持其一审诉讼请求；本案的全部诉讼费用由被申请人负担。

邹雪娥豆腐作坊、邹雪娥提交意见称，1. 吴晓玲、刘文平同时对邹雪娥豆腐作坊、邹雪娥申请再审错误，应驳回其对邹雪娥的再审申请。2. 邹雪娥豆腐作坊生产销售南庙梁溪豆腐不侵害涉案商标专用权。南庙系江西省宜春市袁州区下辖的一个乡级行政区域地名，邹雪娥豆腐作坊位于袁州区××镇××村××组，故邹雪娥豆腐作坊在其产品上使用"南庙梁溪"等文字，具有描述该商品产地的功能，属于表示商品产地、地理位置的正当使用。此外，无证据证明吴晓玲、刘文平的涉案商标经过使用已经取得显著特征，涉案商标不具有区分商品来源的显著性。相关公众认为南庙豆腐是宜春南庙镇区域内生产的豆腐，未与南庙镇区域内某个特定的生产厂家产生对应关系。因此，邹雪娥豆腐作坊在其豆腐上使用"南庙梁溪"等文字不构成侵害涉案商标专用权。被申请人在豆腐商品上使用"南庙"二字未突出使用，且其使用"南庙""梁溪"分别为邹雪娥豆腐作坊经营场所所在地南庙镇和梁溪组，文字含义上亦无侧重点，同时豆腐不易保存，销售区域有限，当地的相关公众不会只重视"南庙"而忽略"梁溪"。3. 被诉侵权行为不构成不正当竞争。在案证据无法证明经过持续、大力宣传使用，吴晓玲、刘文平生产销售的南庙豆腐包装、装潢在国内已经具有较高的知名度，不构成具有一定影响的包装、装潢。请求法院驳回吴晓玲、刘文平的再审申请。

再审审查期间，吴晓玲、刘文平提交了两份合同、四份证明及国家知识产权局商评字［2021］第269912号《关于第42903565号"南庙梁溪"商标无效宣告请求裁定书》等材料。

本院经审查认为，本案各方当事人再审审查期间的争议焦点是：1. 邹雪娥、高根生、余竹兰是否为本案适格被告；2. 被申请人生产、销售"南庙梁溪南"豆腐的行为是否侵害吴晓玲、刘文平涉案商标专用权；3. 被诉侵权行为是否构成擅自使用吴晓玲、刘文平南庙豆腐包装、装潢的不正当竞争的行为。

（一）关于邹雪娥、高根生、余竹兰是否为本案适格被告的问题

《最高人民法院关于适用〈中华人民共和国民事诉讼法〉的解释》第五十九条规定："在诉讼中，个体工商户以营业执照上登记的经营者为当事人。有字号的，以营业执照上登记的字号为当事人，但应同时注明该字号经营者的基本信息。"《中华人民共和国民法通则》第二十九条规定："个体工商户、农村承包经营户的债务，个人经营的，以个人财产承担；家庭经营的，以家庭财产承担。"

本案中，邹火生、邹雪娥夫妇摊位南庙豆腐（批发）以及高根生摊位、余竹兰摊位实际销售豆腐，故被诉侵权行为的实施主体是个体工商户，应以邹雪娥豆腐作坊、高根生蔬菜摊、余竹兰豆制品摊为当事人，其相应的经营

者邹雪娥、高根生、余竹兰不是本案适格被告。同时，个人经营的个体工商户的债务由个人财产承担，故个人财产与个体工商户财产是否混同不影响个体工商户的债务承担。因此，一审、二审判决认为邹雪娥、高根生、余竹兰不是本案适格被告并无不当。吴晓玲、刘文平关于邹雪娥、高根生、余竹兰应为本案适格被告的再审主张缺乏法律依据，本院不予支持。

（二）关于被申请人生产、销售南庙梁溪南豆腐的行为是否侵害吴晓玲、刘文平涉案商标专用权的问题

《中华人民共和国商标法》第五十九条第一款规定："注册商标中含有的本商品的通用名称、图形、型号，或者直接表示商品的质量、主要原料、功能、用途、重量、数量及其他特点，或者含有的地名，注册商标专用权人无权禁止他人正当使用。"

本案中，南庙系江西省宜春市袁州区下辖的一个乡级行政区域地名，当地盛产豆腐并且有做豆腐的传统，而吴晓玲、刘文平提交的证据无法证明涉案商标经过使用已经与其产生对应关系，故相关公众易将南庙豆腐识别为宜春南庙镇范围内生产的豆腐。同时，邹雪娥豆腐作坊位于袁州区××镇××村××组，在其产品上使用的"南庙梁溪南"文字与涉案商标字体不同，不具有攀附涉案商标的主观恶意，不会导致当地相关公众的混淆误认。因此，一审、二审判决认定邹雪娥豆腐作坊在其豆腐上使用"南庙梁溪南"等文字属于直接表示商品产地的正当使用并无不当。吴晓玲、刘文平关于被诉侵权行为侵害其涉案商标专用权的主张缺乏事实依据，本院不予支持。

（三）关于被诉侵权行为是否构成擅自使用吴晓玲、刘文平南庙豆腐包装、装潢的不正当竞争行为的问题

《中华人民共和国反不正当竞争法》第六条规定，擅自使用与他人有一定影响的商品名称、包装、装潢等相同或者近似的标识，引人误认为是他人商品或者与他人存在特定联系的，构成不正当竞争行为。

本案中，吴晓玲、刘文平主张被申请人构成不正当竞争的行为是其在豆腐模具上使用的"南庙梁溪南"文字。如上所述，前述属于直接表示商品产地的正当使用，一审、二审判决认定被申请人的被诉侵权行为不构成擅自使用吴晓玲、刘文平"南庙"豆腐包装、装潢的不正当竞争行为并无不当。吴晓玲、刘文平的相关再审主张缺乏事实和法律依据，本院不予支持。

此外，吴晓玲、刘文平提及的行政机关曾处罚假冒涉案商标的侵权行为与本案被诉侵权行为不同，吴晓玲、刘文平关于一审、二审判决与行政机关的处罚决定矛盾的再审主张缺乏事实依据，本院不予支持。

依照《中华人民共和国民事诉讼法》第二百一十一条第一款、《最高人

民法院关于适用〈中华人民共和国民事诉讼法〉的解释》第三百九十五条第二款之规定，裁定如下：

驳回吴晓玲、刘文平的再审申请。

审　判　长　毛立华

审　判　员　李　嵘

审　判　员　江建中

二〇二二年二月二十八日

法 官 助 理　刘海珠

书　记　员　吕姝君

20. 在先行政处罚不影响民事侵权责任的认定

——再审申请人南方泵业股份有限公司与被申请人永安市南方科技泵阀经营部侵害商标权及不正当竞争纠纷案①

中华人民共和国最高人民法院民事裁定书（2021）最高法民申 6419 号

再审申请人（一审原告、二审被上诉人）：南方泵业股份有限公司。住所地：浙江省杭州市余杭区仁和街道东风村 7 幢。

法定代表人：沈金浩，该公司董事长。

委托诉讼代理人：杨金华，北京天达共和（杭州）律师事务所律师。

被申请人（一审被告、二审上诉人）：永安市南方科技泵阀经营部。住所地：福建省永安市观澜世纪城小区 38 幢 1-702 室。

经营者：周煜锋。

再审申请人南方泵业股份有限公司（以下简称南方泵业公司）因与被申请人永安市南方科技泵阀经营部（以下简称南方泵阀经营部）侵害商标权及不正当竞争纠纷一案，不服福建省高级人民法院（2020）闽民终 1978 号民事判决，向本院申请再审。本院依法组成合议庭进行了审查，现已审查终结。

南方泵业公司申请再审称，1. 二审法院认定不应判令南方泵阀经营部停止商标侵权及不正当竞争行为属适用法律错误。涉案《行政处罚决定书》中不涉及对不正当竞争行为的认定，亦未要求南方泵阀经营部停止不正当竞争行为，一、二审法院均认定南方泵阀经营部存在商标侵权及不正当竞争行为，理应判决停止侵权，并不涉及与行政处罚重复评价的问题。2. 二审法院主动适用诉讼时效规定属适用法律错误。根据《最高人民法院关于审理民事案件适用诉讼时效制度若干问题的规定》第三条规定，当事人未提出诉讼时效抗辩，人民法院不应对诉讼时效问题进行释明及主动适用诉讼时效的规定进行裁判。即使法院认为应当对诉讼时效进行审查，二审判决认定本案诉讼时效已过，亦属适用法律错误。本案南方泵业公司知道侵权行为发生的时间是 2019 年 6 月，诉讼时效应从南方泵业公司发现权利受损之日即 2019 年 6 月起

---

① 本案在年度报告中的位置为第 42 页、第 43 页。

算。发现侵权行为后南方泵业公司第一时间向行政管理部门进行了投诉，后又于 2020 年 7 月向人民法院提起了民事诉讼，积极进行权利救济，并未超过三年诉讼时效，南方泵业公司有权就被诉侵权行为获得民事赔偿。综上，南方泵业公司依据 2017 年修正的《中华人民共和国民事诉讼法》第二百条第六项的规定，向本院申请再审。

本院经审查认为，首先，南方泵业公司在本案中的诉讼请求包括南方泵阀经营部停止侵害商标权及不正当竞争行为，行政机关的处罚决定等相关在案证据能够反映被诉侵权行为存在的事实以及具体的表现形式，二审法院应结合当事人的诉讼主张及相关证据内容，查明被诉侵权行为的具体情形，对被诉侵权行为进行认定并确定是否须判令南方泵阀经营部停止侵害商标权及不正当竞争行为。不能以被诉侵权行为已经被行政查处就简单认为民事诉讼无需对侵权责任再进行认定。即便违法行为已经受到行政处罚，亦不因此而排除其应依法承担相应民事责任。

其次，本案诉讼时效的起算时间尚无证据证明，是否超过诉讼时效的事实尚待查清。况且，本案中南方泵阀经营部并未针对诉讼时效问题提出抗辩。在此情况下，二审法院直接适用诉讼时效处理本案，有所不当。

综上，本案须在进一步审查相关证据，查明相关案件事实的基础上，对南方泵阀经营部应否停止侵权并承担相应赔偿责任作出认定和判决。

依照 2021 年修正的《中华人民共和国民事诉讼法》第二百一十一条第二款、第二百一十三条，《最高人民法院关于适用〈中华人民共和国民事诉讼法〉的解释》第三百九十五条第一款的规定，裁定如下：

指令福建省高级人民法院再审本案。

审　判　长　晏　景

审　判　员　李　丽

审　判　员　江建中

二〇二二年三月二十九日

法官助理　曹佳音

书　记　员　韩　阳

（二）商标行政案件审判

22. 申请注册商标应合理避让他人在先商标

——再审申请人深圳祥利工艺傢俬有限公司与被申请人北京泓文博雅
传统硬木家具有限公司及二审上诉人国家知识产权局商标权无效
宣告请求行政纠纷案①

中华人民共和国最高人民法院行政判决书（2022）最高法行再 1 号

再审申请人（一审第三人、二审上诉人）：深圳祥利工艺傢俬有限公司。
住所地：广东省深圳市龙华新区观澜街道牛湖社区观天路君子布路口。

法定代表人：戴家林，该公司董事长。

委托诉讼代理人：郭召道，北京金珺泰律师事务所律师。

被申请人（一审原告、二审被上诉人）：北京泓文博雅传统硬木家具有
限公司。住所地：北京市大兴区魏善庄镇羊坊村村委会西 150 米。

法定代表人：王井礼，该公司经理。

委托诉讼代理人：钟延红，北京市兰台律师事务所律师。

委托诉讼代理人：李海涛，北京市兰台律师事务所实习律师。

二审上诉人（一审被告）：国家知识产权局。住所地：北京市海淀区蓟
门桥西土城路 6 号。

法定代表人：申长雨，该局局长。

委托诉讼代理人：车旭，该局审查员。

再审申请人深圳祥利工艺傢俬有限公司（以下简称祥利公司）因与被申
请人北京泓文博雅传统硬木家具有限公司（以下简称泓文博雅公司）及二审
上诉人国家知识产权局商标权无效宣告请求行政纠纷一案，不服北京市高级
人民法院（2020）京行终 4545 号行政判决，向本院申请再审。本院于 2021

---

① 本案在年度报告中的位置为第 44 页。

年 9 月 2 日作出（2021）最高法行申 2676 号行政裁定，提审本案。本院依法组成合议庭，于 2022 年 6 月 16 日通过支云庭审程序在线公开开庭进行了审理。再审申请人祥利公司的委托诉讼代理人郭召道，被申请人泓文博雅公司的委托诉讼代理人钟延红、李海涛，二审上诉人国家知识产权局的委托诉讼代理人车旭，到庭参加了诉讼。本案现已审理终结。

祥利公司申请再审称，（一）诉争商标与引证商标二首二字相同，显著部分完全相同，二者的核定商品也类似，商标近似非常明显，容易在相关公众中造成混淆，违反 2013 年修正的《中华人民共和国商标法》（以下简称 2013 年商标法）第三十条的规定，应予无效。（二）原审法院认定诉争商标的使用事实错误，申请注册前的使用证据不能证明诉争商标的使用，即便泓文博雅公司在 2015 年后使用了诉争商标，但由于其所持有的商标较多，难以认定相关证据为使用诉争商标的证据。（三）"友联为家"为祥利公司的主打品牌商标，具有极高的知名度，连续被授予"中国家具行业领袖品牌"等荣誉。泓文博雅公司恶意复制摹仿他人已经使用并有一定影响的商标。祥利公司拥有在先商号权，泓文博雅公司的行为恶意侵犯了祥利公司的商号权。（四）泓文博雅公司在 2013 年购买祥利公司一方价值达 300 多万元的家具，对祥利公司一方的商标明知，诉争商标的注册具有恶意。本案与北京市高级人民法院（2019）京行终 2667 号行政判决相左。请求依法改判，撤销原审判决，驳回泓文博雅公司的诉讼请求。

泓文博雅公司提交意见称，（一）泓文博雅公司及其关联公司为家族企业，自 2000 年起即在北京市各家具广场使用"友联"经营红木家具，在先的"友联"品牌商誉和商业价值可由泓文博雅公司承继。泓文博雅公司在一审中提交的证据可以证明，2000 年至 2005 年其关联公司在北京居然之家北四环门店等的销售金额合计达到 3000 余万元，且合同中手写"友联"或"友联红木"。（二）祥利公司成立于 2004 年 7 月，在此之前其确认只有一家名为"深圳市宝安区观澜友联工艺家俬厂"的关联公司在大陆经营家具的"对外来料加工"，未能提供证据证明在成立前已经在大陆地区进行自有品牌家具的生产销售。（三）本案引证商标注册前，有其他公司持有"友联"汉字加拼音且为上下结构的商标，后因三年不使用被撤销，泓文博雅公司的商标才获得注册。祥利公司的引证商标能够获得注册，说明本案引证商标与在先的"友联"汉字加拼音的商标不近似，同理引证商标与诉争商标也不近似。祥利公司实际使用商标将"为"字进行变形和突出处理，与本案引证商标二存在重大差异，消费者不会对诉争商标和引证商标二指向的商品来源产生混淆。请求驳回祥利公司的再审诉讼请求。

北京知识产权法院（以下简称一审法院）查明：

诉争商标注册人泓文博雅公司，注册号×××48，申请日期 2015 年 8 月 21 日，核准日期 2018 年 7 月 14 日，专用期限至 2027 年 2 月 20 日，标志：**友联** you lian，核定使用商品（第 20 类）：长凳（家具）、床架（木制）、书桌、家具、椅子（座椅）、柜台（台子）、写字台、沙发、凳子、茶几。

引证商标二注册人祥利公司，注册号×××30，申请日期 2005 年 10 月 31 日，专用期限至 2029 年 2 月 20 日，标志：**友联·为家**，核定使用商品（第 20 类）：办公家具、家具、细木工家具等。

原国家工商行政管理总局商标评审委员会（以下简称商标评审委员会）作出商评字〔2019〕第 62158 号《关于第×××48 号"友联 youlian"商标无效宣告请求裁定书》即被诉裁定，以诉争商标与引证商标二构成 2013 年商标法第三十条所指使用在同一种或类似商品上的近似商标为由，裁定：诉争商标予以无效宣告。

泓文博雅公司不服被诉裁定，于法定期限内向一审法院提起行政诉讼。

另查，根据中央机构改革部署，原国家工商行政管理总局商标局、商标评审委员会的相关职责由国家知识产权局统一行使。

一审法院认为：鉴于各方当事人均认可诉争商标核定使用的商品与引证商标二核定使用的商品构成同一种或类似商品，经审查予以确认。在案证据能够证明泓文博雅公司及其"友联"品牌经泓文博雅公司在家具等商品上长期使用，已形成一定的市场份额，建立了一定的市场声誉。诉争商标与引证商标二虽然均含有"友联"，但二者在整体设计、视觉效果等方面存在一定差别，诉争商标与引证商标二共存于市场，不必然导致相关公众的混淆、误认，未构成 2013 年商标法第三十条所指的使用在同一种或类似商品上的近似商标，诉争商标应予维持。被诉裁定对此认定错误，应予纠正。遂判决：一、撤销被诉裁定；二、国家知识产权局就祥利公司针对诉争商标所提无效宣告请求重新作出裁定。

国家知识产权局和祥利公司均不服一审判决，向北京市高级人民法院（以下简称二审法院）提起上诉，请求撤销一审判决，维持被诉裁定。国家知识产权局的主要上诉理由是：诉争商标与引证商标二已构成近似商标，在同一种或类似商品上共存于市场，容易导致相关公众对商品来源产生混淆、误认，构成 2013 年商标法第三十条规定的使用在同一种或类似商品上的近似商标。

祥利公司的主要上诉理由是：诉争商标与引证商标二构成使用在同一种或类似商品上的近似商标，应当被宣告无效。"友联为家"是祥利公司的主打品牌，具有极高知名度，泓文博雅公司申请注册诉争商标具有明显恶意，诉争商标是对引证商标二的恶意复制、摹仿，损害了祥利公司的在先商号权益，应被宣告无效。一审判决与在先已经生效的北京市高级人民法院（2019）京行终 266 号行政判决结论相左。

二审法院对一审法院查明的事实予以确认。

二审法院另查：泓文博雅公司成立于 2008 年 4 月 21 日，股东为潘海英和赵浩茗，二人系母子关系。2000 年 7 月 1 日，世纪恒星公司成立，投资人为赵杰和潘海英，二人系夫妻关系。2002 年 4 月 6 日，盛世友联经营部成立，经营者为潘海英。2018 年 6 月 26 日，盛世友联经营部改制为盛世友联公司，股东为潘海英。潘海英自 2000 年起即在北京各家具广场使用"友联"经营家具，并在报刊媒体、电视台上进行了广泛的宣传。泓文博雅公司提交的 2000 年至 2005 年北京市居然之家家居市场的"友联"家具销售合同总金额为 24757335.6 元。2010 年至 2018 年，泓文博雅公司及其关联公司在居然之家一家店的营业额为 4000 余万元。

二审法院认为：诉争商标与引证商标二在整体视觉效果和呼叫上均存在一定差异，结合泓文博雅公司在二审诉讼中补充提交的证据可以认定，在泓文博雅公司成立前，其关联主体即将"友联"作为企业字号，并使用在家具等商品上。泓文博雅公司及其关联主体在家具上使用"友联"的时间早于引证商标二的申请日，且在引证商标二申请注册前，泓文博雅公司使用在家具上的"友联"商标在北京地区已经具有一定知名度和影响力。在案证据并不能证明泓文博雅公司申请诉争商标具有攀附祥利公司知名品牌等主观恶意，且相关公众在购买家具等商品时通常会施以更高的注意义务，一审法院认定诉争商标与引证商标二共存于市场不会导致相关公众的混淆、误认并无不当。虽然最高人民法院和二审法院曾有在先生效判决，但涉及相同诉争商标的不同案件，因在案证据的情况不同将导致不同的裁判结果。现祥利公司并未举证证明本案证据与在先生效判决的证据相同，且泓文博雅公司在二审诉讼中补充提交了相关证据，本案亦是基于泓文博雅公司在二审诉讼中补充提交的证据作出判决。因此，对祥利公司的上诉理由，该院不予支持。遂判决：驳回上诉，维持原判。一审案件受理费一百元，由国家知识产权局负担（于本判决生效之日起七日内交纳）；二审案件受理费一百元，由国家知识产权局和祥利公司各自负担五十元（均已交纳）。

再审审理查明，2020 年 11 月 27 日国家知识产权局第 1721 期商标公告刊载《注册商标撤销公告》，注册号×××30"友联·为家"商标，撤销商品/服务项目："像框；木制编织百叶窗（家具）"，撤销理由：因撤销复审部分成立。

本院对一审判决查明的事实予以确认。

本院再审认为：2013 商标法第三十条规定，申请注册的商标，凡不符合本法有关规定或者同他人在同一种商品或者类似商品上已经注册的或者初步审定的商标相同或者近似的，由商标局驳回申请，不予公告。

本案诉争商标的申请日期为 2015 年 8 月 21 日，引证商标二的申请日期为 2005 年 10 月 31 日，泓文博雅公司的营业执照记载其成立日期为 2008 年 4 月 21 日，其申请注册诉争商标时，引证商标二为在先有效注册商标。诉争商标标志系由汉字"友联"和拼音"youlian"构成，汉字与拼音呈上下结构，引证商标二"友联·为家"标志由汉字"友联""为家"及分隔点构成。两商标相比对，汉字"友联"系诉争商标的显著识别部分，被引证商标二完整包含，诉争商标标志与引证商标二标志构成近似。诉争商标核定使用的"长凳（家具）、床架（木制）、书桌、家具、椅子（座椅）、柜台（台子）、写字台、沙发、凳子、茶几"商品与引证商标二核定使用的"办公家具、家具、细木工家具"等商品构成相同或类似商品，对此，泓文博雅公司在诉讼中亦不持异议。泓文博雅公司一审提供的销售单、报纸报道等证据可以证明，至少在 2006 年至 2014 年间泓文博雅公司及其关联公司向祥利公司订购了大量红木家具，祥利公司出具相关销售单的头部显著位置印有"友聯工藝及图"或"友联·為家"，祥利公司的引证商标二"友联·为家"亦是在此期间申请注册；泓文博雅公司或其关联公司还使用与祥利公司使用的相同图形标识宣传友联红木，这种宣传至少在 2003 年即已存在。因此，泓文博雅公司在申请注册本案诉争商标时，对祥利公司突出使用"友联"相关标志经营红木家具系明知，未合理避让，主观难谓善意。泓文博雅公司提交的证据表明其相关商品集中在北京市××市场销售，引证商标二同样使用在家具类商品上，而且，泓文博雅公司提交的早期使用证据中关于"友联"的标志多与诉争商标存在一定区别。综合上述情况，诉争商标如与引证商标二在相同或类似商品上共存于市场，以相关公众的一般注意力为标准，易造成混淆误认。因此，诉争商标的申请注册违反了 2013 年商标法第三十条的规定。被诉裁定对此认定正确，原审判决存在认定事实及适用法律错误，应予纠正。

至于祥利公司再审诉讼中所主张的泓文博雅公司注册诉争商标侵害其在先商号权问题，因祥利公司并未在行政阶段提出此问题，不属于本案的审理范围，本院对此不予审理。

综上，再审申请人祥利公司的再审诉讼请求成立，本院予以支持。依照《中华人民共和国行政诉讼法》第八十九条第一款第二项、《最高人民法院关于适用〈中华人民共和国行政诉讼法〉的解释》第一百一十九条第一款、第一百二十二条的规定，判决如下：

一、撤销北京市高级人民法院（2020）京行终 4545 号行政判决及北京知识产权法院（2019）京 73 行初 5959 号行政判决；

二、驳回北京泓文博雅传统硬木家具有限公司的诉讼请求。

一审、二审案件受理费合计二百元，由北京泓文博雅传统硬木家具有限公司负担。

本判决为终审判决。

审　判　长　张志弘

审　判　员　李　丽

审　判　员　许常海

二〇二二年六月二十七日

法官助理　张　赫

书　记　员　芦　菲

23. 英文商标显著性的认定

——再审申请人诺奥思与被申请人国家知识产权局
商标申请驳回复审行政纠纷案①

中华人民共和国最高人民法院行政判决书（2022）最高法行再 4 号

再审申请人（一审原告、二审上诉人）：诺奥思。住所地：法兰西共和国普罗旺斯地区。

法定代表人：托马斯·皮埃洛，该公司常务董事。

委托诉讼代理人：姚敏，北京魏启学律师事务所律师。

委托诉讼代理人：邢博，北京魏启学律师事务所实习律师。

被申请人（一审被告、二审被上诉人）：国家知识产权局。住所地：中华人民共和国北京市海淀区蓟门桥西土城路 6 号。

法定代表人：申长雨，该局局长。

委托诉讼代理人：魏诗瑄，该局审查员。

再审申请人诺奥思因与被申请人国家知识产权局商标申请驳回复审行政纠纷一案，不服中华人民共和国北京市高级人民法院（2020）京行终 485 号行政判决，向本院申请再审。本院于 2021 年 12 月 9 日作出（2021）最高法行申 6524 号行政裁定，提审本案。本院依法组成合议庭，开庭审理了本案。再审申请人诺奥思的委托诉讼代理人姚敏、邢博，被申请人国家知识产权局的委托诉讼代理人魏诗瑄到庭参加诉讼。本案现已审理终结。

诺奥思向本院申请再审称，（一）诺奥思放弃诉争商标的指定商品"卫生消毒剂；医用营养品；维生素制剂；医用放射性物质；医用氧；心电图电极用化学导体；医用营养食物；牙用研磨剂；隐形眼镜清洁剂；医用胶布；宠物尿布；微生物用营养物质；动物用洗涤剂（杀虫剂）；婴儿尿布；牙用光洁剂；人工授精用精液；空气净化制剂；杀昆虫剂"，仅针对诉争商标在"医药制剂；护肤药剂；皮肤病用医药制剂"三项商品上申请再审。（二）诉争商标是由诺奥思自创的臆造词，非英文固有词汇，商标整体无含义，并非

---

① 本案在年度报告中的位置为第 45 页。

是对指定商品"医药制剂；护肤药剂；皮肤病用医药制剂"的功能用途的描述，不会使相关公众对指定商品的功能用途等特点产生误认，依照法律可以作为商标获得注册。1. 中国相关公众在识别"BIODERMA"时不会将其分割为"BIO"和"DERMA"两部分进行识别，诉争商标"BIODERMA"在英文词典中从未被解释成"生物真皮"，根据中国境内相关公众的通常认识，"BIODERMA"属于无含义的臆造词。2. 有道词典、金山词霸对于"BIODERMA"的释义均为申请人护肤品牌，百度搜索引擎输入"BIODERMA 护肤药剂"的绝大部分搜索结果均指向申请人及其护肤品牌，同业经营者从未使用"BIODERMA"描述指定商品的功能用途，足以证明诉争商标经长期大量使用与申请人已经建立唯一对应关系，诉争商标使用在"医药制剂；护肤药剂；皮肤病用医药制剂"上可以起到区分商品来源的作用，申请商标应当获准注册。（三）诉争商标经长期大量使用和宣传，在中国市场建立了较高的知名度和影响力，诉争商标与申请人形成了稳定且唯一的对应关系，可以起到区分商品来源的作用，诉争商标应当获准注册。（四）诺奥思的"BIODERMA"商标已经在第5类获准注册，诉争商标属于延伸注册，被诉决定违反审查一致性原则。请求本院撤销原审判决及被诉决定。

国家知识产权局提交意见称，诉争商标文字"BIODERMA"可译为"生物真皮"，作为商标使用在"医药制剂、护肤药剂"等商品上直接表示了其商品的功能用途等特点，使用在"医药制剂、护肤药剂"等以外的商品上易使消费者产生误认，故已构成2013年商标法第十条第一款第（七）项、第十一条第一款第（二）项规定之情形。诺奥思提交的证据不足以否定混淆存在的可能性。商标评审遵循个案审查原则，诺奥思所述其他商标获准注册的情况不能成为申请商标予以初步审定的当然依据。请求本院驳回诺奥思的再审申请。

诺奥思向北京知识产权法院（以下简称一审法院）诉称：一、诉争商标为臆造词，无固定含义，未直接表示指定商品的功能用途等特点，用于指定商品上具有极强的显著性，不会使消费者产生误认。二、诺奥思的商标已经在第5类获准注册，诉争商标属于延伸注册，被诉决定违反审查一致性原则。三、诉争商标通过长期大量的使用，已在药妆领域获得极高知名度，不会产生误认。四、诺奥思在中国对诉争商标进行了大量宣传推广，获得了极高的知名度，起到了区分产源的作用，诉争商标应当被核准注册。因此，请求法院撤销被诉决定并责令国家知识产权局重新作出决定。

一审法院查明：

一、诉争商标

1. 申请人：诺奥思

2. 申请号：29087232

3. 申请日期：2018 年 2 月 2 日

4. 标志：BIODERMA

5. 指定使用商品（第 5 类 0501-0508 群组）：医药制剂；护肤药剂；医用营养品；维生素制剂等。

二、被诉决定：商评字［2019］第 45421 号《关于第 29087232 号"BIODERMA"商标驳回复审决定书》

被诉决定作出时间：2019 年 3 月 5 日。

原中华人民共和国国家工商行政管理总局商标评审委员会（以下简称商标评审委员会）认为：诉争商标使用在"医药制剂、护肤药剂"等商品上直接表示了商品的功能用途等特点，使用在"医药制剂、护肤药剂"等以外的商品上易使消费者产生误认，已构成 2013 年修正的《中华人民共和国商标法》（以下简称 2013 年商标法）第十条第一款第（七）项、第十一条第一款第（二）项所指情形；诺奥思所述其他商标获准注册的情况不能成为诉争商标予以初步审定的当然依据；对诉争商标在复审商品上的注册申请予以驳回。

三、其他事实

诺奥思在一审庭审过程中明确表示对被诉决定作出的程序不持异议，并向一审法院提交了词典查询的含义、商标档案、宣传使用材料和判决书等证据以支持其诉讼主张。

一审法院认为：诉争商标使用在"医药制剂、护肤药剂"等商品上构成 2013 年商标法第十一条第一款第（二）项所指情形；诉争商标指定使用在"医用营养品、维生素制剂"等商品上构成 2013 年商标法第十条第一款第（七）项所指情形；诺奥思提交的证据不能证明诉争商标已在复审商品上经使用获得了极高知名度和显著性。

一审法院依照《中华人民共和国行政诉讼法》第六十九条之规定，判决：驳回诺奥思的诉讼请求。

诺奥思不服一审判决，向北京市高级人民法院（以下简称二审法院）提起上诉，请求撤销一审判决和被诉决定，判令国家知识产权局重新作出决定。其主要上诉理由为：一、诉争商标系诺奥思自创的臆造词，没有固定含义，并未直接表示指定商品的质量、功能、用途等特点，不会使消费者产生误认，在没有词典出处的情况下，商标评审委员会及一审法院将其译为"生物真皮"缺乏依据，诉争商标的注册不构成 2013 年商标法第十条第一款第（七）

项规定的情形；二、对外文商标含义及显著性的判断应当依据中国境内相关公众的通常认识，"derma"并非英文单词，而是希腊文，且根据类似在先判决的认定结论，诉争商标亦不构成 2013 年商标法第十一条第一款第（二）项规定的情形；三、诺奥思已存有在第 5 类商品上获准注册的第 9092135 号"BIODERMA"商标，且诺奥思的"BIODERMA"商标经过长期大量使用和推广宣传，已在药妆领域获得了极高的知名度，诉争商标属于延伸注册，根据审查一致性原则，诉争商标应予核准注册。

国家知识产权局服从一审判决。

二审法院对一审查明事实予以确认。

另查一，诺奥思向二审法院提交了以下新证据：1. 第 13384867 号"BIODERMA 贝德玛"商标无效宣告请求裁定书；2. 第 29087233 号"BIODERMA"商标驳回复审决定书；3.《牛津高阶英汉双解词典》上"bio""biography""biographer"和"autobiography"的释义复印件；4.《英文字根词典》上"derm""dermatitis""dermatology""dermatologist"和"hypodermic"的释义复印件；5.《牛津高阶英汉双解词典》上"BI""ODE"的释义复印件；6. 在线词典对"BIODERMA"的网络释义复印件；7.（2011）行提字第 9 号判决书复印件；8.（2017）京 73 行初 3590 号行政判决书及（2017）京行终 1621 号、（2019）京行终 1203 号行政判决书。

另查二，诺奥思于 2011 年 1 月 26 日申请注册 9092135 号"BIODERMA"商标，核准注册日期为 2013 年 12 月 21 日，专用期限至 2023 年 12 月 20 日，核定使用商品为第 5 类（0501－0507 群组）医药制剂、医用营养品、兽医用制剂等。

另查三，根据中央机构改革部署，商标评审委员会的相关职责由国家知识产权局统一行使。

二审法院认为，本案的争议焦点为诉争商标是否违反 2013 年商标法第十条第一款第（七）项和第十一条第一款第（二）项的规定。

2013 年商标法第十条第一款第（七）项规定，带有欺骗性，容易使公众对商品的质量等特点或者产地产生误认的标志不得作为商标使用。第十一条第一款第（二）项，仅直接表示商品的质量、主要原料、功能、用途、重量、数量及其他特点的标志不得作为商标注册。

本案中，诉争商标由"BIODERMA"组成，根据中国相关公众的一般认知及认读习惯，"BIO"通常理解为与生物有关的合成英文单词的前缀，且"DERMA"在英文中为常用词根，可翻译为"真皮"，将两者结合，可译为"生物真皮"。在此情况下，若将诉争商标指定使用在"医药制剂、护肤药剂"等商品上则直接表示了商品的功能、用途等特点，构成 2013 年商标法第十一条第一款第（二）项规定的情形。若将诉争商标指定使用在"医用营养品、维生素制剂"等商品上则易使相关公众对商品的质量等产生误认，构成 2013 年商标法第十条第一款第（七）项规定的情形。鉴于此，诉争商标的申请注册已构成 2013 年商标法第十条第一款第（七）项及第十一条第一款第（二）项规定的情形。一审判决对此认定正确，二审法院予以支持。

此外，商标授权案件遵循个案审查原则，个案事实情况不同可能结论各异。诺奥思在先商标及其他商标已获准注册的事实并非本案诉争商标亦应予以核准注册的当然依据。诺奥思的相关上诉理由不能成立，二审法院不予支持。

综上所述，一审判决认定事实清楚，适用法律正确，结论正确，应予维持。诺奥思的上诉请求缺乏事实及法律依据，二审法院不予支持。依照《中华人民共和国行政诉讼法》第八十九条第一款第一项之规定，判决：驳回上诉，维持原判。

再审阶段，诺奥思向本院提交以下新证据：

国家知识产权局商标撤三字〔2021〕第 Y009478 号《关于第 20716182 号第 5 类"NAOS"注册商标连续三年不使用撤销申请的决定》。国家知识产权局认为该证据与本案无关，不予认可。

本院再审查明，《朗文当代英语大辞典》《牛津高阶英语词典》《牛津现代英汉双解大词典》《柯林斯高阶英汉双解学习词典》《外研社英汉多功能词典》《Collins 外研社新世纪英汉大词典》《新时代英汉大词典》《巴朗行业词典（医学）》《消毒学与医院感染学英汉·汉英词典》《精选英汉医学词汇》《英汉简明医学词汇》等 11 个国内综合词典以及医学相关专业词典均未收录"BIODERMA"。

《朗文当代英语大辞典》《牛津高阶英语词典》《牛津现代英汉双解大词典》《柯林斯高阶英汉双解学习词典》《Collins 外研社新世纪英汉大词典》《消毒学与医院感染学英汉·汉英词典》《精选英汉医学词汇》等 7 个国内综合词典以及医学相关专业词典均未收录"DERMA"。

百度翻译、谷歌和金山词霸、有道词典等网络在线词典均将"BIODERMA"译为"贝德玛"，必应词典将"BIODERMA"译为"贝德玛""法国贝德玛"。

本院认为，根据诺奥思的申请再审理由及国家知识产权局的答辩意见，本案的主要焦点在于诉争商标在"医药制剂；护肤药剂；皮肤病用医药制剂"三项商品上的注册是否违反了 2013 年商标法第十一条第一款第（二）

项规定之情形。

2013 年商标法第十一条第一款第（二）项规定，仅直接表示商品的质量、主要原料、功能、用途、重量、数量及其他特点的标志，不得作为商标注册。

《最高人民法院关于审理商标授权确权行政案件若干问题的规定》第七条规定：人民法院审查诉争商标是否具有显著特征，应当根据商标所指定使用商品的相关公众的通常认识，判断该商标整体上是否具有显著特征。第八条规定：诉争商标为外文标志时，人民法院应当根据中国境内相关公众的通常认识，对该外文商标是否具有显著特征进行审查判断。标志中外文的固有含义可能影响其在指定使用商品上的显著特征，但相关公众对该固有含义的认知程度较低，能够以该标志识别商品来源的，可以认定其具有显著特征。

根据上述规定，判断诉争商标是否属于上述规定所指的不得作为商标注册的标志，应当以标志所指定使用商品或服务的相关公众的普遍通常认识为判断标准，在审查中考量标志本身与其指定使用的商品或服务的关联程度，使用上能否发挥标识、区别商品或服务来源的作用。对诉争商标的显著性需以标志整体构成要素和含义进行判断，不能对特定要素进行片面拆分与割裂。

本案中，诉争商标为"BIODERMA"，由词根"BIO"与"DERMA"组合构成。虽然"BIO"有生物的含义，"DERMA"有"真皮"的含义，但根据再审查明的事实，"DERMA"并非常用词根，以中国相关公众对英文商标的一般认知水平和能力，通常不会将"BIODERMA"理解为"生物真皮"，诉争商标整体上使用于所核定使用的"医药制剂、护肤药剂、皮肤病用医药制剂"商品，相关公众不易将之理解为系对原料、功能、用途等特点的直接描述。判断诉争商标的显著性，应主要从其整体构成要素和含义进行考量，拆分之后的词根释义组合不能简单机械地作为"BIODERMA"具有固有含义的认定依据。"BIODERMA"在常用英汉词典以及专业医学词典中均未收录含义。另外，诺奥思的第 9092135 号"BIODERMA"商标已于 2013 年 12 月 21 日获得核准注册，该商标核定使用的商品部分包含了诉争商标指定使用的商品。百度翻译、谷歌和金山词霸、有道词典等网络在线词典均将"BIODERMA"译为"贝德玛"（诺奥思在中国的子公司商号及中文商标），必应词典将"BIODERMA"译为"贝德玛""法国贝德玛"，可以佐证诉争商标发挥了识别、区别商品来源的作用，故原审法院关于诉争商标构成 2013 年商标法第十一条第一款第（二）项规定情形的认定缺乏事实和法律依据，本院依法予以纠正。

综上，诺奥思的申请再审理由部分成立。依照《中华人民共和国行政诉讼法》第七十条、第八十九条第一款第二项、《最高人民法院关于适用〈中华人民共和国行政诉讼法〉的解释》第一百一十九条第一款、第一百二十二条之规定，判决如下：

一、撤销中华人民共和国北京市高级人民法院（2020）京行终 485 号行政判决；

二、撤销中华人民共和国北京知识产权法院（2019）京 73 行初 9638 号行政判决；

三、撤销国家知识产权局作出的商评字［2019］第 45421 号《关于第 29087232 号"BIODERMA"商标驳回复审决定书》，由国家知识产权局就诉争商标重新作出审查决定。

一、二审案件受理费各一百元，均由诺奥思负担。

本判决为终审判决。

审 判 长　毛立华

审 判 员　李　嵘

审 判 员　江建中

二〇二二年五月九日

法 官 助 理　唐　弦

书 记 员　韩　阳

24. 行政管理规范对商品和服务类似判断的影响

——再审申请人河北华佗药房医药连锁有限公司与被申请人华佗
国药股份有限公司及一审被告国家知识产权局商标权无效宣告
请求行政纠纷案①

中华人民共和国最高人民法院行政判决书（2021）最高法行再 76 号

再审申请人（一审第三人）：河北华佗药房医药连锁有限公司。住所地：
河北省张家口市桥西区长青路 35 号。

法定代表人：张维军，该公司董事长。

委托诉讼代理人：孙志峰，北京卓纬律师事务所律师。

委托诉讼代理人：张瑞芳，男，该公司员工。

被申请人（一审原告、二审上诉人）：华佗国药股份有限公司。住所地：
安徽省亳州市谯城区利辛路 23 号。

法定代表人：李宏良，该公司董事长。

委托诉讼代理人：王华，北京派道律师事务所律师。

委托诉讼代理人：张瑜，北京派道律师事务所律师。

一审被告、二审被上诉人：国家知识产权局。住所地：北京市海淀区蓟
门桥西土城路 6 号。

法定代表人：申长雨，该局局长。

委托诉讼代理人：谢峥，该局审查员。

再审申请人河北华佗药房医药连锁有限公司（以下简称河北华佗医药公
司）因与被申请人华佗国药股份有限公司（以下简称华佗国药公司）及一审
被告国家知识产权局商标权无效宣告请求行政纠纷一案，不服北京市高级人
民法院作出的（2019）京行终 3209 号行政判决，向本院申请再审。本院于
2020 年 12 月 24 日作出（2020）最高法行申 8356 号行政裁定，提审本案。
本院依法组成合议庭，于 2022 年 1 月 10 日公开开庭进行了审理。河北华佗
医药公司的委托代理人孙志峰、张瑞芳，华佗国药公司的委托代理人王华、

---

① 本案在年度报告中的位置为第 47 页。

张瑜，国家知识产权局的委托代理人谢峥到庭参加诉讼。本案现已审理终结。

北京知识产权法院（以下简称一审法院）查明：

一、争议商标与引证商标的基本情况

1. 争议商标

本案争议商标为第 11995470 号"華佗藥房及图"商标（商标图样附后），商标注册人为河北华佗医药公司。商标注册申请日为 2013 年 1 月 5 日，核定使用的服务类别为第 35 类：药品零售或批发服务；药用制剂零售或批发服务；卫生制剂零售或批发服务；医疗用品零售或批发服务。商标专用权期限自 2015 年 1 月 28 日至 2025 年 1 月 27 日。

2. 引证商标一

本案引证商标一为第 130962 号"华佗及图"商标（商标图样附后），由湖南长沙土畜产品对外贸易公司申请注册，核定使用在第 5 类药品（出口产品）商品上，专用权期限自 1979 年 10 月 31 日起。经原国家工商行政管理总局商标局（以下简称商标局）核准，引证商标一于 2002 年 10 月 14 日转让至安徽华佗国药厂，于 2012 年 9 月 6 日转让给安徽华佗国药股份有限公司。2013 年 10 月 12 日，引证商标一注册人名义变更为华佗国药公司，经续展，引证商标一专用权期限至 2023 年 2 月 28 日。

3. 引证商标二

本案引证商标二为第 12067098 号"华佗"商标（商标图样附后），由安徽华佗国药股份有限公司于 2013 年 1 月 18 日申请注册，指定使用在第 35 类药品零售或批发服务上。商标局于 2013 年 2 月 16 日受理引证商标二的注册申请。经商标局核准，引证商标二注册人于 2013 年 10 月 14 日变更为华佗国药公司。商标局于 2014 年 4 月 22 日向华佗国药公司发出商标注册同日申请补送使用证据通知书。于 2014 年 10 月 14 日作出商标驳回通知书，驳回引证商标二的注册申请。华佗国药公司不服向原国家工商行政管理总局商标评审委员会（以下简称商标评审委员会）提出驳回复审。商标评审委员会于 2016 年 3 月 24 日作出商评字（2016）第 26176 号驳回复审决定，对引证商标二予以初步审定。引证商标二初步审定公告后，河北华佗医药公司不服，向商标局提起异议，至一审法庭辩论终结前，上述异议决定尚未作出。

4. 引证商标三

引证商标三为第 12039301 号"华佗及图"商标（商标图样附后），由安徽华佗国药股份有限公司于 2013 年 1 月 14 日申请注册，指定使用在第 35 类药品零售或批发服务、药用制剂零售或批发服务、广告、人事管理咨询、计算机录入服务、商业管理辅助、替他人推销服务上。商标局于 2013 年 1 月 28

日受理引证商标三的注册申请。经商标局核准,引证商标三注册人名义于2013 年 10 月 14 日变更为华佗国药公司。商标局于 2014 年 4 月 18 日向华佗国药公司发出商标注册同日申请补送使用证据通知书。于 2014 年 10 月 14 日作出商标驳回通知书,驳回引证商标三的注册申请。华佗国药公司不服,向商标评审委员会提起驳回复审。商标评审委员会于 2016 年 2 月 4 日作出商评字(2016)第 11767 号驳回复审决定,对引证商标三在替他人推销上的注册申请予以驳回,在药品零售或批发服务、药用制剂零售或批发服务、广告、人事管理咨询、计算机录入服务、商业管理辅助服务上的注册申请予以初步审定。引证商标三初步审定公告后,河北华佗医药公司不服,向商标局提起异议。至一审法庭辩论终结前,上述异议决定尚未作出。

二、用于证明争议商标与引证商标使用时间的证据

(一)用于证明争议商标使用时间的证据

1. 2014 年 5 月 8 日张家口市桥西区人民政府出具的证明,该证明记载,根据河北省张家口市桥西区有关资料记载,张家口市长城制药厂(以下简称长城制药厂)成立于 1937 年 9 月。抗日战争时期,长城制药厂就成立了"华佗药房",并向吉鸿昌抗日将士捐助相关药品,解放后长城制药厂继续经营发展。改革开放后,1980 年 1 月该厂重新注册"华佗药房"并经营各种中西药品,一直经营到 1994 年 6 月。现任河北华佗药房医药连锁有限公司董事长张维军(原任长城制药厂中药饮片车间主任)于 1994 年 6 月对该厂"华佗药房"进行承包经营。1998 年 5 月企业改制时,"华佗药房"正式与长城制药厂脱离隶属关系独立经营。重新注册成立张家口市华佗药房。2004 年 1 月 12 日又成立张家口市华佗药房连锁有限公司;2012 年 6 月 15 日更名为河北华佗药房医药连锁有限公司,经营至今。

2. 原长城制药厂职工何重光证言,用于证明长城制药厂的下属机构华佗药房向方振武、吉鸿昌抗日将士捐助过药品。

3. 2014 年 5 月 12 日张家口市工商行政管理局出具的证明,该证明记载,长城制药厂三产"华佗药房"成立于 1980 年 1 月。由于历史原因档案没有留存。

4. 1980 年 3 月 10 日,何重光与长城制药厂签署的《合作协议书》,其中记载何重光与长城制药厂用新华街 26 号自有住房办理华佗药房。

5. 2014 年 5 月 16 日,张家口市长城制鞋(集团)公司出具的证明,其中记载张家口华佗药房于 1980 年 1 月 5 日—1994 年 6 月 5 日。再于 1994 年 6 月 5 日—1999 年 7 月 5 日租赁该厂位于张家口市桥西区武城城街 86 号(204平米)开设华佗药房。

6. 张家口市长城制药厂华佗药房销售发票多张，显示销售时间为 1980 年 7 月—1991 年 7 月。

7. 加盖张家口市工商行政管理局企业档案查询章的《企业申请营业登记注册书》，其中记载，申请日期：1989 年 9 月 5 日，企业名称：张家口市华佗药房分店，经营方式：零售，经营范围：主营西药、中成药、中草药。

8. 1994 年 6 月—1997 年 7 月张家口市工商局、药监局、税务局证明，其内容均为长城制药厂营销部"华佗药房"重新注册于 1994 年 6 月。

9. 1994 年—1997 年张家口市华佗药房零售专用发票多张，其上记载品名中药丸、中药等，店面门头照片显示"華佗藥房"字样及华佗头像，与争议商标标识相同，拍摄时间为 1994 年 8 月 17 日，1994 年 10 月 5 日。1997 年完税发票和电信费专用收据和门店租房收款收据，其上均显示有华佗药房。

10. 1998 年至今表明华佗药房持续经营并使用"華佗藥房及图"标识的证据，包括企业登记查询表、房屋租赁协议、广告发票、完税证明、销售发票、购货发票、荣誉证书、店头照片、宣传材料、网站信息等。

（二）用于证明引证商标二、引证商标三使用时间的证据

华佗国药公司主张其与安徽华佗国药厂之间存在承继关系，华佗国药公司承继了安徽华佗国药厂全部经营性资产及"华佗"商标。安徽华佗国药厂的前身为亳州市华佗国药厂，亳州市华佗国药厂最早设立"亳州市华佗大药房"，其中包括"华佗"字样，应当视为对本案引证商标二和引证商标三的最早使用时间，为证明其主张，华佗国药公司提供多份证据用于证明如下事项：

1. 关于华佗国药公司的历史沿革

安徽华佗国药厂的前身是 1956 年建厂的国有企业亳县阿胶厂，1986 年变更为亳县华佗国药厂，1998 年由安徽井中集团收购成立安徽华佗国药厂（成立时名称为安徽井中集团华佗国药厂，后变更为安徽华佗国药厂）。1992 年 4 月 16 日亳州市华佗国药厂申请设立了亳州市华佗大药房，根据《企业申请营业登记注册书》的记载，亳州市华佗大药房的经营方式为零售，主营中成药、化学药制剂、抗生素、生化药品、生物制剂，中药饮片。2002 年 9 月 28 日，亳州市药材总公司与安徽井中集团华佗国药厂签署《合作协议》，合作设立亳州市药材总公司华佗大药房。2002 年 10 月 29 日，亳州市药材总公司华佗大药房注册成立。2008 年 6 月 8 日，亳州市药材总公司、安徽华佗国药厂、陈伟三方签署《合作协议》约定，安徽华佗国药厂授权陈伟使用"华佗大药房"字号设立"谯城区华佗大药房"，亳州市药材总公司将亳州市药材总公司华佗大药房企业名称、字号、客户信息、医保卡等转交给陈伟，并

完成亳州市药材总公司华佗大药房的工商注销手续。2008 年 7 月 7 日谯城区华佗大药房注册成立。

2009 年 11 月 12 日安徽华佗国药厂与华佗国药公司签署资产转让合同，其中约定安徽华佗国药厂将所属的全部医药经营资产转让给华佗国药公司，安徽华佗国药厂持有的"华佗"商标纳入本次资产转让范围。亳州市工商行政管理局于 2015 年 11 月 24 日出具《企业改制证明》，其中记载：安徽华佗国药厂于 2009 年 11 月 11 日经工商管理局审核，改制成为"华佗国药股份有限公司"（即华佗国药公司）。2017 年 10 月 24 日亳州市谯城区国家税务局出具证明记载，安徽华佗国药厂自 2010 年 1 月份至今一直没有生产经营，销售收入为零，纳税额为零。2013 年 6 月 13 日，陈伟与华佗国药公司签订协议，约定陈伟自愿放弃谯城区华佗大药房的经营，陈伟将谯城区华佗大药房的"华佗"字号、企业名称、客户信息、医保卡转交给华佗国药公司。华佗国药公司收回后，将企业名称变更注册为"安徽华佗大药房连锁有限公司"和华佗大药房连锁分店。2013 年 10 月 18 日华佗国药大药房（安徽）连锁有限公司成立。股东为华佗国药公司。

目前安徽华佗国药厂仍然存在，安徽华佗国药厂在第 5、10、33、44 类等多个商品及服务上申请注册有图形（华佗头像）、华佗养生堂、神医华佗等商标。以第 9409617 号图形（华佗头像）商标为例，于 2011 年 4 月 29 日申请注册，于 2013 年 12 月 21 日获准注册在第 5 类医药制剂等商品上。据此，商标评审委员会认为安徽华佗国药厂仍持续经营并开展业务，与华佗国药公司之间不存在承继关系。

2. 引证商标二、引证商标三使用时间的证据

1992 年 4 月 16 日安徽华佗国药厂设立亳州市华佗大药房，华佗国药公司主张其与安徽华佗国药厂存在继受关系，亳州市华佗大药房企业名称中包括"华佗"字样，即为其最早使用"华佗"商标的时间，认为该时间是确定引证商标二、引证商标三的最早使用时间。2003 年 10 月 23 日亳州日报刊登的广告显示有华佗头像及华佗国药字样，同时有"凭本报纸到华佗大药房免费领取华佗牌复方丹参片"字样，华佗国药公司主张其中"华佗头像及华佗国药"字样和"华佗大药房"均属于华佗商标的使用，认为该时间可以确定引证商标二、引证商标三的使用时间。华佗大药房门面照片，牌匾上显示有"華佗大药房"字样及华佗头像，照片同时显示 2017 年 10 月 23 日亳州日报用于证明拍摄时间。

三、关于"华佗"品牌知名度的证据

2013 年 1 月 1 日起实施的《商标注册用商品和服务国际分类》第十版

2013 年修改文本在第 35 类中增加"药用、兽医用，卫生用制剂和医疗用品的零售或批发服务"项目。为更好保护已使用商标权利人利益，维护稳定的市场秩序，商标局设立了受理新增服务项目过渡期，并于 2012 年 12 月 14 日发布了《关于申请注册新增零售或批发服务商标有关事项的通知》（以下简称《新增服务商标的通知》）。根据《新增服务商标的通知》第四条的规定，设立注册申请过渡期，期限为 2013 年 1 月 1 日至 1 月 31 日。在该期限内，在相同或类似新增服务项目上提出的注册申请，视为同一天申请。申请日以商标局收到申请书的日期为准。在过渡期内，对申请注册新增服务商标采取以下措施：（一）网上申请不予受理。（二）申请人指定的新增服务项目范围应当与营业执照核准的经营范围一致。（三）一般按以下原则确定商标专用权：同日申请的，初步审定使用在先的；同日使用或者均未使用的，由当事人协商解决；在规定期限内不愿协商或协商不成的，以抽签方式确权。新增服务商标已使用是指 2013 年 1 月 1 日前已在指定的新增服务项目上公开、真实使用。根据上述《新增服务商标的通知》的指引，华佗国药公司、河北华佗医药公司均主张对各自申请注册的商标经过长期大量的使用，其与"华佗"品牌之间已经形成了紧密的关系，并形成了稳定的市场格局。新开放类别的申请和注册应当考虑并尊重既有的商标秩序，为此，华佗国药公司、河北华佗医药公司提供如下证据：

（一）华佗国药公司"华佗"品牌知名度的证据

1. 引证商标一"华佗及图"商标于 2009 年 12 月被安徽省工商行政管理局认定为复方丹参片、六味地黄丸商品上的安徽省著名商标（2010—2013年），于 2013 年 12 月 31 日被安徽省工商行政管理局认定为药品商品上的安徽省著名商标（有效期四年）。于 2014 年 1 月被安徽省工商行政管理局认定为药品商品上的安徽省著名商标（2014—2017 年）。

2. 中衡国泰（北京）资产评估有限公司于 2013 年 6 月 28 日作出评估报告，认为截至 2013 年 5 月 31 日，华佗国药公司"华佗"商标权（所有权）无形资产价值人民币 25235.88 万元。

3. 安徽省科学技术厅于 2012 年 7 月 31 日认定华佗国药公司"华佗及图"（引证商标一）牌止泻保童颗粒、"华佗及图"（引证商标一）牌救心丸产品为安徽省高新技术产品。安徽省科学技术厅于 2012 年 12 月 26 日认定华佗国药公司"华佗"牌六味地黄丸（浓缩丸）、"华佗"牌复方丹参片产品为安徽省高新技术产品。

（二）河北华佗医药公司"华佗"品牌知名度的证据

1. 河北华佗医药公司"華佗藥房及图"商标于 2011 年 12 月被河北省工

商行政管理局认定为推销（替他人）服务上的河北省著名商标（有效期三年），于 2014 年 12 月被河北省工商行政管理局认定为推销（替他人）服务上的河北省著名商标（有效期三年）。

2. 中国医药商业协会、张家口市桥西区人民政府、张家口市工商行政管理局、张家口市食品药品监督管理局于 2015 年 7 月 3 日开具证明称：河北华佗医药公司历经十几年的发展，企业规模逐渐壮大，销售额稳步提升。连续七年被中国医药商业协会连锁药店分会评为百强企业；中华人民共和国商务部 2013 年零售企业销售总额前 100 位排序第 33 名；2014—2015 年度中国连锁药店百强评选委员会、综合实力百强榜排名第 34 名、直营力百强榜排名第 50 名、天猫医药馆"华佗大药房旗舰店"销售排行榜排名第五名。

四、与案件相关的其他事实

1. 北京市高级人民法院作出的（2016）高行终 2345 号行政判决（以下简称第 2345 号判决）中认定："商标法第三十一条规定，两个或者两个以上的商标注册申请人，在同一种商品或者类似商品上，以相同或者近似的商标申请注册的，初步审定并公告申请在先的商标；同一天申请的，初步审定并公告使用在先的商标，驳回其他人的申请，不予公告。这里的'同一天'指同一个自然日，但《新增服务商标的通知》第四项将'2013 年 1 月 1 日至 1 月 31 日'视为'同一天'，显然与商标法的前述规定不符，并且在事实上对有关新增服务商标申请作出了新的制度安排。"该判决书中同时认定："《行政诉讼法》第七十四条第一款第一项规定，行政行为依法应当撤销，但撤销会给国家利益、社会公共利益造成重大损害的，人民法院判决确认违法，但不撤销行政行为。如前所述，商标局作出《新增服务商标的通知》第四项有关过渡期的规定违反了商标法的相关规定，同时商标局作出《同日申请协商通知书》亦缺乏法律依据，属于违法行政行为，但由于《新增服务商标的通知》发布于 2012 年 12 月，商标行政主管机关根据该文件受理了 7000 余件商标的注册申请，其中 1000 余件商标的注册申请已经处理完毕。如果本案《同日申请协商通知书》被撤销，势必形成连锁反应，破坏基于《新增服务商标的通知》所形成的社会秩序，为数众多的商标申请人的信赖利益亦将受到严重损害，进而影响社会秩序的稳定。鉴此，虽然商标局作出的《同日申请协商通知书》属于违法行政行为，本应予以撤销，但考虑到撤销后将会给社会公共利益造成重大损害，因此不宜予以撤销。"

2. 早于争议商标申请注册前，华佗国药公司在第 3、5、30、33、35、40、42 类等多个商品及服务上注册有"华佗""华佗及图"等商标。

3. 华佗国药公司提供山东省济南市中级人民法院（2017）鲁 01 民初 717

号民事判决书，其中本院认为部分认定"药品零售服务与第五类药品商品构成类似商品与服务"。

4. 华佗（约公元145年—公元208年），字元化，沛国谯县（今安徽亳州）人，东汉末年著名的医学家，被后人称为"外科圣手""外科鼻祖"。后人多用神医华佗称呼他。

商标评审委员会2017年1月13日作出商评字〔2017〕第2301号关于第11995470号"華佗藥房及图"商标无效宣告请求裁定（以下简称被诉裁定）。被诉裁定认定：1. 河北华佗医药公司成立于2004年，其在成立之时即以"华佗"作为企业商号，早于华佗国药公司成立日期。故华佗国药公司主张争议商标的注册侵犯其在先商号权缺乏事实及法律依据。2. 争议商标指定使用的服务与引证商标一核定使用的商品不属于类似商品与服务，双方商标未构成使用在类似商品与服务上的近似商标，争议商标的注册未侵犯华佗国药公司的在先商标权。华佗国药公司在案提交的有效证据不足以证明早于争议商标申请注册前，华佗国药公司的"华佗"商标已在争议商标指定使用的药品零售或批发服务等服务上在先宣传使用并具有一定知名度。故华佗国药公司主张争议商标的注册构成"以不正当手段抢先注册他人已经使用并有一定影响的商标"缺乏事实及法律依据。3. 华佗国药公司在本案提交的证据不足以证明其早于争议商标申请注册前，在药品零售或批发等服务上将"华佗及图"等商标进行了宣传使用。河北华佗医药公司已将"華佗藥房及图"商标在药品零售或批发服务等服务上进行了多年宣传使用并使之具有一定知名度，且其在除第35类推销等服务之外，并无其他"華佗藥房及图"商标。在新增服务项目后，倘若对争议商标不予核准注册，恐对河北华佗医药公司形成致命性打击，与《中华人民共和国商标法》（以下简称《商标法》）保护稳定既存的商标秩序、保护商标与其在实际使用中建立起来的商誉相联系的目的相悖。基于上述理由，华佗国药公司的无效宣告理由缺乏事实及法律依据，商标评审委员会不能支持，争议商标予以维持。

一审法院认为：

一、争议商标的注册是否违反《商标法》第三十条的规定，商标评审委员会是否存在漏审

本案引证商标一注册日为1979年10月11日，早于争议商标申请注册日，可以作为引证商标。争议商标与引证商标一的商标标志构成近似。但是，争议商标核准注册的是药品零售或批发服务；药用制剂零售或批发服务；卫生制剂零售或批发服务；医疗用品零售或批发服务，属于《类似商品和服务区分表》第35类；而引证商标一核准注册的是药品（出口产品），属于《类

似商品和服务区分表》第5类，二者分属《类似商品和服务区分表》中的不同类别。第35类作为服务商标，针对的是药品及医疗用品的销售，而第5类药品上核准注册商标的使用者是药品的生产厂家。从一般生活经验来说，药品的销售商和药品的制造商虽然有关联，但不会造成混淆。因此，二者不属于类似商品或服务。至于山东省济南市中级人民法院（2017）鲁01民初717号民事判决中认定"药品零售服务与第五类药品商品构成类似商品与服务"属于个案的结论，加之商品类似在侵权诉讼中必然考虑商标使用知名度等具体因素，因此该认定并不当然成为对该问题认定的根据。被诉裁定中载明："就在先商标权利而言，争议商标指定使用的服务与引证商标一核定使用的商品不属于类似商品与服务，双方商标未构成使用在类似商品与服务上的近似商标。争议商标的注册未侵犯华佗国药公司的在先商标权"，上述内容表明被诉裁定中对于争议商标的注册是否违反《商标法》第三十条进行了审查并作出结论，被诉裁定并不存在漏审，华佗国药公司主张被诉裁定漏审的理由不予支持。

二、争议商标的注册是否违反《商标法》三十一条的规定

由于各方当事人对于争议商标与引证商标二、引证商标三构成使用在同类商品上的近似商标均无异议。因此，争议商标与引证商标二、引证商标三使用在先的事实确认成为关键问题。本案中，引证商标三包括有华佗头像及"华佗"文字，均为显著识别部分，而华佗国药公司提供的"亳州市华佗大药房"企业名称中虽然有"华佗"文字，但是该"华佗"文字并没有进行突出使用，不能认定是对"华佗"文字的商标性使用。并且，从标识本身看，"亳州市华佗大药房"中不包括有华佗头像，不能视为引证商标三的使用。引证商标二虽然是"华佗"文字商标，但是该商标标识为经过艺术化设计的"华佗"字体，亳州市华佗大药房企业名称中包含的"华佗"文字与引证商标二"华佗"有明显的差异，也未突出使用，故不能视为引证商标二"华佗"标识的使用。华佗国药公司另提交一张照片，其上显示"亳州市华佗大药房"药品全、价格低，华佗定点药店等字样，用于证明将"华佗"标识用于药品销售服务。但该照片没有显示拍摄时间，并且没有提供其他能够反映开展药品销售服务时间的证据予以佐证，因此并不能表明亳州市华佗大药房从事药品销售服务的具体时间，更不能证明亳州市华佗大药房在1992年4月设立时即从事了药品销售服务。由于"亳州市华佗大药房"中包括的"华佗"字样与引证商标二、引证商标三商标标识并不相同，也无证据证明"亳州市华佗大药房"在1992年成立时即从事了药品销售服务。因此，即使华佗国药公司与安徽华佗国药厂之间存在继受关系，也仅是表明华佗国药公司对

于"华佗"字号享有权利，并不能认定 1992 年 4 月安徽华佗国药厂设立"亳州华佗大药房"的时间为引证商标二、引证商标三在药品销售等服务类别上进行使用的时间。华佗国药公司另提交了 2003 年 10 月 23 日亳州日报刊登的广告，其上显示有华佗头像及"华佗国药"字样，与引证商标三商标标志基本相同，但是该报道同样无法表明华佗国药公司将上述标识用于药品销售服务类别，也不能证明引证商标三用于药品销售服务的时间。华佗国药公司提交证据中最早显示有引证商标二、引证商标三商标标识并使用在药品销售等服务类别上的证据是 2017 年拍摄的照片，该时间晚于被诉裁定作出的时间，且不能证明早于争议商标的使用。河北华佗医药公司提交了拍摄于 1994 年 8 月 17 日、1994 年 10 月 5 日、2007 年 5 月 18 日的门店照片均显示有华佗头像及華佗藥房字样，与本案争议商标标识相同，同时提交了 1994 年的华佗药房零售专用发票，用于证明河北华佗医药公司开设的华佗药房实际从事了药品销售等服务，上述证据表明在 1994 年 8 月河北华佗医药公司已经将争议商标使用在药品零售或批发服务；药用制剂零售或批发服务；卫生制剂零售或批发服务；医疗用品零售或批发服务类别上。河北华佗医药公司在药品零售或批发服务；药用制剂零售或批发服务；卫生制剂零售或批发服务；医疗用品零售或批发服务类别上使用争议商标的时间早于华佗国药公司使用引证商标二和引证商标三的时间。

三、争议商标的注册是否侵害了华佗国药公司在先商号权，违反《商标法》三十二条的规定

华佗国药公司提交其"华佗"商号具有知名度的证据均为在药品商品上，并没有提交证据显示在争议商标申请注册日前其"华佗"商号在药品零售或批发服务；药用制剂零售或批发服务；卫生制剂零售或批发服务；医疗用品零售或批发服务类别上具有较高的知名度，相反河北华佗医药公司主要从事药品销售服务，其"华佗"企业字号在药品销售等服务类别上具有较高的知名度。因此对于华佗国药公司主张的争议商标注册侵犯其在先商号权的主张不予支持。

一审法院依法判决：驳回华佗国药公司的诉讼请求。

华佗国药公司不服一审判决，向北京市高级人民法院（以下简称二审法院）提起上诉，请求撤销一审判决及被诉裁定，责令国家知识产权局重新作出裁定。其主要上诉理由是：一、争议商标与引证商标一构成类似商品（服务）上的近似商标，争议商标的注册违反《商标法》第三十条的规定。二、华佗国药公司对引证商标的使用在先，争议商标的注册违反《商标法》第三十一条的规定。三、河北华佗医药公司提交的商标使用证据存在相互矛盾及

明显虚假之处，不具有真实性。

国家知识产权局、河北华佗医药公司服从一审判决。

华佗国药公司二审期间补充提交了以下证据：1. 企业法人档案材料目录表、合同书、企业申请变更登记注册书、企业名称预先核准通知书、安徽华佗国药厂股东决议、安徽省工商行政管理局便函等华佗国药公司的历史沿革资料，用以证明华佗国药公司自 1981 年已开始使用"华佗"字号，并在其产品上使用"华佗"商标。2. 华佗国药公司与侵犯"华佗"商标的侵权人达成的谅解备忘录、2005 年"华佗及图"商标被认定为安徽省著名商标的证书，用以证明引证商标一的知名度。3. 知名制药企业开设自营零售药店的相关网页资料，用以证明"药品"与"药品零售与批发"等服务具有很强的关联性，二者属于类似商品或服务。4. 企业法人年检报告书，亳州市华佗大药房 1992—1994 年销售、采购药品等的相关发票，华佗国药公司"华佗国药大药房"在安徽省及山东省的门店列表、营业执照、投资协议、发票及门店照片等，在广东省的门店列表，在河南省及河北省的门店列表和投资协议，用以证明华佗国药公司 1992 年设立"亳州市华佗大药房"并在药品零售领域使用"华佗大药房"。5. 华佗国药公司 2019 年 5 月查询的 1989 年设立河北华佗药房分店、1998 年设立河北华佗药房、张家口市长城制药厂的工商登记档案，用以证明河北华佗医药公司的商标使用证据不具有真实性。

河北华佗医药公司对上述证据发表质证意见称，华佗国药公司提交的其历史沿革、"华佗"商标的知名度、知名制药企业开设自营零售药店等证据，与华佗国药公司不具有关联性；华佗国药公司提交的 1992 年设立"亳州市华佗大药房"，并在药品零售领域使用"华佗大药房"商标的相关证据与华佗国药公司不具有关联性且主要证据不具有真实性；华佗国药公司提交的用以证明河北华佗医药公司提交的商标使用证据不具有真实性的相关证据证实了河北华佗药房的相关使用证据。

另查，根据中央机构改革部署，商标局、商标评审委员会的相关职责由国家知识产权局统一行使。

一审法院查明的事实属实，二审法院对此予以确认。

二审法院认为：

虽然争议商标核定使用的"药品批发与零售"等服务与引证商标一核定使用的药品（出口产品）商品在《类似商品与服务区分表》中不属于同一类似群组，但首先，争议商标的标志由华佗头像图形及"华佗药房"文字组成，引证商标一的标志由华佗头像图形及"华佗"文字组成，二者相比虽然华佗头像的形象细节有所不同，但差异不大，并且二者均包含有显著性较高的华佗文字，即两商标从图形、文字、发音等方面均极为接近。其次，根据华佗国药公司提交的证据可知，在2005年引证商标一已被认定为安徽省著名商标，且延续至2017年；2006年安徽省亳州市中级人民法院曾认定引证商标一为驰名商标；引证商标一同时获得了最具发展潜力的商标、安徽省名牌产品证书、3·15知名消费品牌等荣誉；且华佗国药公司同时提交了依据引证商标一进行积极维权的证据，即在争议商标申请日之前引证商标一在药品商品上已经具有较高的知名度。最后，根据华佗国药公司提交的诸多类似同仁堂等知名制药企业开设自营零售药店的相关网页资料可知，"药品"商品与"药品零售与批发"等服务在实际销售过程中具有很强的关联性。基于以上因素，争议商标与引证商标一共存于市场，易导致相关公众对服务的来源产生误认或者认为争议商标指定使用服务的来源与引证商标一的商品有特定的联系。虽然河北华佗医药公司提交的证据可以证明其"華佗藥房及图"商标在推销（替他人）服务上亦具有一定的知名度，但商标一旦获准注册即获得了注册商标专用权，其理论上包含商标专用权及商标禁用权两项权能。商标专用权是指商标注册人在核定使用的商品或服务上使用其注册商标的权利。而商标禁用权是指商标注册人禁止他人在相同或类似商品或服务上使用与其注册商标相同或近似标志的权利。一般情况下，商标禁用权的权利范围大于商标专用权的权利范围。由于历史原因或随着商标的长期使用而产生的商标禁用权范围的变化等客观原因，现实中存在一定数量的相同或类似商品上的近似商标客观并存的现象。上述并存的商标禁用权之间必然存在冲突，而商标的基本功能在于区分商品或服务的来源，防止市场混淆，因此，当争议商标落入上述并存商标的禁用权或专用权范围时，上述并存的商标权利人均不宜单纯地依据其在先商标主张争议商标应予获准注册。故在二审法院已经认定争议商标与引证商标一构成《商标法》第三十条情形的基础上，河北华佗医药公司依据其在先的"華佗藥房及图"商标及其相关使用证据主张争议商标应予获准注册缺乏法律依据。据此，被诉裁定及一审法院认定争议商标未构成《商标法》第三十条规定的情形错误，二审法院予以纠正。

同时，根据二审法院查明的事实可知，被诉裁定及一审判决之所以判断争议商标与引证商标二、三是否构成《商标法》第三十一条规定的情形，原因在于商标局于2012年12月14日发布的《新增服务商标的通知》，规定了受理新增服务项目过渡期，期限为2013年1月1日至1月31日。但第2345号判决已明确认定《新增服务商标的通知》属于违法行政行为，在此基础上，考虑到二审法院已经认定争议商标与引证商标一属于《商标法》第三十条规定的情形而应予无效，因此对于争议商标与引证商标二、三是否构成

《商标法》第三十一条规定的情形，不再予以评述。鉴于各方当事人对被诉裁定及一审判决的其他认定亦未明确提出异议，二审法院亦不再详细赘述。

综上，华佗国药公司的部分上诉主张具有事实及法律依据，其上诉请求予以支持。一审判决结论有误，予以纠正。二审法院依法判决：一、撤销一审判决；二、撤销被诉裁定；三、国家知识产权局针对华佗国药公司就争议商标所提无效宣告请求重新作出裁定。

河北华佗医药公司申请再审称，（一）华佗国药公司在商标评审阶段未提出争议商标的注册不符合《商标法》第三十条规定的主张，二审法院认定争议商标不符合《商标法》第三十条的规定构成程序违法。（二）二审判决无视《类似商品和服务区分表》的演变过程，违背新增 3509 群组的立法宗旨，错误适用法律。二审法院没有查明且不尊重药品零售与批发行业长期申请 35 类"推销（替他人）"商标用于药品经营的历史背景和事实，破坏业已形成的药品零售批发市场秩序，损害消费者利益，依法应当予以纠正。争议商标是河北华佗医药公司第 3112889 号和第 10925999 号"华佗药房及图"注册商标商誉的当然延续，其在 3509 新增群组下的申请是因应商标局分类细化，本质上是在原有注册商标专用权范围内的群组调整，没有扩大商标专用权及禁用权的范围。二审判决无视河北华佗医药公司长期在药品零售批发领域使用争议商标的客观事实，强行重新界定本已清晰明确的市场范围，除了破坏已有的稳定的市场秩序以外，更是对河北华佗医药公司长期累积的无形财产权（商誉）的剥夺，与《商标法》立法目的严重相悖。（三）争议商标与引证商标一不构成类似商品和服务上的近似商标，二审判决认定类似的依据存在严重的法律瑕疵。1. 商标局《新增服务商标的通知》明确规定 3509 群组新增服务与所销售商品原则上不类似。2. 争议商标核定服务项目与引证商标一事实上也并不类似，争议商标所核定的"药品零售或批发服务"等服务是对来源于不同的药品生产企业生产的商品进行归集、零售的行为，明显不同于引证商标一核定的"药品（出口产品）"所指向的消费对象、消费渠道，不可能使相关公众认为两者由同一市场主体提供。3. "华佗"本身在"药品"等商品上显著性较弱，在当前药品生产制造端和销售端明显区分的情况下，药品生产和药品零售在通常效用、销售产品、消费对象、消费渠道、经营资质、监管方式以及消费习惯等方面均存在本质差别，消费者足以将药品生产企业与药品批发零售企业区分，不可能误认为两者系同一企业提供，不构成类似商品和服务。（四）经过河北华佗医药公司长期、大量和持续的使用，争议商标已经具有极高知名度，形成稳定的市场格局，并长期与引证商标共存，两者共存不可能导致相关公众混淆或误认。综上，依据《中华人民共和国行政诉讼法》第九十一条第（三）项、第（四）项及第（五）项之规定，请求本院撤销二审判决，维持一审判决。

华佗国药公司答辩称，（一）华佗国药公司于2016年3月3日提交首次无效宣告申请书，并于2016年6月3日补充提交相应理由及证据。2016年3月3日首次提交的无效宣告申请书首页中将引证商标一明确列为引证商标，有其注册号、标样、类别等具体信息，并对引证商标一的使用情况及在先权利进行了论述，引用法条涉及《商标法》第三十条，并在结语部分进行论述。2016年6月3日补充提交的无效宣告理由书及证据中提交了引证商标一的注册证。被诉裁定对争议商标与引证商标一是否构成类似商品与服务上的近似商标进行了审理与评述。一审法院在2018年9月11日的庭审中，让双方明确了法律依据，河北华佗医药公司亦未持异议，一审法院对《商标法》第三十条进行了审理。河北华佗医药公司在二审中亦未提出程序问题，对《商标法》第三十条进行了实体答辩，二审法院并未超范围审查。（二）争议商标核定使用的服务与引证商标一核定使用的商品构成类似商标和服务。1.引证商标一核定使用的"药品"与争议商标核定使用的"药品零售或批发服务"关联性极强，构成类似商品和服务。2.从相关公众认知角度考虑，同一品牌既生产药品，也开设药店的经营方式非常普遍，相关公众对于药品与药店品牌同一性有着普遍认知，客观上更容易认为二者存在关联性。3.药品行业无论是生产还是零售均具有较高的准入门槛，成品药的研制销售更为不易，因而同业竞争者相对有限，相关公众在医药领域对相同品牌产生混淆的可能性更大。结合本案的具体情况，争议商标与引证商标指定使用之商品或服务被认为类似的可能性更大。4.由于争议商标与引证商标均是正在使用中的商标，二者指定使用的商品或服务是否会让相关公众误认其关联性，是客观可验证的，华佗国药公司已提供证据证明二者会混淆或误认，应对该事实予以认可。（三）河北华佗医药公司提出的相应主张不足以使争议商标与引证商标一合理并存。河北华佗医药公司的主体自1993年成立，并无更早在药房上使用"华佗"标识的历史，其使用晚于华佗国药公司，且未产生与引证商标一相区分的识别效果。河北华佗医药公司实际使用的标识并非本案争议商标，其使用不能使争议商标产生商誉。2013年《类似商品和服务区分表》的变化并不会导致河北华佗医药公司的权利丧失，亦不应使其因此而获得某项权利。综上，请求本院驳回河北华佗医药公司的再审申请。

国家知识产权局提交意见称，河北华佗医药公司对争议商标申请在先、使用在先。在案证据不足以证明争议商标损害华佗国药公司的在先商号权。本案争议商标核定使用的服务与引证商标一核定使用的商品是否类似，应考证药品批发零售服务的历史沿革。二审法院予以回避，简单突破《类似商品和服务区分表》，有失妥当，不符合最高人民法院关于尊重相关公众客观上已将相关商业标志区别开来的市场实际，维护已经形成的稳定市场秩序的一贯主张。被诉裁定认定事实清楚，适用法律正确，作出程序合法。请求本院撤销二审判决，维持被诉裁定及一审判决。

再审期间，河北华佗医药公司提交了如下主要新证据：1. 河北华佗医药公司在各地连锁药店营业执照复印件，河北省张家口市第二公证处出具的（2019）冀张二证经字第 626 号、627 号公证书，张家口华中会计师事务所2020 年 1 月 3 日出具的河北华佗医药公司 2007 年至 2018 年收入及纳税专项审核报告及 2010 年至 2018 年河北华佗医药公司广告宣传费专项审核报告，2015 年至 2018 年中国连锁药店综合实力百强榜、2018 年全国药店销售总额排名、中国医药商业协会 2019 年 12 月出具的证明、荣誉证书、社会科学文献出版社 2019 年 7 月出版的《中国药品流通行业发展报告（2019）》相关页复印件，用以证明争议商标长期使用于药品批发零售服务上，具有较高知名度，与引证商标一共存不可能导致相关公众混淆或误认。2. 华佗国药公司与张家口市华佗医药经营有限公司（以下简称华佗医药经营公司）签订的药品质量保证协议书、安徽华佗国药厂 2004—2009 年向华佗医药经营公司销售药品而开具的发票及商品发货单、华佗国药公司 2010—2018 年向华佗医药经营公司销售药品而开具的发票及商品发货单、华佗医药经营公司营业执照、药品经营质量管理规范认证证书、药品经营许可证、张家口市食品药品监督管理局关于同意张家口市华佗药房连锁有限公司委托华佗医药经营公司配送药品的批复，用以证明华佗国药公司明确知道河北华佗医药公司使用争议商标，争议商标与引证商标一共存不会导致相关公众混淆，更不会导致华佗国药公司的利益受损。3. 安徽省亳州市药材总公司企业法人营业执照、2002 年6 月 17 日安徽省亳州市药材总公司亳药总［2002］024 号"关于新开办零售大药房和负责人任职的通知"及新开办经营网点登记表、2007 年 7 月营业单位变更登记申请书、2008 年 6 月 9 日安徽省亳州市药材总公司亳药总字［2008］05 号"关于注销药材总公司华佗大药房的报告"、2008 年 6 月 20 日营业单位注销登记申请书，用以证明 2002 年 9 月 28 日亳州市药材总公司与安徽井中集团华佗国药厂签订的合作协议以及 2008 年 6 月 8 日亳州市药材总公司与安徽华佗国药厂及陈伟签订的合作协议与事实不符。4. 全国企业信用信息系统截屏、华佗国药大药房（安徽）连锁有限公司企业注册信息、2019年 12 月 25 日谯城区华佗大药房注册信息查询单及安徽华佗国药厂注册信息查询单、2012 年 8 月 21 日安徽华佗国药厂关于补办营业执照副本的申请、

2013 年 7 月 9 日安徽华佗国药厂关于增加副本的申请、2020 年 1 月 13 日安徽华佗国药厂信用信息报告，用以证明安徽华佗国药厂仍然存在且于 2011 年 12 月获得相关建设工程规划许可，陈伟仍经营谯城区华佗大药房。

再审期间，华佗国药公司至开庭审理前提交了如下主要新证据：1. 华佗国药公司及其"华佗"系列商标获得的部分荣誉及该公司 2014—2018 年审计报告，用以证明引证商标一在药品上的知名度；2. 北京零点市场调查有限公司 2020 年 12 月出具的《某医药品牌商标消费者认知情况调查报告——关于"华佗"商标混淆市场调查》及相关公证处出具的公证书，用以证明争议商标与引证商标一构成使用在相同或者类似商品和服务上的近似商标。

华佗国药公司对河北华佗医药公司新证据的主要意见为：证据 1 的形成时间在 2012 年之后，不能据此判断争议商标在先使用的情况；对证据 2 的真实性、合法性和关联性没有异议，对证明目的有异议，华佗国药公司与河北华佗医药公司具有长期合作关系，河北华佗医药公司没有进行合理避让；对证据 3、4 的真实性、合法性和关联性没有异议，对证明目的不认可。

河北华佗医药公司对华佗国药公司新证据的主要意见为：审计报告不能证明引证商标一的使用情况；调查报告显示问卷调查只有三天，有效样本只有八百多份，不能有效体现市场认知，华佗国药公司只提交了两张卡片，一张是商标标识的卡片，另一张是六味地黄丸和华佗药房的门店照片，不能真实地反映消费者的认知状态。药房销售的药品品牌种类很多，没有具体指定，不能体现出服务来源混淆。

在再审庭审过程中，华佗国药公司认为，河北华佗医药公司提交的 1994 年发票中出现了日期较早但发票编号在后的情况。河北华佗医药公司认为，华佗国药公司所述的 1994 年不同发票系两张版本不同的发票。华佗国药公司坚持主张其相关商号最早于 1992 年在药品零售上使用。

再审庭审后，华佗国药公司新提交了发证机关为安徽省阜阳地区行政公署卫生局的 1987 年 4 月及 1992 年 3 月药品经营企业许可证、亳州市市场监督管理局 2022 年 1 月 19 日出具的情况说明、2013 年华佗国药大药房（安徽）连锁有限公司药品经营许可证。河北华佗医药公司对 1987 年及 1992 年药品经营企业许可证、情况说明的真实性、关联性不予认可。

根据华佗国药公司、河北华佗医药公司及国家知识产权局一审、二审及再审过程中提交的相关证据，本院经审理查明：2002 年 9 月 28 日亳州市药材总公司与安徽井中集团华佗国药厂签署的《合作协议》以及 2008 年 6 月 8 日亳州市药材总公司与安徽华佗国药厂、陈伟签订的《合作协议》上的盖章为"亳州市药材总公司"。而 2002 年 6 月 17 日安徽省亳州市药材总公司亳药总〔2002〕024 号"关于新开办零售大药房和负责人任职的通知"、2005 年 3 月 20 日企业申请登记委托书、2005 年 3 月 28 日申请书、营业单位变更登记申请书、2008 年 6 月 9 日安徽省亳州市药材总公司亳药总字〔2008〕05 号"关于注销药材总公司华佗大药房的报告"、2008 年 6 月 20 日营业单位注销登记申请书等材料上的盖章均为"安徽省亳州市药材总公司",企业营业执照上记载的企业名称亦为"安徽省亳州市药材总公司",结合 2002 年 6 月 17 日安徽省亳州市药材总公司亳药总〔2002〕024 号通知所附新开办经营网点登记表已经记载单位名称"亳州市药材总公司华佗大药房"、负责人、经营地点及联系电话的事实,本院对前述两份盖章为"亳州市药材总公司"的《合作协议》不予采信。另外,华佗国药公司的无效宣告申请书中提到的法律依据包括《商标法》第四十五条,并将引证商标一列于其商标注册情况中。华佗国药公司上诉时明确主张不服一审法院对争议商标是否符合《商标法》第三十条、第三十一条及第三十二条的认定,该公司在再审过程中坚持该主张。一审及二审法院查明的其他事实属实,本院予以确认。

本院认为,根据当事人的诉辩主张,本案再审审查的焦点为:(一)华佗国药公司在行政阶段是否提出了争议商标不符合《商标法》第三十条规定的主张;(二)若华佗国药公司提出了前述主张,该主张是否成立;(三)争议商标的注册是否违反《商标法》第三十一条的规定;(四)争议商标的注册是否违反《商标法》第三十二条的规定。

关于焦点一,华佗国药公司的无效宣告申请书中提到的法律依据包括《商标法》第四十五条,并将引证商标一列于其商标注册情况中。《商标法》第四十五条第一款规定,已经注册的商标,违反本法第十三条第二款和第三款、第十五条、第十六条第一款、第三十条、第三十一条、第三十二条规定的,自商标注册之日起五年内,在先权利人或者利害关系人可以请求商标评审委员会宣告该注册商标无效。对恶意注册的,驰名商标所有人不受五年的时间限制。据此,商标评审委员会对争议商标是否违反《商标法》第三十条的规定进行审理并无不当。在此基础上,一审及二审法院对争议商标是否符合《商标法》第三十条规定进行审理正确。河北华佗医药公司关于华佗国药公司在商标评审阶段未提出争议商标的注册不符合《商标法》第三十条规定,相关法院构成程序违法的主张不能成立。

关于焦点二,《商标法》第三十条规定,申请注册的商标,凡不符合本法有关规定或者同他人在同一种商品或者类似商品上已经注册的或者初步审定的商标相同或者近似的,由商标局驳回申请,不予公告。商品和服务类似,是指商品和服务之间存在特定联系,容易使相关公众混淆。对于特殊的商品和服务而言，在认定商品和服务是否类似时，需要结合国家为维持相关市场秩序对该类商品生产、销售及相关服务的管理规范进行认定，考虑此类规范对商品销售渠道、服务方式及消费群体等产生的影响。对于因此类规范而形成的长期稳定的市场秩序之情形，人民法院应当作为重要的考量因素。本案中，争议商标核定使用的服务包括药品零售或批发等服务，引证商标一核定使用的商品为药品。药品不同于一般商品，因其用于预防、治疗、诊断人的疾病，直接涉及人体健康和生命安全，事关重大。国家为保护民众健康，对药品的经营采取严格管理的模式。根据 1985 年 7 月 1 日起实施的《中华人民共和国药品管理法》第四条及第十条的规定，开办药品生产企业必须取得《药品生产企业许可证》，开办药品经营企业必须取得《药品经营企业许可证》。《药品生产企业许可证》及《药品经营企业许可证》应当规定有效期，到期重新审查发证。此后该法的历次修订或修正均有类似规定。根据原国家药品监督管理局于 1999 年 6 月 15 日颁布、同年 8 月 1 日起实施的《药品流通监督管理办法（暂行）》第五条、第六条及第七条的规定，药品生产企业只能销售本企业生产的药品。药品生产企业设立的办事机构不得进行药品现货销售活动。药品生产企业不得将本企业生产的药品销售给无《药品生产企业许可证》《药品经营企业许可证》和《医疗机构执业许可证》的单位或个人以及乡村中的个体行医人员、诊所和城镇中的个体行医人员、个体诊所。这意味着药品生产企业本身不能将其生产的药品直接销售给病患者和消费者。国家食品药品监督管理局 2007 年 1 月 31 日颁布、同年 5 月 1 日起实施的《药品流通监督管理办法》第八条规定，药品生产、经营企业不得在经药品监督管理部门核准的地址以外的场所储存或者现货销售药品。第九条规定，药品生产企业只能销售本企业生产的药品，不得销售本企业受委托生产的或者他人生产的药品。第十三条规定，药品生产、经营企业知道或者应当知道他人从事无证生产、经营药品行为的，不得为其提供药品。上述规定，使得药品生产企业的销售行为具有如下特征：1. 销售的是自己生产的药品，种类有限；2. 销售的对象基本上为药品经营企业和医疗机构。而药品的批发或零售企业所经营的药品涉及不同的药品生产企业，种类繁多，零售企业的销售对象为广大的病患者和消费者。长期以来，我国药品生产、经营方面的特殊规定使得二者形成了相对稳定、清晰的市场格局，相关公众对药品生产者和零售、批发者能够有较为清楚的认知。因此，虽然争议商标与引证商标一在图形、文字、发音等方面较为接近，商标标识构成近似。但争议商标核定使用的药品零售或批发、药用制剂零售或批发等服务与药品商品在经营方式、提供者等方面存在较大的差别，不属于类似的商品和服务。因此，争议商标与引证商标一未构成使用在类似商品和服务上的近似商标，争议商标的注册未违反《商标法》第三十条的规定。华佗国药公司提交的调查报告等证据不足以证明争议商标的注册违反《商标法》第三十条的规定。

关于焦点三，《商标法》第三十一条规定，两个或者两个以上的商标注册申请人，在同一种商品或者类似商品上，以相同或者近似的商标申请注册的，初步审定并公告申请在先的商标；同一天申请的，初步审定并公告使用在先的商标，驳回其他人的申请，不予公告。本案中，虽然《新增服务商标的通知》第四项将"2013 年 1 月 1 日至 1 月 31 日"视为"同一天"被北京市高级人民法院第 2345 号判决认定为与《商标法》第三十一条的规定不符，但该判决同时基于社会公共利益的考虑，对依据《新增服务商标的通知》作出的行政行为未予撤销。争议商标的初步审定时间、核准注册时间及被诉裁定作出的时间均早于第 2345 号判决作出的时间。河北华佗医药公司提交的张家口市工商行政管理局出具的证明、张家口市食品药品监督管理局出具的证明及换发《药品经营企业许可证》初审合格企业汇总表、1994 年张家口市华佗药房零售专用发票等证据以及拍摄于 1994 年 8 月 17 日、1994 年 10 月 5 日、2007 年 5 月 18 日的门店照片等能够证明河北华佗医药公司在 1994 年 8 月已经将争议商标使用在药品零售或批发、药用制剂零售或批发等服务上。华佗国药公司提交的药品经营企业许可证等证据不能证明其早于河北华佗医药公司将引证商标二及引证商标三使用于药品零售或批发、药用制剂零售或批发等服务。争议商标的注册未违反《商标法》第三十一条的规定。

关于焦点四，《商标法》第三十二条规定，申请商标注册不得损害他人现有的在先权利，也不得以不正当手段抢先注册他人已经使用并有一定影响的商标。本案中，华佗国药公司主张争议商标的注册损害了其商号权。但其提交的证据只能证明其"华佗"商号在药品商品上具有知名度，而无法证明该商号在争议商标申请日前在药品零售或批发、药用制剂零售或批发等服务上具有一定影响。相反，河北华佗医药公司主要从事药品销售服务，其"华佗"商号在药品零售或批发、药用制剂零售或批发等服务上使用的时间早、持续时间长，具有较高的知名度。因此，争议商标的注册没有违反《商标法》第三十二条的规定。

综上，河北华佗医药公司的再审申请理由符合《中华人民共和国行政诉讼法》第九十一条规定的情形。依照《中华人民共和国行政诉讼法》第八十九条第一款第（二）项、《最高人民法院关于适用〈中华人民共和国行政诉讼法〉的解释》第一百一十九条第一款、第一百二十二条的规定，判决如下：

一、撤销北京市高级人民法院（2019）京行终 3209 号行政判决；

二、维持北京知识产权法院（2017）京 73 行初 1900 号行政判决。

一审及二审案件受理费各一百元，均由华佗国药股份有限公司负担。

本判决为终审判决。

审 判 长　毛立华

审 判 员　江建中

审 判 员　李　嵘

二〇二二年六月二十四日

法 官 助 理　王　晨

书 记 员　吕姝君

附图：

争议商标

引证商标一

引证商标二

引证商标三

25. 商标注册损害国外自然人姓名权的认定

——再审申请人马诺娄·布拉尼克与被申请人国家知识产权局、方宇舟商标权无效宣告请求行政纠纷案①

中华人民共和国最高人民法院行政判决书（2021）最高法行再 75 号

再审申请人（一审原告、二审上诉人）：马诺娄·布拉尼克，西班牙籍。

委托诉讼代理人：明星楠，北京市万慧达律师事务所律师。

委托诉讼代理人：雷用剑，北京市万慧达律师事务所律师。

被申请人（一审被告、二审被上诉人）：国家知识产权局。住所地：中华人民共和国北京市海淀区蓟门桥西土城路 6 号。

法定代表人：申长雨，该局局长。

委托诉讼代理人：樊莉，该局审查员。

委托诉讼代理人：赵燕东，该局审查员。

被申请人（一审第三人）：方宇舟。

委托诉讼代理人：叶俭，北京市君泽君（广州）律师事务所律师。

委托诉讼代理人：吴小曲，北京市君泽君（广州）律师事务所律师。

再审申请人马诺娄·布拉尼克因与被申请人国家知识产权局、方宇舟商标权无效宣告请求行政纠纷一案，不服中华人民共和国北京市高级人民法院（2019）京行终 753 号行政判决，向本院申请再审。本院于 2020 年 12 月 17 日作出（2020）最高法行申 9298 号行政裁定，提审本案。提审后本院依法组成合议庭，于 2022 年 1 月 11 日公开开庭进行了审理。再审申请人马诺娄·布拉尼克的委托诉讼代理人明星楠、雷用剑，被申请人国家知识产权局的委托诉讼代理人赵燕东，被申请人方宇舟的委托诉讼代理人吴小曲到庭参加了诉讼。本案现已审理终结。

马诺娄·布拉尼克向中华人民共和国北京知识产权法院（以下简称一审法院）提出诉讼请求：撤销中华人民共和国国家工商行政管理总局商标评审委员会（以下简称商标评审委员会）作出的商评字〔2015〕第 62227 号关于

---

① 本案在年度报告中的位置为第 49 页。

第 1387094 号"马诺罗·贝丽嘉 MANOLO&BLAHNIK"商标无效宣告请求裁定（以下简称第 62227 号裁定），并判令商标评审委员会重新作出裁定。

一审法院查明：

第 1387094 号"马诺罗·贝丽嘉 MANOLO&BLAHNIK"商标（以下简称争议商标，见判决书附图）由广州市白云区矿泉宇舟鞋行于 1999 年 1 月 28 日向原中华人民共和国国家工商行政管理总局商标局（以下简称商标局）提出注册申请，核定使用在第 25 类足球鞋、靴、运动鞋、凉鞋、鞋、木鞋、靴跟、靴和靴的金属附件、鞋底、鞋垫等商品上，注册公告日期为 2000 年 4 月 21 日，专用权期限至 2020 年 4 月 20 日。2007 年 12 月 10 日，争议商标经商标局核准转让至方宇舟名下。

行政阶段，马诺娄·布拉尼克向商标评审委员会提交了如下证据：马诺娄·布拉尼克护照；百度百科和维基百科对马诺娄·布拉尼克的简介；马诺娄·布拉尼克获奖记录和相关媒体对其获奖情况的报道；谷歌、百度搜索引擎对马诺娄·布拉尼克的搜索结果；互联网中对马诺娄·布拉尼克产品的评论文章；马诺娄·布拉尼克在世界范围内的商标注册证；第 1737047 号"BLAHNIK"商标、第 3352186 号"MANOLO"商标、第 3352185 号"MANOLO"商标、第 3352183 号"BLAHNIK"商标的详细信息和世界范围内的注册情况；马诺娄·布拉尼克在我国香港特别行政区、韩国、新加坡、印尼等地的店铺照片；相关媒体和报刊对马诺娄·布拉尼克及其引证商标的报道；相关异议裁定书、争议裁定书；相关法院判决书；方宇舟及其关联公司的商标注册详细信息；相关异议复审裁定书；谷歌、百度搜索引擎中"BLAHNIK"的搜索结果等。

行政阶段，方宇舟向商标评审委员会提交了如下证据：相关异议复审裁定书；中华人民共和国北京市高级人民法院（以下简称二审法院）相关行政判决书；争议商标荣获广州白云区皮具十佳品牌的行业新闻报道等。

诉讼阶段，马诺娄·布拉尼克向一审法院提交了如下证据：1. 经中华人民共和国国家图书馆（以下简称国家图书馆）认证属实的中国媒体 2000 年至 2015 年间对"MANOLO BLAHNIK"的相关报道；2. 1974 年至 1999 年间世界各地杂志上刊登的有关马诺娄·布拉尼克及其"MANOLO BLAHNIK"产品的部分文章或广告摘页公证认证件；3. 1998 年关于马诺娄·布拉尼克在菲律宾开店及活动的报道；4. 马诺娄·布拉尼克于 2014 年 12 月 2 日自国家版权局为其不同字体（包括正楷、签名体、粗体）外观"MANOLO BLAHNIK"所取得的作品登记证书；5. 1973 年至 1978 年间世界各地杂志上刊登的有关马诺娄·布拉尼克及其"MANOLO BLAHNIK"产品的部分文章或广告摘页公证认证件；6. 方宇舟于鞋类产品上使用争议商标的证据；7. 新产生的商标局作出的支持马诺娄·布拉尼克姓名权的决定；8. 马诺娄·布拉尼克对向方宇舟公司购买商品的过程进行证据保全公证的公证书；9. 二审法院（2015）高行（知）终字第 4439 号行政判决书；10. 二审法院（2016）京行终 672 号行政判决书；11. 方宇舟在互联网上对其经营公司"广州市昭越鞋业有限公司"的宣传；12. 二审法院（2017）京行终 1077 号行政判决书；13. 二审法院（2015）高行（知）终字第 2972 号行政判决书；14. 1976 年至 2001 年间在世界各地杂志上刊登的部分有关马诺娄·布拉尼克及其"MANOLO BLAHNIK"产品的广告摘页、产品特写、产品文章及翻译；15. 早于争议商标申请日的中国媒体对"MANOLO BLAHNIK"的报道。

庭审结束后，马诺娄·布拉尼克向一审法院补充提交：1. 经国家图书馆认证属实的、早于争议商标申请日的刊登在《世界时尚之苑 ELLE》杂志上的对"MANOLO BLAHNIK"及其同名品牌的报道；2. 国家图书馆数据库下载的关于《世界时尚之苑 ELLE》杂志的报道。马诺娄·布拉尼克对此解释为，争议商标申请日较为久远，国家图书馆多个国内知名数据库中未能全面涵盖争议商标申请日之前的报刊杂志，而对纸质报刊杂志的查找工作量较大，且马诺娄·布拉尼克一直与方宇舟协商和解事宜。

另查，争议商标初步审定公告后，马诺娄·布拉尼克在法定期限内提出异议申请，后经异议复审、行政诉讼一审、行政诉讼二审，二审法院于 2009 年 6 月 19 日作出（2009）高行终字第 607 号行政判决（以下简称第 607 号判决），该判决认定：马诺娄·布拉尼克提交的证据总体不能证明其在域外注册的"MANOLO BLAHNIK"商标驰名或知名的事实，故对其该项主张不能成立；虽然争议商标的英文部分与"MANOLO BLAHNIK"商标字母基本相同，但由于"MANOLO BLAHNIK"商标未在中国大陆注册、使用，其提交的证据也不足以证明该商标在中国大陆相关消费者中的知名度乃至方宇舟明知/恶意抢注的事实，故马诺娄·布拉尼克关于争议商标构成抢注的主张不能被其提交的证据支持；争议商标申请注册前，马诺娄·布拉尼克姓名未在中国大陆使用，马诺娄·布拉尼克提交的证据不足以证明其职业姓名因有一定影响而被中国相关公众所熟知，故马诺娄·布拉尼克关于争议商标侵犯其姓名权的主张也不能被其提交的证据支持。

本案无效宣告程序中，马诺娄·布拉尼克除在异议复审程序中主张的 2001 年修正的《中华人民共和国商标法》（以下简称 2001 年商标法）第十三条第一款、第三十一条的"在先姓名权"及"已经使用并有一定影响的商标"外，还主张了 2001 年商标法第十条第一款第（七）项、第（八）项、

第四十一条第一款，并补充了异议复审程序中未提交的外文证据的中文译文及其他证据。

一审法院认为，本案实体问题应适用 2001 年商标法，程序问题应适用 2013 年修正的《中华人民共和国商标法》（以下简称 2013 年商标法）进行审理。

本案中，马诺娄·布拉尼克提出无效宣告请求的法律依据为 2001 年商标法第十条第一款第（七）项、第（八）项、第十三条第一款、第三十一条中的"在先姓名权"及"已经使用并有一定影响的商标"、第四十一条。其中 2001 年商标法第十条第一款第（七）项、第（八）项、第四十一条为新的法律依据，不构成"一事不再理"，商标评审委员会对此进行审理，未违反"一事不再理"原则。而 2001 年商标法第十三条第一款、第三十一条中的"在先姓名权"及"已经使用并有一定影响的商标"则是马诺娄·布拉尼克在之前的异议复审程序中已经主张的法律依据。马诺娄·布拉尼克在无效宣告程序中虽然补充提交了异议复审程序中未提交的外文证据的中文译文及其他证据，但证明目的仍然与异议复审程序相同。结合该两项法律依据的具体适用，其证据应主要用于证明其姓名及其"MANOLO BLAHNIK"商标在争议商标申请日之前的知名度。马诺娄·布拉尼克对其姓名及"MANOLO BLAHNIK"商标在争议商标申请日之前的知名度的证据理应是熟知的，且争议商标异议复审程序经历了行政机关审理及人民法院一审、二审，马诺娄·布拉尼克有充分时间搜集并提交符合规定形式的证据，故应由其自行承担未提交部分外文证据中文译文的法律后果，其有关争议商标申请日较为久远，国家图书馆多个国内知名数据库中未能全面涵盖争议商标申请日之前的报刊杂志，而对纸质报刊杂志的查找工作量较大，且马诺娄·布拉尼克一直与方宇舟协商和解事宜等理由并非其未能在本案开庭审理前提供相关证据的正当理由，也非其未能在前案异议复审程序中提供相关证据的正当理由，亦应由其自行承担不利的后果。

至于马诺娄·布拉尼克补充提交的其他与其姓名及其"MANOLO BLAHNIK"商标有关的决定、裁定或人民法院判决，其作出时间均在争议商标申请日之后，不足以证明马诺娄·布拉尼克姓名及其"MANOLO BLAHNIK"商标在争议商标申请日之前的知名度，不应被认定为新证据，否则，将会意味着申请人只要有新的相关决定、裁定或人民法院判决，不论其作出时间，以及能否证明争议商标申请日之前的状态，都会重新启动一次审查程序，这将使得 2014 年 5 月 1 日施行的《中华人民共和国商标法实施条例》（以下简称 2014 年商标法实施条例）第六十二条的规定形同虚设。因此，马诺娄·布拉尼克依据 2001 年商标法第十三条第一款、第三十一条中的"在先姓名权"及"已经使用并有一定影响的商标"对争议商标提出无效宣告请求，违反了"一事不再理"原则，商标评审委员会对此认定有误，应予纠正。鉴于商标评审委员会对马诺娄·布拉尼克的该两项法律依据主张并未支持，故该错误对审查结论没有影响。

本案中，争议商标并未对我国社会公共利益和公共秩序产生消极、负面影响，故未构成 2001 年商标法第十条第一款第（八）项所指情形。

本案中，在案证据不足以证明争议商标的注册采取了欺骗或不正当手段，故对马诺娄·布拉尼克关于争议商标属于 2001 年商标法第四十一条第一款"以欺骗手段或者其他不正当手段取得注册"情形的主张不予支持。

一审法院依照《最高人民法院关于执行〈中华人民共和国行政诉讼法〉若干问题的解释》第五十六条第（四）项之规定，判决：驳回马诺娄·布拉尼克的诉讼请求。

马诺娄·布拉尼克不服，向二审法院提起上诉，请求撤销一审判决和第 62227 号裁定，判令商标评审委员会重新作出裁定。其主要上诉理由是：1. 马诺娄·布拉尼克在本案中提交了大量新证据，其依据 2001 年商标法第十三条第一款、第三十一条所提无效宣告理由未违反"一事不再理"原则。2. 马诺娄·布拉尼克是世界知名鞋履设计师，争议商标的英文部分与其姓名相同，侵害了其在先姓名权。3. 争议商标违反了 2001 年商标法第十三条第一款和第三十一条"以不正当手段抢先注册他人已经使用并有一定影响的商标"的规定。4. 争议商标的注册违反了 2001 年商标法第十条第一款第（七）项、第（八）项的规定。5. 争议商标的注册违反了 2001 年商标法第四十一条第一款的规定。

商标评审委员会和方宇舟服从一审判决。

在一审法院查明事实的基础上，二审法院另查明，2000 年 4 月 19 日，马诺娄·布拉尼克针对争议商标向商标局提出异议申请。2001 年 8 月 30 日，商标局作出（2001）商标异字第 2070 号"MANOLO&BLAHNIK 马诺罗·贝丽嘉"商标异议裁定（以下简称第 2070 号异议裁定），认为马诺娄·布拉尼克在英国、法国、德国等国注册的是"BLAHNIK"商标，只在澳大利亚注册"MANOLO BLAHNIK"商标，马诺娄·布拉尼克的商标未在中国注册，也没有在中国使用。争议商标由英文和汉字构成，马诺娄·布拉尼克缺乏足够的事实和证据证明其商标世界知名、广州市白云区矿泉宇舟鞋行抄袭其商标，马诺娄·布拉尼克所提异议理由不成立，争议商标予以核准注册。

马诺娄·布拉尼克不服第 2070 号异议裁定，于 2001 年 10 月 15 日向商标评审委员会申请复审。马诺娄·布拉尼克复审称：马诺娄·布拉尼克及其"MANOLO BLAHNIK"商标具有极高的知名度和显著性。争议商标明显是抄袭、抢注马诺娄·布拉尼克驰名商标的设计。马诺娄·布拉尼克商标应在中国得到保护。争议商标一旦获准注册将会造成不良影响。综上，马诺娄·布拉尼克认为从维护其姓名和商标合法权利及禁止不正当注册的角度考虑，第2070号异议裁定完全不能成立，请求不予核准争议商标的注册。

马诺娄·布拉尼克向商标评审委员会提交了下列证据：1. 第2070号异议裁定复印件；2.《商标评审案例选编》相关摘页复印件；3. 因特网资料；4. 异议理由书及证明材料复印件；5. 申请收据复印件；6. 异议复审补充理由书；7. 因特网上部分中外网站对马诺娄·布拉尼克及其商标的介绍复印件；8. 在国外的流行时装杂志上有关马诺娄·布拉尼克及其产品的文章复印件；9. 刊登在各流行时装杂志上的有关马诺娄·布拉尼克产品的文章和广告复印件；10. 介绍马诺娄·布拉尼克及其产品的书籍复印件；11. 1976—2001年于世界各地的杂志上刊登的有关马诺娄·布拉尼克及其产品的文章复印件；12. 1976—2001年于世界各地的杂志上刊登的有关马诺娄·布拉尼克及其产品的特写复印件；13. 1976—2001年于世界各地的杂志上刊登的有关马诺娄·布拉尼克及其产品的广告复印件；14. 马诺娄·布拉尼克产品在世界各地的销售额和广告支出资料复印件。

2007年10月22日，商标评审委员会作出商评字〔2007〕第9095号关于第1387094号"马诺罗·贝丽嘉 MANOLO&BLAHNIK"商标异议复审裁定（以下简称第9095号裁定），该裁定认定：

本案的焦点问题在于：一、争议商标是否构成对他人驰名商标的复制、摹仿或者翻译或以不正当手段抢先注册他人已经使用并有一定影响商标；二、争议商标是否构成对他人在先姓名权的损害。

关于焦点问题一。马诺娄·布拉尼克提供的证据8、10—14中相关外文证据，因未附送中文译文，依据2002年9月15日施行的《中华人民共和国商标法实施条例》第八条规定，视为未提交。证据3—4、7、9中相关中文证据或不能证明其商标在中国使用及知名度情况，或所示使用时间晚于争议商标申请日期，既不足以证明马诺娄·布拉尼克商标在争议商标申请注册之前已在中国使用其商标并具有一定影响，更不足以证明其商标在中国通过使用已为相关公众所广为知晓即已驰名，故争议商标未构成2001年商标法第十三条所指"复制、摹仿或者翻译他人未在中国注册的驰名商标"之情形或2001年商标法第三十一条所指"以不正当手段抢先注册他人已经使用并有一定影响的商标"之情形，马诺娄·布拉尼克的相关主张不能成立。

关于焦点问题二。本案中，争议商标英文"MANOLO&BLAHNIK"与马诺娄·布拉尼克姓名书写表达方式（MANOLO BLAHNIK）有所不同，中文"马诺罗·贝丽嘉"亦非马诺娄·布拉尼克姓名惯用中文音译（马诺娄·布拉尼克自译为马诺娄·布拉尼克）。马诺娄·布拉尼克提供的证据不足以证明其姓名已为中国相关公众所广为知晓，在中国相关公众的认知中，已将争议商标与其姓名密切联系在一起，建立对应关系。故以现有证据尚不能认定争议商标的注册可能给马诺娄·布拉尼克的姓名权造成损害，故争议商标未构成 2001 年商标法第三十一条所指"损害他人现有的在先权利"之情形，马诺娄·布拉尼克的该主张亦不能成立。

依据 2001 年商标法第三十三条、第三十四条的规定，商标评审委员会裁定：争议商标予以核准注册。

马诺娄·布拉尼克不服第 9095 号裁定，于法定期限内向中华人民共和国北京市第一中级人民法院（以下简称北京市第一中级人民法院）提起诉讼。

马诺娄·布拉尼克向北京市第一中级人民法院提交了下列证据：

1. 商标异议申请书、商标异议理由书、商标异议复审申请书及相关补充意见，证明马诺娄·布拉尼克提出异议及异议复审申请的情况；

2. 马诺娄·布拉尼克"BLAHNIK"商标和"MANOLO BLAHNIK"商标在世界各国注册的注册证复印件，证明马诺娄·布拉尼克为"BLAHNIK"和"MANOLO BLAHNIK"商标在国际范围内注册的商标专用权人，马诺娄·布拉尼克在澳大利亚取得了"MANOLO BLAHNIK"商标在第 25 类商品上的注册，并先后在世界上约 20 个国家和地区获得了"BLAHNIK"的注册商标，核定使用的产品主要涵盖 3 个类别；

3. 因特网上搜索"MANOLO BLAHNIK"的结果，证明"MANOLO BLAHNIK"与马诺娄·布拉尼克及其产品的关联度；

4. 传记《MANOLO BLAHNIK》部分内容及中文译文，证明马诺娄·布拉尼克推广作为其名称的"MANOLO BLAHNIK"和作为商标的"MANOLO BLAHNIK"；

5. 因特网上部分中外网站对马诺娄·布拉尼克及其商标"MANOLO BLAHNIK"的介绍；

6. 国外流行杂志上有关马诺娄·布拉尼克商标"MANOLO BLAHNIK"的介绍；

7. 介绍马诺娄·布拉尼克传记《MANOLO BLAHNIK》的刊物；

8. 1976-2001 年世界各地杂志上刊登的有关马诺娄·布拉尼克及其标识有商标"MANOLO BLAHNIK"的产品的文章；

证据 5—8 用以证明中国及国外多家媒体对马诺娄·布拉尼克及其产品进行了大量报道，马诺娄·布拉尼克使用的"MANOLO BLAHNIK"标识知名度高。

9. 1976—2001 年世界各地杂志上刊登的有关马诺娄·布拉尼克及其标识有商标"MANOLO BLAHNIK"的产品的插页及特征描述，证明马诺娄·布拉尼克在多种媒体上突出使用"MANOLO BLAHNIK"商标的事实；

10. 1976—2001 年马诺娄·布拉尼克在世界各地杂志上刊登的有关马诺娄·布拉尼克及其标识有商标"MANOLO BLAHNIK"的广告，证明马诺娄·布拉尼克通过广告方式使用、推广"MANOLO BLAHNIK"商标；

11. 马诺娄·布拉尼克"MANOLO BLAHNIK"产品在世界各地的销售额和广告支出资料，证明马诺娄·布拉尼克通过广告方式使用、推广"MANOLO BLAHNIK"商标，支付巨大费用并且年年递增的事实；

12.《商标评审案例选编》，证明马诺娄·布拉尼克提出了"奇美商标注册不当案"供商标评审委员会参考；

13.《Dictionary of Fashion and Fashion Designers》《Dictionary of Fashion》《Encyclopedia of Clothing and Fashion》，马诺娄·布拉尼克复制于国家图书馆文献馆，证明马诺娄·布拉尼克及其商标"MANOLO BLAHNIK"为专业领域常识性知识。

2008 年 12 月 19 日，北京市第一中级人民法院作出（2008）一中行初字第 530 号行政判决（以下简称第 530 号判决），认定争议商标未违反 2001 年商标法第十三条、第三十一条的规定，判决驳回马诺娄·布拉尼克的诉讼请求。

马诺娄·布拉尼克不服第 530 号判决，于法定期限内向二审法院提起上诉。

该案在二审法院审理期间，马诺娄·布拉尼克确认其在域外注册的"MANOLO BLAHNIK"商标在中国大陆没有使用。

2009 年 6 月 19 日，二审法院作出第 607 号判决，认定争议商标未违反 2001 年商标法第十三条、第三十一条的规定，判决：驳回上诉，维持原判。

2014 年 6 月 19 日，马诺娄·布拉尼克针对争议商标向商标评审委员会提出无效宣告请求，主张争议商标违反 2013 年商标法第七条、第九条、第十条第一款第（七）项和第（八）项、第十三条、第三十二条、第四十四条第一款、《中华人民共和国民法通则》《中华人民共和国反不正当竞争法》等相关规定。

2015 年 9 月 16 日，商标评审委员会作出第 62227 号裁定，该裁定认定：

争议商标获准注册日期早于 2014 年 5 月 1 日，故本案实体问题应适用 2001 年商标法，相关程序问题应适用 2013 年商标法。2013 年商标法第十一条第一款第（七）项和第（八）项、第十三条、第三十二条、第四十四条第一款所对应之法条分别为 2001 年商标法第十条第一款第七项和第八项、第十三条、第三十一条、第四十一条第一款。

马诺娄·布拉尼克在异议复审程序中提交的部分外文证据未附中文翻译，而在本案中该部分证据已附有中文翻译，属于新的事实，因此本案与之前的异议复审案件二者的事实不同。本案的焦点问题为：一、争议商标的申请注册是否构成 2001 年商标法第十条第一款第（七）项和第（八）项所规定之情形。二、争议商标的申请注册是否构成 2001 年商标法第十三条所规定之情形。三、争议商标的申请注册是否构成 2001 年商标法第三十一条所指"损害他人现有的在先权利""以不正当手段抢先注册他人已经使用并有一定影响的商标"之情形。

关于焦点问题一。争议商标的注册未构成 2001 年商标法第十条第一款第（七）项和第（八）项规定之情形。

关于焦点问题二。马诺娄·布拉尼克提交的证据不足以证明在争议商标注册之前，马诺娄·布拉尼克的第 1737047 号"BLAHNIK"商标、第 3352186 号"MANOLO"商标已在中国经过长期、广泛宣传使用，为中国消费者所熟知，具有驰名商标所应有的广泛影响力和知名度。故马诺娄·布拉尼克认为争议商标的注册已构成 2001 年商标法第十三条所指之情形的理由缺乏事实依据，不能成立。

关于焦点问题三。本案中，马诺娄·布拉尼克所主张之在先权利为姓名权。马诺娄·布拉尼克提交的绝大部分证据形成时间晚于争议商标的申请日。马诺娄·布拉尼克仅提交了证据形成时间早于争议商标申请日期的其在国外所获奖项和当代电视的相关报道的检索目录，在没有其他证据佐证的情形下，在案证据不能证明马诺娄·布拉尼克的姓名在争议商标申请日前已具有一定知名度。且争议商标与马诺娄·布拉尼克的姓名未完全相同，故争议商标未构成 2001 年商标法第三十一条所指"损害他人现有的在先权利"之情形。本案中，马诺娄·布拉尼克提交的证据亦不足以认定其"Manolo Blahnik"商标在争议商标指定使用的"服装"等商品上在先使用并已具有一定影响力，亦不足以认定争议商标系方宇舟以不正当手段抢注的马诺娄·布拉尼克"Manolo Blahnik"商标。因此，马诺娄·布拉尼克该项主张缺乏事实及法律依据，不予支持。

另，马诺娄·布拉尼克认为，争议商标的申请注册已构成 2001 年商标法

第四十一条第一款所规定之情形的主张缺乏事实依据，不予支持。

综上，马诺娄·布拉尼克的无效宣告理由不成立。商标评审委员会裁定：争议商标予以维持。

二审诉讼中，马诺娄·布拉尼克向法院提交了下列证据：

1. 商标法律论证意见书；2. 一审庭审后商标局作出的支持马诺娄·布拉尼克姓名权的决定；3. 关于"一事不再理"的法院生效判决；4. 马诺洛布拉尼克国际有限公司出具的声明、公司文件公证书及中文翻译；5. 马诺娄·布拉尼克的前亚洲经销商的声明公证书和中文翻译；6. 方宇舟及其公司申请的商标；7. 其他案件的在先判决；8. 国家知识产权局新作出的支持马诺娄·布拉尼克姓名权的裁定。

二审庭审中，马诺娄·布拉尼克明确表示认可在争议商标申请日之前，马诺娄·布拉尼克及其商标在中国大陆相关市场没有实际使用。

二审法院另查，根据中央机构改革部署，商标局、商标评审委员会的相关职责由国家知识产权局统一行使。

二审法院认为：马诺娄·布拉尼克在此前的商标异议、异议复审及后续诉讼程序中已针对争议商标是否违反2001年商标法第十三条第一款、第三十一条侵害他人在先姓名权及以不正当手段抢先注册他人已经使用并有一定影响的商标提出商标异议请求，上述请求已经被生效判决作出明确判定。马诺娄·布拉尼克主张其在本案无效宣告程序中提交的新证据已构成与前案证据存在实质性差异的新的事实，对此二审法院认为，对于一个已有生效裁决的商标评审案件，并非只要提交了不同于前一程序的证据就可以认定构成了"新的事实"。新的事实应该是以新证据证明的事实，而新证据应该是在原裁定或者决定之后新发现的证据，或者确实是在原行政程序中因客观原因无法取得或在规定的期限内不能提供的证据。如果将本可以在以前的行政程序中提交的证据作为新证据接受，就会使法律对启动行政程序事由的限制形同虚设，不利于形成稳定的法律秩序。

本案中，马诺娄·布拉尼克提交的在第62227号裁定、一审庭审后商标局、商标评审委员会、国家知识产权局新作出的裁定，其形成时间远远晚于争议商标申请日，不能证明在争议商标申请日之前马诺娄·布拉尼克及其商标的知名程度。马诺娄·布拉尼克提交的争议商标申请日之前的少量宣传报道并非在第9095号裁定之后新发生的事实，马诺娄·布拉尼克有能力在此前的商标异议程序中提交上述证据但并未提供，其对未及时提交相关证据的解释不具有说服力。综合考虑全案情形，应当认定马诺娄·布拉尼克在本案中提交的证据与其在商标异议程序中提交的证据并无实质性差异，属于相同事实。因此，马诺娄·布拉尼克基于 2001 年商标法第十三条第一款、第三十一条所提无效宣告请求属于 2014 年商标法实施条例第六十二条所指"以相同的事实和理由再次提出评审申请"的情形，基于该条规定的"一事不再理"原则，对此不应再予以审理。一审法院对此认定正确，二审法院予以支持。马诺娄·布拉尼克的相关上诉理由不能成立，二审法院不予支持。

本案中，争议商标并不存在对核定使用商品的质量、功能等特点做夸大宣传的情况，相关公众对商品的质量、功能等特点亦不会产生错误认识，因此，争议商标并未违反 2001 年商标法第十条第一款第（七）项的规定，马诺娄·布拉尼克的相关上诉理由不能成立，二审法院不予支持。

本案中，争议商标标志本身并无不良含义和负面影响，也不具有对我国政治、经济、文化、宗教、民族等社会公共利益和公共秩序产生消极、负面影响的可能。因此，争议商标的申请注册并未违反 2001 年商标法第十条第一款第（八）项的规定，马诺娄·布拉尼克的相关上诉理由不能成立，二审法院不予支持。

本案中，马诺娄·布拉尼克并未提供有效证据证明争议商标的申请注册采用了欺骗手段，损害了公共秩序、公共利益，或者妨碍了商标注册管理秩序。因此，其关于争议商标违反 2001 年商标法第四十一条第一款规定的上诉理由不能成立，二审法院不予支持。

综上，一审判决认定事实清楚，适用法律正确，应予维持。马诺娄·布拉尼克所提上诉请求及其理由均缺乏依据，二审法院对此不予支持。依照《中华人民共和国行政诉讼法》第八十九条第一款第（一）项之规定，判决：驳回上诉，维持原判。

马诺娄·布拉尼克申请再审称，（一）"MANOLO BLAHNIK"是世界知名的鞋履设计师，其姓名 MANOLO BLAHNIK 是西班牙语的名和姓，并不是现有固定搭配的词汇，方宇舟对争议商标的来源始终未作出合理解释。争议商标英文部分与其姓名"MANOLO BLAHNIK"完全相同，难谓巧合。争议商标的注册和使用侵犯了其姓名权，违反了 2001 年商标法第三十一条之规定。马诺娄·布拉尼克在无效宣告阶段提交了大量新证据，其就姓名权主张所依据的事实已发生变化，未违反"一事不再理"原则。（二）"MANOLO BLAH-NIK"不仅是马诺娄·布拉尼克的姓名，亦是由马诺娄·布拉尼克开创并已使用了 50 年的同名品牌。从马诺娄·布拉尼克提交的大量证据和在先裁定、判决来看，"MANOLO BLAHNIK"商标经过长期广泛的使用和宣传，在相关公众中已享有极高的知名度和影响力。争议商标的申请注册是对马诺娄·布拉尼克在鞋类商品上具有极高知名度的同名品牌"MANOLO BLAHNIK"的完全抄袭，违反了 2001 年商标法第十三条第一款及第三十一条关于"不得以不正当手段抢先注册他人已经使用并有一定影响的商标"之规定。（三）马诺娄·布拉尼克是世界知名鞋履设计师，被誉为世界上最伟大的鞋匠，是经济、文化领域的公众人物，方宇舟抄袭、摹仿马诺娄·布拉尼克姓名，将该姓名注册在鞋等商品上，具有欺骗性，将会破坏正常有序的文化、经济秩序。争议商标的注册违反了 2001 年商标法第十条第一款第（七）项和第（八）项的规定。（四）方宇舟及其公司反复抄袭、抢注马诺娄·布拉尼克姓名，申请注册了多件商标，属于借助马诺娄·布拉尼克在鞋履行业的知名人士效应获取不正当利益。方宇舟的行为破坏了商标注册秩序，争议商标的注册违反了 2001 年商标法第四十一条第一款的规定。综上，根据《中华人民共和国行政诉讼法》第九十一条第（三）项及第（四）项规定，请求本院依法撤销一、二审判决及第 62227 号裁定。在本案再审过程中，马诺娄·布拉尼克放弃争议商标的注册违反 2001 年商标法第十三条规定的主张。

国家知识产权局提交意见称，（一）马诺娄·布拉尼克主张之在先权利为姓名权，其提交的绝大部分证据形成时间晚于争议商标的申请日，不能证明其姓名在争议商标申请日前已具有一定知名度。且争议商标与其姓名不完全相同，故争议商标未构成 2001 年商标法第三十一条所指"损害他人现有的在先权利"之情形。马诺娄·布拉尼克提交的证据亦不足以认定其"Manolo Blahnik"商标在争议商标指定使用的服装等商品上在先使用并具有一定影响力，亦不足以认定争议商标系方宇舟以不正当手段抢注其"Manolo Blahnik"商标。（二）争议商标由"马诺罗·贝丽嘉 MANOLO&BLAHNIK"组成，其文字本身并无有害于社会主义道德风尚或具有其他不良影响的情形，故争议商标的注册未构成 2001 年商标法第十条第一款第（八）项规定之情形。争议商标的注册未带有欺骗性，故亦未构成 2001 年商标法第十条第一款第（七）项所规定之情形。另外，马诺娄·布拉尼克关于争议商标的注册已构成 2001 年商标法第四十一条第一款所规定之情形的主张，缺乏事实依据。综上，第 62227 号裁定认定事实清楚，适用法律正确，作出程序合法，请求本院依法维持。

方宇舟提交意见称，（一）"一事不再理"是本案的关键问题。马诺娄·布拉尼克在无效宣告以及一、二审程序中虽然陆续提交了证据，但上述证据均不是法律上的新证据。前置的异议、异议复审以及一、二审诉讼程序从 2000 年始至 2009 年终，在这期间马诺娄·布拉尼克完全有时间及能力收集相关证据，其没有提交应承担举证不能的后果。形成于争议商标申请注册日之后的证明材料，不能证明在争议商标申请日前马诺娄·布拉尼克及其商标的知名度。一、二审法院认定马诺娄·布拉尼克在商标权无效宣告阶段主张争议商标的注册违反了 2001 年商标法第三十一条的规定属于"一事不再理"正确。（二）争议商标的注册不具有 2001 年商标法第十条第一款第（七）项、第（八）项以及第四十一条的禁止注册情形。（三）争议商标经过方宇舟长期使用已建立一定市场知名度，2011 年被评为"广州白云区十佳品牌"。争议商标从 1999 年申请注册至今已历时 22 年，且历经前置确权程序方得以确权。从信赖利益角度考虑，亦应依法保护争议商标权利。请求本院依法驳回马诺娄·布拉尼克的再审申请，维持一、二审判决及第 62227 号裁定。

本院再审查明：

除马诺娄·布拉尼克在原异议、异议复审及诉讼过程中提交的未经翻译的外文证据外，马诺娄·布拉尼克在本案无效宣告请求程序及一审、二审诉讼程序中提交的国家图书馆科技查新中心出具的文献复制证明、大量媒体杂志报道等证据显示，其自 1970 年开始涉足鞋类产品的生产加工行业，并且将其姓名作为鞋类产品的同名品牌进行使用推广，于 1973 年在伦敦开设首家鞋店。1974 年登上英国版《VOGUE》杂志封面。1979 年又在美国纽约设店。1987 年、1990 年和 1997 年分别荣获美国时尚设计师协会大奖，1990 年和 1999 年获英国时尚协会奖，2001 年获西班牙最佳国际设计奖（金针奖）。国内出版发行的 1994 年第 3 期《世界时装之苑 ELLE》杂志《彩面细跟凉鞋》的报道中展示了五款 "MANOLO BLAHNIK" 女鞋；1995 年第 6 期《世界时装之苑 ELLE》杂志《服装设计师一天的衣着装束》的报道介绍了一名设计师对 "Manolo Blahnik" 品牌的钟爱；1996 年第 1 期《世界时装之苑 ELLE》杂志《寒水碧于天》一文记载图片中模特所穿凉鞋为 "Manolo Blahnik"；1996 年第 3 期《世界时装之苑 ELLE》杂志《最后推荐》一文报道了法国时尚品牌 LV 在盛大纪念晚会中，特地邀请包括马诺娄·布拉尼克在内的七位世界顶尖时装设计师；1996 年第 4 期《世界时装之苑 ELLE》杂志《素雅自信的佛罗里达—精明干练的白领衣谱》一文记载图片中模特所穿皮鞋为 "Manolo Blahnik"；1996 年第 5 期《世界时装之苑 ELLE》杂志《七位大师，一个品牌——路易·威登的七款大师级包》一文报道了包括马诺娄·布拉尼克在内的七位世界顶尖时装设计师受邀为法国时尚品牌 LV 经典的 Monogram 帆布包诞生一百周年而设计箱包，其中所附的图片包括马诺娄·布拉尼克设计的鞋包；1996 年第 6 期《世界时装之苑 ELLE》杂志《高高低低见魅力》一文中有 "Manolo Blahnik" 女鞋图片；1997 年第 3 期《世界时装之苑 ELLE》杂志《在模特天国尽情遨游——访名模卡伦·米尔德》一文记载图片中该模特所穿的鞋为 "Manolo Blahnik"；1997 年 4 月 18 日《中国服饰报》

上《话说"环球旅行的帆布包"》一文提到为女士设计鞋子的设计师"Manolo Blahnik";1997 年第 8 期《当代电视》杂志《奥斯卡影星在颁奖礼上的包装》一文介绍参加奥斯卡颁奖典礼的影星们对"Manolo Blahnik"皮鞋的钟爱;1997 年第 10 期《世界时装之苑 ELLE》杂志《奇思妙想任翱翔——新裘皮羽毛装》一文记载模特所穿皮靴为"Manolo Blahnik";1998 年第 1 期《世界时装之苑 ELLE》杂志《高级时装的理想境界》及《清新校园风》附有模特图片,文字部分记载其所穿的鞋分别为"Manolo Blahnik"皮凉鞋和薄底浅口布鞋;1998 年第 5 期、第 8 期、第 9 期、第 10 期、1999 年第 1 期《世界时装之苑 ELLE》杂志相关文章中有类似的"Manolo Blahnik"鞋的介绍;1998 年第 11 期《世界时装之苑 ELLE》杂志《名家 Manolo Blahnik 马诺洛·布拉赫尼克》的报道称其是时装界的传奇人物,被誉为世界上最伟大的鞋匠,该报道在多个方面全面细致地介绍了其经历并附有本人及其设计的"MANOLO BLAHNIK"鞋的照片;1998 年 11 月 20 日《杭州日报》上《让女人足下生辉的设计师》一文引述了制鞋专家马诺罗对法国著名女鞋设计大师罗歇·维维耶的评价。此外,在香港,1973—1999 年间至少有 50 余篇期刊报纸对 Manolo Blahnik 及其"Manolo Blahnik"鞋或者其在香港 Manolo Blahnik 开设分店的报道,这些期刊报纸包括《南华早报》《HONG KONG ELLE》等。在 1997—1999 年,Manolo Blahnik 在香港销售额达到 3000 多万港元。

本院再审过程中,马诺娄·布拉尼克提交的(2020)京海诚内民证字第 21054 号公证书所附的材料显示,1994 年香港电影《重庆森林》中有林青霞穿着 Manolo Blahnik 鞋的特写,张国荣 1997 年演唱会上穿着 Manolo Blahnik 红色高跟鞋等。马诺娄·布拉尼克还提交了相关人员的证词以及用于证明方宇舟具有恶意的证据等。其中相关企业查询信息显示,广州市白云区矿泉宇舟鞋行系个体工商户,经营者为方宇舟,登记状态为已注销。

以上事实,有国家图书馆科技查新中心出具的文献复制证明、《世界时装之苑 ELLE》杂志、《杭州日报》《南华早报》、公证书、企业查询信息等证据在案佐证。

本院认为,根据当事人申请再审的理由及意见,本案的争议焦点为:(一)争议商标的注册是否违反 2001 年商标法第三十一条的规定;(二)争议商标的注册是否违反 2001 年商标法第十条第一款第(七)项和第(八)项的规定;(三)争议商标的注册是否违反 2001 年商标法第四十一条第一款的规定。

一、争议商标的注册是否违反 2001 年商标法第三十一条的规定。

(一)关于马诺娄·布拉尼克在商标权无效宣告程序中主张争议商标的

注册违反 2001 年商标法第三十一条的规定是否违反"一事不再理"原则

2014 年商标法实施条例第六十二条规定，申请人撤回商标评审申请的，不得以相同的事实和理由再次提出评审申请。商标评审委员会对商标评审申请已经作出裁定或者决定的，任何人不得以相同的事实和理由再次提出评审申请。但是，经不予注册复审程序予以核准注册后向商标评审委员会提起宣告注册商标无效的除外。《最高人民法院关于审理商标授权确权行政案件若干问题的规定》第二十九条第一款规定，当事人依据在原行政行为之后新发现的证据，或者在原行政程序中因客观原因无法取得或在规定的期限内不能提供的证据，或者新的法律依据提出的评审申请，不属于以"相同的事实和理由"再次提出评审申请。马诺娄·布拉尼克在此前的商标异议、异议复审及后续诉讼程序中已针对争议商标是否违反 2001 年商标法第三十一条侵害他人在先姓名权及以不正当手段抢先注册他人已经使用并有一定影响的商标提出商标异议请求。其在前述程序中提交的相关外文证据因为没有提交中文译文，不符合法定形式要求，没有被商标评审委员会及一、二审法院采信。本案中，马诺娄·布拉尼克补充提交了该部分外文证据的中文翻译。鉴于马诺娄·布拉尼克在此前的商标异议、异议复审及后续诉讼程序中提交该部分外文证据的中文翻译并不存在困难，其在前述程序中未提交而在本案中提交，不应当认定为新证据，本院对这些证据不予采信。马诺娄·布拉尼克除在原异议、异议复审及诉讼过程中提交的未经翻译的外文证据外，在本案商标权无效宣告程序及一、二审程序中还提交了大量新证据材料，包括国家图书馆科技查新中心出具的文献复制证明、大量媒体杂志报道等。上述证据证明的事实已构成与前案证据存在实质性差异的"新的事实"，不属于 2014 年商标法实施条例第六十二条所指"以相同的事实和理由再次提出评审申请"的情形，因此，马诺娄·布拉尼克在商标权无效宣告程序中主张争议商标的注册违反 2001 年商标法第三十一条的规定并未违反"一事不再理"原则。商标评审委员会对此认定正确，一、二审法院对此认定有误，应予以纠正。

（二）关于争议商标的注册是否违反 2001 年商标法第三十一条的规定

2001 年商标法第三十一条规定，申请商标注册不得损害他人现有的在先权利，也不得以不正当手段抢先注册他人已经使用并有一定影响的商标。马诺娄·布拉尼克主张在先权利为姓名权。《最高人民法院关于审理商标授权确权行政案件若干问题的规定》第二十条第一款规定，当事人主张诉争商标损害其姓名权，如果相关公众认为该商标标志指代了该自然人，容易认为标记有该商标的商品系经过该自然人许可或者与该自然人存在特定联系的，人民法院应当认定该商标损害了该自然人的姓名权。首先，争议商标为文字商标，由中文"马诺罗·贝丽嘉"和外文"MANOLO&BLAHNIK"组成，中文部分为外文的音译，核定注册在第 25 类鞋等商品上。马诺娄·布拉尼克（MANOLO BLAHNIK）是西班牙语的姓与名，MANOLO BLAHNIK 并不是现有固定搭配的词汇。马诺娄·布拉尼克（MANOLO BLAHNIK）是世界知名的鞋履设计师，争议商标完全包含马诺娄·布拉尼克姓名 MANOLO BLAHNIK，且方宇舟并未对争议商标来源作出合理解释，难谓巧合。其次，马诺娄·布拉尼克提交的证据证明，其自 1970 年开始涉足鞋类产品的生产加工行业，并且将其姓名作为鞋类产品的同名品牌进行使用推广，于 1973 年在伦敦开设首家鞋店。1974 年登上英国版《VOGUE》杂志封面。1979 年又在美国纽约设店。1987 年至 2001 年获得美国、英国及西班牙的多项相关奖项。国内出版发行的 1994 年至 1999 年相关《世界时装之苑 ELLE》杂志上不少报道涉及"Manolo Blahnik"或者其设计的"Manolo Blahnik"鞋。1997 年 4 月 18 日《中国服饰报》、1997 年第 8 期《当代电视》杂志及 1998 年 11 月 20 日《杭州日报》上亦有类似报道。在香港，1993—1999 年间至少有 50 余篇期刊报纸对 Manolo Blahnik 的成就及其在香港开设 Manolo Blahnik 全球第三家分店的报道。在争议商标申请日前，有著名演员在相关电影或者演唱会上穿着 Manolo Blahnik 鞋。1997—1999 年，Manolo Blahnik 在香港销售额达到 3000 多万港元。上述事实表明 Manolo Blahnik 在中国大陆在相关公众尤其是时尚人士中有一定的知名度，且在争议商标申请日前 Manolo Blahnik 在国外知名度以及香港地区的知名度在一定程度上会辐射至内地，可以认定相关公众认为争议商标指代了该自然人，或者认为标记有争议商标的商品系经过该自然人许可或者与该自然人存在特定联系。最后，方宇舟及其相关企业长年从事鞋业生产，是同行业经营者，应当知道马诺娄·布拉尼克及其同名品牌在国外以及香港地区的知名度，不然无法解释争议商标的外文部分完全与马诺娄·布拉尼克的姓名相同。综上所述，争议商标的注册损害了马诺娄·布拉尼克的姓名权，应予以无效。

二、鉴于本院已经认定争议商标的注册损害了马诺娄·布拉尼克的姓名权，应予以无效。故本院不再对争议商标的注册是否属于 2001 年商标法第三十一条"以不正当手段抢先注册他人已经使用并有一定影响的商标"的情形、是否违反 2001 年商标法第十条第一款第（七）项和第（八）项以及第四十一条第一款之规定进行评述。

综上，第 62227 号裁定及一、二审判决认定事实及适用法律错误，依法应当予以撤销。国家知识产权局应当重新作出裁定。依照《中华人民共和国行政诉讼法》第七十条、第八十九条第一款第二项、《最高人民法院关于适用〈中华人民共和国行政诉讼法〉的解释》第一百一十九条第一款、第一百二十二条之规定，判决如下：

一、撤销中华人民共和国北京市高级人民法院（2019）京行终753号行政判决；

二、撤销中华人民共和国北京知识产权法院（2016）京73行初849号行政判决；

三、撤销原中华人民共和国国家工商行政管理总局商标评审委员会商评字〔2015〕第62227号关于第1387094号"马诺罗·贝丽嘉MANOLO&BLAHNIK"商标无效宣告请求裁定；

四、国家知识产权局就第1387094号"马诺罗·贝丽嘉MANOLO&BLAHNIK"商标重新作出裁定。

一审及二审案件受理费各人民币一百元，均由国家知识产权局负担。

本判决为终审判决。

审　判　长　毛立华
审　判　员　江建中
审　判　员　李　嵘
二〇二二年六月二十四日
法官助理　王　晨
书　记　员　吕姝君

MANOLO & BLAHNIK
马诺罗·贝丽嘉

26. 商标注册人的在先商标对
其在后商标核准注册的影响

——再审申请人广东好太太科技集团股份有限公司与被申请人国家
知识产权局及佛山市凯达能企业管理咨询有限公司商标权无效宣
告请求行政纠纷案①

中华人民共和国最高人民法院行政判决书（2022）最高法行再 3 号

再审申请人（一审原告、二审上诉人）：广东好太太科技集团股份有限
公司。住所地：广东省广州市番禺区化龙镇石化公路 21 号之一、之二。

法定代表人：沈汉标，该公司董事长。

委托诉讼代理人：张磊，北京市立方律师事务所律师。

委托诉讼代理人：王晓，北京市立方律师事务所律师。

被申请人（一审被告、二审被上诉人）：国家知识产权局。住所地：北
京市海淀区蓟门桥西土城路 6 号。

法定代表人：申长雨，该局局长。

委托诉讼代理人：翟晶晶，该局审查员。

被申请人（原审第三人）：佛山市凯达能企业管理咨询有限公司。住所
地：广东省佛山市顺德区容桂街道办事处华口社区居委会高新区（容桂）华
天南一路 2 号二座二楼之四。

法定代表人：梁燕嫦，该公司执行董事。

委托诉讼代理人：尹航，浙江天册律师事务所律师。

委托诉讼代理人：叶蕾，浙江天册律师事务所律师。

再审申请人广东好太太科技集团股份有限公司（以下简称好太太公司）
因与被申请人国家知识产权局及佛山市凯达能企业管理咨询有限公司（以下
简称凯达能公司）商标权无效宣告请求行政纠纷一案，不服北京市高级人民
法院（2020）京行终 3563 号行政判决，向本院申请再审。本院于 2021 年 11
月 15 日作出（2021）最高法行申 1357 号行政裁定，提审本案。本院依法组

---

① 本案在年度报告中的位置为第 50 页。

成合议庭，于 2022 年 6 月 16 日通过支云庭审程序在线公开开庭进行了审理。再审申请人好太太公司的委托诉讼代理人张磊、王晓，被申请人国家知识产权局的委托诉讼代理人翟晶晶，凯达能公司的委托诉讼代理人尹航、叶蕾，到庭参加了诉讼。本案现已审理终结。

好太太公司申请再审称，（一）诉争商标具有复制、摹仿好太太公司"好太太"商标的主观恶意。诉争商标的实际控制人及其关联方长期恶意贴靠好太太公司"好太太"品牌商标、字号的知名度，虽早已有生效裁判认定其擅自使用"好太太"作为企业字号进行产品宣传推广等经营活动，但是凯达能公司仍持续、重复侵权。原判决无视凯达能公司侵权使用"好太太"的主观恶意，属于适用法律确有错误。（二）已有多份生效裁判认定凯达能公司关联公司对"好太太"商标的使用构成侵权，凯达能公司第 3563073 号注册商标的存在及取得所谓"商誉"并不能否定或排除商标注册审查的标准，本案诉争商标除拼音外还包含汉字"好太太"，与其在先的第 3563073 号"Haotaitai"商标并不相同，不能因第 3563073 号注册商标的存在及取得商誉而否定或排除商标注册审查的标准。（三）在诉争商标申请日之前，引证商标一已构成晾衣架等商品上的驰名商标。诉争商标是对引证商标一的复制、摹仿，具有明显的主观恶意，其注册使用违反《中华人民共和国商标法》（以下简称商标法）第十三条第三款的规定。（四）"好太太"是好太太公司的字号，经好太太公司长期广泛的商业使用，该字号在中国境内已具有极高知名度。诉争商标核定使用的商品与好太太公司主营产品密切相关，且其注册具有明显的主观恶意，侵害好太太公司享有的在先字号权。诉争商标的注册违反商标法第三十二条的规定。（五）诉争商标与引证商标三构成近似商标，违反商标法第三十条的规定。诉争商标的注册不符合被诉裁定所认定的"合理延伸"所需具备的条件，且诉争商标及其所谓的基础商标的注册及使用本身具有不正当性。请求依法改判，撤销一审、二审行政判决及被诉裁定，并判令国家知识产权局重新作出裁定。

国家知识产权局提交意见称，（一）诉争商标的注册为凯达能公司在先商标权利的合理延伸，并没有复制、摹仿好太太公司"好太太"商标的主观故意，不易造成消费者的混淆误认，未违反商标法第十三条第三款的规定。（二）诉争商标是凯达能公司在先注册且有较高知名度的商标在相关商品上的合理延伸，诉争商标与引证商标三未构成商标法第三十条所指的使用在类似商品上的近似商标。（三）好太太公司提交的证据不足以证明在诉争商标申请注册前在与诉争商标指定使用商品相类似的行业内，好太太公司使用与诉争商标相同或相近的商号并达到一定影响的程度，诉争商标未违反商标法第三十二条的规定。请求维持原判。

凯达能公司提交意见称，（一）原审法院适用法律无误。凯达能公司注册、使用诉争商标不具有攀附的恶意。诉争商标来源于其长期真实使用及自有品牌，凯达能公司的基础商标构成在厨具等商品上的驰名商标，该品牌已获得独立商誉及影响力。原审法院考量的其商标知名度证据并非"侵权证据"。（二）原审法院认定诉争商标未违反商标法第十三条第三款，适用法律正确。诉争商标并无复制、摹仿引证商标的故意，未违反商标法第十三条第三款的规定。好太太公司的引证商标一虽然有知名度，但对该商标的保护应当与其驰名程度相适应，不宜保护过宽。（三）诉争商标与引证商标三区别明显，且使用的商品不类似，未构成使用在同一种或类似商品上的近似商标，未违反商标法第三十条的规定。（四）诉争商标的注册并未侵犯好太太公司在先商号权，未违反商标法第三十二条前半段的规定。请求驳回好太太公司的再审诉讼请求，维持原判。

一审法院经审理查明：

诉争商标注册人是凯达能公司，注册号×××78，申请日期 2011 年 5 月 23 日，专用期限至 2025 年 12 月 13 日，标志 ，核定使用商品（第 20 类）：家具、塑料线卡、碗柜、餐具柜。

引证商标一注册人是好太太公司，注册号×××96，申请日期 1999 年 3 月 15 日，专用期限至 2020 年 6 月 13 日，标志 ，核定使用商品（第 21 类）：晾衣架。

引证商标三注册人是好太太公司，注册号×××00，申请日期 2004 年 12 月 30 日，专用期限至 2028 年 4 月 6 日，标志 ，核定使用商品（第 20 类）：木板条、写字台（家具）、挂衣架、有抽屉的橱、柜子（台子）、阅书架（家具）、镜子（玻璃镜）、家具门、家具非金属部件、家具。

原国家工商行政管理总局商标评审委员会（以下简称商标评审委员会）于 2018 年 12 月 14 日作出商评字［2018］第 236749 号《关于第×××78 号"好太太 Haotaitai 及图"商标无效宣告请求裁定书》即被诉裁定，认定：诉争商标的注册为凯达能公司在先商标权利的合理延审，并没有复制、摹仿好太太公司"好太太"商标的主观故意，亦不易造成消费者的混淆误认，故诉争商标的注册未违反商标法第十三条第三款的规定。诉争商标与第 4955973号"Good-wife"商标、引证商标三未构成使用在同一种或类似商品上的近似商标。好太太公司提交的证据不足以证明在诉争商标申请注册之前在与诉争商标核定使用商品相类似行业内，好太太公司在中国大陆地区使用与诉争商标相同或相近似商号并达到有一定影响的程度，故诉争商标的注册未违反商标法第三十二条的规定，裁定诉争商标予以维持。

好太太公司不服被诉裁定，于法定期限提起行政诉讼，请求撤销被诉裁定，并判令商标评审委员会重新作出裁定。

一审法院另查，根据中央机构改革部署，原国家工商行政管理总局商标局、商标评审委员会的相关职责由国家知识产权局统一行使。

一审法院认为：引证商标一和凯达能公司第 3563073 号"Haotaitai"商标（以下简称第 3563073 号商标）均具有较高知名度，且诉争商标与引证商标一在整体设计、构图、视觉效果上存在一定差异，凯达能公司申请注册诉争商标并没有复制、摹仿引证商标一的主观故意。而且，诉争商标已被核准注册，并经大量使用后形成既定市场格局。因此，诉争商标与引证商标一共存于市场不致误导公众，不致损害好太太公司的利益，诉争商标的注册未违反商标法第十三条第三款的规定。诉争商标与引证商标三在整体设计、构图、视觉效果上差别明显，且诉争商标与具有较高知名度的第 3563073 号商标标志近似，经长期使用已形成既定市场格局。因此，诉争商标与引证商标三未构成使用在同一种或类似商品上的近似商标。好太太公司提交的证据不足以证明在诉争商标申请注册之前，其在与诉争商标核定使用的商品相类似的行业内使用与诉争商标相同或相近的商号并达到有一定影响的程度，故诉争商标的申请注册未损害好太太公司的商号权益。遂判决驳回好太太公司的诉讼请求。一审案件受理费一百元由好太太公司负担。

好太太公司不服一审判决，提起上诉，请求撤销一审判决和被诉裁定，并判令国家知识产权局重新作出裁定。主要上诉理由：（一）引证商标一曾多次被司法机关认定为驰名商标，诉争商标与引证商标一构成近似，是对引证商标一的恶意摹仿，容易误导公众，致使好太太公司权益受损，构成商标法第十三条第三款规定之情形。（二）诉争商标与引证商标三构成使用在同一种或类似商品上的近似商标，一审判决相关认定错误。（三）诉争商标的注册损害了好太太公司的商号权益。诉争商标与第 3563073 号商标并不近似，且一审判决认定第 3563073 号商标具有一定知名度而将其知名度援引至诉争商标，缺乏法律依据。

二审法院对一审法院查明的事实予以确认。

二审法院另查，引证商标一曾多次在司法案件中被认定为晾衣架商品上的驰名商标，其中包括最高人民法院（2018）最高法行再 184 号行政判决书（以下简称第 184 号判决），该判决认定，在该案诉争商标申请注册日 2010 年 1 月 14 日前，引证商标一已经在晾衣架商品上达到驰名程度。此外，北京市高级人民法院（2016）京行终 1320 号、1330 号、1331 号、1343 号以及（2017）京行终 3607 号行政判决书（统称在先系列判决）均曾认定引证商标一在晾衣架商品上达到驰名程度。

凯达能公司的第 3563073 号商标于 2012 年 4 月 27 日被商标局认定为第 11 类厨房用抽油烟机、燃气灶商品上的驰名商标。2015 年 1 月，第 3563073 号商标被评定为厨房用抽油烟机商品上的广东省著名商标，该广东省著名商标证书上记载"第一次认定时间为 2011 年 12 月 21 日"。

好太太公司为证明第 3563073 号商标的驰名商标认定系通过非法手段获得，向一审法院提交了（2018）粤 2071 刑初 55 号刑事判决书。凯达能公司提出该刑事判决仅能证明案件被告人在第 3563073 号商标认定驰名的过程中采取非法手段推进了认定进程，并不能据此否认第 3563073 号商标达到驰名程度的事实。

二审法院认为：诉争商标为图文组合商标，引证商标三为纯文字商标，二者在整体构图、视觉效果方面存在明显差异。二者同时使用在同一种或类似商品上，相关公众能够将其区分，不会导致混淆、误认后果，诉争商标与引证商标三并不构成商标法第三十条规定情形。结合凯达能公司提交的各类宣传广告、媒体报道等证据，以及第 3563073 号商标曾经被评定为厨房用抽油烟机商品上的广东省著名商标的事实，能够认定第 3563073 号商标在厨房用抽油烟机、燃气灶商品上广为公众所熟知。因此，对好太太公司以刑事案件的存在否认第 3563073 号商标的驰名商标认定，以及诉争商标与引证商标三构成使用在同一种或类似商品上近似商标的上诉主张，该院不予支持。引证商标一在诉争商标申请注册前已经在晾衣架商品上广为公众所熟知，达到驰名程度，但凯达能公司第 3563073 号商标在厨房用抽油烟机、燃气灶商品上已经达到广为公众所熟知的驰名程度。第 3563073 号商标与引证商标一已经各自在晾衣架商品和厨房用抽油烟机商品、燃气灶商品领域形成市场影响力和区分度。诉争商标完整包含了第 3563073 号商标"Haotaitai"，同时也包含了引证商标一的文字部分"好太太"，但由于诉争商标中的"Haotaitai"与第 3563073 号商标"Haotaitai"形态基本无差别，二者整体视觉效果相近，而诉争商标中的"好太太"与引证商标一中的"好太太"字体不同，且二者的整体构图和视觉效果差异明显。综合考虑诉争商标与第 3563073 号商标、引证商标一的近似程度，以及诉争商标核定使用的商品与第 3563073 号商标赖以驰名的商品、引证商标一赖以驰名的商品的关联程度，诉争商标的注册并不会误导公众，致使好太太公司的利益可能受到损害。好太太公司提交的证据不足以证明其在诉争商标申请注册前，在与诉争商标核定使用的相同或类似商品上使用了"好太太"商号，并使之具有一定知名度。而且，考虑到诉争商标中包含的"Haotaitai"与广为公众知晓的第 3563073 号商标相同。因此，诉争商标并不会导致相关公众将其与好太太公司产生混淆、误认，进而损害好太太公司对"好太太"字号享有的在先权益。一审法院和商标评审委员会有关认定并无不当。遂判决驳回上诉，维持原判。一、二审案件受理费各一百元，均由好太太公司负担（均已交纳）。

再审审理中，好太太公司提供了 48 份证据，主张其中的部分证据是新证据。凯达能公司认为，上述证据均为原审阶段已经形成、好太太公司知悉且可以在原审中提供的证据，不属于新证据。

凯达能公司没有提供新证据。

本院对原审判决查明的事实予以确认。

本院再审认为，综合好太太公司再审诉讼主张及国家知识产权局、凯达能公司的答辩意见，本案再审审理争议焦点是：（一）诉争商标与引证商标三是否构成商标法第三十条规定的近似商标；（二）诉争商标的申请注册是否存在商标法第十三条第三款规定的情形；（三）诉争商标的申请注册是否存在商标法第三十二条规定的侵害他人在先权利的情形。

关于焦点一，商标法第三十条规定，申请注册的商标，凡不符合本法有关规定或者同他人在同一种商品或者类似商品上已经注册的或者初步审定的商标相同或者近似的，由商标局驳回申请，不予公告。本案诉争商标为拼音"Haotaitai"及汉字"好太太"以及图形组合而成，汉字"好太太"为显著识别部分，引证商标三为汉字"好家好太太"，诉争商标的文字与引证商标三均包含汉字"好太太"，就标识本身而言，二者为近似标识。诉争商标核定使用的第 20 类"家具、塑料线卡、碗柜、餐具柜"商品，与引证商标三核定使用的第 20 类"木板条、写字台（家具）、挂衣架、有抽屉的橱、柜子（台子）、阅书架（家具）、镜子（玻璃镜）、家具门、家具非金属部件、家具"商品，在功能、用途、生产部门、销售渠道、消费对象等方面相同，构成相同或类似商品。虽然诉争商标中包含的拼音"Haotaitai"与凯达能公司在先获准注册并曾被认定为驰名商标的第 3563073 号商标标志相同，但诉争商标显著部分是文字"好太太"，被引证商标三完整包含，在诉争商标与引证商标三核定使用的商品构成相同或类似商品的情形下，若二者同时使用在上述商品上，易造成消费者的混淆误认。因此，诉争商标与引证商标三构成商标法第三十条所规定的近似商标，被诉裁定及原审判决对此认定不当。

关于焦点二，商标法第十三条第三款规定，就不相同或者不相类似商品申请注册的商标是复制、摹仿或者翻译他人已经在中国注册的驰名商标，误导公众，致使该驰名商标注册人的利益可能受到损害的，不予注册并禁止使用。

根据本院第184号判决及二审法院在先系列生效判决的认定，引证商标一在诉争商标申请注册前已经在晾衣架商品上广为公众所熟知，达到驰名程度。虽然凯达能公司第3563073号商标在厨房用抽油烟机、燃气灶商品上业已达到广为公众所熟知的驰名程度，但第3563073号商标的核准注册并非是本案诉争商标应予核准注册的当然理由。诉争商标是由拼音"Haotaitai"、中文"好太太"及图形构成，显然与第3563073号商标并不相同，诉争商标能否注册应当依据商标法的相关规定进行判断。被诉裁定认定诉争商标是凯达能公司在先商标权利的合理延伸注册，此认定没有法律依据。原审判决将第3563073号商标作为诉争商标注册的关联关系，并作为诉争商标注册的因素考虑亦缺乏法律依据。

就诉争商标与引证商标一的标识本身而言，诉争商标显著识别部分是文字"好太太"，与引证商标一中的"好太太"文字相同，二者构成近似标识。就二者核定使用的商品而言，诉争商标核定使用的"家具、塑料线卡、碗柜、餐具柜"商品与引证商标一赖以驰名的"晾衣架"商品均为常见的家居用品，同时在家装市场上销售，相关消费群体存在一定重叠，相关商品具有一定的关联。加之凯达能公司曾使用"广东好太太电器有限公司"的名称，而被工商行政机关认定损害好太太公司驰名商标权益而被责令更名，以及在诉争商标申请注册前就有生效裁判认定凯达能公司在经营活动中存在侵害好太太公司引证商标一商标权行为，因此，诉争商标的申请注册构成对好太太公司驰名商标的复制、摹仿，误导公众，致使好太太公司的利益可能受到损害，构成商标法第十三条第三款规定的不予注册的情形。被诉裁定及原审判决对此未予认定系适用法律不当，应予纠正。

关于焦点三，商标法第三十二条规定，申请注册商标不得损害他人现有的在先权利。上述规定中的在先权利包括在先商号权，该在先商号应为在与诉争商标核定使用的相同或类似商品上具有一定的知名度，且诉争商标的使用可能导致相关公众对诉争商标提供者与该商号权益主体产生混淆、误认的后果。经原审及再审审理查明，虽然好太太公司提交的证据能够证明，诉争商标申请注册前，引证商标一在核定使用的晾衣架商品上具有一定知名度，但好太太公司提交的证据不足以证明其在诉争商标申请注册前，在与诉争商标核定使用的相同或类似商品上使用了"好太太"商号，并使之具有一定知名度。因此，被诉裁定及原审判决相关认定并无不当。

综上，再审申请人好太太公司的部分诉讼主张具有事实及法律依据，其再审诉讼请求成立，本院予以支持。被诉裁定及原审判决部分事实认定不清、部分适用法律不当，应予纠正，国家知识产权局应重新作出裁定。依照《中华人民共和国行政诉讼法》第八十九条第一款第二项、《最高人民法院关于适用〈中华人民共和国行政诉讼法〉的解释》第一百一十九条第一款、第一百二十二条的规定，判决如下：

一、撤销北京市高级人民法院（2020）京行终 3563 号行政判决及北京知识产权法院（2019）京 73 行初 1730 号行政判决；

二、撤销原商标评审委员会商评字〔2018〕第 236749 号《关于第×××78号"好太太 Haotaitai 及图"商标无效宣告请求裁定书》；

三、国家知识产权局对第×××78 号"好太太 Haotaitai 及图"商标重新作出裁定。

一审、二审案件受理费合计二百元，由国家知识产权局及佛山市凯达能企业管理咨询有限公司各负担一百元。

本判决为终审判决。

审　判　长　张志弘

审　判　员　李　丽

审　判　员　许常海

二〇二二年六月二十七日

法 官 助 理　张　赫

书　记　员　芦　菲

三、著作权案件审判

27. 向公众提供侵权复制品侵害他人专有出版权

——再审申请人中国劳动社会保障出版社有限公司与被申请人福建省前沿职业培训学校侵害著作权纠纷案①

中华人民共和国最高人民法院民事判决书（2022）最高法民再 101 号

再审申请人（一审原告、二审被上诉人）：中国劳动社会保障出版社有限公司。住所地：北京市朝阳区惠新东街 1 号。

法定代表人：张斌，该公司董事长。

委托诉讼代理人：傅坤，上海博象律师事务所律师。

委托诉讼代理人：李赛，上海博象律师事务所律师。

被申请人（一审被告、二审上诉人）：福建省前沿职业培训学校。住所地：福建省福州市交通路 25 号电子大厦 4 楼。

法定代表人：陈炳艺，该校校长。

委托诉讼代理人：丁兆增，福建瑞权律师事务所律师。

委托诉讼代理人：彭思彬，福建瑞权律师事务所律师。

再审申请人中国劳动社会保障出版社有限公司（以下简称劳动保障出版社）因与被申请人福建省前沿职业培训学校（以下简称前沿培训学校）侵害著作权纠纷一案，不服福建省高级人民法院（2020）闽民终 262 号民事判决，向本院申请再审。本院作出（2020）最高法民申 5983 号民事裁定提审本案。本院依法组成合议庭进行了审理，现已审理终结。

劳动保障出版社申请再审称，涉案教材为国家人力资源考试标准教材，

---

① 本案在年度报告中的位置为第 52 页。

具有较高知名度。前沿培训学校为规模较大的培训机构，具有相应的注意义务，有能力分辨所购图书是否为正版。前沿培训学校三折进货，八折出售给学员，其进货价格明显不合理，是故意侵权。前沿培训学校主张的涉案图书的销售主体不存在，销售人员身份无法查证，不符合日常交易规则，不能形成完整证据链，涉案教材来源不明，不符合合法来源的构成要件。即使合法来源成立，前沿培训学校也应承担合理开支。二审判决在著作权侵权构成要件、"发行权"概念、"销售"行为认定等方面存在适用法律错误。请求撤销二审判决，维持一审判决。

前沿培训学校辩称，购买涉案图书的收据、发票、微信打款记录能证明合法来源抗辩成立。主观上不知所购图书为盗版，系无过错的消费者，不是所购图书的销售经营者。请求驳回再审申请。

劳动保障出版社向一审法院起诉请求：1. 判令前沿培训学校立即停止侵犯劳动保障出版社出版的《企业人力资源管理师（基础知识）》教材著作权的行为；2. 判令前沿培训学校赔偿劳动保障出版社经济损失 35700 元；3. 判令前沿培训学校承担劳动保障出版社为维权所支付的合理开支 5000 元；4. 判令前沿培训学校承担本案诉讼费用。在庭前会议中，劳动保障出版社变更主张为前沿培训学校侵犯劳动保障出版社对《企业人力资源管理师（基础知识）》教材享有的专有出版权。

一审法院认定事实：2018 年 5 月，中国就业培训技术指导中心与劳动保障出版社签订《版权许可备忘录》，授权出版图书范围包含 2014—2018 年度国家职业资格培训教程《企业人力资源管理师》（常用法律手册、基础知识、一级、二级、三级）等合计 22 种图书。劳动保障出版社依法享有上述图书的专有出版权和信息网络传播权，期限八年。在约定期限内，就业指导中心不再另行授权任何第三方出版上述图书及享有信息网络传播权。对以上授权劳动保障出版社能够以自己的名义对任何侵权行为独立进行维权。

《企业人力资源管理师（基础知识）（第三版）》载明："中国就业培训技术指导中心组织编写"，ISBN 978-7-5167-0973-3，中国版本图书馆 CIP 数据核字（2014）第 023727 号，中国劳动社会保障出版社出版发行（北京市惠新东街 1 号邮政编码：100029 出版人：张梦欣），238 千字，定价：24.00 元，并有黑体字注明"我社将与版权执法机关配合，大力打击盗版、销售和使用盗版图书活动，敬请广大读者协助举报，经查实将给予举报者奖励，举报电话（010）64954652"。

2019 年 4 月 22 日，厦门立标知识产权代理有限公司（以下简称立标公司）委托代理人黄志军向福建省厦门市开元公证处（以下简称公证处）申请办理证据保全公证。2019 年 4 月 23 日，公证处公证员周耀东、工作人员池晟铭和立标公司委托代理人黄志军来到福建省福州市台江区五一中路 88 号平安大厦 3 楼 302 标有"维克多教育"的场所，并在场报名学习"人力资源管理师二级"课程，支付 1600 元，购买"二级人力资源管理师教材"1 套，支付 107 元，取得教科书 3 本、缴费确认单 2 张、POS 单 2 张及宣传单 2 张，并交由公证人员保管。公证员对上述场所的标识、现状及周边环境进行拍照，取得照片 6 张。同日，在公证处公证员周耀东与工作人员池晟铭的监督下，黄志军对上述取得材料进行拍照，取得照片 7 张；随后，公证处工作人员将上述取得的材料进行密封并拍照，取得照片 2 张，密封后交由黄志军保管。2019 年 6 月 5 日，福建省厦门市开元公证处出具（2019）闽厦开证内字第2401 号公证书对上述过程予以证实，上述过程中拍摄所得的照片作为公证书附件附卷。

庭审中，劳动保障出版社向一审法院提交了公证处封存的实物，经确认封条完整后当庭进行拆封，内有袋子 1 个，书籍 3 本，缴款确认单及 POS 单各 2 张及学习宣传材料 2 张，与（2019）闽厦开证内字第 2401 号公证书中的载明的封存物品及照片一致。其中《企业人力资源管理师（基础知识）（第三版）》为本案被诉侵权图书，经与劳动保障出版社提供的涉案正版图书比对，正版图书的封面有防伪标志，并可进行防伪认证查询，而被诉侵权图书封面无防伪标志；正版书的版权页印有"我社将与版权执法机关配合，大力打击盗印、销售和使用盗版图书活动，敬请广大读者协助举报，经查实将给予举报者奖励"，被诉侵权图书版权页未印有此项内容。

另查明，劳动保障出版社为本案支出律师费 5000 元。

一审法院认为，根据《中华人民共和国著作权法》（2010 年修正）（以下简称著作权法）第十一条第四款，如无相反证明，在作品上署名的公民、法人或者其他组织为作者。同时，根据《最高人民法院关于审理著作权民事纠纷案件适用法律若干问题的解释》第七条第一款规定，当事人提供的涉及著作权的底稿、原件、合法出版物、著作权登记证书、认证机构出具的证明、取得权利的合同等，可以作为证据。本案中，涉案正版图书经当庭查验 CIP 及 ISBN 编码，原被告双方对查验结果均予以确认，该图书的封面、扉页、版权页记载由中国就业培训技术指导中心编写，在前沿培训学校没有提交相反证据的情况下，一审法院认定中国就业培训技术指导中心是涉案图书的著作权人。经中国就业培训技术指导中心授权，劳动保障出版社于 2018 年 5 月至 2026 年 4 月期间享有涉案图书的专有出版权，并有权对此期间发生的侵权行为提起诉讼。

根据著作权法第三十一条："图书出版者对著作权人交付出版的作品，按照合同约定享有的专有出版权受法律保护，他人不得出版该作品。"本案中，劳动保障出版社提交的（2019）闽厦开证内字第 2401 号公证书可以证明前沿培训学校在其经营的培训机构内销售被诉侵权图书，前沿培训学校辩称劳动保障出版社公证取证不合法，一审法院认为，公证申请人以及取证过程均属于公证机构的审查事项，在前沿培训学校未提供相反证据的情况下，对公证认定的事实应予以确认，即前沿培训学校销售了被诉侵权图书。经当庭比对，被诉侵权图书与劳动保障出版社出版的正版图书在书号、版本以及内容上均相同，但被诉侵权图书封面无防伪标志、版权页无打击盗版活动的说明，可以认定前沿培训学校销售的《企业人力资源管理师（基础知识）》系侵权复制品。前沿培训学校以低于案涉正版图书定价的价格，将涉案侵权复制品销售给接受培训的学员，构成对劳动保障出版社专有出版权的侵害。

前沿培训学校辩称被诉侵权图书具有合法来源，并提供了收款收据、发票及微信聊天转账记录支持其抗辩理由，经审查，收款收据上盖有"北京志达图书有限公司"印章，但北京志达图书有限公司并未进行工商登记，主体无法确认；北京世纪卓越信息技术有限公司出具的发票上无具体书目，且开具发票的时间与收据时间相隔 7 个月之久，无法确认其与涉案侵权图书的关联性；微信聊天记录中的主体"郭志仁"身份无法确认，没有证据证明"郭志仁"与"北京志达图书有限公司"或北京世纪卓越信息技术有限公司之间的关系。综上，对前沿培训学校关于被诉侵权图书具有合法来源的抗辩，一审法院不予支持。

根据著作权法第四十八条第二项规定，出版他人享有专有出版权的图书的，应当根据情况，承担停止侵害、消除影响、赔礼道歉、赔偿损失等民事责任。故对劳动保障出版社请求前沿培训学校停止侵权、赔偿损失的诉讼请求，一审法院予以支持。关于赔偿数额，著作权法第四十九条规定："侵犯著作权或者与著作权有关的权利的，侵权人应当按照权利人的实际损失给予赔偿；实际损失难以计算的，可以按照侵权人的违法所得给予赔偿。赔偿数额还应当包括权利人为制止侵权行为所支付的合理开支。权利人的实际损失或者侵权人的违法所得不能确定的，由人民法院根据侵权行为的情节，判决给予五十万元以下的赔偿。"本案中，因双方均未提供证据证明劳动保障出版社的实际损失或前沿培训学校的违法所得，一审法院综合考虑涉案图书的定价、字数，前沿培训学校的侵权情节和劳动保障出版社的合理维权费用等因素，酌情确定前沿培训学校赔偿劳动保障出版社经济损失及为制止侵权行为所支付的合理开支共计 20000 元。

综上，一审法院判决：一、前沿培训学校立即停止侵犯劳动保障出版社对《企业人力资源管理师（基础知识）》教材享有的专有出版权的行为；二、前沿培训学校于判决生效之日起十日内赔偿劳动保障出版社经济损失20000元；三、驳回劳动保障出版社其他诉讼请求。

前沿培训学校不服一审判决，上诉请求：撤销一审判决，依法改判或发回重审。

二审法院认定事实：二审期间，劳动保障出版社提交了五份民事判决书，拟证明类似案件，其他法院均认定类似行为构成侵权。前沿培训学校质证认为，对这些裁判文书的真实性无异议，但上述判例均非最高人民法院的公报案例也非指导性意见，不具备指导性，与本案无关。二审法院经审理查明，一审除遗漏查明部分事实外，其所查明的事实基本属实，予以确认。二审法院另查明，前沿培训学校系从北京志达图书有限公司、北京世纪卓越信息技术有限公司购得案涉图书。二审法院认为，劳动保障出版社提交的其他法院的生效裁判与本案案情不尽相同，也非最高人民法院颁布的指导性案例，与本案的处理结果无关，不予采纳。

二审法院认为，二审争议焦点是：劳动保障出版社是否享有案涉图书的专有出版权？前沿培训学校是否侵害了劳动保障出版社享有的案涉图书的专有出版权？

关于劳动保障出版社是否享有案涉图书的专有出版权问题。2018年5月，中国就业培训技术指导中心与劳动保障出版社签订《版权许可备忘录》，授权出版图书范围包含2014—2018年度国家职业资格培训教程《企业人力资源管理师》（常用法律手册、基础知识、一级、二级、三级）等合计22种图书。劳动保障出版社依法享有上述图书的专有出版权和信息网络传播权，期限八年。在约定期限内，就业指导中心不再另行授权任何第三方出版上述图书及享有信息网络传播权。对以上授权，劳动保障出版社能够以自己的名义对任何侵权行为独立进行维权。前沿培训学校虽对上述《版权许可备忘录》的真实性提出异议，但并未提交相反证据推翻该证据，故前沿培训学校主张劳动保障出版社不享有案涉图书的专有出版权，缺乏事实和法律依据，二审法院不予采信。

关于前沿培训学校是否侵害了劳动保障出版社享有的案涉图书的专有出版权问题。著作权法第三十一条规定，图书出版者对著作权人交付出版的作品，按照合同约定享有的专有出版权受法律保护，他人不得出版该作品。第四十七条第九项规定了侵犯专有出版权行为的具体表现，即未经出版者许可，使用其出版的图书、期刊的版式设计的。故专有出版权是指图书出版者经作者或其他著作权人的授权或许可，通过出版合同约定取得的，在一定期间内独占的、排他的，以某种版本形式出版其作品的权利。这种独占的、排他的专有权利，排除了第三人出版该作品的行为。前沿培训学校在一审中提交了微信聊天记录、购买涉案图书的收据、发票及微信打款记录，已形成较为完整的证据链，可以初步证明其系从北京志达图书有限公司、北京世纪卓越信息技术有限公司购得案涉图书，劳动保障出版社虽不予认可，但并未提交相反证据证实，一审对该事实不予认定，存在不当。前沿培训学校是专注于人力资源考试辅导与教育培训的平台，并不从事书籍销售业务，其替学员订书的行为是其培训的一个必要环节，其订购的主要目的还是使用教材培训学员，而非将书籍销售给不特定的主体，故其既不是案涉图书的盗版印刷者，也不是销售经营者，没有实施侵犯劳动保障出版社案涉图书专有出版权的故意行为。且本案并没有证据证明前沿培训学校明知其所购的图书系盗版图书而有意购买，故一审法院认定前沿培训学校存在销售行为进而认定其侵犯了劳动保障出版社的专有出版权，明显不当。

二审法院判决：一、撤销福建省福州市中级人民法院（2019）闽01民初1899号民事判决；二、驳回劳动保障出版社的诉讼请求。一审案件受理费案件818元，二审案件受理费300元，由劳动保障出版社负担。

本院再审查明：对一审、二审查明的事实，除"前沿培训学校系从北京志达图书有限公司、北京世纪卓越信息技术有限公司购得案涉图书"外，本院予以确认。

前沿培训学校提交的《民办非企业单位登记证书》、教材配套辅导材料及学员签书单、福建省人力资源管理协会证明函等证据，或与本案争议的主要事实关联性不足，或缺乏账簿等材料佐证，不能达到证明目的，本院不予采信。

本院再审认为：

1. 劳动保障出版社享有涉案图书的专有出版权。

劳动保障出版社依据与中国就业培训技术指导中心的合同约定，对其出版的《企业人力资源管理师（基础知识）（第三版）》，在2018年5月至2026年4月期间享有专有出版权，并有权对此期间发生的侵权行为提起诉讼。本案中，没有相反证据推翻上述认定，本院对此予以确认。

著作权法第五十八条规定，出版是指作品的复制、发行。著作权法第三十一条规定，图书出版者对著作权人交付出版的作品，按照合同约定享有的专有出版权受法律保护。专有出版权是出版者对其获得出版授权的作品享有的专有的复制、发行权。任何人没有法律规定或合同约定的理由，未经许可，不得出版该作品，也不得对出版者已经出版的作品进行复制、发行。图书出版者对图书享有的专有出版权与版式设计的权利是两种不同的权利，专有出版权系图书出版者依据与作品著作权人的约定所享有的排除他人出版相关作品的权利；版式设计权系出版者就其出版的图书、期刊的版式设计所享有的许可或禁止他人使用的权利。二者在权利性质、权利内容上有根本区别。二审判决引用著作权法第四十七条第九项审理本案，适用法律错误，本院予以纠正。

2. 被诉侵权图书系侵权复制品。

本案中，经一审法院对公证购买的被诉侵权图书与劳动保障出版社出版的正版图书进行比对，二者在书号、版本以及内容上均相同，但被诉侵权图书封面无防伪标志、版权页无打击盗版活动的说明，能够认定被诉侵权图书系侵权复制品。

3. 前沿培训学校是被诉侵权图书的发行者。

著作权法第十条第一款第六项规定，发行是以出售或者赠与的方式向公众提供作品的原件或者复制件的权利。劳动保障出版社提交的公证书及缴费确认单等证据，能够证明任何人报名培训课程，向前沿培训学校支付相应款项后，即可取得教科书3本，其中包括本案被诉侵权图书。前沿培训学校通过购买或其他方式持有侵权复制品，并将侵权复制品有偿提供给参加培训的学员，其并非最终的消费者，而是侵权复制品的提供者。任何人均可报名参加培训，因此报名者属于公众中的不特定人。公众中的任何人只需通过正常的报名、付款即可从前沿培训学校获得侵权复制品，这种提供与不特定公众通过书店或网络购买获得图书的发行并无差异，前沿培训学校向学员提供作品复制件的行为属于对作品的发行。二审判决认为前沿培训学校不属于销售者或发行者的认定不符合著作权法的规定，本院予以纠正。

4. 前沿培训学校侵害了劳动保障出版社的专有出版权。

依照著作权法第五十三条的规定，复制品的发行者不能证明其发行的复制品有合法来源的，应当承担法律责任。换言之，发行者有义务证明复制品的合法来源。前沿培训学校提供了证明侵权复制品合法来源的证据，但这些证据中，收款收据上的"北京志达图书有限公司"无法查明确认，收据的真实性无法确认；北京世纪卓越信息技术有限公司出具的发票上无具体书目，且开具时间与收据时间相距较远，无交易明细等证据佐证，北京世纪卓越信息技术有限公司亦不是收取购书款的主体，无法确认其与被诉侵权图书的关联性；微信聊天记录中的主体"郭志仁"身份无法确认，无法证明"郭志仁"与"北京志达图书有限公司"或北京世纪卓越信息技术有限公司之间的关系，亦未显示为支付购书款，真实性不能确认。前沿培训学校自称涉案教材购自网络，但又未提交网络交易订单信息、物流信息。作为专业培训机构，对正规的图书采购渠道和流程应有较为明确的认知。前沿培训学校提交的证据不能证明被诉侵权图书的完整交易过程，不能证明被诉侵权图书购自合法的第三方，未能尽到证明合法来源的义务。

根据著作权法第四十八条第二项规定，出版他人享有专有出版权的图书的，应当承担停止侵害、赔偿损失等侵权法律责任。鉴于出版是指复制、发行，本条规定所规范的行为应当理解为既包括同时行使复制发行权的行为，也包括仅从事复制或者仅实施发行的行为。本案中，前沿培训学校收取正版图书八折的价格，向不特定的报名参加培训课程的学员提供被诉侵权图书，不能证明具有合法来源，属于未经许可发行涉案图书的行为。前沿培训学校的行为挤占了正版图书的市场，给依据授权从事正版图书出版的劳动保障出版社造成了实质损害，侵害了劳动保障出版社的专有出版权，应当承担停止侵害、赔偿损失的责任。关于赔偿数额，因双方均未提供证据证明劳动保障出版社的实际损失或前沿培训学校的违法所得，一审法院依据著作权法第四十九条的规定，综合考虑涉案图书的定价、字数，前沿培训学校的侵权情节和劳动保障出版社的合理维权费用等因素，酌情确定前沿培训学校赔偿劳动保障出版社经济损失及为制止侵权行为所支付的合理开支共计 20000 元，并无不当，本院予以维持。

依据《中华人民共和国著作权法》（2010 年修正）第十条第一款第六项、第三十一条、第四十八条第二项、第四十九条、第五十三条、第五十八条、《中华人民共和国民事诉讼法》第二百一十四条第一款、第一百七十七条第一款第二项之规定，判决如下：

一、撤销福建省高级人民法院（2020）闽民终 262 号民事判决；

二、维持福建省福州市中级人民法院（2019）闽 01 民初 1899 号民事判决。

如果未按本判决指定的期间履行给付金钱义务，应当依照《中华人民共和国民事诉讼法》第二百六十条之规定，加倍支付迟延履行期间的债务利息。

一审案件受理费 818 元，二审案件受理费 300 元，由福建省前沿职业培训学校负担。

本判决为终审判决。

审　判　长　卢正新

审　判　员　马秀荣

审　判　员　李　丽

二〇二二年十二月十二日

法　官　助　理　孙冠华

书　记　员　张晨祎

28. 委托作品和法人作品的认定

——申诉人央视动漫集团有限公司与被申诉人杭州大头儿子文化发展有限公司著作权侵权纠纷案①

中华人民共和国最高人民法院民事判决书（2022）最高法民再 44 号

申诉人（一审被告、二审上诉人、再审申请人）：央视动漫集团有限公司（原央视动画有限公司）。住所地：北京市东城区青龙胡同 1 号歌华大厦 10 层。

法定代表人：蔡志军，该公司董事、总经理。

委托诉讼代理人：张家兴，北京天驰君泰律师事务所律师。

委托诉讼代理人：任永青，北京市中闻（深圳）律师事务所律师。

被申诉人（一审原告、二审上诉人、再审被申请人）：杭州大头儿子文化发展有限公司。住所地：浙江省杭州市上城区白云路 13 号 101 室。

法定代表人：邵胜男，该公司董事长。

委托诉讼代理人：黄润生，上海兰迪（温州）律师事务所律师。

委托诉讼代理人：梁朝玉，北京观韬中茂律师事务所律师。

申诉人央视动漫集团有限公司（以下简称央视动漫公司）因与被申诉人杭州大头儿子文化发展有限公司（以下简称大头儿子文化公司）著作权侵权纠纷一案，不服浙江省高级人民法院（2016）浙民申 3074 号民事裁定和浙江省杭州市中级人民法院（2015）浙杭知终字第 358 号民事判决，向本院提出申诉，本院于 2021 年 12 月 1 日作出（2020）最高法民监 24 号民事裁定，提审本案。本院依法组成合议庭，于 2022 年 2 月 28 日公开开庭审理了本案。央视动漫公司的委托诉讼代理人张家兴、任永青，大头儿子文化公司的委托诉讼代理人黄润生、梁朝玉到庭参加了诉讼。本案现已审理终结。

大头儿子文化公司于 2014 年 9 月 5 日向浙江省杭州市滨江区人民法院（以下简称一审法院）提起诉讼，请求判令：1. 央视动漫公司立即停止侵权，包括停止《新大头儿子和小头爸爸》动画片的复制、销售、出租、播放、网

---

① 本案在年度报告中的位置为第 54 页。

络传输等行为，不再进行展览、宣传、贩卖、许可根据"大头儿子"美术作品改编后的形象及其衍生的周边产品；2. 央视动漫公司赔偿大头儿子文化公司经济损失人民币 50 万元；3. 央视动漫公司赔偿大头儿子文化公司为制止侵权所支付的调查取证费 3520 元、律师费 20000 元，合计人民币 23520 元；4. 央视动漫公司在央视网（×××.com）和《中国电视报》上连续 15 天刊登致歉声明，以向大头儿子文化公司赔礼道歉、消除影响；5. 央视动漫公司承担本案的诉讼费用。

央视动漫公司答辩称，大头儿子文化公司不享有涉案美术作品的著作权，其诉讼请求应予驳回。涉案美术作品是动画片三个主要人物造型，是刘某与中央电视台（以下简称央视）共同创作，属于合作作品，刘某不是权利人，无权与洪亮签署著作权转让合同。首先，为了制作 95 版动画片，1994 年底崔世昱到刘某家中，在听取崔世昱的介绍后，刘某当场勾画了三幅创意概念图（以下简称 94 年草图），根据双方口头协议，该作品著作权归央视所有。况且，刘某创作的只是创意概念图，概念图需进行后续加工才能作为动画形象使用，刘某并没有参与后续工作，后续工作由央视创作团队加工完成，因此涉案美术作品是集体劳动成果，属于合作作品。在 95 版动画片片尾将人物设计标注为刘某是出于字幕长度的考虑及对刘某的尊重。刘某并不享有涉案美术作品的著作权。其次，央视动漫公司经央视授权在对原人物形象进行改编后创作了 2013 版新美术作品，现已完成 230 集新动画片及品牌动画电影的制作，为此央视已投入上亿元巨资。新版动画片取得重大反响，多次获得重要奖项和荣誉，如果涉案作品的著作权归属为个人，将会导致上述改编作品构成侵权，从而造成重大国有资产损失。最后，大头儿子文化公司恶意窃取他人著作权。该公司为 2013 年 6 月新成立的公司，从未对涉案美术作品进行过创作，只是在知道央视与刘某未签订过涉案美术作品的协议后诱导刘某签订了著作权转让合同，并伪造合同倒签日期，其主观恶意明显。综上，大头儿子文化公司的主张缺乏事实和法律依据，请求驳回其全部诉讼请求。

一审法院查明，1994 年，95 版动画片导演崔世昱、制片汤融、上海科学教育电影制片厂（以下简称上海科影厂）副厂长席志杰三人到刘某（当时刘某作为上海美术电影制片厂工作人员，借调到上海科影厂工作）家中，委托其为即将拍摄的 95 版动画片创作人物形象。刘某当场用铅笔勾画了"大头儿子""小头爸爸""围裙妈妈"三个人物形象正面图，并将底稿交给了崔世昱。当时双方并未就该作品的著作权归属签署任何书面协议。崔世昱将底稿带回后，95 版动画片美术创作团队（包括当时从事人物造型设计和台本设计工作的证人周某）在刘某创作的人物概念设计图基础上，进行了进一步的设计和再创作，最终制作成了符合动画片标准造型的三个主要人物形象即"大头儿子""小头爸爸""围裙妈妈"的标准设计图以及之后的转面图、比例图等。刘某未再参与之后的创作。刘某创作的底稿由于年代久远和单位变迁，目前各方均无法提供。

95版动画片由央视和上海东方电视台联合摄制，于1995年播出，在其片尾播放的演职人员列表中载明："人物设计：刘某"。

2012年，刘某经崔世昱介绍认识了洪亮，得知洪亮将"大头儿子""小头爸爸""围裙妈妈"三个人物形象注册了商标并想利用这三个人物形象拍摄动画片。2012年12月14日，刘某与洪亮签订了《著作权（角色商品化权）转让合同》，约定刘某将自己创作的"大头儿子""小头爸爸""围裙妈妈"三件作品的所有著作权权利转让给洪亮，转让金额人民币3万元，刘某则应提供作品的原型图，崔世昱作为见证人在合同上签字。合同签订后，刘某收取了3万元转让费，并将崔世昱提供的标准设计图交付给洪亮。同时洪亮与刘某又签订了一份内容相同的合同，洪亮将落款日期写成2005年8月1日。

2013年1月23日，洪亮向浙江省版权局申请作品登记，取得作品登记证书，该证书载明作品名称：大头儿子；作品类型：美术作品；作者：刘某；著作权人：洪亮。庭审中，经刘某、崔世昱、周某确认，洪亮登记的作品并非刘某原始创作的人物概念图，而是95版动画片美术创作团队创作的标准设计图。2014年3月10日，洪亮与大头儿子文化公司签订《著作权转让合同》，将"大头儿子""小头爸爸""围裙妈妈"三幅美术作品的著作权全部转让给大头儿子文化公司。

2013年1月4日，刘某（乙方）与央视动漫公司（甲方）签订《大头儿子和小头爸爸》美术造型委托制作协议；该协议约定乙方为甲方制作的动画片《大头儿子和小头爸爸》创作"大头儿子""小头爸爸""围裙妈妈"三个人物造型，委托费用为10000元，作品交付时间为2013年2月28日；协议同时约定，该三幅美术作品为委托作品，甲方独家拥有除署名权以外的全部知识产权；甲方有权以原始权利人身份，自行或授予第三方对该制作成果进行任何形式的使用及修改，均不需再次征得乙方同意，也不需支付本协议之外的费用。协议签订后，刘某并没有向央视动漫公司交付作品。至2013年7月30日期间，刘某两次退回央视动漫公司支付的10000元委托费用，并向央视动漫公司发出终止合同通知函。央视动漫公司则三次退回10000元委托费用，并函复要求刘某继续履行《大头儿子和小头爸爸》美术造型委托制作协议。

2013 年 8 月 8 日，刘某（乙方）与央视动漫公司（甲方）签订《大头儿子和小头爸爸》美术造型委托制作协议补充协议，协议载明，上世纪 90 年代中期，甲方通过崔世昱邀请乙方参与 95 版动画片其中主要人物造型的创作；甲方以委托创作的方式有偿取得了"大头儿子""小头爸爸""围裙妈妈"三个人物造型除署名权以外的全部著作权，并据此制作了 156 集的 95 版动画片；乙方收取了相关的委托创作费用，除享有"大头儿子""小头爸爸""围裙妈妈"三个人物造型的署名权以外，不再享有《大头儿子和小头爸爸》动画片中相关造型的其他任何权利；甲乙双方于 2013 年 1 月 4 日签署的"《大头儿子和小头爸爸》美术造型委托制作协议"合法有效，双方应继续履行各自未尽合同义务，乙方无权单方面终止该协议的履行；乙方保证未接受过任何第三方的委托另行创作三个人物造型，也未通过转让、许可使用等方式授权第三方取得或使用相关造型作品。

2013 年 8 月 29 日，刘某在杨士安事先打印好的一份《说明》上签字，该《说明》载明：95 版动画片中的"大头儿子""小头爸爸""围裙妈妈"三个人物造型是刘某接受央视的委托而创作，根据当时约定，刘某只享有三个人物形象的署名权，作品的著作权及其他知识产权均归央视所有；刘某之所以和洪亮签署《著作权转让协议》，是因为其看见洪亮有"大头儿子""小头爸爸""围裙妈妈"三个人物形象的商标注册证，误以为这几个造型的权利都已经被洪亮拿到，实际上该份转让合同的签订时间晚于其与央视动漫公司签署的《大头儿子和小头爸爸》美术造型委托制作协议，其在被误导情况下与洪亮签订转让合同转让三个造型著作权的行为无效。

2013 年 11 月 4 日，央视动漫公司向北京市版权局申请作品登记，取得作品登记证书。该登记证书载明作品名称：动画片《大头儿子和小头爸爸》动画片之大头儿子卡通形象；作品类型：美术作品；作者：刘某；著作权人：央视动漫公司；首次发表日期：1996 年 6 月 1 日。

2014 年 1 月 21 日，央视动漫公司向北京市版权局申请作品登记，取得作品登记证书。该登记证书载明作品名称：动画片《新大头儿子和小头爸爸》动画片之大头儿子卡通形象；作品类型：美术作品；作者：央视动漫公司；著作权人：央视动漫公司；首次发表日期：2013 年 11 月 28 日。

2015 年 1 月，央视出具授权确认书，确认其将拥有的 95 版动画片的全部著作权及动画片中包括但不限于文学剧本、造型设计、美术设计等作品除署名权之外的全部著作权专属授权央视动漫公司使用，授权内容自 2007 年起生效。

一审法院认为，双方当事人争议焦点是：（一）刘某创作的作品性质及其权利归属；（二）大头儿子文化公司受让的著作权权利归属及其保护范围；（三）央视动漫公司被诉侵权作品的性质及其权利归属；（四）央视动漫公司是否构成侵权及责任承担。

（一）关于刘某创作的作品性质及其权利归属的问题

央视动漫公司提出涉案作品系央视委托刘某创作，其著作权应归央视所有，同时还认为该作品是刘某与央视共同创造，属于合作作品。对此，一审法院认为，2010 年修正的《中华人民共和国著作权法》（以下简称著作权法）第十七条规定："受委托创作的作品，著作权的归属由委托人和受托人通过合同约定。合同未作明确约定或者没有订立合同的，著作权属于受托人。"关于委托创作的问题，首先，央视动漫公司并不能证明当年是央视委托了刘某创造涉案作品，刘某对此予以明确否认；其次，央视动漫公司并没有提供当时央视委托刘某创作作品的书面合同，因此，其主张的涉案作品属于委托作品，并约定了作品著作权归属的主张没有事实依据。关于合作作品，著作权法第十三条第一款规定："两人以上合作创作的作品，著作权由合作作者共同享有……"本案中，根据各方所提供的证据以及证人证言，可以确认，刘某当时是独立完成创作，其与央视并无合作创作的约定，故涉案作品并不构成合作作品。根据相关证据以及证人的当庭证言和对质，可以认定1994 年刘某是受崔世昱的委托，独立创作了"大头儿子""小头爸爸""围裙妈妈"三幅美术作品（即 94 年草图），因双方之间没有签订委托创作合同约定著作权归属，故刘某作为受托人对其所创作的三幅美术作品享有完整的著作权。

（二）关于大头儿子文化公司受让的著作权权利归属及其保护范围的问题

本案中，刘某于不同日期分别与洪亮、央视动漫公司签订了《著作权（角色商品化权）转让合同》《大头儿子和小头爸爸》美术造型委托制作协议、《大头儿子和小头爸爸》美术造型委托制作协议补充协议，还出具了一份《说明》，上述四份文件中均涉及刘某对其创作的三幅美术作品（即 94 年草图）著作权归属的处分问题，从时间上看，其与洪亮签署的转让合同时间早于另几份合同签署时间。央视动漫公司主张，洪亮之所以和刘某签订《著作权（角色商品化权）转让合同》是因洪亮偶尔得知央视未与刘某签订涉案作品的委托创作协议，故诱导刘某签订了著作权转让合同，并伪造合同倒签日期。一审法院认为，《中华人民共和国合同法》第四条规定："当事人依法享有自愿订立合同权利，任何单位和个人不得非法干预。"同时，著作权法第十条第三款规定，著作权人可以全部或部分转让除人身权以外的权利，并依照约定获得报酬。经庭审查明，刘某将其享有完整著作权的作品著作权转让给洪亮，系双方真实意思表示，亦不违反法律规定，且双方对合同内容的真实性以及落款时间均明确表示认可，故刘某和洪亮签订的《著作权（角色商品化权）转让合同》合法有效。洪亮依据该合同合法取得了刘某创作的三幅美术作品的除人身权以外的著作权。之后大头儿子文化公司依据其与洪亮签订的著作权转让协议，亦取得了上述作品除人身权以外的著作权。央视动漫公司的抗辩理由与事实不符，不予采纳。

至于洪亮和大头儿子文化公司取得著作权的作品范围及内容，虽然目前大头儿子文化公司不能提供该作品的载体，致使该作品的具体表现内容不能确定。但在庭审中，无论是当时创作的刘某、获得作品原稿的崔世昱、创作当时在场的汤融，还是参与再创作的周某，均认可刘某确实在 1994 年创作了"大头儿子""小头爸爸"和"围裙妈妈"三幅美术作品初稿，况且在 95 版动画片片尾播放的演职人员列表中也载明："人物设计：刘某"，因此一审法院认为，虽然刘某不能提供当初创作的作品底稿，但并不影响其依法享有作品的著作权。同时，一审法院认为，由于我国实行作品自愿登记制度，著作权登记本身并不能成为登记人当然能够获得著作权保护的依据。尤其在涉及著作权转让的权利归属及范围时，受让人取得的著作权应当以转让人享有的著作权范围为限，并不能简单地以作品登记证书中记载的事项为依据，在个案发生争议时，法院还是应当对权属及作品内容等问题重新作出审查判断。根据庭审中刘某、崔世昱和周某的证言，洪亮进行著作权登记的作品是双方签订合同时由崔世昱提供，而崔世昱提供的是上海科影厂在原稿基础上改编的正面、背面和侧面标准设计图，并非当时刘某创作的原稿，与原稿存在一定的区别。因此，根据刘某创作作品的内容，以及其与洪亮签订的转让合同，可以认定大头儿子文化公司通过受让取得，并在本案中主张著作权保护的作品应是刘某 1994 年创作的"大头儿子"美术作品，而非洪亮于 2013 年 1 月 23 日进行作品登记的作品。

关于刘某与央视动漫公司签订的《大头儿子和小头爸爸》美术造型委托制作协议、《大头儿子和小头爸爸》美术造型委托制作协议补充协议和《说明》，一审法院认为，首先，关于 2013 年 1 月 4 日的《大头儿子和小头爸爸》美术造型委托制作协议，协议约定央视动漫公司委托刘某创作"大头儿子""小头爸爸""围裙妈妈"三个人物造型，交付时间 2013 年 2 月 28 日，央视动漫公司向刘某支付 10000 元费用。从约定的内容看，刘某系接受央视动漫公司新的委托创作作品，并不涉及刘某 1994 年创作作品的任何归属。因此该协议与涉案作品著作权归属没有关联。其次，关于 2013 年 8 月 8 日的

《大头儿子和小头爸爸》美术造型委托制作协议补充协议和 2013 年 8 月 29 日《说明》，协议明确央视动漫公司通过委托创作方式取得了刘某 1994 年创作的三幅美术作品（即 94 年草图）除署名权以外的著作权，同时《说明》对刘某与洪亮签订的转让合同予以否认。然而，在庭审中，刘某出庭作证，当庭明确陈述了当时与央视动漫公司签署两份协议及在《说明》上签字的背景情况，认为该两份协议均非其真实意思表示，更明确表示其与洪亮签署的转让合同才系其真实意思。因此，一审法院认为，在刘某与洪亮签署转让合同、洪亮已经取得涉案美术作品著作权的情况下，刘某再次将作品著作权转让给他人本已无权利基础，同时结合刘某的真实意思，可以认定，央视动漫公司不能依据其与刘某签订的《大头儿子和小头爸爸》美术造型委托制作协议、《大头儿子和小头爸爸》美术造型委托制作协议补充协议及《说明》中关于涉案美术作品著作权归属的条款内容而取得该美术作品的著作权。

（三）关于央视动漫公司被诉侵权作品的性质及其权利归属的问题

本案中，大头儿子文化公司诉称被诉侵权作品是 2013 版《新大头儿子和小头爸爸》中的人物形象。央视动漫公司则抗辩其系经央视授权在对原人物形象进行改编后创作了 2013 版新美术作品。根据著作权法第十二条"改编、翻译、注释、整理已有作品而产生的作品，其著作权由改编、翻译、注释、整理人享有，但行使著作权时不得侵犯原作品的著作权"的规定，演绎者对作品依法享有演绎权，演绎权是在原作品的基础上创作出派生作品的权利，这种派生作品使用了原作品的基本内容，但同时因加入后一创作者的创作成分而使原作品的内容发生改变。演绎者对其派生作品依法享有著作权，但行使著作权时应取得原作者的许可，不得损害原作者的著作权。如前所述，虽然大头儿子文化公司依据其与洪亮的转让合同取得了涉案作品的著作权，但该作品仅限于刘某 1994 年创作的"大头儿子""小头爸爸""围裙妈妈"三个人物形象正面图。而该三幅美术作品被 95 版动画片美术创作团队进一步设计和再创作后，最终创作成了符合动画片标准造型的三个主要人物形象即"大头儿子""小头爸爸""围裙妈妈"的标准设计图，并将该美术作品在 95 版动画片中使用。因此，根据创作人及参与人的证言，可以明确，95 版动画片中三个人物形象包含了刘某原作品的独创性表达元素，在整体人物造型、基本形态构成实质性相似，但央视 95 版动画片美术创作团队根据动画片艺术表现的需要，在原初稿基础上进行了艺术加工，增添了新的艺术创作成分。由于这种加工并没有脱离原作品中三个人物形象的"基本形态"，系由原作品派生而成，故构成对原作品的演绎作品。由于该演绎作品是由央视支持，代表央视意志创作，并最终由央视承担责任的作品，故央视应视为该演绎作品的作者，对该演绎作品享有著作权。

央视动漫公司是 2007 年由中央电视台动画部建制转制，并由央视投资成立的公司。根据央视的授权，央视动漫公司有权行使 95 版动画片的全部著作权及动画片中包括但不限于文学剧本、造型设计、美术设计等作品除署名权之外的全部著作权，故央视动漫公司有权在 2013 版《新大头儿子和小头爸爸》中使用 95 版动画片中的人物形象。

（四）关于央视动漫公司是否构成侵权及责任承担的问题

如前所述，央视动漫公司在被诉侵权作品中使用的是央视享有著作权的演绎作品，根据著作权法的规定，其在行使演绎作品著作权时不得侵害原作品的著作权。具体而言，演绎作品应当标明从何作品演绎而来，标明原作者名称，不得侵害原作者的其他人身权；在行使财产权时，需要取得原作品著作权人的许可。著作权法第四十七条规定："有下列侵权行为的，应当根据情况，承担停止侵害、消除影响、赔礼道歉、赔偿损失等民事责任：……（六）未经著作权人许可，以展览、摄制电影和以类似摄制电影的方法使用作品，或者以改编、翻译、注释等方式使用作品的……"故央视动漫公司未经大头儿子文化公司许可，在 2013 版《新大头儿子和小头爸爸》动画片以及相关的展览、宣传中以改编的方式使用大头儿子文化公司的作品并据此获利的行为，侵犯了大头儿子文化公司的著作权，应承担相应的侵权责任。

关于大头儿子文化公司要求责令央视动漫公司立即停止侵权，包括停止《新大头儿子和小头爸爸》动画片的复制、销售、出租、播放、网络传输等行为，不再进行展览、宣传、贩卖、许可根据大头儿子文化公司"大头儿子"美术作品改编后的形象及其衍生的周边产品的诉讼请求，一审法院认为，首先，应当充分考虑并尊重当时的创作背景，从崔世昱作为 95 版动画片导演委托刘某创作作品，95 版动画片片尾对刘某予以署名等事实看，央视及央视动漫公司使用刘某的原作品进行改编创作，主观上并没有过错，双方当时没有约定作品的权利归属有其一定的历史因素；其次，本案中大头儿子文化公司请求保护的原作品至今无法提供，刘某在有关作品权属的转让和确认过程中存在多次反复的情况，且其自 1994 年创作完成直至 2012 年转让给大头儿子文化公司的长达 18 年期间，从未就其作品被使用向央视或央视动漫公司主张过权利或提出过异议；再次，由于著作权往往涉及多个权利主体和客体，因此在依法确定权利归属和保护范围的情况下，还应当注重合理平衡界定原作者、后续作者以及社会公众的利益。原创作品应当受到法律保护，他人在此基础上进行改编等创造性劳动必须尊重原作品权利人的合法权益，但也应当鼓励在原创作品基础上的创造性劳动，这样才有利于文艺创作的发展和繁荣。央视及之后的央视动漫公司通过对刘某原作品的创造性劳动，制作了两部具有很高知名度和社会影响力的动画片，获得了社会公众的广泛认知，取得了较好的社会效果。如果判决央视动漫公司停止播放《新大头儿子和小头爸爸》动画片，将会使一部优秀的作品成为历史，造成社会资源的巨大浪费。最后，确定是否停止侵权行为还应当兼顾公平原则。动画片的制作不仅需要人物造型，还需要表现故事情节的剧本、音乐及配音等创作，仅因其中的人物形象缺失原作者许可就判令停止整部动画片的播放，将使其他创作人员的劳动付诸东流，有违公平原则。故鉴于本案的实际情况，一审法院认为宜以提高赔偿额的方式作为央视动漫公司停止侵权行为的责任替代方式。关于赔偿金额，一审法院综合以下因素予以酌情确定：（1）央视动漫公司不停止侵权行为；（2）央视动漫公司系对原作品的演绎使用；（3）95版动画片对刘某予以署名；（4）刘某创作的三个人物形象在动画片中所体现出的价值；（5）动画片《新大头儿子和小头爸爸》于2013年播出，据央视动漫公司陈述已经完成了230集的制作；（6）洪亮支付给刘某三个人物形象的著作权转让费为3万元；（7）被诉侵权的是三个人物形象之一"大头儿子"，另两个人物形象已在另案中主张；（8）大头儿子文化公司成立于2013年6月，其为本案维权支出律师费20000元，并为三案支出公证费6120元。由于大头儿子文化公司是受让取得著作权，其无权主张与人身权相关的权利，且大头儿子文化公司也没有证据证明央视动漫公司行为损害其声誉，故其要求央视动漫公司在央视网（×××.com）和《中国电视报》上连续15天刊登致歉声明，赔礼道歉、消除影响的诉讼请求不应当予以支持。

一审法院判决：（一）央视动漫公司于本判决生效之日起十日内赔偿大头儿子文化公司经济损失人民币400000元；（二）央视动漫公司于本判决生效之日起十日内赔偿大头儿子文化公司为维权所支出的合理费用人民币22040元；（三）驳回大头儿子文化公司的其他诉讼请求。

大头儿子文化公司与央视动漫公司不服一审判决，向浙江省杭州市中级人民法院（以下简称二审法院）提起上诉。

大头儿子文化公司的主要上诉理由为：（一）一审判决对侵权责任承担的处理方式不符合法律规定，也不足以制止央视动漫公司的侵权行为，更无法解决大头儿子文化公司与央视动漫公司之间的争议。（二）一审判决认为"根据央视的授权，央视动漫公司有权行使95版动画片的全部著作权及动画片中包括但不限于文学剧本、造型设计、美术设计等作品除署名权之外的全部著作权，故央视动漫公司有权在2013版动画片中使用95版动画片中的人物形象"，该认定不符合法律的规定。故请求改判央视动漫公司立即停止侵权，包括停止《新大头儿子和小头爸爸》动画片的复制、销售、出租、播放、网络传输等行为，不再进行展览、宣传、贩卖、许可根据大头儿子文化公司"大头儿子"美术作品改编后的形象及其衍生的周边产品。

央视动漫公司的主要上诉理由为：（一）一审法院没有在大头儿子文化公司陈述的事实和诉求基础上进行审理。一审法院超出大头儿子文化公司诉请范围，提出94年草图构成原创作品，刘某享有著作权，其得出的结论没有依据，有失客观公正，应发回重审。（二）一审判决事实查明不清，导致认定错误。1. 大头儿子文化公司至今无法提供刘某画的94年草图载体，导致94年草图具体内容不明确。2. 大头儿子文化公司主张的被诉侵权作品是央视动漫公司2013版动画片中的动画人物形象，一审法院未对2013版人物形象与94年草图进行比对就得出侵权的结论，没有事实依据。3. 95版动画形象不是演绎作品，而是集体创作的原创作品。4. 一审法院否认了刘某和央视存在委托创作关系，与事实不符。5. 一审法院认为由于央视与刘某没有签署书面委托协议，且刘某否认存在著作权的约定，从而认定刘某对创作的内容享有完整的著作权，不符合事实。故请求判令：1. 撤销一审判决，驳回大头儿子文化公司的全部诉讼请求；2. 一、二审诉讼费用全部由大头儿子文化公司承担。

经审查，二审法院对一审查明的事实予以确认。

二审法院认为，双方当事人争议焦点是：（一）刘某创作的人物概念设计图即94年草图能否作为独立作品进行保护，其与95版动画片及2013版动画片中人物形象的关系，及各自的权利归属；（二）若侵权成立，央视动漫公司应承担的民事责任，一审判决以提高赔偿额的方式作为央视动漫公司停止侵权行为的责任替代方式是否合理。

对于第一个争议焦点，央视动漫公司认为刘某所进行的人物设计是按照导演崔世昱的介绍、根据编剧郑春华的小说进行演绎创作，且不能与动画形象的整体创作活动割裂开来，央视与刘某存在委托创作关系，并口头约定著作权归央视，故其无权单独主张著作权。对此，二审法院认为，著作权法第十五条第二款规定："电影作品和以类似摄制电影的方法创作的作品中的剧本、音乐等可以单独使用的作品的作者有权单独行使其著作权。"从动画片人物造型的一般创作规律来看，对于一部动画片的制作，在分镜头画面绘制之前，需要创作一个相貌、身材、服饰等人物特征相对固定的动画角色形象，即静态的人物造型，同时在此基础上形成转面图、动态图、表情图等，这些人物造型设计图所共同形成的人物整体形象，以线条、造型、色彩等形式固定了动画角色独特的个性化特征，并在之后的动画片分镜头制作中以该特有的形象一以贯之地出现在各个场景画面中，即使动画角色在表情、动作、姿势等方面会发生各种变化，但均不会脱离其角色形象中具有显著性和可识别性的基本特征。故动画片的人物造型本身属于美术作品，其作者有权对自己创作的部分单独行使其著作权。本案中，根据各方提供的证据及证人证言，刘某受崔世昱导演委托后，独立创作完成了"大头儿子""小头爸爸""围裙妈妈"三幅美术作品（即94年草图），通过绘画以线条、造型的方式勾勒了具有个性化特征的人物形象，体现了刘某自身对人物画面设计的选择和判断，属于其独立完成的智力创造成果。无论是崔世昱作为动画片导演，还是郑春华作为原小说的作者，均未对人物的平面造型进行过具体的描述、指导和参与。故应当认定刘某对其所创作的三人物概念设计图（即94年草图）享有完整的著作权。同时，95版动画片以人物造型署名的方式，认可了刘某的创作对于动画片人物造型的最终完成作出了独创性贡献，央视创作团队为了制作动画片需要所进行的修改、加工以及多视图的创作，并不足以改变刘某已创作完成的人物形象的个性化特征。央视动漫公司亦未提交证据证明央视与刘某之间曾约定著作权的归属。因此，一审法院在查明事实的基础上，认定95版动画片中三人物形象包含了刘某原作品的独创性表达元素，同时央视创作团队在原作品基础上进行了艺术加工，构成了对原作品的演绎作品并无不当。至于2013版动画片的人物形象，与95版动画片人物形象在整体人物造型、基本形态上构成实质性相似，2013版动画片的片头载明"原造型刘某"，亦说明其人物形象未脱离刘某创作的原作品，仍然属于对刘某创作的原作品的演绎作品。故央视动漫公司据此提出的上诉请求及理由缺乏事实和法律依据，二审法院不予支持。

对于央视动漫公司关于一审法院没有在大头儿子文化公司陈述的事实和诉求基础上进行审理的上诉主张，二审法院认为，大头儿子文化公司诉请的权利基础为从刘某处受让取得的三人物形象美术作品著作权，至于刘某所创作的美术作品的内容，虽然大头儿子文化公司主张与95版动画片的三人物形象构成实质性相似，其载体体现为95版动画片的三人物形象，但一审法院在审查双方所提交的证据基础上，认定两者存在一定的区别，95版动画片的三人物形象为刘某所创作作品的演绎作品并无不当。一审法院并未超越当事人诉请的范围，而是依据所查明的事实对作品的内容和权属依法进行了审查判断，故二审法院对央视动漫公司的上述上诉主张不予采纳。

对于大头儿子文化公司上诉称一审判决认定根据央视的授权，央视动漫公司有权在2013版动画片中使用95版动画片中的人物形象不符合法律规定，二审法院认为，根据著作权法第十二条的规定，演绎作品的著作权由演绎者享有，故央视享有 95 版动画片人物形象的著作权，而央视动漫公司经央视许可有权使用 95 版动画片的人物形象。同时，对演绎作品的利用，应当经过原作品权利人和演绎作品权利人的双重许可，一审法院在此基础上认定央视动漫公司未经大头儿子文化公司许可，在 2013 版动画片及相关的展览、宣传中使用相关形象，侵犯了大头儿子文化公司的著作权符合法律规定，二审法院对大头儿子文化公司的上述上诉主张亦不予采纳。

对于第二个争议焦点，大头儿子文化公司认为一审法院不判令央视动漫公司停止侵权行为，不符合法律规定，且无法解决双方之间的争议。二审法院认为，根据一审中大头儿子文化公司提交的证据，央视动漫公司实施的侵权行为包括：使用改编后的新人物形象拍摄 2013 版动画片并在 CCTV、各地方电视台、央视网上进行播放；将 2013 版动画片的人物形象进行宣传、展览；将 2013 版动画片的人物形象许可中国木偶艺术剧院进行舞台剧表演。无论是动画片，还是木偶剧，均具有公共文化的属性，著作权法的立法宗旨在于鼓励作品的创作和传播，使作品能够尽可能地被公之于众和得以利用，不停止上述作品的传播符合著作权法的立法宗旨和公共利益的原则。同时，无论是 95 版动画片，还是 2013 版动画片的人物形象均集合了刘某和央视两方面的独创性劳动，虽然刘某为 95 版动画片创作了人物形象的草图，但该作品未进行单独发表，没有任何知名度的积累，而央视创作团队最终完成了动画角色造型的工作和整部动画片的创作，并随着动画片的播出，使大头儿子、小头爸爸、围裙妈妈成为家喻户晓的知名动画人物，其对动画片人物形象的知名度和影响力的贡献亦应当得到充分考量。一审法院在综合考虑当时的创作背景、本案实际情况、平衡原作者、后续作品及社会公众的利益以及公平原则的基础上，判令央视动漫公司不停止侵权，但以提高赔偿额的方式作为责任替代方式并无不妥，既符合本案客观实际，也在其合理的裁量范围之内。至于大头儿子文化公司所称央视动漫公司授权他人制作玩具、开发游戏等衍生周边产品的许可和使用行为，因大头儿子文化公司在一审中未提供有效的证据而未予认定。故大头儿子文化公司据此提出的相关上诉请求及理由缺乏事实和法律依据，二审法院不予支持。

二审法院判决：驳回上诉，维持原判。

央视动漫公司不服二审判决，向浙江省高级人民法院（以下简称浙江高院）申请再审，请求撤销一审判决第一项、第二项；撤销二审判决；依法改判驳回大头儿子文化公司的诉讼请求或发回重审；判令大头儿子文化公司承担一、二审全部诉讼费用。其主要再审理由为：1. 其公司能够提供新的证据证明，1994 年刘某是受央视、上海东方电视台的委托创作了"大头儿子"

"小头爸爸""围裙妈妈"三幅美术作品（即94年草图），且双方通过书面形式约定了著作权归属于央视、上海东方电视台。刘某无权将涉案作品转让给案外人洪亮，大头儿子文化公司也无权以其从洪亮处受让涉案作品著作权来主张央视动漫公司侵权。2. 即便如一、二审法院所认定刘某享有涉案作品著作权，但针对刘某"一权两卖"行为所涉及的合同履行问题，应该根据"先交付"的原则确认刘某履行与央视动漫公司的协议，而与洪亮签订的合同则不能履行。

再审申请审查期间，央视动漫公司向浙江高院提交了"刘某签署的确认书著作权归属"书证一份（以下简称95年声明），该书证载明："本人刘某受中央电视台、上海东方电视台的委托，创作了动画系列片《大头儿子和小头爸爸》片中主要人物'大头儿子''小头爸爸'的造型设计。我同意由我本人设计的以上造型其全部人物造型的全部版权及全部使用权归中央电视台、上海东方电视台两家共同所有。落款时间：1995年2月8日。落款人：作品《大头儿子和小头爸爸》造型作者刘某"（注："刘某"系手书，其中"岱"难以区分是"岱"还是"袋"）。央视动漫公司拟以此证明涉案作品的著作权应归属于央视、上海东方电视台。

为查明前述书证的真实性，浙江高院于2016年9月18日组织双方当事人首次听证。大头儿子文化公司在听证中称：经将前述证据交由刘某辨认，刘某确认签名系他人假冒；且央视动漫公司在二审期间就出现过提供假冒刘某签名领钱的书证的情形，故该新证据缺乏真实性，不能认定。央视动漫公司则提出：该新证据出自央视动画部主任范玲之手，实际形成时间为1998年，当时央视出于维权需要找到刘某签署该书证，且将落款时间提前至1995年2月8日。首次听证中，双方当事人均向浙江高院申请相关证人到庭再次听证。同年10月11日，浙江高院组织第二次听证。范玲在听证中称：其对本案纠纷只是有所耳闻，具体情况并不了解；其于2004年任动画部负责人，2006年退居二线，2016年8月15日整理办公室文件时偶然发现前述书证并提交央视动漫公司，对于该书证的形成并未参与。刘某在听证中经辨认后确认该书证上的签名系他人假冒。央视动漫公司听证中称前述书证的经手人为崔世昱。浙江高院第二次听证后，央视动漫公司提交由崔世昱出具的书面证词一份，称该新证据系1998年央视为维权所需，委托其找到刘某签署并经刘同意将落款时间提前到1995年。大头儿子文化公司则补充提交书面异议称该新证据落款签名明显系伪造，从文字辨认为"刘泽袋"而非"刘某"。

浙江高院认为，央视动漫公司再审申请期间提交了95年声明，拟证明涉案诉争"大头儿子""小头爸爸""围裙妈妈"三幅美术作品著作权（即94

年草图）并不归属刘某，大头儿子文化公司无权依据相关权利转让主张央视动漫公司侵权。但是，该份书证即便如央视动漫公司所称属实，其形成背景也是出于央视维权目的。央视动漫公司提交崔世昱书面证词也表明该书证系央视因维权需要相关权利文件，由该台出具文件内容派员到上海，请崔与刘某接洽签字确认。现有证据表明，刘某1994年间受崔世昱委托，创作了涉案作品。2012年间，刘某经崔世昱介绍认识了洪亮。同年12月14日，刘某与洪亮签订了《著作权（角色商品化权）转让合同》，约定刘某将自己创作的"大头儿子""小头爸爸""围裙妈妈"三幅美术作品的所有著作权权利转让给洪亮，崔世昱作为见证人在该合同上签字。央视动漫公司对此节事实也无实质性异议。由此可见，在刘某与洪亮签订《著作权（角色商品化权）转让合同》之前，作为涉案作品创作的委托人崔世昱对于刘某与央视及上海东方电视台之间就涉案诉争作品的著作权归属未达成一致的事实是明知的。此外，没有证据表明上海东方电视台对于"刘某签署的确认书著作权归属"书证在证据形成当时参与过协商并达成合意。大头儿子文化公司及刘某本人对该书证及"刘某"签名的真实性亦予以否认。综上，前述新证据真实性存疑，即便属实亦系出于中央电视台维权所需，并不能由此认定央视、上海东方电视台与刘某就涉案诉争"大头儿子""小头爸爸""围裙妈妈"三幅美术作品（即94年草图）著作权的归属达成真实的意思表示一致。央视动漫公司就此提出的再审申请理由不能成立。

关于央视动漫公司再审申请提出刘某"一权两卖"，应根据"先交付"的原则确认刘某履行与央视动漫公司的协议，而与洪亮签订的合同则不能履行的主张，浙江高院认为，刘某确于不同日期分别与洪亮、央视动漫公司签订了《著作权（角色商品化权）转让合同》《大头儿子和小头爸爸》美术造型委托制作协议、《大头儿子和小头爸爸》美术造型委托制作协议补充协议，还出具了一份《说明》。上述四份文件中也均涉及刘某对其创作的涉案三幅美术作品著作权归属的处分。但从时间上看，刘某与洪亮签署的转让合同时间在先；刘某也在一审期间出庭作证，明确陈述其与央视动漫公司签署的两份协议及《说明》均非其真实意思表示，而其与洪亮签署的转让合同才系其真实意思表示；1994年刘某受崔世昱的委托，独立创作了"大头儿子""小头爸爸""围裙妈妈"三幅美术作品（即94年草图），因双方之间没有签订委托创作合同约定著作权归属，故刘某作为受托人对其所创作的三幅美术作品享有完整的著作权；刘某将其基于受崔世昱委托而创作的诉争作品底稿交付崔，之后央视与上海东方电视台在联合摄制95版动画片过程中，对刘某创作的三幅诉争美术作品进行了进一步设计和再创作，且片尾播放的演职人员列表中也载明："人物设计：刘某"，刘某的上述行为不能视为诉争作品著作权转让的交付行为，而是刘某基于崔世昱与其之间委托创作关系而实施的交付使用行为；刘某将其享有完整著作权的作品著作权转让给洪亮，且双方对合同内容的真实性以及落款时间均明确表示认可，该合同合法有效，洪亮依据该合同合法取得了刘某创作的三幅诉争美术作品除人身权以外的著作权。央视动漫公司就此提出的再审申请不能成立。

浙江高院裁定：驳回央视动漫公司的再审申请。

央视动漫公司申诉请求：1. 提审并撤销本案一审、二审判决，改判驳回大头儿子文化公司的全部诉讼请求；2. 指定由浙江省以外的法院审理杭州市中级人民法院正在审理的 11 件案件；3. 诉讼费用全部由大头儿子文化公司承担。其主要理由如下：

（一）一审、二审法院认定 94 年草图是委托作品，属于认定事实和适用法律错误。94 年草图不属于委托作品，应属于特殊职务作品，其著作权应归制片单位所有，刘某仅享有署名权。署名权属于著作权中的人身权，无法转让给大头儿子文化公司，大头儿子文化公司对 94 年草图不享有任何权利。央视和上海科影厂签订了《委托制作动画片协议书》，明确约定了创作人员仅仅享有署名权，署名权以外的著作权全部归央视所有，而刘某为上海科影厂借调人员。（二）一审、二审法院将 94 年草图和动画片的标准设计图混同，认定 94 年草图是动画片人物形象的标准设计图，属于认定事实和适用法律错误。94 年草图是标准设计图创作过程中被参考过的草图之一，大头儿子文化公司对于标准设计图不享有任何权利。（三）二审法院审理终结后，央视动漫公司发现了对著作权归属进行书面确认的新证据即"95 年声明"，足以推翻生效判决。浙江高院认为该声明真实性存疑，却不予鉴定，导致错误裁判。（四）大头儿子文化公司的实际控制人洪亮存在涉黑、受贿行为，本案可能存在裁判不公。（五）大头儿子文化公司抢夺他人知名作品知识产权的投机行为，将导致巨额国有资产流失。

大头儿子文化公司答辩称，（一）央视动漫公司向最高人民法院提起申诉缺乏法律依据。（二）央视动漫公司将涉案动画形象表述为集体创作，系由周某执笔完成，此乃恶意歪曲事实。将刘某作品原稿称为"草图"或"前期创作资料"，想以此否定刘某对作品享有的著作权，其理由不能成立。（三）央视动漫公司在诉状中称大头儿子文化公司因涉案动画片成为知名动画片后而争夺三个人物动画形象著作权，无凭无据。（四）95 年声明是否由刘某签署，尚处于真伪不明状态，并有较大可能系伪造。而且，95 年声明上的签字无论真实与否，该声明都没有转让著作权的意思表示。（五）央视动漫公司称大头儿子文化公司大股东、实际控制人洪亮存在涉黑、受贿行为系诽谤。（六）大头儿子文化公司一直在积极、合法地维权，央视动漫公司所述大头儿子文化公司"鲸吞大头儿子系列动画著作权，造成国有资产损失"毫无根据。综上，请求驳回央视动漫公司的申诉请求。

大头儿子文化公司于本案再审审理过程中，提交一份刘某视频录像，刘某在视频中称其从未签署过95年声明，且该声明中刘某签名系伪造。央视动漫公司提交质证意见认为，刘某未到庭作证，并且刘某与大头儿子文化公司存在利害关系，其关于94年草图权属的证言多次反复，故该视频不能作为认定事实的根据。

本院认为，刘某于不同日期分别与洪亮、央视动漫公司签订了多份涉及94年草图著作权归属的协议，对权属的处分多次反复，因此对上述视频证明力要根据在案证据综合分析认定。

本院再审查明，1995年4月，央视动画部（甲方）与上海科影厂（乙方）签订《委托制作动画片协议书》。第一条约定："甲方委托乙方制作动画系列片《大头儿子和小头爸爸》（1—13集），乙方接受甲方委托。"第三条第一款约定："动画片制作的内容包括：组织策划、选定编剧、创作文学剧本、美术设计、造型设计、分镜头台本创作、设计稿创作、背景绘制、摄影表创作、原画、动画、描线、上色、拍摄、剪辑、作曲、作词、动效、配音、合成转磁等。"第六条约定："版权归属：乙方制作的动画片及动画片中的所有创作，其版权全部归甲方独家所有，甲方可用其在世界范围内从事影视及影视之外的一切商业活动。对其所有付载产品拥有世界范围内的一切版权。乙方创作人员享有署名权，但乙方及乙方的创作人员不得用动画片及动画片中的创作作品进行出售、发表、许可他人使用等一切盈利及非盈利性活动。"

另查明，2020年11月16日，广东省高级人民法院作出（2020）粤民申1905号民事裁定维持了广东省深圳市中级人民法院（2019）粤03民终19075号二审民事判决，该二审判决采信央视动漫公司提交的司法鉴定书，认定95年声明上刘某签名的真实性。2021年10月15日，北京市高级人民法院作出（2021）京民申2319号民事裁定维持了北京知识产权法院（2019）京73民终2548号民事判决，该二审判决根据司法鉴定结论，认定95年声明系刘某作出。

另查明，2019年12月5日，经北京市工商行政管理局核准，央视动画有限公司名称变更为央视动漫集团有限公司。

本院认为，本案的争议焦点是：（一）央视动漫公司提起申诉是否具有法律依据；（二）94年草图属于委托创作作品还是法人作品或特殊职务作品；（三）94年草图的权属应当如何认定。

（一）关于央视动漫公司提起申诉是否具有法律依据的问题

《中华人民共和国民事诉讼法》第二百零六条规定："当事人对已经发生法律效力的判决、裁定，认为有错误的，可以向上一级人民法院申请再审；当事人一方人数众多或者当事人双方为公民的案件，也可以向原审人民法院申请再审。当事人申请再审的，不停止判决、裁定的执行。"

央视动漫公司不服二审判决，以有新证据能够证明94年草图著作权归属于央视、上海东方电视台为理由之一，向浙江高院申请再审，请求撤销一审、二审判决，浙江高院经审查驳回了央视动漫公司的再审申请。根据一审法院查明事实，央视授权央视动漫公司（后更名为央视动漫公司）行使95版动画片的全部著作权及动画片中包括但不限于文学剧本、造型设计、美术设计等作品除署名权之外的全部著作权，而94年草图是95版动画片人物形象创作基础。央视动漫公司认为浙江高院作出驳回其再审申请的裁定有错误，向本院提出申诉请求再审本案，具有法律依据，大头儿子文化公司的主张不能成立，本院不予支持。

（二）关于94年草图属于委托创作作品还是法人作品或特殊职务作品的问题

著作权法第十一条第二款规定："创作作品的公民是作者。"第四款规定："如无相反证据，在作品上署名的公民、法人或者其他组织为作者。"本案中，一审、二审法院和浙江高院查明，95版动画片导演崔世昱、制片汤融、上海科影厂副厂长席志杰三人到刘某家中，委托其为央视即将拍摄的95版动画片创作人物形象。刘某当场用铅笔勾画了"大头儿子""小头爸爸""围裙妈妈"三个人物形象正面图，崔世昱将底稿带回后，95版动画片美术创作团队在刘某创作的人物概念设计图基础上，进行了进一步的设计和再创作，最终制作成了符合动画片标准造型的三个主要人物形象即"大头儿子""小头爸爸""围裙妈妈"的标准设计图以及之后的转面图、比例图等。此外，95版动画片片尾播放的演职人员列表中明确载明"人物设计：刘某"，并且央视动漫公司在2013年11月4日对《大头儿子和小头爸爸》卡通形象进行著作权登记时，亦载明"作者：刘某"，因此现有证据足以证明94年草图为刘某独立创作完成，应当认定刘某为94年草图的作者，一审、二审判决及浙江高院裁定的相关认定并无不当。

著作权法第十一条第三款规定："由法人或者其他组织主持，代表法人或者其他组织意志创作，并由法人或者其他组织承担责任的作品，法人或者其他组织视为作者。"第十六条规定："公民为完成法人或者其他组织工作任务所创作的作品是职务作品，除本条第二款的规定以外，著作权由作者享有，但法人或者其他组织有权在其业务范围内优先使用。作品完成两年内，未经单位同意，作者不得许可第三人以与单位使用的相同方式使用该作品。有下列情形之一的职务作品，作者享有署名权，著作权的其他权利由法人或者其他组织享有，法人或者其他组织可以给予作者奖励：（一）主要是利用法人或者其他组织的物质技术条件创作，并由法人或者其他组织承担责任的工程设计图、产品设计图、地图、计算机软件等职务作品；（二）法律、行政法规规定或者合同约定著作权由法人或者其他组织享有的职务作品。"

根据再审查明的事实，《大头儿子和小头爸爸》美术设计和造型设计系央视动画部委托上海科影厂创作，版权全部归央视动画部所有，亦即属于央视所有。虽然一审、二审法院查明，刘某创作94年草图时，系作为上海美术电影制片厂工作人员借调到上海科影厂工作，但是94年草图的创作系95版动画片导演崔世昱等人到刘某家中专门委托其创作的。因此，现有证据不足以证明刘某创作94年草图是代表上海科影厂意志进行创作或者是为完成借调工作任务而创作。故94年草图不应当被认定为法人作品或者特殊职务作品，应当被认定为委托创作作品，央视动漫公司关于94年草图系法人作品或特殊职务作品的相关主张不能成立，本院不予支持。

（三）关于94年草图的权属应当如何认定的问题

《最高人民法院关于适用〈中华人民共和国民事诉讼法〉的解释》第三百九十七条规定："审查再审申请期间，再审申请人申请人民法院委托鉴定、勘验的，人民法院不予准许。"故浙江高院在再审申请审查阶段对95年声明依法未予鉴定，并无不当。

《最高人民法院关于适用〈中华人民共和国民事诉讼法〉的解释》第一百零八条规定："对负有举证证明责任的当事人提供的证据，人民法院经审查并结合相关事实，确信待证事实的存在具有高度可能性的，应当认定该事实存在。对一方当事人为反驳负有举证证明责任的当事人所主张事实而提供的证据，人民法院经审查并结合相关事实，认为待证事实真伪不明的，应当认定该事实不存在。法律对于待证事实所应达到的证明标准另有规定的，从其规定。"因此，对于95年声明的真伪应当根据在案证据并结合相关事实，以是否具有高度可能性的标准进行分析判断和认定其真实性。

本案中，根据一审、二审法院和浙江高院查明的事实，刘某于不同时间分别与洪亮、央视动漫公司签订了多份涉及94年草图著作权归属的协议或者说明，对权属的处分多次反复。95年声明落款时间为1995年2月8日，即使实际形成时间为1998年，其签署时间亦早于上述协议或者说明签署时间。同时，在94年草图基础上由央视和上海东方电视台联合摄制的《大头儿子和小头爸爸》动画片，1995年即已经播出，在其片尾播放的演职人员列表中载明："人物设计：刘某"。刘某认识洪亮并与其签订转让协议均在 2012 年以后，而在此前长达 18 年期间，刘某从未就其作品被使用向央视或央视动漫公司主张过权利或提出过异议。此外，广东法院和北京法院均依据司法鉴定结论认可了 95 年声明上刘某签名的真实性。因此根据上述证据以及相关事实，应当认定 95 年声明真实合法有效。大头儿子文化公司提交的视频证据不足以推翻上述认定。

著作权法第十七条规定："受委托创作的作品，著作权的归属由委托人和受托人通过合同约定。合同未作明确约定或者没有订立合同的，著作权属于受托人。"根据 95 年声明、刘某后续与央视动漫公司签订的协议、补充协议以及说明和其他相关事实，应当认定 94 年草图除署名权以外的著作权及其他知识产权属于央视所有，刘某无权就 94 年草图著作权再转让至洪亮。因此，大头儿子文化公司不享有 94 年草图的著作权，其诉讼请求缺乏事实和法律依据，应当予以驳回。综上，央视动漫公司的申诉理由成立，本院予以支持。

此外，关于央视动漫公司请求指定由浙江省以外的法院审理杭州市中级人民法院正在审理的 11 件案件，因为不属于本案审理范围，本院不予述评。关于央视动漫公司所提出的大头儿子文化公司的实际控制人洪亮存在涉黑、受贿行为以及抢夺他人知名作品知识产权的投机行为并将导致巨额国有资产流失等主张，或缺乏证据证明或与本案无关，本院亦不予评述。

综上，一审、二审判决认定事实和适用法律均存在错误，本院予以纠正。依据 2010 年修正的《中华人民共和国著作权法》第十七条、2021 年修正的《中华人民共和国民事诉讼法》第二百一十四条第一款、第一百七十七条第一款第二项之规定，判决如下：

一、撤销浙江省杭州市中级人民法院（2015）浙杭知终字第 358 号民事判决和浙江省杭州市滨江区人民法院（2014）杭滨知初字第 636 号民事判决；

二、驳回杭州大头儿子文化发展有限公司全部诉讼请求。

一审案件受理费 9035 元，二审案件受理费 8530.6 元，均由杭州大头儿子文化发展有限公司负担。

本判决为终审判决。

审 判 长 秦元明
审 判 员 白雅丽
审 判 员 马秀荣
二〇二二年四月十八日
法 官 助 理 曾 志
书 记 员 张晨祎

29. 符合作品认定条件的视听作品片段
应当给予著作权保护

——再审申请人上海灿星文化传媒股份有限公司与被申请人天津东丽区迎宾歌厅侵害作品放映权纠纷案①

中华人民共和国最高人民法院民事判决书（2022）最高法民再30号

再审申请人（一审原告、二审上诉人）：上海灿星文化传媒股份有限公司。住所地：上海市长宁区广顺路33号8幢432室。

法定代表人：田明，该公司总经理。

委托诉讼代理人：汪旭，北京秉道律师事务所律师。

被申请人（一审被告、二审被上诉人）：天津东丽区迎宾歌厅。住所地：天津市东丽区华明街迎宾商业中心一期3号楼。

经营者：肖家三。

再审申请人上海灿星文化传媒股份有限公司（以下简称灿星公司）因与被申请人天津东丽区迎宾歌厅（以下简称迎宾歌厅）侵害作品放映权纠纷一案，不服天津市高级人民法院（2020）津民终938号民事判决，向本院申请再审。本院于2021年12月8日作出（2021）最高法民申4267号民事裁定，提审本案。本院依法组成合议庭，于2022年4月18日公开开庭审理了本案。再审申请人灿星公司的委托诉讼代理人汪旭到庭参加诉讼。迎宾歌厅经本院合法传唤，无正当理由拒不到庭，本院依法缺席进行了审理。本案现已审理终结。

灿星公司申请再审称，1. 一、二审法院认定单首歌曲视听片段不构成类电作品系认定事实错误，灿星公司提供的证据足以证明其具有独创性、完整性，符合类电作品的全部特征，完全构成一部完整的作品。2. 涉案作品每首歌曲均具有独立的中国标准录音制品编码（ISRC），能够独立使用，属于完整的作品，一、二审法院认为不具有完整性系认定事实错误。3. 中国标准录音制品编码中心搜索结果显示，涉案作品的制作者均为灿星公司，而一、二

---

① 本案在年度报告中的位置为第56页。

审法院认定灿星公司不是涉案作品的著作权人，属于认定事实错误。4. 二审法院以单首歌曲视听片段并非单独制作为由认定其不构成作品，此认定标准没有任何事实和法律依据，完全背离节目录制的事实情况。5. 一、二审法院未将单首歌曲视听片段认定为一个作品的错误行为，不仅使灿星公司的合法权益无法得到保护，而且必将导致 KTV 行业侵权行为更加严重而得不到遏制，完全违背了著作权法的立法宗旨。故请求提审改判本案，支持灿星公司全部诉讼请求。

灿星公司向天津市第三中级人民法院（以下简称一审法院）起诉请求：1. 判令迎宾歌厅立即停止侵权，删除涉案作品；2. 判令迎宾歌厅赔偿灿星公司经济损失 8000 元及诉讼合理费用 165 元（其中公证费 150 元，场所消费费用 15 元），上述费用共计 8165 元；3. 判令迎宾歌厅承担本案诉讼费。

一审法院认定事实：2017 年 1 月 12 日，登记号为国作登字－2017－I－00347643 的《作品登记证书》载明：作品名称为《中国之星》，作品类别为电影和类似摄制电影方法创作的作品，制片者和著作权人均为灿星公司，创作完成时间：2016 年 2 月 5 日，首次公映时间：2016 年 2 月 6 日。灿星公司制作《中国之星》专辑光盘 1 套，内含编号为中国之星第 01—13 期的光盘 13 张，该专辑的每一首歌曲均有独立的 ISRC 编码。该专辑由九洲音像出版公司出版，节目制作者（或录音录像制作者）/著作权人均为上海灿星文化传媒股份有限公司。灿星公司在本案中主张权利的 8 首歌曲视听片段均为《中国之星》第 5 期节目歌手演唱内容片段。

2019 年 3 月 4 日，北京市东方公证处作出（2019）京东方内民证字第 02654 号公证书，记载：2018 年 9 月 27 日，希骐（北京）咨询服务有限公司（以下简称希骐公司）受灿星公司的委托，向北京市东方公证处申请办理保全证据公证。2018 年 11 月 14 日，在该公证处公证员金某及工作人员隋昱中的现场监督下，希骐公司委托代理人马跃哲来到位于天津市东丽区××号楼××号××层××，以普通消费者的身份进入该房间进行消费。公证人员事先对申请人用于本次保全证据所使用的摄像设备内存情况进行了清洁度检查、确认。进入房间后，马跃哲使用该房间内设置的歌曲点播设备进行查找、点击、播放了包含本案涉诉 8 首歌曲在内的 80 首歌曲，马跃哲操作摄像设备对 80 首歌曲播放过程进行了摄像，另外对该经营场所建筑的门头及房间歌曲点播设备进行了拍照。消费结束后，得到该经营场所提供的"收据"一张、"迎宾 KTV 账单"一张和"名片"一张。保全过程中形成的照片及发票、银联商务单、名片复印件作为附件粘贴在公证书之后，保全过程中形成的摄录视频文件由公证人员刻录成光盘各三套（每套一张），其中两套装入证物袋并密封，加贴公证处封条后随同公证书一同移交申请人。

涉案公证书所附曲目单中包含的曲目为80首，其中，《伤痕》《心中的太阳》《飞了》《你是这样的人》《彩云飞》《月亮代表我的心》《当爱已成往事》《云烟》共计8首歌曲，为本案涉案歌曲。

经庭审比对，灿星公司在本案中主张权利的8首歌曲视听片段与其提交的《中国之星》光盘中相应作品的影像、声音等内容均一致。

希骐公司为本次公证支出公证费1500元。该次消费共150元。

迎宾歌厅成立于2017年9月13日，经营范围为歌舞厅娱乐活动。

一审法院认为，《中国之星》每一期节目不仅包括歌手在舞台上演唱歌曲，还包括导师与歌手的交流、现场灯光与音乐的配合、多镜头的切换连接等内容，反映了制作者的创作意图，体现了制作者的创造性劳动，可以认定为以类似摄制电影的创作方法创作的作品。但是单独的一首歌曲视听片段仅仅是整部作品的片段，不能完整反映制作者的创作意图，体现制作者的创造性劳动，同时，该片段也与MV不同，不是对音乐作品内容的表演，不属于著作权法意义上的以类似摄制电影的创作方法创作的作品。灿星公司不享有其所主张的单首歌曲视听片段的著作权，故其主张迎宾歌厅侵害其涉案8首歌曲视听片段的放映权不成立。因此，对于本案的其他争议焦点一审法院不再评判。灿星公司诉请迎宾歌厅侵权的主张及理由不成立，一审法院不予支持。

一审法院判决：驳回灿星公司的全部诉讼请求。一审案件受理费50元，由灿星公司负担。

灿星公司不服一审判决，上诉请求：1. 撤销一审判决，改判支持灿星公司一审全部诉讼请求，或发回重审；2. 一审、二审诉讼费用由迎宾歌厅承担。事实和理由：（一）一审法院认定事实错误，未将灿星公司主张的作品认定为以类似摄制电影的创作方法创作的作品。1. 关于以类似摄制电影的创作方法创作的作品的定义问题。《中国标准音像制品编码》规定，中国所有音像出版社必须在其生产的每一种音像制品上，对所录入的节目及节目中每一项可以独立使用的部分编加一个"ISRC"编码。本案中，灿星公司主张的每一部作品均具有独立的"ISRC"编码，属于一个完整作品。2. 关于"完整反映制作者的创作意图"问题。一个综艺节目的每一个阶段都融入了制作者的创作灵感，且歌曲竞唱类节目，每一位参赛者均有独立的编排思路与风格，符合作品的独立性。就"创作意图"而言，整个一期节目是为了达到比赛的目的，而每首歌曲作为一个单独的作品是为了让观众了解表演者的歌唱实力及创作的过程、背景，使观众对表演者有更深入的了解。3. 关于"对音乐作品内容的表演"问题。本案中，每一部涉案作品都由演唱者从始至终完整演绎，演唱者不仅对音乐作品内容进行表演，更加入了自己对作品独特的理解与表达，加上现场灯光、声音、后期剪辑等多种因素的结合，完全符合以类似摄制电影的创作方法创作的作品的特征。（二）中国标准录音制品编码中心搜索结果显示，涉案作品的制作者均为灿星公司，而一审法院认定灿星公司不是涉案作品的著作权人，属于严重的事实认定错误。（三）一审法院对事实的错误认定，会导致 KTV 经营者更加肆无忌惮的侵权，这必将使整个国家的著作权保护遭受极大的破坏。

二审期间，当事人没有提交新证据。二审法院对一审法院查明的事实予以确认。

二审法院认为，本案的争议焦点是：灿星公司请求保护的《中国之星》中的 8 首歌曲视听片段是否分别构成独立的作品。

首先，涉案 8 首歌曲视听片段所依托的《中国之星》每一期节目整体构成以类似摄制电影的创作方法创作的作品。综艺节目的独创性，体现在该节目是在一个完整的节目脚本下进行组织和拍摄，在整体上体现了对各种节目要素的选择、设计、搭配、对镜头和画面的衔接。作为一档分期播出的歌曲竞唱类综艺节目，《中国之星》的每期节目均是由节目文字脚本、灯光、舞美、音乐、歌手的演唱、主持人的串词、导师与歌手的交流等节目要素共同组成。通过对镜头的切换、画面的选择、后期的剪辑编辑等，反映了制作者的创作意图，使一期节目形成特有的节目风格，营造出特有的节目氛围，从而使观众获得完整的观看效果。这些因素在整体上体现了制作者的创造性劳动和个性化选择，使得《中国之星》每一期节目具有独创性，可以将其认定为以类似摄制电影的创作方法创作的作品。

其次，《中国之星》中的单首歌曲视听片段属于作品的片段。《中国之星》中的单首歌曲视听片段并非单独制作，亦非基于一个完整的创作意图而制作。单首歌曲视听片段缺乏完整的节目脚本，在缺少主持人的串词、导师与歌手的交流、节目推进节奏等要素下，难以有效传递该节目所特有的节目风格、节目气氛和完整的观看效果。同时，单首歌曲视听片段更多展现的是歌手的演唱，而非多种节目要素的个性化选择。即便单首歌曲视听片段有镜头的切换和选择，但歌手演唱过程中，对素材的拍摄、对被拍摄画面的选择及编排等方面的创造性空间相对有限，无法完整展现制作者的创作意图。至于参赛歌手对歌曲的理解和演唱，体现的不是节目制作者的创作意图，因而并不影响对节目中单首歌曲视听片段是否具有独创性的判断。另外，是否具备独立的"ISRC"编码也并非判断是否构成作品的标准。综上，可以认定

《中国之星》中的单首歌曲视听片段属于作品的片段，并不构成独立的作品。

在认定《中国之星》每一期节目整体构成以类似摄制电影的创作方法创作的作品的基础上，灿星公司可以以每一期节目主张权利。灿星公司关于《中国之星》中的 8 首歌曲视听片段分别构成独立作品的主张，二审法院不予支持。鉴于灿星公司不享有其所主张的单首歌曲视听片段的著作权，一审法院判决驳回灿星公司的诉讼请求，并无不当。

二审法院判决：驳回上诉，维持原判。二审案件受理费 50 元，由灿星公司负担。

本院对一审、二审法院查明的事实予以确认。

本院认为，灿星公司在本案中主张的侵权行为发生在 2018 年，因此本案应当适用 2010 年修正的《中华人民共和国著作权法》（以下简称著作权法）及 2013 年修订的《中华人民共和国著作权法实施条例》（以下简称著作权法实施条例）。根据著作权法实施条例第四条第十一项的规定，著作权法第三条第六项规定的电影作品和以类似摄制电影的方法创作的作品，是指摄制在一定介质上，由一系列有伴音或者无伴音的画面组成，并且借助适当装置放映或者以其他方式传播的作品。本案中，一审、二审法院均认为，《中国之星》每一期节目在整体上都构成以类似摄制电影的创作方法创作的作品，双方当事人对此均未提出异议，本院予以确认。

本案再审期间争议的焦点问题是：1. 灿星公司请求保护的涉案 8 首歌曲视听片段是否分别构成独立的作品；2. 被诉侵权行为是否侵害了灿星公司的著作权，迎宾歌厅是否应当承担侵权责任。

（一）关于涉案 8 首歌曲视听片段是否分别构成独立的作品的问题

根据著作权法和著作权法实施条例相关规定，作品是指文学、艺术和科学领域内具有独创性并能以有形形式复制的智力成果。因此，内容长短或者是否为片段并不是判断智力成果是否构成作品的法定必要条件，只要符合著作权法关于作品的规定，某一作品的片段可能会构成一部新的独立的作品，一部独立的作品也可能成为另一作品中的片段。

本案中，《中国之星》节目在整体上已构成以类似摄制电影的创作方法创作的作品，应当受到著作权法的保护。《中国之星》节目中单首歌曲视听片段系在原有作品基础上，重新剪辑形成的，符合著作权法关于以类似摄制电影的方法创作的作品的要求，因此，亦应当被认定为独立的作品。

著作权法保护思想的表达而非思想本身，创作意图属于思想范畴，不应成为作品认定的依据。一审、二审法院认为单首歌曲视听片段缺乏完整的节目脚本、无法完整展现制作者的创作意图，进而认定涉案歌曲视听片段不构成独立的作品，属于适用法律错误，本院予以纠正。

（二）关于被诉侵权行为是否侵害了灿星公司的著作权，迎宾歌厅是否应当承担侵权责任的问题

本案中，灿星公司主张权利的依据是《中国之星》作品中单首歌曲视听片段的著作权。根据在案证据，迎宾歌厅未经灿星公司的许可，在其经营的KTV经营场所使用了涉案歌曲视听片段，已构成对灿星公司所享有的著作权的侵害，依法应当承担相应的侵权责任。由于在案证据不足以证明涉案侵权行为给灿星公司造成的实际损失或者迎宾歌厅的违法所得，因此，本院综合迎宾歌厅涉案侵权行为的性质、情节，尤其考虑到没有证据显示迎宾歌厅与相关著作权集体管理组织签订过许可使用合同等因素，对迎宾歌厅应当支付的赔偿数额（含灿星公司为制止侵权行为所支付的合理支出）予以酌定。

综上所述，灿星公司的相关诉讼请求合法有据，本院予以支持。依照《中华人民共和国著作权法》（2010年修正）第四十八条、第四十九条，《中华人民共和国民事诉讼法》（2021年修正）第二百一十四条第一款、第一百七十七条第一款第二项之规定，判决如下：

一、撤销天津市高级人民法院（2020）津民终938号民事判决和天津市第三中级人民法院（2019）津03知民初364号民事判决；

二、天津东丽区迎宾歌厅于本判决生效之日起立即停止侵害上海灿星文化传媒股份有限公司涉案作品的行为；

三、天津东丽区迎宾歌厅于本判决生效之日起十日内赔偿上海灿星文化传媒股份有限公司经济损失（含合理开支）3365元；

四、驳回上海灿星文化传媒股份有限公司的其他诉讼请求。

如果未按本判决指定的期间履行给付金钱义务，应当依照《中华人民共和国民事诉讼法》第二百六十条之规定，加倍支付迟延履行期间的债务利息。

一审、二审案件受理费各50元，均由天津东丽区迎宾歌厅负担。

本判决为终审判决。

审　判　长　秦元明

审　判　员　马秀荣

审　判　员　周　波

二〇二二年四月十八日

法官助理　耿慧茹

书　记　员　焦　媛

四、不正当竞争案件审判

30. 销售仿冒混淆商品的行为构成不正当竞争

——再审申请人柏瑞润兴（北京）科技发展有限公司与被申请人新泰市领航装饰工程有限公司不正当竞争纠纷案①

中华人民共和国最高人民法院民事判决书（2022）最高法民再 230 号

再审申请人（一审原告、二审上诉人）：柏瑞润兴（北京）科技发展有限公司。住所地：北京市大兴区经济开发区广茂大街 17 号北院 2 幢 101—105 室。

法定代表人：刘鹏，该公司董事长。

委托诉讼代理人：杨付东，山东昌平律师事务所律师。

委托诉讼代理人：翟明跃，山东昌平律师事务所律师。

被申请人（一审被告、二审被上诉人）：新泰市领航装饰工程有限公司。住所地：山东省新泰市银河社区银河路 87 号。

法定代表人：徐宁，该公司经理。

再审申请人柏瑞润兴（北京）科技发展有限公司（以下简称柏瑞润兴公司）因与被申请人新泰市领航装饰工程有限公司（以下简称领航公司）不正当竞争纠纷一案，不服山东省高级人民法院（2021）鲁民终 13 号民事判决，向本院申请再审。本院于 2022 年 3 月 31 日作出（2021）最高法民申 4018 号民事裁定，提审本案，本院依法组成合议庭公开开庭进行了审理，本案现已审理终结。

柏瑞润兴公司申请再审称：（一）一审、二审判决对"使用"的认定违

---

① 本案在年度报告中的位置为第 57 页。

背立法原意，适用法律错误。反不正当竞争法所指的"使用"与商标法不同，以是否产生混淆误认的结果为要件。销售者的销售行为与生产者的生产行为可能产生混淆商品来源、损害消费者利益的结果。2017年修订的《中华人民共和国反不正当竞争法》（以下简称反不正当竞争法）第六条第四项规定的"擅自使用"行为应包括销售行为。（二）人民法院多份在先裁决均认定销售者实施不正当竞争行为。工商行政管理部门也采取相同的执法标准。二审判决的认定与在先裁决存在矛盾。（三）二审判决以行为人的主观状态不是认定不正当竞争行为的构成要件为由未采信柏瑞润兴公司的相关证据错误。根据在案证据，领航公司销售被诉侵权产品的行为构成不正当竞争。据此，柏瑞润兴公司请求本院撤销一审、二审判决，判令领航公司停止侵权，赔偿经济损失47000元及合理支出3000元。

领航公司提交意见称：被诉侵权产品系其进货时卫浴厂家赠送，领航公司并未销售同类产品。据此，请求驳回柏瑞润兴公司的再审请求。

柏瑞润兴公司向一审法院提出诉讼请求：1. 判令领航公司立即停止不正当竞争行为，即立即停止销售标注"宁波市潜水艇卫浴有限公司"相关标识的涉案地漏产品的行为；2. 判令领航公司赔偿经济损失及维权合理开支共计5万元；3. 本案诉讼费用由领航公司承担。

2008年3月28日，案外人李润凡经原国家工商行政管理总局商标局（以下简称商标局）核准注册取得第4711685号"Submarine潜水艇"注册商标，有效期限经续展至2028年3月27日。2008年6月14日，该商标转让至北京润德鸿图科技发展有限公司（以下简称润德公司）。2015年10月7日，润德公司经商标局核准注册取得第15192947号"潜水艇"注册商标，有效期限至2025年10月6日。2010年3月28日，润德公司经商标局核准注册取得第6380388号"Submarine及潜水艇图形"注册商标，有效期限经续展至2030年3月27日。上述注册商标（以下统称涉案商标）核定使用商品均为第11类，包括：水龙头、地漏等。2018年3月27日，经商标局核准，涉案商标均转让给柏瑞润兴公司。2019年2月14日，润德公司出具声明，载明：润德公司、柏瑞润兴公司均系"潜水艇"卫浴品牌创始人李润凡创办。柏瑞润兴公司对相关商标转让前和转让后的商标侵权行为和不正当竞争行为有权利以自己名义单独提起诉讼；柏瑞润兴公司对商标维权和不正当竞争诉讼获得的经济赔偿享有全部利益；对于柏瑞润兴公司因商标侵权和不正当竞争行为已经主张权利的，润德公司不再重复主张。

2019年9月24日，山东省莱芜市莱城区金盾知识产权服务中心向山东省济南市凤城公证处申请证据保全公证。2019年9月29日，在公证员张秀萍、公证人员吕雯雯的监督下，柏瑞润兴公司的委托代理人王守贞以普通消费者的名义来到山东省新泰市银河路 87 号的"高德瓷砖"店铺，王守贞在该店内购买了标有"宁波市潜水艇卫浴有限公司"字样的地漏两个，花费110 元。王守贞使用支付宝付款后，当场取得该店出具的徐宁名片一张及《销货清单》一张。王守贞对该店铺外景拍摄照片一张，并对支付宝付款页面截取图片一张。上述行为结束后，在公证人员监督下，王守贞对上述物品进行了拍照，公证人员将上述名片、票据进行了复印，并将上述地漏进行了封存，对封存后的物品外观拍摄照片，封存后的物品及名片、票据原件交由王守贞保管。2019 年 10 月 23 日，山东省济南市凤城公证处对上述证据保全过程出具（2019）鲁济南凤城证民字第 1429 号公证书。一审当庭打开该公证书对应的封存完好的实物，内有两个纸制包装盒。纸制包装盒的上方标有"爱心 Love""潜水艇"图形以及"自动密封式六防地漏"，制造商"宁波市潜水艇卫浴有限公司"，包装盒、产品防刮贴标贴均以较大字体标注有"宁波市潜水艇卫浴有限公司"等字样。

另查明，国家质量监督检验检疫总局、国家标准化管理委员会于 2011 年12 月 30 日发布的地漏国家标准（GB/T27710-2011）载明，标准起草单位和主要起草人中包括润德公司和李润凡。自 2009 年至 2017 年，润德公司通过广播电台、网站、报纸、户外广告、车辆 LED 显示屏、机场数码刷屏等方式，在全国各地对"潜水艇地漏"进行广泛广告宣传。润德公司于 2013 年 1月被中国房地产经理人联盟授予"中国房地产开发企业最值得信赖合作伙伴"，2014 年 11 月被中国建筑业协会材料分会授予"鲁班奖工程功勋供应商"，2015 年被中国质量检验协会授予"全国质量和服务诚信优秀企业""潜水艇地漏"产品，2013 年 9 月，中国保护消费者基金会准许加入"中国保护消费者基金会质量信誉跟踪服务系统"，并纳入系统中心管理；入选住房和城乡建设部住宅产业化促进中心（保障性住房建设材料部品采购信息平台）"十二五期间国家绿色建材产品选用目录（2014—2015 年度入选产品）"；中国质量检验协会"全国质量检验稳定合格产品"等荣誉。柏瑞润兴公司是 2016 年 3 月 10 日成立的有限责任公司（自然人投资或控股），注册资本 2000 万元，主要经营销售卫生洁具、厨房用具、卫生间用具、用品、建筑材料等。领航公司系成立于 2018 年 5 月 18 日的有限责任公司（自然人投资或控股），法定代表人徐宁，注册资本 100 万元，经营范围：装饰工程施工，网络工程施工，建材、陶瓷制品、锁具、灯具、五金、玻璃、日用百货、办公用品、办公设备、监控设备的销售。

一审法院认为，第 4711685 号"Submarine 潜水艇"、第 15192947 号"潜

水艇"商标经核准注册，在有效期内，其合法权利依法应受法律保护。被诉侵权产品上标注的"宁波市潜水艇卫浴有限公司"中的"潜水艇"字号与第4711685 号"Submarine 潜水艇"、第 15192947 号"潜水艇"注册商标的汉字"潜水艇"字样相比在字形、读音、含义、文字排列方面基本一致。因而，被诉侵权产品上标注的"宁波市潜水艇卫浴有限公司"中的"潜水艇"字号，是将他人注册商标作为企业名称中的字号使用，足以使相关公众对其商品来源产生混淆误认，其行为构成对柏瑞润兴公司的不正当竞争，涉案产品是不正当竞争产品。反不正当竞争法第六条规定的经营者实施混淆行为是指使用行为，是直接使用行为，也就是生产商的生产、制造以及销售被诉侵权产品的行为，而不包括仅仅作为被诉侵权产品销售商的销售行为。领航公司仅是对案外人生产、制造的产品进行了销售，并无证据证明其在销售过程中存在帮助他人实施侵权行为的主观意图或又实施了其他可能构成混淆的违法行为，领航公司的行为不构成我国反不正当竞争法规定的不正当竞争行为。鉴于领航公司销售的涉案产品是不正当竞争产品，对柏瑞润兴公司提出的领航公司停止销售涉案侵权产品的请求，一审法院予以支持。对柏瑞润兴公司主张的经济损失不予支持，但是，对柏瑞润兴公司为本案支出的合理开支，包括购买涉案产品、公证费用和律师代理费用，一审法院酌定领航公司赔偿3000 元。

一审法院依照《中华人民共和国商标法》（以下简称商标法）第五十八条、反不正当竞争法第二条第一款、第六条第四项、《中华人民共和国民事诉讼法》（以下简称民事诉讼法）第一百四十四条规定，判决：一、领航公司立即停止销售标注"宁波市潜水艇卫浴有限公司"标识的地漏产品的行为；二、领航公司于判决生效之日起十日内赔偿柏瑞润兴公司合理开支 3000元；三、驳回柏瑞润兴公司的其他诉讼请求。

二审审理过程中，柏瑞润兴公司向二审法院提交了以下证据：1. （2020）鲁济南凤城证民字第 27 号公证书。用以证明柏瑞润兴公司的"潜水艇"品牌被评为十大卫浴品牌和全国质量信得过产品荣誉，"潜水艇"商标知名度较高；2. （2019）鲁莱芜凤城证民字第 205 号公证书。用以证明柏瑞润兴公司的"潜水艇"地漏专卖店遍布全国各地，进一步证明"潜水艇"商标知名度较高；3. 领航公司工商登记信息一份。用以证明领航公司系专业从事装饰工程施工、建材销售的经营者；4. （2018）苏 01 民初 308 号民事调解书、宁波市汉鲸艇卫浴有限公司工商登记信息。用以证明宁波市潜水艇卫浴有限公司曾被润德公司起诉，该公司已更名，领航公司仍然采购、销售突出使用"宁波潜水艇公司"的地漏，主观上具有傍名牌、搭便车、利用"潜水艇"

商标的知名度谋取不法利益的不正当竞争意图；5. 百度地图搜索打印件。用以证明柏瑞润兴公司的"潜水艇"卫浴旗舰店与领航公司相隔仅 940 米，领航公司应当知晓"潜水艇"商标拥有较高的知名度；6. 中国裁判文书网多份判决书。用以证明全国多地法院均认定销售者的销售行为构成不正当竞争。7. （2020）鲁济南凤城证民字第 2144 号公证书。用以证明柏瑞润兴公司的"潜水艇"品牌被评为十大卫浴品牌及柏瑞润兴公司被评为地漏标杆企业，进一步证明"潜水艇"商标具有较高知名度。

二审法院认定，领航公司虽未对上述证据发表质证意见，但柏瑞润兴公司提供的系公证书及裁判文书，二审法院对真实性予以确认。但是否构成侵权不以当事人主观状态为要件，故上述证据与本案是否构成侵权的争议无关，二审法院不予采信。

二审法院经审理认为，二审焦点问题是领航公司销售被诉侵权产品的行为是否构成不正当竞争。本案中，柏瑞润兴公司主张领航公司销售的被诉侵权产品上使用的企业名称中包含其涉案商标，因此构成不正当竞争。因本案柏瑞润兴公司主张保护的权利是商标权，应引用商标法的相关规定。商标法第五十八条规定，将他人注册商标、未注册的驰名商标作为企业名称中的字号使用，误导公众，构成不正当竞争行为的，依照反不正当竞争法处理。据此，本案中，要判断领航公司是否构成不正当竞争，需要判断其是否实施了商标法第五十八条规定的"使用"行为。因被诉侵权产品上印制"宁波市潜水艇卫浴有限公司"企业名称的行为并非领航公司实施的，领航公司仅实施了销售标有该公司名称的被诉侵权产品的行为，故本案仅需判断领航公司的销售行为是否属于商标法第五十八条规定的"使用"行为。商标法第四十八条规定，本法所称商标的使用，是指将商标用于商品、商品包装或者容器以及商品交易文书上，或者将商标用于广告宣传、展览以及其他商业活动中，用于识别商品来源的行为。因此，该条规定的"使用"行为是在商业活动中使用商标的行为，销售行为属于商业活动的范畴。但，一方面，领航公司并没有在销售活动过程中将涉案商标用于宣传、展览以及其他商业活动中，其仅仅是销售了被诉侵权产品；另一方面，商标法第五十七条第一项、第二项规定未经商标注册人许可使用商标的行为构成侵权，第三项规定销售商品的行为构成侵权，将销售行为与使用行为分别规定以进行区分，故该条中的"使用"行为不包含销售商品的行为。因此，商标法第五十八条中的使用行为亦不应包含销售商品的行为。将他人注册商标作为企业名称中的字号使用误导公众的行为，应是指直接将商标使用在企业名称中以及在商业活动中直接使用该企业名称的行为，而不应包括销售商实施的销售行为。故一审法院认定领航公司不构成不正当竞争行为并无不当。此外，如果认定销售商构成不正当竞争，将会增加销售商的注意义务，使得其在购进商品时审核商品生产主体是否名称变更、是否是商标权人或者获得商标权人授权，这显然对销售商苛以超出其自身能力的注意义务，也将会大幅增加商品的交易成本，阻碍正常的商品流通。

故二审法院依照民事诉讼法第一百七十条第一款第一项规定，判决：驳回上诉，维持原判。

经本院审理查明，一审、二审审理查明的事实基本属实，本院予以确认。

本院另查明，柏瑞润兴公司已就被诉侵权产品的生产商原宁波市潜水艇卫浴有限公司提起侵权诉讼，经江苏省南京市中级人民法院调解，双方达成调解协议，原宁波市潜水艇卫浴有限公司变更了公司名称为宁波市汉鲸艇卫浴有限公司，不再使用"潜水艇"字样，并赔偿 38 万元。此后，柏瑞润兴公司发现使用潜水艇标识的产品仍有销售，针对宁波市汉鲸艇卫浴有限公司再次提起诉讼，浙江省宁波市奉化区人民法院作出（2021）浙 0213 民初 847 号民事判决书，认定该案被诉侵权产品的生产日期早于上述调解协议具有高度盖然性，宁波市汉鲸艇卫浴有限公司无需承担侵权赔偿责任。

本院再审认为，根据本案已经查明的事实，结合当事人的再审主张及答辩意见，本案的争议焦点问题是：领航公司销售被诉侵权产品的行为是否构成反不正当竞争法第六条第四项规定的其他仿冒行为。

一、关于销售行为是否属于反不正当竞争法第六条规定的不正当竞争行为

反不正当竞争法第六条规定，经营者不得实施下列混淆行为，引人误认为是他人商品或者与他人存在特定联系：……（四）其他足以引人误认为是他人商品或者与他人存在特定联系的混淆行为。

本案中，领航公司销售的被诉侵权产品上使用"宁波市潜水艇卫浴有限公司"字样，该企业名称包含了柏瑞润兴公司具有一定知名度的"潜水艇"商标。但一审、二审判决认定销售行为不构成反不正当竞争法第六条规定的使用行为，故领航公司销售被诉侵权产品不构成不正当竞争。柏瑞润兴公司申请再审主张上述销售行为构成不正当竞争。对此，本院认为，销售者销售的商品足以引人误认为是他人商品或者与他人存在特定联系的，构成反不正当竞争法规定的不正当竞争行为。理由如下：

从目的解释的角度来看，反不正当竞争法鼓励和保护公平竞争，制止不正当竞争行为，保护经营者和消费者的合法权益。销售者与生产者都是参与市场经营的主体，两者均为反不正当竞争法意义上的经营者。销售行为使仿

冒产品进入市场流通领域，产生混淆误认的可能性，因此，不正当的销售行为与生产行为都对市场竞争秩序产生不利影响，损害经营者和消费者的合法利益，销售行为应当受到反不正当竞争法的规制。

从体系化解释的角度来看，反不正当竞争法对仿冒行为进行规制的基础是经营者对商业标识享有合法权益，这与商标法的保护模式相近。商标法第五十七条明确规定销售侵权商品的行为构成侵权行为。因此，销售行为可以成为反不正当竞争法规制的对象。商标法第五十八条规定，将他人注册商标、未注册的驰名商标作为企业名称中的字号使用，误导公众，构成不正当竞争行为的，依照反不正当竞争法处理。故依据上述法律规定认定是否构成不正当竞争行为仍应当基于反不正当竞争法的相关规定作出。二审判决关于依据商标法的相关规定判断领航公司是否构成不正当竞争行为的认定错误。

从利益平衡的角度，柏瑞润兴公司已就被诉侵权产品的生产者进行追诉，该生产者已被判令变更涉案企业名称。但被诉侵权产品仍有销售，应当给予柏瑞润兴公司救济途径。

综上，销售者的销售行为属于反不正当竞争法第六条规定的使用行为，二审判决的相关法律适用错误，本院予以纠正。

二、被诉侵权行为是否构成不正当竞争

根据在案证据，涉案商标具有较高知名度，被诉侵权产品使用包含涉案商标显著识别部分"潜水艇"的"宁波市潜水艇卫浴有限公司"字样，容易引人误认为系柏瑞润兴公司的商品或者与其具有特定联系。领航公司与柏瑞润兴公司的销售旗舰店相距较近，领航公司作为卫浴产品的销售者，应当知晓柏瑞润兴公司的潜水艇品牌，在此情况下，领航公司销售被诉侵权产品，构成不正当竞争。领航公司主张被诉侵权产品系供货商赠与，但未提交证据证明，其抗辩不能成立。柏瑞润兴公司关于领航公司应当承担民事赔偿责任的再审申请理由成立。二审判决的相关认定错误，本院予以纠正。

根据反不正当竞争法第十七条的规定，经营者违反本法规定，给他人造成损害的，应当依法承担民事责任。经营者的合法权益受到不正当竞争行为损害的，可以向人民法院提起诉讼。因不正当竞争行为受到损害的经营者的赔偿数额，按照其因被侵权所受到的实际损失确定；实际损失难以计算的，按照侵权人因侵权所获得的利益确定。经营者恶意实施侵犯商业秘密行为，情节严重的，可以在按照上述方法确定数额的一倍以上五倍以下确定赔偿数额。赔偿数额还应当包括经营者为制止侵权行为所支付的合理开支。经营者违反本法第六条、第九条规定，权利人因被侵权所受到的实际损失、侵权人因侵权所获得的利益难以确定的，由人民法院根据侵权行为的情节判决给予权利人五百万元以下的赔偿。本案中，领航公司主张未销售其他同类产品，但该公司的经营范围是装饰工程施工，网络工程施工，建材、陶瓷制品等销售。因此，销售卫浴用品系其日常经营业务，领航公司的上述主张与常理不符，且未提交证据加以佐证，本院对其上述主张不予采信。柏瑞润兴公司虽未提交证据证明实际发生的合理开支数额，但其进行了公证证据保全，且聘请律师参加诉讼，由此可知其为维权产生的合理开支确实存在，二审法院酌情确定的合理开支费用并无不当，本院予以确认。由于柏瑞润兴公司未提交证据证明其因领航公司的销售行为受到的损害及合理开支的数额，领航公司未提交证据证明侵权获利数额，本院根据涉案商标的知名度，产品的销售价格，以及领航公司的行为性质，酌情确定领航公司赔偿柏瑞润兴公司经济损失及合理开支共计一万元。

综上所述，柏瑞润兴公司的再审理由成立，依照《中华人民共和国民事诉讼法》第二百零七条、第一百七十七条第一款第二项，《最高人民法院关于适用〈中华人民共和国民事诉讼法〉的解释》第四百零五条的规定，判决如下：

一、撤销山东省高级人民法院（2021）鲁民终13号民事判决；

二、撤销山东省泰安市人民法院（2020）鲁09民初116号民事判决；

三、新泰市领航装饰工程有限公司于本判决生效之日起十日内赔偿柏瑞润兴（北京）科技发展有限公司经济损失及合理开支一万元；

四、驳回柏瑞润兴（北京）科技发展有限公司的其他诉讼请求。

本案一审案件受理费1050元，由柏瑞润兴（北京）科技发展有限公司负担825元，由新泰市领航装饰工程有限公司负担225元；二审案件受理费50元，由新泰市领航装饰工程有限公司负担。

本判决为终审判决。

审　判　长　晏　景

审　判　员　戴怡婷

审　判　员　马秀荣

二〇二二年九月三十日

法官助理　包　硕

书　记　员　韩　阳

31. 虚假或者引人误解的商业宣传的认定

——再审申请人南京德尔森电气有限公司与被申请人美弗勒智能设备有限公司侵害商标权及不正当竞争纠纷案①

中华人民共和国最高人民法院民事判决书（2022）最高法民再 1 号

再审申请人（一审原告、二审上诉人）：南京德尔森电气有限公司。住所地：江苏省南京市鼓楼区渊声巷 17 号。

法定代表人：龚文静，该公司董事长兼总经理。

委托诉讼代理人：胡锋锋，江苏瑞途律师事务所律师。

委托诉讼代理人：蒋海军，江苏瑞途律师事务所律师。

被申请人（一审被告、二审被上诉人）：美弗勒智能设备有限公司。住所地：宁夏回族自治区银川市兴庆区塞上骄子 15#楼 9 层 908 号房。

法定代表人：王勇，该公司总经理。

委托诉讼代理人：刘青，北京市盈科（银川）律师事务所律师。

再审申请人南京德尔森电气有限公司（以下简称德尔森公司）因与被申请人美弗勒智能设备有限公司（以下简称美弗勒公司）侵害商标权及不正当竞争纠纷一案，不服宁夏回族自治区高级人民法院（2020）宁民终 515 号民事判决，向本院申请再审。本院于 2021 年 10 月 29 日作出（2021）最高法民申 5929 号民事裁定，提审本案。本院依法组成合议庭，并于 2022 年 3 月 25 日通过支云庭审程序在线公开开庭进行了审理。再审申请人德尔森公司的委托诉讼代理人胡锋锋、蒋海军，美弗勒公司的委托诉讼代理人刘青，到庭参加了诉讼。本案现已审理终结。

德尔森公司申请再审称，德尔森公司与美弗勒公司之间具有同业竞争关系。美弗勒公司在智能化变电站恒温恒湿汇控柜领域没有任何成功案例的情况下，将德尔森公司的 8 个工程案例作为其成功案例印制在产品宣传册上宣传，其虚假宣传行为足以使消费者误认为此 8 个工程案例系由美弗勒公司所承建，欺骗、误导了消费者，构成虚假宣传的不正当竞争，原审法院未予认

---

① 本案在年度报告中的位置为第 59 页。

定系适用法律错误。原审法院未能正确认定《中华人民共和国反不正当竞争法》（以下简称反不正当竞争法）第六条仿冒混淆的不正当竞争和第八条虚假宣传的不正当竞争的区别，认定美弗勒公司的行为不构成虚假宣传的不正当竞争系认定错误。美弗勒公司不仅虚假宣传其成功案例，还涉及"目前已申请多个专利对产品进行保护""电柜冷凝除湿装置为我公司和国家电网公司合作的专利产品，除湿效果明显"等多处虚假宣传行为。请求依法改判，撤销一、二审民事判决，判令美弗勒公司停止虚假宣传的不正当竞争行为，判令美弗勒公司发布向德尔森公司赔礼道歉的更正声明，以消除影响，判令美弗勒公司赔偿损失 70 万元及为制止侵权行为所支出的合理费用 32590 元，总计 732590 元。一、二审诉讼费用由美弗勒公司负担。

被申请人美弗勒公司提交意见称，其宣传册中的工程案例图片不构成虚假宣传的不正当竞争。德尔森公司主张美弗勒公司构成虚假宣传的内容、客体不特定、不存在，该工程案例图片并未载明工程及位置等信息，德尔森公司无法将工程与所附图片建立对应关系，不会使消费者误认为系德尔森公司产品。所涉产品为智能化变电站恒温恒湿汇控柜，主要购买方为国网公司，不会使德尔森公司丧失正当交易机会。涉案产品宣传册实质属于著作权侵权问题，且已经过湖北省高级人民法院另案作出生效裁判，无需再通过本案不正当竞争纠纷进行处理。请求驳回德尔森公司的再审诉讼请求。

德尔森公司向一审法院起诉，请求判令：1. 美弗勒公司停止不正当竞争行为，即停止虚假宣传、停止引人误认为与德尔森公司存在特定联系的不正当竞争行为；2. 美弗勒公司停止实施侵犯德尔森公司商标权的行为；3. 美弗勒公司发布向德尔森公司赔礼道歉的更正声明，以消除影响（在南京扬子晚报和金陵晚报）；4. 美弗勒公司赔偿德尔森公司损失 70 万元及为制止侵权行为所支出的合理费用 32590 元，总计 732590 元；5. 本案诉讼费用由美弗勒公司承担。

一审法院经审理认定：德尔森公司成立于 2010 年 2 月 25 日，注册资本为 3050 万元整，经营范围为电气产品、风电产品、光电产品……智能化变电站恒温恒湿系统的设计、安装、维修、检测及设备的销售；自营和代理各类商品及技术的进出口业务。2014 年 10 月 14 日，德尔森公司经核准取得"DERSON"文字（横排）商标，注册证号为第 12583641 号，核定使用商品第 9 类：电站自动化装置；电测量仪器；电度表；光学器械和仪器；光学玻璃；集成电路用晶片；电开关；断路器；继电器（电）；配电箱（电）。注册有效期自 2014 年 10 月 14 日至 2024 年 10 月 13 日。美弗勒公司于 2011 年 6 月 16 日成立，注册资本为 5000 万元整，经营范围为：电气产品、仪器仪表……智能化变电站、恒温恒湿系统……的销售等。

2017 年至 2019 年，江苏省电力公司连云港东海运维站、江苏省电力公司淮安供电公司变电维修室、湖北省电力公司孝感供电公司、湖北省电力公司荆门供电公司、国网合肥供电公司运维检修部作为服务用户，向德尔森公司就智能化变电站汇控恒温恒湿改造修理出具使用情况报告及推荐信。2018 年，德尔森公司与国网江苏省电力有限公司新沂市供电分公司就国网江苏徐州新沂 110kV 沈马等变电站 GIS 设备汇控柜防潮修理的项目签订《运维施工合同》，与国网安徽省电力有限公司池州供电公司就国网安徽池州供电公司 220kV 灯塔变等 3 座 220kV 及以下变电站智能汇控柜大修项目签订《检修施工合同》，与国网江西抚州供电公司 110kV 腾桥等 13 座变电站智能控制柜大修（腾桥等 6 变电站）项目签订《（检修/技术改造）施工合同》。德尔森公司就其 DERSON 智能化变电站恒温恒湿汇控柜制作产品手册，产品手册分别从上述汇控柜的简介、工作原理、特点、性能参数、选型方法和成功案例几个方面进行介绍。

湖北省黄冈市公证处于 2019 年 9 月 2 日作出（2019）鄂黄冈证字第 2448 号公证书，载明该公证处受德尔森公司申请，于 2019 年 8 月 27 日上午 9 时 3 分到达国网黄冈供电公司检修分公司，在门口进行拍照后到 313 办公室，德尔森公司代理人沈文康向检修分公司工作人员陈城询问美弗勒公司的产品宣传手册是何时送过来的，工作人员陈城告知大概是在数周前，并将美弗勒公司的产品宣传手册及手册内所附名片一并交给沈文康。该公证书所附美弗勒公司的产品宣传手册目录载明"1. 从智能化变电站汇控柜恒温恒湿治理，2. 变电站高压开关柜（电容器柜）智能相控系统"，具体为 MFL 智能化变电站恒温恒湿汇控柜简介、工作原理、特点、性能参数、选型方法和成功案例几个方面进行介绍，该宣传册中所附图片的智能化变电站恒温恒湿汇控柜中均印有绿色"Powerfiller"标识，尾页底部载明"美弗勒智能设备有限公司，电话：400-8089980，地址：银川××号楼××层××。所附名片载明"美弗勒智能设备有限公司徐文平南京办事处"。一审庭审中，美弗勒公司不认可徐文平为其工作人员。德尔森公司为取得该公证，支出 2500 元公证费。

一审法院认为，本案案由为侵害商标权及不正当竞争纠纷。争议焦点为美弗勒公司制作的宣传册和以此作出的宣传行为是否构成不正当竞争行为，是否侵犯了德尔森公司的商标权。（一）关于美弗勒公司是否构成不正当竞争行为的问题。德尔森公司提交的公证书可以证实该宣传册由美弗勒公司向国网黄冈供电公司检修分公司提供。美弗勒公司制作的宣传册首页左上角载明"Powerfiller"，右下角载明"美弗勒智能设备有限公司"，在宣传内页中均以 MFL 智能化变电站恒温恒湿汇控柜予以介绍，所附图片中的汇控柜在醒目位置有"Powerfiller"标识。该标识与德尔森公司"DERSON"标识在拼写上具有明显差别，一般不会引人误认为是他人商品或与他人存在特定联系。该宣传册中的工程案例照片未载明具体的工程名称和位置，且图片中的汇控柜在醒目位置有"Powerfiller"标识，德尔森公司提交的证据不能证实美弗勒公司该行为系虚假宣传。（二）关于美弗勒公司是否侵犯德尔森公司商标权的问题。美弗勒公司宣传册中所载明的产品在醒目位置的标识"Powerfiller"与德尔森公司享有商标权的"DERSON"标识虽使用在同类商品上，但拼写明显不同，不属于使用相同或近似商标的侵权行为，故德尔森公司主张美弗勒公司停止实施侵犯德尔森公司商标权的行为和承担相应民事责任不能成立，不予支持。遂判决：驳回德尔森公司的诉讼请求。案件受理费11126元，由德尔森公司负担。

德尔森公司不服一审判决，提起上诉，请求撤销宁夏回族自治区银川市中级人民法院（2020）宁01民初103号民事判决，改判支持其一审诉讼请求，由美弗勒公司承担一、二审诉讼费用。主要理由：1. 德尔森公司递交的证据能够证明美弗勒公司在宣传册中的8个施工项目案例均为德尔森公司的施工项目案例，美弗勒公司将工程案例中的商标"DERSON"替换为"Powerfiller"进行虚假宣传，足以使消费者对其所宣传产品的销售状况等方面产生误解，使相关公众误认为宣传册中的施工项目系由美弗勒公司所承建，欺骗、误导了消费者，违反了反不正当竞争法第八条的规定，构成虚假宣传行为的不正当竞争。2. 美弗勒公司整体恶意抄袭并套用德尔森公司产品宣传内容，并将德尔森公司施工项目案例虚假宣传为美弗勒公司的施工项目案例，其一系列行为构成了"整体行为性"的仿冒混淆行为，足以引人误认为与德尔森公司存在特定联系，构成仿冒混淆的不正当竞争。3. 一审程序违法。美弗勒公司在庭审结束后委托律师代理并发表大量辩论意见，未经庭审辩论，剥夺了德尔森公司辩论权，一审法院在判决书中予以采纳，违反法定程序。

美弗勒公司答辩称，1. 宣传册中的工程案例图片并未载明具体工程及位置，德尔森公司提交的证据仅能证明这些工程是由德尔森公司施工，无法将工程与所附图片建立关联关系，无法证明美弗勒公司存在虚假宣传。工程案例中已经明确了"powerfiller"标识，不会使消费者误认为系德尔森公司"DERSON"产品，美弗勒公司不存在虚假宣传。2. 德尔森公司宣传册中载明的关于产品介绍宣传内容，并不具有区别商品来源的显著特征。美弗勒公司宣传册与德尔森公司宣传册的封面排版、字体、颜色、风格等明显不同，不会误导消费者混淆德尔森公司与美弗勒公司产品，美弗勒公司不构成不正当竞争行为。3. 德尔森公司诉称美弗勒公司整体恶意抄袭并套用其产品宣传册，盗用项目案例图片，构成对德尔森公司不正当竞争以及商标侵权。美弗勒公司认为，这属于《中华人民共和国著作权法》所规制的问题。4. 一审程序合法。德尔森公司的委托诉讼代理人在一审中已经充分发表辩论意见，程序违法的上诉理由不能成立。

二审法院对一审查明的事实予以确认。

二审法院认为，二审争议焦点是：一审程序是否合法；美弗勒公司是否存在虚假宣传并构成不正当竞争。关于程序问题，美弗勒公司委托诉讼代理人一审提交的代理意见，除主张本案应属著作权权属纠纷且没有被一审法院采纳外，其他观点是对一审庭审中出庭的美弗勒公司法定代表人所发表观点的细述，非必要启动再辩论程序，一审程序合法。但一审法院将美弗勒公司庭后提交的代理意见中的观点作为该公司答辩意见引述不当，该院予以纠正。关于美弗勒公司是否存在虚假宣传并构成不正当竞争的问题。湖北省黄冈市公证处第 2448 号公证书证实案涉宣传册系美弗勒公司的宣传册，宣传册中展示了 8 张产品图片。虽然美弗勒公司宣传册中的文字和图形内容雷同于德尔森公司，产品图片是对德尔森公司原图替换商标后使用，但从"成功案例"部分展示的 8 张产品图片内容看，展示的是单个产品安装效果，图片亦未标注内容来源和位置，并不能体现具体施工项目。且图片上的原商标"DER-SON"已替换为"Powerfiller"，图片丧失显著标识，不能使人误认为与德尔森公司存在特定联系，构不成混淆行为。加之案涉产品为电气类产品，具有特定用途，需要通过招标、投标等合法方式确定该类产品的销售，宣传行为本身并不会增加美弗勒公司的竞争优势，也不会使德尔森公司丧失正当交易机会。德尔森公司无充分证据证明美弗勒公司宣传册完全虚假，即使宣传册中存在有夸大或不实成分，在其未举证证明宣传内容足以造成相关公众误解并对其造成直接损害后果的情况下，该公司关于美弗勒公司进行的宣传系虚假宣传并构成不正当竞争的主张不能成立。遂判决：驳回上诉，维持原判。二审案件受理费 11126 元，由德尔森公司负担。

再审诉讼中，德尔森公司提供建湖县公安局颜单派出所于 2021 年 2 月 9 日对德尔森公司原员工贾勇的询问笔录，主张是新的证据，用以证明美弗勒公司存在不正当竞争行为主观恶意。被申请人美弗勒公司质证认为，该证据形式上属于证人证言，证人应当当庭陈述，并且所述内容与实际不符。对此，本院认为，该份证据属于证人证言，因证人未到庭接受质询，且该证人证言未被生效裁判确认，故本院对此不予确认。

美弗勒公司提供湖北省高级人民法院（2021）鄂知民终 653 号民事判决书及国家知识产权局于 2022 年 3 月 21 日作出的第 54727 号《无效宣告请求审查决定书》，主张另案已对宣传册构成侵害著作权作出终审裁判，且相关专利被宣告无效，已进入公有领域。德尔森公司质证认为，另案著作权纠纷生效裁判并未对本案所涉 8 个工程图片作出认定，即另案裁判不包括本案诉讼请求；一项专利是否无效与本案无关，不能否认美弗勒公司构成虚假宣传的不正当竞争。对此，本院认为，另案生效裁判是否包括本案德尔森公司的诉讼请求，将在本院认为中分析论述；对于相关专利是否无效，鉴于该专利与本案不正当竞争纠纷之间并不存在必然关联，本院对此不予确认。

再审庭审中，德尔森公司明确其主张美弗勒公司存在虚假宣传的不正当竞争行为，不再主张商标侵权。

除上述情形外，本院对原审判决认定的其他事实予以确认。

本院再审认为，本案再审审理焦点问题是美弗勒公司的行为是否构成虚假宣传的不正当竞争；如构成，美弗勒公司应如何承担民事责任。

反不正当竞争法第八条第一款规定，经营者不得对其商品的性能、功能、质量、销售状况、用户评价、曾获荣誉等作虚假或者引人误解的商业宣传，欺骗、误导消费者。本案德尔森公司主张美弗勒公司存在虚假宣传的不正当竞争行为的具体表现为：美弗勒公司在其宣传册中使用德尔森公司的 8 个工程图片作为其成功案例进行宣传；宣传册中两段文字"目前已申请多个专利对产品进行保护""电柜冷凝除湿装置为我公司和国家电网公司合作的专利产品，除湿效果明显"构成虚假宣传。

经查，美弗勒公司制作的产品宣传册中的工程案例图片虽未载明具体的工程名称和位置，但德尔森公司在原审诉讼中提供的合同、产品图片等证据能够证明美弗勒公司在宣传册中所展示的 8 张成功案例图片系德尔森公司施工项目中的产品图片。美弗勒公司将德尔森公司的 8 个工程图片中的德尔森公司商标换成美弗勒公司的商标，将工程图片当作自己的工程成功案例印制在产品宣传册上进行宣传，原审判决对此事实经审理业已确认。美弗勒公司没有提供相反证据推翻此认定，本院对此亦予以确认。美弗勒公司此行为足以使消费者误认为此 8 个工程案例系由美弗勒公司所承建，欺骗、误导了消费者，由此易使美弗勒公司获取市场竞争优势和市场交易机会，损害与其作为同业竞争关系的德尔森公司的利益，扰乱了市场竞争秩序。对于消费者而言，正是由于美弗勒公司对其产品的虚假宣传，易使消费者发生误认误购，亦损害了消费者利益，美弗勒公司的行为构成反不正当竞争法第八条规定的虚假宣传的不正当竞争。原审判决未予认定不当，本院予以纠正。

对于本案 8 个成功案例图片是否包含在另案德尔森公司诉美弗勒公司侵犯著作权纠纷一案中，经查，根据湖北省高级人民法院（2021）鄂知民终 653 号民事判决书的内容可见，德尔森公司在该案中系以其"智能化变电站恒温恒湿控柜产品手册 V1.3"作品为权利基础主张美弗勒公司构成著作权侵权，要求其承担侵权责任。经法院审理确认，宣传册中的简介、特点以及选型方法中的案例说明部分，是具有其产品特色的文字作品，属于具有独创性的思想外在表达，纳入著作权保护范围，并未将这 8 个工程图片纳入著作权保护范围，况且德尔森公司在本案中主张的 8 个工程图片并非是其另案"智能化变电站恒温恒湿控柜产品手册 V1.3"中的内容，故美弗勒公司的此项抗辩主张不能成立，本院不予支持。

对于美弗勒公司在宣传册中称"目前已申请多个专利对产品进行保护"是否构成虚假宣传的不正当竞争行为问题，再审庭审中，美弗勒公司承认其至今未申请相关专利，故上述内容存在虚假，易使相关公众受到欺骗、误导，侵害与美弗勒公司具有同业竞争关系且拥有多项专利的德尔森公司利益，原审法院对此未认定构成虚假宣传亦不当，本院予以纠正。对于宣传册中"电柜冷凝除湿装置为我公司和国家电网公司合作的专利产品，除湿效果明显"是否构成虚假宣传，经审查，德尔森公司在湖北省高级人民法院（2021）鄂知民终653 号一案中已提出予以著作权保护，故对德尔森公司此项主张不予认定。

综上，美弗勒公司在其制作的产品宣传册上，将德尔森公司的 8 个工程案例图片作为自己成功案例图片经变造后使用，以及在宣传册中声称"目前已申请多个专利对产品进行保护"，构成反不正当竞争法第八条第一款规定的虚假宣传的不正当竞争行为，应立即停止侵权，并应承担相应的民事赔偿责任。

对于美弗勒公司应承担的赔偿责任，反不正当竞争法第十七条第三款规定，"因不正当竞争行为受到损害的经营者的赔偿数额，按照其因被侵权所受到的实际损失确定；实际损失难以计算的，按照侵权人因侵权所获得的利益确定。经营者恶意实施侵犯商业秘密行为，情节严重的，可以在按照上述方法确定数额的一倍以上五倍以下确定赔偿数额。赔偿数额还应当包括经营者为制止侵权行为所支付的合理开支。"《最高人民法院关于审理不正当竞争民事案件应用法律若干问题的解释》第十七条第一款规定："……确定反不正当竞争法第五条、第九条、第十四条规定的不正当竞争行为的损害赔偿额，可以参照确定侵犯注册商标专有权的损害赔偿额的方法进行。"《中华人民共和国商标法》第六十三条第一款、第三款规定："侵犯商标专用权的赔偿数额，按照权利人因被侵权所受到的实际损失确定；实际损失难以确定的，可以按照侵权人因侵权所获得的利益确定；权利人的损失或者侵权人获得的利益难以确定的，参照该商标许可使用费的倍数合理确定。对恶意侵犯商标专用权，情节严重的，可以在按照上述方法确定数额的一倍以上五倍以下确定赔偿数额。赔偿数额应当包括权利人为制止侵权行为所支付的合理开支。"

"权利人因被侵权所受到的实际损失、侵权人因侵权所获得的利益、注册商标许可使用费难以确定的,由人民法院根据侵权行为的情节判决给予五百万元以下的赔偿。"本案德尔森公司请求美弗勒公司赔偿经济损失70万元及合理费用32590元,对此,因德尔森公司未提供其因不正当竞争行为所受到的实际损失,亦未提供美弗勒公司因虚假宣传所获得的利益证据,且德尔森公司在再审诉讼中主张赔偿数额系法定赔偿,故根据美弗勒公司的虚假宣传行为的情节、范围、性质、影响以及主观过错等因素,同时考虑到另案著作权侵权纠纷终审裁判情况,酌情确定美弗勒公司赔偿经济损失50万元,赔偿德尔森公司为维权所支付的合理开支20590元,合计520590元。

对于德尔森公司要求美弗勒公司发布赔礼道歉的更正声明以消除影响的诉讼请求,赔礼道歉主要适用于侵害人格权益的情形,且德尔森公司并未提供证据证明其商业信誉、商品声誉因美弗勒公司的侵权行为而受到实际损害,故对德尔森公司此项诉讼请求不予支持。

综上所述,再审申请人德尔森公司的部分再审诉讼请求成立,本院予以支持。原审判决适用法律不当,本院予以纠正。依照《中华人民共和国民事诉讼法》第一百七十七条第一款第二项、第二百一十四条第一款之规定,判决如下:

一、撤销宁夏回族自治区高级人民法院(2020)宁民终515号民事判决及宁夏回族自治区银川市中级人民法院(2020)宁01民初103号民事判决;

二、美弗勒智能设备有限公司立即停止虚假宣传的不正当竞争行为;

三、美弗勒智能设备有限公司于本判决生效后十日内赔偿南京德尔森电气有限公司经济损失及合理开支共计520590元人民币;

四、驳回南京德尔森电气有限公司的其他诉讼请求。

如果未按本判决指定的期间履行给付金钱义务,应当依照《中华人民共和国民事诉讼法》第二百六十条之规定,加倍支付迟延履行期间的债务利息。

一审、二审案件受理费合计22252元,由美弗勒智能设备有限公司负担15813元(于本判决生效后10日内一并支付给南京德尔森电气有限公司),南京德尔森电气有限公司负担6439元。

本判决为终审判决。

审　判　长　张志弘

审　判　员　李　丽

审　判　员　许常海

二〇二二年五月九日

法官助理　张　赫

书　记　员　芦　菲

32. 商业诋毁行为的认定

——再审申请人 TCL 王牌电器（惠州）有限公司与被申请人海信视像
  科技股份有限公司、二审被上诉人 TCL 科技集团股份有限公司商业
  诋毁纠纷案①

中华人民共和国最高人民法院民事裁定书（2021）最高法民申 6512 号

再审申请人（一审被告、二审上诉人）：TCL 王牌电器（惠州）有限公司。住所地：广东省惠州市仲恺高新技术产业开发区惠风四路 78 号。

法定代表人：王成，该公司董事长。

委托诉讼代理人：李轶凡，北京天同律师事务所律师。

委托诉讼代理人：张好，北京天同律师事务所实习律师。

被申请人（一审原告、二审上诉人）：海信视像科技股份有限公司。住所地：山东省青岛市经济技术开发区前湾港路 218 号。

法定代表人：程开训，该公司董事长。

委托诉讼代理人：金李，北京浩天律师事务所律师。

委托诉讼代理人：苏源，山东文康律师事务所律师。

二审被上诉人（一审被告）：TCL 科技集团股份有限公司。住所地：广东省惠州仲恺高新区惠风三路 17 号 TCL 科技大厦。

法定代表人：李东生，该公司董事长。

再审申请人 TCL 王牌电器（惠州）有限公司（以下简称 TCL 惠州公司）因与被申请人海信视像科技股份有限公司（以下简称海信公司）、二审被上诉人 TCL 科技集团股份有限公司商业诋毁纠纷一案，不服山东省高级人民法院（2021）鲁民终 38 号民事判决，向本院申请再审。本院依法组成合议庭进行了审查，现已审查终结。

TCL 惠州公司向本院申请再审称，（一）TCL 惠州公司发布被诉侵权视频的行为不构成商业诋毁，原审判决关于被诉行为的定性存在错误。被诉侵权视频并未明确指向海信公司，不会对其商誉造成损害；被诉侵权视频采用

---

① 本案在年度报告中的位置为第 60 页。

艺术化的呈现表达方式，针对指出激光电视普遍存在的安装复杂、见光死、观看角度小、漏光、噪音大等共性问题，TCL 惠州公司均提供了合理来源，不存在虚假或误导性信息。被诉侵权视频属于正常的产品推介行为，TCL 惠州公司不存在损害竞争对手商誉的故意，且不足以对海信公司的商誉造成损害。（二）二审判决关于被诉行为法律责任的确定明显存在错误。TCL 惠州公司不应承担连续公开刊登消除影响声明的民事责任。二审法院将一审法院的酌定赔偿额由 50 万元提高到 200 万元，缺乏事实和法律依据。综上，请求撤销原审判决，依法改判。

海信公司向本院提交意见称，（一）TCL 惠州公司的再审理由不属于民事诉讼法规定的再审法定事由。（二）原审判决均认定 TCL 惠州公司发布被诉侵权视频的行为构成对海信公司的商业诋毁，证据充足，认定事实清楚，适用法律正确。侵权视频中被诋毁的激光电视能够明确指向海信公司生产并销售的激光电视产品。电视主机与海信公司 80L5 激光电视主机外观完全一致。"海小聚"卡通形象系海信品牌电视产品特有的商业标识。被诉侵权视频存在虚假和误导性信息，属于诋毁。被诉侵权视频属于违反商业道德和扰乱市场竞争秩序的行为，而非正常的产品推介行为。（三）TCL 惠州公司主观恶意明显，损害后果严重，应当承担刊登声明、消除影响的责任。一审判决确定的赔偿金额过低，二审判决依法将判赔金额调整为 200 万元并无不当。综上，请求驳回 TCL 惠州公司的再审申请。

再审审查期间，本院组织各方当事人于 2022 年 6 月 17 日进行了询问。TCL 惠州公司向本院提交了《2019 激光电视品牌排行榜 TOP10 第一的竟然不是极米》等网页报道、中国激光电视产业白皮书（2020 年）等证据材料，拟证明市场上存在多家激光电视生产厂家和多种产品，其视频不指向海信公司，被诉侵权行为不构成商业诋毁行为。提交了《一审败诉赔偿海信 50 万元，TCL 输的不只是官司，还有口碑》等证据材料，拟证明被诉行为不应承担刊登声明以消除影响的民事责任和 200 万元民事赔偿责任。海信公司向本院提交小米天猫官方旗舰店搜索"激光电视"的网页图片、（2021）鲁青岛市中证民字第 5059 号公证书等证据材料，拟证明被诉侵权行为构成商业诋毁，TCL 惠州公司应当承担消除影响和 200 万元的赔偿责任。

本院经审查认为，根据 TCL 惠州公司的再审申请理由，本案的主要焦点问题为：（一）TCL 惠州公司在其官方微博和抖音账号上发布被诉侵权视频的行为是否构成对海信公司的商业诋毁；（二）如果被诉行为构成商业诋毁行为，二审判定承担的责任是否合适。

（一）TCL 惠州公司在其官方微博和抖音账号上发布被诉侵权视频的行

为是否构成对海信公司的商业诋毁

《中华人民共和国反不正当竞争法》第十一条规定，经营者不得编造、传播虚假信息或者误导性信息，损害竞争对手的商业信誉、商品声誉。就本案而言，各方当事人就 TCL 惠州公司在其官方微博和抖音账号上发布被诉侵权视频一事并无争议，本院予以确认。就该行为定性，本院作如下分析：首先，关于被诉侵权视频是否明确指向海信公司。TCL 惠州公司主张生产激光电视的厂家除了海信公司以外，还有其他厂家，被诉侵权视频指向的并不是海信公司的产品。根据原审查明的事实，在被诉侵权视频的画面中多次出现"海小聚"的卡通形象，该卡通形象系公众识别海信公司电视产品的重要识别标识之一。原审法院根据该卡通形象的画面，结合电视画面中出现的激光电视产品的主机外观，认定相关公众能够从视频内容辨认或查询出系海信公司的激光电视产品符合消费者认知习惯，并无不当。其次，被诉侵权视频相关内容是否存在虚假或者误导性信息，是否对海信公司的商业信誉、商品声誉造成损害。TCL 惠州公司主张视频中显示激光电视存在见光死、观看角度小、漏光、噪音大等问题系客观存在，有相关媒体报道和消费者评价。本院认为，认定是否构成商业诋毁，其根本要件是相关经营者之行为是否以误导方式对竞争对手的商业信誉或者商品声誉造成了损害。本案中 TCL 惠州公司并未提供充足的证据证明海信激光电视存在见光死、观看角度小、漏光等问题，视频中男主角对安装"无从下手"，"被安装过程击倒"等内容亦与海信公司为用户提供免费的安装服务不符，容易对消费者造成误导。TCL 惠州公司作为海信公司的同业竞争者，对他人商品进行对比评论或者批评时应当本着诚实信用的原则，遵守法律和商业道德，客观、真实、中立地进行评价，不能损害他人商誉，误导公众。退一步讲，即便激光电视存在一定问题，TCL 惠州公司亦不能采取被诉侵权视频中的表达方式，片面夸大激光电视的不足。作为同业竞争者，对真实的信息进行描述也应客观、全面。被诉行为的片面性和不准确性，容易导致消费者对相关商品产生错误认识，进而影响到消费者的决定，并对海信公司的商业信誉或商品声誉产生负面影响，损害海信公司的利益。故二审法院认定 TCL 惠州公司的被诉行为构成对海信公司的商业诋毁，并无不当。TCL 惠州公司所称其提交的新的证据材料足以推翻原审判决相关认定的主张不能成立，本院不予支持。

（二）二审法院判定的 TCL 惠州公司应承担的责任是否合适

TCL 惠州公司主张一、二审判决作出后，海信公司通过媒体报道放大案件影响，即便被诉行为存在不良影响，也已被消除，不应再承担刊登声明以消除影响的民事责任。本院认为，根据法律规定，承担侵权责任的方式包括停止侵权、赔礼道歉、消除影响、赔偿损失等。如前所述，TCL惠州公司的被诉行为已构成商业诋毁行为，对海信公司的商业信誉或商品声誉产生了负面影响，二审法院对此判决公开刊登声明以消除影响并无不当。

TCL惠州公司还主张二审法院将一审法院的酌定赔偿额由50万元提高到200万元，缺乏事实和法律依据。本院认为，二审法院综合考虑海信激光电视的知名度、TCL惠州公司发布被诉侵权视频在相关公众中的影响力、侵权后果的不断扩大、海信公司因为应对商业诋毁行为付出的宣传费用以及合理支出等多方面因素，酌定赔偿额为200万元并无不当。其他个案的赔偿额不能作为本案确定赔偿额的依据。TCL惠州公司申请再审所称，其提供的新的证据材料足以推翻二审判决关于侵权责任承担方式和数额认定的主张不能成立，本院不予支持。

此外，TCL惠州公司再审申请阶段提交的新证据材料或形成于原审期间，或与本案无关联，依据《最高人民法院关于适用〈中华人民共和国民事诉讼法〉的解释》第三百八十六条的规定，不属于申请再审阶段"新的证据"。

综上所述，TCL惠州公司的再审申请不符合《中华人民共和国民事诉讼法》第二百零七条规定的情形。依照《中华人民共和国民事诉讼法》第二百一十一条第一款，《最高人民法院关于适用〈中华人民共和国民事诉讼法〉的解释》第三百九十三条第二款的规定，裁定如下：

驳回TCL王牌电器（惠州）有限公司的再审申请。

审　判　长　毛立华
审　判　员　李　嵘
审　判　员　江建中
二〇二二年六月二十四日
法官助理　唐　弦
书　记　员　吕姝君

五、植物新品种案件审判

33. 植物品种特异性判断中已知品种的确定

——上诉人黑龙江阳光种业有限公司与被上诉人农业农村部植物新品种复审委员会植物新品种申请驳回复审行政纠纷案①

中华人民共和国最高人民法院行政判决书（2021）最高法知行终 453 号

上诉人（原审原告）：黑龙江阳光种业有限公司。住所地：黑龙江省哈尔滨经开区哈平路集中区哈平东路 2 号 1-2 号厂房。

法定代表人：李立新，该公司董事长。

委托诉讼代理人：赵洪元，男，该公司工作人员。

委托诉讼代理人：李丰才，国浩律师事务所律师。

被上诉人（原审被告）：农业农村部植物新品种复审委员会。住所地：北京市朝阳区农展馆南里 11 号。

负责人：张桃林，该委员会主任。

委托诉讼代理人：储玉军，男，该委员会工作人员。

委托诉讼代理人：陈猛，北京天驰君泰律师事务所律师。

上诉人黑龙江阳光种业有限公司（以下简称阳光种业公司）因与被上诉人农业农村部植物新品种复审委员会（以下简称植物新品种复审委员会）植物新品种申请驳回复审行政纠纷一案，不服北京知识产权法院于 2020 年 8 月 12 日作出的（2019）京 73 行初 1401 号行政判决，向本院提起上诉，本院于 2021 年 4 月 26 日立案后，依法组成合议庭，并于 2021 年 7 月 28 日对本案进行了询问。上诉人阳光种业公司的委托诉讼代理人赵洪元、李丰才，被上诉

---

① 本案在年度报告中的位置为第 61 页。

人植物新品种复审委员会的委托诉讼代理人储玉军、陈猛到庭参加诉讼。本案现已审理终结。

阳光种业公司上诉请求：1. 撤销（2019）京 73 行初 1401 号行政判决；2. 判决植物新品种复审委员会重新作出行政行为。事实与理由：（一）原审法院对于"已知品种"的事实认定存在重大错误。1. "哈育 189"玉米品种的审定时间为 2015 年 4 月 8 日，与"利合 228"玉米品种比较，系法定在先的已知的植物品种。"哈育 189"玉米品种于 2011—2014 年参加黑龙江省品种审定实验，于 2015 年 1 月 16 日通过黑龙江省农作物品种审定委员会初审，至迟于 2015 年 1 月 16 日构成《中华人民共和国种子法》（以下简称种子法）第九十二条规定的"已受理申请品种审定的植物品种"。2015 年 3 月 5 日公开的农种品函〔2015〕8 号"关于黑龙江、甘肃、青海、安徽主要农作物审定品种目录的公示"中包括"哈育 189"玉米品种，该品种 2015 年 4 月 8 日通过黑龙江省农作物品种审定委员会审定。根据《主要农作物品种审定办法》第二十六条规定，"哈育 189"玉米品种自 2015 年 4 月 8 日起即为"已通过品种审定"的品种，原审判决所引述的 2015 年 5 月 13 日的公告日及 2015 年 5 月 14 日的证书颁发日均非"已通过品种审定"日。"哈育 189"玉米品种属于法定的获得品种审定的已知品种。2. 已知的植物品种是品种间比较的相对概念，"哈育 189"玉米品种作为在先的已知的植物品种，以在后的品种与其相比较显然缺乏合法性、合理性。根据原审查明的事实，"利合 228"品种权初审合格公告日为 2015 年 5 月 1 日。根据《中华人民共和国植物新品种保护条例》（以下简称植物新品种保护条例）及《中华人民共和国植物新品种保护条例实施细则（农业部分）》〔以下简称植物新品种保护条例实施细则（农业部分）〕对于"已知的植物品种"的界定，"哈育 189"玉米品种于 2015 年 4 月 8 日成为已知的植物品种，系法定在先品种。3. 阳光种业公司在原审中补充提供了相关证据及事实主张，原审法院对该事实拒不理会，不予论证、说理，造成事实认定的重大错误。（二）原审判决法律适用错误。原审判决在本案中机械引用《中华人民共和国立法法》（以下简称立法法）第九十三条关于溯及力的规定，没有考察本案作为行政诉讼的特别法律制度，是错误的。本案应当适用种子法认定"哈育 189"玉米品种为已知品种。原审判决论证逻辑和结论错误，对于品种审定与植物新品种保护在递交品种权保护和申请品种审定时间上"没有必然联系"的认定存在错误。（三）"利合 228"玉米品种的授权是不合理的。原审判决偏袒本案的行政机关，属违法裁判。

植物新品种复审委员会答辩称："利合 228"品种权初步审查合格公告时

间早于"哈育189"玉米品种提出品种权申请时间和通过品种审定时间，故选取"利合228"玉米品种作为近似品种符合法律规定。《关于维持〈哈育189品种实质审查驳回决定〉的决定》（以下简称被诉决定）认定事实清楚，适用法律法规正确，审理程序合法，审查结论正确，阳光种业公司的上诉理由不能成立，请求法院驳回其上诉请求。

阳光种业公司向原审法院提起诉讼，原审法院于2019年2月14日立案受理。阳光种业公司起诉请求：撤销植物新品种复审委员会于2019年1月17日作出的被诉决定，并判令植物新品种复审委员会重新作出决定。

原审法院认定事实：被诉决定涉及名称为"哈育189"的植物新品种申请，植物种类为玉米，申请人为阳光种业公司和黑龙江省农业科学院玉米研究所（以下简称黑龙江玉米研究所），申请日为2015年6月29日，申请号为20150963.4。

2015年3月30日，阳光种业公司和黑龙江玉米研究所提交了《黑龙江省农作物品种审定玉米品种申报书》，品种代号为"黑450"，建议推广名称为"哈育189"，品种来源（母本×父本）为HR0252×HRK110，申报单位为阳光种业公司、黑龙江玉米研究所。该申报书附件《玉米黑450的选育报告》中记载："'黑450' 2009—2010年在本单位鉴定试验，2011年参加省玉米预备试验，2012—2013年参加省区域试验，2014年参加省生产试验，2010—2014年在省内适宜地区进行多点次异地鉴定试验，该组合均表现抗病性强、产量高、适应性好等优点。"

2015年5月13日，黑龙江省农业委员会印发《黑龙江省农业委员会通告》（2015第005号），其中品种审定目录和介绍中包含有"哈育189"玉米品种，审定意见为该品种符合黑龙江省玉米品种审定标准，通过审定，适宜黑龙江省第三积温带上限种植。

2015年5月14日，黑龙江省农作物品种审定委员会针对"哈育189"玉米品种颁发了证书编号为2015037的《黑龙江省农作物品种审定证书》，据该审定证书记载，审定编号为"黑审玉2015037"，品种名称为"哈育189"，原代号为"黑450"，品种来源为HR0252×HRK110，申请者及育种者为阳光种业公司、黑龙江玉米研究所。

2015年6月29日，阳光种业公司和黑龙江玉米研究所针对"哈育189"向原农业部植物新品种保护办公室（以下简称品种保护办公室）提出品种权申请。

2017年11月20日，品种保护办公室认为本申请不符合植物新品种保护条例第十五条规定，作出《实质审查驳回决定》，驳回了该品种权申请。该驳回决定附有《植物品种特异性鉴定报告》，报告系由品种保护办公室委托的农业部植物新品种测试（哈尔滨）分中心作出，其中载明："2015-1499A（哈育189）与近似品种2015-1499C（利合228），在性状17、22、29.2上分别存在一个代码的差异，经t检验差异不显著；性状27.2差值小于一个代码级差。因此判定该品种不具备特异性。"

关于近似品种的基本情况，名称为"利合228"的植物新品种，植物种类为玉米，申请人为利马格兰欧洲，申请日为2015年1月22日，申请号为20150095.5，申请公告日为2015年5月1日，授权日为2018年1月2日，授权号为CNA20150095.5，品种权人为利马格兰欧洲。

2018年3月24日，阳光种业公司和黑龙江玉米研究所以品种保护办公室选错近似品种为由，向植物新品种复审委员会提出复审请求。

2018年7月31日，植物新品种复审委员会发出受理通知书，同时作出复审秘字〔2018〕77号《前置审查通知书》，通知品种保护办公室前置审查。

2018年9月5日，品种保护办公室出具品保办〔2018〕第16号《复审前置审查意见》，认为选择"利合228"玉米品种作为"哈育189"的近似品种符合植物新品种保护条例规定，坚持原驳回决定。

2019年1月17日，植物新品种复审委员会作出被诉决定，该决定中认定："哈育189"玉米品种于2015年6月29日提交品种权申请时，"利合228"玉米品种已于2015年4月14日公告初步审查合格，选择"利合228"作为本申请的近似品种符合植物新品种保护条例规定。"哈育189"玉米品种经品种保护办公室前置审查，不符合植物新品种保护条例关于授权的有关规定，阳光种业公司的复审理由不能成立。依据《农业部植物新品种复审委员会审理规定》第二十七条第（一）项的规定，植物新品种复审委员会决定：维持品种保护办公室作出的《哈育189品种实质审查驳回决定》，驳回阳光种业公司和黑龙江玉米研究所的复审请求。

关于"哈育189"玉米品种和"利合228"玉米品种存在的民事纠纷。利马格兰欧洲以阳光种业公司、黑龙江玉米研究所、甘肃恒基种业有限责任公司未经许可在追偿期内为商业经营目的以"哈育189"的名义生产、销售"利合228"玉米新品种权的种子为由，曾向甘肃省张掖市中级人民法院提起民事诉讼。甘肃省张掖市中级人民法院经审理作出（2017）甘07民初94号民事判决，利马格兰欧洲、阳光种业公司和黑龙江玉米研究所不服，向甘肃省高级人民法院提起上诉。2018年11月28日，甘肃省高级人民法院经审理作出（2018）甘民终695号民事判决，该判决认定：（一）阳光种业公司与黑龙江玉米研究所认为农业部授予"利合228"玉米新品种权不具有合法性的主张不能成立。理由如下：1."利合228"玉米新品种权取得合法有效，对该权利，目前无证据证明植物新品种复审委员会正在或已经宣告无效的情形，因此，该权利状态稳定；2."利合228"玉米新品种权的法律效力应当维护；3."哈育189"通过品种审定不会影响"利合228"玉米新品种权的合法性。利马格兰欧洲取得新品种权的"利合228"与阳光种业公司、黑龙江玉米研究所取得审定通过的"哈育189"玉米品种，相互不具有特异性，属于同一玉米品种。（二）在"利合228"已被授权的情况下，阳光种业公司与黑龙江玉米研究所提交的证据均不足以证明该品种权属其所有，根据证据规则，应确认涉案品种权归利马格兰欧洲所有。（三）由于"利合228"与"哈育189"是同一玉米品种，"哈育189"已通过黑龙江省的品种审定，因此，在该审定未经更正或撤销的情况下，利马格兰欧洲不能通过"利合228"品种审定，也无法在黑龙江省适宜区域推广、生产、销售"利合228"品种。利马格兰欧洲要求将审定品种"哈育189"名称变更为"利合228"、将"哈育189"审定公告中的育种单位由阳光种业公司与黑龙江玉米研究所变更为利马格兰欧洲的诉请应当予以支持。2019年2月14日，黑龙江省农业农村厅发布《黑龙江省农业农村厅公告》（2019第004号），决定将原黑龙江省农业委员会发布的《黑龙江省农业委员会通告》（2015第005号）中的玉米品种"哈育189"更名为"利合228"，育种者由"黑龙江玉米研究所、阳光种业公司"变更为"利马格兰欧洲"。

在原审法院审理中，阳光种业公司提交了植物新品种复审委员会复审秘字［2018］76号《受理通知书》、被诉决定、参加2011年黑龙江省农作物品种试验汇总表、《黑龙江省农业委员会通告》（2015第005号）《黑龙江省农作物品种审定玉米品种申报书》《黑龙江省农作物品种审定证书》《实质审查驳回决定》等材料的复印件。植物新品种复审委员会对前述材料的真实性、合法性、关联性均不持异议。

植物新品种复审委员会向原审法院提交了复审请求申请书、中国种业大数据平台相关查询信息、植物品种特异性鉴定报告、（2018）甘民终695号民事判决等材料的复印件。阳光种业公司对前述材料的真实性、合法性、关联性均不持异议。

2019年12月5日，黑龙江玉米研究所向原审法院出具声明书，其中载明："我单位在你院审理的黑龙江阳光种业有限公司诉农业农村部植物新品种复审委员会的'哈育189'品种授权复审行政纠纷一案中，放弃全部诉讼权利，包括程序及实体权利。"

原审法院认为：本案的争议焦点在于被诉决定关于本申请不具备特异性

的认定是否正确，其中，选择"利合228"作为本申请的近似品种是否适当是审理该焦点问题的核心。

植物新品种保护条例第十五条规定，授予品种权的植物新品种应当具备特异性。特异性，是指申请品种权的植物新品种应当明显区别于在递交申请以前已知的植物品种。植物新品种保护条例实施细则（农业部分）第二十一条第二款规定，近似品种是指在所有已知植物品种中相关特征或者特性与申请品种最为相似的品种。

阳光种业公司的核心理由在于，被诉决定作出于种子法实施之后，根据该法规定，"哈育189"自2011年参加黑龙江省农作物品种试验起属于已经受理申请品种审定的植物品种，即为已知品种，故"利合228"作为公开在后的品种，不能作为本申请的近似品种。对此，原审法院认为，在认定"利合228"能否作为本申请近似品种时，应当明晰种子法与植物新品种保护条例实施细则（农业部分）的法律适用问题，并在此基础上进一步考量"利合228"相对于本申请是否为已知的植物品种。

（一）关于种子法与植物新品种保护条例实施细则（农业部分）的法律适用问题

原审法院认为，"法不溯及既往"是一项基本的法律适用原则。立法法第九十三条规定，法律、行政法规、地方性法规、自治条例和单行条例、规章不溯及既往，但为了更好地保护公民、法人和其他组织的权利和利益而作的特别规定除外。该条款是关于法的时间效力的规定，在无特别规定的情况下，要求法律只能适用于其颁布生效以后发生的行为或事件，不能溯及至其颁布生效以前发生的行为或事件。本案中，首先，阳光种业公司主张适用的种子法是全国人民代表大会常务委员会修订的自2016年1月1日起正式实施的法律，虽然其设立专章规定"新品种保护"，但本案系植物新品种授权行政纠纷，涉及的是对本申请是否符合植物新品种授权条件的审查，应当审查本申请在递交品种权申请时是否符合当时法律法规所规定的授权条件。本申请递交品种权申请时间为2015年6月29日，发生于种子法施行之前，故依据法不溯及既往原则，在无特别规定的情况下，植物新品种复审委员会未依据种子法作出被诉决定并无不当。其次，就"已知的植物品种"的界定问题而言，种子法第九十二条第十项规定，已知品种是指已受理申请或者已通过品种审定、品种登记、新品种保护，或者已经销售、推广的植物品种；植物新品种保护条例实施细则（农业部分）第十六条规定，植物新品种保护条例第十五条所称"已知的植物品种"，包括品种权申请初审合格公告、通过品种审定或者已推广应用的品种。种子法规定的范围实质上涵盖了植物新品种保护条例实施细则（农业部分）的范围，除了品种权申请初审合格公告、通过品种审定、已推广应用的品种之外，还增加了已经受理申请品种审定、品种登记、新品种保护等情形，即种子法关于已知品种的定义范围相较于植物新品种保护条例实施细则（农业部分）更为广泛。就申请品种权的植物新品种而言，其应当明显区别于在递交申请以前已知的植物品种，因此，已知的植物品种范围越为宽泛，对于申请品种权的植物新品种特异性的认定则越为不利，故在本案相关事实背景下，种子法关于已知品种的条款对阳光种业公司而言，并不属于"更好地保护公民、法人和其他组织的权利和利益而作的特别规定"。另外，退一步而言，即便本案可以适用种子法，但如果依据植物新品种保护条例实施细则（农业部分）的规定已属已知的植物品种，则举轻以明重，该种情形依据种子法的规定，同样属于已知品种，故本案实际上也无适用种子法的必要。综上，植物新品种复审委员会作出被诉决定适用法律法规并无不当，关于阳光种业公司提出适用种子法的诉讼主张，原审法院不予支持。

（二）关于"利合228"相对于本申请是否为已知的植物品种的问题

原审法院认为，首先，本申请递交品种权申请时间是判断本案已知植物品种所须考虑的时间节点。根据植物新品种保护条例的规定，申请品种权的植物新品种是否具备特异性，是相对于递交申请以前的已知植物品种而言的。本案中，"哈育189"递交品种权申请时间为2015年6月29日，各方当事人对此均不持异议。"利合228"品种权初审合格公告时间为2015年5月1日，被诉决定认定为2015年4月14日有误，原审法院在此予以纠正。"利合228"品种权初审合格公告时间在"哈育189"递交品种权申请之前，故依据植物新品种保护条例和植物新品种保护条例实施细则（农业部分）的相关规定，"利合228"可以作为本申请递交前已知的植物品种。

其次，本申请提交品种审定时间并非判断本案已知植物品种应予考虑的时间因素。植物新品种保护与品种审定系两种不同的制度。植物新品种权是指完成育种的单位或个人对其授权的品种依法享有的排他使用权，属于知识产权范畴，其目的在于授予育种者权利来形成一种激励机制；品种审定是对新育成或引进品种进行评审从而确定其生产价值及适宜推广范围的审查行为，其本质是为了保护农业生产安全等对生产秩序采取的一种行政管理。在两个相互独立的体系背景下，针对同一品种，递交品种权保护和申请品种审定在时间上没有必然联系。因此，本申请针对的品种"哈育189"何时申请品种审定对本案已知植物品种的判断不产生影响。

另外，本申请是针对"哈育189"玉米品种的植物新品种申请，本案审查的是"利合228"玉米品种相对于"哈育189"是否为已知植物品种的问题，而非"哈育189"相对于"利合228"是否为已知植物品种的问题，故阳光种业公司提出的"哈育189"应为"利合228"已知的植物品种的诉讼主张并非本案的审理范畴；且根据甘肃省高级人民法院（2018）甘民终695号民事判决的认定，"利合228"与"哈育189"是同一玉米品种，后黑龙江省农业农村厅通告"哈育189"的品种审定已更名为"利合228"，故依据在案证据，阳光种业公司关于"哈育189"受理申请品种审定在先的主张亦缺乏事实依据。

综上，被诉决定选择"利合228"作为本申请的近似品种符合法律规定。在此基础上，各方当事人对"哈育189"的特异性测试并无争议，原审法院经审查亦予以确认。因此，本申请并未明显区别于在递交申请以前已知的植物品种"利合228"，被诉决定关于本申请不具备特异性的认定结论正确，应予确认。

原审法院依照《中华人民共和国行政诉讼法》第六十九条规定判决：驳回黑龙江阳光种业有限公司的诉讼请求。案件受理费100元，由黑龙江阳光种业有限公司负担。

二审中，阳光种业公司提交了三组证据。第一组为：1.《关于召开黑龙江农作物品种审定委员会八届三次审定会议的通知》，欲证明审定会议时间为2015年4月7日，该会议审核了"哈育189"等初审通过品种，就是否通过审定作出决定。2.黑品审（2015）5号《关于印发〈黑龙江省农作物品种审定委员会八届三次审定会议纪要〉的通知》，欲证明已于2015年6月8日下发会议纪要，传达黑龙江省农作物品种审定委员会八届三次审定会议决定。3.《黑龙江省农作物品种审定委员会八届三次审定会议纪要》，欲证明会议于2015年4月8日举行，主要农作物品种包含"哈育189"通过审定。4.黑龙江省农业委员会通告，欲证明黑龙江省农作物品种审定委员会八届三次审定会议审定品种目录包含"哈育189"玉米品种。5.2015年审定品种目录，欲证明品种目录第37号为"哈育189"玉米品种，审定编号为黑审玉2015037。以上证据来源均为：黑龙江省农作物品种审定委员会。

第二组证据为：专家出具的意见书，参加论证的法学专家认为"哈育189"玉米品种相对于"利合228"玉米品种，构成"已知的植物品种"。

第三组证据为：1.玉米专业委员会的初审意见，证据来源是玉米品种申报书，欲证明"哈育189"玉米品种通过初审的时间为2015年1月16日。2.农种品函［2015］8号"关于黑龙江、甘肃、青海、安徽主要农作物审定品种目录的公示"，证据来源于中国种子网，欲证明"哈育189"玉米品种的审定公示时间为 2015 年 3 月 5 日。3. 2015 年黑龙江主要农作物审定品种目录，证据来源是黑龙江省农作物品种审定委员会，欲证明品种目录第 37 号为"哈育 189"玉米品种。

植物新品种复审委员会质证意见为：关于第一组证明"哈育 189"玉米品种审定时间的证据真实性不认可，对证明目的和本案关联性予以否认。对于第二组中的专家意见书是否专家本人签名的真实性质疑，不能作为证据，只是学术观点，不是法定证据形式之一，没有证明力。对第三组证据农业农村部网站中的函件真实性认可，对关联性以及证明目的不认可。

针对阳光种业公司提交的上述证据，本院认证如下：关于第一组、第三组证据的证明内容与原审查明的事实部分重合，阳光种业公司欲证明"哈育 189"玉米品种审定时间，于 2011 年参加审定试验，审定初审于 2015 年 1 月 16 日，审定公示于 2015 年 3 月 5 日，并于 2015 年 5 月 14 日完成审定，其均是以"哈育 189"玉米品种作为证明对象主张其属于已知品种。关于第一组、第三组证据与本案的关联性及证明力，本院将结合争议焦点予以评述。关于第二组证据系法学专家出具的法律论证意见书，为其个人观点意见，对于第二组证据，本院仅作为参考。

本案庭审后，阳光种业公司向本院提交补充证据，其中 14 份证据拟证明阳光种业公司以"利合 228"玉米品种与"哈育 189"相比不具有特异性为由，向植物新品种复审委员会申请宣告"利合 228"品种权无效，2020 年 6 月 1 日作出的无效宣告审理决定驳回了该无效宣告请求，阳光种业公司对此提起行政诉讼。上述证据拟证明的事实及与本案的关联度，本院将结合争议焦点予以评述。阳光种业公司还提交了 7 份证据，拟证明（2018）甘民终 695 号民事判决的有关内容及后续该案的执行情况，该部分内容原审法院已经查明，本院不再予以重复审查认定。

原审查明的事实属实，本院予以确认。

本院认为：本案的争议焦点为，原审判决以及被诉决定以"利合 228"玉米品种作为评价"哈育 189"玉米品种特异性的近似品种，判定"哈育 189"玉米品种不具备特异性是否存在错误。其具体涉及如下问题：原审判决及被诉决定适用法律是否存在错误；"利合 228"玉米品种属于已知的植物品种的认定是否存在错误；"哈育 189"玉米品种不具备特异性的认定是否存在错误。

（一）原审判决及被诉决定适用法律是否存在错误

阳光种业公司上诉主张"利合 228""哈育 189"两个申请品种权的行政授权行为，应当优先适用作为新法的种子法，原审判决没有考察本案作为行政诉讼的特别法律制度，存在错误。对此，本院认为，本案系对驳回植物新品种申请的行政决定不服提起的行政诉讼，审查对象是被诉决定，被诉决定是否合法是以作出行政决定时有效的法律法规作为判断依据，本案所涉申请是否符合植物新品种的授权条件，应当审查递交品种权申请时法律法规所规定的授权条件。植物新品种复审委员会针对申请日为 2015 年 6 月 29 日的"哈育 189"植物新品种权申请作出被诉决定，未适用 2016 年 1 月 1 日起施行的种子法，并无不当。

（二）"利合 228"玉米品种属于已知的植物品种的认定是否存在错误

阳光种业公司上诉主张，"哈育 189"玉米品种于 2015 年 4 月 8 日通过黑龙江省农作物品种审定委员会审核同意，其通过审定时间为 2015 年 4 月 8 日。"哈育 189"玉米品种与"利合 228"玉米品种相比，"哈育 189"系法定在先的"已知的植物品种"，原审判决以及被诉决定对于已知品种的认定存在事实错误。

授予品种权的植物新品种应当具备特异性。植物新品种保护条例第十五条规定，特异性是指申请品种权的植物新品种应当明显区别于在递交申请以前已知的植物品种。在特异性的判定中，确定在先的已知品种的目的是固定比对对象，即比较该申请品种与递交申请日以前的已知品种是否存在明显的性状区别，因此，作为特异性判断的已知品种，不能是申请授权品种自身。与特异性的判断标准不同，对于是否具备新颖性，是以申请植物新品种保护的品种自身作为基准，判断其销售推广的时间是否超过了规定的时间。植物新品种权保护条例第十四条规定，新颖性是指申请品种权的植物新品种在申请日前该品种繁殖材料未被销售，或者经育种者许可，在中国境内销售该品种繁殖材料未超过 1 年；在中国境外销售藤本植物、林木、果树和观赏树木品种繁殖材料未超过 6 年，销售其他植物品种繁殖材料未超过 4 年。因此，申请植物新品种权保护的品种在申请日之前存在的审定、推广的时间，对判断其是否具备新颖性具有重要意义，但与选择确定作为特异性判断的已知品种并无关联。

本案中，阳光种业公司上诉提交的关于"哈育 189"玉米品种参加品种审定预备试验、通过审定初审审核等时间点的证据，是其具备新颖性的重要事实，与选择确定其作为特异性判断的已知品种不具有关联性。否则，以"哈育 189"玉米品种审定提出或通过审定的时间早于申请品种权保护的申请日为由，将其自身作为特异性判断的已知品种，不符合需要两个以上对象比对才有可能判断是否存在区别的逻辑常理，也有悖于品种权保护制度。因此，有关"哈育 189"玉米品种参加品种审定时间的证据与本案中已知品种的认定不具有关联性，阳光种业公司关于"哈育189"玉米品种系已知的植物品种，原审判决和被诉决定关于已知品种的认定存在错误的上诉主张，缺乏事实和法律依据，本院不予支持。

"哈育189"玉米品种在本案申请植物新品种保护的申请日为2015年6月29日，应当以2015年6月29日作为确定已知近似品种的基准日。如上所述，品种特异性的比对是要求申请品种权的植物新品种应当明显区别于在递交申请以前已知的植物品种。因此，判断的基准时间是申请品种权的申请日，而非申请品种审定的时间。阳光种业公司关于原审判决对于品种审定与植物新品种保护在递交品种权保护和申请品种审定时间上"没有必然联系"的认定存在错误的主张，不能成立，本院不予支持。

根据审理查明的事实，"利合228"品种权初审合格公告时间为2015年5月1日，由于"哈育189"玉米品种在2015年6月29日申请植物新品种权时，"利合228"已经完成了品种权申请初审，其植物新品种权初审合格公告的时间在"哈育189"申请植物新品种权的申请日之前，被诉决定以植物新品种保护条例实施细则（农业部分）第十六条规定，认定已知的植物品种包括品种权申请初审合格公告、通过品种审定或者已推广应用的品种，将"利合228"玉米品种作为"哈育189"品种权申请日之前的已知品种，就其相关特征、特性进行测试，与申请品种进行性状对比，并未违法。已知品种的界定既可以是品种权申请初审合格的时间，也可以是通过品种审定或者已推广应用的品种的时间。因此，"利合228"品种审定的时间是否在"哈育189"品种权申请日之后，不影响其成为本案已知品种的认定结论。

本案系阳光种业公司就驳回"哈育189"植物新品种权申请提起的行政诉讼，审查范围为驳回"哈育189"申请的被诉决定是否合法，而非"利合228"被授予植物新品种权是否合法。阳光种业公司关于"利合228"的授权不合理的上诉理由，并非本案审理的范围，本院不予理涉；其关于"哈育189"玉米品种是"利合228"的"已知的植物品种"所提交的证据与本案的待证事实缺乏关联性，本院不予采信。

（三）"哈育189"玉米品种不具备特异性的认定是否存在错误

阳光种业公司上诉主张，原审法院对于违法的被诉决定予以维持，有益袒护行政机关，应当予以撤销。

根据审理查明的事实，品种保护办公室委托测试单位农业部植物新品种测试（哈尔滨）分中心对"哈育189"与"利合228"两个玉米品种进行了特异性鉴定，鉴定报告载明：经过2016年5月9日到当年9月29日、2017年5月4日到当年9月29日两个生长周期，在17.雄穗、22.叶片、27.2植株、29.2 果穗有差异性状，但差异不显著。此外，根据人民法院发生法律效力的裁判所确认的事实，即（2018）甘民终 695 号民事判决已认定，"利合228"与"哈育 189"是同一玉米品种。可见，申请品种权的"哈育 189"不具有明显区别于已知品种"利合 228"的性状，该品种不具备特异性的事实清楚。被诉决定据此驳回"哈育 189"的品种权申请，于法有据，原审法院驳回阳光种业公司的诉讼请求，并无不当。

综上所述，原审判决认定事实清楚，适用法律正确，应予维持。阳光种业公司的上诉请求不能成立，应予驳回。依照《中华人民共和国行政诉讼法》第八十九条第一款第一项规定，判决如下：

驳回上诉，维持原判。

二审案件受理费 100 元，由黑龙江阳光种业有限公司负担。

本判决为终审判决。

审　判　长　罗　霞

审　判　员　潘才敏

审　判　员　邓　卓

二〇二一年八月十日

法 官 助 理　徐世超

书　记　员　李思倩

七、垄断案件审判

35. 因专利侵权纠纷达成的和解协议的反垄断审查

——上诉人上海华明电力设备制造有限公司与被上诉人武汉泰普变压器
开关有限公司垄断协议纠纷案①

中华人民共和国最高人民法院民事判决书（2021）最高法知民终 1298 号

上诉人（原审原告）：上海华明电力设备制造有限公司。住所地：上海
市普陀区同普路 977 号。

法定代表人：肖毅，该公司董事长。

委托诉讼代理人：詹昊，北京安杰律师事务所律师。

委托诉讼代理人：沈锃桢，上海汉与商律师事务所律师。

被上诉人（原审被告）：武汉泰普变压器开关有限公司。住所地：湖北
省武汉市江夏区庙山开发区阳光大道。

法定代表人：刘刚，该公司董事长。

委托诉讼代理人：黄仁春，北京大成（武汉）律师事务所律师。

上诉人上海华明电力设备制造有限公司（以下简称华明公司）因与被上
诉人武汉泰普变压器开关有限公司（以下简称泰普公司）垄断协议纠纷一
案，不服湖北省武汉市中级人民法院（以下称原审法院，在具体语境中亦简
称武汉市中级法院）于 2020 年 12 月 28 日作出的（2019）鄂 01 民初 6137 号
民事判决，向本院提起上诉。本院于 2021 年 7 月 13 日立案后，依法组成合
议庭，于 2021 年 11 月 26 日公开开庭审理了本案。上诉人华明公司的委托诉
讼代理人詹昊、沈锃桢，被上诉人泰普公司的委托诉讼代理人黄仁春到庭参

---

① 本案在年度报告中的位置为第 65 页。

加诉讼。本案现已审理终结。

华明公司上诉请求：撤销原审判决，依法改判支持华明公司原审的全部诉讼请求。事实与理由：（一）判断涉案调解协议是否构成横向垄断协议，与协议达成的背景或当事人的主观目的无关。根据《中华人民共和国反垄断法》（以下简称反垄断法）第十三条以及《禁止垄断协议暂行规定》第十三条规定，横向垄断协议的表现形式与构成要件中不包括协议达成的背景或当事人的主观目的。本案中，协议的产生背景源于专利侵权纠纷，但这并不影响其垄断属性的认定。同时，现有证据亦证明泰普公司的垄断动机显著。（二）泰普公司与华明公司达成垄断协议的目的明确。泰普公司认为华明公司涉嫌侵犯其名称为"一种带有屏蔽装置的无励磁分接开关"、专利号为 ZL200610××××××.3 的发明专利权（以下称涉案专利权），与华明公司于 2015 年 10 月发生争议，并起诉至武汉市中级法院，案号为（2015）鄂武汉中知初字第 02509 号（以下称 2015 年专利侵权纠纷），2016 年 1 月 22 日双方签订《调解协议》（以下称涉案调解协议）。涉案调解协议的限制性约定范围远超出解决争议的范围，其排除、限制市场竞争的目的明显。泰普公司与华明公司均认可双方达成该协议的目的不仅限于解决专利纠纷，原审判决却以当事人签订该协议的目的为解决专利纠纷为由，认定其不构成垄断协议，存在逻辑矛盾。（三）涉案调解协议的内容构成限制商品生产销售数量、分割销售市场、固定价格的横向垄断协议。根据涉案调解协议的约定，华明公司仅能生产笼形开关，不再生产制造其他型式的无励磁分接开关（即无载分接开关）本体部分，且华明公司需要为泰普公司持股的公司在无励磁分接开关产品领域做海外市场代理，不得自行生产或代理其他企业同类产品，属于典型的反垄断法第十三条第二项规定的限制商品生产销售数量的横向垄断协议。禁止生产当然属于限制生产数量的违法行为，而且是最为恶劣的违法行为。涉案调解协议要求华明公司不得生产笼形开关以外的所有型式的无励磁分接开关，只能通过泰普公司供货的方式转售给下游客户，使得华明公司所销售的笼型开关以外的所有型式的无励磁分接开关均由泰普公司所控制，涉案调解协议实际上分割了销售市场，属于反垄断法第十三条第三项规定的分割销售市场的横向垄断协议。涉案调解协议对华明公司产品的市场供应价格进行了固定，属于反垄断法第十三条第一项规定的固定价格的横向垄断协议。（四）涉案调解协议构成限制商品生产销售数量、分割销售市场、固定价格的横向垄断协议，属于核心卡特尔条款，适用本身违法原则，华明公司无需提供证据证明其竞争影响。相反，泰普公司应对该协议不具有排除、限制竞争的效果承担举证责任，原审判决存在举证责任分配错误。此外，本案证据以及案件事实已充分证明涉案调解协议会对市场竞争造成严重影响。（五）涉案调解协议属于无效协议，华明公司有权要求泰普公司返还相关款项并承担赔偿责任。涉案调解协议构成横向垄断协议，违反反垄断法的强制性规定，属于合同无效情形，泰普公司因该涉案调解协议而取得的财产应当予以返还，并应当承担由此导致的赔偿责任。

泰普公司辩称：（一）双方不属于反垄断法意义上的具有竞争关系的经营者。华明公司的主要生产业务或产品为电力工程业务、有载分接开关及数控设备，只生产销售两款无励磁分接开关，且涉案调解协议约束的只有一款鼓形无励磁分接开关；而泰普公司生产销售的全部都是无励磁分接开关。有载分接开关与无载分接开关之间并不存在竞争关系，故泰普公司和华明公司之间实际上不存在竞争关系，或者说两家公司只是存在一种理论上的轻微竞争关系。（二）涉案调解协议不是横向垄断协议。1. 涉案调解协议主要约定的是双方委托生产开关本体的法律关系，是上下游的交易关系，是生产者与客户之间的纵向关系，而不是具有竞争关系的经营者之间的横向关系，故作为横向垄断协议的主体不适格。2. 涉案调解协议所约定的价格是委托生产价格，并非销售价格，并未固定或变更商品价格。3. 涉案调解协议并未要求华明公司不得生产相关产品，华明公司有权生产销售任何型号的无励磁分接开关。双方无励磁分接开关在市场中的实际生产或销售数量，是通过市场竞争确定的，并不是涉案调解协议约定的，涉案调解协议并未限制商品的生产数量或销售数量。4. 涉案调解协议只就无励磁分接开关本体委托泰普公司生产进行了约定，并未对华明公司对外生产销售无励磁分接开关进行限制性约定，华明公司有权生产销售任何型号的无励磁分接开关，涉案调解协议并未分割销售市场。5. 从主观要件看，泰普公司与华明公司没有排除、限制相关市场竞争的合意。双方法定代表人的聊天记录不能证明涉案调解协议是横向垄断协议。事实上，泰普公司与华明公司也从未实际实施过排除、限制相关市场竞争的行为。华明公司关于判断一份合同是否构成垄断协议和该合同签订背景及签订目的之间关系的观点前后自相矛盾。6. 泰普公司并不具有很强的市场地位。涉案调解协议不具有排除、限制相关市场竞争的效果，竞争并未被实质性削弱。（三）涉案调解协议没有横向垄断相关约定，双方事实上也没有实际实施过横向垄断行为，泰普公司无需就涉案调解协议不具有排除、限制竞争的效果承担举证责任。（四）涉案调解协议是双方在 2015 年专利侵权纠纷中达成的，目的是解决专利侵权纠纷，防止后续再次发生专利侵权。涉案调解协议合法有效。涉案调解协议性质属于一般民商事合同，不是专利合同，更不是垄断协议。因华明公司违反涉案调解协议，泰普公司于 2017 年 1

月向湖北省武汉市江夏区人民法院（以下简称武汉市江夏区法院）起诉要求华明公司承担违约责任并支付违约金（以下称 2017 年合同违约纠纷）。武汉市江夏区法院作出（2017）鄂 0115 民初 803 号民事判决，认定涉案调解协议合法有效。武汉市中级法院作出（2017）鄂 01 民终 4245 号民事判决，维持原判。因此，泰普公司不应赔偿华明公司损失。

华明公司向原审法院起诉，原审法院于 2019 年 6 月 5 日受理。华明公司起诉请求：1. 确认涉案调解协议无效；2. 判令泰普公司赔偿华明公司经济损失 798626 元；3. 判令泰普公司赔偿华明公司维权合理支出 100000 元；4. 判令泰普公司承担本案诉讼费用。事实与理由：（一）涉案调解协议属于反垄断法第十三条第一款第一项、第二项、第三项所规制的垄断协议，根据《中华人民共和国合同法》（以下简称合同法）第五十二条的规定，应认定无效。（二）在 2017 年合同违约纠纷中，华明公司向泰普公司支付违约金 798626 元，根据反垄断法第五十条、合同法第五十八条的规定，该笔款项应由过错方泰普公司承担。（三）华明公司为本案支出律师费、差旅费、公证费等费用实际超过 100000 元，本案中只主张 100000 元。

泰普公司在原审中辩称：（一）涉案调解协议属于一般商务合同，华明公司以垄断协议纠纷起诉无事实依据和法律依据。（二）涉案调解协议是双方法定代表人在 2015 年专利侵权纠纷审理过程中自愿达成的协议，合法、有效。武汉市江夏区法院就涉案调解协议效力已作认定。（三）涉案调解协议约定内容超出 2015 年专利侵权纠纷中涉及内容，合同条款也与泰普公司所诉涉案专利权脱钩，与专利侵权或专利转让、许可无关。（四）双方之间不存在竞争关系，华明公司生产、销售的主要产品是有载分接开关，几乎没有无励磁分接开关，泰普公司生产、销售开关是无励磁分接开关，双方不存在或轻微存在竞争关系，不属反垄断法中的竞争者。（五）涉案调解协议约定的是委托生产开关本体，双方是上下游交易关系或者生产者与客户之间的纵向关系，双方作为横向垄断协议主体不适格。（六）涉案调解协议不构成垄断协议，不应承担 100000 元合理开支，华明公司所诉 798262 元损失是泰普公司依据生效判决执行所得的违约金，不属于华明公司经济损失，泰普公司不应赔偿。请求驳回华明公司的全部诉讼请求。

原审法院经审理查明：

（一）2015 年专利侵权纠纷情况

2008 年 12 月 10 日，泰普公司获得涉案专利权。2013 年 12 月 13 日，泰普公司发现华明公司生产、销售无励磁调压的鼓形开关外周套装有筒状屏蔽罩产品（以下称被诉侵权产品），泰普公司经调查、比对，认为该产品技术特征落入涉案专利权的权利保护范围。泰普公司对此进行了证据保全。2015年10月12日，泰普公司向武汉市中级法院起诉华明公司及湖北阳光电气有限公司（以下简称阳光公司），请求判令：1. 华明公司立即停止生产被诉侵权产品；2. 华明公司赔偿泰普公司经济损失300万元及承担维权的合理费用20万元；3. 阳光公司停止使用被诉侵权产品；4. 华明公司承担诉讼费用。审理中，华明公司于2015年11月27日向国家知识产权局申请宣告涉案专利权无效，国家知识产权局受理。同年12月8日，华明公司提交中止该案审理申请。

2016年1月22日，泰普公司的法定代表人刘刚和华明公司的法定代表人肖毅经协商达成一致，双方签署涉案调解协议。2016年1月25日，泰普公司申请撤回专利侵权纠纷案的起诉，华明公司申请撤回宣告涉案专利权无效请求，并均已生效。

（二）涉案调解协议主要内容

第一条：泰普公司（合同甲方）、华明公司（合同乙方）有权各自使用自己的品牌和商标销售变压器无励磁分接开关。华明公司承诺发挥自身优势，保证专攻笼形开关，不再生产制造其他形式的，如条形、鼓形、筒形、鼠笼形等的无励磁开关本体部分，条形、鼓形、筒形、鼠笼形等开关定义按泰普公司手册去理解，华明公司不得变相变更定义而规避协议开关本体范围。1. 华明公司不再自行制造或委托除泰普公司以外任何第三方（或向其购买）除笼形开关以外的所有鼓形、条形、筒形等开关本体及相关零部件，华明公司承接所有鼓形、条形与筒形等开关订单的机构之外的本体（以下简称开关本体）按本协议价格（见附表）委托泰普公司制造后向华明公司供货。2. 华明公司将开关本体委托泰普公司生产，考虑市场以及生产成本因素，双方同意每两年就无励磁开关委托生产价格进行一次重新确认；未能重新达成一致以前，依然执行上次协议价格。3. 该产品协议价格达成一致前，华明公司保证：（1）配套给特变电工新疆变压器厂所有牵引变压器配套无励磁开关本体全部委托泰普公司生产，鉴于此前华明公司已以较低价格为西成线生产12台开关事实，泰普公司为华明公司及用户着想，维持华明公司基本利润，如果用户继续选用华明公司开关，泰普公司同意西成线后12台产品单个开关本体以45000元每台（不含操纵杆及运费）优惠价格为华明公司生产，但此价格下不为例。（2）如果中标新变开关单相鼓形363kV、10*9档的开关本体，按10万元每台向泰普公司购买。（3）其他所有牵引变配套开关报价，华明公司先落实泰普公司开关本体价格后再自行决定报价，并向泰普公司报价与购买其开关本体。

第三条：双方各自按照自己实际情况，参与市场竞争，独立向客户及第三方报价。任何一方无意干涉对方合法参与所有市场竞争，但双方同意加强市场协调，一方告知另一方商业秘密后，另一方不得利用此信息进行恶性竞争。

第五条：华明公司将为泰普公司所参股的武汉泰普联合分接开关股份有限公司（以下简称泰普联合公司）做海外市场代理，华明公司承诺在配变用无励磁分接开关领域积极拓展泰普公司产品海外市场，泰普公司对华明公司售价为华明公司对用户实际售价，退税部分由华明公司享有，且华明公司不自行生产，也不代理其他企业同类产品。泰普公司可同时自行拓展销售海外市场。

第七条：泰普公司对所提供的无励磁开关本体的产品质量负责，华明公司要举证证明泰普公司开关本体的制造质量责任，证明成立后，泰普公司承担相应法律责任及合理费用。

第十二条：双方承诺遵守本协议，任何一方违反本协议约定的，应赔偿依此给对方造成全部损失并支付违约金，该违约金为整套开关发票含税总额3倍。

第十七条：泰普公司、华明公司同意，双方如果再次出现任何纠纷及与本协议有关的一切争议，双方应友好协商解决；协商不成的，双方均应向泰普公司所在地人民法院提起诉讼。

第十八条：本协议自泰普公司、华明公司法定代表人签字后即生效。

涉案调解协议尾部列明有一项附件条款，附件名称《协议常规开关本体价格表》（待订立），同本协议具同等法律效力。涉案调解协议尾部有泰普公司的法定代表人刘刚签名及华明公司法定代表人肖毅的签名，签约时间2016年1月22日。该协议附件价格列表无。

（三）2017年合同违约纠纷情况

2016年12月14日，泰普公司发现华明公司违反涉案调解协议，向武汉市江夏区法院申请证据保全。武汉市江夏区法院受理后准许其保全申请，采取保全措施，固定、提取相关证据。证据显示：2016年1月22日至2016年12月12日期间，华明公司销售给西门子武汉公司无励磁分接开关12套，含税总价款261200元。2017年1月20日，泰普公司以华明公司违反涉案调解协议，向武汉市江夏区法院提起诉讼，请求判令：1. 华明公司支付违约金1533600元；2. 华明公司承担诉讼费用。华明公司辩称，涉案调解协议委托价格未能达成一致，该协议未生效；泰普公司指控华明公司违约的证据不足；协议约定的违约金过高，应予调整。

2017 年 4 月 22 日，武汉市江夏区法院认定：涉案调解协议由双方法定代表人签字，且约定法定代表人签字即生效，故涉案调解协议已经达成、生效。该协议系双方自愿达成，不违反法律、法规的规定，合法、有效；华明公司制造并销售给西门子武汉公司无励磁分接开关违反涉案调解协议的约定，构成违约；涉案调解协议约定了违约金计算方法和计算标准，违约金本身具有惩罚性功能，约定违约金合法、有效。武汉市江夏区法院对华明公司的答辩理由不予支持，判决：一、华明公司支付泰普公司违约金 783600 元；二、驳回泰普公司其他诉讼请求。案件受理费 18602 元，减半收取 9301 元，泰普公司负担 4557 元，华明公司负担 4743 元。华明公司不服，以与一审抗辩理由基本相同的理由提出上诉。武汉市中级法院于 2017 年 9 月 18 日作出判决：驳回上诉，维持原判。二审案件受理费 11636 元由华明公司负担。

（四）双方当事人基本情况及双方法定代表人联络情况

华明公司于 1995 年 4 月 3 日注册，登记状态为存续状态，主营电力设备（除专项）生产、销售、咨询；从事货物及技术进出口业务（依法须经批准的项目经相关部门批准后方可开展经营活动）。公司官网及其制作的《无励磁分接开关技术手册》显示，华明公司生产、销售无励磁分接开关。

泰普公司于 1998 年 9 月 8 日注册成立，登记状态为存续状态，主营变压器（注：原审判决原文此处为"变延期"，存在笔误）分接开关、变压器（注：原审判决原文此处为"变延期"，存在笔误）配件制造；机械加工；物业管理（依法须经审批的项目，经相关部门审批后方可开展经营活动）。泰普公司官网及其《无励磁分接开关选型手册》显示，泰普公司生产、销售无励磁分接开关。

泰普公司的法定代表人为刘刚，华明公司的法定代表人为肖毅，双方法定代表人自 2015 年 10 月开始通过微信聊天方式，联系、沟通、讨论 2015 年专利侵权纠纷问题，协商解决办法。聊天记录记载了协议达成前后双方解决专利侵权案件的想法、思路，条款及协议履行等问题。

（五）分接开关标准

《中华人民共和国国家标准》（GB/T 10230.2-2007）中《分接开关第 1 部分：性能要求和试验方法》《分接开关第 2 部分：应用导则》，于 2007 年 7 月 2 日发布，2008 年 7 月 1 日实施。两部分前言部分述明其起草单位均包括：泰普公司、华明公司等单位。《中华人民共和国机械行业标准》（JB/T 8314-2008）中《分接开关试验导则》前述部分述明该导则部分的起草单位包括泰普公司、华明公司。

（六）华明公司、泰普公司的开关销售情况

中国变压器行业信息网数据显示：变压器市场行业各企业产品中标汇总中，排名前十的市场占有率约 70%。

（1）2016 年 3 月 24 日，华明公司销售西门子武汉公司 E-WG160003 无载开关 1 台，含税价格 24800 元。

（2）2019 年 8 月 20 日，立业公司出具书面情况说明载明：该公司系国内变压器的主要生产厂家，从华明公司采购有载开关占比 65%，从泰普公司采购的无载开关占比 85%。

（3）2019 年 8 月 27 日，华鹏公司出具书面情况说明载明：该公司系国内主要生产变压器厂家，从华明公司采购有载开关占比 70%，从泰普公司采购无载开关占比 90%。

（4）2019 年 8 月 27 日，正泰公司出具书面情况说明载明：该公司系国内主要生产变压器厂家，从华明公司采购有载开关占比 70%，从泰普公司采购无载开关占比 50%。

（5）2019 年 9 月 2 日，泰开公司出具书面情况说明载明：该公司系国内主要生产变压器厂家，从华明公司采购有载开关占比 70%，从泰普公司采购无载开关占比 90%。

（6）2019 年 8 月 29 日，特变电工出具书面情况说明载明：该公司系国内主要生产变压器厂家，从华明公司采购有载开关占比 70%，从泰普公司采购无载开关占比 80%。

（7）2019 年 9 月 3 日，达驰公司出具书面情况说明载明：该公司系国内主要生产变压器厂家，从华明公司采购有载开关占比 50%，从泰普公司采购无载开关占比 10%。

（8）2019 年 9 月 3 日，西电公司出具订货情况说明载明：该公司与华明公司具有合作关系，从华明公司采购有载开关占比 60%，从泰普公司采购无载开关占比 5%。

（七）华明公司的诉讼支出情况

华明公司为本案诉讼，于 2019 年 6 月 15 日，与上海朱妙春律师事务所签订聘请律师合同。该合同约定：该所为华明公司提供律师服务，费用 30 万元，第一笔费用 10 万元应于合同签订后支付，第二笔费用 20 万元应在涉案调解协议被认定为无效后 5 日内支付。2019 年 6 月 18 日，该律师服务合同生效后，华明公司向该所支付第一笔律师费 10 万元。本案原审庭审中，华明公司明确主张其维权合理费用以 10 万元律师费为限。

（八）2017 年合同违约纠纷的执行情况

2019 年 11 月 1 日，武汉市江夏区法院立案执行前述生效判决后作出（2019）鄂 0115 执 6097 号结案通知书，认定：已经扣划华明公司执行案款 798626 元，发还泰普公司执行款 788343 元，转执行费 10283 元，该案全部执行完毕。

原审法院认为，本案争议焦点为涉案调解协议是否构成垄断法意义上的横向垄断协议，以及本案民事责任应如何承担。

（一）关于华明公司、泰普公司之间是否存在反垄断法上的竞争关系

华明公司和泰普公司主营范围中都包括变压器产品的驻极体配件变压器开关产品，且实际经营中，都向变压器生产厂商提供变压器开关产品，具有竞争法意义上的竞争关系。第一，华明公司、泰普公司提交的企业法人营业执照显示，华明公司主营范围包括电力设备生产、销售、咨询业务，泰普公司主营范围包括变压器分接开关、变压器配件制造、机械加工等业务。两者产品服务对象均与电力设备相关，与行业领域、市场范围相关，具有竞争关系。第二，根据华明公司提交的华明公司、泰普公司官网宣传、产品手册等信息，华明公司主营的产品中包括有载开关、无载开关，泰普公司主营产品为无载开关，其服务的对象均为电网服务项目中的变压器产品，且市场范围基本相同，只是主打产品存在区分，泰普公司只生产无载开关，华明公司产品除无载开关外，还生产有载开关。第三，华明公司提交的相关数据统计说明，双方都是相关变压器生产厂家变压器配件产品有载开关、无载开关的供货方，华明公司有载开关份额占比明显超过无载开关的占比份额，泰普公司则只销售无载开关，故只有无载开关的占比数据。这些变压器产品生产厂家都是华明公司和泰普公司的共同客户，但产品种类、技术要求并不完全相同。由此，可以认定，华明公司、泰普公司之间在变压器开关市场存在产品交叉业务，双方之间存在竞争法意义上的竞争关系。泰普公司抗辩其与华明公司之间不存在竞争关系，原审法院不予支持。

（二）关于涉案调解协议是否具有反垄断法上的垄断协议的属性

要判断某一协议是否具有垄断协议的属性，不应简单地从协议的字面含义去理解，而应多角度地审查、分析、判断协议权利义务条款内容。原审法院对涉案调解协议签订背景、协议条款及履行效果审查和分析后认为，涉案调解协议条款不具有垄断协议属性，不应认定为垄断协议。理由如下：

1. 基于双方之间涉案调解协议背景分析，双方签订涉案调解协议的目的在于了结双方之间业已存在并已诉讼到法院的专利侵权争议及避免专利侵权争议再次发生。双方签订涉案调解协议并不在于通过涉案调解协议促使双方

协议结盟进入竞争市场参与竞争。涉案调解协议目的在于约束双方之间的竞争与合作，不在于约束竞争市场的竞争。第一，华明公司、泰普公司证据显示，双方于2015年10月12日在武汉市中级法院诉讼的泰普公司诉华明公司及阳光公司侵害其涉案专利权的专利侵权纠纷，立案并进入审理程序。在2015年专利侵权纠纷中，泰普公司是涉案专利的专利权人，指控华明公司生产、销售的被诉侵权产品技术特征落入泰普公司涉案专利的专利权保护范围构成侵权。该专利侵权纠纷已经开庭审理。宣判前，泰普公司和华明公司法定代表人经过协商，拟和解解决专利侵权纠纷，最终达成涉案调解协议。事后，泰普公司撤回其专利侵权指控，华明公司亦撤回其宣告涉案专利权无效审查申请。以上是泰普公司与华明公司之间签订涉案调解协议的背景。该事实表明，涉案调解协议是基于专利侵权诉讼所签，目的在于了结双方之间的专利侵权纠纷，协议议定条款围绕专利侵权纠纷所指被诉侵权产品的生产与销售及避免双方专利侵权纠纷再次发生。第二，华明公司提交的聊天记录显示，涉案调解协议达成前后，泰普公司的法定代表人就协议条款表达意见时言及内容涉及无励磁开关产品的价格、专利侵权纠纷专利免费许可等内容。经审查，聊天记录起止时间自2015年9月至同年年底，既有专利侵权纠纷了结方案的内容，也有涉案调解协议的内容，时间跨度较长，聊天内容是协议签订前各自的想法和主张，并未载入成为涉案调解协议的权利、义务条款。华明公司主张依此认定泰普公司签订涉案调解协议的目的在于实施固定价格、限制生产销售数量、分割市场等垄断行为的依据不足，原审法院不予支持。

2. 根据涉案调解协议约定的权利、义务内容分析，协议并未针对无励磁开关产品固定变更价格、限制生产销售数量及分割市场等事项进行约定，对应条款不具有反垄断法第十三条第一项至第三项所规制的垄断属性，不能认定为垄断协议。第一，涉案调解协议第一条内容显示，华明公司、泰普公司有权各自使用自己品牌和商标销售变压器无励磁开关。华明公司承诺发挥自身优势，保证专攻笼形开关，不再生产制造其他形式的，如条形、鼓形、筒形、鼠笼形等的无励磁开关本体部分，华明公司不得变相变更定义而规避协议开关本体范围。该条表明，华明公司承诺产品范围为其自身具有优势的笼形开关的范围，结合2015年专利侵权纠纷指控，笼形以外的范围的产品可能落入泰普公司涉案专利的权利保护范围。由于专利侵权纠纷的指控，华明公司承诺避免笼形以外的产品范围，协议条款实际意义在于避免专利侵权再次被诉。这些条款仅仅解决双方之间的专利侵权争议，而非依此划定产品范围改变市场竞争。此外，该条还包括如下三个二级条款，其一是笼形开关以外的开关本体及其配件，华明公司按双方议定价格委托泰普公司制造和供货，华明公司不再自行制造和委托泰普公司以外的第三方生产和制造。该条约定表明，华明公司与泰普公司之间因笼形开关以外的特定的开关本体及配件供应达成委托加工的协议，华明公司与泰普公司因此建立委托代工的商务合作关系，并不代表双方之间整体结盟影响市场。其二、其三分别为委托代工价格约定条款和处理存在争议的特变电工已有供货的遗留问题的条款，与委托代工、专利侵权纠纷有关。华明公司将第一条解读为固定变更价格、分割市场及限制生产销售数量条款与协议内容不符。第二，根据涉案调解协议第五条约定，华明公司将为泰普公司参股的泰普联合公司做海外市场代理，泰普公司承诺在配变用无励磁开关领域积极拓展泰普公司产品的海外市场，泰普公司对华明公司售价为对用户的实际售价，退税部分为华明公司享有。华明公司不自行生产也不代理其他企业同类产品。泰普公司可以同时自行拓展销售海外市场。该条约定华明公司为泰普公司做海外产品市场代理，代理产品市场为泰普公司参股公司的海外产品销售市场，但值得注意的是约定的海外代理市场是泰普公司参股的公司的海外市场，而非泰普公司自己的海外市场；且海外市场代理并非零价格代理，退税部分归属于华明公司。所以，这种海外市场代理约定的并非免费的代理。总体而言，该条款约定属于双方对关联海外市场代理的约定，属于海外商务合作范畴，并非属于华明公司与泰普公司结盟分割海外产品市场的约定。华明公司该项指控无事实依据。另，涉案调解协议第十二条约定，如华明公司所言，该条款系对第一条、第五条权利义务条款的担保条款。因涉案调解协议第一条及第五条均不具有双方结盟固定变更价格、限制产品生产与销售及分割市场的特征，其担保条款也非如此。综上分析，原审法院认定，华明公司与泰普公司虽然在变压器开关生产、销售市场存在竞争关系，但双方达成的涉案调解协议不能解读出所约定的权利、义务属性具有反垄断法第十三条第一项至第三项所列情形的垄断协议的属性，涉案调解协议不应认定为垄断协议。华明公司该项指控无事实依据和法律依据，不予支持。

3. 根据涉案调解协议履行效果分析，涉案调解协议如若履行，并不具有反垄断法第十三条所规制的垄断效果。判断某一协议是否具有垄断属性，除协议条款静态分析外，还应对协议履行效果是否具有垄断属性进行动态分析。第一，关于涉案调解协议垄断效果的举证责任问题。根据反垄断法及其司法解释的规定，本案中，华明公司除应承担涉案调解协议具有垄断属性外，还应承担证明涉案调解协议履行可能导致垄断效果的举证责任。根据前述分析，涉案调解协议第一条、第五条、第十二条不具有反垄断法第十三条第一款规定的固定变更商品价格、限制生产销售数量、分割市场的属性。因此，华明公司应该承担该协议属于垄断协议的举证责任。华明公司援引《最高人民法院关于审理因垄断行为引发的民事纠纷案件应用法律若干问题的规定》第七条的规定，要求泰普公司对涉案调解协议不具有排除限制竞争的效果承担举证责任并无法律依据。第二，华明公司提交的中国变压器行业信息网总汇数据显示，2016—2019 年度中，变压器产品市场占比 70% 左右生产厂家基本上来自排名前十的中标单位，产品市场相对稳定、集中。华明公司、泰普公司是变压器开关生产厂家，华明公司生产有载开关和无载开关，泰普公司只生产无载开关，但双方都是变压器产品主要生产厂商的供应商。涉案调解协议第一条对笼形开关及其他型式的开关的委托加工、产品买卖等事项虽有约定，但涉案调解协议自 2016 年 1 月 22 日签署以来，并无证据证明变压器开关配件市场及变压器市场的竞争态势有所消减或消除。第三，属于变压器产品主要生产厂商的泰开公司、华鹏公司、立业公司、特变电工、西电公司、达驰公司及正泰公司向原审法院出具有载开关、无载开关采购数据及占比的情况说明显示，这些公司向华明公司采购的有载开关占比数据分别为 70%、70%、65%、70%、60%、50%、70%，向泰普公司采购的无载开关占比分别为90%、90%、85%、80%、5%、10%、50%。这些数据说明，泰开公司等公司都是变压器产品的生产厂商，华明公司、泰普公司都是其变压器产品的配件供应商。华明公司、泰普公司主打产品不同，向下游生产厂商供货种类、规格、型号等自然不同，单个变压器产品的生产厂商本身采购不同型号产品及其数量的占比并不能代表所涉配件产品的供货方对整体市场的分割；这种不同也不能说明涉案调解协议第一条中对无载开关委托加工、产品买卖条款的约定直接对开关产品配件竞争市场进行了限定。第四，华明公司提交的 2016 年 3 月 24 日华明公司销售给西门子武汉公司的一台无载开关的销售发票显示，该发票载明交易产品为无载开关，销售单价（含税）为 24800 元。华明公司以此证明迫于涉案调解协议压力，产品价格远低于泰普公司价格，但对该证明目的除该证据本身外，并无其他证据进行印证。更为重要的，一是无载开关的产品种类繁多，并非无载开关都不区分产品种类、规格、型号，都以一个统一的价格对外销售；二是涉案调解协议签订时间为 2016 年 1 月 22 日，票据所指的无载开关产品从其生产到销售，进入市场必需一定周期，该证据仅为一张销售发票，无时间、地域、市场、价格等应予考查的数据，以此证据证明华明公司低价销售源于涉案调解协议的主张则过于单薄；三是涉案调解协议本身对无载开关的产品价格并未达成，也未限定，不能将某一产品的价格与泰普公司同类产品的价格简单比较后就得出价低的结果并将这一结果归责于涉案调解协议履行效果。第五，华明公司并未举证证明双方签订该协议后形成结盟关系，并由此通过价格限定、产销数量限制及分割市场、原材料采购等市场划分手段，影响市场，限制、消除竞争。

因此，华明公司对涉案调解协议的履行效果具有垄断属性的举证责任并未完成，其主张涉案调解协议履行效果具有垄断属性的证据不足。故现有证据不足以证明该调解协议履行存在反垄断法第十三条第一款第一项至第三项所规制的垄断行为的特性。

综上，原审法院认为，现有证据不能证明涉案调解协议第一条、第五条、第十二条具有固定变更价格、限制生产销售数量、分割市场的垄断属性，不足以认定涉案调解协议为垄断协议。华明公司、泰普公司双方法定代表人签署涉案调解协议行为不属于反垄断法第十三条所规制的垄断行为。华明公司据其所诉，请求判令泰普公司承担合同违约纠纷中华明公司因涉案调解协议被判违约的违约金损失的赔偿责任无法律依据。

原审法院依照《中华人民共和国反垄断法》第三条第一项、第十二条、第十三条第一款第一项、第二项、第三项、第十三条第二款，《最高人民法院关于审理因垄断行为引发的民事纠纷案件应用法律若干问题的规定》第七条、第十四条、第十五条，《中华人民共和国合同法》第五十二条，《中华人民共和国民事诉讼法》（2017 年修正）第六十四条第一款、第六十五条第一款、第一百四十二条的规定，判决：驳回上海华明电力设备制造有限公司的全部诉讼请求。本案原审案件受理费 13786 元，由上海华明电力设备制造有限公司负担。

本院二审期间，华明公司提交了 1 份证据：订单编号为 CG2017××××的订货通知书，签订日期 2017 年 10 月 23 日，供方"上海华明电力设备制造有限公司"，需方"特变电工股份有限公司新疆变压器厂"，规格型号"WD-GII630/××××××"（即单相鼓形、正反调、7 档无励磁分接开关），单价 38500 元。拟结合原审提交的证据 8 证明，泰普公司依据涉案调解协议要求华明公司接受的相关产品的报价远远高于华明公司对外销售的价格，涉案调解协议的目的在于通过限制竞争对手生产数量、划分产品销售市场来大幅度提高相关产品价格。

华明公司原审提交的证据 8 为双方法定代表人的聊天记录，载明：泰普公司于 2017 年 11 月 14 日提供的"牵引变开关指导价格表"中单相鼓形 250-××××××正反调、7 档无励磁分接开关的单价 97500 元；泰普公司于 2018 年 1 月 29 日提供的"牵引变开关指导价格表"中单相鼓形 250-××××××正反调、7 档无励磁分接开关的单价 97500 元；泰普公司于 2018 年 11 月 19 日提供的"开关本体提成表（草案）"中单相鼓形 250-××××××正反调、7 档无励磁分接开关的单价 75000 元。

泰普公司质证意见为：对该证据的真实性、合法性、关联性及证明目的均有异议。该文件是双方协商文件，不是最终签约文件，对双方不具有约束力，且分接开关种类繁多，仅凭一份合同并不能证明相关产品的市场销售价格。

本院认证意见为：认可该证据的真实性、合法性、关联性。理由为：该证据为供需双方订货通知书，记载有产品的单价、数量、交货地点和交货日期，供方华明公司盖有公章，需方特变电工股份有限公司新疆变压器厂有签名，故该证据可视为产品订购合同。对于该证据能否实现其证明目的将结合全案事实在说理部分进行阐述。

原审法院查明的事实基本属实，本院予以确认。

本院另查明：

（一）关于分接开关领域的术语

《中华人民共和国国家标准》（GB/T10230.2-2007）《分接开关第 2 部分：应用导则》中记载："分接开关是用来改变变压器的匝数比从而调节变压器电压的一种装置。能够完成这种操作的分接开关，一般可分为两种基本类型：有载分接开关、无励磁分接开关。""有载分接开关是设计成在变压器励磁和带负载的情况下能够改变变压器的分接位置，从而改变其匝数比，在完成这种变化时不需要中断电源。""无励磁分接开关用于在变压器无励磁的状态下来变换分接位置，从而改变变压器的匝数比。"

行业内也将无励磁分接开关称为无载分接开关，或简称无励磁开关、无载开关；将有载分接开关简称有载开关。

（二）关于原审法院事实查明部分记载的泰普公司法定代表人刘刚与华明公司法定代表人肖毅的微信聊天内容

泰普公司法定代表人刘刚与华明公司法定代表人肖毅的微信聊天记录涉及对第三方的产品报价、调价以及保持高价的内容。如涉案调解协议签订前刘刚在微信中对肖毅说："××××××""××××××""这次达成协议的目标是：双赢，共同维护市场繁荣……双方要在较高价格下去做市场……"在涉案调解协议签订后，刘刚在微信中对肖毅说："今后主要是一起向市场要效益，许多低价可以适当调价，高的稳住价格没有问题，暂时没有其他人参与竞争，如果有人参与竞争了咱们再随时协调。"聊天记录中协议签署前后协商草案内容中也存在对销售市场、产品价格以及销售数量加以约束的条款。原审法院仅认定"聊天记录记载了协议达成前后双方解决专利侵权案件的想法、思路，条款及协议履行等问题"，上述事实认定仅认定部分事实，忽略了本案核心争议焦点是否达成垄断协议的相关事实。至于双方聊天记录是否属于华明公司所主张的双方达成横向垄断协议的沟通过程，将结合全案事实在说理部分予以阐述。

（三）关于涉案调解协议其余条款内容

涉案调解协议存在条文编号错误，缺少第二条。除原审判决查明部分外，其余条款如下（依协议原文的条文编号）：

第四条：为了实现产品的系列化和标准化，双方有意在生产制造领域进行合作。并在开关本体上按泰普公司所提供的开关本体尺寸向用户配套。

第六条：开关本体尺寸按甲方选型手册尺寸执行。双方组织技术人员对相关产品参数（包括并不限于技术参数、安装尺寸和使用规范等）进行前期沟通，达成一致意见后相互确认（尤其是本体与机构的结合处）。泰普公司将帮助华明公司编制一个简版的选型手册，以利于华明公司提升市场响应的主动性与及时性。超出手册范围的其他特殊产品（包括绝缘等试验参数超过市场上最常规产品的部分），由泰普公司提供设计图纸与本体报价。

第八条：双方确认没有未尽的知识产权纠纷。

第九条：双方承诺尊重对方的知识产权，不侵犯双方合法权益，共同维护双方合法权益。

第十条：双方同意就替代进口开关上及特种开关上加强合作，信息共享，避免双方之间的恶意价格竞争，共同应对国外公司。一般来说如果一方告知另一方价格信息，被告知方成交价格不能低于主动告知方。

第十一条：双方建立有效的联络机制，一方提出问题，无论是否同意，对方要及时答复。双方建议一对一的专职人员对接，保持信息畅通。出现新的问题时双方高层及时沟通。

第十三条：除非双方书面一致同意终止本协议，则本协议一直有效延续。如果有任何一方提出终止本协议的，应该获得对方书面确认，否则本协议继续有效延续。

第十四条：双方约定每半年（6月30日、12月31日）华明公司向泰普公司以现汇方式清算货款一次。

第十五条：双方同意就本协议内容保密，不向任何第三方泄露。双方请求人民法院不将本协议内容在网上公开。

第十六条：以上协议中有关条款如与法律相违背时，则此条由双方按原本意再协商完善，但不影响其它条款的有效性。

（四）关于2018年合同违约纠纷情况

2018年6月11日，泰普公司以华明公司违反涉案调解协议约定向特变电工新疆变压器厂销售产品为由，起诉华明公司，该案由武汉市江夏区法院一审［（2018）鄂 0115 民初 2426 号］，武汉市中级法院二审［（2019）鄂 01 民终 1973 号］。2018 年 12 月 4 日，武汉市江夏区法院作出一审判决：华明公司支付违约金 5100000 元。华明公司不服，提出上诉。武汉市中级法院审理后认为，一审法院对案件基本事实未予查清，可能影响对案件的实体审理，于 2019 年 5 月 10 日作出裁定：撤销一审判决、发回武汉市江夏区法院重审。武汉市江夏区法院于 2019 年 6 月 5 日重新立案［（2019）鄂 0115 民初 5545 号］，审理过程中，华明公司以涉案调解协议有效性存在异议并已向武汉市中级法院另行提起诉讼（即本案）为由，请求中止审理。2019 年 6 月 27 日，武汉市江夏区法院作出裁定，中止该案诉讼。

（五）关于涉案专利权情况

涉案专利权为发明专利权，名称为"一种带有屏蔽装置的无励磁分接开关"，专利号为 ZL200610××××××.3，申请日期为 2006 年 6 月 2 日，授权公告日为 2008 年 12 月 10 日。

涉案专利权利要求 1："一种带有屏蔽装置的无励磁分接开关，包括有上、下支座，上、下支座间穿装有转轴并联接绝缘体，转轴一端与操作机构相连，在转轴上安设有动触头，动触头的周向对应安设有与其配置的静触头，其特征在于在静触头组的外周套装有筒状的屏蔽罩，在屏蔽罩的内侧或/和外侧设置绝缘筒。"

涉案专利权的说明书摘要："该发明专利涉及一种用于变压器中的带有屏蔽装置的无励磁分接开关，包括有上、下支座，上、下支座间穿装有转轴并联接绝缘体，转轴一端与操作机构相连，在转轴上安设有动触头，动触头的周向对应安设有与其配置的静触头，其不同之处在于在静触头组的外周套装有筒状的屏蔽罩。此外，还可在屏蔽罩的内侧或/和外侧设置绝缘筒，并在筒形屏蔽罩的一端或两端安设屏蔽端圈。该发明能有效改善开关的电场分布，开关局部放电量将大大降低，可使分接开关的结构变得简单紧凑，开关的体积相应缩小，从而使开关占用变压器有效空间减少，同时简化开关加工工艺，降低开关制造成本及变压器使用与制造成本，并使分接开关使用性能的稳定可靠性进一步增强。"

涉案专利权的说明书"技术领域"中记载："本发明涉及一种用于变压器中的带有屏蔽装置的无励磁分接开关，是对现有无励磁分接开关的改进。"

涉案专利权的说明书"背景技术"中记载："在中国专利 CN2308152Y、CN2454878Y、CN2249959Y 中提出了几种结构不同的无励磁分接开关及无励磁鼓形分接开关，这些开关均具有结构紧凑、自身体积较小，因而使用时占用变压器内部空间小、操作轻便、可靠等特点。但是随着开关额定电压等级的提高及变压器的主要性能指标之一———局部放电量限制要求的大幅度提高，在较高电压等级变压器上安装的分接开关的局部放电性能往往成为变压器的薄弱环节，……不得不在开关与变压器箱体及线圈间留充分绝缘距离来降低场强，从而使变压器体积大量增大，这样将增大开关制造成本及变压器使用与制造成本，甚至装运成本，而且局部放电量大也使变压器运行可靠性大幅降低。"

本院认为，根据当事人的诉辩意见以及案件事实，本案二审阶段的争议焦点为：涉案调解协议是否因违反反垄断法的强制性规定而无效，以及华明公司主张的损害赔偿及本案合理开支是否应予支持。

（一）关于涉案调解协议是否因违反反垄断法的强制性规定而无效

本案中，华明公司主张涉案调解协议属于固定价格、限制生产销售数量、分割市场的横向垄断协议，因违反反垄断法第十三条第一款第一项、第二项、第三项的规定而无效。判断涉案调解协议是否因违反反垄断法强制性规定而无效，首先要判断涉案调解协议是否构成反垄断法所明文禁止的横向垄断协议，进而再判断协议应被全部无效还是部分无效。

1. 涉案调解协议是否构成反垄断法所明文禁止的横向垄断协议

特定协议构成反垄断法第十三条第一款所明文禁止的横向垄断协议，需要具备如下三个条件：协议的主体属于具有竞争关系的经营者；协议内容符合反垄断法第十三条第一款明文规定的形式要求；协议具有排除、限制竞争的效果。对此，本院具体分析如下：

第一，关于华明公司、泰普公司之间是否存在反垄断法上的竞争关系

泰普公司在二审中主张，有载变压器只能使用有载分接开关，无载变压器只能使用无载分接开关，有载分接开关与无载分接开关之间不具有替代关系；华明公司主要业务为有载分接开关、电力工程及数控设备，无载分接开关不是华明公司的主要业务，而泰普公司生产、销售的都是无载分接开关；根据涉案调解协议约定，双方之间是委托生产开关本体的法律关系，属于上下游的交易关系，不具有横向竞争关系。

对此，本院认为，反垄断法第十三条第一款意义上的竞争关系是指在生产或者销售过程中处于同一阶段的两个或两个以上的经营者提供具有替代关系的产品或者服务，或者具有进入同一产品或者服务市场的现实可能性。根据在案事实，华明公司、泰普公司均生产、销售无载分接开关，两者应当属于生产、销售同一产品的经营者，且根据原审法院查明的华明公司、泰普公司的开关销售情况，双方均具有一定的市场影响力。涉案调解协议中包含华

明公司委托泰普公司生产特定类型开关本体的约定，并不能改变两者之间在同类产品上的竞争关系。原审认定双方之间存在反垄断法第十三条第一款意义上的竞争关系并无不当，本院予以确认。

第二，关于涉案调解协议是否符合反垄断法第十三条第一款第一项至第三项规定的形式要求

华明公司主张，根据涉案调解协议的约定，华明公司仅能生产笼形开关，对笼型开关以外的所有型式的无励磁分接开关不能自行生产，只能通过泰普公司供货转售给下游客户，且华明公司的市场销售价格也被加以固定；另外，在海外市场，华明公司需要为泰普公司持股的公司生产的无励磁分接开关作市场代理，不得自行生产或代理其他企业同类产品。故，主张涉案调解协议构成反垄断法第十三条第一款所规定的分割销售市场、限制商品生产销售数量、固定商品价格的横向垄断协议。对此，本院分析如下：

反垄断法第十三条第一款规定："禁止具有竞争关系的经营者达成下列垄断协议：（一）固定或者变更商品价格；（二）限制商品的生产数量或者销售数量；（三）分割销售市场或者原材料采购市场；（四）限制购买新技术、新设备或者限制开发新技术、新产品；（五）联合抵制交易；（六）国务院反垄断执法机构认定的其他垄断协议。"在认定经营者之间达成的协议是否符合反垄断法第十三条第一款明文列举的横向垄断协议的形式时，不宜将协议内容与该款所列的五种类型的横向垄断协议机械对照，而应当从市场竞争秩序的角度，对协议内容进行整体分析，对相关协议条款的内容及其关联性、实际或者潜在产生的排除、限制竞争的效果等进行综合考量。

首先，涉案调解协议具有分割销售市场的内容。涉案调解协议第一条将无励磁分接开关按照型式划分为笼形开关和其他型式开关两类，相应的无励磁分接开关国内市场被划分为笼形无励磁分接开关市场和其他型式无励磁分接开关市场。该条明确约定，华明公司不得自行制造或委托除泰普公司以外任何第三方制造（或向其购买）除笼形开关以外的所有型式如条形、鼓形、筒形、鼠笼形等的无励磁分接开关本体及相关零部件。同时，涉案调解协议第五条将无励磁分接开关按照生产企业划分为泰普公司所参股的泰普联合公司生产的开关和其他企业生产的开关，相应的无励磁分接开关海外市场被划分为泰普联合公司生产的开关的市场和其他企业生产的开关的市场。该条明确约定，华明公司不得在海外市场自行生产泰普公司所参股的泰普联合公司的同类产品，也不得代理其他企业同类产品。显然，上述约定分割了无励磁分接开关的销售市场：在国内市场，华明公司只能自己生产和销售笼型开关，笼型开关以外的所有无励磁分接开关均由泰普公司控制；在海外市场，华明

公司只能销售泰普联合公司的产品，排除、限制了华明公司及其他生产同类产品的企业在无励磁开关市场的竞争。因此，应当认定涉案调解协议第一条、第五条约定的内容符合反垄断法第十三条第一款第三项明文规定的横向垄断协议的形式要求。

其次，涉案调解协议具有限制商品生产和销售数量的内容。由以上分析还可知，涉案调解协议的第一条、第五条以停止生产、限制特定品种商品销售数量的方式限制华明公司产品的生产数量、销售数量，由此可能导致相关商品的供应量减少、商品价格上涨，进而最终损害消费者的利益。因此，应当认定涉案调解协议第一条、第五条约定的内容也符合反垄断法第十三条第一款第二项明文规定的横向垄断协议的形式要求。

再次，涉案调解协议具有固定商品价格的较大可能性。涉案调解协议第一条约定，华明公司承接除笼形开关以外的无励磁分接开关的订单，开关本体需按照协议约定价格委托泰普公司制造后向华明公司供货，泰普公司、华明公司每两年就无励磁开关委托生产价格进行一次重新确认；在产品价格协议达成一致以前，除指定交易外，"其他所有牵引变配套开关报价，华明公司先落实泰普公司开关本体价格后再自行决定报价，并向泰普公司报价与购买其开关本体"。显然，涉案调解协议中所约定的虽然是华明公司委托泰普公司生产产品的价格，但涉案调解协议已经约定华明公司不得自行制造或委托除泰普公司以外任何第三方（或向其购买）除笼形开关以外的无励磁分接开关本体及相关零部件，因此在生产方或供货方唯一的情况下，成本、利润率相对确定，直接导致华明公司对外销售商品的价格与华明公司委托泰普公司生产产品的价格挂钩，具有固定销售价格的较大可能性。泰普公司关于涉案调解协议所约定的价格是委托生产价格，并非销售价格，不属于固定商品价格的主张，难以成立。

同时，涉案调解协议第五条也约定，在海外无励磁分接开关市场，泰普公司对华明公司的售价为华明公司对用户的实际售价。由于涉案调解协议限定华明公司在海外市场只能销售泰普联合公司的产品，在供货方唯一的情况下，华明公司对外销售价格已经被泰普公司所限定。此外，涉案调解协议第十条约定，就替代进口开关及特种开关，泰普公司、华明公司之间，如果一方告知另一方价格信息，被告知方成交价格不能低于主动告知方。这就意味着，在替代进口开关及特种开关上，双方的自主定价权互相制约，极易达成价格同盟。因此，应当认定涉案调解协议第一条、第五条、第十条约定的内容具有固定商品价格的较大可能性，符合反垄断法第十三条第一款第一项明文规定的横向垄断协议的形式要求。

最后，关于涉案调解协议的整体评价。涉案调解协议以第一条、第五条、第十条为核心，约定停止生产特定品种商品、限制特定品种商品销售、协调及固定价格，并辅之以信息联络、违约惩罚等手段，强化了分割销售市场、限制商品生产和销售数量、固定商品价格的效果。因此，涉案调解协议符合反垄断法第十三条第一款第一项至第三项规定的形式要求。

第三，关于涉案调解协议是否具有排除、限制竞争的效果

《最高人民法院关于审理因垄断行为引发的民事纠纷案件应用法律若干问题的规定》第七条规定："被诉垄断行为属于反垄断法第十三条第一款第一项至第五项规定的垄断协议的，被告应对该协议不具有排除、限制竞争的效果承担举证责任。"依据上述规定，反垄断法第十三条第一款明文列举的五种类型垄断协议，包括固定或变更价格协议、限制商品生产或销售数量协议、分割销售市场协议等，属于常见的具有排除、限制竞争效果的典型的横向垄断协议类型，该种协议一旦形成，一般就会具有损害市场竞争的实际效果或者潜在效果，除非被告能够证明该协议具有促进竞争的效果且该效果超过了其排除、限制竞争的效果。对于涉案调解协议是否具有排除、限制竞争的效果，本院分析如下：

首先，关于反垄断法第十三条第一款第一项至第五项规定的垄断协议竞争效果的举证责任。根据《最高人民法院关于审理因垄断行为引发的民事纠纷案件应用法律若干问题的规定》第七条的规定，对于反垄断法第十三条第一款第一项至第五项规定的垄断协议的，原则上可以推定其具有排除、限制竞争的效果，原告无需就此承担举证责任，而由被告对该协议不具有排除、限制竞争的效果承担举证责任。根据前文分析，华明公司、泰普公司在无载分接开关市场存在竞争关系，涉案调解协议符合反垄断法第十三条第一款第一项、第二项、第三项规定的横向垄断协议的形式要求，一旦达成，一般就会产生排除、限制竞争的实际效果或潜在效果，可以推定其具有排除、限制竞争的效果。因此，泰普公司应当对涉案调解协议不具有排除、限制竞争的效果承担举证责任。本案中泰普公司并无充分证据证明涉案调解协议具有促进竞争的效果且该效果超过了其排除、限制竞争的效果，故应当认定涉案调解协议具有排除、限制竞争的效果。原审判决相关举证责任分配不当，本院予以纠正。

其次，关于涉案调解协议是否产生排除、限制竞争的实际效果。泰普公司辩称，国内分接开关厂家共有几十家，还有多家国外品牌厂家在中国开展业务，泰普公司市场总份额极小。涉案调解协议只约定除笼形开关外的无励磁分接开关本体委托泰普公司生产，并未限制华明公司对外生产销售无励磁

分接开关，故协议并不具有排除、限制相关市场竞争的效果。对此，本院认为，前已述及，涉案调解协议在形式上构成反垄断法第十三条所禁止的三类横向垄断协议，一旦达成，一般就会产生排除、限制竞争的实际效果或潜在效果，且通常情况下，协议参与方的市场份额越高，其排除、限制竞争效果越显著。根据在案证据，泰普公司在无载分接开关市场上具有较强市场影响力，华明公司亦是重要的无载分接开关供应商之一，双方达成分割销售市场、限制商品生产和销售数量、固定商品价格的涉案调解协议一经实施，明显会对市场竞争产生排除、限制效果。无励磁分接开关组件中，本体部分为核心组成部分，其他组件均属于附属配件，涉案调解协议仅对本体部分价格进行约定已经足以影响产品价格。而且，华明公司二审提交的新证据及原审证据显示，涉案调解协议签署后，泰普公司向华明公司发送的指导价格表中无励磁分接开关的单价均要远高于华明公司自身对外的销售价格。双方法定代表人的微信聊天记录也显示，泰普公司曾多次向华明公司提出要保持高价（如"双方要在较高价格下去做市场""许多低价可以适当调价，高的稳住价格没有问题"）。可见，涉案调解协议的实施将导致相关产品价格上涨，损害下游经营者及终端用户的利益。泰普公司的相关主张，错误理解了反垄断法第十三条第一款第一项至第五项所规定的垄断协议竞争效果的举证责任，且与事实不符，难以成立。

最后，关于涉案调解协议的排除、限制竞争效果与该协议的达成背景及当事人主观动机的关系。华明公司上诉主张，判断涉案调解协议是否构成垄断协议与协议达成的背景或当事人的主观动机无关，同时主张以泰普公司与华明公司法定代表人的聊天记录，即涉案调解协议的磋商过程，证明泰普公司具有通过涉案调解协议排除、限制市场竞争的目的。泰普公司辩称，华明公司关于判断涉案调解协议是否构成垄断协议和该合同签订背景及签订目的之间关系的观点前后自相矛盾。对此，本院认为，反垄断法第十三条第二款规定："本法所称垄断协议，是指排除、限制竞争的协议、决定或者其他协同行为。"根据该款规定，经营者之间达成的协议是否属于反垄断法所禁止的垄断协议，应以该协议是否具有排除、限制竞争的效果为核心标准。在具体认定时，可以综合考虑协议约定的具体内容、实施协议对市场竞争可能产生的实际效果或者潜在效果、协议的目的等因素确定。协议的签订背景及各方达成协议时的主观动机等可以作为认定的参考。由于涉案调解协议的签订背景及双方签订涉案调解协议的主观动机仅仅是参考因素，即使双方法定代表人的聊天记录等协议背景信息可以证明泰普公司具有通过涉案调解协议排除、限制市场竞争的主观动机，仅此亦不足以确定或者否定涉案调解协议对市场竞争的效果如何。因此，对华明公司就此问题的相关上诉主张，本院难以完全认同。

综上，涉案调解协议构成分割销售市场、限制商品生产和销售数量、固定商品价格的横向垄断协议，华明公司的相关上诉理由成立，应予支持。

2. 关于涉案调解协议与专利侵权纠纷之间的关系

华明公司上诉主张，原审判决认定，华明公司在涉案调解协议中承诺只生产笼形开关，是因为笼形以外的产品可能落入泰普公司涉案专利权的保护范围，因此相关协议条款在于避免专利侵权再次被诉，原审判决的上述认定缺乏查证，存在事实认定遗漏。而泰普公司则辩称，涉案调解协议是双方在2015年专利侵权纠纷一案中达成，双方签订涉案调解协议的前提条件和原因是华明公司涉嫌侵害泰普公司的涉案专利权，目的是解决专利侵权纠纷，防止后续再次发生专利侵权。上述争议涉及涉案调解协议与专利侵权纠纷之间的关系，即泰普公司拥有并行使涉案专利权这一事实是否能够排除涉案调解协议的违法性这一问题。对此，本院分析如下：

首先，关于知识产权权利行使与垄断行为之间的关系。反垄断法第五十五条规定："经营者依照有关知识产权的法律、行政法规规定行使知识产权的行为，不适用本法；但是，经营者滥用知识产权，排除、限制竞争的行为，适用本法。"根据上述规定，权利人依照知识产权法律、行政法规规定行使知识产权的行为原则上并不违反反垄断法；但是，权利人逾越其享有的专有权，滥用知识产权排除、限制竞争的，则涉嫌违反反垄断法。

其次，关于泰普公司行使涉案专利权的行为是否构成滥用知识产权。本案中，双方2015年专利侵权纠纷涉及泰普公司所有的"一种带有屏蔽装置的无励磁分接开关"的发明专利权，其技术效果主要在于降低开关制造成本，增强开关使用的稳定性、可靠性，属于对无励磁分接开关的改进，并非无励磁分接开关领域无法回避的基础性专利。涉案专利的权利要求保护的是一种带有特定结构的屏蔽装置的无励磁分接开关，不涉及特定类型或形状的无励磁分接开关，而涉案调解协议以无励磁分接开关的型式划分产品，将其分为笼形、非笼形（包括鼓形、条形、筒形、鼠笼形等）；在海外市场，又以无励磁分接开关的生产企业划分产品，将其分为泰普公司所参股的泰普联合公司生产的开关和其他企业生产的开关，并以上述划分为基础对华明公司生产和销售某些特定类型的无励磁分接开关加以限制，但这种限制与涉案专利的权利保护范围并无实质关联。泰普公司在原审答辩中也自称，涉案调解协议约定内容已经超出专利侵权纠纷，合同条款也与泰普公司涉案专利权脱钩。

此外，如前文分析，华明公司与泰普公司在无载分接开关市场存在竞争关系，涉案调解协议对无载分接开关市场进行划分，并以此对协议所涉及产品，即无励磁分接开关的销售价格、生产数量、销售数量、销售种类、销售地域等加以限制，排除、限制了经营者之间的正常竞争。可见，涉案调解协议与涉案专利权的保护范围缺乏实质关联性，其核心并不在于保护专利权，而是以行使专利权为掩护，实际上追求分割销售市场、限制商品生产和销售数量、固定价格的效果，属于滥用专利权，构成排除、限制竞争的行为，违反了反垄断法的规定。

最后，关于涉案调解协议所涉及产品是否包括涉嫌侵犯专利权的产品。前已述及，由于涉案调解协议对于所限制生产和销售的产品种类及相关的销售市场的划分并非以涉案专利权的保护范围为划分依据，且调解协议的内容已经超出了 2015 年专利侵权纠纷案件中的争议内容，因此涉案调解协议所涉及的产品是否包含涉嫌侵犯专利权的产品与本案并无直接关联性。华明公司主张原审漏查，缺乏法律依据，本院不予支持。

综上，泰普公司拥有并行使涉案专利权这一事实并不能够排除涉案调解协议的违法性。

3. 关于涉案调解协议的法律效力

本案中，在认定涉案调解协议的部分条款构成横向垄断协议后，需要进一步判断涉案调解协议应被全部无效还是部分无效。二审中，华明公司明确，其主张涉案调解协议全部无效，并指出协议第十二条约定了高额的违约金条款，该条款同样具有排除、限制市场竞争的效果。对此，本院分析如下：

首先，关于涉案调解协议效力问题的法律适用。涉案调解协议签订于 2016 年 1 月 22 日，围绕该协议履行所产生的纠纷均发生于 2020 年 1 月 1 日《中华人民共和国民法典》施行前，因此本案原则上应适用合同法进行审理。根据合同法第五十二条第五项的规定，违反法律、行政法规的强制性规定的，合同无效。根据《最高人民法院关于适用〈中华人民共和国合同法〉若干问题的解释（二）》第十四条的规定，合同法第五十二条第五项规定的"强制性规定"，是指效力性强制性规定。《最高人民法院关于审理因垄断行为引发的民事纠纷案件应用法律若干问题的规定》第十五条规定："被诉合同内容、行业协会的章程等违反反垄断法或者其他法律、行政法规的强制性规定的，人民法院应当依法认定其无效。但是，该强制性规定不导致该民事法律行为无效的除外。"反垄断法的立法宗旨为预防和制止垄断行为，保护市场公平竞争，提高经济运行效率，维护消费者利益和社会公共利益。基于上述立法宗旨，反垄断法关于禁止垄断行为的规定原则上应当属于效力性强制性规定。

其次，关于涉案调解协议效力问题的具体分析。前已述及，涉案调解协议第一条、第五条、第十条违反反垄断法第十三条关于禁止达成横向垄断协议的规定，而泰普公司未主张该协议具有反垄断法第十五条所规定的豁免事由，因此，涉案调解协议的第一条、第五条、第十条应当认定无效。上述三个条款为涉案调解协议的核心条款，其他条款均属于围绕上述三个条款对双方相关权利义务的约定，其根本目的在于通过对无载分接开关市场排除、限制竞争，以实现垄断利益，故涉案调解协议在剥离上述三个条款后缺乏独立存在的意义，应当认定全部无效。华明公司相关上诉请求，应予支持。

综上所述，涉案调解协议因违反反垄断法强制性规定应认定为全部无效。

（二）关于华明公司主张的损害赔偿及本案合理开支是否应予支持

华明公司主张，涉案调解协议属于无效协议，泰普公司因涉案调解协议而取得的财产应当予以返还，并应当承担由此导致的赔偿责任，故请求泰普公司赔偿经济损失 798626 元及本案维权合理支出 10 万元。

首先，经查，华明公司所主张的 798626 元损害赔偿系 2017 年合同违约纠纷中，武汉市中级法院二审判决（2017）鄂民终 4245 号民事判决生效后，武汉市江夏区法院执行生效判决时扣划的华明公司执行款项。本院认为，在 2017 年合同违约纠纷中，生效判决认定涉案调解协议合法、有效，华明公司承担相关违约责任，798626 元为判令华明公司向泰普公司支付违约金的执行款项，并非华明公司在本案中所主张的因垄断协议的达成、实施而造成的损失。

其次，反垄断法第五十条规定："经营者实施垄断行为，给他人造成损失的，依法承担民事责任。"根据该规定，可以主张因垄断行为而受到损害的主体并不包括该垄断行为的实施者。同时，请求损害赔偿救济者，其行为必须正当合法。华明公司作为涉案调解协议的一方，参与达成该横向垄断协议，其自身行为具有违法性。因此，华明公司在本案中有关损害赔偿的请求，缺乏法律依据，本院不予支持。至于华明公司主张的因前案诉讼所产生的损失，其可通过针对前案的民事审判监督程序予以解决。

最后，关于华明公司主张的本案合理开支应否得到支持。《最高人民法院关于审理因垄断行为引发的民事纠纷案件应用法律若干问题的规定》第十四条第二款规定："根据原告的请求，人民法院可以将原告因调查、制止垄断行为所支付的合理开支计入损失赔偿范围。"经查，华明公司所主张的本案维权合理支出 10 万元系为本案诉讼聘请律师的费用。本案中，华明公司提起诉讼，请求确认涉案调解协议因违反反垄断法而无效，并请求损害赔偿，其主张的为本案诉讼所支出的律师费属于因制止垄断行为所支付的开支。虽然本院对于华明公司关于损害赔偿的请求不予支持，但是，鉴于横向垄断协议通常具有隐蔽性，支持合理开支有利于垄断协议参与方主动揭发垄断行为，有助于及时发现并制止垄断行为，保护市场公平竞争，维护市场竞争秩序，故本院对华明公司主张的本案合理开支予以考虑。华明公司为本案诉讼签订聘请律师合同，约定律师服务费用 30 万元，其仅以其中已经实际支付的 10 万元律师费为限主张合理开支。考虑到本案的复杂性以及华明公司代理律师参与本案诉讼的情况，10 万元尚属合理。因此，对于华明公司关于赔偿其本案合理开支 10 万元的请求，本院予以支持。

综上所述，华明公司的上诉请求部分成立，本院予以支持。原审判决事实认定存在瑕疵，适用法律错误，应予纠正。依照《中华人民共和国反垄断法》第十三条第一款第一项、第二项、第三项和第二款、第十五条、第五十条、第五十五条，《最高人民法院关于审理因垄断行为引发的民事纠纷案件应用法律若干问题的规定》第七条、第十四条第二款、第十五条，《中华人民共和国合同法》第五十二条，《中华人民共和国民事诉讼法》第一百七十七条第一款第二项之规定，判决如下：

一、撤销湖北省武汉市中级人民法院（2019）鄂 01 民初 6137 号民事判决；

二、确认武汉泰普变压器开关有限公司、上海华明电力设备制造有限公司于 2016 年 1 月 22 日签订的《调解协议》全部无效；

三、武汉泰普变压器开关有限公司自本判决发生法律效力之日起十日内赔偿上海华明电力设备制造有限公司本案合理开支 100000 元；

四、驳回上海华明电力设备制造有限公司的其他诉讼请求。

如未按判决指定的期间履行给付金钱义务，应依照《中华人民共和国民事诉讼法》第二百六十条之规定，加倍支付迟延履行期间的债务利息。

一审案件受理费 13786 元，由上海华明电力设备制造有限公司负担 10000 元，由武汉泰普变压器开关有限公司负担 3786 元。二审案件受理费 12786 元，由上海华明电力设备制造有限公司负担 10000 元，由武汉泰普变压器开关有限公司负担 2786 元。

本判决为终审判决。

审 判 长 原晓爽

审 判 员 何 隽

审 判 员 薛 淼

二○二二年二月二十二日

法官助理 刘清启

书 记 员 汪 妮

36. 其他协同行为的认定

——上诉人茂名市电白区建科混凝土有限公司与被上诉人广东省市场监督管理局反垄断行政处罚案①

中华人民共和国最高人民法院行政判决书（2022）最高法知行终 29 号

上诉人（一审原告）：茂名市电白区建科混凝土有限公司。住所地：广东省茂名市电白区林头镇水丰农场 18 队 3 号山蟹钳岭。

法定代表人：詹国营，该公司执行董事。

委托诉讼代理人：宁向东，广东鸿基律师事务所律师。

委托诉讼代理人：彭东梅，广东鸿基律师事务所律师。

被上诉人（一审被告）：广东省市场监督管理局。住所地：广东省广州市天河区黄埔大道西 363 号。

法定代表人：刘光明，该局局长。

委托诉讼代理人：赖佳捷，该局工作人员。

委托诉讼代理人：方宁珊，北京市中伦（广州）律师事务所律师。

上诉人茂名市电白区建科混凝土有限公司（以下简称建科公司）因与被上诉人广东省市场监督管理局反垄断行政处罚一案，不服广州知识产权法院（以下简称一审法院）于 2021 年 8 月 30 日作出的（2020）粤 73 行初 17 号行政判决，向本院提起上诉。本院于 2022 年 1 月 10 日立案后，依法组成合议庭，于 2022 年 3 月 18 日公开开庭进行了审理。上诉人建科公司的委托诉讼代理人宁向东、彭东梅，被上诉人广东省市场监督管理局的委托诉讼代理人赖佳捷、方宁珊到庭参加诉讼。本案现已审理终结。

广东省市场监督管理局于 2020 年 6 月 1 日作出粤市监反垄断行处〔2020〕33 号《行政处罚决定书》（以下简称被诉处罚决定）。该决定主要内容为：原广东省发展改革委价格监督检查与反垄断局（以下简称原广东省发改委反垄断局）于 2017 年 2 月 21 日接到有关企业关于广东省茂名市城区及高州市多家经营预拌混凝土业务的企业联合涨价涉嫌垄断的举报。后因机构

---

① 本案在年度报告中的位置为第 67 页、第 70 页。

改革，原广东省发改委反垄断局于2018年10月将该案移交至广东省市场监督管理局。广东省市场监督管理局在原广东省发改委反垄断局已经调查掌握情况的基础上，进一步进行了核查，于2018年11月2日向国家市场监督管理总局进行立案报备。2019年9月18日，广东省市场监督管理局向建科公司送达了《行政处罚告知书》，告知建科公司拟作出行政处罚的事实、理由、依据和处罚内容，并告知建科公司依法享有陈述、申辩和要求举行听证的权利。建科公司在法定期限内申请听证，广东省市场监督管理局于2019年10月29日组织行政处罚案件听证会并听取建科公司陈述和申辩。建科公司没有新的事实和证据，广东省市场监督管理局对建科公司的申辩不予采纳。广东省市场监督管理局经调查，认定建科公司及其他18家混凝土企业是具有竞争关系的经营者，通过聚会、微信群等形式就统一上调混凝土销售价格事宜进行商议和信息交流，达成并实施了"固定或者变更商品价格"的垄断协议，该行为违反了《中华人民共和国反垄断法》（以下简称反垄断法）第十三条第一款第一项之规定。综合考虑建科公司积极配合调查，违法行为持续时间短，对市场竞争损害程度轻、影响范围较小等因素，依据反垄断法第四十六条第一款、第四十九条及《中华人民共和国行政处罚法》（2017年修正，以下简称行政处罚法）第二十七条第一款第一项之规定，广东省市场监督管理局决定对建科公司作出如下处罚：责令建科公司停止违法行为；处以2016年度销售额30755143.18元的1%即307551.43元的罚款。

建科公司不服被诉处罚决定，于2020年8月4日向广州铁路运输中级法院提起行政诉讼，广州铁路运输中级法院裁定将该案移送一审法院，一审法院于2020年11月26日立案。建科公司请求撤销被诉处罚决定，判令诉讼费用由广东省市场监督管理局负担。事实和理由：（一）广东省市场监督管理局认定建科公司达成、实施"固定或变更商品的价格"的垄断协议，缺乏相应证据。（二）广东省市场监督管理局的处罚金额不当，被诉处罚决定违反了反垄断法第四十六条关于"并处上一年度销售额"的规定。（三）广东省市场监督管理局处理程序不当。原广东省发改委反垄断局未依法正式立案就取证，不符合法定行政处罚程序，该局取证不能作为认定案件的根据，也不能证明被诉行政行为的合法性。

广东省市场监督管理局辩称：该局有充分证据认定建科公司达成并实施了横向垄断协议，建科公司并无法定豁免事由；该局具体行政行为合法，适用法律正确，确定处罚金额并无不当。

一审法院经审理查明以下事实：

原广东省发改委反垄断局于2017年7月4日调查询问建科公司的总经理

杨福才，杨福才当时称：2016年9月底，国家出台治理超载文件，规定混凝土搅拌车每车不允许超过搅拌车容量的一半，导致运输成本因为治理超载提高了；"协会"（即"茂名混凝土交流会"微信群）大概是有关企业在2016年9月份召开会议成立的；2016年9月份以后，建科公司的调价行动执行有一两个月；标号为C30规格的混凝土（以下简称C30混凝土）当时到站价是300元/立方米，比2016年底调价后的最高价330元/立方米下降了30元/立方米。原广东省发改委反垄断局于2018年9月14日再次调查询问杨福才，杨福才当时称：建材公司根据运输距离远近涨价幅度在10—25元/立方米，该涨价情况大概持续了一段时间，价格上下都有波动，后续没有类似协同涨价行为。广东省市场监督管理局于2019年8月1日调查询问建科公司当时的法定代表人黄胜，黄胜当时称：其在"茂名市混凝土交流会"的微信群内的名称是阿胜，并在群内说过"各位会员早晨，今天建科（公司）全面执行实收330（元）价格，希望大家都通报一下执行价格"；建科公司有涨价，幅度很低，参与该微信群的各同类经营公司的涨价幅度都不一样。

根据前述调查的询问笔录及广东省市场监督管理局对茂名元丰商品混凝土有限公司、高州市金山混凝土有限公司、茂名市电白区达力投资有限公司、茂名市乐佳建筑材料有限公司、茂名市电白区长盈混凝土有限公司、广东冠力混凝土有限公司、茂名钰丰混凝土有限公司、建科公司、茂名市恒基混凝土有限公司、华润混凝土（茂名）有限公司、广东双冠建材有限公司（以下简称双冠公司）、茂名市华信混凝土有限公司、茂名市电白区庞建混凝土有限公司、茂名市成晋混凝土有限公司、高州市星展混凝土有限公司、茂名市汇港混凝土有限公司的调查笔录综合反映，在茂名市宏基建材有限公司（以下简称宏基公司）负责人和广东大道建材有限公司（以下简称广东大道公司）、化州市大道建材有限公司（以下简称化州大道公司）当时的法定代表人的牵头组织下，上述19家经营混凝土业务的企业（以下统称涉案19家混凝土企业）中部分企业于2016年9月24日上午，在广东省茂名市××路××号包房聚会商议统一上调混凝土销售价格，最后达成一致意见：从2016年9月25日开始，茂名市城区和高州市区域内C30混凝土销售价格统一上调60元/立方米，其他标号混凝土以C30混凝土价格为参照，每增减一个标号，销售价格相应增减10—20元/立方米。随后，建科公司和其他参会企业的代表从2016年9月24日下午开始，在宏基公司负责人和广东大道公司、化州大道公司当时的法定代表人的带动下，陆续加入了名为"茂名混凝土交流会"微信群，微信群主要用于交流统一涨价信息和发布拖欠货款客户名单等事项，大部分涉案企业的代表通过微信群发布了统一涨价的信息。根据微信群的聊天记录，有关内容还包括：1. 对于某些建筑工地没有结清货款前，要求各公司停止供货、协助回款等；2. 交流对于拒绝接受调价的应对方法，对于部分客户不接受调价的，表明拒绝供货态度，并呼吁群内企业协助停止供货；3. 披露调价方法及部分用户的报价和供货价格；4. 呼吁共同坚持，共同努力，互相监督等；5. 协调部分工地的供应及协调各公司报价差异问题。黄胜在微信群内作为建科公司代表对统一涨价没有表示反对。

建科公司于 2016 年 9 月 26 日向广东协强建设集团有限公司发出《调价函》表示：对混凝土销售单价决定从即日起在原合作价格的基础上上调 45 元/立方米。建科公司于 2016 年 11 月 1 日向山东金鼎建筑安装工程有限公司发出《调价函》表示：对混凝土销售单价决定从即日起在原合作价格的基础上上调 50 元/立方米。

建科公司对其 2016 年度销售额为 30755143.18 元没有异议。

广东省市场监督管理局向一审法院提供《中央定价目录》（2015 年公布）、《广东省定价目录（2015 年版）》，该两份定价目录文件均未记载预拌混凝土商品。建科公司向一审法院提供 8 张发票、《茂名工程造价信息》2016年第 3 期与第 4 期（季刊）复印资料，拟分别证明：其在 2016 年 9 月至 12月期间销售 C30 混凝土的单价均低于 340 元/立方米；茂名市工程造价信息中心每月公布茂名市建设工程材料参考价格（包含 C30 混凝土等材料每月市场价）。广东省市场监督管理局经质证，以建科公司提供的发票不完整、《茂名工程造价信息》与本案无关为由，否定上述证据的证明力。

一审法院认为：根据反垄断法第十条的规定以及第十三届全国人民代表大会第一次会议批准的《国务院机构改革方案（2018 年）》（2018 年 3 月 17日通过）和《国务院关于机构设置的通知》（国发〔2008〕11 号）、国家发展和改革委员会（以下简称国家发改委）《关于反价格垄断执法授权的决定》（发改价检〔2008〕3509 号）、中共中央、国务院《关于地方政府职能转变和机构改革的意见》（中发〔2013〕9 号）、广东省人民政府《广东省发展和改革委员会主要职责内设机构和人员编制规定》（于 2014 年 2 月 21 日发布）、国家市场监督管理总局于 2018 年 12 月 28 日发布的《关于反垄断执法授权的通知》（国市监反垄断〔2018〕265 号）等国家和广东省机构改革相关文件的规定，原广东省发改委反垄断局在 2018 年 3 月 17 日之前经授权对该省内垄断行为进行查处，自 2018 年 3 月 17 日上述职权归由广东省市场监督管理局行使，广东省市场监督管理局依法具有对广东省内涉垄断行为进行查处的职权。原广东省发改委反垄断局在履职期间所进行的相关调查，没有违反法定程序，其调查取得的相关材料可以作为本案的证据。原广东省发改委反垄断局进行了必要调查，广东省市场监督管理局在机构改革后继续行使职权，于2018 年 10 月 25 日立案，2020 年 6 月 1 日作出行政处理决定，并无不当。建科公司认为原广东省发改委反垄断局未依法正式立案就取证，不符合行政处罚程序规定，不能作为认定案件事实的依据，该诉讼主张缺乏依据，一审法院不予支持。原广东省发改委反垄断局及广东省市场监督管理局在法定期限内履行了告知、送达等程序，保障了建科公司的程序权利。广东省市场监督管理局作出涉案行政决定，行政程序合法。

本案中，受预拌混凝土销售市场范围与企业资质限制，预拌混凝土行业被划分在相对封闭的区域内，形成区域化的销售市场，预拌混凝土企业的竞争主要表现在一定区域范围内。根据涉案预拌混凝土的运输时间要求及搅拌站的分布，广东省市场监督管理局认定涉案混凝土商品供应辐射范围在距离混凝土搅拌站 50 公里范围内合理。参与企业的下游客户主要集中在广东省茂名市区及高州市区，涉案 50 公里的辐射范围可以包含广东省茂名市区、高州城区及与茂名市区、高州城区之相邻的其他茂名部分区域。因此，本案相关地域市场为广东省茂名市区、高州城区及与茂名市区、高州城区之相邻的部分区域。相关市场状况的分析，有助于判断经营者的行为是否违法；但本案针对横向垄断协议，对于相关市场无须进行精准分析，广东省市场监督管理局关于本案相关地域市场仅为茂名市区及高州市区的表述虽不够准确，但并不影响本案定性分析。

涉案 19 家混凝土企业均系从事预拌混凝土的独立企业法人，属于反垄断法第十二条所规定的经营者，且上述公司均在茂名市从事相同产品的销售，彼此之间具有横向竞争关系，属于反垄断法第十三条所规定的具有竞争关系的经营者。根据反垄断法第十三条的规定，垄断协议是指排除、限制竞争的协议、决定或者其他协同行为；禁止具有竞争关系的经营者达成固定或者变更商品价格等垄断协议。认定垄断协议存在的关键在于双方或者多方当事人均明知协议或合意的事实，并且自愿接受这样的协议或合意，其具体形式并不影响协议或协同行为存在的认定。固定价格行为对市场竞争的危害极大，是严重的限制竞争行为，无论其具体表现形式如何，均是严重违法行为而应当予以禁止。建科公司等参与企业不但在线下进行统一涨价的协商，还在微信群内持续讨论调价信息，特别是有交流执行提价的情况、客户对调价的反映以及对拒绝调价时的应对措施；而价格信息，特别是具体企业、具体工地的供货价格，显然是属于市场策略性、非公开的信息，部分参与企业在微信沟通中交流以停止供货等方式迫使用户接受调价以及部分参与者呼吁群内各方严格执行"协会指导价""共同坚持"与"互相监督"，而无人对此提出任何反对意见。由此反映参与企业各方对于调价达成了合意，也反映出各参与企业控制价格、避免竞争的目的。同时，有关参与企业还在微信群内聊天多次强调"互相监督""共同坚持"，也反映各方参与了努力维持共同的价格决定机制及监督机制。虽然部分参与企业在微信群内没有明确披露其实际的、具体的提价信息，但通过微信交流的具体信息，足以了解群内企业调价动态，便于实施具体的调价策略，且群内企业也没有任何人提出对于调整价格的反对意见，而各参与企业事实上也均不同程度调高了供货价。建科公司等参与企业通过价格信息交流，统一调高价格，显然不属于基于独立判断、独立决策通过市场机制决定价格的单方行为。根据在案证据，可以认定参与企业各方对于调价进行了意思联络并达成合意，体现了其反竞争目的。客观上，各参与企业的涨价行为具有一致性，涉案混凝土商品在涉案垄断协议影响下总的价格趋势是上升。虽然在垄断协议的实施中，各参与企业根据客户需求量、客户关系、结算方式等方面的差异给予不同需求方不同价格，但这并非其拒绝执行提价协议，而是各参与企业针对客户不同情况采取不同提价幅度，并不足以否定各参与方就提价达成合意并执行了提价协议的事实。建科公司在本案中提供的发票仅有 8 张，远不能反映建科公司在相关期间内的总体销售情况，也不能否定本案其他证据所反映的调价事实。涉案 19 家混凝土企业自发组成"茂名混凝土交流会"，研究讨论统一涨价、变更和固定商品价格，并呼吁其成员共同遵守调价约定及协同拒绝向部分工地供货，意在防止其内部竞争，联合抵制外部其他市场经营者的竞争，影响价格的正常变动，提高或保持销售利润，必然产生排除、限制竞争的效果。在案证据表明，涉案 19 家混凝土企业达成并实施了"固定或者变更商品价格"的垄断协议，明显具有反竞争的目的，且已产生反竞争效果。

建科公司辩称涉案 19 家混凝土企业调高商品价格是由于茂名市交通运输局治理超载导致运输成本增加，其实际售价低于政府指导价。但是，治理超载是预防事故，维护道路安全的必要工作，即使该行政性因素存在，涉案 19 家混凝土企业亦不应进行价格共谋、协同调高商品价格以谋取垄断利益。建科公司所提供的《茂名工程造价信息》杂志所刊登的 2016 年第四季度的茂名市及茂名市所属市、区的建设工程材料参考价格，并非政府指导价。商品预拌混凝土并非属于受政府指导价调控的商品，属于企业自主定价商品。反垄断法不禁止经营者对于实行市场调节价的商品自主定价，而是支持和促进公平、公开、合法的市场竞争，每个经营者应当是根据自身情况及市场状况，独立作出商业判断来确定价格。因此，建科公司的上述答辩并不能构成对其行为的合理解释。建科公司没有提供证据证明涉案垄断协议没有反竞争效果，也不能证明本案存在反垄断法第十五条规定的豁免情形。

建科公司等参与企业的垄断违法行为发生于 2016 年，且于 2016 年底前停止。2016 年是与该垄断行为相关的会计年度。广东省市场监督管理局在作出处理决定时，以 2016 年销售额作为计算基准并处以 2016 年度销售额 1% 的罚款，符合反垄断法第四十六条第一款关于"并处上一年度销售额百分之一以上百分之十以下的罚款"的规定。广东省市场监督管理局以建科公司 2016 年度销售额为处罚基准并无不当。

综上所述，一审法院依照《中华人民共和国行政诉讼法》（以下简称行政诉讼法）第六十九条的规定，于 2021 年 8 月 30 日作出（2020）粤 73 行初 17 号行政判决：驳回茂名市电白区建科混凝土有限公司的诉讼请求。一审案件受理费 50 元，由茂名市电白区建科混凝土有限公司负担。

建科公司不服一审判决，向本院提起上诉，请求：撤销一审判决，改判支持建科公司的诉讼请求；判令广东省市场监督管理局负担一审、二审诉讼费用。事实和理由：（一）一审法院认定广东省市场监督管理局立案查处的权限以及适用法规错误。1. 广东省市场监督管理局对本案于 2018 年 10 月 25 日立案，而国家市场监督管理总局于 2018 年 12 月 28 日发布《关于反垄断执法授权的通知》，广东省市场监督管理局立案查处涉案行为时并无职权，一审法院支持此无职权的行政行为错误。2. 广东省市场监督管理局认定涉案违法行为发生于 2016 年 9 月至 10 月。查处垄断行为应适用行为发生时、程序启动时的法律法规，因此本案应适用《工商行政管理机关行政处罚程序规定》。一审法院对广东省市场监督管理局执法依据的认定存在错误。（二）一审法院认定建科公司达成并实施垄断协议，缺乏事实和法律依据。1. 一审法院未查明涉案商品价格上涨前的基础价格，由此未能认定建科公司价格上涨的幅度以及涉案 19 家混凝土企业的涨价幅度是否一致，也未认定同一时间价格上涨产生的限制、排除竞争后果。涉案 19 家混凝土企业并没有达成统一上涨价格的协议，广东省市场监督管理局和一审法院均仅查明和认定相关企业具有统一涨价的想法，而不顾相关企业是否有涨价的客观行为。根据建科公司在一审中提供的 2016 年 9 月至 12 月期间的生产、销售台账以及广东省市场监督管理局调查的同期台账，建科公司对混凝土的销售价格与涉案其他 18 家混凝土企业的混凝土价格不一致，也没有达到 340 元/立方米的统一价格水平。根据建科公司在 2016 年的销售台账，建科公司并没有实施"固定或变更商品价格"的具体行为，本案没有证据证明建科公司有参与固定价格的协同行为。在广东省市场监督管理局调查启动前后，茂名市城区及高州市区域有多家混凝土企业分别成立并经营，他们并没有加入涉案微信群，由此可证明茂名市城区及高州市区域并没有发生"排除、限制竞争"的具体行为。2. 一审法院分配举证责任错误。根据行政诉讼法及其司法解释的规定,作出具体被诉行为的被告,负有举证责任。广东省市场监督管理局应当举证证明建科公司实施了垄断行为。一审法院认定建科公司应当就反垄断法第十五条规定的豁免事由承担举证责任,违反法定诉讼程序。(三)一审法院对反垄断法第四十六条第一款规定的"上一年度"的认定错误。广东省市场监督管理局提供的《国务院反垄断委员会关于认定经营者垄断行为违法所得和确定罚款的指南》(征求意见稿)规定"'上一年度'为垄断行为停止时的上一会计年度"。建科公司的被诉行为的发生和停止时间为 2016 年 9 月至 10 月,广东省市场监督管理局以建科公司 2016 年的销售额为基数计算罚款数额不当,一审法院的相关认定违背反垄断法的立法原意。

广东省市场监督管理局辩称:一审判决认定事实清楚,适用法律正确,应予维持。事实和理由:(一)一审判决对广东省市场监督管理局具有行政执法权限以及行政执法程序合法的认定正确。广东省市场监督管理局在 2018 年 10 月 25 日立案前对相关行政行为具有执法权限,在接到涉案垄断行为举报后至立案前进行必要调查,没有违反法定程序;在查处过程中也依照法定程序保障了涉案企业充分行使申诉、辩驳的权利。(二)一审判决认定涉案 19 家混凝土企业达成并实施横向垄断协议,有充分事实依据,适用法律正确。涉案 19 家混凝土企业通过聚餐、微信群等途径对茂名市城区和高州市区域内的商品混凝土价格进行固定,相关行为已构成具有竞争关系的经营者达成固定或者变更商品价格的垄断协议,违反反垄断法第十三条的禁止性规定。一审法院认定相关市场正确,分配建科公司就否定反竞争效果和主张垄断协议豁免事由承担举证责任适当。建科公司未举证证明其达成并实施涉案垄断协议具有反垄断法第十五条规定的豁免事由,应承担举证不能的不利法律后果。(三)一审判决对于被诉处罚决定的合理性认定准确。涉案垄断行为发生于 2016 年且在 2016 年底前已经停止,广东省市场监督管理局根据反垄断法第四十六条第一款关于"并处上一年度销售额百分之一以上百分之十以下的罚款"的规定计罚,将该"上一年度"认定为 2016 年合理。广东省市场监督管理局综合考虑涉案垄断协议参与者积极配合调查、违法行为持续时间短、对市场竞争损害程度较轻、影响范围较小等因素,对宏基公司、广东大道公司和化州大道公司 3 家牵头企业以 2% 计罚,对其他 16 家参与企业以法定最低比例 1% 计罚,均属于从轻处罚,符合行政法上的比例原则。

本院二审中,双方均没有提供新的证据。对一审法院已查明的事实,广东省市场监督管理局无异议。建科公司对一审判决查明的事实提出如下异议:

（一）杨福才于 2016 年 9 月 1 日从双冠公司离职，2016 年 11 月 1 日到建科公司任职，对于 2016 年 9 月建科公司的经营情况并不了解。一审法院根据原广东省发改委反垄断局于 2017 年 7 月 4 日对建科公司总经理杨福才的询问笔录认定有关事实不合理。（二）广东省市场监督管理局于 2019 年 8 月 1 日对建科公司当时的法定代表人黄胜的询问笔录记载黄胜当时还曾称"具体也不知道谁涨没涨""大家都是在相互忽悠彼此"。一审法院未查明该事实不当。（三）价格差异由运输距离远近决定，建科公司调整价格是其根据市场情况自行定价。一审法院认定涉案企业于 2016 年 9 月 24 日在广东省茂名市××路××包房聚会商议统一上调混凝土销售价格最后达成一致意见，缺乏事实依据。（四）建科公司对"茂名混凝土交流会"微信群的聊天内容不知情，也未参与有关聊天。一审法院认定"茂名混凝土交流会"微信群的聊天内容与事实不符。（五）建科公司在一审中仅提供 8 张发票是为了减少法院审理核查的工作量，法院如果需要全面核查可以到建科公司逐一核查。一审法院仅查明建科公司提供了 2016 年 9 月至 12 月期间的 8 张发票，没有全面查明有关事实。（六）一审法院查明建科公司分别向广东协强建设集团有限公司和山东金鼎建筑安装工程有限公司发出 2 份《调价函》，但建科公司在 2016 年 9 月和 10 月并未对这两家公司进行销售，未实施价格垄断的协同行为。建科公司向一审法院提交的《茂名工程造价信息》虽然不是政府指导价，但具有权威性，且建科公司的销售价格没有超过《茂名工程造价信息》所发布的价格，不存在价格垄断。

本院经审查，建科公司对一审法院查明事实所提出的上述异议均不能成立。对此，本院分别分析认定如下：（一）原广东省发改委反垄断局于 2017 年 7 月 4 日对杨福才的询问笔录主要涉及建科公司在 2016 年 9 月后的调价情况和其在 2017 年 7 月的价格变化情况，杨福才作为建科公司的总经理理应了解上述情况。建科公司试图否认杨福才对上述调查询问的回答，却没有相应提供反证，本院不予支持。（二）一审法院查明黄胜在接受广东省市场监督管理局询问时确认其在"茂名混凝土交流会"微信群中的发言内容，该内容与本案争议焦点（涉案 19 家混凝土企业是否达成并实施垄断协议）密切相关；而黄胜在接受询问时所作辩解与此并无直接关联，且有不合理推脱责任的嫌疑，一审法院查明事实时不写明黄胜的辩解并无不当。（三）一审法院根据涉案 19 家混凝土企业的微信聊天记录、询问笔录、销售台账等证据，通过归纳概括其中有关内容整体上认定，涉案 19 家混凝土企业对于协调价格达成一致，但是并未形成书面协议。一审法院的该项认定并非直接针对个别公司的价格调整情况，涉案 19 家混凝土企业之间因其他因素而存在一定价格差异，并不能否定其达成垄断协议的事实，也不能否定其实施垄断协议时有关企业不同幅度地上调价格的事实，建科公司质疑一审法院的该项事实缺乏理据。（四）建科公司当时的法定代表人黄胜在接受广东省市场监督管理局询问时已经明确承认自己就在"茂名市混凝土交流会"微信群内，并且在群内说过"各位会员早晨，今天建科全面执行实收330（元）价格，希望大家都通报一下执行价格"。一审法院根据广东省市场监督管理局提供的涉案企业微信聊天记录认定有关价格通谋事实并无不当，建科公司在诉讼中试图否认其陈述，但没有提供足以推翻的相反证据，明显违背诚信原则，本院不予支持。（五）广东省市场监督管理局向一审法院提供建科公司的发货单、发票及销售台账，能够证明建科公司已按照所达成的垄断协议统一上调了混凝土价格。建科公司向一审法院提供8张发票，拟证明其销售C30混凝土的单价低于340元/立方米。在此，广东省市场监督管理局所认定的事实与建科公司所主张的事实是整体与部分的关系，后者（部分）不能否定前者（整体）。（六）建科公司关于《调价函》与实际销售的关系以及《茂名工程造价信息》所发布的价格与建科公司销售价格的关系的主张，不属于其对一审法院所查明事实的异议；其所提相关异议均不能成立，本院对所涉争议事项将在下述判决说理部分分析认定。

本院经审理，查明一审法院认定的基本事实有证据佐证，本院予以确认。

本院认为：本案为反垄断行政处罚案。根据双方当事人的诉辩主张，本案二审中的争议焦点为：（一）广东省市场监督管理局的执法权限和执法依据；（二）涉案横向垄断协议达成与实施的认定；（三）被诉处罚决定有关罚款计算的合法性和合理性。

（一）关于广东省市场监督管理局的执法权限和执法依据

反垄断法第十条第二款规定："国务院反垄断执法机构根据工作需要，可以授权省、自治区、直辖市人民政府相应的机构，依照本法规定负责有关反垄断执法工作。"第十三届全国人民代表大会第一次会议审议批准《国务院机构改革方案（2018年）》并于2018年3月17日通过《关于国务院机构改革方案的决定》。《国务院机构改革方案（2018年）》将国家发改委的价格监督检查与反垄断执法职责交由新组建的国家市场监督管理总局，国家市场监督管理总局成为反垄断法第十条第一款所称国务院反垄断执法机构。国家市场监督管理总局于2018年12月28日发出《关于反垄断执法授权的通知》，授权省级市场监管部门负责本行政区域内的反垄断执法工作，以本机关名义依法作出处理。据此，广东省市场监督管理局具有反垄断的职权。广东省市场监督管理局于2019年9月17日向建科公司送达《行政处罚告知书》，于 2019 年 10 月 29 日组织行政处罚案件听证会听取建科公司陈述和申辩，于 2020 年 6 月 1 日作出被诉处罚决定。广东省市场监督管理局实施上述行政行为时依法具有反垄断执法的行政职权。至于广东省市场监督管理局早于国家市场监督管理总局发出《关于反垄断执法授权的通知》之日于 2018 年 10 月 25 日对本案立案，是广东省市场监督管理局与原广东省发改委反垄断局根据国家和广东省反垄断执法机构改革方案就有关行政管理职责所作出的合理衔接，对涉案行政相对人的有关程序与实体权利并无不利影响，而且广东省市场监督管理局在立案后于 2018 年 11 月 2 日向国家市场监督管理总局报备，国家市场监督管理总局接受报备并无否定意见，也可以视为国家市场监督管理总局认可广东省市场监督管理局对本案的执法权。建科公司关于广东省市场监督管理局无权立案查处本案的上诉理由不能成立。

原广东省发改委反垄断局在调查期间适用国家发改委发布的《反价格垄断规定》和《反价格垄断行政执法程序规定》，但该两部门规章并没有明确规定立案程序，原广东省发改委反垄断局的调查未违反相关程序规定，其调查取得的相关材料可以作为本案的证据。原广东省发改委反垄断局不属于工商行政管理机关，其在调查涉案垄断行为当时未适用《工商行政管理机关行政处罚程序规定》并无不当。被诉处罚决定中已列明行政处罚依据为反垄断法第十三条第一款、第四十六条第一款和第四十九条以及行政处罚法第二十七条第一款。广东省市场监督管理局作出被诉行政决定的程序符合当时施行的行政处罚法的规定，行政程序合法。建科公司关于广东省市场监督管理局执法依据错误的上诉理由不能成立。

（二）关于涉案横向垄断协议达成与实施的认定

被诉处罚决定根据预拌混凝土的初凝时间认为预拌混凝土产品的供应辐射范围在 50 公里以内，进而认定本案地域市场为广东省茂名市城区和高州市区域市场；一审法院在认可广东省市场监督管理局界定涉案地域市场的基础上，进一步明确涉案地域市场为广东省茂名市区、高州城区及与茂名市区、高州城区之相邻的部分区域，具有充分事实和法律依据，并无不当。反垄断执法机构界定相关市场主要目的在于分析相关市场的竞争状况以及垄断行为对相关市场排除、限制竞争效果，而反垄断法第十三条第一款明文列举的横向垄断协议本身一般均明显具有反竞争效果，且其反竞争危害总体上在各种垄断行为类型中相对较为严重，故反垄断执法机构在认定经营者是否达成并实施反垄断法第十三条第一款明文列举的横向垄断协议时，通常并不需要对相关市场进行清晰、精准的界定。本案中界定相关市场也不需要将涉案企业的经营范围精准定位在距离其混凝土搅拌站点 50 公里范围，而只需相对准确确定相关区域即可。广东省市场监督管理局和一审法院均相对准确地界定了相关市场，为进一步分析认定经营者的市场行为是否构成垄断确立了基础条件，本院予以确认。

根据反垄断法第十三条的规定，认定横向垄断协议需要具备如下三个条件：第一，协议的主体属于具有竞争关系的经营者；第二，协议内容符合反垄断法第十三条第一款明文规定的形式要求；第三，协议具有排除、限制竞争的目的或者效果。反垄断法第十三条第二款规定："本法所称垄断协议，是指排除、限制竞争的协议、决定或者其他协同行为。"该款所规定的"其他协同行为"，属于垄断协议的一种表现形式，是指具有竞争关系的经营者没有订立书面或口头协议或者决定，但是相互进行了沟通，心照不宣地实施了协同一致的排除、限制竞争行为。认定其他协同行为，需要具备以下两个条件：首先，具有竞争关系的经营者之间存在一致性市场行为，即经营者同时或相继作出协调的、共同的市场行为；其次，具有竞争关系的经营者之间存在排除、限制竞争的共谋，即经营者之间进行过相关意思联络或信息交流，比如交流经营信息、商业计划等。认定其他协同行为，还需要考虑相关市场的市场结构、竞争状况、市场变化等情况，排除各个经营者根据市场和竞争状况独立作出的相同市场行为的情形。对此，国家市场监督管理总局《禁止垄断协议暂行规定》第六条具体规定了认定其他协同行为应当考虑的四项因素，该规定符合反垄断法的规定，人民法院可参照该规定进行具体分析认定。其中，判断是否存在共谋，关键在于判断经营者之间存在限制或者排除竞争的意思联络或信息交流，而并不要求经营者之间就具体商品价格、数量等达成清晰或具体的一致意见。在具有竞争关系的经营者之间存在意思联络或信息交流，且在意思联络或信息交流之后采取了一致性市场行为的情况下，除非经营者能够合理说明并提供证据证明该行为系其根据市场和竞争状况独立作出的市场行为，包括跟随、仿效其他竞争者而采取的相同市场行为，或者符合反垄断法第十五条规定的豁免事由，原则上即可以认定经营者以协同行为的方式达成并实施了横向垄断协议。而且，前已述及，反垄断法第十三条第一款明文列举的横向垄断协议在所有垄断行为类型中对竞争的影响相对较为严重，一般可以推定其具有限制或者排除竞争的效果，即所谓的反竞争效果。

涉案19家混凝土企业均系从事预拌混凝土生产和销售的经营者，且其产品主要在同一区域销售，彼此之间具有竞争关系，属于反垄断法上的具有竞争关系的经营者。根据本案查明的事实，可以认定涉案19家混凝土企业的被诉行为构成反垄断第十三条第二款规定的"其他协同行为"。对此，本院具体分析如下：第一，涉案 19 家混凝土企业的被诉行为具有一致性。该 19 家企业从 2016 年 9 月 25 日起开始对预拌混凝土销售价格进行上调，调价时间主要集中于 2016 年 9 月底至 10 月，其中各家企业针对具体客户实际供货价格有所不同，但是从总的价格趋势看均存在一定程度的上调，较为明显地体现出各自行为的一致性，被诉行为构成一致性市场行为。第二，涉案 19 家混凝土企业之间进行了意思联络、信息交流，明显具有限制、排除相互间价格竞争的共谋。该 19 家企业围绕预拌混凝土变更价格、价格变动幅度，专门建立微信群并通过聚餐等线下方式进行一系列的信息交流、涨价提议与互相督促。其中虽有部分企业在微信群内没有明确披露其实际交易中的具体提价情况，但是其参与微信群就足以了解群内其他企业的价格调整情况，且没有对价格调整提出异议，群内其他企业也有理由相信没有披露具体提价情况的企业已经采取或将要采取同样的提价行为，相关交流信息让加入微信群的企业之间形成了某种心照不宣的默契，便于其实施相关调价策略。而且，上述参与微信群的企业事实上均在同一时期不同程度地调高了各自的供货价格，反映出其实施合谋涨价的行为过程。第三，涉案 19 家混凝土企业对其行为的一致性并不能作出合理解释。经营者因经营成本增加可以单独自主合理调整销售价格，但不能与其他具有竞争关系的经营者共谋以垄断行为的方式提高价格。建科公司以交通运输管理部门治理超载导致运输成本增加为由对其提价行为进行辩解，但其并没有提供证据证明该 19 家企业之前均存在超载运输情况以及其提价幅度与其恢复正常未超载运输而增加的平均运输成本幅度相当，故其该项辩解不能成立。而且，多达 19 家企业通过微信群持续讨论调价信息、交流执行提价情况，并提出针对客户的应对措施，事后相关企业纷纷提高价格，极可能是共谋的结果。建科公司主张其系根据市场因素变化而相应独立作出的市场行为，明显缺乏说服力。第四，审查相关市场的市场结构、竞争状况、市场变化等情况，可以看出涉案 19 家混凝土企业的被诉行为产生了反竞争效果。对于涉案预拌混凝土市场，在特定区域内的产能规划和搅拌站站点布局相对稳定，新的经营者较难在短期内进入相关市场；同时，预拌混凝土初凝时间等因素制约着预拌混凝土供应的辐射范围（通常在距搅拌站 50 公里范围内），在该特定区域内预拌混凝土企业向外开拓新市场受到限制，下游企业挑选预拌混凝土供应商的范围也受到限制。一旦相关市场内全部或者大部分混凝土企业联络一致涨价，则其下游企业（混凝土购买方）基本上没有多少可协商或者另行选择的余地而只能被动接受涨价。涉案 19 家混凝土企业中绝大多数的年营业额超过 1 千万元，在相关市场上具有较高的市场份额，对相关市场内的预拌混凝土供应有较强的控制能力。本案事实已经表明，涉案 19 家混凝土企业共谋集中上调预拌混凝土单价，已经损害下游企业及终端消费者的利益，客观上产生了排除、限制竞争的实际效果。综合上述分析，可以认定涉案 19 家混凝土企业达成并实施了反垄断法第十三条第一款第一项规定的"固定或者变更商品价格"的横向垄断协议。

建科公司以其销售价格低于《茂名工程造价信息》所发布的价格为由，上诉主张其没有实施价格垄断。本院经审查，《茂名工程造价信息》杂志上所刊载的价格为茂名市住房和城乡建设局通过对市场多点、多方调查汇总整理后向社会发布的价格信息，没有证据显示该价格是自由竞争市场条件下的正常市场价格，即排除涉案 19 家混凝土企业相关垄断行为后涉案预拌混凝土原本的正常市场价格水平。而且，评判垄断协议的排除、限制竞争效果并不以是否超过某一特定价格为标准，而是审查垄断协议的参与方是否排除、限制价格竞争，如上所述，涉案 19 家混凝土企业共谋集中上调预拌混凝土单价，已客观上产生了排除、限制竞争的实际效果。建科公司的上述上诉主张，缺乏事实和法律依据，本院不予支持。

反垄断法对于垄断协议采取一般禁止和特殊豁免相结合的规制方式，在经营者达成垄断协议原则上违反反垄断法禁止性规定的情况下，反垄断法还允许该经营者依法主张豁免，但其应当对此承担举证证明责任。根据反垄断法第十五条的规定，如果具有竞争关系的经营者达成固定或者变更价格协议，落入反垄断法第十三条第一款规定的横向垄断协议范围，经营者欲以有关协议具有反垄断法第十五条第一款第一项至第五项情形为由主张豁免，则应当首先就其主张的豁免事由承担举证证明责任，同时还应当证明所达成的协议不会严重限制相关市场的竞争，并且能够使消费者分享由此产生的利益。本案中，建科公司未明确主张适用反垄断法第十五条规定的具体豁免事由，也未就相关豁免事由进行举证，其应当承担相应的不利后果。尽管行政诉讼法第三十四条一般性地规定被告（行政机关）对作出的行政行为负有举证责任，但反垄断法第十五条专门就垄断协议豁免的举证责任作出了特别规定，该特别规定应当优先适用，一审法院认定建科公司应当对垄断协议豁免事由进行举证符合法律规定。建科公司关于一审法院将适用反垄断法第十五条规定的豁免事由的举证责任分配给建科公司错误的上诉主张，明显与法相悖，本院不予支持。鉴于建科公司与涉案其他 18 家混凝土企业达成并实施了反垄断法原则上禁止的"固定或者变更商品价格"的横向垄断协议，建科公司既未举证证明该行为不具有反竞争效果，也未举证证明其具有法定豁免事由，一审法院据此最终支持广东省市场监督管理局针对建科公司作出的反垄断行政处罚，以实现反垄断法第一条规定的"为了预防和制止垄断行为，保护市场公平竞争，提高经济运行效率，维护消费者利益和社会公共利益，促进社会主义市场经济健康发展"之立法目的，具有充分事实和法律依据，本院予以维持。

（三）关于被诉处罚决定有关罚款计算的合法性和合理性

反垄断法第四十六条第一款规定："经营者违反本法规定，达成并实施垄断协议的，由反垄断执法机构责令停止违法行为，没收违法所得，并处上一年度销售额百分之一以上百分之十以下的罚款……""上一年度销售额"是计算罚款的基数，其中"上一年度"通常指启动调查时的上一个会计年度；对于垄断行为在反垄断执法机构启动调查时已经停止的，"上一年度"则通常为垄断行为停止时的上一个会计年度；如果垄断行为实施后于当年内停止，则垄断行为实施的会计年度也可以作为反垄断法第四十六条第一款规定"上一年度销售额"中"上一年度"，即原则上"上一年度"应确定为与作出处罚时在时间上最接近、事实上最关联的违法行为存在年度。执法实践中，之所以绝大多数垄断案件处罚所采纳的"上一年度"是立案调查的上一年度，是因为一旦反垄断执法机构启动立案调查，有关经营者一般会停止涉嫌垄断行为，以立案调查为基准确定"上一年度"主要目的是选择距离垄断行为较近的年度，以经营者在该年度的销售额为基数计算罚款，由此体现行政处罚对垄断行为的震慑性。本案中，涉案垄断行为发生于 2016 年且在 2016 年底已经停止，原广东省发改委反垄断局于 2017 年 7 月启动对涉案垄断行为的调查。如果以反垄断执法机构启动调查时的上一个会计年度计算，本案应以 2016 年销售额计算罚款并作出处罚。而且，本案中以 2016 年销售额作为计算罚款的基准，更接近违法行为发生时涉案企业的实际经营情况，与执法实践中通常以垄断行为停止时的上一个会计年度来计算经营者销售额的基本精神保持一致，也同样符合行政处罚法第四条第二款及反垄断法第四十九条的规定所体现的过罚相当原则。广东省市场监督管理局作出被诉处罚决定时，考虑了建科公司等 16 家企业具有积极配合调查、违法行为持续时间短、对市场竞争损害程度较轻、影响范围较小等因素，因而处以上一年度销售额 1% 的罚款处罚，而仅对化州大道公司等 3 家牵头企业处以 2% 的罚款处罚，以达到警示效果。被诉处罚决定与涉案企业违法行为的事实、性质、情节以及社会危害程度相适应，符合过罚相当原则。广东省市场监督管理局在本案中以建科公司 2016 年销售额为基数按 1% 的比例计算罚款并作出处罚，并无不当。

综上所述，建科公司的上诉请求不能成立，应予驳回；一审判决认定事实清楚，适用法律正确，应予维持。本院依照《中华人民共和国行政诉讼法》第八十九条第一款第一项之规定，判决如下：

驳回上诉，维持原判。

二审案件受理费 50 元，由茂名市电白区建科混凝土有限公司负担。

本判决为终审判决。

审　判　长　余晓汉

审　判　员　何　隽

审　判　员　薛　淼

二〇二二年六月二十三日

法 官 助 理　刘清启

书　记　员　吴迪楠

38. 体育赛事商业权利独家授权的反垄断审查

——上诉人体娱（北京）文化传媒股份有限公司与被上诉人中超联赛有限责任公司、上海映脉文化传播有限公司滥用市场支配地位纠纷案①

中华人民共和国最高人民法院民事判决书（2021）最高法知民终 1790 号

上诉人（原审原告）：体娱（北京）文化传媒股份有限公司。住所地：北京市海淀区上地四街 8 号楼 5 层 502-2。

法定代表人：刘体元，该公司董事长。

委托诉讼代理人：杨阳，上海融力天闻（杭州）律师事务所律师。

被上诉人（原审被告）：中超联赛有限责任公司。住所地：北京市朝阳区广渠路 18 号院 1 号楼 18 层 1801 室。

法定代表人：刘军，该公司董事长。

委托诉讼代理人：苏文佳，女，该公司法务总监。

委托诉讼代理人：周明，北京市炜衡律师事务所律师。

被上诉人（原审被告）：上海映脉文化传播有限公司。住所地：上海市普陀区云岭东路 89 号 11 层 1165 号。

法定代表人：刘作涛，该公司执行董事。

委托诉讼代理人：朱小荔，女，该公司员工。

委托诉讼代理人：马远超，北京市中伦（上海）律师事务所律师。

上诉人体娱（北京）文化传媒股份有限公司（以下简称体娱公司）因与被上诉人中超联赛有限责任公司（以下简称中超公司）、上海映脉文化传播有限公司（以下简称映脉公司）滥用市场支配地位纠纷一案，不服上海知识产权法院（以下简称原审法院）于 2021 年 4 月 23 日作出的（2020）沪 73 知民初 736 号民事判决，向本院提起上诉。本院于 2021 年 10 月 25 日立案受理后，依法组成合议庭，因案件证据涉及商业秘密，于 2022 年 1 月 14 日进行不公开开庭审理。各方当事人的诉讼代理人均到庭参加了诉讼。本案现已审

---

① 本案在年度报告中的位置为第 71 页。

理终结。

体娱公司上诉请求：撤销原审判决；改判支持体娱公司的诉讼请求；判令中超公司、映脉公司负担一、二审诉讼费用。事实和理由：（一）本案相关市场应界定为中国足球协会超级联赛（以下简称中超联赛）图片市场。中超联赛图片的主要用途是以配图形式出现于中超联赛新闻报道、分析中超联赛中的相关文章之中，其需求者也多为媒体客户，具有特定性和无法替代性，相关报道、分析中超联赛的新闻或者文章，不可能用诸如英超、西甲等其他联赛的图片来进行说明和替代。故应将本案相关商品市场界定为中超联赛图片市场，相关地域市场应界定为中国大陆。（二）中超公司与映脉公司具有市场支配地位。1. 在市场份额方面，中超公司在事实上已经是中超联赛图片的主导者和市场合作方式的选择者，具有市场支配地位。映脉公司在中超公司的支持和配合下，通过媒体手册、映脉公司微信公众号通知、投诉、制作黑名单等多种形式，垄断了中超联赛图片的销售市场。原审法院在已经审理确认上述事实的情况下，以图片合作机构需要招投标确定为由推断映脉公司的市场份额不具有长期稳定性，显然忽视了本案发生于 2017 年至 2019 赛季期间这一前提。对于市场支配地位，不应该以该市场进入的方式来确定，也不应该脱离市场的特定性来确定。2. 在商品价格控制方面，从摄影师的角度来看，映脉公司具有绝对的定价权，有权决定图片以何种价格、何种分配方式同摄影师合作。而其他图片经营机构只能从映脉公司进行购买，映脉公司在同业间的销售市场中也具有绝对的价格控制权。3. 在其他经营者对映脉公司的依赖程度方面，其他任何图片经营或者使用机构，只能选择映脉公司作为中超联赛图片的供应商。其他的经营者对于映脉公司已经形成了绝对依赖。4. 在其他经营者进入相关市场的难易程度方面，不仅应当考虑经营者如何获得中超联赛图片市场的官方合作资格，还应该考虑市场经营者在已经有官方合作机构的前提下，是否可以在该市场中继续经营、是否可以进入该市场经营。本案中，映脉公司和中超公司在达成合作后，映脉公司立即在中超公司支持和默许下，禁止其他图片经营机构进入中超联赛图片市场或者在该市场中继续经营，这已经属于非常显著的进入壁垒。（三）中超公司以及映脉公司存在滥用市场支配地位的行为。1. 摄影师经过中超公司的审查，获得了入场拍摄的资格，而在经过完全自主的创作后，摄影师完全绝对拥有自己所拍摄图片的著作权。商业使用是指此类图片只能用于新闻报道，而不是指摄影师不能选择图片机构出售图片。中超公司、映脉公司关于摄影师只能将图片供图于映脉公司是完全不合理的，原审法院在扩大了商业使用范畴的前提下认定其合理性显然不正确。2. 在映脉公司采取投诉、诉讼、举报、列黑名单等不正当竞争方式后，在 2017 年至 2019 年赛季的中超联赛图片市场上，映脉公司绝对控制了销售市场和采购市场，市场之中已无竞争存在。故中超公司、映脉公司的垄断行为已经排除了该市场的竞争。（四）体娱公司的诉请合法合理。体娱公司请求参考中超公司和映脉公司合作协议来估算中超联赛图片市场价值，并根据市场份额、市场垄断等因素估算体娱公司的损失。

映脉公司答辩称：（一）本案相关商品市场为图片市场或者体育赛事图片市场。1. 从需求替代角度分析，中超联赛图片不构成独立相关市场。中超联赛图片的需求者主要是具有新闻资质的新闻媒体、大型综合类门户网站、垂直类体育网站或者期刊杂志以及少量体育或者足球类自媒体。需求者采购目的是满足体育版块各大赛事、各类体育运动的整体用图需求，采购所需体育图片素材不会仅限于单一赛事；中超联赛图片与其他各种赛事、运动的图片版权素材相比，在商品特性、功能、用途上完全相同，相互之间具有紧密的替代和竞争关系。中超联赛与其他足球赛事之间以及与其他运动赛事之间，也存在竞争、相互替代关系。需求者不仅拥有体育赛事图片定价的主导权，而且难以区分中超联赛图片的价格与其他体育赛事图片之间的差别。2. 从供给替代角度分析，中超联赛图片也不构成独立相关市场。各商业图库作为图片商品的供给方，其在图片市场竞争的实质是图片资源的数量、质量以及图片内容丰富度和覆盖度的竞争。3. 对相关商品的需求替代，应当从消费用途、采购用途、需求目的等多维度分析；体娱公司以图片内容作为认定相关商品市场的唯一依据不符合常识和法律规定。4. 如果使用"假定垄断者测试"分析方法，也可以得出中超联赛图片不构成独立相关市场的结论。假定映脉公司对中超联赛图片进行非临时性涨价，需求者至少还可以采取采购其他体育赛事图片、自行委派摄影记者到比赛现场拍摄、不报道中超联赛、报道时不使用中超联赛图片，或者使用 GIF 动图、赛事视频截图等多种可替代方式。（二）映脉公司不具有市场支配地位。映脉公司在图片商品、体育赛事图片相关市场内均不具有市场支配地位，映脉公司在中超联赛图片相关市场内亦不具有市场支配地位。1. 映脉公司在中超联赛图片市场上下游及供需两侧均没有较大市场影响力，更无中超联赛图片商品定价主导权，即便取得中超联赛独家授权后亦是如此。2. 体娱公司并未就所主张的中超联赛图片相关市场内映脉公司所占市场份额举证，体娱公司和"视觉中国"在体育类图片的市场份额及市场影响力均高于映脉公司。（三）映脉公司没有滥用市场支配地位行为。1. 中超公司独家经营中超联赛图片具有合法性与合理性。从国内外各大赛事行业惯例、体育赛事属性、参与方支付对价、中超联赛各项商业权利横向比较、中超公司的权利来源、我国立法趋势等方面看，体育赛事主办方拥有赛事资源全部权利，有权规定个人及媒体人员对所拍摄赛事图片不得商用；中超体育赛事中的冠名权、转播权等其他商业权利，都需要得到中超联赛主办方的授权并支付对价。2. 中超公司授权映脉公司独家经营也具有合法性与合理性。中超公司经中国足球协会授权，拥有中超联赛商业开发的独家权利，其通过公开招投标方式挑选独家经营合作伙伴，已经充分保障了体娱公司的公平竞争机会；映脉公司为获取中超联赛图片独家商业开发权，支付了极大对价，映脉公司通过获取一项重要体育赛事图片资源，带动其他体育图片资源或者非体育图片资源的销售，从而间接获取经济收益；映脉公司独家承担了高昂的成本，没有涨价，可以节约其他需求者大量人力物力成本。3. 中超公司与映脉公司的合作模式符合国内外体育赛事图片市场的行业惯例。4. 映脉公司的单方声明行为的目的合法正当，未产生限制竞争的效果，对赛事方和社会公共利益产生了积极的竞争效果。

中超公司答辩称：（一）中超联赛属于带有公益属性的商业赛事。中超联赛由中国足球协会组织、中超公司运营，是全亚洲最具竞争力、平均上座率最高的足球联赛之一，是中国最高级别的职业足球联赛，其参赛球队数固定为16支，自2004年起每年进行。中国足球协会作为社会团体法人不属于行政机关，没有行政管理权或者公共事务管理权或者准行政管理权，仅仅是依照"政社分开、权责明确、依法自治"原则组建的非营利性的自治性社会组织。中国足球协会与16家中超俱乐部成立了中超公司。中超联赛是中国足球协会自行组织与管理的一个足球赛事产品，需要自筹资金办赛，未占用公共资源和财政资金，不属于公共产品。中超联赛属于商业足球赛事，不属于公共赛事资源，有明确产权主体。（二）中超联赛赛事相关商业利益属于依法可保护和应保护的民事权益。鉴于体育行业天然具备一定的封闭性和垄断性，其赛事资源自始为赛事组织方单方拥有。赛事组织方当然享有分配、开发相关赛事衍生资源等权利。体育赛事资源商业化权益同样属于一项民事权益，应当受到法律保护。体育赛事资源商业化开发是国家促进体育产业发展与改革政策的产物。体育赛事资源的拥有者可以通过签订合同的方式确定并授予体育赛事资源的商业化权益。通过合同确定和转让的商业化权益是一种民事权益。而且，将赛事资源商业化（商品化）是赛事主办方的权利。中国足球协会是中超联赛赛事资源商品化权利的初始所有人，中国足球协会授权中超公司运营中超联赛，并由中超公司与映脉公司签订独家商业使用中超联赛赛事资源的协议，均属于将中超联赛资源商业化的行为，其做法符合法律和政策，应当受到法律保护。中超联赛属于商业联赛，主办方本来就有权控制进场的人员身份、报道媒体的范围，对损害中超联赛商业利益的行为进行限制与排除。这种限制和排除也是赛场管理和维持秩序的必要组成部分。民事权利边界的排斥力不同于对于市场竞争的排除和限制。二者的基本区别在于权利人是否越界实施行为，即超越权利边界实施行为而产生限制、排除市场竞争效果的，可以构成限制、排除竞争行为。民事权利具有专属性，权利边界之内的利益本来是由权利人所独享，不存在竞争性，在权利之内的排他性自然不构成对于市场竞争的限制和排除。（三）映脉公司依法取得的中超联赛图片资源商业化权益受法律保护，具有排他性。映脉公司的该项权利的排他性，就是排除其他媒体和个人商业化使用相关中超联赛图片资源，该排他性是该合法权益本身固有含义、当然内容和自然结果。国际体育运动组织、重要体育赛事联盟对体育竞技现场拍摄的照片均明确作出了未经许可不得用于商业用途的限制。通过独家的方式将赛事现场拍摄的视频、图片等授权予某一特定的商务合作伙伴，是全球体育赛事组织者对其赛事进行商业化开发的通行做法，已成为各主要国家、地区、国际体育运动组织、重要体育赛事联盟普遍遵循的国际惯例。加大对赛事组织方的商业化权利的保护，也是国际法律制度发展的趋势和潮流。（四）中超联赛图片市场不构成相关市场。中超公司、中国足球协会在相关市场中不具有市场支配地位。本案相关市场应为全球体育赛事商业用途图片市场，至少不小于全球足球赛事商业用途图片市场。大多数情况下，中超联赛当天比赛的现场照片除了少量图片可以通过技术手段发布到新浪体育等四大门户网站之外，大多数精彩图片会在第二天配上文字大量发布到各媒体。即便是中超联赛的当日及次日，从四大门户网站的版块和内容也可以看出，其他体育项目（包括国际足协、欧冠、世界杯、亚洲杯、CBA 等）都是同步进行的，不会因为有中超联赛就不再投放其他体育项目的内容和图片。（五）中超公司没有滥用市场支配地位。中超公司是一家组织足球赛事的商务开发公司，本身不属于图片市场的经营者。中超联赛图片权益不是一种标准产品，无法通过普通商业模式进行交易，不能像普通商品或者服务那样明码标价公开交易，也不存在众多商业主体共同参与。中超联赛的独家官方图片合作伙伴商业合作方式系多年进化迭代而来，且系通过公平公正招标竞争方式确定，充分维护了公平竞争秩序和各方利益，不存在任何滥用行为。

体娱公司于 2020 年 6 月 24 日向原审法院起诉，请求判令中超公司和映脉公司停止滥用市场支配地位的垄断行为、在中超联赛官方网站（www.csl-china.com）上发布声明消除影响、赔偿体娱公司经济损失 580 万元和诉讼合理开支 20 万元（包括调查费、公证费、律师费等）。事实和理由：体娱公司专注于体育视觉营销服务，其与映脉公司均为国内体育赛事图片服务商，两者存在竞争关系。中超公司经中国足球协会授权，作为唯一一家企业，有权对中超联赛冠名权、赛场广告权、形象设计、信息资源、品牌资源等无形资产以及可能产生的其他权利和资源，在全球范围内进行市场开发和推广，其在与中超联赛相关的市场上具有绝对的市场支配地位。2017年2月，中超公司、映脉公司签订《2017—2019年中国足球协会超级联赛官方图片合作协议》，授予映脉公司"中国足球协会超级联赛官方图片合作机构"称号，映脉公司据此在与中超联赛图片相关的市场具有市场支配地位。2018年2月，中国足球协会在其官网发布通知，要求持有中超联赛摄影证件的媒体机构及其人员所拍摄的中超联赛图片只能用于本媒体的新闻报道，不得用于商业使用；次月，映脉公司发布申明，要求持有中超联赛媒体摄影证件的摄影师禁止向除映脉公司经营的图库东方IC以外的商业图库输送中超联赛图片。中超公司、映脉公司滥用其在中超联赛图片市场的支配地位，垄断了中超联赛图片的销售权，限定交易相对人只能与映脉公司进行交易，排除了中超联赛图片市场的竞争，损害了体娱公司及其他交易相对人的合法利益。

中超公司辩称：涉案中超联赛赛事资源相关权益属于民事权益，中超公司通过公开招标选定映脉公司为独家合作伙伴，系对民事权益的正当处分；单纯中超联赛图片交易不能形成独立的相关市场，中超公司亦不具有市场支配地位；中超公司没有实施滥用市场支配地位的行为；中超公司不是经营者，并非本案适格被告。

映脉公司辩称：中超联赛图片市场不构成独立的相关市场，本案相关市场应界定为全球体育图片市场或者全球图片市场；映脉公司在本案任何一个相关市场包括中超联赛图片市场，均不具有市场支配地位；映脉公司通过竞标取得中超联赛图片版权资源的商业开发权利，该权利属于合法民事权益，应受法律保护，诉争行为亦系对该民事权益的维护；媒体记者拍摄中超联赛图片应尊重赛事主办方的商业权利。

原审法院经审理查明以下事实：

（一）关于中超公司与映脉公司签订合同情况及被诉垄断行为

中国足球协会于2013年3月5日出具授权书，授权中超公司代理开发经营中超联赛的电视、广播、互联网及各种多媒体版权，中超联赛冠名权、赛场广告权、专项物品供应权，中超联赛形象设计、信息资源、品牌资源等无形资产，中超联赛可能产生的其他权利和资源；允许中超公司对上述资源在全球范围内进行市场开发和推广，有权进行洽谈、谈判及签署相关协议等。该授权为中国足球协会对中超联赛资源代理开发经营的唯一授权，有效期十年（2016年1月1日至2025年12月31日）。

2016 年 12 月 9 日，中超公司在中国足球协会官方网站发布《关于征集"2017—2019 年中超联赛官方图片合作机构"的项目公告》，载明：该项目采取公开征集的方式，寻求 2017 年至 2019 年中超联赛官方图片合作机构；合作机构将负责赛事图片拍摄、制作、编辑，官方活动图片拍摄、制作、编辑，销售中超联赛的图片版权。2017 年 1 月 23 日，中超公司发布公告，表明"2017—2019 年中超联赛官方图片合作机构征集"项目的最终合作企业为映脉公司。

2017 年 2 月 7 日，中超公司（甲方）与映脉公司（乙方）签署《2017—2019 年中国足球协会超级联赛官方图片合作协议》。该协议序言载明：中超公司经中国足球协会授权，唯一拥有该协议所涉中超联赛的冠名权、赛场广告权、专项物品供应权，中超联赛形象设计、信息资源、品牌资源等无形资产，中超联赛可能产生的其他权利和资源的代理开发经营的授权，并负责中超联赛上述资源在全球范围内进行市场开发和推广，有权进行洽谈、谈判及签署相关协议。该协议有关约定为：1. "合作项目"指中超公司独家拥有排他性商业化权利的赛事和活动，包括 2017 年至 2019 年度中超联赛及中超公司主办的其他所有赛事（包括但不限于中超联赛的预备队联赛、精英梯队联赛、锦标赛或者明星赛）和活动（包括但不限于中超联赛的开幕式、闭幕式、评奖活动、颁奖典礼、会议、商务活动）；"合作项目图片"指映脉公司在合作项目下拍摄并提供给中超公司的全部图片资源。2. 该协议有效期自双方授权代表签署并盖章之日起至 2019 年 12 月 31 日止。3. 中超公司同意，在该协议有效期内授予映脉公司下述权利：指定并授予映脉公司独家享有"中国足球协会超级联赛官方图片合作机构"称号，许可映脉公司在商业活动中使用以上称号；映脉公司每年拥有不少于 20 张全国赛区通行摄影证件，以及每赛区不少于 2 张的地方赛区摄影证件；在不违反竞赛规定和安保管理要求的情况下，映脉公司独家享有区别于其他媒体的官方摄影位置和拍摄区域（包括但不限于赛场底线拍摄位置，开幕式、决赛、颁奖礼等重大场合的最佳拍摄位置）；除非该协议另有约定外，映脉公司作为合作项目的图片版权方，独享在协议有效期内销售映脉公司拍摄的合作项目图片及基于合作项目图片编辑制作的包括但不限于图册、日历等衍生品并获取销售和其他商业化收益的权利，并有权在拍摄的合作项目图片被第三方侵权使用后以自己的名义即图片版权方名义自行或授权第三方维护其所享有的所有权利及相关知识产权（包括但不限于交涉、阻止侵权、和解、诉讼、获得赔偿等方式），中超公司同意配合映脉公司就上述维权行动出具相关法律文件。4. 为获取该协议中授予映脉公司的权利，2017 年至 2019 年映脉公司分别向中超公司支付

400 万元、600 万元、800 万元。5. 映脉公司每年完成全部中超联赛比赛、活动等图片的拍摄、制作、编辑，全年提供不少于 2.4 万张照片原片；单场比赛的拍摄要求包括主流厂商顶级单反机身、全焦段专业镜头、不少于四个拍摄机位；保证每赛季在国内平面媒体、网络媒体、新媒体等多个媒体平台发布和推广中超公司确认可公开的合作项目图片。6. 中超公司承诺在与映脉公司合作期间不再与任何国内外其他图片机构进行合作；中超公司为保障映脉公司对合作项目所取得的拍摄权益和商业利益，如发现拍摄人员采取挂靠或其他方式名为媒体记者但实际为其他机构（包括但不限于映脉公司竞争对手"视觉中国"、Osports 全体育等图片内容提供商或机构）提供拍摄服务的，中超公司在接到映脉公司投诉后，应采取措施没收上述人员的媒体拍摄证件，进行现场清理并记入黑名单。

映脉公司于 2017 年、2018 年分别向中超公司支付版权服务费 400 万元、600 万元。映脉公司于 2017 年 2 月至 3 月期间与南京爱深博数码科技有限公司签订多份摄影器材采购合同，支付合同价款 2220180 元。

2018 年 2 月 2 日，中国足球协会在其官方网站发布《关于 2018 年全国足球记者注册、制证办法的通知》。该通知载明：2018 年度记者采访证件适用的比赛为中国足球协会举办的各项非国际性全国足球比赛，适用时间为 2018 年 3 月至 2019 年 2 月；中国足球协会新闻办根据各赛区上一年度新闻媒体赛区采访的具体情况，将媒体采访名额分配给联赛各赛区；各赛区新闻部门根据赛区媒体性质、影响以及申请报名情况，对媒体采访名额进行分配，其中，发行范围覆盖全国的综合及足球专业类媒体、具有广泛影响力的网络媒体、各赛区主要的区域媒体可根据各地证件配额申请全国证件。该通知第十一条还载明：为保障中超联赛官方图片社映脉公司（东方 IC）的商业权益，请申请注册并领取中超联赛摄影证件的媒体机构及其人员严格遵守中国足球协会和中超公司的相关规定，所拍摄的中超联赛图片只可用于本媒体的新闻报道，不得商业使用。

2018 年 3 月 9 日，映脉公司在其经营的东方 IC 微信公众号上发布《东方 IC 关于中超官方图片权益严正申明》，指出：当时发现多名持有中超联赛媒体摄影证件的摄影师在首轮比赛报道拍摄中与部分商业图库合作，为后者提供中超联赛图片直播、供稿服务，其行为无视中国足球协会新赛季的媒体管理规定，严重侵犯东方 IC 作为中超联赛官方图片合作社的合法商业权益；东方 IC 已第一时间向中超公司递交侵权投诉函，郑重要求中超公司和中国足球协会对涉事侵权摄影记者进行调查处理；对于已被发现的 9 名涉嫌侵权摄影师和其他正在与"全体育""视觉中国"合作的摄影师，东方 IC 严重谴责其侵权行为，并郑重警告，如侵权摄影师继续违规操作，将中超联赛的赛事及训练、发布会等活动图片向除东方 IC 以外的商业图库输送，东方 IC 将依法追究侵权者的全部法律责任，包括但不限于提起诉讼、申请中超公司及中国足球协会取缔其拍摄证件且拉入办证黑名单、取消中超联赛拍摄资格。该声明项下附有所涉 9 名摄影师信息及涉嫌侵权场次。

2019 年 2 月 21 日，中国足球协会在其官方网站发布《关于 2019 年足球赛事媒体证件注册、制证办法的通知》，内容基本同前述 2018 年通知，但不涉及前述 2018 年通知中第十一条的内容。

（二）关于中超联赛赛事资源运营管理情况

《国际足联章程》（2011 年 8 月版）第 74 条（权利）与第 75 条（授权）规定比赛和赛事以下部分权利：国际足球联合会（以下简称国际足联）、其会员协会以及各洲际足联（即足球联合会）为由其管辖的各项比赛和赛事的所有权利的原始所有者，且不受任何内容、时间、地点和法律的限制；这些权利包括各种财务权利、视听和广播录制、复制和播放版权、多媒体版权、市场开发和推广权利以及无形资产权（第 74 条第 1 款）；执委会应决定如何使用这些权利以及将其使用到何种程度并就此制定特别的规定，执委会还应自行决定是否独自使用此权利或同第三方合作或完全通过第三方行使这些权利（第 74 条第 2 款）；国际足联、其会员协会以及各洲际足联独家负责对其各自管辖范围内的足球比赛和赛事的图像、声音和其他方式的资料的分配给予授权，且不受内容、时间、地点、技术和法律方面的限制（第 75 条第 1 款）。

《国务院关于加快发展体育产业促进体育消费的若干意见》中要求，完善无形资产开发保护和创新驱动政策，通过冠名、合作、赞助、广告、特许经营等形式，加强对体育组织、体育场馆、体育赛事和活动名称、标志等无形资产的开发，提升无形资产创造、运用、保护和管理水平。《国务院办公厅关于印发中国足球改革发展总体方案的通知》中要求，加强足球产业开发，加大足球无形资产开发和保护力度，通过打造赛事品牌、开发足球附属产品、培育足球服务市场、探索足球产业与相关产业的融合发展，构建全方位、全过程足球产业链，不断增加足球产业收益，形成多种经济成分共同兴办足球产业的格局。《国务院办公厅关于加快发展体育竞赛表演产业的指导意见》中明确：加快推动体育赛事相关权利市场化运营，推进体育赛事制播分离，体育赛事播放收益由赛事主办方或组委会与转播机构分享；加强对体育赛事相关权利归属、流转及收益的保护；赛事相关权利归各级单项体育协会以及其他各类社会组织、企事业单位等合法办赛的赛事主办方所有。

《中国足球协会章程》第三条规定：中国足球协会根据法律授权和政府委托管理全国足球事务。该章程第五十六条规定：根据《国际足联章程》和《中华人民共和国体育法》（以下简称体育法）规定，中国足球协会作为中国足球运动的管理机构，是其管理管辖的各项赛事、活动所产生的所有权利的最初所有者，这些权利包括但不限于各种赛事权利、知识产权、市场开发和推广权利以及财务权利等；中国足球协会可根据需要以单独、合作或授权等方式行使上述权利；中国足球协会保障和维护其及会员组织比赛所产生的商务资源权利。

《中超联赛有限责任公司章程》规定：中国足球协会作为中超联赛产生的所有权利的最初拥有者，以书面形式授权中超公司代理经营和开发中超联赛的整体性商务资源，并签订授权协议；中超公司经营管理中超联赛整体商务资源，争取最大效益，为中超联赛、中超俱乐部和中国足球的发展创造雄厚的经济基础。《中国足球协会超级联赛商务管理规定》规定：中国足球协会是中超联赛全部商务资源的拥有者以及中超公司的最大股东单位；中超公司是依据中国足球协会授权对中超联赛整体商务资源进行独家经营、管理的机构。

《2018年中国平安中超联赛新闻组织运行手册》，系为规范中超联赛新闻组织与管理、建立符合高水平的职业联赛所需要的新闻管理体系、提高中超联赛整体形象及新闻服务水平而制定。其内容包括媒体注册与管理、媒体拍摄及采访等事项，其中媒体注册与管理部分包括注册时间、注册方式、证件类型及通行区域等内容；在注册方式项下规定了为保障中超联赛官方图片社映脉公司（东方IC）的商业权益，要求申请注册并领取中超联赛摄影证件的媒体机构及其人员严格遵守中国足球协会和中超公司的相关规定。

2018年全国足球记者注册报名表、2019年全国足球媒体注册制证报告表中均包含个人姓名、媒体名称、单位地址、国家新闻出版署记者证号、记者证扫描件、负责人签字、批准单位意见、媒体单位盖章等信息。2018年中超联赛媒体类摄影证件登记表统计说明显示，媒体机构共计149家，包括新华社、中国日报、中国新闻社、中国体育报、北京青年报、搜狐网、网易、腾讯体育、新浪网等，通过核准持证的摄影师共280名。

《新闻记者证管理办法》第十九条规定：新闻采访活动是新闻记者的职务行为，新闻记者证只限本人使用，不得转借或涂改，不得用于非职务活动。新闻记者不得从事与记者职务有关的有偿服务、中介活动或者兼职、取酬，不得借新闻采访工作从事广告、发行、赞助等经营活动，不得创办或者参股广告类公司，不得借新闻采访活动牟取不正当利益，不得借舆论监督进行敲诈勒索、打击报复等滥用新闻采访权利的行为。

（三）关于中超联赛图片运营情况

2012 年 8 月 6 日，中超公司（甲方）与全体育网站经营者北京蓝新视点体育发展有限公司（乙方，以下简称蓝新公司，即体娱公司的前身）签订合作协议，约定：中超公司负责为蓝新公司提供拍摄合作项目时所需的摄影证件和摄影背心，并保证在不违反赛区竞赛规定和安保管理要求的情况下，为蓝新公司安排区别于其他媒体的官方摄影位置和拍摄区域，并为蓝新公司提供必要的采访协助；蓝新公司拥有"中国足球超级联赛官方图片合作机构和/或官方图片社"称号，独享在协议有效期内销售蓝新公司拍摄合作项目图片并获取销售收益的权利等。

2017 年 2 月 21 日，搜狐网发布新闻"中超联赛图片版权 3 年 2000 万背后，体育图片上演三国杀"中记载：这是中超公司第一次以公开竞标的方式征集图片合作机构，也是合作机构第一次向中超公司支付相关费用；在体育图片领域，"视觉中国"、东方 IC、体娱公司是市场主要玩家。

《2017—2019 年中超联赛影像视觉趋势白皮书》中记载：关于视频版权，2012 年中央电视台以 730 万元买下中超联赛转播权，2016 年至 2020 年媒体版权拍出 5 年 80 亿元；关于图片版权，2012 年至 2016 年体娱公司签约成为官方图片合作机构，不涉及授权费用，以资源合作的方式进行中超联赛图片版权开发；2017 年至 2019 年映脉公司成为官方图片合作机构，首次就中超联赛图片版权资源的商业开发支付独家授权许可费用，3 年达 1800 万元；2017 年至 2019 年赛季，中超联赛图片拍摄量分别为 1949855 张、2011316 张、2118118 张，图片编辑量分别为 201473 张、204064 张、208839 张。该白皮书在"渠道分析"部分介绍今日头条、体育垂直类媒体（腾讯体育、新浪体育、网易体育等）、报业集团（环球时报、体坛传媒集团等）、海外媒体等四类媒体平台的图片使用偏好。

体娱公司经营的全体育传媒网站、映脉公司经营的东方 IC 网站、案外人经营的"视觉中国"等网站中均展示、销售有各赛季的中超联赛图片，包括图片及每张图片说明（体娱公司图库中中超联赛图片情况详见原审判决书附表 1，体娱公司与映脉公司图库中中超联赛图片及体育图片情况详见原审判决书附表 2）。腾讯体育、新浪体育、搜狐体育等网页下涉及欧冠、英超、西甲、意甲、德甲、中超、亚冠、中甲、国足、赛车、棋牌、网球、高尔夫、NBA、CBA、排球、游泳、乒乓球、羽毛球等众多体育项目。中超栏目下涉及对中超联赛相关新闻的图文报道。

（四）关于中超联赛图片销售情况

2013 年 3 月 1 日，北京新浪互联信息服务有限公司与蓝新公司签订《新浪网与 Osports 中超专线图片合作协议》，蓝新公司许可北京新浪互联信息服务有限公司在新浪网网站上依据该协议使用网站（http：//www. Osports. cn）上的图片用于编辑报道，使用图片内容为 2013 年 3 月 1 日至 12 月 15 日期间蓝新公司网站上的中超联赛专线图片，使用图片数量为 5000 张，价款为 12 万元。

2016 年 12 月 28 日，体娱公司与暴风体育（北京）有限责任公司签订补充协议，对双方于 2016 年 12 月 1 日签订的《图片使用授权协议》作出补充：授权使用图片来源于体娱公司的图片库，包括但不限于 NBA、英超、西甲、德甲、意甲、法甲、中超、CBA 等重大体育赛事图片。

体娱公司向北京盛和传媒广告有限公司销售 2017 年赛季中超联赛图片 15 张，价款为 1500 元。北京市长安公证处（2017）京长安内经证字第 10085 号公证书显示，映脉公司于 2017 年 4 月 8 日向该公证处申请保全证据公证，其委托代理人登录 QQ 邮箱，体娱公司员工毛希怡于 2017 年 3 月 20 日发送的邮件中记载：针对联赛的系列报道，建议用户可以打包购买，可以降低单张图片价格，而且协议期为一年，除了亚冠、中超外，其他任何主要国内外比赛体育图片都可以购买；图片量为 200 张，单张 80 元，零买价格为每张 100 元。

2018 年 9 月 13 日，体娱公司向映脉公司购买 2012 年至 2016 年的中超联赛图片 8 张，支付价款 800 元。

2016 年 12 月 1 日，映脉公司与新浪体育有限公司签订《图片许可使用协议》，约定：新浪体育有限公司于 2017 年度（2016 年 12 月 1 日至 2017 年 11 月 30 日）使用映脉公司提供的 NBA 专线、八卦专线、马术专线、健身健美、跑步专线，不限量使用；映脉公司再赠送高尔夫专线、网球专线、欧洲足球专线，不限量使用；图片使用费合计 180 万元，合作优惠为 104 万元。

2017 年 12 月 1 日，映脉公司与新浪体育有限公司、北京星潮在线文化发展有限公司签订《图片许可使用协议》，约定：新浪体育有限公司、北京星潮在线文化发展有限公司在 2018 年度（2017 年 12 月 1 日至 2018 年 11 月 30 日）使用映脉公司提供的体育八卦专线、NBA 专线、中超专线、欧足专线，不限量下载并使用；图片使用费合计 200 万元，合作优惠为 104 万元。

2018 年 8 月 1 日，映脉公司与广州先锋报业有限公司签订《图片许可使用协议》，约定：映脉公司授权广州先锋报业有限公司在中国大陆以新闻资讯传播为目的在其主办或运营的新媒体平台（包括足球报官方微博与官方微信、足球大赢家官方微博与官方微信、篮球先锋报官方微博与官方微信、劲球网、体面 APP 等）使用编辑类图片，可下载使用普通编辑类图片 2185 张（即下载配额），超出下载配额的部分按 40 元/张计算，下载图片数量不足 2185 张，则剩余配额对应的图片许可使用费不退；协议合作期限自 2018 年 8 月 1 日起至 2019 年 12 月 31 日止。

案外人汉华易美（天津）图像技术有限公司（"视觉中国"网站经营者）与暴风体育（北京）有限责任公司签订年度合作协议和补充协议，约定：汉华易美（天津）图像技术有限公司授权暴风体育（北京）有限责任公司在暴风体育网站及暴风体育 APP 上，将编辑类版权素材用于非独家动态新闻编辑用途；协议期限为 2017 年 7 月 1 日至 2018 年 12 月 31 日，授权使用图片包括篮球 NBA 赛事、篮球 CBA 赛事、足球英超赛事、足球意甲赛事、足球西甲赛事、足球中超联赛、网球公开赛、羽毛球公开赛、排球赛事等，价格均为 58 元/张/次（体娱公司与映脉公司图库中中超联赛图片销售情况详见原审判决书附表 3，体娱公司与映脉公司图库中体育图片销售情况详见原审判决书附表 4，向体娱公司购买中超联赛图片的前四名客户信息详见原审判决书附表 5）。

（五）关于体娱公司经营情况以及其与映脉公司之间的其他纠纷

2017 年 3 月 24 日，映脉公司向北京市长安公证处申请保全证据公证，其委托代理人使用公证处计算机进入体娱公司经营的全体育传媒网，该网站中记载信息如下：体娱公司于 2005 年 9 月至 2012 年成为中国网球公开赛唯一图片合作机构，独家开发中国网球图片市场；该公司于 2006 年 10 月至 2015 年，成为中国篮球协会官方唯一图片合作机构，独家开发中国篮球协会中国篮球之队（男女篮）、中国男子篮球职业联赛（CBA）、中国女子篮球职业联赛（WCBA）、全国男子篮球联赛（NBL）、中国业余篮球公开赛（CBO）等与中国篮球协会组织和相关的所有篮球图片市场；该公司于 2011 年至 2017 年 3 月 24 日，成为中国足球协会官方唯一图片合作机构，独家开发中国足球协会中国之队（男子足球与女子足球）、中超联赛、中国足球协会甲级联赛、中国足球协会乙级联赛、中国足球协会女子超级联赛、中国足球协会杯赛、中国足球协会超级杯赛、五人制足球联赛等与中国足球协会组织和相关的所有足球图片市场等。

体娱公司年度报告记载：该公司的商业模式是依托互联网及移动互联网，打造海量体育图片版权的交易平台，通过版权分销与版权所有者进行分成计入营业成本，客户通过公司专有网站购买体育图片使用权，客户向公司支付的费用作为公司营业收入；关于图片使用权服务，主要产品属于体育类图片产品，客户多为媒体客户和品牌赞助商客户，如腾讯、新浪等门户网站的体育频道版块及李宁等品牌赞助商；2016 年前五名客户为深圳市腾讯计算机系统有限公司、乐视体育文化产业发展（北京）有限公司、北京搜狐新媒体信息技术有限公司、北京新浪互联信息服务有限公司、成都乐动信息技术有限公司，依次对应的销售金额分别为 3888666.66 元、240 万元、1404800 元、1291666.66 元、66 万元，依次对应的年度销售占比分别为 24.14%、14.90%、8.72%、8.02%、4.10%；2017 年前五名客户为天津煜盛传捷文化传播有限公司、乐视体育文化产业发展（北京）有限公司、深圳市腾讯计算机系统有限公司、新浪体育有限公司、上海度势体育文化传播有限公司，依次对应的销售金额分别为 2830188.68 元、2504301.89 元、2160377.36 元、1745283.02 元、1415094.34 元，依次对应的年度销售占比分别为 13.97%、12.36%、10.66%、8.62%、6.99%；2018 年前五名客户为新疆广汇飞虎篮球俱乐部有限公司、新浪体育有限公司、北京搜狐新媒体信息技术有限公司、深圳市腾讯计算机系统有限公司、深圳市新世纪篮球俱乐部有限公司，依次对应的销售金额分别为 3106796.12 元、2437106.92 元、2044654.08 元、2018867.92 元、1518867.92 元，依次对应的年度销售占比分别为 10.75%、8.43%、7.07%、6.98%、5.26%；2019 年前五名客户为青岛国信双星篮球俱乐部有限公司、新浪体育有限公司、深圳市新世纪篮球俱乐部、深圳市腾讯计算机系统有限公司、山东西王篮球俱乐部有限公司，依次对应的销售金额分别为 220 万元、2033333.35 元、1233598.45 元、100 万元、814187.78 元，依次对应的年度销售占比分别为 8.96%、8.28%、5.03%、4.07%、3.32%。

2017 年 6 月，映脉公司向北京市海淀区人民法院提起诉讼，指控体娱公司利用王江的媒体资质和证件让王江为其提供中超联赛图片拍摄及供图服务，严重损害了映脉公司享有的独家商业机构拍摄权益。映脉公司向《沈阳晚报》报社领导发送媒体通知函，认为该报社摄影记者王江在中超比赛现场拍摄赛事图片并实时向其他商业图片社进行传图的行为，已严重损害了映脉公司的合法权益，要求该报社采取相关措施警告记者，立即停止以上行为，不得再利用其摄影记者身份为其他商业图片机构提供中超联赛拍摄服务。

在映脉公司诉体娱公司、陆维沁、夏鲁明不正当竞争纠纷一案中，北京市海淀区人民法院于 2018 年 5 月 17 日作出（2017）京 0108 民初 14964 号民事判决，认定映脉公司取得 2017 年中超联赛独家商业机构拍摄权，系其经过与其他商业机构的竞争，且以支付高额合作费用并提供高品质赛事图片为对价后所获得的，因此映脉公司由此产生的权益应当受到法律保护；体娱公司派遣陆维沁、夏鲁明进入 2017 年中超赛场拍摄赛事图片，以及在全体育网上展示、提供下载和对外销售无合法来源的中超联赛图片的行为构成不正当竞争。

2018 年 7 月 17 日，在映脉公司诉体娱公司不正当竞争纠纷一案中，北京市海淀区人民法院基于映脉公司申请作出（2018）京 0108 民初 36806 号民事裁定，责令体娱公司立即停止通过全体育传媒网向相关公众提供浏览、下载及销售拍摄于 2018 年中超联赛比赛现场的摄影作品。

（六）关于国际赛事的相关规定

《国际奥委会 2014 年索契冬奥会参与者和其他认证人员之社交媒体、博客和互联网指南》规定：参赛人员和其他认证人员为了个人使用，可以把在奥运场馆内拍摄的静态照片发布在社交媒体平台或网站上，不得将这类照片商用、出售或以其他方式分发出去。《国际奥委会 2016 年第 31 届里约奥运会认证人员之社交及数字媒体指南》《国际奥委会 2018 年平昌第 23 届冬奥会认证人员之社交及数字媒体指南》亦有前述类似规定。《2018 年平昌冬奥会摄影项目》规定：比赛摄影师拍摄的、描述的或摄制的任何图片（包括运动员奥运场馆内比赛的图片），只可用于实际的新闻服务编辑图；除非获得国际奥委会的提前同意，否则严格禁止将照片用于广告或者以现有的或将来出现的任何方式、形式、媒介或技术将照片用于商业或营销目的。

《国际足联 2018 年俄罗斯世界杯决赛阶段比赛媒体及市场规则》规定：媒体权是指以已知的或将来产生的任何传播方式在任何媒体上直播和/或延后播出的任何场所内发生的比赛，针对比赛的任何方面或部分的任何静态或动态视觉图片、任何音频材料、任何视听材料、任何文本和任何数据以任何方式进行报道、录制、传播或其他方式使用的权利；除非另有规定，任何协会参会成员或者协会非参会成员均无权直接或间接、或以任何方式使用任何媒体权利、市场权利、知识产权和/或任何其他商业或其他权利和机会。

《（德国足球甲级联赛）2018—2019 年赛季摄影师资格认证表》规定：比赛日通行证持有人无权用智能手机、平板电脑或其他便携录制设备制作场馆图片，除非为了完成与认证类型有关的职责和任务；无权将图片编辑使用和/或商用；无权以任何其他方式发布图片。

《国家冰球联盟（北美冰球职业联赛）在线传输规则》规定：任何发布在媒体网站上的北美冰球运动联盟（NHL）赛事活动照片或其他在线传播的照片只能用于该赛事的新闻和评论报道，严禁出于任何商业、广告或促销目的使用该赛事活动的任何照片。

原审法院认为：

结合各方当事人的诉辩意见，本案争议焦点主要在于：一是本案相关市场的界定；二是中超公司、映脉公司是否具有市场支配地位；三是中超公司、映脉公司是否实施了限定交易的滥用市场支配地位行为。

（一）关于本案相关市场界定

根据《中华人民共和国反垄断法》（以下简称反垄断法）相关规定，相关市场是指经营者在一定时期内就特定商品或者服务进行竞争的商品范围和地域范围。本案中，与被诉垄断行为直接相关的服务是中超联赛图片的销售。其中，销售方是图片提供方，包括体娱公司、映脉公司、"视觉中国"等在内的图片版权交易平台；购买方是具有中超联赛图片使用需求的交易相对人，多为媒体客户。

从需求替代的角度看，首先，根据商品特性，被诉垄断行为涉及的中超联赛图片系针对中超联赛所有赛事和活动的静态视觉图片，包括预备队联赛、精英梯队联赛、锦标赛、明星赛、开幕式、闭幕式、颁奖典礼等，其与中超联赛直接相关，系对赛事活动的客观记录。而中超联赛是中国大陆最高级别的职业足球联赛，具有参赛球队、球员、观众等特定性。从商品用途来看，中超联赛图片需求方多为媒体客户，如腾讯、新浪、搜狐等门户网站，其体育频道版块均有中超专栏，专门用于报道中超联赛赛事新闻，旨在以图文方式向公众传达中超联赛赛事的进展情况。相较于欧冠、英超、西甲等其他足球赛事，中超联赛具有赛事主办方、参赛球队、球员、球迷等特定性。因此，图片需求方无法使用其他足球赛事图片来报道中超联赛，更无法使用其他体育类别的赛事图片来报道中超联赛，故中超联赛图片与其他体育图片不具有可替代性，应将中超联赛图片视为一个单独的商品市场较为合理。关于相关地域市场，鉴于中超联赛是中国大陆的职业足球联赛，具有地域性，在案证据也显示相关图片销售主要系通过互联网销售，因此，可以将相关地域市场界定为中国大陆市场。

（二）关于中超公司、映脉公司是否具有市场支配地位

根据反垄断法相关规定，市场支配地位是指经营者在相关市场内具有能够控制商品价格、数量或者其他交易条件，或者能够阻碍、影响其他经营者进入相关市场能力的市场地位。认定经营者具有市场支配地位，应综合考虑多项因素，包括但不限于如下因素：该经营者在相关市场的市场份额以及相关市场的竞争状况；该经营者控制销售市场或者原材料采购市场的能力；该经营者的财力和技术条件；其他经营者对该经营者在交易上的依赖程度；其他经营者进入相关市场的难易程度等。

本案中，关于经营者在相关市场的市场份额，中国足球协会作为中国足

球运动的管理机构，是其管辖的各项赛事包括中超联赛所产生的所有权利的最初所有者。中超公司依据中国足球协会授权对中超联赛整体商务资源进行独家经营和管理。关于中超联赛图片运营，在 2012 年至 2016 年，中超公司与体娱公司签订合作协议，以资源合作方式进行图片版权开发；在 2017 年至 2019 年，中超公司则通过公开招标方式与映脉公司签订合作协议，合作费用 3 年达 1800 万元。可见，中超联赛图片运营系由中超公司与特定图片运营机构签订合作协议方式开展，而不同赛事期间，图片运营机构并不固定。即使在被诉垄断行为发生期间，映脉公司作为独家图片运营机构也是通过公开招标方式选定的。因此，特定图片运营机构在中超联赛图片市场的市场份额并不具有长期稳定性。根据双方当事人提交的销售数据可知，2012 年至 2017 年赛季，体娱公司的中超联赛图片销售数量和销售总金额均远高于映脉公司。

关于经营者控制商品价格的能力，体娱公司提供的证据显示，中超联赛图片前四名买家均系新浪体育、搜狐体育等门户网站。2012 年至 2018 年赛季，前四名买家购买的中超联赛图片数量占中超联赛图片销售总量占比分别为 94.52%、91.92%、90.04%、81.78%、76.21%、59.9%、67.84%，可见中超联赛图片买家集中度高。中超联赛图片的销售方式一般系与 NBA、英超、西甲、网球公开赛等其他体育赛事图片打包销售。该种图片销售模式，结合买家的高度集中性，决定了中超联赛图片销售方对于图片的销售价格不具有较强的定价能力。对此，体娱公司、映脉公司均确认，中超联赛图片销售系属买方市场，销售方并不具有议价能力。

关于经营者控制商品数量的能力，首先，中超公司对于年度中超联赛图片拍摄具有数量和质量的要求，如中超公司与映脉公司签订的合同中要求映脉公司每年完成全部中超联赛比赛、活动等图片的拍摄、制作、编辑，全年提供不少于 2.4 万张照片原片，要求映脉公司配置一定数量和质量的拍摄设备。其次，为了满足媒体新闻报道需求，中国足球协会每年均向各类媒体分配采访名额，范围覆盖全国的综合及足球专业类媒体、具有广泛影响力的网络媒体等，媒体摄影师可申请领取中超联赛摄影证件，拍摄赛事图片用于本媒体新闻报道。如 2018 年中超联赛媒体类摄影证件登记表统计说明显示，注册媒体共计 149 家，包括新华社、中国日报、中国新闻社、中国体育报、北京青年报、搜狐网、网易、腾讯体育、新浪网等，通过核准持证的摄影师共 280 名。该些媒体摄影师拍摄的图片虽然不能进行商业使用，但是可使用于本媒体中超联赛的新闻报道，故在一定程度上与映脉公司销售的图片亦存在竞争关系，也对商业图片机构销售图片的数量和质量提出了更高的要求。

关于其他经营者进入相关市场的难易程度，首先，中超公司依据中国足球协会授权对中超联赛整体商务资源进行独家经营和管理，图片合作机构对于中超公司并不具有控制能力。其次，体娱公司系专业体育图片经营公司，其在网站中也宣传体娱公司系中国网球公开赛唯一图片合作机构、中国篮球协会官方唯一图片合作机构等，也曾系中超联赛官方图片合作机构，具有一定的财力和技术能力。各方当事人提供的证据也显示"视觉中国"亦系较大的图片机构，均系图片销售市场的有力竞争者。如前所述，中超联赛图片运营系由中超公司与特定图片运营机构签订年度合作协议方式开展，相关行业内的竞争者均可通过竞标方式成为官方图片合作机构。因此，其他经营者进入相关市场并不存在显著的壁垒。

基于上述理由，本案现有证据不能证明中超公司、映脉公司具有市场支配地位。

（三）关于中超公司、映脉公司是否实施了限定交易的滥用市场支配地位行为

根据反垄断法第十七条的规定，具有市场支配地位的经营者，没有正当理由，限定交易相对人只能与其进行交易或者只能与其指定的经营者进行交易的，构成滥用市场支配地位。如果被诉垄断行为人不具有市场支配地位，可以直接认定其不构成反垄断法所禁止的滥用市场支配地位。即使被诉垄断行为人具有市场支配地位，判断其是否构成滥用市场支配地位，也需要综合分析该行为是否具有合理理由，以及该行为是否实质性地限制或者排除了相关市场的竞争并损害了消费者利益。如前所述，本案证据不能证明中超公司、映脉公司在相关市场具有支配地位。对于可能影响判断的其他因素，原审法院分析如下：

首先，关于被诉垄断行为是否具有合理理由，根据《国际足联章程》《中国足球协会章程》的相关规定，中国足球协会系其管辖的各项赛事所产生的权利的所有者，可以根据需要以单独、合作或授权等方式行使上述权利。《国务院关于加快发展体育产业促进体育消费的若干意见》《国务院办公厅关于印发中国足球改革发展总体方案的通知》《国务院办公厅关于加快发展体育竞赛表演产业的指导意见》等文件亦对体育赛事权利的商业化运营予以肯定和鼓励。赛事权利在性质上属于无形财产权，系包含多种权利客体和权利内容的民事权益。关于中超联赛赛事权利，中国足球协会授权中超公司进行独家经营和管理，而中超公司通过招标方式将中超联赛赛事权利中的图片商业化权利独家授予映脉公司，包括图片拍摄、图片的销售等后续商业化使用。因此，将中超联赛图片销售独家授予映脉公司，系中超公司对其民事权益的处分行为，中超公司要求持有中超联赛摄影证件的媒体机构及其人员所拍摄

的中超联赛图片不得商业使用,不仅是对于其享有的赛事图片权利的声明,也是对于映脉公司所获得的民事权益的维护。国际奥委会、国际足联、德国足球甲级联赛、北美冰球职业联赛等国际或者区域赛事相关规定中,也均涉及赛事活动照片不得擅自进行商业使用。同理,映脉公司经过与其他图片机构的竞争,并支付高额合作费用获得的中超联赛图片商业化权利,亦属应受法律保护的民事权益,该民事权益本身即包含了交易相对人只能从映脉公司购买中超联赛图片的内容。基于上述事实,中超公司、映脉公司主张被诉垄断行为具有正当理由,原审法院予以支持。

其次,该行为对竞争的影响,对于中超联赛图片市场,一方面,图片销售总量较为平稳,并未有明显变化。在案证据显示,在 2012 年至 2016 年赛季,体娱公司作为中超联赛官方合作机构,其销售平台上中超联赛图片数量分别为 117715 张、139290 张、116127 张、115348 张、153123 张,仅小部分系自有图片;而在 2017 年至 2018 年赛季,映脉公司作为官方合作机构,其中超联赛图片拍摄量分别为 1949855 张、2011316 张,图片编辑量分别为201473 张、204064 张,销售平台上的中超联赛图片数量分别为 136456 张、131202 张。可见,各赛季中中超联赛图片销售总量并未有明显变化,而官方合作机构的图片拍摄数量大幅度增长。另一方面,图片销售价格亦较为稳定。从体娱公司提供的销售数据来看,在 2012 年至 2018 年赛季,体娱公司平台图片销售均价基本维持在 24 元;而从映脉公司提供的销售数据来看,在2015 年至 2018 年赛季,映脉公司平台图片销售均价呈不断下降趋势。结合映脉公司支付高额合作费用,拍摄图片数量大幅上升,而图片销售价格不断下降的情况,依据经济分析的一般原理,消费者以不断降低的价格获得不断增加的商品,这是一个不断增加消费者福利和社会福利的过程。反垄断法旨在保护竞争,而非保护竞争者,故其关注的重心并非个别经营者的利益,而是健康的市场竞争机制是否受到扭曲或者破坏。本案中,体娱公司、映脉公司系体育图片销售市场的竞争者,均参与了 2017 年至 2019 年中超联赛官方图片合作机构的竞标,其竞争利益在竞标程序中已经得到了保障,本案中也无证据显示被诉垄断行为对于该市场产生了排除或者限制竞争的效果。

综上所述,体娱公司的诉讼请求缺乏事实和法律依据,原审法院不予支持。原审法院依照反垄断法第十七条、第十八条,《最高人民法院关于审理因垄断行为引发的民事纠纷案件应用法律若干问题的规定》第八条,《中华人民共和国民事诉讼法》(2017 年修正)第六十四条第一款之规定,于 2021年 4 月 23 日作出(2020)沪 73 知民初 736 号民事判决:驳回体娱(北京)文化传媒股份有限公司的全部诉讼请求。一审案件受理费 53775 元,由体娱

（北京）文化传媒股份有限公司负担。

本院二审期间，体娱公司、中超公司没有补充提供新的证据，映脉公司补充提供了 4 份新的证据，本院组织各方当事人进行了质证。映脉公司提供的 4 份新的证据包括：1. 北京知识产权法院（2018）京 73 民终 1122 号民事判决书；2. 北京知识产权法院（2020）京 73 民终 2107 号民事判决书；3. 百度百家号"体育大生意"文章《Osports 全体育联手 CBA 正确解锁图片使用方式规范使用图片环境》；4. 最高人民法院（2013）民三终字第 4 号民事判决书（指导案例 78 号）。映脉公司补充提供上述 4 份证据，拟分别用以证明其通过签订合作协议获得的权益受到法律保护、中国男子篮球职业联赛（CBA）图片同样需要其官方合作伙伴授权而规范使用或者传播等事实以及人民法院认定市场支配地位的标准与思路。经质证，体娱公司认可上述 4 份证据的真实性与合法性，但不认可其关联性与证明目的；中超公司认可上述 4 份证据的证明力。本院经审核，根据各方当事人的一致认可，本院可以直接确认上述 4 份证据的真实性与合法性；证据 1 与证据 2 反映映脉公司针对中超联赛图片的不当使用、传播等行为提起不正当竞争纠纷诉讼维权的事实，与本案中其经营中超联赛图片等事实有一定关联，可以作为认定本案事实的依据予以采纳，本院确认该两份证据的证明力；证据 3 与证据 4 均不反映本案争议相关的事实，故在本案中不作为认定案件事实的依据予以采纳。

体娱公司于 2022 年 1 月 13 日向本院书面申请调查收集国家市场监督管理总局对中国足球协会涉嫌滥用行政垄断地位排除限制竞争的调查情况、意见及结论。本院经审查，本案系垄断民事纠纷案件，国家市场监督管理总局是否已经对本案开展调查并作出决定并不影响本案审理。根据《最高人民法院关于适用〈中华人民共和国民事诉讼法〉的解释》第九十五条的规定，当事人申请调查收集证据，该证据与待证事实无关联、对证明待证事实无意义，或者无其他调查收集必要的，人民法院不予准许。体娱公司的申请属于上述规定情形。据此，本院对体娱公司的申请不予准许。

对于原审法院查明的基本事实，中超公司、映脉公司没有异议；体娱公司提出异议，主张原审法院遗漏查明以下三项事实：（一）中国足球协会于 2018 年 2 月 2 日在其官方网站发布《关于 2018 年全国足球记者注册、制证办法的通知》，于 2019 年 4 月 29 日从网站上予以删除。（二）映脉公司曾经通过投诉举报等方式恐吓威胁摄影师不得与除映脉公司之外的其他人合作。（三）映脉公司和光明网、人民网、凤凰网、"视觉中国"等网站均出售 2012 年至 2016 年中超联赛图片以及历届世界杯赛事图片，光明网、人民网、"视觉中国"也在出售 2017 年至 2019 年中超联赛图片。

本院经审查，原审法院未认定体娱公司提出的上述三项事实主张并无不当。对此，本院具体分析认定如下：

（一）对于上述第一项事实主张，体娱公司在原审中提供其证据4（《关于2019年足球赛事媒体证件注册、制证办法的通知》、百度以及中国足球协会官网搜索2018年通知页面、中国足球协会原刊登2018年通知页面）予以证明。中超公司、映脉公司经质证不认可该证据的真实性。原审法院经审核确认该证据中的2019年通知的真实性，但认为该证据中的其他文件与映脉公司在原审中提供的证据22（中超公司、映脉公司签订的《2017—2019年中国足球协会超级联赛官方图片合作协议》、中国足球协会官网发布的《关于2018年全国足球记者注册、制证办法的通知》）中网页证据相冲突，体娱公司亦未对该证据提出反驳意见（体娱公司质证认可映脉公司原审证据22的真实性），据此不确认体娱公司原审证据4中除2019年通知以外其他文件的真实性。本院进一步审查，确认原审法院的上述分析认定，同时指出体娱公司的有关证明目的也不能成立。理由是：根据一般经验，同一单位在后的发文中没有再载明其以前类似发文的某些内容，不必然等同其以前发文的部分内容错误或者不合法；而体娱公司因中国足球协会于2019年2月21日在其官方网站发布《关于2019年足球赛事媒体记者证件注册、制证办法的通知》没有再规定上述2018年通知第十一条关于为保障中超联赛官方图片社映脉公司的商业权益而要求所拍摄的中超联赛图片只可用于本媒体的新闻报道的内容，试图在诉讼中以此主张该两份通知内容的差异印证上述2018年通知第十一条内容属于中超公司、映脉公司滥用市场支配地位的表现，显然缺乏事实和法律依据。原审法院不认定体娱公司提出的上述第一项事实主张并无不当。

（二）对于上述第二项事实主张，体娱公司在原审中提供其证据7（摄影师俞中岳声明、映脉公司赛场巡视员干扰摄影记者正常工作录像、映脉公司起诉摄影师王江的民事起诉状、映脉公司向王江所在《沈阳晚报》报社发出的媒体通知函、映脉公司工作人员与王江的聊天记录）予以证明。中超公司、映脉公司经质证不认可该证据中声明、录像、聊天记录的真实性。原审法院经审核确认该证据中民事起诉状和媒体通知函的真实性，基于无法核实声明、录像、聊天记录的真实性而不确认该部分证据材料的真实性。本院经审查，原审法院的上述认定并无不当。

（三）对于上述第三项事实主张，体娱公司在原审中提供其证据12（凤凰网、新浪网、腾讯网、中国新闻图片网等网页打印件）予以证明，由此主张中超联赛官方图片社的称号并非中超公司、映脉公司垄断中超联赛图片市场的借口，并不能限制相关图片著作权人行使权利。中超公司、映脉公司经质证对该证据的真实性和合法性无异议，但不认可体娱公司提出的证明目的。原审法院确认该证据的真实性，但未采纳该证据内容。本院经审查，有关市场主体出售中超联赛图片不能说明中超公司、映脉公司放弃涉案权利而允许所有市场主体出售图片，体娱公司提出的证明目的不能成立。原审法院没有采纳该证据查明事实并无不当。

本院经审理查明，原审法院已查明的基本事实有证据佐证，且各方当事人均无异议，本院予以确认。根据本案证据，本院补充查明以下事实：

根据《中国足球协会章程》第三条的规定，中国足球协会是中华人民共和国境内从事足球运动的单位和个人自愿结成的唯一的全国性的非营利性社会团体法人。《中国足球协会章程》第四十九条第一项、第二项、第四项分别规定中国足球协会对赛事权利的享有、行使与保障维护：中国足球协会为中国足球运动的管理机构，是其管辖的各项赛事所产生的所有权利的最初所有者；这些权利包括各种财务权利，视听和广播录制、复制和播放版权，多媒体版权，市场开发和推广以及无形资产（如徽章和版权等）；中国足球协会根据需要采取以下方式使用赛事权利：独自使用赛事权利、同第三方合作使用、完全通过第三方来行使权利；中国足球协会保障和维护中国足球协会、会员协会在组织比赛时所产生的商务资源权利，保障和维护俱乐部自身拥有及参加比赛时所产生的商务资源权利。

映脉公司以体娱公司、夏鲁明、陆维沁未经映脉公司授权拍摄、传播2017年中超联赛图片并虚假宣传为由，向北京市海淀区人民法院提起不正当竞争纠纷诉讼，该院于2017年3月24日立案受理。该院经审理认定，体娱公司在其并不具有中超联赛进场拍摄资质情况下派员工进入2017年中超联赛赛场拍摄图片，然后将由此获得的图片置于其官网（全体育网）中展示、提供下载和对外销售，且在对外商务活动中自称其是中超联赛官方图片社，分别违反全国人民代表大会常务委员会会议1993年通过与2017年修订的《中华人民共和国反不正当竞争法》（以下简称反不正当竞争法）第二条及其他法条的规定，构成不正当竞争。据此，该院于2018年5月17日作出（2017）京0108民初14964号民事判决：体娱公司自该判决生效之日起停止该案所涉不正当竞争行为；体娱公司在该判决生效之日起10日内在其官网（全体育网）首页显著位置连续7日刊登声明就所涉不正当竞争行为为映脉公司消除影响；体娱公司在该判决生效之日起10日内赔偿映脉公司经济损失300万元及合理费用110602元。体娱公司不服该一审判决，向北京知识产权法院提起上诉，该院经审理于2020年12月24日作出（2018）京73民终1122号民事判决：驳回上诉，维持原判。

映脉公司以体娱公司未经映脉公司授权在其官网（全体育网）展示、提供下载、对外销售 2018 年中超联赛图片为由，向北京市海淀区人民法院提起不正当竞争纠纷诉讼，该院于 2018 年 7 月 5 日立案受理。该院经审理认定，体娱公司知晓映脉公司通过竞争及支付高额对价获取 2017 年至 2019 年中超联赛的独家拍摄权益，却派遣摄影师进入 2018 年中超联赛赛场拍摄赛事图片，然后将由此获得的图片在其官网（全体育网）中展示、提供下载和销售，违反反不正当竞争法第二条的规定，构成不正当竞争。据此，该院于 2019 年 10 月 8 日作出（2018）京 0108 民初 36806 号民事判决：体娱公司在该判决生效之日起 10 日内在其官网首页显著位置连续 7 日刊登声明就所涉不正当竞争行为为映脉公司消除影响；体娱公司在该判决生效之日起 10 日内赔偿映脉公司经济损失 200 万元及合理费用 18861 元。体娱公司不服该一审判决，向北京知识产权法院提起上诉，该院经审理于 2021 年 12 月 31 日作出（2020）京 73 民终 2107 号民事判决：驳回上诉，维持原判。

本院认为：

本案为滥用市场支配地位纠纷。根据各方当事人在二审中的诉辩主张，本案二审中的争议焦点为：（一）中超公司、映脉公司经营中超联赛图片的权利属性；（二）本案相关市场的界定；（三）中超公司、映脉公司是否具有市场支配地位；（四）中超公司、映脉公司是否实施了滥用市场支配地位的行为；（五）体娱公司所称损失的认定。

（一）关于中超公司、映脉公司经营中超联赛图片的权利属性

本案讼争的中超联赛图片经营的有关行为主要发生在三个环节：第一环节是中国足球协会依法组织全国足球赛事独自取得赛事商业权利，并授权中超公司独家经营足球联赛资源，形成独占性的中超联赛资源；第二环节是中超公司通过公开招标投标方式将其独家经营中超联赛资源中的官方图片资源经营权再转授权给映脉公司独家经营；第三环节是映脉公司实际行使独家经营中超联赛官方图片资源的权利，排他性经营中超联赛官方图片资源，主要包括：独家享有中超联赛官方图片合作机构称号、独家享有最佳拍摄位置、独家对外商业化销售赛事图片、排除其他经营者将中超联赛图片用于新闻报道以外的商业使用等。在二审庭审中，体娱公司明确其主张涉案滥用市场支配地位的行为主要发生于上述第二环节，然后拓展至第三环节。本案诉讼的问题缘起主要是中超公司将中超联赛官方图片资源经营权独家授予映脉公司，而没有放开授权给体娱公司等其他多家经营者。该问题的实质就是中超公司是否可以独家授权以及其独家授权是否构成滥用市场支配地位。理清上述问题，在根本上需要从中国足球赛事资源的权利（赛事商业权利）开始分析

认定。

首先，中国足球协会是中国足球运动的自治体育组织，依法最初取得中国足球竞赛所产生的所有赛事商业权利。根据体育法（2016 年修正）第三十一条、第三十九条的规定，全国单项体育竞赛由该项运动的全国性协会负责；全国性的单项体育协会管理该项运动的普及与提高工作，代表中国参加相应的国际单项体育组织。中国足球协会根据法律的授权和政府的委托管理全国足球事务，其享有的赛事商业权利主要是基于其组织赛事而产生的以财产利益为主要内容的民事权益。虽然目前法律并没有专门规定该类赛事商业权利的范围及其独占性、排他性等属性，但其作为赛事组织者可以通过各类合同形式（如格式条款的宣传、协议专门约定、门票所载格式条款提示等）与其他赛事参与者（进场观众、新闻媒体等）约定其赛事资源权利范围及其属性，明确类似赛事的以下商业规则：未经体育赛事活动组织者等相关权利人许可，不得以营利为目的采集或者传播体育赛事活动现场图片、音视频等信息。该类赛事商业权利的取得符合本案赛事发生当时（2017 年至 2019 年）所施行的《中华人民共和国民法总则》第一百二十九条（现《中华人民共和国民法典》同条）关于"民事权利可以依据民事法律行为、事实行为、法律规定的事件或者法律规定的其他方式取得"的规定。由于赛事商业权利属于一种民事权利，也是一种独占性、排他性权利，其原始权利人可以选择由本人自己行使、授权他人行使、与他人合作行使。中国足球协会独家授权中超公司行使足球赛事商业权利，中超公司又部分转授权映脉公司独家行使其中赛事图片经营权，均是中国足球协会和中超公司行使民事权利的体现。

中国足球协会一方面具有作为自治体育组织的足球事务管理职权，另一方面作为足球赛事商业权利的最初所有者，其享有的足球赛事商业权利系其组织赛事民事活动所取得的权利即民事权利，而非源于其行使足球事务管理的职权。映脉公司获得 2017 年至 2019 年中超联赛图片独家经营权，系其经过竞争并以高额合作费并承诺提供高品质赛事图片为代价所获得的，其根据合作协议要求中国足球协会、中超公司出面保障和维护其独家经营中超联赛图片的秩序，有合同和法律依据。中国足球协会于 2018 年 2 月 2 日发出《关于 2018 年全国足球记者注册、制证办法的通知》（第十一条）声明：为保障中超联赛官方图片社映脉公司的商业利益而限定其他媒体及其人员"所拍摄的中超联赛图片只可用于本媒体的新闻报道，不得商业使用"。该声明是中国足球协会以其本身独家排他性经营全国性足球赛事的民事权利为基础正当行使权利的表现，并未超出其排他性权利的范围，不属于其行使足球赛事管理职能，不涉及行政垄断问题。

中国足球协会对足球赛事资源享有的商业权利是其组织赛事并依法取得的民事权利。该民事权利所呈现的独占性和排他性属于权利自身的内在属性。反垄断法预防和制止滥用权利以排除、限制竞争的行为，但是由权利内在的排他属性所形成的"垄断状态"并非权利滥用行为。权利的排他性或者排他性权利本身并不是反垄断法预防和制止的对象，排他性权利的不正当行使才可能成为反垄断法预防和制止的对象。

就本案争议而言，具体涉及独家排他性权利人将该权利独家授权他人行使是否会产生限制、排除竞争的效果，是否构成反垄断法的规制对象。对此，需要进一步分析认定相关市场、市场支配地位和有关独家授权行为的正当性。

（二）关于本案相关市场的界定

根据反垄断法第十二条第二款的规定，相关市场是指经营者在一定时期内就特定商品或者服务（统称商品）进行竞争的商品范围和地域范围。界定相关市场总体上需要考虑时间、商品和地域三个要素。但是，如果特定市场竞争关系不随时间明显发生变化，则无需考虑时间要素区分不同时段或者时期进行分析，一般仅需要考虑商品与地域两个因素。对于市场竞争明显会受到时间限制（如周末发行的报纸、中秋月饼等）的，则需要考虑时间因素。相关商品市场，是指根据商品的特性、用途及价格等因素，由需求者认为具有较为紧密替代关系的一组或一类商品所构成的市场。相关地域市场，是指需求者获取具有较为紧密替代关系的商品的地理区域。界定相关市场的方法不是唯一的。界定相关市场时，一般可以基于商品的特征、用途、价格等因素进行需求替代分析，必要时进行供给替代分析。在经营者竞争的市场范围不够清晰或不易确定时，可以按照"假定垄断者测试"的分析思路来界定相关市场。无论采用何种方法界定相关市场，都要始终把握商品满足消费者需求的基本属性，并以此作为相关市场界定中出现明显偏差时进行校正的依据。

本案中，原审法院从需求替代角度，将相关商品市场、相关地域市场分别界定为中超联赛图片商品市场、中国大陆地域市场，并无不当。本院主要在原审判决分析认定相关市场的基础上，进一步分析中超联赛图片需求的媒体客户与时段的集中性。中超联赛图片的需求、供给与市场竞争，均明显具有时段性（时间因素），界定相关市场应当结合时间因素进行分析。中超联赛图片的需求主要为腾讯、新浪等媒体客户，需求时段主要集中于中超联赛举办期间及其前后临近时段，该赛事期间主要媒体客户（特别是新浪体育、搜狐体育等利用中超联赛图片前四名的客户网站自 2012 年至 2018 赛季所共使用的该类赛事图片占该类赛事图片总利用数量约为 59.9% 至 94.52%，占用率年均约为 80%）的体育频道版块均设有中超联赛专栏，专门竞相报道该赛事。在中超联赛期间，这些媒体客户不可能不利用中超联赛图片报道该赛事，而去完全用篮球等其他赛事图片报道其他赛事。也就是说，在中超联赛期间，中超联赛图片对于中国主要媒体用户而言是不可替代的，而中超联赛图片主要使用在该赛事期间，该赛事以外期间其图片利用率占比极小。据此，可以按照地域、时间、商品三要素来确定本案相关市场为中国大陆中超联赛期间该赛事图片市场。

（三）关于中超公司、映脉公司是否具有市场支配地位

反垄断法第十七条第二款规定："本法所称市场支配地位，是指经营者在相关市场内具有能够控制商品价格、数量或者其他交易条件，或者能够阻碍、影响其他经营者进入相关市场能力的市场地位。"根据定义条款的具体规定，市场支配地位，是指经营者在相关市场上要么能够控制交易条件，要么能够影响市场进入，经营者具有这两者之一即可构成市场支配地位。中国足球协会依据法律规定和政府授权，成为全国唯一能够组织和管理全国性足球赛事的组织，依法排除其他经营者组织全国性足球赛事，中国足球协会在全国性（成人男子）足球赛事方面具有独占性、排他性的民事权利；中国足球协会将全国性足球赛事经营独家授权给中超公司，中超公司相应取得独家经营权；中超公司又将其中赛事图片经营独家授权给映脉公司，映脉公司相应在中超联赛图片相关市场取得独家经营权。

根据反垄断法第十九条第一款第二项和第二款的规定，一个经营者在相关市场的市场份额达到二分之一的，可以推定经营者具有市场支配地位；被推定具有市场支配地位的经营者，有证据证明不具有市场支配地位的，不应当认定其具有市场支配地位。该法第十八条规定："认定经营者具有市场支配地位，应当依据下列因素：（一）该经营者在相关市场的市场份额，以及相关市场的竞争状况；（二）该经营者控制销售市场或者原材料采购市场的能力；（三）该经营者的财力和技术条件；（四）其他经营者对该经营者在交易上的依赖程度；（五）其他经营者进入相关市场的难易程度；（六）与认定该经营者市场支配地位有关的其他因素。"本案中，中超公司在中超联赛经营市场、映脉公司在中超联赛图片经营市场分别具有100%的市场份额，应当推定具有市场支配地位。中超公司、映脉公司否认上述推定，应当围绕反垄断法第十八条规定的相关因素提供证据证明其不具有市场支配地位，但其并没有提供证据予以证明。故应当认定中超公司、映脉公司具有市场支配地位。

从反垄断法第十七条第二款关于市场支配地位定义的规定、第十八条关于认定经营者具有市场支配地位应当依据的因素的规定、第十九条关于推定

经营者具有市场支配地位的规定看，经营者能否控制商品的交易或者维持市场壁垒，是认定市场支配地位的核心要素（要件），如果经营者具有该两核心要素之一，即可认定其具有市场支配地位；市场份额虽然是认定市场支配地位的第一参考要素，较高的市场份额成为推定市场支配地位的依据，但只是相关分析认定的一项参考指标与简化方法，其他单一因素也更不是决定性因素。即使根据反垄断法第十八条规定的六项因素进行综合分析，也同样可以认定中超公司、映脉公司具有市场支配地位。

原审法院认定本案现有证据不能证明中超公司、映脉公司具有市场支配地位，存在理解与适用法律不当的问题，主要体现为：第一，从总体上，可以根据该两公司100%的（供应方）市场份额推定其具有市场支配地位，然后由该两公司提供相反证据证明其不具有市场支配地位；而原审法院不区分各当事人的举证情况笼统以本案现有证据不能证明该两公司具有市场支配地位，与本案事实和法律规定不符。第二，映脉公司具有独家销售中超联赛图片的市场地位，据此不能轻易否定其议价能力；经营者以低价促销量或者不能恣意确定高价，不等于其不具备议价能力或者不具有较强的定价能力。原审法院根据映脉公司将中超联赛图片与其他赛事图片打包销售的模式和中超联赛图片买家的高度集中性，认定映脉公司对于图片销售价格不具有较强的定价能力，并不具备议价能力。该认定缺乏依据。第三，根据中超公司作为中超联赛组织者所确定的赛事图片拍摄和使用规则，持证媒体摄影师拍摄图片除自用于中超联赛报道外，只能提供给映脉公司对外商业销售，而不能由其他媒体或者个人自行对外商业销售，故该类图片可能影响中超联赛图片商业销售市场的需求量，但该类图片不能由其他人纳入销售市场并与映脉公司进行竞争。原审法院以持证媒体摄影师拍摄图片可使用于本媒体中超联赛的新闻报道，认定该类图片在一定程度上与映脉公司销售的图片存在竞争关系。该认定亦缺乏理据。第四，体娱公司在原审中起诉主张中超公司、映脉公司垄断了中超联赛图片的销售权，限定交易相对人只能与映脉公司进行交易。这里体娱公司所指的"交易相对人"应当是图片用户；"交易"是指图片销售，而不是图片经营权的竞标授予。在图片销售环节映脉公司是独家销售商，原审法院没有据此认定映脉公司具有市场支配地位，而仅以图片经营授予环节的竞争性认定其他经营者进入相关市场并不存在显著的壁垒，忽略了映脉公司在图片销售环节的市场支配地位。

（四）关于中超公司、映脉公司是否实施了滥用市场支配地位的行为

体娱公司一、二审中主张中超公司、映脉公司实施了滥用市场支配地位的行为，其法律依据是反垄断法第十七条第一款第四项规定的"没有正当理

由，限定交易相对人只能与其进行交易或者只能与其指定的经营者进行交易"。体娱公司主张中超公司、映脉公司垄断了中超联赛图片的销售权，限定交易相对人只能与映脉公司进行交易，排除了中超联赛图片市场的竞争，损害了体娱公司及其他交易相对人的合法利益。在二审中，体娱公司进一步主张中超公司滥用市场支配地位还体现在将中超联赛图片经营权独家授予映脉公司而没有放开授予体娱公司等其他经营者。对此，本院分别从中超联赛图片经营权独家授予环节和赛事图片独家销售环节分析认定中超公司、映脉公司是否存在滥用行为。

1. 关于中超联赛图片经营权独家授予环节

从一般意义上看，经营权授予具有合法性和合理性。具体就本案而言，还体现出商业的竞争性，故中超联赛图片经营权独家授予具有法律依据和正当理由，并不违反反垄断法的禁止性规定。本院从以下三个层面分析。

第一，经营权授予本身一般具有合法性。除法律对经营资质等另有特别规定外，经营者对于如何行使自己的经营权原则上可自由选择，可以自己亲力亲为地经营，也可以与他人合作共同经营，还可以独家或者非独家授权他人经营。在商业实践中，在特定地域内独家代理或者独家销售是一种常见的授权经营模式。在经营权独家授予环节，一般不存在反垄断法第十七条第一款第四项规定的限定交易（对象）情形，该限定交易情形一般仅出现在经营权独家授予后的具体交易环节中。在经营权授予环节，经营者仅将经营权授予另一家经营者独占，而没有放开授予多家同时经营，一般具有其正当性。这种选择本是经营者独立行使民事权利的体现，在经济效果上被授权的经营者只不过是原始经营人具体经营的替代，等于或者相当于原始经营人自己对外交易，仅在授权环节一般不会对外产生反竞争效果，除非存在经营者通谋损害消费者利益等特殊情形；即使出现反竞争效果，该效果也往往是授权后被授权的经营者实施垄断行为所致。具体以本案为例，中国足球协会依法取得独占经营全国性足球赛事的垄断地位，广大赛事图片用户原本只能与中国足球协会交易该赛事图片，这种对交易的供方的唯一性限定是基于体育法的规定，具有法律依据而不存在没有正当理由的问题，故不落入反垄断法第十七规定的滥用市场支配地位的行为类型与范围中。中国足球协会决定自己不亲力亲为具体经营赛事，而独家授权给中超公司对外经营，由此广大赛事图片用户只能直接与中超公司交易，这与用户原本只能与中国足球协会交易没有本质区别。同理，中超公司将中超联赛图片经营权独家授予映脉公司经营，其效果同前述授权效果，相比原始经营权人中国足球协会亲自经营，也不对外（对消费者或者用户）额外产生反竞争效果。

第二，经营权独家授予具有合理性。独家授权经营相比授权多家经营，有其应有的优势，如可以避免因数个经销商在需要事先投入成本进行广告宣传、建设必要设施时相互推诿、相互观望以及事后"搭便车"等消极因素；独家授权便于统一协调、分清权责、形成品牌效应，还可以针对独家授权收取较高的授权费用；经营权的授予往往基于授权双方的信任程度而体现为授权方具有较充分的自主选择空间。而且，赛事资源经营权独家授予是国际国内体育领域普遍性做法。

第三，涉案中超联赛图片经营权授予过程具有竞争性。具体就本案而言，中超公司独家授权映脉公司经营中超联赛图片，除具有上述普遍性优势外，还至少存在两个层面的竞争：一是在中超公司授权环节，进行招标投标，体娱公司竞标失败，映脉公司竞标成功，这体现了公平竞争，应予以维护。体娱公司应当接受这种竞争的结果，而不应在竞争失败后再以他人排除、限制竞争为由试图否定或者推翻经过公平竞争行为所形成的竞争结果，否则无异于直接否定该环节招标投标的公平性，损害公平竞争的结果。二是映脉公司竞标成功后，仍然在一定程度上与其他经营者存在潜在竞争。如果映脉公司不能完成预期经营目标，则不排除中超公司考虑解除合同，再行招标。总之，中超公司授权映脉公司独家经营2017年至2019年中超联赛图片资源，在程序上体现了竞争；该经营权独家授予是竞争的应然结果，且有其合理理由，不具有反竞争效果。

2. 关于中超联赛图片独家（商业）销售环节

映脉公司竞标取得2017年至2019年中超联赛图片独家经营权，实际上成为中超联赛图片独家经营者，在相关市场上具有市场支配地位，是中超联赛图片商业销售环节唯一的合法供给方。就映脉公司是否落入反垄断法第十七条第一款第四项规定的"没有正当理由，限定交易相对人只能与其进行交易或者只能与其指定的经营者进行交易"的情形而言，首先，如上所述，中超联赛图片用户（需求方）只能向映脉公司购买，这是基于原始经营权人中国足球协会依法享有专有权（垄断经营权）通过授权相应传导的结果，符合法律规定且有合理性，该限定交易情形有正当理由，不属于"没有正当理由，限定交易相对人只能与其进行交易"的情形。本案没有证据证明映脉公司要求用户只能与其指定的其他经营者进行交易，故也不能认定映脉公司有"没有正当理由，限定交易相对人只能与其指定的经营者进行交易"的行为。

根据上述分析，体娱公司主张中超公司、映脉公司有从事反垄断法第十七条第一款第四项规定的滥用市场支配地位的垄断行为，没有事实和法律依据，本院不予支持。鉴于体娱公司关于中超公司、映脉公司从事垄断行为的主张不能成立，其基于该主张提出的损害赔偿等诉讼请求也相应缺乏事实和法律基础而不能成立，本院没有必要进一步认定体娱公司所称损失。

综上所述，体娱公司的上诉请求不能成立，本院予以驳回；原审判决除在不认定中超公司、映脉公司具有市场支配地位方面欠妥外，总体上认定事实与适用法律基本正确，最终处理结果并无不当，本院对原审判决结果予以维持。本院依照《中华人民共和国民事诉讼法》第一百七十七条第一款第一项之规定，判决如下：

驳回上诉，维持原判。

二审案件受理费 53800 元，由体娱（北京）文化传媒股份有限公司负担。

本判决为终审判决。

审　判　长　余晓汉

审　判　员　何　隽

审　判　员　薛　淼

二〇二二年六月二十三日

法 官 助 理　宾岳成

书　记　员　吴迪楠

39. 公用事业经营者隐性限定交易行为的认定

——上诉人威海宏福置业有限公司与被上诉人威海市水务集团有限公司
滥用市场支配地位纠纷案①

中华人民共和国最高人民法院民事判决书（2022）最高法知民终 395 号

上诉人（原审原告）：威海宏福置业有限公司。住所地：山东省威海市
青岛中路 159 号楼 6 楼。

法定代表人：孙成福，该公司董事长。

委托诉讼代理人：高同武，北京市盈科律师事务所律师。

被上诉人（原审被告）：威海市水务集团有限公司。住所地：山东省威
海市上海路 58 号。

法定代表人：王笑丰，该公司董事长。

委托诉讼代理人：苗建伟，山东时中律师事务所律师。

委托诉讼代理人：王卫东，山东时中律师事务所律师。

上诉人威海宏福置业有限公司（以下简称宏福置业公司）因与被上诉人
威海市水务集团有限公司（以下简称威海水务集团）滥用市场支配地位纠纷
一案，不服山东省青岛市中级人民法院（以下简称原审法院）于 2021 年 11
月 23 日作出的（2021）鲁 02 民初 19 号民事判决，向本院提起上诉。本院于
2022 年 3 月 7 日立案受理，依法组成合议庭，并于 2022 年 4 月 27 日公开开
庭审理了本案。上诉人宏福置业公司的委托诉讼代理人高同武，被上诉人威
海水务集团的委托诉讼代理人苗建伟、王卫东到庭参加诉讼。本案现已审理
终结。

宏福置业公司上诉请求：1. 撤销原审判决；2. 确认威海水务集团的行为
构成限定交易等滥用市场支配地位的垄断行为；3. 判令威海水务集团承担因
滥用市场支配地位的垄断行为给宏福置业公司造成的损失 2305968.77 元；
4. 判令威海水务集团承担宏福置业公司因调查、制止垄断行为所支付的合理
开支 15 万元；5. 判令本案一、二审诉讼费由威海水务集团负担。事实和理

---

① 本案在年度报告中的位置为第 73 页。

由：宏福置业公司与威海建丰建设集团有限公司（以下简称威海建丰集团）于 2013 年 7 月就山东省威海市昌鸿小区（以下简称昌鸿小区）旧村改造 K 区建设项目签订建设工程施工合同，该合同项下工程包括给排水工程。该给排水工程图纸由通过招投标方式中标的威海时代绿建设计院有限公司设计，经威海市建设工程勘察设计审查中心审查合格并备案。2011 年昌鸿小区并不存在三个分区的管网，设计两个分区合格，低区接在市政管网的低区，高区接市政管网的高区，17 层楼高度完全可以正常使用，不存在任何风险。在施工完毕后，威海水务集团利用其市场支配地位，以分区不合理要求宏福置业公司拆除相关工程，并限定由威海水务集团的子公司威海市水务集团设计院有限公司和威海市水务集团给排水工程有限公司作为工程的设计、施工单位，同时搭售水管、设备箱及供水设施等商品，不允许宏福置业公司自己购买供水材料及设施，剥夺了宏福置业公司的自主选择权，构成了《中华人民共和国反垄断法》（以下简称反垄断法）第十七条第一款第四项、第五项规定的限定交易、搭售商品和附加不合理交易条件的垄断行为。原审法院认可《关于昌鸿小区给水设施整改的承诺函》的效力与事实不符。根据反垄断法第五十条的规定，应认定威海水务集团实施了垄断行为，判令威海水务集团对宏福置业公司承担赔偿责任。

威海水务集团辩称：（一）昌鸿小区供排水设计施工合同为威海市昌鸿房地产开发有限责任公司（以下简称昌鸿房地产公司）与威海水务集团签订，宏福置业公司不具有本案的诉讼主体资格。（二）昌鸿小区 K 区 10—16 号住宅楼供水设施与周边供水配套管网不匹配，不能有效利用市政管网压力，存在供水安全隐患，应当重新设计。宏福置业公司委托设计的给水管道为高压管道和低压管道，而昌鸿小区 K 区 10—16 号住宅楼周边共有三条给水管道（供水管网低压给水管道、水池中压给水管道、水池高压给水管道），上述住宅楼改为"三区"供水不仅符合设计规范，而且与周围市政管线匹配，不需要在管道井内设置减压阀等设施，"三区"供水更环保也有利于居民的用水安全。（三）根据《城市供水条例》《建筑给水排水设计规范》的相关规定，建设单位和设计单位在设计、施工前，应当主动和威海水务集团沟通联系，了解周边配套管网情况。在涉案昌鸿小区给排水项目施工之初和施工过程中，威海水务集团的设计人员在与宏福置业公司沟通时发现供水设计分区与周边市政管线不匹配，曾多次告知宏福置业公司该供水设计分区需要调整，但宏福置业公司对此未予理睬，仍继续按原设计图纸施工，导致施工后供水管道和管网无法匹配连接。（四）威海水务集团不存在限定交易行为，更不存在搭售行为。综上所述，原审判决认定事实清楚，适用法律正确，请求驳回上诉，维持原判。

宏福置业公司向原审法院提起诉讼，原审法院于2021年1月6日受理。宏福置业公司起诉请求：1. 确认威海水务集团的行为构成限定交易的滥用市场支配地位行为；2. 判令威海水务集团赔偿因其滥用市场支配地位给宏福置业公司造成的直接损失2064749.22元（包括拆除旧给排水设施损失30万元和给排水设施重新设计施工损失1764749.22元）和间接损失241219.55元（包括实际损失发生之日起至宏福置业公司起诉之日的利息）；3. 判令威海水务集团支付宏福置业公司律师费15万元；4. 判令威海水务集团负担本案诉讼费。

原审法院查明事实如下：

威海水务集团成立于2003年12月12日，注册资本3亿元，经营范围为"对建筑物进行供热；负责管理污水处理、中水回用等领域的国有资产和经营业务；负责管理市区输水、制水、配水等供水体系中的国有资产和经营业务；参与城市供排水设施工程设计和建设；依控股、参股等方式参与本市及其他领域的供排水资本运作和集约化经营；负责饮水深度的开发与应用；负责污水源热泵技术的研究、开发、咨询，并对建筑物进行制冷，供生活热水"。威海市人民政府专题会议纪要（〔2007〕第114号）记载：由威海水务集团作为威海市市区供水、污水设施建设和管理的实施主体，根据城市的总体规划进行统一规划、统一建设、统一管理。威海水务集团为威海市水务集团设计院有限公司、威海市水务集团给排水工程有限公司的唯一股东。

2010年9月13日，宏福置业公司（乙方）与昌鸿房地产公司（甲方）签订《楼盘转让开发协议》，约定：转让的楼盘为昌鸿小区K区的7栋住宅楼，建筑面积约35117.41平方米，每平方米转让价2000元，合计70234820元；宏福置业公司以货币资金出资受让昌鸿房地产公司的楼盘，宏福置业公司负担该协议第一条第四款约定的内容及范围的组织施工，该楼盘的销售收入归宏福置业公司，税金及销售过程中应交纳的相关费用由宏福置业公司负担。2021年8月10日，昌鸿房地产公司出具书面说明，确认昌鸿小区旧村改造K区13、14、15、20、21、26、27号楼是由宏福置业公司投资建设的楼盘。

2012年1月4日审批的《威海市建设工程施工图审查备案意见书》（编号为2011-03-市审22）显示：工程名称为"昌鸿小区K13—15、K20、K21、K26、K27及2#人防地下车库"，建设单位为昌鸿房地产公司，审查项目包括给排水设计，备注为"该工程经审查符合建设工程施工图设计规范标准，相关规划技术问题按规划主管部门意见处理"。

2013 年 7 月 29 日，宏福置业公司与威海建丰集团签订《建设工程施工合同》，约定由威海建丰集团承包昌鸿小区旧村改造 K 区的土建、安装及装饰装修等工程。2013 年 8 月 22 日，威海建丰集团与董国静等签订《安装工程施工劳务合同》，约定：工程名称为昌鸿小区旧村改造 K 区 13#、14#、15#、20#、21#、26#、27#楼，工程内容为给排水、强弱电气、消防预埋管、雨水管、空调冷凝管、采暖立管、地下室的给排水等，金额暂定 680 万元。

威海供水新装业务信息管理系统显示，昌鸿房地产公司曾提交《建筑物内部申请书》，供水地址为"昌鸿小区 K10—16（高区）"，用水性质为"生活用水"，联系人为"谭华"，受理编号为"2015-014N"。2018 年 2 月 28 日，昌鸿房地产公司向威海水务集团出具《关于昌鸿小区给水设施整改的承诺函》，表示："由我公司开发的昌鸿 K 区 10 号至 16 号等共计 7 栋住宅楼于 2015 年 8 月到水务集团政务服务中心窗口申请了给水工程设计和施工。事后我公司自行对该 7 栋住宅楼的给水管道进行了安装施工，未按《威海市城市供水管理规定》及之前与市水务集团签订的给水工程设计施工合同等内容向水务集团申请实施，造成管道设计安装不规范、业主供水得不到保障等问题。为彻底解决上述问题，我公司郑重承诺：对自行安装的管道及管道井内影响后续管道施工的其他设施进行无条件的拆除；若因拆除不及时或不到位等情况影响水务集团后续施工，由此产生的经济损失或业主投诉等问题均由我公司承担并自行解决。相关设施整改达标后，我公司将按规定对该 7 栋住宅楼重新进行申请报装，恳请水务集团予以受理。"

威海市水务集团设计院有限公司出具的编号为 2015-014N 的《施工图预算书》显示：工程名称为昌鸿小区 K10-16 建筑物内部管道工程，建设单位为昌鸿房地产公司，工程造价为 1349834.29 元。编制日期为 2018 年 2 月 9 日的《威海市水务集团有限公司供水增压设施费》显示：工程编号为 2017-377G，建设单位为昌鸿房地产公司，工程名称为昌鸿小区 K 区 10—16 号楼给水工程，工程造价为 407588.16 元，编制单位为威海水务集团，盖章单位为威海市水务集团设计院有限公司。编制日期为 2018 年 2 月 9 日的《威海市水务集团有限公司给水工程材料一览表》显示：工程编号为 2015-014N，建设单位为昌鸿房地产公司，工程名称为昌鸿小区 K10—16 建筑物的内部管道工程，工程造价 7326.77 元，编制单位为威海水务集团。威海水务集团于 2018 年 4 月 11 日、4 月 20 日分三次向昌鸿房地产公司出具了金额为 100 万元、281893.91 元、7326.77 元的收据，并于 2018 年 4 月 23 日向昌鸿房地产公司开具了金额为 475528.54 元的发票，上述票据均标有"2015-014N"。

2018 年 8 月 18 日，宏福置业公司与董国静签订《昌鸿 K 区自来水改造安装劳务合同》，约定：工程地点为昌鸿小区 K 区住宅楼 10、11、12、13、14、15、16 号楼；工程内容为"拆除原来已安装好的自来水管道，下水管道及已连接好了的入户管道，然后重新安装新的自来水管道：下水管道及入户管道的连接"；合同款共计 30 万元。

威海市水务集团设计院有限公司向原审法院提交的《关于昌鸿小区原设计修改的必要性论证》载明：宏福置业公司原设计图纸两区设计没有充分利用市政管网供水压力；用高压再减压，增加隐患；不匹配当时既有的市政管网铺设，也不符合区域的总体规划。

宏福置业公司工作人员谭华出庭作证称：宏福置业公司与昌鸿房地产公司于 2010 年 9 月 13 日签订了涉案楼盘转让协议，威海市建设工程勘察设计审查中心（高区）于 2012 年 1 月 4 日出具威海市建设工程施工图审查备案意见书，在图纸中自来水供水设计已经全部体现；宏福置业公司与威海建丰集团于 2013 年 7 月 29 日签订该项目的施工合同，将该项目以"大包"的形式发包给威海建丰集团施工；在施工期间，威海水务集团没有工作人员通知自来水供水部分由威海水务集团统一施工；施工单位按照图纸全部施工完成后，威海水务集团来人告知谭华等宏福置业公司工作人员，威海水务集团不认可自来水部分的施工，不能给业主供水，该供水工程需要由威海水务集团重新施工。谭华还作证称：威海水务集团让宏福置业公司出具了承诺书，如果宏福置业公司不出具承诺书，威海水务集团将不供水，宏福置业公司只能把原来已经建好的自来水部分全部拆除，威海水务集团在重新施工后就确认供水工程验收合格。

宏福置业公司工作人员陈耀光出庭作证称：昌鸿小区 K 区 7 栋楼是由宏福置业公司开发建设完成，之所以开发公司为昌鸿房地产公司只因为当时村书记毕礼春说土地使用权不可能变更过户，只能以昌鸿房地产公司名义开发；2017 年底该 7 栋楼建设基本完成，楼内自来水达到供水要求，宏福置业公司向威海水务集团申请配套外网，威海水务集团设计人员来工地查验，称楼内管道井给水立管必须由其施工，宏福置业公司已经委托完成的施工不合格；宏福置业公司严格按照供水设计图纸施工完成，图纸是经过审核中心审核的核发图纸，之前从未收到任何有关楼内管井给水立管必须由威海水务集团自行安装施工的通知；2018 年 1 月份，由威海市建设局苗建威总工程师出面，召集威海水务集团的下属设计院到工地协商四次之多，威海水务集团以各种理由让宏福置业公司必须将施工完毕的给水立管拆除，由威海水务集团施工安装；由于宏福置业公司向业主交楼日期将至，宏福置业公司只能同意拆除；威海水务集团为不承担给宏福置业公司造成的损失，让宏福置业公司谭华出具了保证书，表示宏福置业公司自愿拆除，由于威海水务集团的垄断行为给宏福置业公司造成 200 万元的损失。

威海建丰集团水电安装负责人董国静出庭作证称：2017 年 3 月、4 月宏福置业公司的给水工程开始施工，是完全按照设计图纸施工，共分为两个区，2017 年底施工结束；在施工过程中威海水务集团并没有表示施工不合格或要求整改；董国静本人接到宏福置业公司工作人员陈耀光关于安装的自来水设施要拆除的通知后询问原因，陈耀光称施工不符合威海水务集团的要求，施工需要分三个区域（即低压、中压、高压），威海建丰集团是按低压和中压的设计进行施工；威海市建设局总工程师苗建威携带威海水务集团的设计方案到现场，确定施工需要改造，由威海建丰集团负责拆除，拆除费用 30 万元；威海建丰集团的安装没有任何问题，符合国家标准，但所安装设施最终按照威海水务集团的要求拆除了。

威海市水务集团设计院有限公司给水设计员张倩出庭作证称：张倩于 2015 年 8 月前往昌鸿小区 K 区 10—16 号楼区域进行给排水设施的勘察，由开发项目供水申请人谭华予以对接；在勘察过程中，张倩发现该供水设施分区不合理，与当时既有的管网铺设不匹配，于是通知谭华并要求其转告该项目负责人立即停止施工并进行整改；张倩于 2016 年下半年再次电话联系昌鸿小区工程的工作人员，有关工作人员电话告知其中 2 栋楼的立管已按两个分区施工完毕，张倩在电话中回复他们应立即停止施工，重新修改设计方案避免造成更大的损失；2017 年张倩因休产假不再参与该项目工程。

威海市水务集团设计院有限公司副院长于涛出庭作证称：于涛于 2017 年与同事柳宁宁前往昌鸿小区 K 区 10—16 号楼区域进行给排水设施的勘察，由该工程的工作人员谭华予以对接；于涛在勘察过程中，发现立管已经按两个分区施工完成，没有进行整改。

原审法院认为：根据反垄断法第十七条第二款以及《最高人民法院关于审理因垄断行为引发的民事纠纷案件应用法律若干问题的规定》第九条关于市场支配地位的规定，结合威海市人民政府专题会议纪要（〔2007〕第 114 号）关于由威海水务集团"统一规划、统一建设、统一管理"威海市市区供水、污水设施建设的内容，可以认定威海水务集团在威海市市区供水、污水设施建设和管理中处于市场支配地位。

本案中，宏福置业公司提供的证据尚不能证明威海水务集团在相关市场中存在反垄断法第十七条第一款第四项规定的限定交易行为，理由如下：首先，根据威海供水新装业务信息管理系统显示的内容，结合威海水务集团的证人证言，可以认定宏福置业公司在 2015 年即提出了用水申请，且威海水务集团及威海市水务集团设计院有限公司与宏福置业公司进行了一定的沟通。其次，昌鸿房地产公司于 2018 年 2 月 28 日向威海水务集团出具《关于昌鸿小区给水设施整改的承诺函》，认可其于 2015 年 8 月到威海水务集团政务服务中心窗口申请了给水工程设计和施工，且事后自行对给水管道进行了安装施工，未按《威海市城市供水管理规定》及之前与威海水务集团签订的给水工程设计施工合同等内容向威海水务集团申请实施，并承诺无条件拆除。虽然宏福置业公司证人称，如果宏福置业公司不出具承诺函，威海水务集团将不供水，但宏福置业公司并未提供证据证明在昌鸿房地产公司出具上述承诺函的过程中威海水务集团存在胁迫行为。再次，双方当事人均认可，涉案给水工程的争议在于二分区还是三分区的问题，威海市水务集团设计院有限公司提供的《关于昌鸿小区原设计修改的必要性论证》中对三分区的必要性进行了一定的说明，结合上述威海市人民政府专题会议纪要关于威海水务集团具有"统一规划、统一建设、统一管理"职能的记载和涉案《威海市建设工程施工图审查备案意见书》关于相关规划技术问题按规划主管部门意见处理的备注，威海水务集团要求宏福置业公司拆除原供水设施具有一定的依据。最后，宏福置业公司仅提供了相关合同资料，并没有证据证明威海水务集团要求宏福置业公司只能与威海市水务集团设计院有限公司进行交易。

综上所述，原审法院依照反垄断法第十七条、《中华人民共和国民法总则》第一百八十八条、《最高人民法院关于审理因垄断行为引发的民事纠纷案件应用法律若干问题的规定》第九条的规定，判决：驳回威海宏福置业有限公司的诉讼请求。一审案件受理费 26448 元，由威海宏福置业有限公司负担。

本院二审期间，宏福置业公司和威海水务集团均补充提供了证据，本院组织双方当事人进行了质证。

宏福置业公司补充提供了以下证据：1. 威海时代绿建设计院有限公司的资质证明，拟证明设计标准符合供水设计规范；2. 由威海建丰集团施工的宏福置业公司及其关联公司项目的《建筑工程施工合同》《给水图纸》《竣工质量验收报告》《质量监督验收报告》等，拟证明 2017 年之前由威海建丰集团施工建设的楼房给排水设施经威海水务集团验收合格；3.《山东省物业管理条例》《威海市城市供水管理规定》《山东省城市房地产开发经营管理条例》，拟证明用水单位可以自行建设供水管道及设施；4. 威海市住房和城乡建设局（威海水务集团的主管单位）网站上公布的《市水务集团供排水业务办理服务指南》，拟证明威海水务集团指定其下属单位设计、施工。经质证，威海水务集团认可上述四组证据的真实性与合法性，但不认可其关联性与证明目的。本院经审核，认可上述证据一和证据三、证据四的真实性与合法性，且该三组证据均与待证事实有一定关联，可以作为认定本案事实的依据，本院确认该三组证据的证明力；第二组证据即使可以证明2017年之前威海建丰集团施工建设的给排水设施经威海水务集团验收合格，也不能由此证明涉案给水设施符合供水要求，故该组证据不能达到宏福置业公司所称证明目的，本院不予采纳。

威海水务集团补充提供了以下证据：1. 昌鸿房地产公司出具的2份书面情况说明和宏福置业公司盖章的《关于昌鸿小区给水设施整改的承诺函》，拟证明《关于昌鸿小区给水设施整改的承诺函》系宏福置业公司的真实意思表示；2. 威海市5家房地产开发公司9个房地产项目的给排水情况说明、建筑施工合同及客户用水抄表明细记录等，拟证明2018年之后威海市存在多个非由威海水务集团下属设计院和施工单位建设的给排水项目；3. 昌鸿房地产公司2011-657G项目的给水工程竣工图，拟证明在2011年已存在"三区"供水设计的建设项目；4.《建设工程施工合同（示范文本）》GF-1999-0201版、GF-2013-0201版、GF-2017-0201版，拟证明按照建筑施工合同约定宏福置业公司作为发包方在施工之前应向威海水务集团了解周边供水情况并将准确信息提供给承包方。经质证，宏福置业公司认可第一组证据中昌鸿房地产公司出具的2份书面情况说明的真实性，但不认可其合法性与关联性；宏福置业公司对第一组证据中宏福置业公司盖章的《关于昌鸿小区给水设施整改的承诺函》及其余三组证据的真实性、合法性与关联性均不认可。本院经审核，第一组证据表明昌鸿房地产公司作为相关方出具书面说明《关于昌鸿小区给水设施整改的承诺函》系宏福置业公司的真实意思表示，鉴于宏福置业公司在该承诺函上加盖公章，且宏福置业公司并未举证证明其出具该承诺函时具有受胁迫、欺诈等意思表示不自由的情形，本院对该组证据可予采信；第二组证据的内容与本案争议有一定的关联，该组证据均为书证原件，可以单独作为认定案件事实的依据，宏福置业公司提出异议但未提供足以反驳的相反证据，本院对该组证据予以采信；第三组证据是2013年竣工的其他（楼房6层至7层）建设项目给水工程竣工图，该竣工图中的建设项目与涉案昌鸿小区K区住宅楼（17层楼房）在本案争议中不具有可比性，该组证据与本案争议没有关联，本院不予采纳；第四组证据系三个版本的《建设工程施工合同（示范文本）》，不能有针对性地反映本案争议事实，与本案争议无直接关联，本院不予采纳。

本院经审理，原审法院查明的以上基本事实有证据佐证，双方当事人均无异议，本院予以确认。

本院另查明：

威海水务集团系威海市市区唯一的城市公共供水企业。

涉案《市水务集团供排水业务办理服务指南》于 2018 年 1 月 17 日在威海市住房和城乡建设局网站发布。该服务指南载明新建项目业务办理流程包括受理、设计、交款、施工、通水、验收，并在每一步骤项下述明用户需提交的材料、费用、具体办理事项、联系方式等信息，其中设计、收款账户、施工咨询、验收等全流程信息均系威海水务集团及其下属设计院的账户、电话等信息，而没有其他给排水设计施工企业的信息，也并未说明可以由其他企业设计或者施工。

《城市供水条例》（2018 年 3 月 19 日、2020 年 3 月 27 日两次修订）第十六条规定：城市供水工程的设计、施工，应当委托持有相应资质证书的设计、施工单位承担，并遵守国家有关技术标准和规范；禁止无证或者超越资质证书规定的经营范围承担城市供水工程的设计、施工任务。该条例第三十一条规定：涉及城市公共供水设施的建设工程开工前，建设单位或者施工单位应当向城市自来水供水企业查明地下供水管网情况。该条例两次修订均未修改第十六条、第三十一条。《建筑给排水设计规范》GB50015－2003（2009 年版，自 2010 年 4 月 1 日起实施）第 3.3.1 条规定：小区的室外给水系统，应尽量利用城镇给水管网的水压直接供水。该规范第 3.3.3 条规定建筑物内的给水系统宜按照下列要求确定：应利用室外给水管网的水压直接供水；当室外给水管网的水压和（或）水量不足时，应根据卫生安全、经济节能的原则选用贮水调节和加压供水方案；给水系统的竖向分区应根据建筑物用途、层数、使用要求、材料设备性能、维护管理、节水供水、能耗等因素综合确定。

从 2018 年至 2022 年 4 月期间，在威海市，至少存在由威海水务集团下属设计和施工单位以外其他企业施工的 7 个给排水项目，其中 3 个项目已经实际供水。

威海时代绿建设计院有限公司成立于 2008 年 6 月 18 日，具有建筑行业（建筑工程）乙级资质。宏福置业公司与威海建丰集团签订的《建设工程施工合同》第三部分"专用条款"第 5 条"发包人工作"中约定：开工前宏福置业公司以书面形式将工程地质和地下管线资料提供给威海建丰集团，并对其准确性、真实性负责。

2018 年 4 月 12 日，威海水务集团（乙方）与昌鸿房地产公司（甲方）签订《建筑物内部给水工程设计施工合同》，约定昌鸿房地产公司委托威海水务集团进行昌鸿小区 K 区 10—16 号建筑物内部给水工程设计施工。威海市水务集团设计院有限公司就昌鸿小区 K 区 10—16 建筑物内部管道工程出具

《工程预决算表》，载明该工程各项目的工程量、人工费、材料价格、机械费等。《威海市水务集团有限公司给水工程材料一览表》记载：昌鸿小区 K 区 10—16 号建筑物的内部管道工程的给水工程材料为规格型号"DN15"的止回阀 497 个，单价为每个 14.74 元，总价为 7326.77 元。

宏福置业公司分别于 2018 年 4 月 10 日、2018 年 4 月 20 日向账户"威海水务集团有限公司结算中心"转账 100 万元、764749.22 元，"用途及附言"分别注明："垫付宏福置业昌鸿内部管道施工加压费""垫付宏福置业水务工程款"。

宏福置业公司与北京市盈科律师事务所于 2020 年 11 月 17 日签订《民事委托代理合同》，约定：北京市盈科律师事务所接受宏福置业公司委托，代理宏福置业公司与威海水务集团限定交易纠纷案的一审诉讼，律师费 15 万元，律师费在合同签订时支付，如该案有二审不另收费。2020 年 12 月 7 日，北京市盈科律师事务所向宏福置业公司出具载明金额为 15 万元的律师费发票。

本院认为：本案系滥用市场支配地位纠纷。宏福置业公司经转让从昌鸿房地产公司处取得昌鸿小区涉案楼盘的相关权利，且涉案《建筑物内部给水工程设计施工合同》的相关费用均由宏福置业公司支付，故宏福置业公司有权就侵害其权利的行为提起诉讼。根据反垄断法第十二条第二款的规定，相关市场是指经营者在一定时期内就特定商品或者服务进行竞争的商品范围和地域范围。根据被诉垄断行为所涉服务范围，本案相关服务市场应当界定为城市公共供水服务市场和供水设施建设市场，相关地域市场均界定为山东省威海市市区。关于威海水务集团在上述两个相关市场是否具有市场支配地位。首先，根据《最高人民法院关于审理因垄断行为引发的民事纠纷案件应用法律若干问题的规定》第九条的规定，被诉垄断行为属于公用企业滥用市场支配地位的，人民法院可以根据市场结构和竞争状况的具体情况，认定被告在相关市场内具有支配地位，但有相反证据足以推翻的除外。本案中，威海水务集团系威海市市区唯一的城市公共供水企业，威海水务集团亦未提供其他相反证据，本院据此认定其在山东省威海市市区的城市公共供水服务市场具有市场支配地位。其次，原审法院认定威海水务集团在威海市市区供水、污水设施建设和管理中处于市场支配地位，双方对此均无异议，本院在此基础上认定威海水务集团在山东省威海市市区的供水设施建设市场具有市场支配地位。根据本案双方当事人的诉辩主张，本案二审中的争议焦点为：威海水务集团是否实施了反垄断法第十七条第一款第四项和第五项所禁止的滥用市场支配地位的行为；如果威海水务集团实施了滥用市场支配地位的行为，如何确定其损害赔偿责任。

（一）关于涉案滥用市场支配地位行为的认定

反垄断法第六条规定："具有市场支配地位的经营者，不得滥用市场支配地位，排除、限制竞争。"依据反垄断法第十七条第一款第四项、第五项的规定，禁止具有市场支配地位的经营者没有正当理由，限定交易相对人只能与其进行交易或者只能与其指定的经营者进行交易；禁止具有市场支配地位的经营者没有正当理由搭售商品，或者在交易时附加其他不合理的交易条件。宏福置业公司主张威海水务集团实施了上述两项垄断行为，本院根据在案证据依法逐一分析认定。

1. 关于威海水务集团是否实施了反垄断法第十七条第一款第四项所禁止的限定交易行为

反垄断法第十七条第一款第四项所禁止的限定交易行为，是指具有市场支配地位的经营者直接限定或者以设定交易条件等方式变相限定交易相对人只能与其进行交易，或者只能与其指定的经营者进行交易。限定交易行为损害了交易相对人的合法权益，破坏了正常的市场秩序和竞争机制。

本案中，宏福置业公司主张威海水务集团实施限定交易的垄断行为具体表现为：威海水务集团要求宏福置业公司拆除原有"二区"供水设施后，限定由威海水务集团的子公司威海市水务集团设计院有限公司和威海市水务集团给排水工程有限公司作为工程的设计、施工单位。对此，宏福置业公司提供威海市住房和城乡建设局网站所公开的《市水务集团供排水业务办理服务指南》，证明威海水务集团在该服务指南中只提供了单一的办事通道，实际上已经限定了由其指定的经营者进行新建项目的设计和施工。威海水务集团辩称，该服务指南是威海市政府为开展便民服务所制定，其目的在于方便群众而非限定交易对象。对此，威海水务集团提供了2018年之后的当地7个房地产开发项目的给排水情况说明和建筑工程施工合同等材料，拟证明在上述服务指南公布之后威海市仍存在其他非由威海水务集团及其下属设计、施工单位承建给排水工程的房地产项目。针对双方当事人诉辩主张的分歧，能否认定威海水务集团实施了限定交易的垄断行为，关键在于其提供上述服务指南是否具有限定交易的意图、内容和效果以及是否具有正当理由。本院经审理认定威海水务集团实施了限定交易的垄断行为，具体分析如下：

首先，威海水务集团提供《市水务集团供排水业务办理服务指南》具有限定交易的意图与内容。在判断经营者是否限定交易相对人只能与其进行交易或者只能与其指定的经营者进行交易时，重点在于考察经营者是否实质上限制了交易相对人的自由选择权。限定交易行为可以是明示的、直接的，也可以是隐含的、间接的。如果具有市场支配地位的经营者为公用事业经营者，如供水、供电、供气等公用企业，或者其他依法具有独占地位的经营者，其兼具市场经营和行业管理的双重特点，对于市场竞争可以施加的影响更大，其在相关交易中只推荐特定交易对象或者只公开特定交易对象的信息，交易相对人基于上述情势难以自由选择其他经营者进行交易的，则通常可以初步认定该经营者实施了限定交易行为。本案中，威海水务集团在山东省威海市市区的供水设施建设市场具有市场支配地位，同时，其在威海市市区不仅独家提供城市公共供水服务，而且承担着供水设施审核、验收等公用事业管理职责，其在受理供排水业务时，在业务办理服务流程清单中仅注明其公司及其下属企业的联系方式等信息，而没有告知、提示交易相对人可以选择其他具有相关资质的给排水施工企业，属于隐性限定了只能由其指定的设计、施工单位办理新建项目的供排水设计和施工，或者说，由此给交易相对人带来如果不选择其指定的设计、施工单位则在办理供水设施审核、验收等管理手续时可能出现种种不便的隐忧。因此，可以认定威海水务集团具有限定交易的主观意图与客观内容。威海水务集团主张，上述服务指南指向的是申请人将全流程委托给威海水务集团的情形，不包括申请人自行设计、施工完成后直接申请供水的情形。但是，根据上述服务指南的规定，新建项目的供排水业务受理后即进入委托设计、交款等流程，并未如其所主张的那样告知了申请人可以自行设计、施工。威海水务集团的该项主张缺乏依据，本院不予支持。

其次，威海水务集团的被诉垄断行为实际上具有相应的排除、限制竞争的效果。根据威海水务集团提交的证据，威海市市区在 2018 年之后有 7 个房地产项目非由威海水务集团下属设计和施工单位建设供排水设施；根据上述项目的客户用水抄表明细，其中仅有 3 个项目存在实际用水记录。本院在二审中释明，威海水务集团应对为何仅有如此之少的房地产项目非由威海水务集团及其下属单位设计和施工以及为何仅有如此之少的项目已实际供水进行充分解释说明或者提供补充证据，但威海水务集团并未提供充分证据证明威海市市区还存在其他非由其及其下属单位承建供排水设施的项目。据此可以认定，从 2018 年至 2022 年 4 月的 4 年多期间，在威海市市区建设的房地产项目中，由威海水务集团下属单位之外的企业承担相关供排水设施的设计和施工的项目数量极少。威海水务集团不仅在威海市市区的供水设施建设市场具有市场支配地位，也是威海市市区城市公共供水服务市场的独家经营者，其在城市公共供水服务市场的市场支配力不可避免地影响到供水设施建设市场，其在受理供排水市政业务时仅公开其公司及其下属企业信息的行为不仅排除、限制了其他具有相关资质的设计、施工企业同等参与威海市市区供水设施建设市场竞争的机会，也剥夺了对新建项目存在供排水业务需求的房地产开发企业的自主选择权，造成了其在威海市市区的供水设施建设市场内集中、大量承揽供排水设计和施工的后果，产生了更加明显的反竞争效果。

最后，威海水务集团缺乏正当理据。城市公共供水服务具有公用事业属性，一方面对质量、安全存在更高的要求，另一方面因其通常由政府指定的独家企业经营而具有自然垄断属性。但是，与供水服务密切相关的供水设施建设市场是开放竞争的，满足相关资质要求、遵守国家有关技术标准和规范的企业原则上均应能够进入市场公平竞争。威海水务集团不仅在威海市市区的供水设施建设市场具有市场支配地位，同时，作为公用企业，威海水务集团是威海市市区城市公共供水服务市场的独家经营者，其还承担着威海市市区供水设施审核、验收等供排水市政业务管理职责，在其自身及下属企业参与威海市市区供水设施建设市场竞争时，其负有更高的不得排除、限制竞争的特别注意义务。威海水务集团在其服务指南中列明其公司及其下属企业信息的同时，应当一并以同等方式列明其他具有相应资质的企业信息或者以其他明确、合理的方式表明办理供排水业务的用户可以充分自由地选择其他经营者。威海水务集团主张其在服务指南中提供其公司及其下属企业的信息是提供便民服务并非限定交易，但如上分析，其有关行为已实质上排除、限制了其他经营者参与威海市市区供水设施建设市场的竞争，威海水务集团的该项主张难以成立，本院不予支持。此外，威海水务集团还主张，在《关于昌鸿小区给水设施整改的承诺函》中，昌鸿房地产公司代表宏福置业公司主动表示在涉案住宅楼供水设施整改后向威海水务集团申请报装，并非威海水务集团限制宏福置业公司不能选择其他设计施工单位。前文已分析，威海水务集团通过《市水务集团供排水业务办理服务指南》隐性限定了申请办理供排水业务的用户只能与其指定的设计、施工单位进行交易，宏福置业公司基于情势，并无选择其他设计施工单位的充分自由，上述其向水务集团申请报装的承诺恰恰是威海水务集团从事限定交易行为所产生的后果，并不能作为威海水务集团否定存在限定交易行为的理由，故威海水务集团的该项主张亦缺乏理据，本院不予支持。

2. 关于威海水务集团是否实施了反垄断法第十七条第一款第五项所禁止的搭售和附加其他不合理交易条件的行为

反垄断法第十七条第一款第五项所禁止的搭售和附加不合理交易条件的行为，是指具有市场支配地位的经营者，没有正当理由，违背交易相对人的意愿，在提供产品或服务时强迫交易相对人购买其不需要、不愿意购买的商品或服务或者接受其他不合理的交易条件。具有市场支配地位的经营者实施搭售商品或附加不合理交易条件的行为，其目的通常是将其拥有的市场支配地位的优势传导到被搭售产品或者服务的市场上，或者阻碍潜在竞争者进入该市场。

宏福置业公司主张，在涉案昌鸿小区K区给排水设施拆除后的重新建设过程中，威海水务集团子公司搭售供水设施部件。为此，宏福置业公司提供"昌鸿小区K10-16建筑物内部管道工程"的《工程预决算表》《威海市水务集团有限公司给水工程材料一览表》予以证明。该证据显示在涉案昌鸿小区建筑物内部给水工程建设中，宏福置业公司从威海水务集团处购买了止回阀、钢塑箍、室内给排水镀锌钢管、设备箱等工程材料和设备。威海水务集团辩称宏福置业公司在施工过程中没有向威海水务集团提出过自行购买相关材料的要求。本院经审查，上述材料和设备系用于供水设施建设中，其与供水设施设计、施工服务均是各自独立的产品和服务，根据行业惯例，给排水设计、施工单位通常采用"包工包料"、委托代购或由客户自行购买等多种方式采购有关材料和设备，本案现有证据所反映的事实基本上是交易结果，没有证据表明威海水务集团存在强制宏福置业公司采购其所指定材料和设备的行为。故本案证据不足以证明威海水务集团存在商品搭售行为。

宏福置业公司主张，威海水务集团以分区不合理要求宏福置业公司拆除已经建设好的"二区"供水设施，改建为"三区"供水设施，系对其提供城市公共供水服务附加不合理的交易条件。在判断经营者附加的交易条件是否合理时，应主要考虑交易条件的必要性与合理性，并结合交易所涉商品或服务的特性、行业特点、交易习惯、商业惯例等因素综合判断。首先，从技术可行性和小区住户安全用水层面分析。昌鸿小区K区所在地势较高，水压要求比平地的高层建筑要求更高，"二区"供水难以达到供水水压要求。宏福置业公司主张，可以通过改造对"二区"管网增压后再减压。但是，此种加压后再减压的改造方案存在一定的安全隐患，例如减压阀失效或损坏，高压水将直接入户，导致住户室内用水设施（如卫生洁具、热水器）的损坏；减压阀损坏还将导致部分楼层或整楼停水，增加用水风险。其次，从行业规范和节能环保层面分析。根据《建筑给排水设计规范》，生活小区供水应充分利用城市给水管网的水压直接供水，涉案给水工程的"二区"设计没有充分利用市政管网供水压力，"三区"设计充分利用市政供水压力，无须在楼内加压后再减压，住户用水更加安全，也可降低水管检修隐患；同时，利用市政供水压力也更加节能，符合绿色、节能的环保理念。最后，从开发商质量保证义务层面分析。根据《城市供水条例》，建设单位或施工单位在设计、施工前，应当主动与供水单位沟通联系，了解周边配套管网情况。对于在威海建丰集团承建涉案昌鸿小区给排水项目施工前及施工过程中威海水务集团是否与宏福置业公司进行沟通，双方各执一词，但是就开发商的质量保证义务而言，为了确保所建设小区的供水安全，降低住户用水隐患，宏福置业公司理应在给排水项目设计和施工之前主动联系威海水务集团，了解周边市政供水水压和管线布局。宏福置业公司主张，威海建丰集团建设完毕的给排水工程图纸已经威海市建设工程勘察设计审查中心审查合格。但是，该审查中心并无义务审查图纸中配套设施的具体情况，如对分区供水设计合理与否进行审查，而且其在审查备案意见书上写明"相关规划技术问题按规划主管部门意见处理"，本案所涉的"相关规划技术问题"即应由威海水务集团负责审查。需要指出的是，对分区供水合理与否进行审查系威海水务集团履行其所承担的市政管理职责的行为，并非本案所诉的滥用市场支配地位的垄断行为。此外，根据《关于昌鸿小区给水设施整改的承诺函》，昌鸿房地产公司代表宏福置业公司表示，鉴于业主供水得不到保障等问题，承诺对自行安装的管道及管道井内影响后续管道施工的设施进行无条件拆除后申请报装。宏福置业公司主张该承诺并非其真实意思表示，但并未提供充分证据予以证明。需要指出的是，该承诺函的内容仅是本院判断上述"二区"改建"三区"是否系不合理交易条件的参考，并非关键考虑因素。据此，可以认定威海水务集团要求昌鸿小区K区住宅楼内给水管道拆除"二区"改建"三区"不属于附加不合理的交易条件的垄断行为。

综上所述，威海水务集团实施了反垄断法第十七条第一款第四项禁止的限定交易行为。宏福置业公司以一项独立的诉讼请求要求法院判决确认威海水务集团的行为构成滥用市场支配地位的行为，但该项主张作为支持其获得损害赔偿请求的理由提出即可，而并无作为独立诉讼请求的必要，不应列为诉讼请求，故本院仅在裁判说理中认定，而不在判决主文中予以确认。

（二）关于威海水务集团的损害赔偿责任

反垄断法第五十条规定："经营者实施垄断行为，给他人造成损失的，依法承担民事责任。"《最高人民法院关于审理因垄断行为引发的民事纠纷案件应用法律若干问题的规定》第十四条第一款规定："被告实施垄断行为，给原告造成损失的，根据原告的诉讼请求和查明的事实，人民法院可以依法判令被告承担停止侵害、赔偿损失等民事责任。"根据上述法律和司法解释的规定，宏福置业公司主张损害赔偿，应当举证证明其损失以及损失与垄断行为之间的因果关系。

宏福置业公司主张的损失包括直接损失2064749.22元（包括拆除旧给排

水设施损失 30 万元和给排水设施重新设计施工损失 1764749.22 元）和间接损失 241219.55 元（包括实际损失发生之日起至宏福置业公司起诉之日的利息）。

如上所述，威海水务集团要求昌鸿小区 K 区住宅楼拆除原有"二区"给水管道按"三区"改建不属于附加不合理的交易条件的垄断行为，且工程拆除也是宏福置业公司自行安排的，故宏福置业公司基于原已建成的"二区"给排水设施拆除所提出的直接损失和间接损失赔偿请求，缺乏事实和法律依据，本院不予支持。

就原已建成的"二区"给排水设施拆除后的重建而言，虽然威海水务集团要求该给排水设施拆除重建具有正当理由，但其存在指定设计、施工单位的限定交易行为，宏福置业公司可能因该限定交易的垄断行为遭受损失，但其重建费用并不当然地全部构成因垄断行为而遭受的损失。一般情况下，因限定交易行为而遭受的损失，应当以限定交易的实际支出高于正常竞争条件下的合理交易价格的差额来计算，当事人主张这部分损失的，对此负有举证责任。如果当事人未举证证明上述差额或提出具体差额计算方法，或者不存在或难以确定可供对比的合理交易价格，导致具体损失数额难以确定的，人民法院在特定条件情况下也可以合理酌定赔偿数额。

本案中，宏福置业公司在正常竞争（非垄断）市场条件下所应支出的重建费用，属于其本应支出的合理费用，原则上不应纳入其损失范围。如果宏福置业公司在限定交易情况下超出正常竞争条件下的合理交易价格而多支出了额外费用，该额外费用则属于其因垄断行为而遭受的损失，应当纳入赔偿范围。即在宏福置业公司支出的全部重建费用中，原则上其仅可请求威海水务集团赔偿其中限定交易情况下的额外费用部分。对此，宏福置业公司应当举证证明其实际支出的重建费用高于正常竞争条件下的合理交易价格（包括由此计算的差额）。但是，宏福置业公司没有提供证据证明威海水务集团所限定的单位实际设计和施工价格高于其他具有同等资质的设计、施工单位的正常市场价格，宏福置业公司本身对涉案给排水设施的拆除重建负有主要责任，其也没有提供证据证明可供酌定损失的相关因素，本案缺乏酌定损失的必要条件，故对于宏福置业公司要求赔偿经济损失的上诉请求，本院难以支持。

《最高人民法院关于审理因垄断行为引发的民事纠纷案件应用法律若干问题的规定》第十四条第二款规定："根据原告的请求，人民法院可以将原告因调查、制止垄断行为所支付的合理开支计入损失赔偿范围。"本案中，威海水务集团存在限定交易的垄断行为，宏福置业公司所主张的维权支出 15

万元系为本案诉讼聘请律师的费用，上述律师费属于为调查、制止垄断行为所支付的合理开支，对于宏福置业公司该项上诉请求，本院予以支持。

综上所述，宏福置业公司的上诉请求部分成立，本院予以支持；原审判决认定事实清楚，适用法律部分错误，本院相应予以纠正。本院依照《中华人民共和国反垄断法》第六条、第十二条第二款、第十七条第一款第四项与第五项、第五十条，《最高人民法院关于审理因垄断行为引发的民事纠纷案件应用法律若干问题的规定》第九条、第十四条，《中华人民共和国民事诉讼法》第一百七十七条第一款第二项之规定，判决如下：

一、撤销山东省青岛市中级人民法院（2021）鲁02民初19号民事判决；

二、威海市水务集团有限公司自本判决发生法律效力之日起十日内赔偿威海宏福置业有限公司合理开支15万元；

三、驳回威海宏福置业有限公司的其他诉讼请求。

如未按本判决指定的期间履行给付金钱义务，应依照《中华人民共和国民事诉讼法》第二百六十条之规定，加倍支付迟延履行期间的债务利息。

一审案件受理费26448元，由威海宏福置业有限公司负担13448元，由威海市水务集团有限公司负担13000元。二审案件受理费26448元，由威海宏福置业有限公司负担13448元，由威海市水务集团有限公司负担13000元。

本判决为终审判决。

审　判　长　余晓汉

审　判　员　何　隽

审　判　员　薛　淼

二〇二二年六月二十三日

法　官　助　理　刘清启

技术调查官　王　丽

书　记　员　吴迪楠

40. 反垄断法对消费者权益的保护

——上诉人李斌全与被上诉人湖南湘品堂工贸有限责任公司、长沙
凯源珊珊商贸连锁管理有限公司、湖南佳宜企业管理有限公司、
北京泰和瑞通云商科技有限公司、北京泰和瑞通云商科技有限公
司长沙分公司垄断纠纷案①

中华人民共和国最高人民法院民事判决书（2021）最高法知民终 1020 号

上诉人（原审原告）：李斌全。

被上诉人（原审被告）：湖南湘品堂工贸有限责任公司。住所地：湖南省长沙市芙蓉区火星街道远大一路 582 号东方芙蓉园 3 栋 5 楼 529 房。

法定代表人：吴平胜，该公司总经理。

委托诉讼代理人：谭希合，男，该公司员工。

被上诉人（原审被告）：长沙凯源珊珊商贸连锁管理有限公司。住所地：湖南省长沙市芙蓉区东岸街道远大一路 1398 号东岸城邦时代中心商场公寓式酒店 1208-1212 号房。

法定代表人：李金砚，该公司董事长。

委托诉讼代理人：陈建萍，女，该公司员工。

被上诉人（原审被告）：湖南佳宜企业管理有限公司。住所地：湖南省长沙市岳麓区望城街道望城坡商贸城 B-1 栋 4 楼。

法定代表人：伍敏谊，该公司总经理。

委托诉讼代理人：费丹，女，该公司员工。

被上诉人（原审被告）：北京泰和瑞通云商科技有限公司。住所地：北京市顺义区南法信镇金关北二街 3 号院 2 号楼 12 层 1223。

法定代表人：黄鹤鸣，该公司执行董事。

委托诉讼代理人：王碧玮，女，该公司员工。

被上诉人（原审被告）：北京泰和瑞通云商科技有限公司长沙分公司。住所地：湖南省长沙市雨花区香樟东路黎郡新宇康景园 1 栋 3 单元 411 房。

---

① 本案在年度报告中的位置为第 75 页。

负责人：于海龙。

委托诉讼代理人：王碧玮。

上诉人李斌全因与被上诉人湖南湘品堂工贸有限责任公司（以下简称湘品堂公司）、长沙凯源珊珊商贸连锁管理有限公司（以下简称珊珊公司）、湖南佳宜企业管理有限公司（以下简称佳宜公司）、北京泰和瑞通云商科技有限公司（以下简称泰和瑞通公司）、北京泰和瑞通云商科技有限公司长沙分公司（以下简称泰和瑞通长沙分公司）垄断纠纷一案，不服湖南省长沙市中级人民法院（2018）湘01民初6981号民事判决，向本院提起上诉。本院于2021年5月17日立案后，依法组成合议庭，并于2021年8月17日公开开庭进行了审理。上诉人李斌全，被上诉人湘品堂公司的委托诉讼代理人谭希合、珊珊公司的委托诉讼代理人陈建萍、佳宜公司的委托诉讼代理人费丹、泰和瑞通公司及泰和瑞通长沙分公司共同委托诉讼代理人王碧玮到庭参加诉讼。本案现已审理终结。

李斌全上诉请求：1. 依法撤销原审判决；2. 改判支持李斌全的原审诉讼请求。事实与理由：（一）在李斌全已经证明湘品堂公司、珊珊公司、佳宜公司、泰和瑞通公司、泰和瑞通长沙分公司（以下简称湘品堂公司等五被诉经营者）存在垄断行为的情形下，原审法院对意思联络问题的举证责任分配不当，错误地加重了李斌全举证责任，使得湘品堂公司等五被诉经营者逃避了应有的举证义务。首先，李斌全将中国铁路广州局集团有限公司长沙南车站（以下简称长沙南站）二层候车厅内所有销售555ml怡宝饮用纯净水的商户全部列为被告，包括人工销售和机器售货两种方式；同时李斌全证明了长沙南站二层候车厅内没有免费凉水或温水供应的事实，即湘品堂公司等五被诉经营者对长沙南站二层候车厅内凉水市场具有支配地位；李斌全还证明了长沙南站附近555ml怡宝饮用纯净水的市场价格为每瓶2元，并且证明了湘品堂公司等五被诉经营者在长沙南站二层候车厅这一相关市场内以每瓶3元的不公平高价销售555ml怡宝饮用纯净水。李斌全的上述举证符合《最高人民法院关于审理因垄断行为引发的民事纠纷案件应用法律若干问题的规定》（以下简称垄断纠纷司法解释）第八条的规定。但是湘品堂公司等五被诉经营者没有针对2008年8月1日起施行的《中华人民共和国反垄断法》（以下简称2008年施行的反垄断法）第十八条、第十九条的规定进行相应的举证。由此可见，针对滥用市场支配地位的这一垄断行为，湘品堂公司等五被诉经营者没有提供反证。其次，针对推定湘品堂公司等五被诉经营者利用横向垄断协议固定商品价格的垄断行为，李斌全已经举证证明了价格的一致性，即存在固定商品价格事实。但是湘品堂公司等五被诉经营者没有针对2008年施行的反垄断法第十五条规定的垄断协议豁免情形进行举证。根据垄断纠纷司法解释第七条的规定，应当由湘品堂公司等五被诉经营者对存在固定商品价格事实不具有排除、限制竞争的效果承担举证责任，而不应当由李斌全对所谓意思联络的事实承担举证责任，李斌全也无法获取这样的证据。最后，关于意思联络问题，2008 年施行的反垄断法第十三条、第十四条只规定了"达成垄断协议"，对达成垄断协议的行为方式并没有作出更加明确的规定。按照李斌全取证时国家工商行政管理总局《工商行政管理机关禁止垄断协议行为的规定》第二条第三款、第四款的规定，垄断协议既可以是书面形式和口头形式，也可以是实质上存在协调一致的行为。据此，李斌全已经完成湘品堂公司等五被诉经营者之间实质上存在协调一致行为的举证，且李斌全没有能力也没有义务举证五被诉经营者之间存在意思联络。（二）商铺租金较高不能构成仅对瓶装饮用水这一类商品涨价销售的理由，而且瓶装饮用水在没有凉水或温水供应的火车站候车厅具有保障旅客生命与健康的意义。因此，湘品堂公司等五被诉经营者的被诉行为实质是利用在相关市场内的支配地位不公平地高价销售商品。

湘品堂公司辩称：请求驳回上诉，维持原判。首先，湘品堂公司作为商户没有权限要求长沙南站提供饮用水。其次，湘品堂公司未违反《中华人民共和国价格法》（以下简称价格法）的相关规定，商品定价在保护消费者权益的同时也应保护经营者的基本权益，涉案 555ml 怡宝饮用纯净水实行市场调节价，湘品堂公司定价合理。

珊珊公司辩称：请求驳回上诉，维持原判。首先，李斌全对相关市场的界定错误，涉案 555ml 怡宝饮用纯净水并非本案被诉垄断行为所涉相关市场的商品范围，长沙南站并非本案被诉垄断行为所涉相关市场的地域范围。其次，珊珊公司没有参与在价格方面达成排除、限制竞争的协议、决定，不存在其他协同行为。最后，珊珊公司根据生产经营成本将 555ml 怡宝饮用纯净水售价调整为每瓶 3 元符合市场规律及法律规定。

佳宜公司辩称：请求驳回上诉，维持原判。佳宜公司从未禁止或要求消费者自带饮用水，且长沙南站有免费的饮用水，消费者购买饮用水属于自愿消费的行为。

泰和瑞通公司、泰和瑞通长沙分公司共同辩称：请求驳回上诉，维持原判。泰和瑞通公司、泰和瑞通长沙分公司没有实施达成横向垄断协议行为。

李斌全向原审法院提起诉讼，原审法院于 2018 年 11 月 8 日立案受理。李斌全诉请判令：1. 湘品堂公司向李斌全返还 1 元；2. 湘品堂公司等五被诉经营者共同赔偿李斌全 3017 元；3. 湘品堂公司等五被诉经营者共同在《长沙晚报》第一版显著位置和长沙南站所有进出站口醒目位置，对在二层候车厅市场区域内，针对555ml怡宝饮用纯净水商品实施价格垄断和操纵价格的行为发布公开道歉；4.湘品堂公司等五被诉经营者共同承担诉讼费用。事实与理由：李斌全在乘坐高铁时，检票后进入长沙南站二层候车厅，发现湘品堂公司等五被诉经营者销售的555ml怡宝饮用纯净水的价格为每瓶3元。李斌全还发现长沙南站二层候车厅公共区域内只免费供应开水，没有免费供应凉水或温水。2018年9月1日，李斌全先后到湘品堂公司、珊珊公司、佳宜公司在长沙市内贺＊＊体育商圈周边以及距离长沙南站较近的住宅小区开设的超市，以每瓶2元购买了4瓶555ml怡宝饮用纯净水。李斌全认为，长沙南站二层候车厅是一个区域市场，湘品堂公司等五被诉经营者同时在该区域市场内经营饮用水，本应是具有竞争关系的经营者。但是，湘品堂公司等五被诉经营者在知晓区域市场内没有免费凉水或温水供应，在长沙南站二层候车厅销售饮用水的经营成本没有明显增加，湘品堂公司、珊珊公司、佳宜公司在长沙市场其他店铺所出售555ml怡宝饮用纯净水为每瓶2元的情形下，为了牟取暴利，利用垄断长沙南站二层候车厅区域饮用水消费市场的优势，相互串通抬高并固定555ml怡宝饮用纯净水价格至每瓶3元，该行为违反了2008年施行的反垄断法、价格法的相关规定，请求法院判如所请。

湘品堂公司原审辩称：湘品堂公司根据价格法的规定，所售商品明码标价，消费者有选择消费的自由，湘品堂公司每个店铺都配有免费的温开水或凉茶，供候车乘客选择。湘品堂公司在长沙南站销售商品，场地费远高于长沙市场的场地费用，而且长沙南站限制送货时间，致使配送的人力、运输成本相比市区至少高出50%。湘品堂公司等五被诉经营者，均来自不同地区，独立经营，并无结成利益联合体的意向。另外，李斌全主张的合理维权费用亦不合理，请求法院驳回李斌全全部诉讼请求。

珊珊公司原审辩称：李斌全对相关市场界定错误，怡宝牌饮用纯净水并非垄断行为中的商品范围，长沙南站并非垄断行为中的地域范围。湘品堂公司等五被诉经营者没有在价格方面达成排除、限制竞争的协议、决定，也不存在其他协同行为。珊珊公司根据生产经营成本将555ml怡宝饮用纯净水售价调整为每瓶3元符合市场规律及法律规定。

佳宜公司原审辩称：佳宜公司将555ml怡宝饮用纯净水定价为每瓶3元，是基于租金等成本考虑的，并未与其他被诉经营者协商。佳宜公司与其他被诉经营者从未禁止或者要求旅客自带饮用水进来，消费者有充分的选择自由。长沙南站也没有提出必须销售固定的矿泉水的要求。长沙南站有免费的饮用水提供，李斌全自行购买矿泉水，属于自愿消费。李斌全未委托律师，其要求赔偿损失的诉讼请求没有任何事实和法律依据。

泰和瑞通公司、泰和瑞通长沙分公司原审共同辩称：泰和瑞通公司、泰和瑞通长沙分公司和其他被诉经营者不存在垄断协议及任何事实垄断行为，长沙南站555ml怡宝饮用纯净水销售价格一致，属于市场决定价格机制发生作用的结果，未损害旅客的消费者权益。其他被诉经营者在长沙市内销售价格，不是泰和瑞通公司、泰和瑞通长沙分公司在长沙南站定价的依据，企业自主定价是生产经营成本和市场供求状况决定的。泰和瑞通公司、泰和瑞通长沙分公司还认为，长沙南站并非封闭的交易市场，候车旅客可以自行携带饮用水，也可以在火车站提供的热水冷却后饮用。泰和瑞通公司、泰和瑞通长沙分公司在长沙南站的经营行为并未排除、限制竞争，也没有侵害候车乘客的消费者权益，亦不构成其他协同垄断行为。

原审法院经审理查明：李斌全购买了2018年8月29日8点23分长沙南站至凯里南站的G2115火车票，并于当日进入长沙南站二层候车厅后，分别在湘品堂公司门店、佳宜公司门店、珊珊公司门店以及泰和瑞通长沙分公司经营的自动售货机处以3元的价格购买了555ml怡宝饮用纯净水1瓶。

2018年9月1日，李斌全又在长沙南站二层候车厅以外的湘品堂公司门店、佳宜公司门店、珊珊公司门店分别以2元的价格购买了555ml怡宝饮用纯净水1瓶。

长沙南站二层候车厅区域共设有6处免费饮水处，供应的为开水。长沙南站未禁止乘客携带饮用水进入，且进入二层候车厅后，可依照铁路安检规则自由出入。

原审法院另查明，湘品堂公司系成立于2011年8月18日的有限责任公司，经营范围为散装食品、农产品、工艺品、办公用品、体育用品、日用品、计生用品、家用电器、预包装食品的销售等。

珊珊公司系成立于2004年7月19日的有限责任公司，经营范围为连锁企业管理、便利店经营和便利店连锁经营、市场营销策划服务、企业管理咨询服务、商品信息咨询服务、商品市场的运营与管理、预包装食品、保健用品、办公用品、文化用品、计生用品销售等。根据珊珊公司提交的2014年5月28日与广州瑞威经济发展有限公司签订的《商业网点租赁合同》记载，珊珊公司租赁长沙南站两个100平方米的商业网点及醴陵北站36平方米的商业网点，五年租金、管理费、公共区域使用费依次为270余万元、290余万元、310余万元、330余万元、360余万元。根据珊珊公司提交的2017年与湖南新长海科技产业发展有限公司签订的《物业租赁合同》《运营管理合同》记载，珊珊公司在长沙新长海广场开设便利店店面（面积为77.77平方米），

2018 年度租金及运营管理费共计为 4.6 元/平方米/天。

佳宜公司系成立于 2012 年 6 月 18 日的有限责任公司，经营范围为企业管理咨询服务、公共就业服务、商品信息咨询服务、预包装食品、散装食品、日用百货、文具用品等销售。根据佳宜公司提交的 2016 年 5 月 31 日与广州瑞威经济发展有限公司签订的《商业网点租赁合同》记载，佳宜公司租赁长沙南站 40 平方米的商业网点，五年租金、管理费依次为 100 余万元、110 余万元、120 余万元、130 余万元、140 余万元。

泰和瑞通公司系成立于 2014 年 1 月 16 日的有限责任公司，经营范围为技术推广、技术开发、技术咨询、销售及租赁自动售货机、预包装食品销售、特殊食品销售等。

泰和瑞通公司长沙分公司系成立于 2014 年 7 月 7 日的有限责任公司分公司，在隶属泰和瑞通公司经营范围内开展经营活动。

原审法院认为，任何竞争行为（包括具有或可能具有排除、限制竞争效果的行为）均发生在一定的市场范围内。界定相关市场就是明确经营者竞争的市场范围。只有在相关市场内才能考察经营者是否具有市场支配地位，从而进一步定量或定性地分析竞争行为，判断经营者是否达成固定商品价格的垄断协议。根据庭审情况以及双方的诉辩意见，本案争议焦点主要为：（一）本案的相关市场如何界定；（二）经营者的价格行为是否具有一致性；（三）经营者是否进行过意思联络。

（一）关于本案的相关市场如何界定

本案中，李斌全主张长沙南站二层候车厅构成一个区域市场，而珊珊公司则认为，长沙南站二层候车厅并未限制人员的出入，且允许携带饮用水入内，故不构成一个区域市场。泰和瑞通公司、泰和瑞通长沙分公司也认为，长沙南站二层候车厅并非封闭的交易市场。对此，原审法院认为，相关市场的界定包括三要素：时间跨度，竞争行为所发生的一定时期；商品范围，存在竞争关系的商品的范围；地域范围，存在竞争关系的产品和相关的地域。具体分析如下：1. 时间跨度。本案中，李斌全起诉的时间范围为其取证的 2018 年 8 月 29 日至今。2. 商品范围。按照国务院反垄断委员会《关于相关市场界定的指南》（以下简称指南）第三条第二款规定："相关商品市场，是根据商品的特性、用途及价格等因素，由需求者认为具有较为紧密替代关系的一组或一类商品所构成的市场。这些商品表现出较强的竞争关系，在反垄断执法中可以作为经营者进行竞争的商品范围。"第四条规定："在反垄断执法实践中，相关市场范围的大小主要取决于商品（地域）的可替代程度。在市场竞争中对经营者行为构成直接和有效竞争约束的，是市场里存在需求者认为具有较强替代关系的商品或能够提供这些商品的地域，因此，界定相关市场主要从需求者角度进行需求替代分析。当供给替代对经营者行为产生的竞争约束类似于需求替代时，也应考虑供给替代。"本案中，湘品堂公司等五被诉经营者向李斌全提供的商品为常温饮用水。从需求替代的角度，应以该类商品的需求者对商品的需求、质量的认可、容量的大小、价格的高低以及获取的难易程度等因素来确定不同服务之间的替代程度。对一般需求者而言，饮用水价格相对于其他液体饮料更低，且相比其他液体饮料更适合解渴，满足人类的基本需求，具有较强的替代关系；故涉案相关市场的商品范围应界定为饮用水。3. 地域范围。指南第三条第三款规定："相关地域市场，是指需求者获取具有较为紧密替代关系的商品的地理区域。这些地域表现出较强的竞争关系，在反垄断执法中可以作为经营者进行竞争的地域范围。"鉴于长沙南站二层候车厅系旅客候车之用，虽然可以自由出入，但需要按照铁路管理相关规定重新进行安检，一般需求者不会选择重新走出候车厅外购买饮用水，故涉案相关市场的地域范围应界定为长沙南站二层候车厅。

（二）关于经营者的价格行为是否具有一致性

根据本案现有证据显示，本案中，湘品堂公司等五被诉经营者在长沙南站二层候车厅销售 555ml 怡宝饮用纯净水的价格均为每瓶 3 元，故从客观上来看，各经营者的价格行为具有一致性。

（三）关于湘品堂公司等五被诉经营者是否进行过意思联络

本案中，李斌全认为，湘品堂公司等五被诉经营者系具有竞争关系的经营者，根据经营者对涉案饮用水统一定价的行为，可以推定湘品堂公司等五被诉经营者之间达成了固定商品价格的垄断协议。对此，原审法院认为，《反价格垄断规定》第五条规定："本规定所称价格垄断协议，是指在价格方面排除、限制竞争的协议、决定或者其他协同行为。"第六条规定："认定其他协同行为，应当依据下列因素：（一）经营者的价格行为具有一致性；（二）经营者进行过意思联络；认定协同行为还应考虑市场结构和市场变化等情况。"首先，本案中，李斌全并未提交任何证据证明，湘品堂公司等五被诉经营者就 555ml 怡宝饮用纯净水定价为每瓶 3 元进行过意思联络；其次，价格法第六条规定："商品价格和服务价格，除依照本法第十八条规定适用政府指导价或者政府定价外，实行市场调节价，由经营者依照本法自主制定。"第八条规定："经营者定价的基本依据是生产经营成本和市场供求状况。"本案中饮用水不属于法律规定适用政府指导价或者政府定价的商品。由于本案中的相关市场系长沙南站二层候车厅，该区域的租金高于一般市场的租金，经营者根据生产成本自行定价的行为，并不能推定湘品堂公司等五被诉经营者之间具有固定价格的意思联络。

综上所述，原审法院认为现有证据不能证明湘品堂公司等五被诉经营者之间达成固定商品价格的垄断协议，对于李斌全的全部诉讼请求原审法院不予支持。原审法院依据 2008 年施行的反垄断法第二条、第三条、第十三条第一项，价格法第六条、第八条，《最高人民法院关于适用〈中华人民共和国民事诉讼法〉的解释》（法释〔2015〕5 号）第九十条之规定，判决：驳回李斌全全部诉讼请求。原审案件受理费 50 元，由李斌全负担。

二审审理中，李斌全为证明其主张，向本院提交三组新证据：第一组证据系 2021 年 5 月 19 日在长沙南站拍摄的照片，用以证明截至 2021 年 5 月 19 日长沙南站依然没有安装可以提供常温饮用水的设备；第二组证据系 2021 年 6 月 29 日在长沙南站拍摄的照片，用以证明截至 2021 年 6 月 29 日长沙南站已经安装可以提供常温饮用水的设备；第三组证据系分别拍摄于长沙南站内和南站外的槟榔销售图片，用以证明长沙南站内外槟榔价格相同。

湘品堂公司发表质证意见为：关于第一组证据，不认可关联性，长沙南站是否设置常温饮用水与商铺经营无关；关于第二组证据，认可真实性；关于第三组证据，不认可关联性，槟榔商品销售情况与本案无关，且槟榔商品与饮用水销售成本、商品重量、搬运成本等均不同。

珊珊公司发表质证意见为：关于第一组证据，不认可关联性，且长沙南站设置开水饮水处，开水可以放凉后饮用；关于第二组证据，认可真实性但不认可关联性；关于第三组证据，不认可关联性，槟榔商品与本案无关。

佳宜公司发表质证意见为：关于第一组证据，不认可关联性；关于第二组证据，认可真实性但不认可关联性；关于第三组证据，不认可真实性，无法证明具体购买地址，亦无法核实价格的真实性。

泰和瑞通公司、泰和瑞通长沙分公司共同发表质证意见为：认可第一组、第二组证据的真实性但不认可关联性；关于第三组证据，不认可真实性、关联性，无法证明具体购买地址。

本院认证意见为：认可第一组、第二组证据的真实性、合法性，理由系上述证据均拍摄于属于公共场所的长沙南站内，在湘品堂公司等五被诉经营者没有提供相反证据的情况下，上述证据可以证明长沙南站内提供常温饮用水的情况，对于该两组证据与本案待证事实的关联性，本院将在说理部分予以阐述。不认可第三组证据的真实性、合法性和关联性，理由系该组证据拍摄地址、时间等均不能确定，且槟榔商品在长沙南站内外的销售情况与本案待证事实无关。

原审法院查明事实属实，本院予以确认。

本院另查明，2021 年 5 月 19 日，长沙南站内没有安装有可以提供免费常温饮用水的设备。2021 年 6 月 29 日，长沙南站安装有可以提供免费常温饮用水的设备。李斌全在二审审理时确认在长沙南站装有可以提供免费常温饮用水的设备后，湘品堂公司等五被诉经营者销售 555ml 怡宝饮用纯净水的价格仍然是每瓶 3 元。

本院认为，本案系垄断纠纷。根据双方当事人的诉辩主张，本案二审的争议焦点为：湘品堂公司等五被诉经营者是否实施了 2008 年施行的反垄断法第十三条第一款第一项所禁止的固定价格行为。

李斌全原审时主张在长沙南站二层候车厅没有提供常温饮用水的情况下，湘品堂公司等五被诉经营者作为长沙南站二层销售饮用矿泉水的垄断经营者，将 555ml 怡宝饮用纯净水的价格固定为每瓶 3 元，违反了 2008 年施行的反垄断法、价格法相关规定，属于以协同行为实施横向垄断协议。湘品堂公司等五被诉经营者认为，将 555ml 怡宝饮用纯净水定价为每瓶 3 元均是基于各经营者自身经营成本的考量，不存在任何意思联络和价格协同行为。

对此，本院认为，在市场经济中，价格竞争是经营者之间最重要、最基本的竞争方式。2008 年施行的反垄断法第十三条第一款明文列举的横向垄断协议本身一般均明显具有反竞争效果，且其反竞争危害总体上在各种垄断行为类型中相对较为严重，故认定经营者是否达成并实施 2008 年施行的反垄断法第十三条第一款明文列举的横向垄断协议时，通常并不需要对相关市场进行清晰、精准的界定。本案中，根据李斌全的诉讼主张及在案证据，本案相关市场至少包括长沙南站内饮用纯净水市场。原审法院将本案相关市场定位在长沙南站二层候车厅，并不必然影响对湘品堂公司等五被诉经营者是否实施了协同行为的分析认定。因此，对于本案相关市场的认定问题，本院不再予以评述。

根据 2008 年施行的反垄断法第十三条的规定，认定横向垄断协议需要具备如下三个条件：第一，协议的主体属于具有竞争关系的经营者；第二，协议内容符合 2008 年施行的反垄断法第十三条第一款明文规定的形式要求；第三，协议具有排除、限制竞争的目的或者效果。2008 年施行的反垄断法第十三条第二款规定："本法所称垄断协议，是指排除、限制竞争的协议、决定或者其他协同行为。"其中，"其他协同行为"属于垄断协议的一种表现形式，是指具有竞争关系的经营者没有订立书面或口头协议或者决定，但是相互进行了沟通，心照不宣地实施了协同一致的排除、限制竞争行为。认定其他协同行为，可以综合考虑下列因素：第一，经营者的市场行为是否具有协调一致性；第二，经营者之间是否进行过意思联络或者信息交流；第三，相关市场的市场结构、竞争状况、市场变化等情况；第四，经营者能否对行为的协调一致性作出合理解释。原告应当对前三项要素提供初步证据。

本案中，湘品堂公司等五被诉经营者均系在长沙南站从事经营活动的经营者，且均销售涉案 555ml 怡宝饮用纯净水，彼此之间具有竞争关系，属于反垄断法上的具有竞争关系的经营者。关于湘品堂公司等五被诉经营者是否实施了 2008 年施行的反垄断法第十三条第二款规定的"其他协同行为"，具体分析如下：

（一）关于湘品堂公司等五被诉经营者是否有协调一致的市场行为

根据原审时李斌全提交的其在长沙南站二层候车厅湘品堂公司等五被诉经营者处购买 555ml 怡宝饮用纯净水，价格均为每瓶 3 元的相关证据，能够证明湘品堂公司等五被诉经营者销售 555ml 怡宝饮用纯净水价格具有一致性。

（二）关于湘品堂公司等五被诉经营者之间是否进行过意思联络或者信息交流

由于原审和二审审理期间，李斌全均没有提交湘品堂公司等五被诉经营者有过意思联络或者信息交流的任何证据，李斌全认为不应由其对湘品堂公司等五被诉经营者之间存在意思联络的事实承担举证责任，且由于湘品堂公司等五被诉经营者均在长沙南站二层候车厅相同区域内经营，相互可以了解到 555ml 怡宝饮用纯净水销售价格，并均将价格定位每瓶 3 元，高于长沙南站外仅销售每瓶 2 元的价格，据此，可以推定湘品堂公司等五被诉经营者进行过意思联络或者信息交流。

对此，本院认为，首先，2008 年施行的反垄断法并不禁止经营者根据市场和竞争状况独立作出的市场行为，包括跟随、仿效其他竞争者而采取的相同市场行为。其次，经营者销售商品必须明码标价，相同区域内经营者可能彼此了解相同产品的定价，这是价格公开透明所可能产生的正常结果。最后，由于本案所涉的矿泉水商品属于大众消费品，普通消费者对于商品定价是否合理均有普遍认知。因此，在本案现有证据的情况下，仅仅基于相同矿泉水在特定狭窄区域内不同经营者间定价相同，难以初步推定经营者之间进行过意思联络或者信息交流。故，李斌全认为湘品堂公司等五被诉经营者在长沙南站二层候车厅区域内均以每瓶 3 元销售 555ml 怡宝饮用纯净水，可以推定湘品堂公司等五被诉经营者进行过意思联络或者信息交流的主张，事实和法律依据不足，本院不予支持。

（三）关于本案相关市场的市场结构、竞争状况、市场变化等情况

如前所述，虽然认定经营者是否达成横向垄断协议时，通常并不需要对相关市场进行清晰、精准的界定，但是对于其他协同行为的认定，如果原告

能够提供初步证据证明相关市场的市场结构、竞争状况、市场变化等情况，对于认定被诉经营者所处的市场区域、相关商品的同质性、被诉经营者相互之间价格的透明性等基础事实，进而准确判断被诉经营者之间的一致行为系基于独立定价，还是基于通过意思联络或者信息交流从而对相关市场产生排除、限制竞争的实质影响，具有积极意义。本案中，李斌全未能提供证据证明长沙南站内饮用纯净水相关市场的市场结构、竞争状况和市场变化等情况。同时，考虑到同一品牌及规格的矿泉水商品的一致性、被诉经营者所处的狭窄区域及价格较为透明、经营者数量的有限性等因素，应当认定李斌全提交的现有证据不足以排除湘品堂公司等五被诉经营者各自独立定价的可能性。

综上所述，由于李斌全提交的现有证据无法证明湘品堂公司等五被诉经营者实施了 2008 年施行的反垄断法禁止的协同行为，原审法院认为本案现有证据不能证明湘品堂公司等五被诉经营者之间达成固定商品价格的垄断协议，判决驳回李斌全的全部诉讼请求，并无不当。

此外，李斌全在二审审理期间主张，湘品堂公司等五被诉经营者构成滥用市场支配地位。根据在案事实，李斌全在原审时并未明确提出该主张，湘品堂公司等五被诉经营者是否构成滥用市场支配地位系李斌全二审时增加的独立诉讼请求。《最高人民法院关于适用〈中华人民共和国民事诉讼法〉的解释》第三百二十六条规定："在第二审程序中，原审原告增加独立的诉讼请求或者原审被告提出反诉的，第二审人民法院可以根据当事人自愿的原则就新增加的诉讼请求或者反诉进行调解；调解不成的，告知当事人另行起诉。双方当事人同意由第二审人民法院一并审理的，第二审人民法院可以一并裁判。"由于被诉经营者是否构成滥用市场支配地位与是否实施垄断协议属于 2008 年施行的反垄断法规制的不同垄断行为，相关民事纠纷案件审理范围并不相同，故李斌全二审时主张湘品堂公司等五被诉经营者构成滥用市场支配地位不属于本案审理范围。

此外，关于湘品堂公司等五被诉经营者将长沙南站二层候车厅所售555ml 怡宝饮用纯净水价格确定为每瓶 3 元是否违反价格法相关规定，是否损害了李斌全消费者权益的问题。《中华人民共和国消费者权益保护法》（以下简称消费者权益保护法）与 2008 年施行的反垄断法均系维护社会经济秩序，促进社会主义市场经济健康发展的重要法律，对于规范市场主体的经营行为，维护消费者利益和社会公共利益，促进高质量发展等发挥着重要作用。但是，消费者权益保护法和 2008 年施行的反垄断法的立法目的并不相同。消费者权益保护法作为保护市场交易中处于弱势地位的消费者的法律，立法目的主要在于对消费者提供特殊保护。2008 年施行的反垄断法的立法目的主要在于维护市场竞争机制，有效配置资源，保护和促进竞争。2008 年施行的反垄断法虽然不排除对消费者直接和具体的保护，但其目的侧重于维护统一、开放、竞争、有序的市场秩序，从而最终使消费者获得福利。可见，2008 年施行的反垄断法对消费者的保护着眼于竞争行为是否损害了保障消费者福利的竞争机制，既不以某一行为是否为消费者满意作为判断标准，也不刻意保护某一具体消费者的利益。因此，如果个别消费者认为因经营者销售相关商品违反价格法等相关规定，损害了其消费者权益，原则上应当依据消费者权益保护法及时有效保护自己的权益。因此，本案中，李斌全认为湘品堂公司等五被诉经营者将长沙南站二层候车厅所售 555ml 怡宝饮用纯净水价格确定为每瓶 3 元违反价格法相关规定，损害了其作为普通消费者的合法权益，其应当依据消费者权益保护法主张权利。本案系垄断纠纷，湘品堂公司等五被诉经营者是否违反消费者权益保护法对于本案审理并无直接关联性，本院不再予以评述。

综上，李斌全的上诉请求不能成立，应予驳回。原审法院认定事实清楚，裁判结果正确，应予维持。依照 2008 年施行的《中华人民共和国反垄断法》第十三条、《中华人民共和国民事诉讼法》第一百七十七条第一款第一项之规定，判决如下：

驳回上诉，维持原判。

本判决为终审判决。

二审案件受理费 50 元，由李斌全负担。

审　判　长　原晓爽

审　判　员　何　隽

审　判　员　薛　淼

二〇二二年六月二十四日

法　官　助　理　郝小娟

书　记　员　汪　妮

八、技术合同案件审判

41. 技术合同性质的判定

——再审申请人苏州思源天然产物研发有限公司与被申请人南京海陵
中药制药工艺技术研究有限公司技术合同纠纷案①

中华人民共和国最高人民法院民事裁定书（2021）最高法民申 7796 号

再审申请人（一审原告、反诉被告，二审上诉人）：苏州思源天然产物
研发有限公司。住所地：江苏省苏州高新区科技城培源路 11 号。

法定代表人：潘国平，该公司董事长兼总经理。

被申请人（一审被告、反诉原告，二审被上诉人）：南京海陵中药制药工
艺技术研究有限公司。住所地：江苏省南京市栖霞区马群街道仙林大道 9 号。

法定代表人：徐镜人，该公司董事长。

再审申请人苏州思源天然产物研发有限公司（以下简称思源公司）因与
被申请人南京海陵中药制药工艺技术研究有限公司（以下简称海陵公司）技
术合同纠纷一案，不服江苏省高级人民法院（以下简称二审法院）（2020）
苏知终 56 号民事判决，向本院申请再审。本院依法组成合议庭进行了审查，
现已审查终结。

思源公司申请再审称，（一）江苏省苏州市中级人民法院（以下简称一
审法院）及二审法院认定事实缺乏证据证明。1. 思源公司与海陵公司的五批
技术交接属于生产前的验证批次，包括清洁验证、微生物验证、设备验证等，
不属于正式生产技术交接，一、二审法院认定五批技术交接均失败缺乏证据
证明。2. 国家药品食品监督管理总局已下发《药品临床试验批件》，说明芩

---

① 本案在年度报告中的位置为第 77 页。

菥工艺合格，可以生产临床样品进行临床试验。海陵公司在五批技术交接过程中，未发出通知函要求思源公司解决技术困难，且无证据证明芩菥新药存在无法克服的技术困难。3. 海陵公司参加了思源公司多批中试研究，确认芩菥技术从中试到大生产具有可操作性。多批双方签章的中试数据可以证明，在接近大生产的中试条件下能生产出稳定合格的产品。芩菥新药已具备生产条件，关键设备却被调用、出现故障；海陵公司有条件提供项目所需人员，却频繁更换人员；物料供应商资质经过国家审核，可物料内包材临用才知已被更换；国家对臭氧的使用具有安全标准，制剂车间却存在臭氧超标情况。同时，海陵公司还存在技术交接前未完成清洁验证等问题。五批交接中出现的上述问题均为生产条件问题，不属于技术问题，应由海陵公司承担违约责任。4. 思源公司因客观原因不能自行收集生产记录和工艺验证、清洁验证的相关文件、委托生产协议等证据，故书面申请法院调查收集，一审法院仅取回清洁验证报告。二审时，思源公司再次申请调查取证，二审法院未予准许，导致案件事实不清。5. 一、二审法院未查明双方当事人的实际损失，仅凭思源公司提交的外协试验合同发票就判定其投入不到150万元，属于认定事实错误。此外，一、二审法院认定思源公司存在研发能力问题，缺乏证据支持。（二）一、二审判决适用法律确有错误。一、二审判决按合作开发合同判定双方当事人分摊风险，适用法律错误。双方当事人于2012年9月6日签订的《芩菥口服液临床批件及生产工艺技术技术转让合同书》（以下简称涉案合同）实为技术转让合同，而非技术开发合同。一审法院将涉案合同扩张解释为技术开发合同，属于适用法律错误。思源公司作为协助方和配合方，向海陵公司披露了全部技术细节，已完全履行其合同义务。海陵公司是临床申办者，在芩菥口服液临床阶段通过伦理委员会审批后，未实际开展临床试验，其消极行为导致临床批件最终失效。因海陵公司的违约行为导致涉案合同解除，应当赔偿思源公司继续履行合同的可得利益损失225万元以及律师费支出10.54万元。综上，请求法院判令：1. 撤销二审判决，改判海陵公司赔偿思源公司经济损失225万元；2. 本案全部诉讼费用及思源公司为维护合法权益支出的律师费10.54万元由海陵公司负担。

本院经审查认为，本案双方当事人再审审查期间的争议焦点为：1. 涉案合同的性质；2. 一、二审法院认定双方当事人技术交接失败的原因及责任分配是否适当。

（一）关于涉案合同的性质问题

技术合同是当事人就技术开发、转让、许可、咨询或者服务订立的确立相互之间权利和义务的合同。技术合同的内容一般包括项目的名称，标的的内容、范围和要求，履行的计划、地点和方式，技术信息和资料的保密，技术成果的归属和收益的分配办法，验收标准和方法，名词和术语的解释等条款。技术开发合同，是指当事人之间就新技术、新产品、新工艺、新品种或者新材料及其系统的研究开发所订立的合同，包括委托开发合同和合作开发合同。当事人之间就具有实用价值的科技成果实施转化订立的合同，参照适用技术开发合同的有关规定。技术转让合同，是指合法拥有技术的权利人，将现有特定的专利、专利申请、技术秘密的相关权利让与他人所订立的合同。技术合同的性质，并非简单根据当事人之间签订合同的名称予以确定，而应结合合同标的及当事人合同约定的权利义务关系进行综合判定。

本案中，涉案合同标的及双方当事人约定权利义务的具体内容不仅仅包括转让思源公司已经掌握的芩菪口服液的临床前研究全部研究资料、项目相关专利、制剂工艺中试技术等已有研究成果之技术转让合同关系，还包括申报临床研究批件、制剂工艺大生产技术、临床试验研究等涉案合同签订时尚未掌握需要进一步研发的技术，属于新技术、新工艺，该部分具有技术开发合同的性质。其中，涉案合同约定了将芩菪口服液制剂的大生产技术实现工业化生产，进行试验研究并获取生产批件等内容，符合科技成果转化合同的性质。同时，涉案合同第五条约定了思源公司的主要义务，海陵公司在进行该品种的中试生产、临床试验研究、生产批件申请及大生产技术交接工作中，如有与此品种有关的技术等问题，思源公司有义务及时配合解决。此外，涉案合同还约定，思源公司作为前期已有技术成果的转让方及在其转让技术成果基础上为工业化应用进行后续研发的技术指导方，需要协作配合海陵公司完成相关的研究开发工作，故思源公司还负有技术指导、协作配合完成研究开发的义务。从合同约定的上述内容看，涉案合同除具有技术转让合同的性质外，还具有技术合作开发合同的性质。综上，一、二审法院认定思源公司与海陵公司之间签订的涉案合同属于兼具技术转让和技术开发性质的混合合同，并无不当。思源公司关于一、二审法院确定涉案合同性质错误的再审主张缺乏事实和法律依据，本院不予支持。

（二）关于一、二审法院认定双方当事人技术交接失败的原因及责任分配是否适当的问题

关于五次技术交接是否全部失败的问题。从双方当事人 2015 年 2 月 26 日签订《芩菪中试交接沟通结果备忘录》及 2015 年 6 月 12 日《对外工作联系函》记载的内容看，对于设备与工艺的匹配问题，双方协商一致选择利用泰州扬子江药业集团南厂现有设备进行大生产线上的中试技术交接，并约定最多做五批生产，保证完成三批合格产品。此后，双方当事人实际开展了五

个批次的技术交接。根据相关记录和总结，第一批清膏告依春含量 1 月加速稳定性不合格；第二、三批醇沉失败，清膏不合格；第四批所有包材灌装的芩菘口服液加速一个月告依春含量下降明显不合格；第五批制剂检测告依春含量不合格，清膏放置 5.5 个月告依春含量下降 50% 不合格。上述记载内容可以证明双方当事人已确认五批次技术交接全部失败的事实。因此，思源公司关于五个批次技术交接并未均告失败的再审理由缺乏事实依据，本院不予支持。

关于双方当事人技术交接失败的原因，思源公司主张系海陵公司未能依约提供技术交接所需的设备和场所，导致不能实现合同目的；海陵公司则主张思源公司的技术不合格。本院对此分析如下：

关于清洁验证。双方当事人在技术交接过程中，思源公司作为技术指导方参与，其对技术交接的设备清洁验证情况未曾提出异议，表明其认可设备的清洁验证符合要求，且一审法院根据思源公司申请到生产交接的工厂已调取到设备的清洁验证报告，故一审法院据此认定设备清洁验证合格并无不当。因双方当事人未明确约定大生产线上的技术交接必须保留生产记录，一审法院无法调取相关生产记录。思源公司二审期间再次申请调查取证，该证据属于《最高人民法院关于适用〈中华人民共和国民事诉讼法〉的解释》第九十五条规定的无调查收集之必要的证据，二审法院未予准许，并无不妥。

关于生产设备。双方当事人确认根据芩菘口服液《药品研制情况申报表》所列设备，并选择利用泰州扬子江药业集团南厂现有设备，在大生产线上进行中试生产技术交接。双方当事人共同派员参加五批生产技术交接，作为技术指导方的思源公司在交接时对于必须使用的关键生产设备应提出明确要求。第二、三批交接时思源公司未指明缺少醇沉罐将导致清膏制备失败，该两批次交接失败的责任不能完全归责于海陵公司。

关于设备故障。大生产线生产过程中设备出现故障属于常见现象，有些故障可以通过一定的措施进行补救。在双方协商一致选择到大生产线上进行中试交接的情况下，双方均应承担工业化大生产环境中设备出现故障给研发工作带来的风险。思源公司认为在第一、四、五批技术交接中出现"管子崩开，压力升高""泵不转了按键失灵""超滤器加稳压器后流速很慢，限压太低""软管破，破裂处用胶带缠住""真空阀故障""没有冷却水""压力大、软管破、换软管"等问题，但不能证明上述设备问题是直接导致技术交接失败的原因。

关于包装材料。从 2016 年 6 月 8 日海陵公司交接参与人员钟昼的邮件内容看，在第四批技术交接清膏制备完成制剂制备之前，钟昼对于思源公司徐丽华提出因瓶子大小导致芩菘口服液稳定性差的问题，仅提及瓶子的容量大小，认为技术交接时的瓶子更符合国家标准，生产线按与之配套的一种规格的瓶子设计，换瓶子的可能性不大，考虑在灌装时，灌一部分满一点的进行对比稳定性研究。根据《技术交接情况备案20160921》的记载，在第五批技术交接清膏制备完成制剂制备之前，双方均确认影响告依春稳定性的主要原因在于灌装容量，思源公司也确认在灌装环境无法调整的情况下，灌满是个合理办法。虽然思源公司建议购买申报临床用的包装材料，但在第五批技术交接制备制剂时，思源公司并未要求必须使用指定公司生产的包装材料。

关于臭氧。在第四批交接时，思源公司未对制剂灌装前车间不应使用臭氧灭菌提出要求。因告依春指标不合格导致交接失败后，双方确认影响告依春稳定性的主要原因在于包装材料和臭氧。车间的空气中存在用于灭菌的残留臭氧对成品产生影响。双方在第五批制剂制备前，探讨采用灌满的办法。2017年2月8日形成的《芩菘项目会议纪要》指出"在车间用臭氧对环境灭菌10天后再进行配液，排除臭氧对成品的影响"。2018年4月双方在函件交流中，思源公司提出"生产环境的臭氧、包装材料的硅胶盖对告依春有严重影响，灌装口服液留存空气少，橡胶盖包装的制剂稳定性好很多"。由此可见，大生产环境中告依春出现稳定性问题，属于技术交接中出现的新问题，需要双方共同研究解决，不能归责于海陵公司提供的生产环境或条件存在问题。

此外，关于人员变动。思源公司未举证证明因海陵公司交接人员的变动，导致交接过程中出现问题，从而导致交接失败，故思源公司关于人员变动导致交接失败的再审理由缺乏事实依据，本院不予支持。

综上，一、二审法院认定双方当事人对技术交接失败均负有责任，并无不当。思源公司关于五批技术交接中出现问题导致技术交接失败的原因均为生产条件问题、应由海陵公司承担违约责任的再审主张缺乏事实和法律依据，本院不予支持。

依照《中华人民共和国民事诉讼法》第二百一十一条第一款、《最高人民法院关于适用〈中华人民共和国民事诉讼法〉的解释》第三百九十三条第二款之规定，裁定如下：

驳回苏州思源天然产物研发有限公司的再审申请。

审　判　长　毛立华

审　判　员　李　嵘

审　判　员　江建中

二〇二二年五月二十日

法官助理　刘海珠

书　记　员　吕姝君

九、知识产权诉讼程序

42. 侵害信息网络传播权案件管辖法院的确定

——原告张旭龙与被告北京墨碟文化传播有限公司、程雷、马跃侵害作品信息网络传播权纠纷案①

中华人民共和国最高人民法院民事裁定书（2022）最高法民辖 42 号

原告：张旭龙。

被告：北京墨碟文化传播有限公司。住所地：北京市石景山区八大处高科技园区西井路 3 号 3 号楼 1892 房间。

法定代表人：王雅琪，该公司董事长。

被告：程雷。

被告：马跃。

原告张旭龙与被告北京墨碟文化传播有限公司（以下简称墨碟公司）、程雷、马跃侵害作品信息网络传播权纠纷一案，秦皇岛市中级人民法院（以下简称秦皇岛中院）于 2021 年 4 月 1 日立案。张旭龙诉称，三被告擅自在相关网站上发布、使用其享有著作权的写真艺术作品，侵害了张旭龙的著作权，请求判令三被告：立即停止侵权行为；连带赔偿经济损失 50 万元以及为制止侵权行为所支付的全部合理开支；公开赔礼道歉、消除影响；承担本案全部诉讼费用。

马跃对本案管辖权提出异议认为，本案属于侵害作品信息网络传播权纠纷案件，秦皇岛中院对本案不具有管辖权，请求将本案移送北京互联网法院审理。秦皇岛中院作出（2021）冀 03 知民初 27 号民事裁定（以下简称 27 号

_____

① 本案在年度报告中的位置为第 79 页。

裁定），驳回马跃对管辖权提出的异议。马跃向河北省高级人民法院（以下简称河北高院）提起上诉。

河北高院作出（2021）冀民辖终66号民事裁定认为，本案涉及侵害信息网络传播权的侵权行为，应当适用《最高人民法院关于审理侵害信息网络传播权民事纠纷案件适用法律若干问题的规定》（以下简称信息网络传播权规定）第十五条的规定；秦皇岛中院将被侵权人住所地作为侵权结果发生地，据以确定本案管辖错误，应予纠正。北京互联网法院作为侵权行为地和被告住所地人民法院，对本案具有管辖权，故裁定撤销秦皇岛中院作出的27号裁定，将本案移送北京互联网法院审理。

北京互联网法院认为，秦皇岛中院作为原告住所地人民法院，对本案具有管辖权，故将本案报请北京市高级人民法院（以下简称北京高院），请求该院报请本院指定管辖。北京高院认为，本案属于因信息网络侵权行为引发的纠纷，2021年修正的《中华人民共和国民事诉讼法》（以下简称民事诉讼法）第二十九条规定："因侵权行为提起的诉讼，由侵权行为地或者被告住所地人民法院管辖。"《最高人民法院关于适用〈中华人民共和国民事诉讼法〉的解释》（以下简称民事诉讼法解释）第二十四条规定："民事诉讼法第二十九条规定的侵权行为地，包括侵权行为实施地、侵权结果发生地。"第二十五条规定："信息网络侵权行为实施地包括实施被诉侵权行为的计算机等信息设备所在地，侵权结果发生地包括被侵权人住所地。"原告张旭龙作为被侵权人，其住所地在河北省秦皇岛市海港区，秦皇岛中院作为侵权结果发生地人民法院，对本案具有管辖权。本案不属于侵权行为地和被告住所地均难以确定的例外情形，不需要适用信息网络传播权规定第十五条中的相关规定，河北高院不应将本案移送北京互联网法院审理，故依法报请本院指定管辖。

本院认为，对于侵害信息网络传播权纠纷民事案件的管辖问题，2013年1月1日施行的信息网络传播权规定第十五条规定："侵害信息网络传播权民事纠纷案件由侵权行为地或者被告住所地人民法院管辖。侵权行为地包括实施被诉侵权行为的网络服务器、计算机终端等设备所在地。侵权行为地和被告住所地均难以确定或者在境外的，原告发现侵权内容的计算机终端等设备所在地可以视为侵权行为地。"2020年，该司法解释经过修正，前述第十五条规定的内容并未修改，仍然继续施行。该规定是规范侵害信息网络传播权纠纷这一类民事案件管辖的特别规定。

民事诉讼法解释第二十五条规定："信息网络侵权行为……侵权结果发生地包括被侵权人住所地。"该规定中的"信息网络侵权行为"针对的是发生在信息网络环境下，通过信息网络实施的侵权行为，并未限于特定类型的民事权利或者权益。与之不同的是，信息网络传播权规定第十五条规定的"信息网络传播权"，则是《中华人民共和国著作权法》第十条第一款第十二项规定的著作权人享有的法定权利，即"以有线或者无线方式向公众提供作品，使公众可以在其个人选定的时间和地点获得作品的权利"。因此，信息网络传播权规定第十五条是针对信息网络传播权这一特定类型的民事权利，对侵害信息网络传播权纠纷民事案件的管辖作出的特别规定。在确定侵害信息网络传播权民事纠纷案件的管辖时，应当以信息网络传播权规定第十五条为依据。

信息网络传播权规定第十五条明确规定，只有在"侵权行为地和被告住所地均难以确定或者在境外"的例外情形下，才可以将"原告发现侵权内容的计算机终端等设备所在地"视为侵权行为地。基于信息网络传播权的性质和特点，侵害信息网络传播权的行为一旦发生，随之导致"公众可以在其个人选定的时间和地点获得作品"，其侵权结果涉及的地域范围具有随机性、广泛性，不是一个固定的地点，不宜作为确定管辖的依据。

本案中，秦皇岛市为原告住所地，并非被告住所地，亦不属于信息网络传播权规定第十五条规定的侵权行为地。本案也不存在信息网络传播权规定第十五条规定的"侵权行为地和被告住所地均难以确定或者在境外"的例外情形。因此，秦皇岛中院对于本案没有管辖权，河北高院将本案移送北京互联网法院并无不当。

依照《中华人民共和国民事诉讼法》第三十七条的规定，裁定如下：

本案由北京互联网法院审理。

本裁定一经作出即生效。

审　判　长　杜微科

审　判　员　张玲玲

审　判　员　戴怡婷

二〇二二年八月二十二日

法官助理　周睿隽

书　记　员　焦　媛

43. 管辖连接点的确定

——奥光动漫股份有限公司与赵宏才、汕头市澄海区芭美儿玩具厂、汕头市澄海区星芝美玩具有限公司、浙江淘宝网络有限公司侵害外观设计专利权纠纷案①

中华人民共和国最高人民法院民事裁定书（2022）最高法民辖 91 号

原告：奥光动漫股份有限公司。住所地：浙江省瑞安市安阳街道农行大厦六层。

法定代表人：林学凑。

被告：赵宏才。

被告：汕头市澄海区芭美儿玩具厂。经营场所：广东省汕头市澄海区广益街道广益南路三巷二幢二楼 202 号。

经营者：简惜玲。

被告：汕头市澄海区星芝美玩具有限公司。住所地：广东省汕头市澄海区广益街道广益南路三巷二幢二楼 201 号。

法定代表人：简惜玲。

被告：浙江淘宝网络有限公司。住所地：浙江省杭州市余杭区五常街道文一西路 969 号 1 幢 6 楼 601 室。

法定代表人：蒋凡。

奥光动漫股份有限公司与赵宏才、汕头市澄海区芭美儿玩具厂、汕头市澄海区星芝美玩具有限公司、浙江淘宝网络有限公司（以下简称淘宝公司）侵害外观设计专利权纠纷一案，由浙江省杭州市中级人民法院（以下简称杭州中院）于 2021 年 7 月 13 日立案受理。2021 年 12 月 24 日，杭州中院作出（2021）浙 01 民初 1750 号之一民事裁定，将本案移送江苏省南京市中级人民法院审理（以下简称南京中院）。江苏省高级人民法院与浙江省高级人民法

---

① 本案在年度报告中的位置为第 81 页。

院因管辖权产生争议，协商未果。2022 年 5 月 26 日，江苏省高级人民法院报请我院指定管辖。

本院经审查认为，根据《中华人民共和国民事诉讼法》第一百二十二条规定："起诉必须符合下列条件：（一）原告是与本案有直接利害关系的公民、法人和其他组织；（二）有明确的被告；（三）有具体的诉讼请求和事实、理由；（四）属于人民法院受理民事诉讼的范围和受诉人民法院管辖。"因此，人民法院在审查受理案件是否符合起诉条件时，仅要求被告明确即可。但案件受理后，为了尽早确定管辖法院，避免当事人虚列管辖连接点，不诚信诉讼，受理法院可以对影响管辖连接点的被告是否适格进行审查，但该种审查仅限于形式关联性，通常有初步证据证明被告与涉案事实存在一定关联，达到可争辩的程度即可确定该被告属于适格被告，而无需对被告是否构成侵权以及承担民事责任等实体内容进行审查。

本案中，奥光动漫股份有限公司以淘宝公司等为被告向杭州中院提起诉讼，并提出初步证据证明，赵宏才在淘宝公司运营的 taobao. com 平台上开设店铺出售被诉侵权产品。淘宝公司与本案被诉侵权事实具有直接关联。根据《最高人民法院关于审理专利纠纷案件适用法律问题的若干规定》第二条第一款的规定，因侵犯专利权行为提起的诉讼，由侵权行为地或者被告住所地人民法院管辖。淘宝公司的住所地在浙江省杭州市，故杭州中院对本案具有管辖权。杭州中院的相关审查，虽与管辖连接点相关，但同时也涉及本案的侵权定性和民事责任划分，属于应在本案实体审理中确定的事项。根据管辖恒定原则，即使杭州中院裁定驳回淘宝公司的起诉，其亦不丧失对本案的管辖权。且本案的受送法院南京中院与本案缺乏管辖连接点，无权管辖本案。故杭州中院以对淘宝公司的起诉被裁定驳回后其不具有管辖权为由，将案件移送南京中院，确有不当，本院予以纠正。

依照《中华人民共和国民事诉讼法》第三十八条第二款、《最高人民法院关于适用〈中华人民共和国民事诉讼法〉的解释》第四十条、第四十一条规定，裁定如下：

一、原告奥光动漫股份有限公司与被告赵宏才、汕头市澄海区芭美儿玩具厂、汕头市澄海区星芝美玩具有限公司、浙江淘宝网络有限公司侵害外观设计专利权纠纷案由浙江省杭州市中级人民法院审理；

二、江苏省南京市中级人民法院自接到本裁定之日起十日内将原告奥光动漫股份有限公司与被告赵宏才、汕头市澄海区芭美儿玩具厂、汕头市澄海区星芝美玩具有限公司、浙江淘宝网络有限公司侵害外观设计专利权纠纷一案全部卷宗材料及诉讼费移送浙江省杭州市中级人民法院。

　　本裁定一经作出即生效。

审　判　长　晏　景

审　判　员　马秀荣

审　判　员　戴怡婷

二〇二二年九月三十日

法官助理　包　硕

书　记　员　韩　阳

图书在版编目（CIP）数据

最高人民法院知识产权审判案例指导:最高人民法院知识产权案件年度报告及案例全文．第15辑／最高人民法院民事审判第三庭编．—北京：中国法制出版社，2023.9

ISBN 978-7-5216-3836-3

Ⅰ．①最…　Ⅱ．①最…　Ⅲ．①知识产权–判例–中国　Ⅳ．①D923.405

中国国家版本馆CIP数据核字（2023）第156576号

策划编辑：李小草　王熹
责任编辑：赵律玮　　　　　　　　　　　　封面设计：蒋怡　杨泽江

最高人民法院知识产权审判案例指导：最高人民法院知识产权案件年度报告及案例全文．第15辑
ZUI GAO RENMIN FAYUAN ZHISHI CHANQUAN SHENPAN ANLI ZHIDAO：ZUI GAO RENMIN FAYUAN ZHISHI CHANQUAN ANJIAN NIANDU BAOGAO JI ANLI QUANWEN. DI 15 JI

编者/最高人民法院民事审判第三庭
经销/新华书店
印刷/三河市国英印务有限公司
开本/730毫米×1030毫米　16开　　　　　　　　印张/ 35.25　字数/ 529千
版次/2023年9月第1版　　　　　　　　　　　　2023年9月第1次印刷

中国法制出版社出版
书号 ISBN 978-7-5216-3836-3　　　　　　　　　　　　定价：150.00元

北京市西城区西便门西里甲16号西便门办公区
邮政编码：100053　　　　　　　　　　　　　　　　传真：010-63141600
网址：http://www.zgfzs.com　　　　　　　　　　**编辑部电话：010-63141793**
市场营销部电话：010-63141612　　　　　　　　　**印务部电话：010-63141606**

（如有印装质量问题，请与本社印务部联系。）